CLUB Computer

освой самостоятельно

Программирование OLE

за 21 день

Lawrense Harris

teach yourself OLE Programming in 21 days

SAMS PUBLISHING

Лоуренс Харрис

освой самостоятельно Программирование OLE за 21 день

Под общей редакцией
В.Тимофеева

БИНОМ
Москва 1995

УДК 681.3.06

Перевод с английского
Ролихин А.А., Костяков С.Н., Зацепин В.Б.
Редактор перевода
Тимофеев В.В.

Лоуренс Харрис. Программирование OLE. Освой самостоятельно за 21 день: Пер. с англ.— М.: БИНОМ, 1995. — 464 с.: ил.
ISBN 0-672-30568-2
ISBN 5-7503-0056-0

Книга американского специалиста по новым программным технологиям посвящена практическому изучению OLE — объектно-ориентированного расширения Windows, позволяющего создавать интегрированные системы прикладных программ. Рассматривается архитектура OLE и подробно обсуждаются вопросы практического использования этой технологии в разработке приложений, удовлетворяющих современым требованиям к коммерческому программному обеспечению.

Книга предназначена для программистов-разработчиков.

ISBN 0-672-30568-2
ISBN 5-7503-0056-0

Содержание

Введение

Научно-технический прогресс 90-х годов обусловил неуклонный рост популярности объектно-ориентированного программирования (ООП), и в настоящее время многие программисты перешли в своей работе на C++ или Visual Basic. Уже существуют объектно-ориентированные базы данных, объектно-ориентированные дизайн и анализ и даже объектно-ориентированный COBOL. На естественно возникающий вопрос — а не остались ли Windows или операционные системы в объектно-ориентированном отношении далеко позади — может быть только один ответ. Безусловно, нет. Продукт OLE (Object Linking and Embedding) компании Microsoft открывает новые пути для применения объектов в Windows и операционных системах (ходят слухи, что OLE положено в основу объектно-ориентированной операционной системы Cairo). Вам же, уважаемый читатель, необходимо изучить OLE, чтобы не отстать от жизни.

Многим людям программирование для OLE представляется непреодолимой проблемой. Это неудивительно, если учесть, что уже существуют несколько сот новых функций API. Кроме того, OLE предполагает новый способ мышления. Программист в среде OLE должен мыслить обо всем как об объектах — от файла на диске, элемента данных или приложения до аппаратного обеспечения и операционной системы. Кроме того, OLE заставляет программиста следовать строгому набору правил, не зависящих от языка программирования, операционной системы или даже от аппаратной платформы. Предлагаемая книга — это введение в новый для вас мир. В течение 21 дня вы обучитесь правилам программирования в этой среде, если вы, конечно, знаете уже C++ и Windows. На самом деле, уже через несколько дней вы станете в состоянии переделать многие ваши существующие программы в приложения OLE.

Эта книга полностью охватывает основы программирования OLE. Она представлена 21 разделом, каждый из которых рассчитан на один день обучения. Кроме того, два дополнительных раздела отражают будущее OLE-ориентированного программирования: распределенное OLE, включая реализацию на различных платформах, и OCX (органы управления OLE, подобные VBX из Visiual Basic).

В каждом разделе исследуется новый аспект программирования OLE. Мы настоятельно рекомендуем читать книгу по порядку, поскольку понимание последующих разделов невозможно без изучения предыдущего материала. Каждая глава вводит новое понятие OLE и останавливается на наиболее частых вариантах ошибок, совершаемых программистами (в форме рекомендаций в рамках — как следует поступать и как не следует). Кроме того, вам предлагаются некоторые технические приемы, помогающие конвертировать существующие приложения в приложения OLE 2 с использованием библиотек классов C++ и с минимальными изменениями в уже существующих программах. Все разделы заканчиваются вопросами и ответами, опросом и упражнениями, а в конце каждой недели вы сможете ознакомиться с обзором, который содержит полный список изученных понятий.

Для получения максимальной отдачи от материала вам следует обращаться к представленным в книге листингам. Если вы знаете другой способ решения той же задачи, можете его испробовать. Эта книга написана не только для одного компилятора или библиотеки классов, поэтому ваша среда разработки может предоставить какие-то дополнительные способы реализации той или иной концепции.

Чтобы была возможна проверка приложений, должны быть выполнены некоторые условия. А именно:

- Вы имеете практический опыт работы на C++. Примеры в этой книге были проверены на Visual C++ 1.5, Visual C++ 1.51 Visual C++ 2.0 и Borland C++ 4.0 для 16-битной среды. Все известные проблемы и способы их обхода указаны в соответствующих главах.
- Вы имеете практический опыт программирования в среде Windows. Примеры были проверены на различных 16-битных версиях Windows (таких, как Windows 3.1, Windows 3.11 for Workgroups) и 32-битных Windows (таких, как Windows NT 3.5).

Для вашей целевой среды требуется пакет Windows SDK, который должен быть успешно установлен.

- Успешно установлен OLE 2.01 SDK. Это может быть сделано из Visual C++ 1.5 или с компакт-диска Microsoft Developer Network Development Platform Tools. К моменту написания настоящей книги OLE 2.0 SDK 32-битной платформы находится в варианте бета-версии. Для вас важно использовать SDK OLE 2.01, потому что некоторые функции API в версии 2.0 отсутствуют.
- Вы успешно установили и протестировали OLE 2.01. Под Windows 3.1 OLE 2.0 требует запуска SHARE. Под Windows 3.11 for Workgroups требуется VSHARE. За инструкциями по установке OLE обратитесь к документации своего OLE SDK. Вам следует знать, что многие коммерческие приложения, такие как Visio от Shapeware, Word 6, Excel 5, Powerpoint 4 от Microsoft устанавливают OLE. Убедитесь, что вы располагаете последней версией библиотек. Время от времени Microsoft выпускает новые версии этих DLL. Все новые DLL можно получить от Microsoft в Microsoft Windows Objects Forum в CompuServe (Go WinObjects).

Замечание. OLE SDK не поставляется с Visual Basic 2.0. OLE является теперь частью операционной системы и рассматривается как часть API операционной системы Win32. То же самое верно и для SDK Windows NT 3.5.

А теперь приготовьтесь к программированию для OLE. Главное, не следует его особенно бояться.

освой самостоятельно

Программирование OLE

за 21 день

Неделя 1

Материал этой недели представляет основы OLE. День 1-й знакомит вас с тем, что такое OLE 2 и как OLE 2 может использоваться в повседневных операциях. Будут введены многие термины OLE. К концу 1-го дня вы будете знать процедуры инициализации, необходимые во всех программах с OLE 2.

День 2-й вводит интерфейс IUnknown, являющийся частью каждого объекта OLE. Кроме того, вы научитесь создавать OLE-объекты с помощью интерфейса IClassFactory. Представлена также диаграммная нотация, используемая на протяжении всей книги.

О концепциях структурированного хранилища (Structured Storage) рассказывает материал 3-го дня обучения. Этот механизм требуется для составных документов, но может использоваться также и независимо.

Программируемому интерфейсу OLE, известному под названием OLE-автоматизации (OLE Automation), посвящены 4-й, 5-й, 6-й и 7-й дни обучения. К концу 4-го дня вы уже сможете переделать почти все существующие (не-OLE) программы в простейшие автоматные серверы OLE. 5-й день представит дополнительные возможности автоматизации, которые позволят переделать в автоматные серверы и более сложные программы Windows. На 6-й день будет показано, как построить свой собственный простейший автоматный контроллер. Наконец, 7-й день описывает IEnumVariant для создания более сложных приложений-автоматов OLE.

день 1

день 2

день 3

день 4

день 5

день 6

день 7

День 1

Введение в OLE

OLE служит основанием, на котором строятся объекты. Эта аббревиатура означала первоначально *связывание и внедрение объектов* (Object Linking and Embedding), однако с выпуском версии OLE 2 применение OLE уже не укладывается в рамки связывания и внедрения. OLE сегодня включает в себя унифицированную передачу данных, структурированное хранилище информации и автоматизацию. Не следует сужать представление об OLE связыванием и внедрением; смотрите на OLE как на набор строительных блоков, позволяющих создавать сложные приложения. (На самом деле и фирма Microsoft перестала расшифровывать аббревиатуру OLE как Object Linking and Embedding, чтобы изменить сложившееся восприятие OLE.) Сегодня применение OLE уже более не ограничивается средой Windows. OLE уже существует в бета-версии для Macintosh и, возможно, будет переноситься в будущем и на другие платформы.

Краткая история OLE

Если до появления OLE 1 у пользователя Windows имелась электронная таблица, которую ему нужно было вставить в документ текстового редактора, обыкновенно он должен был экспортировать данные из таблицы в файл стандартного формата, импортировать данные из файла в текстовый редактор, а затем в редакторе их переформатировать. Если пользователю везло и оба приложения поддерживали копирование и вставку, то вместо явного экспорта/импорта он мог копировать информацию через буфер Clipboard. Всякий раз, когда электронные таблицы изменялись, процесс переноса данных нужно было повторять. Это, естественно, приводило к лишней затрате времени и сил.

Но незадолго до выхода Windows 3.1 появилось OLE 1, и это значительно упростило описанную в примере проблему использования общих данных в подобных приложениях (если они умели работать с OLE). На смену операциям экспорта/импорта и копирования/вставки пришли связывание и внедрение. Стало возможным так подключить электронную таблицу к текстовому редактору, чтобы документ редактора отражал самые последние изменения, произошедшие в электронной таблице. Кроме того, электронная таблица (которая появилась в документе текстового редактора) может быть выбрана одним нажатием кнопки мыши. При этом автоматически запускается приложение электронной таблицы, позволяющее выполнять редактирование данных или другие специфические для таблиц операции. Команда Update закрывает электронную таблицу, и обновленная электронная таблица внедряется в документ текстового процессора.

OLE 2 является следующим логическим шагом в развитии этой стратегии. В OLE 1 нажатие кнопки над электронной таблицей, находящейся в документе текстового редактора, приводило к запуску приложения в отдельном окне. В OLE 2 вводится понятие *активации по месту* (также известное под названием *визуального редактирования*). Приложение электронной таблицы запускается как и прежде, но вместо появления отдельного окна электронная таблица как бы сливается с текстовым редактором. Изменяется меню, отражая меню электронной таблицы. Изменяются даже инструментальные линейки, но вы все равно находитесь в текстовом редакторе. Два приложения как бы соединяются и текстовый редактор приобретает функциональные возможности электронной таблицы. Как пользователю вам нет нужды переключаться для пересмотра данных с одного приложения на другое; вы можете работать с приложением, которое удовлетворяет большинству ваших потребностей, и внутри него использовать возможности других приложений.

Для OLE 2 пришлось переделать заново многое из существовавшего в OLE 1, чтобы расширить его функции и улучшить производительность. Например, OLE 1 построено на динамическом обмене данными (DDE). Для передачи информации туда и обратно DDE в своей основе использует сообщения Windows и возвратные вызовы. Поскольку используются сообщения Windows, DDE ограничивается рамками одной машины, то есть DDE не разрабатывался для многопользовательских и сетевых сред (хотя недавно Windows for Workgroups и Windows NT ввели в DDE сетевую поддержку). OLE 2 не опирается на DDE, вместо этого оно построено на протоколе Lightweight Remote Procedure Calls (LPRC), т.е. *легких удаленных процедурных вызовах*. LRPC подобен своему аналогу из UNIX RPC (просто Remote Procedure Calls, *удаленные процедурные вызовы*), так как и тот, и другой протокол позволяют приложениям передавать информацию. LRPC, по сравнению с RPC, является «облегченным» (Lightweight), поскольку он ограничен пересылкой информации внутри одной машины. (Удаленные процедурные вызовы RPC могут пересылать информацию между приложениями в той же самой машине, между разными машинами или между машинами с различной архитектурой). *Распределенное OLE* (Distributed OLE) — другая версия OLE, использующая RPC, а не LRPC, что позволяет объектам пересекать границы между машинами.

Замечание. В Windows NT 3.5 и WIndows 95 для процессов на одной машине OLE использует реализацию Microsoft определенного DCE стандарта OSF RPC (и тем самым более не основывается на сообщениях). Использование RPC в качестве коммуникативной основы OLE — это первый шаг к тому, чтобы сделать распределенное OLE реальностью.

Архитектура OLE

Чтобы достигнуть своих задуманных функциональных возможностей, OLE в качестве строительных блоков использует большое количество объектов. OLE содержит новые объекты для реализации таких концепций, как формировка (marshaling), которая обслуживает коммуникацию между процессами и опирается на LRPC или RPC; структурированное хранилище, которое обеспечивает хранение документов, содержащих другие документы; ярлык (moniker), управляющий подключением и переключением связанных данных. Каждый из этих механизмов необходим OLE для выполнения своей работы. Кроме того, OLE вводит понятие автоматизации, которое не требуется для связывания и внедрения в традиционном смысле. Автоматизацию можно понимать как способ, посредством которого пользователь может работать с вашим приложением внутри определенного им самим макроязыка. Сервер-автомат OLE управляется любым автоматным контроллером OLE (см. таблицу 1.1).

Таблица 1.1. Приложения-автоматы — серверы и контроллеры

Продукт	Автоматный сервер	Автоматный контроллер
Visual Basic	нет	да
Excel	да	да
Word 6	да	нет
MS Project 4	да	да
MS Access 2	нет	да
Visio 2	да	нет

Можно заметить, что Excel 5.0 и Project 4.0 одновременно являются автоматными серверами и контроллерами OLE. Это означает, что эти приложения могут управлять приложениями, и они же сами могут быть управляемы другими. В традиционном программировании приложение либо сервер, либо контроллер, но не одновременно и то и другое. OLE вынуждает расстаться с таким способом мышления и предоставляет разработчику приложения право выбора — будет ли его приложение сервером или контроллером.

Хотя детальное изложение архитектуры OLE займет у нас 21 учебный день, мы все же дадим здесь краткий обзор главных строительных блоков и терминологии OLE.

Объекты

Под понятие *объекта* OLE попадает все, что может иметь машинное представление. Объектом может быть документ текстового процессора, электронная таблица, ячейка внутри электронной таблицы, видеоклип или даже приложение. Такое понимание расходится со стандартной интерпретацией, в которой объекты — данные, над которыми производятся манипуляции посредством функций и процедур. В C++ объекты, кроме всего прочего, привязаны к одной машине (и обычно одному процессу), т.е. объект не может покинуть пределов данной машины. OLE-объекты не имеют таких ограничений. Хотя OLE поддерживает объекты только в рамках одной машины, это не ограничение архитектуры OLE, а лишь ограниченность ее реализации. Уже демонстрировалась версия OLE, названная распределенным OLE, в которой границы между машинами для объектов прозрачны. Другими словами, если ваше приложение запрашивает OLE-объект, то поставщик этого объекта не обязательно находится на вашей машине, хотя с точки зрения вашего приложения OLE-объект — локальный.

Интерфейсы

В OLE *интерфейс* — это механизм, используемый для доступа к группе связанных с объектом функций. Если вы хотите выполнить в OLE операцию над объектом, вы можете запросить специфический интерфейс, имеющий нужную вам функцию. Когда вы запрашиваете интерфейс, то обращаетесь к объекту, указывая его ID-номер. Каждый интерфейс имеет уникальный номер-идентификатор (Interface ID, или IID). Объект возвращает либо состояние ошибки, если объект не поддерживает запрашиваемый интерфейс или происходит другая ошибка, либо он возвращает указатель на требуемый интерфейс. Например, если вы в языке C хотите выполнить операцию выделения памяти, вы можете вызвать alloc для выделения памяти или free для освобождения памяти, уже выделенной функцией alloc. В OLE вы получаете доступ к интерфейсу IMalloc. Интерфейс IMalloc поддерживает функции IMalloc::alloc и IMalloc::free, которые работают подобно их аналогам в C. Получив интерфейс IMalloc, вы можете затем выделять и освобождать память.

Компонентная модель объекта (Component Object Model)

Компонентная модель объекта (также известная под аббревиатурой *COM*) — это спецификация, определяющая связующий OLE «клей». COM определяет, каким образом объекты взаимодействуют. В C++, если вы создаете не-OLE-объект и ваш напарник создает не-OLE-объект, они не смогут обмениваться друг с другом информацией или инструкциями, если это специально не предусмотрено при разработке. COM предусматривает для объектов OLE такую специфику, в частности диктуя, какие интерфейсы объекту необходимы, как объект может быть создан и когда он может быть уничтожен.

Структурированное хранилище

Структурированное хранилище — это спецификация, определяющая метод хранения объектов. Структурированное хранилище можно представить себе как OLE-аналог DOS. Этот механизм поддерживает большинство из функций DOS — файлы и каталоги, копирование и перемещение файлов (хотя, как вы увидите на 3-й день («Структурированное хранилище»), файлы называются *потоками* (streams), а каталоги — *хранилищами* (storages)). Кроме того, термин «структурированное хранилище информации» не подразумевает, что данные хранятся на диске. Так же как и файлы DOS, которые могут находиться на RAM-диске, жестком диске, флоппи-диске или даже на CD-ROM, объекты, размещенные в структурированном хранилище, могут находиться в любом из этих мест, а также и в других. Чтобы DOS могла использовать для хранения информации другие устройства, такие, как оптический флоппи-диск или сетевой диск, обычно нужен драйвер устройства. Структурированное хранилище информации также имеет методы для поддержки нестандартных устройств.

Составной документ (Compound document) является специальным случаем структурированного хранилища, предназначенного для хранения наборов объектов в приложениях-контейнерах (контейнерные приложения — это приложения, которые используют и сохраняют объекты).

Автоматизация

OLE-автоматизация — это набор интерфейсов, в типичном случае позволяющий использовать приложение в качестве OLE-объекта. Автоматизация возможна не только для приложений в форме исполняемых модулей (EXE), но и для динамически присоединяемых библиотек (DLL). Автоматизация позволяет посредством набора определенных правил извне запрограммировать или специализировать приложение. Это дает приложению, например, Visual Basic, возможность управлять Excel, в результате чего функции Excel становятся доступны вашему приложению на Visual Basic. *Автоматный контроллер OLE* управляет объектами-автоматами через посредство автоматного сервера.

Унифицированная передача данных

Унифицированная передача данных — это набор интерфейсов, который позволяет клиенту и серверу обмениваться данными. Она является OLE-эквивалентом DDE и функций буфера cut/copy/paste, собранных воедино. Унифицированная передача данных посылает уведомление в случае, если данные изменяются (подобно связи DDE), а также поддерживает переговоры о формате, в котором данные будут передаваться. Кроме того, унифицированная передача данных предусматривает возможность передачи одного лишь дескриптора (handle) данных вместо самих данных. Объект-сервер может решить, что вместо передачи 20 MB данных в оперативную память через буфер Clipboard объекту-клиенту будет передан дескриптор данных, чтобы клиент сам мог их получить. Это избавляет сервер от необходимости чтения всех данных и передачи их клиенту, а клиента от необходимости самостоятельной обработки данных. Это также избавляет конечного пользователя от сидения перед экраном компьютера в ожидании окончания обмена.

Связывание и внедрение (Linking and Embedding)

Связывание и внедрение — два принципа, которые по традиции известны в OLE (Object Linking and Embedding) лучше всего. Связывание и внедрение (вместо этого теперь говорят просто о *документах OLE*) позволяют объекту-клиенту (который может быть другим приложением) прикрепиться к объекту-серверу. Присоединение может либо осуществляться связыванием (данные находятся вне составного документа), либо данные могут внедряться внутрь составного документа. Внедренные данные сохраняются непосредственно в документе, в то время как при связывании для доступа к данным OLE в действительности сохраняет своего рода дорожную карту. Дорожная карта называется *ярлыком* (moniker). Когда OLE получает запрос на восстановление данных, оно смотрит на ярлык (дорожную карту), чтобы их отыскать. Связанные данные могут храниться в не принадлежащем OLE файле или в структурированном хранилище (возможно даже, что данные находятся где-то в самом составном документе). Например, у вас есть пять электронных таблиц Excel с распределениями продаж. Затем вы решаете включить эти электронные таблицы в документ Word 6, в котором эта информация обсуждается. Если внедрить таблицы в документ Word 6, то все они физически будут находится в документе Word 6. Можно также связать электронную таблицу с документом Word 6. В этом случае в документе Word 6 сохраняется ярлык (дорожная карта вашей таблицы), в то время как сама таблица хранится где-то в другом месте (в документе Excel 5, например).

Составной частью связывания и внедрения является способность OLE выполнять активацию по месту. В OLE 1 при двойном нажатии кнопки мыши над связанным или внедренным объектом запускается сервер этого объекта (например, Excel) и вы попадаете в приложение сервера. В OLE 2 возможна активация по месту. Для пользователя два приложения являются как бы одним. Активация по месту присоединяет нужные части приложения сервера (такие, как пункты меню и инструментальные линейки) к приложению клиента, когда пользователь работает с внедренным объектом. Если электронная таблица внедрена в документ Word 6 (см. рис. 1.1), то при двойном нажатии кнопки над электронной таблицей внутри документа ваши меню и инструментарий превращаются в меню и инструментарий Excel (см. рис. 1.2). Когда вы нажимаете кнопку где-нибудь вне таблицы, то меню меняется снова на меню Word 6. Если же вы производите двойное нажатие над связанным объектом, то приложение запускается в отдельном окне, как в OLE 1 (см. рис. 1.3).

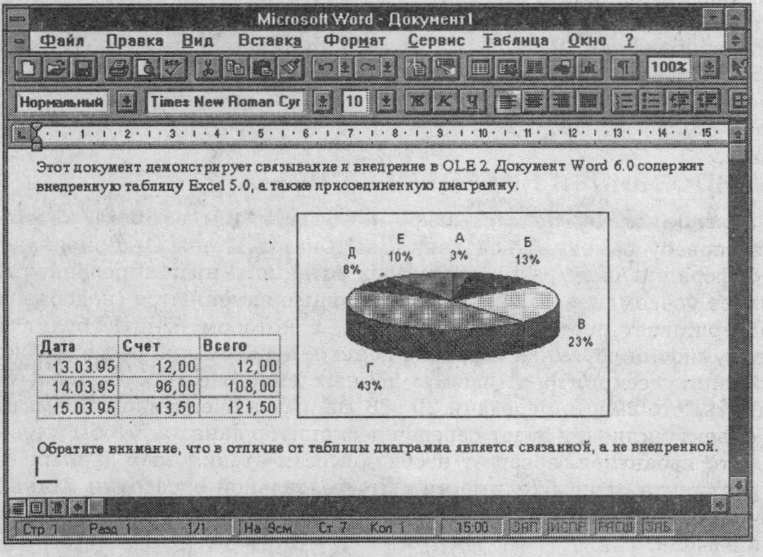

Рис. 1.1. Документ Word, содержащий внедренную таблицу и связанную диаграмму

В терминах OLE описанное выше действие (двойное нажатие для активации электронной таблицы) называется *активацией извне* (outside-in). При активации извне сервер объекта (в данном случае Excel) не активируется (Excel не запускается), пока пользователь не нажмет над объектом (внедренной таблицей) кнопку мыши дважды. *Активация изнутри* (inside-out) требует, чтобы объект-клиент активировал объект-сервер всегда, когда объект-сервер виден. Сервер принимает управление по однократному нажатию кнопки мыши — потому, что для активируемых изнутри объектов он уже запущен заранее.

Как можно видеть, архитектура OLE достаточно богата, а связывание и внедрение — лишь часть общей структуры. А теперь посмотрим на некоторые средства, которые поставляются с OLE SDK.

Замечание. Когда книга готовилась к печати, вместе с Visual C++ 1.51 появился выпуск OLE 2.02. Изменения в версии 2.02 в основном касаются деталей автоматизации.

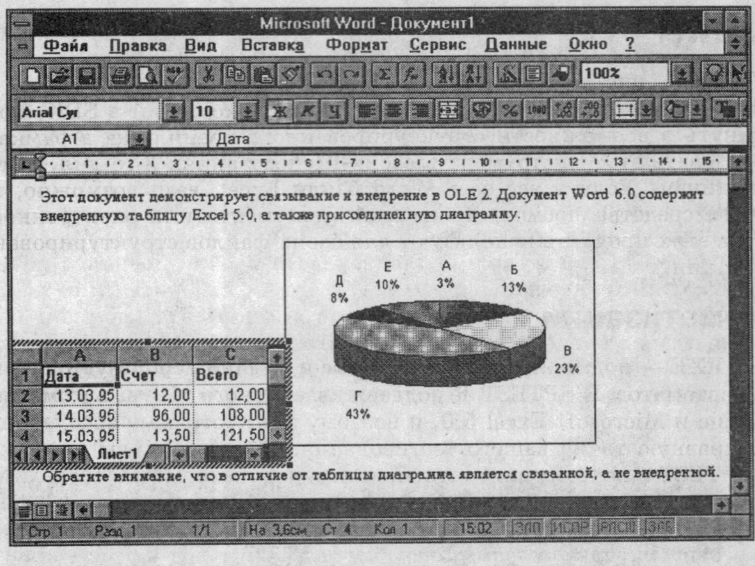

Рис. 1.2. *Документ после двойного нажатия кнопки мыши над внедренной таблицей*

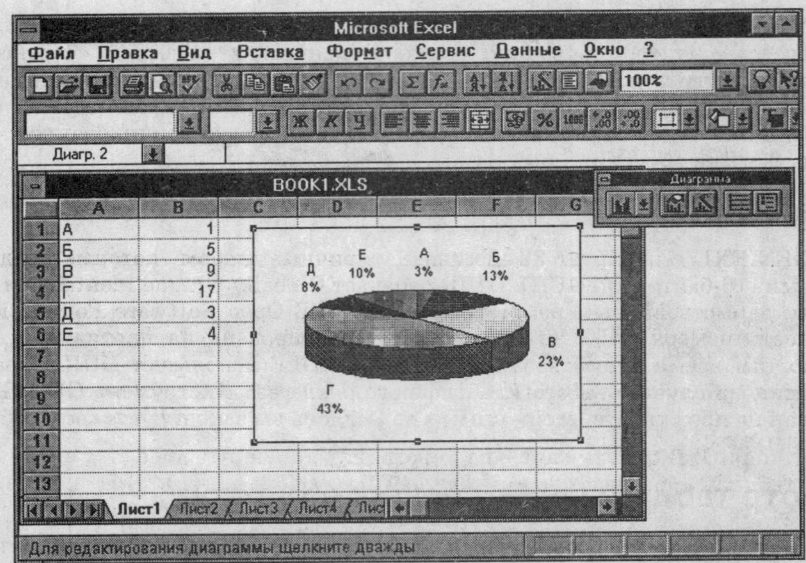

Рис. 1.3. *Документ Word после двойного нажатия кнопки над связанной диаграммой*

Инструментальные средства OLE SDK

С OLE SDK поставляется ряд инструментальных средств, которые могут быть полезны для тестирования ваших приложений OLE. Некоторые из них поступают вместе с исходными текстами, чтобы вы могли изучить, как они работают. Другие средства (такие, как GUIDGEN) поставляются без исходных текстов, но уже через несколько дней вы сможете сами написать исходный код для подобных инструментов (кодировкой программы типа GUIDGEN вы займетесь на второй день обучения, «IUnknown, IClassFactory»).

Docfile Viewer

DFVIEW.EXE — инструмент, используемый для просмотра документов структурированного хранилища. Кроме того, исходный текст, входящий в SDK, позволит вам глубже вникнуть в возможности структурированного хранилища в рамках OLE. Вы будете использовать этот инструмент в своих исследованиях 3-го дня, «Структурированное хранилище». Если у вас есть Word 6 или Excel, вам, возможно, захочется с помощью этого средства посмотреть на файл документа или электронной таблицы, потому что оба этих продукта используют для своих файлов структурированное хранилище информации.

Тест автоматизации

DISPTEST.EXE — подмножество Visual Basic и обычно используется для тестирования серверов-автоматов. DISPTEST не поддерживает такого объема автоматных свойств, как Visual Basic и Microsoft Excel 5.0, и поэтому эту программу следует использовать лишь как отправную точку вашего тестирования. Кроме того, вы не можете распространять DISPTEST и поэтому автоматный контролер, который вы создадите, не может быть использован для какой-либо иной цели помимо тестирования сервера-автомата. Первоначальный вариант сервера можно будет протестировать при помощи DISPTEST, однако для развитых серверов вам понадобится Visual Basic 3.0 и, в конечном итоге, Excel 5.0.

Просмотр *IDataObject*

DOBJVIEW.EXE позволяет просматривать список форматов данных, предлагаемых через посредство унифицированной передачи данных и операций «перенести-положить». Это средство можно также использовать для отображения информации в буфере Clipboard (информации, которая может быть туда помещена приложением без OLE). DOBJVIEW.EXE будет использован при исследовании унифицированной передачи данных на 9-м дне обучения.

Генератор Class ID

GUIDGEN.EXE генерирует 32 шестнадцатиричные цифры, которые представляют 128-битовый (16-байтовый) GUID. GUID означает Globally Unique Identifier и является элементом, заимствованным из спецификации DCE Open Software Foundation (OSF). Уникальность номера GUID статистически гарантирована на протяжении времени, превышающим время существования вселенной. OLE использует GUID в различных местах. Один из случаев — это идентификатор класса. Инструмент GUIDGEN будет использован на протяжении всей книги, а на 2-й день вы закодируете свою собственную версию GUIDGEN.

Просмотр таблицы работающих объектов

IROTVIEW.EXE показывает информацию о работающих объектах (объектах, находящихся в защищенном состоянии). Это средство будет использовано для показа активных объектов-автоматов, а также информации о ярлыках (дорожных картах).

Вы начнете пользоваться этим средством начиная с 14-го дня, «Поддержка связывания для OLE-сервера», для отладки сервера OLE, поддерживающего связанные объекты.

Монитор сообщений LRPC

LRPCSPY.EXE показывает сообщения, которые OLE передает между приложениями. Это средство исключительно полезно, когда вы пытаетесь определить, как взаимодействуют ваши приложения сервера и клиента. Оно будет использоваться для отладки ваших серверов и клиентов начиная с 13-го дня, «EXE-сервер OLE».

OLE2View

OLE2VIEW.EXE позволяет рассматривать объекты OLE. Это средство показывает все имеющиеся стандартные интерфейсы, а также автоматные свойства и методы, поддерживаемые объектом. Это очень ценный инструмент, который будет применяться на протяжении всей книги для изучения создаваемых вами объектов. Можно использовать его также для того, чтобы узнать, какие интерфейсы объект поддерживает. Например, если у вас есть Excel 5, вы можете использовать это средство, чтобы определить, какие автоматные объекты, методы и свойства поддерживает Excel 5.

Состояние процесса Windows (Windows Process Status)

WPS.EXE показывает, какие приложения в настоящий момент запущены, а также какие DLL, драйверы и шрифты загружены. Это средство позволяет также прекратить процесс и выгрузить DLL, хотя эту возможность нужно применять с осторожностью, поскольку прекратив не тот процесс или выгрузив не ту DLL, можно обрушить всю систему. Эта программа особенно полезна при тестировании автоматизации. Многие серверы-автоматы OLE работают скрыто и их не просто остановить, если ваш котроллер не завершает сервер должным образом. Используя WPS, вы можете узнать, запущен ли сервер и, если запущен, остановить его. WPS работает только с 16-битными DLL. Для Win32 нет соответствующего инструмента.

Модуль OLE 2 Free

OLE2FREE.EXE — вариант монитора состояния процесса, специализированный для OLE. С помощью этого инструмента вы можете выгрузить все приложения, использующие в данный момент OLE. Обычно это средство требуется для того, чтобы освободить DLL-библиотеки OLE при крахе вашего приложения во время отладки. OLE2FREE.EXE работает только для 16-битных DLL OLE в Windows 3.x. Оно не производит никакого действия в Windows NT 3.5 или Windows 95; для Win32 соответствующего инструмента нет.

Windows Executable

WX.EXE — средство, позволяющее запускать Windows-программы из командной строки DOS. Если вы пользуетесь редактором DOS, вам нужно использовать WX, чтобы построить библиотеку типов (командой WX MKTYPLIB newtypes.odl) из окна совместимости с DOS, например. В противном случае вам придется вносить различные изменения в файл system.ini и группу старта (хотя изменения в стартовой группе необязательны, вы должны запустить WXSRVR из Windows до того, как использовать WX из окна DOS). Посмотрите файл Readme в OLE SDK, содержащий инструкции по установке. Заметьте, что WS Server нужен только для Windows 3.x. Windows NT 3.5 и Windows 95 и так позволяют выполнять приложения Windows из командной строки.

Создание библиотеки типов (Make Type Library)

MKTYPLIB.EXE — программа, создающая библиотеку типов, используемую для OLE-автоматизации. Вы будете применять это средство, когда начнете создавать автоматные серверы и контроллеры. Нужно иметь в виду, что MKTYPLIB обычно использует препроцессор языка C и по умолчанию запускает C-препроцессор командной строки Microsoft (вызывая его командой cl). Когда вы начнете пользоваться этой программой, вам будет показано, как можно изменить ее умолчания.

Просмотр библиотеки типов

TIBROWSE.EXE — программа, показывающая результат работы MKTYPLIB в пригодном для чтения виде. Ее основное назначение — просмотр библиотеки типов для не вами написанного сервера-автомата OLE, чтобы вы могли видеть, какие функции сервер предоставляет и какие параметры ему требуются. OLE2View также может показать библиотеку типов, однако OLE2View будет работать лишь для библиотек, введенных в регистрационную базу данных (речь о которой пойдет на 4-й день, «Простейший автоматный сервер»).

Другие инструменты OLE

Не все средства OLE поставляются с OLE SDK. Некоторые инструменты (например, regedit) уже входят в Windows или являются приложениями, которые нужно покупать отдельно. Хотя ни одно из этих средств не требуется, каждое из них может повысить уровень вашего понимания OLE, а также помочь протестировать приложения.

Regedit

Хотя Regedit не является необходимым для программирования OLE, тестирование приложения OLE без этого средства по меньшей мере затруднительно. К счастью, Windows включает Regedit и вам нет нужды идти и покупать его.

Regedit — средство, которое дает доступ к регистрационной базе данных Windows. Если вы являетесь пользователем Windows NT, то скорее всего вы уже знакомы с Regedit32 (версией Regedit для Windows NT), поскольку эта программа нужна для доступа к параметрам системы. OLE использует регистрационную базу данных для того, чтобы связать идентификатор класса объекта (который генерируется средствами типа GUIDGEN) с нужным сервером. Для запуска regedit из менеджера программ выберите File и затем Run. Введите **regedit** /v и нажмите Enter. Ключ /v вводится, чтобы увидеть информацию OLE.

Когда вы будете просматривать регистрационную базу данных, возможно, вы найдете пункты, начинающиеся с CLSID. За этими пунктами следует ID класса объекта. Кроме того, вы найдете пункты, которые начинаются с ProxyStudClsid, за которым следует номер. Эти пункты являются ID различных OLE-интерфейсов. По мере прохождения курса вы исследуете, что означают многие из этих пунктов и узнаете, как вносить в базу данных информацию для ваших OLE-объектов.

Microsoft Visual Basic 3.0

Microsoft Visual Basic 3.0 может быть использован как автоматный контроллер, а также как OLE-контейнер, поддерживающий связывание и внедрение. Используя таким образом Visual Basic, вы сможете быстро протестировать сервер-автомат или свой сервер OLE. Хотя для проверки некоторых аспектов вашего сервера-автомата можно применять и DISPTEST, он не поддерживает массивы, и если ваше приложение использует массивы в своих автоматных методах и свойствах, то вы не сможете полностью его протестировать. Кроме того, если вы захотите быстро написать приложение, тестирующее ваш OLE-сервер, то Visual Basic — единственный подходящий для этого инструмент. Вы также можете использовать Visual Basic для создания автоматного контроллера, который вы сможете тиражировать (запомните, что DISPTEST не создает EXE-модуля и его нельзя распространять).

Microsoft Excel 5.0

Хотя по своему назначению Microsoft Excel 5.0 — электронная таблица, это еще и превосходное средство тестирования OLE. Excel полностью поддерживает автоматизацию и как контроллер, и как сервер. Будучи использован в качестве автоматного контролера, Excel даже превосходит Visual Basic, поскольку Visual Basic может работать только с массивами, имеющими числовой индекс (item(1), item(2), item(3) и т.д.), в то время как Excel поддерживает также нечисловые индексы (item("fred"), item("jane"), item("boo")). Нечисловые индексы более полезны в том случае, если доступ по некоторому литералу (подобно поиску в словаре) будет более осмысленным, чем доступ по числу, которое кажется произвольным. Доступ по нечисловому индексу может быть более медленным, поэтому если вы заводите массив, то выясните сначала, какой вид доступа вам больше подходит: числовой, нечисловой или оба. Excel также поддерживает именованные аргументы, с которыми автоматизация Visual Basic работать не может.

(Именные аргументы позволяют задавать параметры в любом порядке или вовсе их опускать. Это похоже на команду DIR /A:H в DOS, которая перечисляет файлы с установленным атрибутом Hidden. Это /A эквивалентно именному аргументу.) Excel поддерживает активацию по месту с переговорами о меню (способность приложения-сервера OLE объединить все или часть своего меню с меню приложения-контейнера) в качестве клиента или сервера, так что вы можете тестировать как свои приложения-серверы, так и контейнеры.

Microsoft Word 6.0 для Windows

Microsoft Word 6.0 может быть использован в качестве сервера-автомата OLE и поддерживает активацию по месту с переговорами о меню в качестве клиента или сервера. Поскольку многие из тех приложений, которые вы напишете, могут быть внедрены или связаны с документом Word, вам нужно протестировать ваше приложение с Word. Word поддерживает операцию перенести-положить, поэтому вы можете использовать его в качестве источника или приемника drag and drop (drag and drop будет объясняться на 17-ом дне обучения).

Visio 2.0 от Shapeware

Visio 2.0 — отличный пример автоматного сервера OLE. Все объекты, методы и свойства документированы в оперативном справочнике. Кроме того, Visio сопровождается примерами, поэтому вы легко можете обучиться использованию его в качестве сервера-автомата. Visio поддерживает активацию по месту в качестве клиента и сервера, а также операцию drag and drop как источник или приемник.

Теперь, когда все инструменты на месте, вы можете приступать к написанию собственных приложений OLE.

Инициализация OLE

Приложения OLE (EXE-модули) под Win16 и Win32, использующие LRPC, требуют увеличения очереди сообщений Windows. OLE-приложение использует LRPC для осуществления коммуникации между процессами посредством использования вызовов PostMessage API Windows. Для отдельной задачи OLE может использовать довольно значительное число LRPC, поэтому нужно увеличить очередь сообщений Windows. Для приложений Win16 и Win32 по умолчанию очередь сообщений Windows равна восьми, и Microsoft рекомендует увеличить это число до 96 для OLE-приложений (EXE-модулей), которые используют LRPC под Win16. (Windows NT и Windows 95 динамически изменяют размер очереди сообщений, поэтому нет необходимости изменять размер очереди под NT; однако, если ваше приложение работает под Win32s, то нужно изменить размер очереди сообщений, как и для Win16).

Приложение, которое увеличивает размер очереди сообщений, должно выполнить эту процедуру до того, как первое сообщение попадет в очередь (иначе сообщения будут потеряны). Чтобы гарантировать выполнение этого условия, вызовите SetMessageQueue прежде любой другой функции API Windows, которая может создать окно. Кроме того, никогда не полагайтесь на то, что вызов SetMessageQueue пройдет успешно (SetMessageQueue возвращает нуль в случае отказа). Если функция терпит неудачу, то вы должны повторять вызов SetMessageQueue с меньшими значениями аргумента до тех пор, пока она не завершится успешно. В листинге 1.1 (фрагмент кода) не предполагается, что когда-нибудь это произойдет, поэтому функция возвращает FALSE в случае неудачи SetMessageQueue. Если результатом функции является FALSE, то вы должны завершить свое приложение, так как у вас нет очереди сообщений.

Листинг 1.1. Фрагмент кода с SetMessageQueue.

```
int iMsgQueSize = 96;

while ((SetMessageQueue(iMsgQueSize == 0) && (iMsgQueSize>0)){
   iMsgQueSize -= 8;      // Уменьшить запрашиваемую длину очереди
```

```
}
if (iMsgQueSize <= 0)       // Есть ли очередь сообщений?
   return FALSE;            // Нет, завершить приложение (в WinMain)
```

Анализ

Сначала установите требуемую длину очереди сообщений (iMsgQueSize) равной 96, поскольку Microsoft рекомендует для OLE-приложений именно такую величину. Затем в цикле while запрашивайте размер очереди сообщений iMsgQueSize (используя SetMessageQueue). В случае получения ненулевого результата от SetMessageQueue у вас есть очередь сообщений и цикл while можно прекратить. В противном случае уменьшите iMsgQueSize на 8 и выполните SetMessageQueue снова. Этот цикл продолжается до тех пор, пока SetMessageQueue не возвратит ненулевой результат, который означает, что у вас есть очередь сообщений, либо пока iMsgQueSize не станет равна нулю. Если iMsgQueSize меньше или равна нулю, то очереди сообщений не существует, и вам необходимо сделать все то, что требуется для завершения приложения. Поскольку этот код обычно включается в WinMain, возврат FALSE прекратит выполнение вашего приложения. Если iMsgQueSize положительна, то очередь сообщений существует и приложение может быть продолжено.

ПРОВЕРЬТЕ значение, возвращаемое SetMessageQueue. Если возвращается нуль, то у вас нет очереди сообщений, и Windows не сможет обрабатывать сообщения. Нужно вызывать SetMessageQueue с аргументом, величина которого постепенно уменьшается, до тех пор, пока функция не возвратит успешный результат (положительную величину); в противном случае выходите из программы.
НЕ ВЫЗЫВАЙТЕ SetMessageQueue со значениями, большими 120. Функция SetMessageQueue вернет успешный результат, однако никакой очереди в действительности создано не будет.

Помимо изменения размера очереди системных сообщений (если необходимо), нужно инициализировать саму систему OLE. Для инициализации OLE сначала нужно вызвать OLEBuildVersion. Этот вызов возвращает номер версии постройки OLE. Номер постройки OLE не есть версия OLE, поэтому не сравнивайте эту величину с 2.01, например. В файле-заголовке OLE, ole2ver.h (2 — номер версии OLE) находятся две константы: rmm и rup, которые содержат старший и младший номера версии постройки соответственно.

Никогда не используйте версию DLL OLE, возвращающую старший номер версии (rmm), не согласующийся с номером версии, использованной вами при компиляции. Далее, вы должны использовать только версию DLL OLE, возвращающую младший номер, больший или равный номеру версии компиляции. Если вы используете версию DLL, младший номер которой меньше, чем номер версии компиляции, то следует обратить внимание на то, чтобы ваше приложение не использовало возможности, отсутствующие в данном выпуске. Если старший номер версии не совпадает или если младший номер версии компиляции больше младшего номера установленной версии OLE, то в вашей библиотеке классов (листинги 1.2 и 1.3) может случиться ошибка. Это очень важно, поскольку по ходу дела вы будете использовать специфические возможности OLE 2.01+, которые не доступны в OLE 2.0.

Листинг 1.2. OLEBASE.H.

```
#ifndef  __OLEBASE_H__
#define  __OLEBASE_H__

#ifndef  STRICT
#define STRICT
#endif

#ifndef CLASS.
#ifdef __TURBOC__
```

Листинг 1.2. продолжение

```
#define CLASS class huge
#else
#define CLASS class far
#endif
#endif

#ifdef WIN32
#define NEARDATA
#else
#define NEARDATA __near
#endif

#ifndef _INC_WINDOWS
#include <windows.h>
#endif

#ifndef _OLE2_H_
#include <ole2.h>
#endif

enum eOleInitialization {
       eNotInitialized = IDS_NOT_INITIALIZED,
       eMajorFailed    = IDS_MAJOR_VERSION,
       eMinorFailed    = IDS_MINOR_VERSION,
       eOleInitFailed  = IDS_OLE_INITFAILED,
       eOleInitialized = IDS_OLE_INITIALIZED};

class COleBase
{
public:
 COleBase();
 ~COleBase();
 eOleInitialization InitDone;
};

#endif
```

Листинг 1.3. OLEBASE.CPP.

```
#include "olebase.h"
#include <ole2ver.h>

COleBase::COleBase()
{
 DWORD dwVer;

 InitDone = eNotInitialized;

 dwVer = ::OleBuildVersion();

 if (rmm == HIWORD(dwVer)){
   if (rup <= LOWORD(dwVer)){
     InitDone = eOleInitialized;  // Init OK
   } else {
     InitDone = eMinorFailed;    // Minor version failed
     return;
   }
 } else {
   InitDone = eMajorFailed;
   return;
 }
 if (FAILED(::OleInitialize(NULL))){
   InitDone = eOleInitFailed;
   return;
 }
}
```

```
COleBase::~COleBase()
{
 if (InitDone == eOleInitialized)
    ::OleUninitialize();
}
```

Анализ

Наконец, настало время вызвать функцию OleInitialize (см. листинг 1.3.). OleInitialize принимает один параметр — указатель на объект IMalloc, однако в большинстве случаев он может быть равен NULL. Обычно вы передаете в этом параметре NULL, и тогда OLE использует для неразделяемой памяти управление по умолчанию. OLE использует два типа памяти: неразделяемую (non-shared) и разделяемую (shared). *Неразделяемая память* — это память, относящаяся только к данной задаче, в то время как *разделяемая память* может переходить от одной задачи к другой. В действительности OLE использует функции malloc, realloc и free (вместе со специфическими методами OLE) в качестве реализации IMalloc по умолчанию. Если вы хотите использовать другую схему управления памятью, то вам нужно реализовать IMalloc. Интерфейс IMalloc будет обсуждаться в контексте 8-го дня («Компонентная модель объекта»). После проведения инициализации становится возможным использование других компонент API OLE.

По завершении работы с OLE вы должны вызвать OleUninitialize (см. листинг 1.3). Это освободит библиотеку OLE, а также и память, которую она использовала. Так как вы используете C++, то OleInitialize и OleUninitialize помещены в COlebase соответственно как конструктор и деструктор. С тем же успехом можно было бы поместить их в базовый класс приложения или прямо в само приложение. Вообще говоря, эта книга старается не раскрывать реализации OLE, чтобы легко можно было интегрировать OLE в существующие приложения. Кроме того, изменения, которые могут появляться по мере выпуска новых версий, будут локализованы в немногих файлах, а не разбросаны по всему приложению. Листинг 1.4 — это отрывок программы, демонстрирующий, как инициализировать OLE.

Листинг 1.4. Фрагмент программы с инициализацией/деинициализацией OLE.

```
#include <windows.h>
#include "olebase.h"

#ifndef  EXPORT
#define  EXPORT   __export
#endif

LONG FAR PASCAL EXPORT WndProc(HWND hWnd, UINT msg, WPARAM wParam, LPARAM lParam);
HINSTANCE  hInst;


COleBase*  pOleBase;

int PASCAL WinMain(HINSTANCE hInstance, HINSTANCE prevInst,
                   LPSTR /* cmdline */, int show)

{
 HWND     hWnd;
 MSG      msg;
 WNDCLASS  wndcls;
 static  charszAppName[] = "DAY01";

 intiMsgQueSize = 96

 while ((SetMessageQueue(iMsgQueSize) == 0) && (iMsgQueSize>0))
    iMsgQueSize -= 8;
 if (iMsgQueSize < 0)
    return FALSE;
```

Листинг 1.4. продолжение

```
 if (prevInst == NULL){
    wndcls.style      = CS_HREDRAW | CS_VREDRAW;
    wndcls.lpfnWndProc    = WndProc;
    wndcls.cbWndExtra     = 0;
    wndcls.cbClsExtra     = 0;
    wndcls.hInstance= hInstance;
    wndcls.hIcon      = LoadIcon(hInstance, szAppName);
    wndcls.hCursor        = LoadCursor(NULL, IDC_ARROW);
    wndcls.hbrBackground= (HBRUSH)(COLOR_WINDOW+1);
    wndcls.lpszMenuName= szAppName;
    wndcls.lpszClassName= szAppName;

    if (!RegisterClass(&wndcls))
     return FALSE;
 }
 pOleBase = new COleBase;
 if (pOleBase-InitDone != eOleInitialized) {
    delete pOleBase;
    return FALSE;
 }

 hInst = hInstance;
 hWnd = CreateWindow(szAppName,
            "OLE 2.0 In 21 Days - Day 1",
            WS_OVERLAPPEDWINDOW | WS_SYSMENU,
            CW_USEDEFAULT,
            0,
            CW_USEDEFAULT,
            0,
            NULL,
            NULL,
            hInst,
            NULL);
 ShowWindow(hWnd,show);
 UpdateWindow(hWnd);

 while (GetMessage(&msg, NULL, 0, 0)) {
    TranslateMessage(&msg);
    DispatchMessage(&msg);
 }

    delete pOleBase;

 return msg.wParam;
}
```

Анализ

Объявление COLeBase * pOleBase создает указатель типа COLeBase, но не создает объекта языка C++. Внутри WinMain изменяется размер очереди сообщений и посредством исполнения кода pOleBase = new COLeBase создается объект C++. Это утверждение пробуждает ваш конструктор, инициализируя OLE (если возможно). Если OLE нельзя инициализировать, то приложение следует завершить. (В программном продукте пользователя лучше оповестить сообщением, что возникла ошибка, чем просто завершить выполнение.) Когда приложение завершилось, нужно удалить pOleBase, вызвав деструктор и потом, в свою очередь, OleUninitialize (если это нужно).

ВЫЗЫВАЙТЕ OleUninitialize для каждого успешного вызова OleInitialize. Если не вызвать OleUninitialize, то библиотеки OLE не смогут быть освобождены. DLL не освобождаются до тех пор, пока число успешных вызовов OleUninitialize не будет равно числу успешных вызовов OleInitialize.
НЕ ВЫЗЫВАЙТЕ OleUninitialize, если OleInitialize не была вызвана успешно.

На самом деле, могут быть вызваны OleInitialize или CoInitialize. Можно вызвать CoInitialize, если используются только API Component Object или Compound File. Поскольку OleInitialize делает внутренний вызов CoInitialize, в этой книге во всех случаях будет применяться OleInitialize. Соответственно OleUninitialize внутренним образом вызывает CoUninitialize.

Вы могли обратить внимание на ссылки __TURBOC__ и _WIN32 в заголовочных файлах (листинг 1.2). Это для того, чтобы библиотека классов правильно работала под компилятором Borland и под 32-битной версией Windows. OLE SDK рекомендует следующие установки компилятора:

Borland C++

- Установите «smart callbacks» (под рубрикой Windows Entry/Exit)
- Установите «smart» (под Virtual Tables)
- Установите «far» (под Memory Model)
- Установите «Member pointers support all cases» (под Member Pointers)
- Установите Virtual Base Pointers «same size az 'this' pointer» (под C++ Compatibility)
- Установите «Disable Constructor Displacement» (под C++ Compatibility)
- Отключите «Case Sensitive Link» (под Linker, General)
- Для 32-битных приложений убедитесь в том, что _WIN32 определен как препроцессорный символ

Microsoft Visual C++

- Если вы установили SS == DS, то используйте ключи компилятора /GA /GE
- Для 32-битных приложений убедитесь в том, что _WIN32 определен как препроцессорный символ

За дополнительной информацией обращайтесь к документации по OLE SDK и компилятору.

Заключение

Как вы могли уже понять, OLE — это набор строительных блоков, которые можно использовать как по одному, так и в совокупности. Разбивка OLE на различные блоки делает OLE менее страшным и более управляемым. Кроме того, вы узнали:

- О различных инструментальных средствах, которые поставляются вместе с OLE SDK.
- Как изменить очередь сообщений, необходимую для 16-битных приложений.
- Об инициализации, которая требуется для каждой OLE программы.

Вопросы и ответы

В: Где можно достать OLE SDK?

О: Для начала справьтесь у производителя компилятора, есть ли у них версия SDK, приспособленная к компилятору (Microsoft включает SDK в Visual C++ 1.5 и Visual C++ 2.0). Его также можно получить у Microsoft на компакт-диске Microsoft Development Platform.

В: Нужна ли версия OLE SDK, ориентированная на компилятор?

О: Нет, но вам может потребоваться перекомпилировать часть OLE SDK для вашего компилятора. Библиотека интерфейса пользователя OLE (которая будет обсуждаться на 13-й день) поставляется с исходными текстами. Откомпилированная версия работает с Microsoft-совместимыми компиляторами (такими, как Symantec). Пользователям Borland и других компиляторов нужно перекомпилировать эту библиотеку.

Кроме того, программы-примеры, поставляемые на Microsoft Development Platform CD, поставляются с make-файлами для компилятора Microsoft.

В: В Microsoft Visual C++ 1.5 имеется поддержка OLE в библиотеке классов (MFC). Нужно ли мне ее использовать при работе с примерами этой книги?

О: Нет. Эта книга специально написана так, чтобы не зависеть от компиляторов или библиотек.

В: На моем жестком диске установлены некоторые приложения OLE. Как узнать версиию установленных DDL?

О: OLE2View может показать вам номер версии OLE. Выберите File, потом Show OLE Version... из OLE2View, и будут показаны DLL и номера их версий.

Семинар

Опрос

1. Какой длины должна быть очередь сообщений для OLE под Windows 3.1?
2. Когда не нужно изменять размер очереди сообщений?
3. Когда должна использоваться OleInitialize?

Упражнения

1. Представленный класс COleBase может быть использован для других классов OLE, которые будут определены в последующие дни. Класс, как он представлен в листинге, будет инициализироваться и деинициализироваться всякий раз, когда использующий его класс создается и уничтожается соответственно. Хотя OLE и разрешает многократную инициализацию, это неэффективно. Измените базовый класс таким образом, чтобы в случае, если OLE уже инициализировано, повторной инициализации не происходило.

Ответы к опросу

1. Для приложений, обменивающихся сообщениями с другими приложениями, Microsoft рекомендует установить длину очереди сообщений равной 96.
2. 32-битные версии Windows (например, Windows NT 3.1) не требуют изменения длины своей очереди сообщений. Кроме того, длину очереди менять не нужно, если приложение не обменивается объектами с другими приложениями.
3. OleInitialize используется для инициализации OLE. OleInitialize следует вызывать только после того, как вы проверили номер версии DLL OLE (с помощью OleBuldVersion).

Ответы к упражнениям

Исходный код находится на диске.

День 2

IUnknown, IClassFactory

В 1-й день были рассмотрены вопросы инициализации OLE. Сегодня вы узнаете о том, как создаются объекты и осуществляется к ним доступ.

Интерфейсы

Интерфейс — это всего лишь указатель на объект. Правда, интерфейс не указывает на объект прямо, он в действительности указывает на таблицу виртуальных функций (см. рис 2.1). Эта таблица виртуальных функций содержит только методы (функции и процедуры), относящиеся к определенному интерфейсу. Каждый OLE-объект обычно имеет несколько интерфейсов, которые различаются по своей специализации. Например, объект может содержать файловый интерфейс, интерфейс печати и интерфейс для вычислений. Функции и процедуры внутри файлового интерфейса могут быть использованы для чтения, записи и удаления файла. В свою очередь интерфейс печати может иметь функции и процедуры записи верхнего и нижнего колонтитулов и записи основного текста распечатки. Интерфейс вычислений должен уметь умножать, делить, складывать и вычитать.

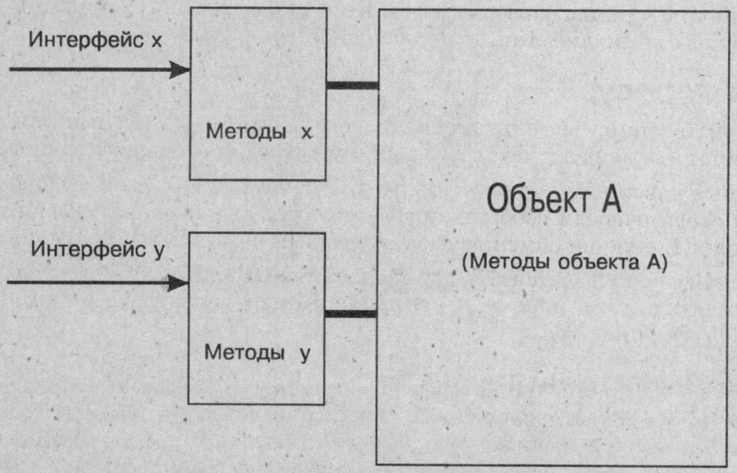

***Рис. 2.1.** Интерфейсы объекта OLE*

Приведем пример, который поможет прояснить вопрос о том, что такое интерфейс. Представьте себе, что PC — это OLE-объект. В таком случае DOS может рассматриваться как интерфейс, отвечающий за методы ввода/вывода. Windows — другой интерфейс, который отвечает за экранные методы и которому в свою очередь требуются методы DOS. Ваш PC может иметь также закрытые методы, такие, как некоторые процедуры ROM BIOS. Прежде всего возникает вопрос, как узнать, какие интерфейсы содержит объект. Разумеется, вы не можете послать запрос вашему PC, какие интерфейсы он поддерживает — вы должны знать их заранее. С OLE дело обстоит совсем иначе. OLE дает возможность запрашивать объект относительно поддерживаемых им интерфейсов. Делается это при помощи специального интерфейса IUnknown.

IUnknown

Чтобы выяснить, поддерживает ли объект в OLE определенный интерфейс, вы можете просто задать объекту вопрос: «Скажите, поддерживаете ли вы x?». Если объект поддерживает x, он ответит «да». В противном случае объект ответит «нет». Если объект ответит, что он поддерживает данный интерфейс, то возникает вопрос — как получить этот интерфейс (поскольку все интерфейсы — это указатели). На самом деле OLE не просто отвечает «да», а возвращает требуемый указатель (либо код ошибки в качестве «нет», если данный интерфейс не поддерживается). Интерфейс, которому посылается этот запрос, называется IUnknown. IUnknown — неотъемлемая часть любого объекта и требуется для любого интерфейса. Если вы посмотрите на рис. 2.2, то увидите, что объект имеет IUnknown (нарисован стрелкой сверху). Этот IUnknown является главным интерфейсом IUnknown объекта и обычно изображается над объектом. Главный IUnknown объекта знает обо всех интерфейсах, предоставляемых объектом (на 7-ой день, «Агрегатные объекты», вы узнаете о методике, когда главный IUnknown не знает о некоторых интерфейсах, к которым предоставлен открытый доступ). Теперь обратите внимание на два интерфейса слева от объекта. Как видите, они тоже имеют IUnknown в верхней части виртуальной таблицы. При дальнейшем знакомстве с IUnknown вы узнаете, что в нем имеется три метода: QueryInterface, AddRef и Release.

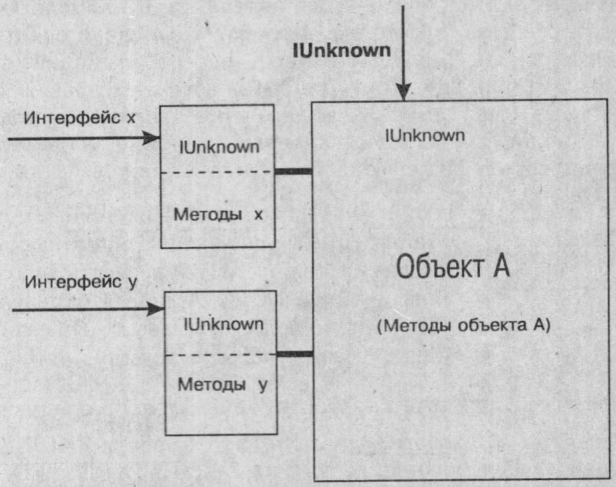

Рис. 2.2. Интерфейс IUnknown объекта

QueryInterface

Теперь, когда вы знаете, что интерфейс — это просто указатель на таблицу функций внутри объекта, возникает следующий вопрос. Как получить нужный вам интерфейс? Используя IUnknown, вызовите метод QueryInterface. В любой реализации любого интерфейса должна быть реализована функция QueryInterface. QueryInterface дает возможность задавать вопрос: «вы поддерживаете интерфейс x?» Затем функция возвращает интерфейс, если объект поддерживает запрашиваемый интерфейс. Синтаксис QueryInterface такой:

```
HRESULT IUnknown::QueryInterface(REFIID riid, LPVOID *ppvObj);
```

riid — ID интерфейса (IID), относительно которого вы хотите узнать, поддерживается ли он; ppvObj — указатель интерфейса, если запрашиваемый riid поддерживается, или NULL, если интерфейс не поддерживается.

Возникает вопрос, какой HRESULT возвращается в том случае, если запрашиваемый riid не поддерживается и в ppvObj содержится NULL? HRESULT является дескриптором (handle) результата, подобно тому как HWND — это дескриптор окна. В приведенной ниже таблице определены значения полей и битов HRESULT, используемые в настоящее время.

<table>
<tr><th>Биты</th><th>Поле</th><th>Описание</th></tr>
<tr><td>31</td><td>Severity Field (критическое)</td><td>0 — если вызов функции успешен; 1 — если функция закончилась неудачно или произошла ошибка</td></tr>
<tr><td>20-30</td><td>Context Field (контекст)</td><td>Зарезервировано для использования в будущем. Значение этого поля не следует предполагать равным нулю</td></tr>
<tr><td>16-19</td><td>Facility Field (вспомогательное)</td><td>Выделяется только Microsoft, это поле указывает, к какой группе данная ошибка относится. В настоящее время действительные значения таковы:
<table>
<tr><th>Константа</th><th>Тип ошибки</th><th>Значение</th></tr>
<tr><td>FACILITY_NULL</td><td>Общая</td><td>0</td></tr>
<tr><td>FACILITY_RPC</td><td>Ошибка RPC</td><td>1</td></tr>
<tr><td>FACILITY_DISPATCH</td><td>Ошибка DISPATCH</td><td>2</td></tr>
<tr><td>FACILITY_STORAGE</td><td>Ошибка хранилища</td><td>3</td></tr>
<tr><td>FACILITY_ITF</td><td>Ошибка интерфейса</td><td>4</td></tr>
</table></td></tr>
<tr><td>0-15</td><td>Code Field (код)</td><td>Описывает ошибку или состояние по категориям Facility (коды, поддерживаемые в настоящее время, см. в include-файлах OLE). Code Field не обязательно указывает на ошибку. Это поле может передать дополнительную информацию в случае успеха. Поэтому не предполагайте, что если это поле ненулевое, то это означает ошибку. На ошибку указывает поле Severity.</td></tr>
</table>

В настоящее время все кодовые константы определены в следующем формате:

*<Facility>*_*<Severity>*_*<Reason>*, где, если Facility равно FACILITY_NULL, <Facility> будет опущено. Примерами являются E_UNEXPECTED(FACILITY_NULL), STG_S_CONVERTED(FACILITY_STORAGE и Success) и DISP_E_MEMBERNOTFOUND (FACILITY_DISPATCH).

НЕ ПОЛАГАЙТЕСЬ на то, что коды ошибки/состояния, перечисленные в OLE API SDK, исчерпывают все возможные значения возврата конкретной функции API. В OLE API SDK приведены лишь наиболее часто возвращаемые значения.

Обратимся к QueryInterface из последнего примера. Она возвращает HRESULT. Если запрашиваемый интерфейс не поддерживается, то QueryInterface возвращает E_NOINTERFACE, а если поддерживается, то QueryInterface возвращает S_OK. Функции, тип возврата которых HRESULT, могут заканчиваться успешно, а могут по каким-то причинам терпеть неудачу. HRESULT предоставляет информацию в обоих случаях. В случае неуспеха HRESULT указывает его причину. Ниже приведен пример того, как обрабатываются ошибки в OLE:

```
HRESULT hresult = x->QueryInterface(IID_ICLASSFACTORY, ppv) ;
if (SUCCEEDED(hresult)) {
  //делаете то, что нужно в случае успеха
} else {
  //делаете то, что нужно в случае неудачи
}
```

Макрос SUCCEEDED определен в SCODE.H (часть OLE SDK) и возвращает TRUE, если бит 31 (Severity field) равен 0. В противном случае SUCCEEDED возвращает FALSE. SCODE.H также имеет другой макрос под названием FAILED, который возвращает TRUE, если бит 31 (Severity field) равен 1. В противном случае FAILED возвращает FALSE.

Addref и *Release*

Следующим методом, который требуется для IUnknown, является Addref. Addref используется для поддержки счетчика ссылок на объект. Счетчик ссылок служит для определения того момента, когда объект может быть уничтожен. Одно из правил программирования в OLE гласит: «Когда интерфейс выдан, он остается действительным до тех пор, пока объект не будет уничтожен». Обычно (но не всегда) объекты удаляются, когда на них не осталось больше ссылок. Объект увеличивает свой счетчик всякий раз, когда вызывается Addref, и уменьшает счетчик, когда вызывается Release. Когда счетчик ссылок достигнет нуля (то есть когда вызывается Release, и в результате уменьшения счетчика получается нуль), метод Release может уничтожить объект.

```
ULONG IUnknown::AddRef();
ULONG IUnknown::Release();
```

Оба метода, как AddRef, так и Release, возвращают число актуальных ссылок на объект. Если Release возвращает нуль, то объект уничтожен. OLE 2 требует, чтобы Release возвращала нуль, если объект уничтожен, но в других реализациях OLE возврат нуля может быть необязателен. Поэтому если вы хотите проверить факт уничтожения объекта, не стоит полагаться на проверку этого значения. Объект в состоянии контролировать 231 - 1 актуальных ссылок. Этот факт вытекает из того, что AddRef и Release оба возвращают тип unsigned long.

Значением, возвращаемым функциями AddRef и Release, является текущее число актуальных ссылок на объект. Если вам нужно узнать, сколько существует ссылок на объект и у вас уже есть интерфейсный указатель на него, вызовите AddRef и сразу вслед за этим Release. Значение, возвращаемое Release, будет числом актуальных ссылок на объект. Если вы используете значение, возвращаемое AddRef, то из него нужно вычесть единицу, поскольку, вызвав AddRef, увеличили число ссылок на единицу. Microsoft не рекомендует использовать значения, возвращаемые AddRef и Release, за исключением целей отладки.

НЕ ЗАБЫВАЙТЕ вызывать AddRef всякий раз, когда выдается интерфейс. Вызывайте AddRef также всякий раз, когда интерфейс копируется, например: A = B. Если время жизни A больше, чем B, то нужно вызывать AddRef.
ВЫЗЫВАЙТЕ AddRef всякий раз, когда указатель на интерфейс возвращается вызывающему. Если ваш метод возвращает указатель на интерфейс, то убедитесь в том, что перед возвратом указателя вызывается AddRef.
ВЫЗЫВАЙТЕ Release всякий раз, когда указатель на интерфейс уничтожается. Если вы выполняете копирование, например A = B и A не NULL перед присваиванием B, то убедитесь, что вы вызвали A->Release(), в противном случае объект никогда не будет уничтожен (счетчик ссылок никогда не достигнет нуля).

Всякий раз, когда вы освобождаете указатель интерфейса, перед вызовом Release проверьте, не равен ли он нулю. Если указатель на интерфейс NULL, не вызывайте Release (поскольку у вас нет действительного указателя), а если не NULL, вызовите Release и после вызова обнулите интерфейсный указатель. Вы обнаружите, что этот прием избавит вас от многих неприятностей, поскольку вызов Release с нулевым указателем приводит к ошибке программы.

IUnknown объекта и *IUnknown* интерфейса

А теперь, после описания методов, необходимых для IUnknown, вернемся к рассмотрению вопроса о различных IUnknown — принадлежащем объекту и принадлежащем интерфейсу. В целях придания обсуждению большей наглядности предположим, что объект MyObject предоставляет три интерфейса IInterfaceX, IInterfaceY, и IUnknown.

Используя псевдокод, можно представить это так:

```
IInterfaceX::QueryInterface(...);
IInterfaceX::Addref();
IInterfaceX::Release();
IInterfaceX::MethodX1(...);
IInterfaceX::MethodX2(...);
IInterfaceY::QueryInterface(...);
IInterfaceY::Addref();
IInterfaceY::Release();
IInterfaceY::MethodY1(...);
MyObject::QueryInterface(...);
MyObject::Addref();
MyObject::Release();
```

Допустим, у вас есть указатель интерфейса IInterfaceX. Вы можете запросить интерфейсный указатель лишь о том, поддерживаются ли интерфейсы IInterfaceX и IUnknown. IInterfaceX не должен сообщать вам, поддерживает ли MyObject также и IInterfaceY. По тем же соображениям IInterfaceY не обязан сообщать, что MyObject поддерживает также IInterfaceX. Однако MyObject::IUnknown должен сказать вам, что MyObject поддерживает IInterfaceX, IInterfaceY и IUnknown. Такое положение вещей кажется странным: IUnknown говорит, что он поддерживает IUnknown. Однако бывают моменты, когда неизвестно, какой у вас интерфейс. Если неизвестен вид интерфейса, то запросите IUnknown и уже потом запросите желаемый интерфейс. Если IUnknown был у вас изначально, неважно — вам еще раз будет выдан указатель на IUnknown, и вы сможете запросить нужный интерфейс. По мере того, как вы будете разрабатывать приложения OLE, ощущение запутанности в этом вопросе пройдет.

Реализация *IUnknown*

Большинство реализаций IUnknown выглядят похожими друг на друга. Листинг 2.1 содержит типичную реализацию IUnknown. QueryUnterface перечисляет все интерфейсы, которые объект объявляет.

Листинг 2.1. Реализация IUnknown

```
STDMETHODIMP
COleDay2Object::QueryInterface(REFIID riid, void FAR* FAR* ppv)
{
 // riid identifies an interface type.  Do we support it?

 if (riid == IID_IUnknown)
     *ppv = this;
   else {
     *ppv = NULL;
     return ResultFromScode(E_NOINTERFACE);
 }
 // If execution reached this point then no error occurred.
 AddRef();
 return NOERROR;
}
STDMETHODIMP_(ULONG)COleDay2Object::AddRef()
{
 return ++m_refs;
}

STDMETHODIMP_(ULONG)COleDay2Object::Release()
{
 if(--m_refs == 0)
 {
   delete this;
   return 0;
 }
 return m_refs;
}
```

Анализ

В этом примере QueryInterface поддерживает только интерфейс IUnknown, поэтому всякий раз при запросе IUnknown интерфейс возвращает в ppv указатель на себя самого. QueryInterface затем вызывает AddRef, чтобы уведомить объект о том, что он выдает интерфейс, и возвращает NOERROR. Если запрошен какой-то другой интерфейс, то ppv содержит NULL и возвращается E_NOINTERFACE. В этом случае AddRef не вызывается, потому что объект не возвращает интерфейса (он возвращает NULL).

Далее определяется AddRef. В вашей реализации AddRef только увеличивает счетчик ссылок и возвращает его текущее значение. И, наконец, реализуется Release. Release смотрит, не обратился ли в нуль счетчик ссылок, и если да, то объект удаляется. Если счетчик ссылок не нуль, то возвращается его значение.

В зависимости от сложности объекта, для выполнения дополнительных операций в теле QueryInterface, AddRef и Release может содержаться и другой код. При реализации Release для более сложных объектов может потребоваться дополнительная сборка мусора (освобождение выделенной для объекта памяти). В некоторых случаях (например, как в разделе 4-го дня, «Простой автоматный сервер»), Release может завершить приложение, если счетчик ссылок обнулился. Когда объекты содержат другие объекты (обсуждается в 7-й день), IUnknown реализован в действительности немного по-иному, однако общая концепция остается прежней.

GUID

GUID (Global Unique Interface ID, глобально уникальный идентификатор интерфейса) — это 128-битный номер, который представлен в форме строки, состоящей из 32 шестнадцатиричных цифр. CLSID (Class ID) служит для того, чтобы присвоить объекту уникальный идентификатор. CLSID является GUID. IID (Interface ID) также является GUID. Вот пример CLSID: {00021A00-0000-0000-C000-000000000046}; он используется Visio. А вот пример IDD: {00000000-0000-0000-C000-000000000046} — он принадлежит IUnknown. Как можно видеть, при визуальном представлении CLSID и IDD заключены в фигурные скобки {} и имеют формат 8X-4X-4X-4X-12X, где X — шестнадцатиричная цифра, причем все шестнадцатиричные цифры в верхнем регистре.

Определить CLSID для Visio можно с помощью **Regedit /v**. Высвеченный пункт указывает CLSID для Visio Automation Server, в то время как шесть строк под ним указывают CLSID для объекта Visio Drawing. Обратите внимание на то, что для автоматного сервера Visio требуется меньше пунктов, чем для объекта Visio Drawing (они уходят за границу экрана).

Используя **Regedit /v**, вы можете также определить IDD для IUnknown. Из предыдущего раздела вы уже знаете, что для IUnknown требуется три метода — QueryInterface, Addref и Release. Если вы изучите пункт NumMethods (на строке, следующей за IUnknown), то вы увидите, что его значение равно 3, что и равно числу необходимых для этого интерфейса методов.

Регистрационная база данных

Перед тем, как вы создадите свой первый объект, следует обсудить еще один вопрос — о регистрационной базе данных. OLE просматривает *регистрационную базу данных*, чтобы определить, какая программа или DLL может создать запрашиваемый объект. Обычной практикой создания объектов в OLE является использование ID его класса (CLSID). OLE ищет CLSID в регистрационной базе данных, чтобы выяснить имя EXE или DLL модуля, являющегося сервером объекта. Затем сервер запускается — и объект наконец может быть создан. На рис. 2.3 показан пример экрана регистрационного редактора. Высвеченный пункт соответствует объекту, который вы собираетесь создать.

Чтобы ввести в базу данных новый пункт, создайте сначала регистрационный файл вашего объекта. Ниже приводится регистрационный файл для простого объекта (его нужно сохранить под именем day02.reg).

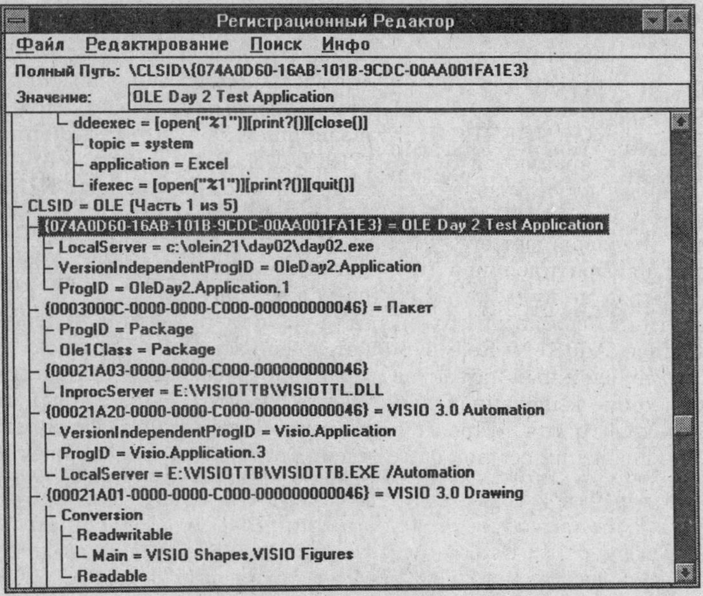

Рис. 2.3. Regedit для day02

```
REGEDIT
HKEY_CLASSES_ROOT\CLSID\{0002A00-0000-0000-C000-000000000046} = OLE Day 2 Test
Application
HKEY_CLASSES_ROOT\CLSID\{0002A00-0000-0000-C000-000000000046}\LocalServer =
c:\olein21\day02\day02.exe
```

Первая строка должна содержать REGEDIT заглавными буквами. Следующая содержит CLSID в формате, удобном для чтения. Если эта строка будет пропущена, то вы не сможете запускать этот объект из таких приложений, как OLEVIEW, которые показывают вам имя в читаемом формате. И наконец, последняя строка говорит OLE, что для данного ID класса имя сервера day02.exe. Обратите внимание на то, что включено полное имя маршрута исполняемого модуля. Если вы не указываете полный маршрут, то убедитесь, что исполняемый файл доступен в маршруте по умолчанию. В противном случае OLE не найдет его. Большинство регистрационных файлов значительно больше, чем приведенный здесь. В дальнейшем вы узнаете о некоторых дополнительных пунктах. Чтобы загрузить этот файл, выполните следующие шаги в менеджере программ: **File**, **Run** и **Regedit /v** (вы должны добавить диск и маршрут, если Regedit не доступен в маршруте по умолчанию). Важно использовать /v, чтобы увидеть пункты, относящиеся к OLE. Запустив regedit, выберите **File**, **Merge** и регистрационный файл, который вы создали. После того как Windows сообщит вам, что операция Merge успешно завершена, вы можете выходить (и сохранить новый регистрационный файл). Ваш объект теперь доступен OLE. Если вы работаете с Windows 95 или Windows NT, то вместо Regedit используйте Regedit32.

Возможно, у вас возник вопрос о том, каким образом мы получили CLSID, использованный в day02.reg. Тот блок номеров, которые используются в этой книге, был получен от Microsoft. Microsoft выделил номера с 0002A400-0000-0000-C000-000000000046 по 0002A4FF-0000-0000-C000-000000000046 (блок из 256 CLSID). Не используйте этих ID в своих приложениях (хотя, конечно, вы можете пользоваться ими в приведенных в этой книге примерах). Вы можете получить свой блок ID прямо от Microsoft (через CompuServe).

Вы можете также получить CLSID, запустив GUIDGEN.EXE, который поставляется с OLE SDK и Visual C++ 1.5 или 2.0. GUIDGEN генерирует единственный CLSID, показывая CLSID в окне сообщений и делает его доступным в буфере Clipboard. Наконец, вы можете написать свое собственное приложение для генерации CLSID, применив функцию OLE CoCreateGuid (напомним, что GUID, CLSID и IID все одинаковы). Для CoCreateGuid требуется один параметр — указатель на место, где будет храниться сгенерированный CLSID.

Хотя CoCreateGuid генерирует CLSID (GUID/IID), она не представляет его в пригодном для чтения формате. Чтобы преобразовать CLSID /GUID/IID в строку, нужно вызвать функцию StringFromGUID2, которая принимает три параметра. Первый параметр — это CLSID/GUID/IID, который нужно преобразовать. Второй параметр — строка, куда нужно поместить результат, и третий параметр — размер строки. Строка должна иметь длину по меньшей мере 39 байт (куда входят дефисы, разделяющие группы цифр, фигурные скобки {}, заключающие строку, и завершающий нуль). По заявлению Microsoft, генерируемый CoCreateGuid CLSID (GUID/IID) является статистически уникальным (другими словами, никто в мире не получит такой же CLSID, как ваш).

IClassFactory

После того, как вы узнали о IUnknown и посмотрели на регистрационную базу данных, можно перейти к созданию объекта. Одним из методов, которые вы можете использовать для создания объекта, является применение *интерфейса фабрики класса*, *Class Factory Interface* (IClassFactory). IClassFactory создает экземпляры объектов класса. Интерфейс фабрики класса требует реализации пяти методов — трех для IUnknown (которые требуются каждому интерфейсу) и двух для самой фабрики класса, CreateInstance и LockServer.

CreateInstance вызывается для создания экземпляра (представителя) объекта. Можно считать CreateInstance почти эквивалентной new в C++. Главное концептуальное различие заключается в том, что new выделяет память для объекта в пространстве памяти вызывающего процесса (если вы вызываете new для объекта). CreateInstance создает объект в пространстве процесса сервера объекта. Например, интерфейсный указатель на фабрику класса в Excel создаст объект внутри пространства процесса Excel. (LRPC позаботится о пересылке интерфейса и данных между вашим приложением и Excel). Если же сервер объекта был реализован как DLL, то объект будет создан в пространстве вашего процесса. Ниже приведен синтаксис CreateInstance:

```
HRESULT IClassFactory::CreateInstance(LPUNKNOWN pUnkOut, REFID riid,
                                      LPVOID FAR *ppvObj);
```

Здесь pUnkOut равен NULL, если только объект не создается как часть агрегата (см. День 7). Если pUnkOut не NULL, то он содержит интерфейсный указатель на управляющий интерфейс IUnknown. riid — IID интерфейса, который вы хотите получить от созданного объекта. ppvObj — интерфейсный указатель на интерфейс, если запрашиваемый IID поддерживается, или NULL, если интерфейс не поддерживается.

LockServer используется, чтобы удержать сервер в памяти. Если сервер остается в памяти, то создание объектов-представителей происходит быстрее (поскольку сервер уже находится в памяти и в повторном запуске нет нужды). Большие приложения (такие, как Excel и Microsoft Word), затрачивают несколько секунд, чтобы загрузить полностью все исполняемые модули. Поэтому для Windows быстрее перегрузить с диска ту часть сервера (Excel или Word), которая ей необходима. LockServer держит сервер в памяти вне зависимости от того, поддерживает ли сейчас сервер какие-либо объекты.

```
HRESULT IClassFactory::LockServer(BOOL fLock);
```

Здесь fLock равно TRUE, если фабрика класса должна оставаться в памяти независимо от равенства нулю ее счетчика ссылок. При реализации LockServer вы должны при fLock = TRUE увеличивать счетчик удержания (который не зависит от счетчика ссылок). Если fLock = FALSE, то нужно уменьшать счетчик удержания. Если оба счетчика — удержания и ссылок — обратятся в нуль, то фабрика класса может быть уничтожена. Счетчик удержания (lock count) является переменой, которую должна обслуживать ваша реализация LockServer. Счетчик инициализируется нулем и увеличивается на единицу всякий раз, когда LockServer вызывается с fLock = TRUE; когда LockServer вызывается с fLock = FALSE, счетчик уменьшается.

Чтобы понять, каким образом все это соединяется вместе, посмотрите на пример кода. Листинг 2.2 показывает некоторые глобальные переменные, необходимые вашей программе.

Листинг 2.2. Объявления переменных ClassFactory для WinMain

```
COleBase*     pOleBase;
IClassFactory FAR *gpOleDay2ClassFactory;
DWORD         gdwOleDay2ClassFactory;
```

Анализ

COleBase — инициализирующий класс 2-го дня. Этот класс управляет инициализацией и удалением DLL OLE. gpOLeDay2ClassFactory является глобальным указателем на вашу фабрику класса. gdwOLeDay2ClassFactory является идентификатором класса, который возвращается из CoRegisterClassObject.

Листинг 2.3 содержит часть кода, входящего в WinMain.

Листинг 2.3. Создание и регистрация объекта Day2. Фрагмент WinMain.

```
pOleBase = new COleBase;

gpOleDay2ClassFactory = NULL;

if (pOleBase->InitDone != eOleInitialized)
 MessageBox(NULL, "Ole was not initialized", "OleBase", MB_OK);
else {
 gpOleDay2ClassFactory = COleDay2ClassFactory::Create();

 if (gpOleDay2ClassFactory != NULL){
    HRESULT hresult = CoRegisterClassObject(CLSID_OleDay2Object,
                                            gpOleDay2ClassFactory,
                                            CLSCTX_LOCAL_SERVER,
                                            REGCLS_SINGLEUSE,
                                            &gdwOleDay2ClassFactory);


    if (FAILED(hresult))
     MessageBox(NULL,
           "CoRegisterClassObject failed",
           "CoRegisterClassObject",
           MB_OK);
 }
 if (gpOleDay2ClassFactory != NULL){
    gpOleDay2ClassFactory->Release();
    bClassFactoryRegistered = TRUE;
 }
}

while (GetMessage(&msg, NULL, 0, 0)) {
 TranslateMessage(&msg);
 DispatchMessage(&msg);
}

if (bClassFactoryRegistered == TRUE)
    CoRevokeClassObject(gdwOleDay2ClassFactory);

delete pOleBase;
```

Анализ

pOleBase = new COleBase создает инициализирующий класс COleBase. После проверки, что инициализация прошла успешно (код пропущен), вы создаете фабрику класса. Если создание прошло успешно, вы регистрируете ID класса объекта и фабрику класса, вызывая CoRegisterClassObject. CoRegisterClassObject делает фабрику класса доступной OLE. Представляют интерес две константы: CLSCTX_LOCAL_SERVER, которая говорит OLE, что это локальная версия сервера (EXE-версия вместо DLL-версии), и REGCLS_SINGLEUSE, которая означает, что нужно запускать новый экземпляр приложения всякий раз, когда требуется создать объект.

OLE фундаментально рассматривает мир как центрированный на документе, и потому вы должны сообщить OLE, что ваше приложение является REGCLS_SINGLEUSE. В мире Windows программы обычно относятся либо к SDI (Single Document Interface) либо к MDI (Multiple Document Interface). Типичное SDI-приложение (такое, как regedit) может одновременно работать только с одним файлом (документом). Типичное MDI-приложение (такое, как Excel) может работать одновременно с несколькими файлами (документами). Поскольку программа SDI может работать в данный момент только с одним файлом, вряд ли имеет смысл, чтобы ее одновременно использовали несколько приложений. Такие программы обычно задают аргумент REGCLS_SINGLEUSE. Приложения MDI, с другой стороны, разработаны для многократного использования, поэтому приложения OLE для программ MDI будут обычно использовать REGCLS_MULTIPLEUSE.

Тестирование объекта

Тестирование объекта из примера может оказаться непростым делом, поскольку объект абсолютно ничего не делает. Использование Ole2View позволяет определить, отзывается ли ваш объект как OLE-объект. После того как вы запустите программу Ole2View (которая включена в OLE SDK и в Visual C++1.5), вы увидите на экране нечто похожее на рис. 2.4. Прокручивайте левую панель, пока не найдете OLE Day 2 Test Application. Если вы не найдете этот пункт, то вы, скорее всего, забыли включить регистрационный файл в системный реестр (с помощью regedit /v). Когда вы дважды нажмете кнопку над пунктом для вашего приложения, приложение запустится (надо думать) и вы увидите информацию, показанную справа на рис. 2.4. (Если вы пользуетесь Ole2View из Visual C++1.51 или более поздней версией, вы увидите только IUnknown объекта. Чтобы увидеть IUnknown для фабрики класса, вам нужно в Ole2View выбрать Interfaces и затем Show ClassFactory Object Interfaces). Вы должны были также увидеть панель с сообщением от вашего приложения, что объект был создан. Вы успешно создали ваш первый OLE-объект!

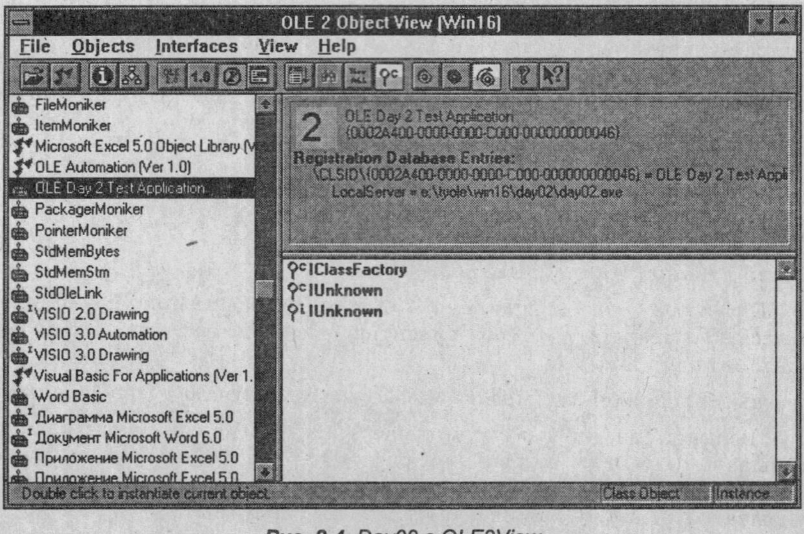

Рис. 2.4. Day02 в OLE2View

Вы, возможно, удивились, увидев IUnknown написанным для вашего объекта два раза. Но вспомните, вы реализовали для объекта и IUnknown для фабрики класса. Если бы вы опросили (в своем приложении, не в Ole2view) эти два IUnknown, то получили бы два разных указателя, поскольку это два разных интерфейса. IUnknown с «с» слева от него относится к фабрике класса, а IUnknown с «i» к объекту.

В данной реализации приложение не завершится, когда счетчик ссылок обнулится и объект самоуничтожится. Вам придется завершить приложение вручную (выбрав File, Exit в приложении). В других приложениях выбор за вами. Например, если сервер управляет многими объектами, вы не обязательно захотите закончить его работу, когда один из объектов будет уничтожен; вы, возможно, захотите подождать, пока не будут уничтожены все объекты данного сервера. В OLE-автоматизации вы можете получить запрос на уничтожение приложения, даже если счетчик ссылок не равен 0. В каждом случае вы должны будете рассмотреть конкретные требования и предпринять соответствующее действие.

Заключение

Сегодня вы узнали фундаментальные принципы создания OLE-объектов, в частности:

- IUnknown является интерфейсом, который является частью любого интерфейса и объекта.
- IUnknown всегда содержит 3 метода — QueryInterface, AddRef, Release.
- QueryInterface — это интерфейс, используемый для выяснения того, какие интерфейсы поддерживает объект.
- AddRef используется для увеличения счетчика ссылок объекта и вызывается, когда интерфейс передается из метода.
- Release используется для уменьшения счетчика ссылок объекта и вызывается, когда указатель на интерфейс более не нужен (на каждый AddRef должен быть Release). Когда счетчик ссылок объекта обнуляется, объект может быть уничтожен.
- IClassFactory — интерфейс, используемый для создания объектов.
- IClassFactory содержит 5 методов: три для IUnknown и два своих собственных, CreateInstance и LockServer.

CreateInstance служит собственно для создания объектов.

LockServer служит для удержания в памяти сервера.

GUID — это номера, используемые в качестве уникальных идентификаторов объекта или интерфейса.

ID класса является GUID для уникальной идентификации объекта.

ID интерфейса является GUID для уникальной идентификации интерфейса.

Регистрационная база данных используется для привязки GUID к приложению. По данному GUID регистрационная база данных может запустить соответствующее приложение, которое управляет объектом.

Вопросы и ответы

В: Какая разница между GUID, CLSID и IID?

О: GUID — это Globally Unique Identifier, CLSID представляет собой идентификатор класса, IID представляет собой идентификатор интерфейса. Что касается остального, это одно и то же.

В: Всегда ли я должен вызывать Release, когда получаю интерфейсный указатель?

О: Да. Всякий раз, когда вы получаете интерфейсный указатель, вы должны вызывать Release по завершении работы с интерфейсом. Метод будет вызывать AddRef, перед тем как вернуть вам интерфейсный указатель, поэтому вы должны вызывать Release, когда интерфейс больше не нужен.

В: Всегда ли я должен вызывать AddRef, когда я присваиваю интерфейсный указатель другой переменной?

О: Это зависит от следующего. В примере A=B, если время жизни A меньше или равно времени жизни B, вам не нужно вызывать AddRef для A. Все-таки надежней выполнить AddRef.

В: Бывают ли случаи, когда я не должен вызывать AddRef?

О: Да. Когда два объекта зависимы друг от друга. Если объект A вызывает AddRef для объекта B, а объект B вызывает AddRef для объекта A, то у вас возникает маленькая проблема (именуемая «смертельные объятия»), когда ни один из объектов не может быть адекватно освобожден. Вам нужно быть очень внимательными при реализации таких объектов. Продолжение этого обсуждения вы найдете в материале Дня 7.

Семинар

Опрос

1. Какие методы использует интерфейс IUnknown?
2. Какие методы использует интерфейс IClassFactory?
3. Что такое GUID?
4. Как получить GUID?
5. Какая разница между REGCLS_SINGLEUSE и REGCLS_MULTIPLEUSE?

Упражнения

1. Используя CoCresteGuid и StringFromGUID2, напишите небольшое приложение, которое будет генерировать GUID и показывать его на экране.
2. Модифицируйте OleGen так, чтобы она создавала исходный код для простого объекта и для фабрики класса.

Ответы к опросу

1. QueryInterafce, AddRef, Release.
2. CreateInstance, LockServer и интерфейсы IUnknown — QueryInterafce, AddRef и Release.
3. GUID — уникальный идентификатор интерфейса. Он представляет в OLE ID интерфейса и ID класса.
4. GUID может быть получен от Microsoft, путем запуска guidgen.exe (входит в OLE 2 SDK) или с помощью вашего собственного приложения, которое вызывает функцию CoCreateGuid. GUID для существующих объектов может быть получен из регистрационной базы данных.
5. REGCLS_SINGLEUSE используется обычно для приложений SDI (Интерфейс одиночного документа), а REGCLS_MULTIPLEUSE — для приложений MDI (Интерфейс сложных документов).

Ответы к упражнениям

Исходный код находится на прилагаемом диске.

Структурированное хранилище

Структурированное хранилище — это файловая система, построенная поверх основной (родной) системы файлов. При использовании структурированного хранилища файлы или каталоги приложения представляются для OLE в виде многих файлов, но для основной файловой системы это один файл. (Основные файловые системы — это FAT для DOS, NTFS в NT и VFAT, которая частично реализована для Windows for Workgroups 3.11 и полностью реализована для Windows 95 и Windows NT 3.5.) Ожидается, что в среде Cairo (кодовое название будущей версии Windows NT) структурированное хранилище будет в действительности основной файловой системой. Поскольку в системах до Cairo структурированное хранилище реализовано в виде надстройки, его быстродействие уступает обычной обработке файлов. Однако оно обладает некоторыми преимуществами, такими, как транзакции и двоичная совместимость различных платформ (вы можете скопировать файл структурированного хранилища с Intel-машины и прочитать его на Macintosh). При использовании структурированного хранилища можно делать записи, а потом подтверждать их или выбрасывать (откат), как это делается в популярных реляционных базах данных. Это позволяет программисту периодически записывать данные, а потом выбрасывать их, не заботясь о написании процедур, извлекающих удаляемые данные. Кроме того, если несколько «файлов» участвуют в транзакции и потом транзакция была фиксирована или отменена, то все относящиеся к ней «файлы» также соответственно фиксируются или выбрасываются.

Структурированное хранилище обеспечивает все необходимые операции с файлами, такие как открытие, чтение и запись в сочетании с возможностями командной строки — копированием, перемещением и переименованием. Кроме того, структурированное хранилище имеет возможность преобразования обычных файлов в элементы структурированного хранилища.

Структурированное хранилище создавалось не просто как альтернативная файловая система. Истоки ее развития лежат в OLE 1. Реализация структурированного хранилища в OLE 2 имела в виду разработку механизма, позволяющего приложению хранить свои данные вместе с порожденными ими компонентами, о которых само приложение ничего не знает. Например, читая материал второй недели, вы увидите, как OLE использует структурированное хранилище для хранения внедренных объектов. Microsoft Word 6.0 может хранить электронные таблицы Excel внутри документа Word 6.0, хотя Word 6.0 ничего не знает о таблицах Excel.

Структурированное хранилище разделяется на три основных категории, детали которых описаны в таблице 3.1.

Таблица 3.1. Основные категории структурированного хранилища.

Категория	Уровень	Обычный эквивалент
Lock Bytes	Низкий	Низкоуровневый ввод/вывод, сырые данные
Потоки (Streams)	Средний	Файлы
Хранилища (Storages)	Высокий	Каталоги

Хранилища (Storages)

Хранилище — это набор: других *хранилищ*, которые эквивалентны каталогам DOS; *потоков*, эквивалентных файлам DOS; и *lock-байтов* — данных, не ассоциированных с потоком, но являющихся частью главного хранилища.

Для того, чтобы получить или создать хранилище, ассоциированное с файловой системой, обычно используются StgCreateDocFile или StgOpenStorage. Такие функции API структурированного хранилища, как StgCreateDocfile и StgOpenStorage, возвращают интерфейс IStorage, если вызов прошел успешно, и STG_E_ACCESDENIED или STG_E_INVALIDNAME в случае неудачи. (STG_E_ACCESDENIED и STG_E_INVALIDNAME — два кода ошибки хранилища). Очень важно помнить, что IStorage, который они возвращают, является указателем интерфейса, и его нужно освободить до завершения программы. Если вы не освободите IStorage, то это может привести к тому, что некоторые данные не запишутся или не сохранятся, поскольку операция удаления интерфейса в OLE эквивалентна закрытию. Это также может привести к тому, что некоторые DLL останутся в памяти после завершения вашего приложения, что в свою очередь вызовет утечку памяти (памяти, которая использовалась приложением и не возвращена системе после того, как оно завершилось).

> **ПРОВЕРЯЙТЕ** значение, возвращаемое OLE API, чтобы определить, как завершился вызов функции API — успешно или неудачно.
> **НЕ ИСПОЛЬЗУЙТЕ** интерфейсный указатель, который вам возвращается, для проверки успеха или неудачи вызова API. Хотя многие приложения возвращают интерфейсный указатель NULL, если вызов API завершился неудачно, однако вам может встретиться приложение, которое вместо NULL в действительности возвратит недействительный указатель, вызвав крах вашего приложения.

Корневое хранилище (Root Storage)

Корневое хранилище (также известное как составной файл, потому что он содержит OLE-эквиваленты нескольких файлов — хранилища, потоки и lock-байты) — это файл основной файловой системы. Например, когда Word 6.0 для Windows записывает ваш документ, вы должны предложить для него имя файла, когда сохраняете его в первый раз. Файл, который при этом создается, и есть корневое хранилище. Если вы изучите документ Microsoft Word при помощи DFVIEW.EXE (входящего в OLE SDK), то увидите, что в действительности документ внутри себя содержит хранилища и потоки.

Не путайте корневое хранилище с интерфейсом IRootStorage. IRootStorage используется для того, чтобы изменить файл-подложку хранилища (можно представлять себе IRootStorage как интерфейс, который позволяет копировать корневое хранилище под другим именем). Чтобы создать корневое хранилище, используйте функцию OLE API StgCreateDocfile. Чтобы открыть существующее корневое хранилище, требуется обычно StgOpenStorage. *DocFile (док-файл)* — это термин, унаследованный от OLE 1 для описания файла документа, хранящегося в основной файловой системе (DOS). В OLE 2 DocFile — это корневое хранилище (составной файл) в основной файловой системе. В OLE 2 имеется терминологическая путаница, потому что API для создания нового хранилища в названии имеет «DocFile», а API для открытия существующего хранилища в названии имеет «Storage». Пусть это вас не смущает, поскольку DocFile и Storage — это одно и тоже. Чтобы создать новое корневое хранилище (DocFile), используйте StgCreateDocfile.

Синтаксис StgCreateDocfile следующий:

```
HRESULT StgCreateDocfile(const char FAR *pwcsName,
    DWORD grfMode,
    DWORD dwreserve,
    IStorage FAR* FAR* ppStgOpen);
```

Ниже приводится разбор параметров.

pwcsName — имя создаваемого файла. Имя может включать полный маршрут и имя файла или просто имя файла. Если используется только имя файла, то файл будет создан в текущем рабочем каталоге. Если этот параметр равен NULL, то OLE создаст «временный» файл, присвоив ему уникальное имя в текущей каталоге. Файл временный, если в поле grfMode указано STGM_DELETEONRELEASE. Если STGM_DELETEONRELEASE не указано, то файл также создается, но временным не является (т.е. он не удаляется автоматически при освобождении). Метод, позволяющий узнать использованное временное имя, будет обсуждаться далее в этой главе в разделе «Временные корневые хранилища».

grfMode — режим доступа (возможные значения grfMode см. в таблице 3.2).

dwReserved — всегда нуль.

ppStgOpen — указатель на возвращаемый интерфейс IStorage.

Таблица 3.2. Возможные значения grfMode

Значение	Тип	Описание
STGM_CREATE	Создание	Создается новое хранилище или поток. Если хранилище (или поток) уже существует (и вы имеете соответствующие права доступа), оно удаляется перед созданием нового хранилища. Не может комбинироваться с STGM_CONVERT или STGM_FAILIFTHERE.
STGM_CONVERT	Создание	Используется для преобразования неструктурированного хранилища в структурированное. Данные будут помещены в поток с именем CONTENTS. Нельзя комбинировать с STGM_CREATE и STGM_FAILIFTHERE.
STGM_FAILIFTHERE	Создание	Вызывает при создании отказ, если хранилище или поток уже существует. Не может комбинироваться с STGM_CREATE или STGM_CONVERT. Если никакого параметра создания не указано, STGM_FAILIFTHERE принимается по умолчанию
STGM_DELETEONRELEASE	Создание	Указывает на то, что корневое хранилище должно при освобождении удаляться.
STGM_DIRECT	Транзакция	Нетранзактный режим. Требуется для объектов IStream.
STGM_TRANSACTED	Транзакция	Транзактный режим. Не поддерживается для объектов IStream.
STGM_PRIORITY	Приоритет	Позволяет открывать хранилище приоритетном режиме. Когда вы специфицируете STGM_PRIORITY, то должны указать также STGM_DIRECT и STGM_READ (но не STGM_WRITE или STGM_READWRITE). Пока поддерживается только для корневых хранилищ.

STGM_READ	Доступ	Позволяет читать данные потоков и оглавления хранилищ.
STGM_WRITE	Доступ	Для режима DIRECT позволяет записывать или изменять данные. Для транзактного режима позволяет подтверждать (фиксировать) данные. Если хранилище открыто в транзактном режиме и не указано STGM_WRITE, то при операции записи отказа не произойдет, однако операция фиксации потерпит неудачу.
STGM_READWRITE	Доступ	Комбинация методов доступа STGM_READ и STGM_WRITE. Значение STGM_READWRITE не то же, что и STGM_READ | STGM_WRITE (хотя смысл тот же самый.)
STGM_SHARE_DENY_READ	Режим защиты	Предохраняет хранилище от открытия другими в режиме для чтения. Этот режим применим только к хранилищам.
STGM_SHARE_DENY_WRITE	Режим защиты	Предохраняет хранилище или поток от открытия другими в режиме для записи.
STGM_SHARE_EXCLUSIVE	Режим защиты	Комбинация DENY_READ и DENY_WRITE. Должна быть указана для записываемых потоков и хранилищ. В настоящие время должна указываться для всех некорневых хранилищ и всех потоков.
STGM_SHARE_DENY_NONE	Режим защиты	Ни операции записи, ни операции чтения не отвергаются. Если никакого режима защиты не указано, данное значение принимается по умолчанию.

Чтобы открыть существующее корневое хранилище, используйте вызов API StgOpenStorage. Вот пример вызова:

```
HRESULT StgOpenStorage(const char FAR *pwcsName,
 LPSTORAGE pstgPriority
 DWORD grfMode,
 SNB snbExlude,
 DWORD dwReserve,
 IStorage FAR* FAR* ppStgOpen);
```

Разбор параметров:

pwcsName — имя файла, который вы хотите открыть.

pstgPriority — обычно NULL, но может использоваться для закрытия и повторного открытия ранее открытого хранилища, если pstgPriority содержит действительный указатель IStorage уже открытого хранилища.

grfMode — режим доступа (возможные значения grfMode см. в таблице 3.2).

snbExclude — обычно NULL, но может быть списком любых элементов (потоков или хранилищ информации), которые нужно исключить из хранилища. Если snbExclude не NULL, то он должен указывать на массив указателей на строки, в котором последним указателем является NULL.

dwReserved — всегда нуль.

ppStgOpen — интерфейс IStorage, который возвращается при успешном вызове.

Поскольку использование StgOpenStorage и StgCreateDocFile может внести путаницу, то можно написать примитивный класс, который инкапсулирует создание и использование хранилища. Листинг 3.1 содержит определение класса CFileStorage, который управляет StgOpenStorage и StgCreateDocFile.

Листинг 3.1. Заголовок CFileStorage.

```
class CFileStorage
{
public:
  CFileStorage();
  CFileStorage(char *StorageName,
       DWORD mode=STGM_READWRITE | STGM_SHARE_DENY_WRITE,
       BOOL DoCreate = FALSE);
  ~CFileStorage();
  HRESULT GetLastError() {return LastError;}
  LPSTORAGE pIStorage;

private:
  void RootInit(void);
  BOOL OpenStorageFile(char *StorageName, DWORD mode,
       LPSTORAGE plpTStorage = NULL);
  BOOL RootOpened;
  HRESULT LastError;
}
```

Анализ

CFileStorage() является конструктором CFileStorage по умолчанию. Он создает объект C++, но не прикрепляет хранилище к объекту.

CFileStorage(char *StorageName, DWORD mode... BOOL DocCreate...) является перегруженным конструктором для CFileStorage. Он также создает C++ объект и затем прикрепляет к нему объект Storage, указанный именем StorageName. В случае ошибки объект STorage прикреплен не будет. Если параметр DocCreate при вызове не указан, то конструктор будет считать, что вы пытаетесь открыть существующее хранилище. Если не указан параметр mode (это означает, что DocCreate также не задан), то конструктор будет полагать, что вы пытаетесь открыть существующее хранилище в режиме чтения/записи и запрещаете другим доступ для записи.

~CFileStorage() — деструктор CFileStorage. Он вызывает IStorage->Release при условии, что к CFileStorage было успешно прикреплено хранилище (т.е. вызов CFileStorage(char *StorageName ...) прошел успешно).

GetLastError() возвращает закрытую переменную LastError, которая содержит последний код ошибки (состояния) OLE API, возвращаемый внутренне вызываемыми функциями OLE Storage API (листинг 3.2).

pIStorage является указателем на интерфейс IStorage, принадлежащий этому объекту C++.

RootInit() — закрытая функция, которая инициализирует переменные, являющиеся внутренними для CFileStorage.

OpenStorageFile — закрытая функция, вызывающая StgOpenStorage. Интерфейс IStorage, возвращаемый StgOpenStorage, сохраняется в pIStorage.

LastError — закрытая переменная, используемая для хранения HRESULT последнего кода ошибки (состояния) OLE API, возвращаемого внутренне вызываемыми функциями OLE Storage API.

Листинг 3.2 показывает действительную реализацию CFileStorage. Конструктор по умолчанию инициализирует некоторые переменные и ожидает, что вы сами присвоите указатель интерфейса IStorage. Также предусмотрен перегруженный конструктор, которому требуется передать по крайней мере имя корневого хранилища, которое нужно открыть, поскольку в большинстве случаев вы хотите открыть или создать файл с определенным именем. Перегруженный конструктор может быть вызван только с именем StorageName, в этом случае он откроет корневое хранилище (составной документ) в режиме чтения/записи и запретит доступ к нему для всех остальных.

Если перегруженный конструктор вызван со StorageName и mode, то он откроет корневое хранилище в требуемом режиме. И наконец, если перегруженный конструктор вызван со StorageName, mode и флагом DoCreate, то корневое хранилище будет создано или открыто в запрашиваемом режиме. Если флаг DoCreate равен TRUE, то перегруженный конструктор попытается создать корневое хранилище, в противном случае он попытается открыть существующее хранилище. Чтобы определить, успешно ли прошел вызов конструктора, вам нужно проверить состояние LastError, вызвав GetLastError(). Если вызов конструктора прошел успешно, то LastError вернет S_OK. Если произошел отказ, то объект C++ (CFileStorage) будет создан, но к нему не будет прикреплено никакое хранилище. Это может случиться, если файл не существует и вы не указали, что файл должен быть создан (установив третий параметр DoCreate равным TRUE).

Листинг 3.2. Реализация CFileStorage.

```
CFileStorage::CFileStorage()
{
    RootInit();
}

CFileStorage::CFileStorage(char *StorageName, DWORD mode, BOOL DoCreate)
{
    LPSTORAGE   lpTemp = NULL;

    RootInit();
    if (DoCreate == TRUE){
        LastError = ::StgCreateDocfile(StorageName,
            STGM_CREATE | STGM_WRITE | STGM_SHARE_EXCLUSIVE, 0,&lpTemp);
        if (LastError == S_OK)
            RootOpened = OpenStorageFile(StorageName,mode,lpTemp);
    } else {
        RootOpened = OpenStorageFile(StorageName,mode);
    }
}

CFileStorage::~CFileStorage()
{
    if (pIStorage != NULL)
        pIStorage->Release();
}

void    CFileStorage::RootInit(void)
{
    RootOpened = FALSE;
    LastError  = S_OK;
    pIStorage = NULL;
}

BOOL    CFileStorage::OpenStorageFile(char *StorageName, DWORD mode,
            LPSTORAGE plpTStorage)
{
    LastError = ::StgOpenStorage(StorageName,plpTStorage,mode,
        NULL,0,&pIStorage);
    if (LastError == S_OK)
        return TRUE;
    else
        return FALSE;
}
```

Анализ

CFileStorage() является конструктором CFileStorage по умолчанию. Он создает объект C++ и вызывает RootInit (закрытую функцию) для инициализации частных переменных. Он также инициализирует pIStorage, устанавливая его в NULL.

CFileStorage(char *StorageName, DWORD mode ..., BOOL DoCreate ...) — перегруженный конструктор для CFileStorage. Этот конструктор сначала инициализирует временную переменную (LPSTORAGE lpTemp) значением NULL. lpTemp используется только тогда, когда создается корневое хранилище (когда DoCreate равен TRUE). За этим следует вызов закрытой функции RootInit, которая инициализирует частные переменные и устанавливает pIStorage в NULL. Если создается корневое хранилище, то вызывается StgCreateDocfile, которой передаются StorageName, lpTemp и флаги STGM_CREATE|STGM_WRITE|STGM_SHARE_EXCLUSIVE. Все корневые хранилища требуют при создании режима EXCLUSIVE. StgCreateDocfile возвращает в переменной lpTemp указатель на созданный интерфейс IStorage (в случае успеха). Если корневое хранилище было успешно создано, то вызывается OpenStorageFile (закрытая функция), чтобы открыть вновь созданное хранилище в желаемом режиме. Если все прошло успешно, то частная переменная RootOpen устанавливается равной TRUE, в противном случае — FALSE. Заметьте, что lpTemp не освобождается. Запомните, что в OLE существует правило — всякий раз, когда функции передается интерфейсный указатель, функция должна освободить его, прежде чем указателю можно будет присваивать новое значение. Конструктор использует этот факт — операцию освобождения за него выполняет StgOpenStorage. Если CFileStorage вызывается с флагом DoCreate = FALSE, то OpenStorageFile вызывается непосредственно.

~CFileStorage() является деструктором для CFileStorage. Если lpStorage не NULL, то деструктор вызывает IStorage->Release().

RootInit() — закрытая функция, которая инициализирует RootOpen значением FALSE. Если вы захотите расширить функциональные возможности CFileStorage дополнительными операциями (такими, как открытие, создание или доступ к потокам и хранилищам, вложенным в данное корневое хранилище), вы должны убедиться, что RootOpen равна TRUE, если только вы не создаете или не открываете корневое хранилище. Вы могли бы также проверить, что lpStorage не NULL. Оператор RootOpen == TRUE предпочтительнее с точки зрения читаемости вашего кода, поскольку вы явно показываете, что проверяете истинность условия RootOpen (корневое хранилище открыто), в то время как при проверке неравенства lpStorage нулю читатель вашего кода еще должен разобраться, какой смысл имеет lpStorage. Когда RootOpen инициализирована, LastError устанавливается в S_OK и lpStorage устанавливается в NULL.

OpenStorageFile() — закрытая функция, которая вызывает StgOpenStorage. Если корневое хранилище создается, то перегруженный конструктор вызывает OpenStorageFile с интерфейсом IStorage, который он (конструктор) создал. StgOpenStorage использует эту информацию для переоткрытия файла в режиме, указанном при вызове StgOpenStorage. Кроме того, функция StgOpenStorage закрывает переданный ей интерфейс IStorage (вам не требуется освобождать интерфейс, как уже объяснялось в анализе перегруженного конструктора). Следует заметить, что хотя вы передаете интерфейс IStorage и StorageName, StgOpenStorage игнорирует StorageName, если указатель интерфейса IStorage не NULL. Следовательно, в перегруженном конструкторе вы могли бы написать OpenStorageFile(NULL, mode, lpTemp). Опять-таки для того, чтобы иметь самодокументированный (и легко читаемый) код, вы передаете StorageName. Если корневое хранилище открывается, то перегруженный конструктор вызывает OpenStorageFile с параметром IStorage, равным NULL (см. листинг 3.1). В этом случае OpenStorageFile открывает запрашиваемое корневое хранилище.

Чтобы открыть корневое хранилище, обычно используется следующий синтаксис:

```
CFileStorage cfsRootStorage = new CFileStorage ("abc.xxx",
  STGM_READWRITE | STGM_SHARE_DENY_WRITE, TRUE)
```

Такой вызов создаст новое корневое хранилище. Если вы просмотрите код, то заметите, что хранилище сначала создается с помощью функции StgCreateDocfile, которая возвращает указатель на интерфейс IStorage (lpTemp). Этот интерфейсный указатель затем передается непосредственно StgOpenStorage, но не освобождается. Как уже говорилось, конструктор CFileStorage использует тот факт, что функции OLE (в данном случае StgOpenStorage) должны освобождать переданный им интерфейсный указатель перед тем, как присвоить ему новое значение.

Будьте внимательны, когда создаете новое корневое хранилище с флагом STGM_TRANSACTED. Когда корневое хранилище создается в этом режиме, файл, если он не существует, будет создан незамедлительно. Если же файл уже существует, то он не будет изменен, пока все производимые модификации не будут подтверждены (фиксированы). Реализация CFileStorage обходит такое поведение, поскольку новые файлы создаются в нетранзактном (прямом) режиме, и только затем открываются в запрошенном режиме. Кроме того, если файл существует и у вас нет права на запись в него, то, когда корневое хранилище создается в режиме транзакции, вы не будете об этом уведомлены, пока не попытаетесь фиксировать изменения. В реализации CFileStorage также удается избежать этой проблемы, поскольку хранилище не создается в транзактном режиме.

Деструктор CFileStorage автоматически вызывает метод Release. Если файл открыт не в транзактном режиме, то информация фиксируется на диске. Если файл открыт в транзактном режиме и вы явно не вызвали для хранилища метод Commit, то все изменения будут потеряны.

Временные корневые хранилища

OLE 2 дает возможность создавать временные корневые хранилища, передавая NULL в параметре pwcsName функции StgCreateDocfile. Если в параметре grfMode передается STGM_DELETEONRELEASE (в дополнение к другим флагам режима), то корневое хранилище будет автоматически уничтожено при освобождении. Если параметр grfMode не включает STGM_DELETEONRELEASE, то вы должны сами удалить хранилище; однако вам нужно сначала определить имя, которое OLE присвоило временному корневому хранилищу. Если ваше хранилище адресуется lpStorage, то lpStorage->Stat(&mStatStg, 0) возвратит в переменной mStatStg структуру StatStg. mStatStg.pwcsName будет содержать имя файла хранилища. В листинге 3.3, приведенном в этой главе далее, будет показано, как получать имена хранилищ и потоков. Также будет обсуждаться вопрос освобождения данных, поставляемых методом Stat. В приведенной реализации CFileStorage создание временных корневых хранилищ не поддерживается.

Преобразование файлов

Использование режима STGM_CONVERT в StgCreateDocfile позволяет преобразовать существующий обычный файл (не хранилище) в файл хранилища. При создании файла этим способом данные существующего файла копируются в поток под названием CONTENTS. CFileStorage в приведенной реализации этого не поддерживает.

Производительность

Всякий раз, когда это возможно, следует открывать корневые хранилища в режиме STGM_SHARE_EXCLUSIVE. Этом режим позволяет OLE 2 кэшировать хранилище, что увеличивает производительность.

Когда корневое хранилище открыто в режиме STGM_SHARE_DENY_NONE или STGM_SHARE_DENY_READ, OLE 2 выполняет полное копирование хранилища во временный каталог Windows. Это обстоятельство может вызвать задержку, когда хранилище открывается в первый раз. Кроме того, может потребоваться значительное дисковое пространство в зависимости от размера корневого хранилища. Например, если ваше корневое хранилище имеет размер 10 Мбайт, OLE создаст еще одно хранилище в 10 Мбайт во временном каталоге Windows.

Следует также иметь в виду, что в режиме транзакции данные могут быть записаны на диск до выполнения фиксации (см. раздел «Транзакции» далее в этой главе). Когда хранилище открыто в транзактном режиме, OLE 2 не обязательно сможет держать все изменения в памяти, пока не произойдет фиксация данных. Чтобы решить эту проблему, OLE 2 в действительности записывает данные на диск, но не переписывает старую информацию. Когда же наконец происходит фиксация, OLE 2 перенастраивает указатели внутри корневого хранилища на имеющиеся новые данные. Это может фрагментировать данные в корневом хранилище (хотя для программы они будут выглядеть непрерывными). Единственный способ устранить фрагментарность данных — это скопировать фрагментарное корневое хранилище в новое корневое хранилище с помощью такой функции, как CopyTo. Применение к корневому хранилищу метода CopyTo копирует всю информацию в хранилище непрерывно.

EnumElements

Когда вы откроете корневое хранилище, то, возможно, захотите определить его содержимое. Чтобы определить содержимое хранилища, вам нужно перечислить элементы внутри него. Это достигается при помощи вызова API EnumElements (см. листинг 3.3). EnumElements не обязательно выполнять на корневом хранилище; вы можете сделать это для любого хранилища. EnumElements принимает четыре параметра, но первые три из них зарезервированы для OLE 2. Последний параметр — это указатель IEnumSTATSTG. Этот интерфейс имеет методы, подобные методам IEnumVariant, который обсуждается в контексте 19-го дня, «Коллекции в автоматизации OLE и IEnumVariant». Хотя до тех пор мы не будем рассматривать перечисление в полном объеме, приведенный ниже образец кода использует один из методов, Next, из реализации перечислений. Next позволяет перебрать элементы хранилища по одному.

Листинг 3.3. Фрагмент кода, использующий EnumElements для получения из хранилища имен хранилищ и потоков.

```
LPENUMSTATSTG lpEnum;
STATSTG statstg;
ULONG ulCount;
LPMALLOC  pMalloc;

lpStorage->EnumElements(0,NULL,0,&lpEnum);
if (lpEnum == NULL){
  MessageBox(NULL,"Could not read Table of Contents", "ReadTOC", MB_OK);
    return;
}
CoGetMalloc(MEMCTX_TASK,&pMalloc);
while (1){
  if (GetScode(lpEnum->Next(1,&statstg,&ulCount)) != S_OK){
      lpEnum->Release();
      pMalloc->Release();
      return;
  }
  if (statstg.pwcsName[0] == 0x05){
      lpStorage->OpenStream((LPSTR)statstg.pwcsName,NULL,
          STGM_READ | STGM_SHARE_EXCLUSIVE,NULL,&pPSetStream);
// ...
      pPSetStream->Release();
  }else{
      switch (statstg.type){
      case STGTY_STORAGE:
          MessageBox(NULL,(LPSTR)statstg.pwcsName,"Storage",MB_OK);
         break;
      case STGTY_STREAM:
          MessageBox(NULL,(LPSTR)statstg.pwcsName,"Stream",MB_OK);
          break;
      case STGTY_LOCKBYTES:
          MessageBox(NULL,(LPSTR)statstg.pwcsName,"Lockbytes",MB_OK);
          break;
      default:
          MessageBox(NULL,(LPSTR)statstg.pwcsName,"Unknown Type",MB_OK);
      }
  } // end of else
  pMalloc->Free(statstg.pwcsName);
}
lpEnum->Release();
pMalloc->Release();
```

Анализ

В листинге 3.3 обратите внимание на вызов CoGetMalloc. В OLE 2, если вы когда-либо получаете строку, вы должны ее освободить по окончании работы с ней. Вы можете вспомнить, что в 1-й день при инициализации OLE 2 вы пользовались OleInitialize, которая принимает один параметр, являющийся интерфейсом IMalloc, но обычно устанавливаемый в NULL. Всякий раз, когда вы выделяете строку, это происходит через функцию Malloc, предусмотренную вызовом API OleInitialize. Если передается NULL, то OLE 2 использует IMalloc по умолчанию.

Оператор if(statstg.pwcsName == 0x05) проверяет первый символ имени на равенство 0x05, чтобы определить, не является ли данный элемент набором свойств. Понятие набора свойств объясняется далее в этой главе.

Как и в случае любого интерфейса OLE 2, не забудьте освободить интерфейс по завершении работы. Обратите внимание на то, что и lpEnum, и pMalloc освобождаются, когда процедура закончена или возникла ошибка.

Соглашение о именах

В OLE 2 некорневые элементы хранилищ (хранилища и потоки) могут иметь имена, которые основная файловая система не поддерживает. Некорневые хранилища и потоки могут иметь имена длиной до 32 символов, включая конечный NULL. Кроме того, в именах может различаться регистр (это зависит от реализации OLE). В именах не могут использоваться символы \, /, : или !. Кроме того, . и .. не являются действительными именами, хотя . может использоваться внутри имени.

OLE имеет следующие ограничения на первый символ в именах некорневых хранилищ информации:

0x01 и 0x02 для исключительного использования библиотеками OLE.

0x03 для исключительного использования контейнером, в который объект внедрен.

0x04 для исключительного использования реализацией структурированного хранилища.

0x05 для использования наборами свойств (обсуждается в этой главе ниже).

0x06 — 0x1F в настоящее время зарезервированы.

Режимы

При создании или открытии потоков или хранилищ вам нужно решить, какой режим вам нужен. В таблице 3.3 показаны режимы, которые могут быть использованы при открытии или создании потока или хранилища.

Таблица 3.3. Режимы создания/ открытия потоков и хранилищ.

Режим	Применяется	Значение
`STGM_READ`	Потоки	Разрешает чтение потока.
	Хранилища	Дает возможность открывать в режиме чтения потоки и хранилища уровнем ниже данного.
`STGM_WRITE`	Все	Позволяет записывать и фиксировать.
`STGM_READWRITE`	Все	Применяются правила для STGM_READ и STGM_WRITE, однако значение не равно STGM_READ | STGM_WRITE.
`STGM_SHARE_DENY_READ`	Корневое хранилище	Защищает от открытия хранилища другими в режиме чтения.

STGM_SHARE_DENY_WRITE	Корневое хранилище	Защищает от открытия хранилища другими в режиме записи.
STGM_SHARE_EXCLUSIVE	Корневое хранилище	Комбинация защиты от чтения и защиты от записи.
	Некорневое	**Обязательно**. Все некорневые хранилища должны открываться в исключительном (неразделяемом) режиме.
STGM_SHARE_DENY_NONE	Корневое хранилище	Доступ для чтения и записи для других.
STGM_DIRECT	Все	Все изменения записываются немедленно. Это метод доступа, применяемый по умолчанию.
STGM_TRANSANCTED	Потоки	Не поддерживается.
	Хранилища	Изменения буферизуются, пока не будут зафиксированы. Транзакции объясняются в следующем разделе.
STGM_CREATE	Все	Создает новый поток или хранилище. Заменяет существующее хранилище или поток.
STGM_CONVERT	Хранилища	Сохраняет существующие данные, записывая их в поток с именем CONTENTS.
	Потоки	Не поддерживаются.
STGM_FAILIFTHERE	Все	Вызывает отказ при создании, если указанный поток или хранилище уже существует.

Транзакции

Транзакции позволяют выполнить ряд записей в поток, а затем либо фиксировать изменения, либо совершить возврат в предыдущее состояние (последнее фиксированное состояние или состояние, которое было при открытии, если никаких фиксаций не производилось). Поскольку OLE становится многоплатформным и многие приложения расширяют область своего применения, возрастает значимость возможности возвратиться обратно (в базах данных это обычно называется *откат*); если в приложении произошла ошибка, вы, возможно, не захотите сохранять неверную или неполную информацию. Используя транзакции, вы можете записать данные в поток, а затем решить, что эту информацию сохранять не нужно и возвратиться назад, как будто данные никогда не записывались. Хотя транзакции и затрагивают потоки, поток не может быть открыт в транзактном режиме — в этом режиме открываются только хранилища. Никаких действий не произойдет, если применить к потоку операции фиксации или возврата. Если над хранилищем выполняется фиксация, то любые изменения, сделанные в хранилище, могут быть записаны на диск в зависимости от режима, в котором открыто родительское хранилище. Если все родительские хранилища над дочерним открыты в прямом режиме, то изменения будут записаны сразу же. Если же родитель над дочерним хранилищем открыт в режиме транзакции, то изменения не будут записаны, пока над родителем не будет произведена операция фиксации (то же правило применимо и к самому родителю).

Если корневое хранилище создано в транзактном режиме, файл существует и у вас нет права на запись в файл, то вы не будете уведомлены об отказе, пока не выполните фиксацию корневого хранилища. Из-за такой задержки уведомления следует создавать все корневые хранилища в прямом режиме, чтобы при отсутствии прав на запись в файл вы немедленно получили бы уведомление об этом.

Потоки

Потоки в обычных файловых системах являются эквивалентом хранилищ. Хотя потоки обычно не существуют отдельно от хранилищ, можно создать такой поток, используя функцию CreateStreamOnHGlobal (создающую поток в памяти). Обычно потоки создаются и открываются из ранее открытых хранилищ при помощи методов CreateStream и OpenStream интерфейса IStorage. Каждый из этих методов возвращает интерфейс IStream в случае успеха. Как и в случае с хранилищами, очень важно освободить интерфейс IStream, когда работа с ним закончена (аналогично закрытию файла). Если не освободить интерфейс IStream, это приведет к тому, что часть или все связанные с потоком данные не будут записаны или сохранены.

Если вы открываете поток с помощью OpenStream, то нужно указать в качестве режима открытия STGM_SHARE_EXLUSIVE (в дополнение к другим привилегиям, которые вы запросите). Если не указать исключительный режим, при вызове API произойдет отказ. Текущая реализация OLE 2 не позволяет открывать потоки в транзактном режиме, а также открывать поток более одного раза из того же самого экземпляра IStorage.

СЛЕДУЙТЕ соглашениям об именах для некорневых хранилищ. Вы можете использовать 32 символа, включая конечный NULL, но не используйте /, \, : или !. Кроме того, не используйте . и .. в качестве имени, хотя точка может входить в имя.
НЕ ВЫЗЫВАЙТЕ для потоков операций Commit и Revert. Режим транзакции для потоков недействителен.

ILockBytes

Структурированное хранилище не ограничено использованием только диска или ОЗУ. В качестве своего интерфейса с внешним миром оно использует объекты ILockBytes. Придавая структурированному хранилищу специализированный объект ILockBytes, можно поддерживать виртуальное использование носителя в операциях ввода/вывода.

Можно представить себе ILockBytes как нечто подобное драйверу принтера. Когда приложение посылает данные драйверу, оно не заботится и не думает о том, как эти данные будут приняты устройством печати. Устройство печати может даже быть плоттером, файлом или некоторым другим устройством — прикладная программа не знает о действительном устройстве, она просто посылает данные на выход. ILockBytes выполняет ту же роль для устройств структурированного хранилища. Структурированное хранилище не знает о том типе устройства, с которым оно взаимодействует; оно знает только о ILockBytes. ILockBytes отвечает за перевод данных в подходящий формат. Хранилище воспринимает ILockBytes как линейный массив байтов, в которые оно может читать и записывать. Когда ILockBytes получает или восстанавливает по указанию хранилища данные, то он обеспечивает интерфейс с требуемым устройством. Поскольку ILockBytes — это объект OLE 2, то, написав свой собственный ILockBytes и передав его в структурированному хранилищу, вы сможете получать и восстанавливать данные с любого желаемого устройства (такого, как модем или сетевая карта).

ILockBytes можно использовать для того, чтобы изменить ввод/вывод существующих OLE-программ, применяющих структурированное хранилище, с минимальным воздействием на программу. Например, если сегодня ваша программа читает и записывает на диск, а через несколько месяцев количество данных становится для диска слишком большим, то вы можете реализовать объект ILockBytes для магнитной ленты. Как только структурированному хранилищу будет сказано, что нужно использовать вашу реализацию ILockBytes, ваша программа сможет читать и записывать на ленту вместо диска при минимальных изменениях в общей структуре приложения (конечно, вы можете оптимизировать свою программу для доступа к ленте).

Наборы свойств (Property Sets)

Набор свойств в OLE 2 — это структура данных в согласованном/опубликованном формате. Набор свойств содержит конверт, который заключает глобальную информацию о наборе свойств, а затем уже действительные данные. Часть данных имеет самоопределяемый формат с *идентификатором свойств* (идентифицирует поля) и *индикатором типа* (указывает тип данных, например, целый или вещественный), за которыми следуют сами данные. Единственный набор свойств, определенный в настоящее время, это SummaryInfo.

Имена наборов свойств

Когда набор свойств реализован в последовательной форме, он представляет собой поток внутри хранилища. Первый символ имени должен быть 0x05 (шестнадцатиричное 5), за ним следует имя потока. В случае с набором свойств SummaryInfo именем будет 0x05 и затем SummaryInformation.

Заголовок набора свойств

Заголовок набора свойств находится в самом начале каждого потока набора свойств. Структура его такова:

```
typedef struct tagPROPERTYSET {
  WORD   wByteOrder
  WORD   wFormat
  DWORD  dwOSVer
  CLSID  ClsID
  DWORD  dwSection
} PROPERTYSET
```

> ***Замечание.*** Структура PROPERTYSET описана в файле suminfo.h, который является примером кода OLEUI. Следует просмотреть suminfo.h перед тем как работать с ним, поскольку в некоторых версиях suminfo.h поле dwOSVer определено как WORD вместо DWORD. В более поздних версиях suminfo.h поле dwOSVer вообще отсутствует, вместо него используются:
> WORD getOSVersion;
> WORD OSVersion;
> что является корректной альтернативой.

Поле wByteOrder указывает, в каком порядке байты записываются в поток. Значение его всегда должно быть 0xFFFE — порядок байтов Intel.

Поле wFormat является номером версии формата — должно всегда быть 0, если поток был записан по спецификации OLE.

dwOSVer является DWORD (в некоторых документах это поле WORD) и указывает операционную систему в старшем слове и ее версию в младшем слове. Вот некоторые из стандартных значений старшего слова:

```
Win16        0x0000
Win32        0x0002
Macintosh    0x0004
```

Поле clsID содержит ClassID набора свойств. Каждый набор свойств имеет уникальный ID класса, который его идентифицирует.

> ***Замечание.*** Набор свойств SummaryInfo, который записывает Word 6, содержит для clsID нуль. Правильным ID является:
>
> DEFINE_GUID(CLSID_SummaryInfomation, 0xF29F85E0L, 0x4FF9, 0x1068, 0xAB, 0x91, 0x08, 0x2B, 0x27, 0xB3, 0xD9);

Наконец, dwSections является числом разделов потока. Его значение должно быть не менее единицы.

Пары FormatID/Offset

Вслед за информацией заголовка набора свойств идут пары Format ID/Offset, которые указывают имя раздела (с помощью ID формата) и смещение раздела от начала потока. Число пар соответствует значению dwSections в заголовке.

```
typedef struct tagFORMATIDOFFSET {
  GUID   FormatID;
  DWORD  dwOffset;
} FORMATIDOFFSET;
```

FormatID — это GUID, уникально идентифицирующий раздел. Если есть только один раздел, это значение обычно будет тем же, что и clsID в заголовке. Если имеется несколько разделов, то каждый из них будет иметь свой собственный уникальный GUID. Вам всегда следует проверять эту величину, чтобы определить, как следует читать данный раздел. Если добавляются новые разделы (после того, как программа уже написана), то нужно пропустить все сектора, о которых вы ничего не знаете.

Поле dwOffset указывает число байт от начала потока до начала раздела.

Разделы

В каждом *разделе* содержится заголовочная информация.

```
typedef struct tagPROPERTYSECTION {
  DWORD    dwSection;
  DWORD    dwProperties;
} PROPERTYSECTION;
```

dwSection содержит число байт в разделе. dwProperties содержит число свойств. Хотя можно определить раздел как имеющий до 100 свойств (например), в него необходимо включать только свойства, используемые в текущее время.

Свойства

Вслед за информацией о разделах следуют действительные свойства и их значения. Сначала идет список идентификаторов и смещений:

```
typedef struct tagPROPERTYOFFSET {
  DWORD    PropertyID;
  DWORD    dwOffset;
} PROPERTYOFFSET;
```

PropertyID — это идентифицирующий свойство уникальный ID. Это не clsID, а уникальный для раздела номер. dwOffset — позиция действительных данных со смещением от начала раздела (но не от начала потока). И, наконец, имеется значение свойства. Формат значения свойства представляет собой DWORD и указывает тип данных (например, VT_I4 для длинного целого); за ним следуют данные. Размер данных меняется в зависимости от их типа. Таблица 3.4 показывает возможные значения для типа данных.

Таблица 3.4. Форматы свойств.

Тип	Байты	Значение
VT_EMPTY	0	Нет ассоциированных данных.
VT_NULL	0	NULL-указатель.
VT_BOOL	2	WORD. Заполнено нулями до 32-битной границы; 0=FALSE, -1=TRUE.
VT_I2	2	WORD. Заполнено нулями до 32-битной границы.
VT_I4	4	DWORD
VT_I8	8	8-байтовое целое со знаком
VT_R4	4	32-битное значение IEEE с плавающей точкой (float)
VT_R8	8	64-битное значение IEEE с плавающей точкой (double)
VT_CY	8	Валюта. Восьмибайтовое целое (с дополнением до 2), умноженное на 10000.
VT_DATE	8	То же, что VT_R8. Представляет число секунд, прошедшее с 1/1/1900.
VT_FILETIME	8	Время файла. Первые четыре байта являются LowDateTime и следующие четыре — HighDateTime. Эти данные передаются в структуре FILETIME, как она определяется в Win32.
VT_BSTR	n	Строка. Строка представляется четырьмя байтами (DWORD) счетчика символов (включая NULL и не включая DWORD), за которым следует ограниченная нулем строка.
VT_LPSTR	n	То же, что VT_BSTR.
VT_LPWSTR	n	Строка Unicode. Строка представляется двойным словом счетчика символов Unicode (включая NULL и не включая DWORD), за которым следуют данные ограниченной нулем строки Unicode. Замечание: каждый символ Unicode представлен 16 битами; счетчик является числом символов, а не числом байтов.
VT_BLOB	n	То же, что VT_BSTR, но строка не обязательно оканчивается нулем.
VT_BLOB_OBJECT	n	То же, что VT_BSTR. Именует поток, содержащий данные. Microsoft утверждает, что VT_BLOB_OBJECT свободен от системных накладных расходов, свойственных VT_STREAMED_OBJECT (описывается ниже), и лучше всего подходит для большого числа малых объектов.
VT_STREAM	n	То же, что VT_LPSTR (или VT_BSTR). Именует содержащий данные поток. В спецификации указано, что тип действителен только в наборах свойств, содержащихся в потоке CONTENTS.

VT_STREAMED_OBJECT	n	То же, что VT_STREAM. Именует поток, содержащий упорядоченный объект OLE. В спецификациях указано, что тип действителен только в наборах свойств потока CONTENTS.
VT_STORAGE	n	То же, что VT_LPSTR (или VT_BSTR). Именует содержащий данные поток. В спецификации указано, что тип действителен только в наборах свойств потока CONTENTS.
VT_STORAGE_OBJECT	n	То же, что VT_STORAGE. Именует хранилище, содержащее объект. В спецификациях указано, что тип действителен только в наборах свойств потока CONTENTS.
VT_CF	n	См. таблицу 3.5.
VT_CLSID	16	CLSID
VT_VARIANT	4	Должен быть использован с VT_VECTOR (VT_VECTOR | VT_VARIANT).
VT_VECTOR	n	Должен комбинироваться с ранее определенным типом. Указывает на массив данного типа. VT_VARIANT: При комбинации с VT_VARIANT данные таковы: DWORD счетчика элементов (число элементов в массиве), DWORD первого типа (являющийся типом VT_), значение первого типа, DWORD второго типа ... Фиксированные данные: При комбинации с типами фиксированной длины (например, VT_I2 или VT_R8) данные таковы: DWORD счетчика элементов, элемент ... Данные переменной длины: При комбинации с типом переменной длины (например, VT_BSTR или VT_LPWSTR) данные таковы: DWORD счетчика элементов вектора, DWORD счетчика символов, символы, DWORD счетчика символов ...

Таблица 3.5. Формат свойств Clipboard (VT_CF)

Встроенный формат Clipboard Windows	DWORD счетчика последующих байт DWORD -1 DWORD формата Clipboard (такого, как CF_TEXT или CF_DIB) Данные в формате Clipboard
Формат Macintosh	DWORD счетчика последующих байт DWORD -2 DWORD формата Macintosh Данные в формате Macintosh
Format ID	DWORD счетчика последующих байт DWORD -3 16-байтовый FMTID (ID формата) Данные в формате FMTID

Зарегистрированный формат Clipboard	DWORD счетчика последующих байт DWORD длины имени формата Clipboard Имя формата Clipboard Данные в формате Clipboard
Безымянный формат	DWORD счетчика последующих байт DWORD 0 Данные

Специфика Summary Information (Сводной информации)

Как уже говорилось, свойства Summary Information — это единственный набор свойств, определенный в настоящее время. Вам может быть знаком этот набор свойств, если вы работали с Word для Windows или Excel 5.0. На рис. 3.1 приведен пример диалога Summary Information из Word для Windows, а рис. 3.2 показывает образец из Excel 5.

В таблице 3.6 показаны ID свойств для набора свойств Summary Information. Хотя вы можете, конечно, написать программу, прослеживающую все структуры набора свойств и затем использовать эти идентификаторы свойств, OLE 2 предоставляет более простой путь, связанный с использованием библиотеки OLEUI.

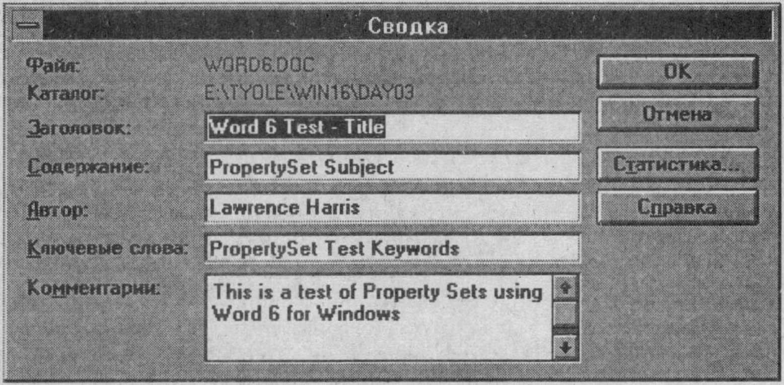

Рис. 3.1. Summary Info из Word 6 для Windows

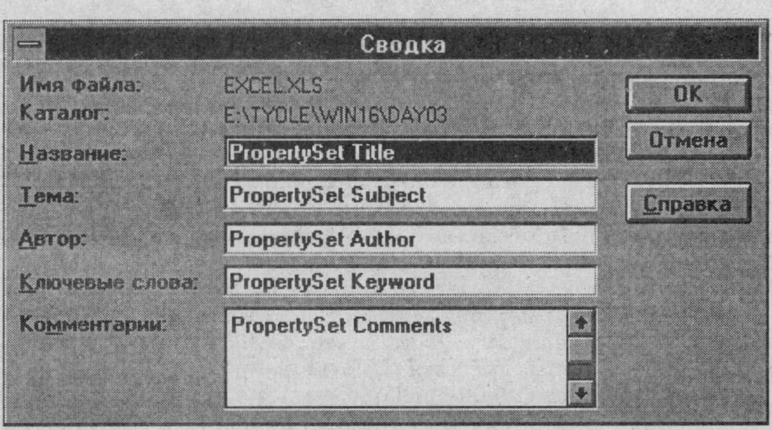

Рис. 3.2. Summary Info из Excel 5

Таблица 3.6 Идентификаторы свойств Summary Information

Название	ID	Код	Тип
Title	PID_TITLE	0x02	VT_LPSTR
Subject	PID_SUBJECT	0x03	VT_LPSTR
Author	PID_AUTHOR	0x04	VT_LPSTR
Keywords	PID_KEYWORDS	0x05	VT_LPSTR
Comments	PID_COMMENTS	0x06	VT_LPSTR
Template	PID_TEMPLATE	0x07	VT_LPSTR
Last Saved By	PID_LASTAUTHO	0x08	VT_LPSTR
Revision Number	PID_REVNUMBE	0x09	VT_LPSTR
Total Edit time	PID_EDITTIME	0x0A	VT_FILETIME
Last Printed	PID_LASTPRINTE	0x0B	VT_FILETIME
Create Time/Date	PID_CREATE_DT	0x0C	VT_FILETIME
Last Saved Time/Date	PID_LASTSAVE_DTM	0x0D	VT_FILETIME
No. of Pages	PID_PAGECOUNT	0x0E	VT_I4
No. of Words	PID_WORDCOUNT	0x0F	VT_I4
No. of Characters	PID_CHARCOUNT	0x10	VT_I4
Thumbnail	PID_THUMBNAIL	0x11	VT_CF
App Name	PID_APPNAME	0x12	VT_LPSTR
Security	PID_SECURITY	0x13	VT_I4

OLEUI

Когда я впервые начал изучать OLE, библиотека OLEUI содержала процедуры, предоставляющие приложениям OLE стандартный интерфейс пользователя для диалогов и функций типа Cut/Paste/Linking and Embedding. По мере развития OLE фирма Microsoft втихомолку расширяла возможности OLEUI. На самом деле, если вы просмотрите файл справочника по OLEUI, поставляемый с Visual C++ 1.5, то обнаружите, что OLEUI не поддерживает никакого API набора свойств Summary Information. Но если вы посмотрите на исходный код, поставляемый с OLEUI, то увидите, что там есть функции API для Summary Information. Файл справочника, поставляемый на Microsoft Developer's Network CD, не содержит точной информации.

OLEUI — это библиотека/DLL, которая может сделать применение OLE немного проще. Microsoft поставляет исходный код, а также готовые к использованию статические библиотеки и DLL. Если вы не используете совместимый с Microsoft компилятор (такой, как Borland C++), то вам придется перекомпилировать исходные тексты, прежде чем вы сможете пользоваться библиотекой.

SummaryInfo

Описания наборов свойств и Summary Information могут казаться запутанными, но в OLE имеются процедуры для упрощения доступа к сводной информации. Листинг 3.4 — это отрывок кода, показывающий, как получить сводную информацию с помощью OLEUI. В первую очередь проверьте, что CLSID потока совпадает с CLSID, присвоенному набору свойств Summary Information. Если соответствие имеется, выделите структуру для сводки, вызвав OleStdInitSummaryInfo. Чтобы использовать этот вызов API, вы должны включить заголовки oleui.h и summinfo.h, которые находятся в разделе sample/include OLE 2 SDK. После того, как структура будет выделена, вы передаете OleStdReadSummaryInfo указатель на поток и на выделенную структуру. Теперь информация находится в выделенной структуре сводной информации. С помощью различных функций OleStdGetxProperty вы можете получать различные значения свойств. В листинге 3.4 для получения информации о заглавии и об авторе использован вызов API OleStdGetStringPropertys.

ВЫЗЫВАЙТЕ OleStdFreeSummaryInfo после того, как вы закончили работать с данными, предоставленными API SummaryInfo. OleStdFreeSummaryInfo освобождает все строки и любые данные, которые были выделены для вас функциями SummaryInfo.
НЕ ОСВОБОЖДАЙТЕ строки, предоставляемые API SummaryInfo. Это должна делать OleStdFreeSummaryInfo.
ОСВОБОЖДАЙТЕ строки, выделяемые другими функциями OLE API (такими, как lpEnum->Next(1, &statstg, &ulCount) из листинга 3.3).

Листинг 3.4. Получение сводной информации.

```
if (IsEqualCLSID(psHeader.clsID,CLSID_SummaryInformation) == TRUE){
  MessageBox(NULL,"Summary Information!!!!","Property Set",MB_OK);
  LPSUMINFO pSummaryInfo = OleStdInitSummaryInfo(0);
  OleStdReadSummaryInfo(pPSetStream,pSummaryInfo);
  MessageBox(NULL,
             OleStdGetStringProperty(pSummaryInfo,PID_TITLE),
             "SummaryInfo-Title",MB_OK);

  MessageBox(NULL,
             OleStdGetStringProperty(pSummaryInfo,PID_AUTHOR),
             "SummaryInfo-Author",MB_OK);
  OleStdFreeSummaryInfo(&pSummaryInfo);
}
```

Хранилище

В библиотеке OLEUI предусмотрен ряд функций API, которые облегчают жизнь при работе со структурированными хранилищами. На самом деле, OleStdCreateRootStorage создает корневое хранилище, а OpenOrCreateRootStorage откроет или создаст корневое хранилище информации в зависимости от того, существует оно или нет. За дополнительной информацией об OLEUI вы можете обратиться к оперативному справочнику. Помните, что OLEUI содержит процедуры API, служащие не только для пользовательского интерфейса.

Заключение

Лучше всего представлять себе структурированное хранилище как новую файловую систему, независимую от лежащей ниже основной системы (такой, как DOS). Структурированное хранилище можно реализовать в существующем или новом приложении без реализации остальных компонент OLE и, таким образом, оно может стать этапом на пути перехода к этой технологии.

3 Заказ 1091

Наборы свойств предоставляют программам стандартный метод хранения информации, благодаря чему согласующиеся со стандартом приложения могут этой информацией манипулировать.

Наконец, поскольку структурированное хранилище реализуется единственным файлом DOS, то ваше приложение может писать в несколько потоков и быть уверенным, что если пользователь переместит файл, то переместится сразу все хранилище. Из этого также следует, что потоки внутри хранилища можно специализировать для данных, которые они должны содержать.

Вопросы и ответы

В: Поскольку освобождение строк является в OLE обычным, имеется ли в OLE процедура, освобождающая строку без необходимости получать интерфейс IMalloc?

О: Да. В OLE есть процедура с именем OleStdFreeString. Если вы передадите ей строку, то функция сама получит IMalloc.

В: Нужно ли реализовывать оставшуюся часть OLE, чтобы воспользоваться преимуществами структурированного хранилища?

О: Нет. Нужно инициализировать OLE и помнить, что от многих вызовов API структурированного хранилища вы получаете интерфейсы.

В: Почему нет вызова API Close?

О: Метод Release эквивалентен close. Вы должны помнить, что если вы не выполните Release, то не только будете держать в памяти DLL OLE, но можете потерять все данные, которые вы записали. Кроме того, при использовании транзакции хранилища не забывайте выполнить операцию фиксации (Commit) перед вызовом Release. Если вы не выполните фиксацию, то Release выполнит операцию обращения (Revert) и вы потеряете все сделанные вами изменения.

Семинар

Опрос

1. Каковы три объекта структурированного хранилища?
2. При каких условиях следует использовать Commit?
3. При каких условиях следует использовать Revert?
4. Какие флаги структурированного хранилища нужно применить, чтобы преобразовать обычный файл в структурированное хранилище?
5. Как закрыть поток или хранилище?

Упражнения

1. Напишите программу для создания потока внутри корневого хранилища и записи данных во вновь созданный поток.
2. Напишите программу, которая читает набор свойств Summary Information из Excel 5. Добавьте процедуру для чтения Summary Information из Word 6. Помните, что в наборе свойств Summary Information из Word 6 нет clsID.

День 4

Простой автоматный сервер

Одним из наиболее простых в реализации разделов OLE 2 является автоматизация. *Автоматизация OLE* — это механизм, позволяющий одной программе воспользоваться возможностями другой программы. Может быть, вам знакома программа Windows Recoder. Она сохраняет последовательность нажатий клавиш и перемещений мыши и позднее может их воспроизводить. Если вы хотите, чтобы одна и та же последовательность нажатий клавиш или движений мыши возникала вне зависимости от каких-либо внешних обстоятельств — прекрасно. Но это всего лишь магнитофон для записи нажатий клавиш. Поскольку программа нечувствительна к контексту — нельзя динамически изменять макрос в зависимости от происходящих событий, — вы не можете модифицировать ввод, не определив макрос заново. Автоматизация OLE меняет такое положение вещей, давая вам возможность написать макрос на любом языке, позволяющем создать *автоматный контроллер* OLE. Эта гибкость позволяет вам написать «умный» макрос, меняющий свое поведение в зависимости от получаемых результатов. Другими словами, макрос можно сделать полностью чувствительным к контексту.

Можно также написать программу на языке, подобном C++, которая будет являться управляющим приложением. Это означает, что приложение, которому нужна обработка текста, может содержать код для управления Microsoft Word 6.0 for Windows. В этом приложении можно взять входные данные откуда угодно, выполнить некоторые действия и затем создать документ Word. Ваше приложение может даже автоматически послать этот документ по электронной почте или факсу. Вам не нужно изобретать велосипед — вы можете воспользоваться существующими возможностями существующих приложений. В объектно-ориентированном программировании говорят обычно о повторном использовании, *утилизации кода*. Здесь же достигается *утилизация приложений*. Попросту говоря, автоматизация OLE обеспечивает интеграцию приложений. Поскольку вы можете взять существующее приложение и специализировать его для своих нужд, вам не придется писать весь свой код на пустом месте. Это также позволяет вам создавать *автоматные серверы* в качестве строительных блоков, которые кто-то другой сможет интегрировать в свои приложения. Это означает, что ваша программа может быть использована в таких целях, о которых вы не имели представления.

Итак, как создать сервер-автомат OLE? Это проще, чем можно было бы думать. Для примера, возьмем приложение, которое просто возвращает единицу. (По ходу дела приложение станет более осмысленным.) Во-первых, приложение следует представлять себе как объект OLE (многие уже говорят об автоматных серверах как об *автоматных объектах* OLE). Это значит, что для вашего объекта нужно создать IUnknown и IClassFactory. Еще нужно ввести необходимые пункты в системный реестр, чтобы OLE могло создать ваш объект. Все это вы уже делали во 2-й день. Теперь нужен еще один интерфейс — IDispatch.

Реализация *IClassFactory* для простого автоматного сервера OLE

Как говорилось во 2-й день («IUnknown, IClassFactory»), интерфейс IClassFactory создает объект. Автоматным приложениям OLE требуется фабрика класса, поскольку приложение по существу является объектом и, как и в случае других объектов, необходим метод для его создания. Листинг 4.1 содержит реализацию заголовочного файла для фабрики класса вашего приложения.

Листинг 4.1. Пример фабрики класса.

```
CLASS COleDay4ClassFactory : public IClassFactory
{
 protected:
   ULONG   m_refs;
 public:
   COleDay4ClassFactory(void)  {m_refs = 0;}
   ~COleDay4ClassFactory(void) {;}

   STDMETHOD(QueryInterface)(REFIID riid,void FAR* FAR* ppv);
   STDMETHOD_(ULONG,AddRef)(void);
   STDMETHOD_(ULONG,Release)(void);

   STDMETHODIMP   CreateInstance(IUnknown FAR  *pUnkOuter, REFIID riid,
                              void FAR* FAR* ppv);
   STDMETHODIMP   LockServer(BOOL fLock);

   static IClassFactory FAR *Create();
};
```

Анализ

Как и все фабрики класса (см. день 2, «IUnknown, IClassFactory»), этот класс включает методы QueryInterface, Addref, Release, CreateInstance и LockServer. Последний метод, Create, не является обязательным, но мы будем использовать его при создании фабрики класса. Create не предназначена для внешнего мира; это вспомогательная функция, облегчающая создание фабрики класса. Может быть, вам стоит еще раз просмотреть материал 2-го дня, где эти методы описаны в деталях.

Листинг 4.2. Реализация фабрики класса

```
IClassFactory FAR* COleDay4ClassFactory::Create()
{
    COleDay4ClassFactory FAR* pCF;

    if ((pCF = new FAR COleDay4ClassFactory()) == NULL)
        return NULL;
    pCF->AddRef();
    return pCF;
}

STDMETHODIMP COleDay4ClassFactory::QueryInterface(REFIID riid,
                                              void FAR* FAR* ppv)

{
    if ((riid == IID_IUnknown) || (riid == IID_IClassFactory)){
        *ppv = this;
        ++m_refs;
        return NOERROR;
        }
    *ppv = NULL;
    return ResultFromScode(E_NOINTERFACE);
}

STDMETHODIMP_(unsigned long) COleDay4ClassFactory::AddRef(void)
{
    return ++m_refs;
}

STDMETHODIMP_(unsigned long) COleDay4ClassFactory::Release(void)
{
    if (--m_refs == 0){
        delete this;
```

```
        return 0;
    }
    return m_refs;
}

STDMETHODIMP COleDay4ClassFactory::CreateInstance(IUnknown FAR* /* punkOuter */,
                REFIID iid, void FAR* FAR* ppv)
{
        HRESULT hresult;
        COleDay4Object FAR* pOleDay4Object;

        if ((pOleDay4Object = COleDay4Object::Create()) == NULL){
            *ppv = NULL;
            return ResultFromScode(E_OUTOFMEMORY);
        }
        hresult = pOleDay4Object->QueryInterface(iid, ppv);
        pOleDay4Object->Release();
        return hresult;
}

STDMETHODIMP COleDay4ClassFactory::LockServer(BOOL /* flock */)
{
    return NOERROR;
}
```

Анализ

Первым методом является Create, который отвечает за создание объекта фабрики класса. Операция new динамически создает новый объект фабрики, затем вызывается Addref, чтобы увеличить счетчик ссылок. Далее Create возвращает новый указатель интерфейса, почему и следует вызывать Addref. (Как говорилось во 2-й день, перед тем, как метод возвратит указатель, должна быть вызвана Addref.) Затем идут стандартные для фабрики класса реализации методов QueryInterface, Addref и Release. CreateInstance создает объект приложения (а именно COleDay4Object), а LockServer не реализован — метод всегда возвращает NOERROR.

Реализация *IDispatch* в простом сервере-автомате

После того как реализована фабрика класса, необходимо реализовать интерфейс IDispatch. Это интерфейс, открывающий серверы-автоматы OLE автоматным контроллерам. IDispatch требует реализации методов, показанных в таблице 4.1 (кроме трех, нужных IUnknown: QueryInterface, Addref и Release).

Таблица 4.1 Методы IDispatch.

Метод	Описание
Invoke	Позволяет внешним программам сообщать вашему приложению, что нужно делать.
GetIDofNames	Изменяет имя на идентификатор, поскольку Invoke требуется ID, а не имя.
GetTypeInfo	Возвращает имена методов и свойств, которые можно активировать.
GetTypeInfoCount	Возвращает число предоставляемых объектом интерфейсов информации о типе.

К счастью, OLE предусматривает реализацию IDispatch по умолчанию, поэтому реализовывать его самостоятельно нет необходимости. По вызову функции CreateStdDispatch библиотеки OLE создадут интерфейс IDispatch.

Использование *CreateStdDispatch*

CreateStdDispatch — это стандартная реализация интерфейса IDispatch, которую можно использовать, не кодируя самостоятельно требуемые для IDispatch методы. Она не позволяет вам выполнять специальную обработку ошибок, так же как и поддерживать более одного набора символов национального языка. Если эти требования не покажутся вам слишком жесткими, то CreateStdDispatch поможет вам сэкономить на кодировании массу времени. Для CreateStdDispatch типично использование в объектах приложений-автоматов, поэтому мы и применим ее в объекте COleDay4Object, показанном в листинге 4.3.

Листинг 4.3. Заголовок для COleDay4ObjectImp и COleDay4Object.

```
#define DIM(X)       (sizeof(X)/sizeof(X[0]))

enum IDMEMBER_DAY04 {
    IDMEMBER_DAY04_PROP_A = 1
};

class COleDay4ObjectImp
{
 protected:
    short   m_A;
 public:
    virtual short CDECL GetA(void);
    virtual void  CDECL SetA(short a);
    COleDay4ObjectImp() {m_A = 1;}

};

CLASS COleDay4Object : public IUnknown
{
 protected:
   ULONG   m_refs;
   IUnknown FAR* m_disp_interface;
   COleDay4ObjectImp FAR *pOleDay4ObjectImp;
 public:
   STDMETHOD(QueryInterface)(REFIID riid,void FAR* FAR* ppv);
   STDMETHOD_(ULONG,AddRef)(void);
   STDMETHOD_(ULONG,Release)(void);

   COleDay4Object(void)  {m_refs = 0; pOleDay4ObjectImp = NULL;}
   ~COleDay4Object(void) {;}
   static COleDay4Object FAR* Create();
};
```

Анализ

Как и во всех объектах, IUnknown реализуется с методами QueryInterface, Addref и Release. Кроме того, в качестве вспомогательного метода реализуется функция Create, аналогичная функции фабрики класса. И наконец, реализован другой класс, содержащий свойства и методы, которые могут быть доступны через автоматизацию (COleDay4ObjectImp).

Чтобы использовать CreateStdDispatch, вам нужно понимать, как в системе OLE-автоматизации собирается информация для создания распределительной таблицы (dispatch table, массива методов и свойств) и как можно создать свою собственную таблицу. Предположим, функция принимает два параметра A и B и возвращает их сумму. Функция может быть реализована следующим образом:

```
int ADD (int A, int B);
```

При ее вызове вы пишете

```
C = ADD(3,5);
```

В автоматизации OLE это допустимая конструкция, но OLE позволяет также использовать именные параметры, поэтому вы могли бы написать

```
C = MyObject.ADD B=5, A=3
```

Как видите, именование параметров позволяет вам указывать их в порядке, отличном от порядка параметров в принимающей функции. Это очень полезно в тех случаях, когда пользователь помнит переменные метода, но не помнит порядок их следования.

Чтобы создать параметр, который можно использовать в OLE-автоматизации, нужно создать массив PARAMDATA. PARAMDATA используются в OLE для спецификации имен параметров и типа данных. В листинге 4.4 показано, как создать массив PARAMDATA, поддерживающий единственный параметр «A».

Листинг 4.4. Объявление PARAMDATA для одиночного свойства.

```
static PARAMDATA rgpdataA[]= {
 {"A", VT_I2}
};
```

Анализ

Первая величина именует параметр, явно определяя переменную в том виде, как она объявлена в исходном коде объекта. Имя, которое используется в качестве первого параметра, является также тем именем, которое может использовать для доступа к параметру автоматный контролер OLE, если он поддерживает именование параметров. Вторая величина в PARAMDATA — это тип параметра. В данном примере этот тип VT_I2, т.е. целое из двух байт. Как показано в таблице 4.2, OLE поддерживает данные различных типов.

Таблица 4.2. Типы параметров.

Тип	Определение
VT_EMPTY	нет значения
VT_I2	двухбайтовое целое
VT_I4	четырехбайтовое целое
VT_R4	четырехбайтовое вещественное стандарта IEEE
VT_R8	восьмибайтовое вещественное IEEE
VT_CY	Валюта — восьмибайтовое целое (с дополнением до двух) с 15 цифрами слева от десятичной точки и четырьмя байтами справа (т.е. число на самом деле умножено на 10000).
VT_BSTR	двоичная строка
VT_NULL	NULL (используется в SQL)
VT_ERROR	код scode, специфицирующий ошибку
VT_BOOL	Булевское True/False. True = -1 и False = 0.
VT_DATE	дата с двойной точностью
VT_DISPATCH	указатель объекта на интерфейсный указатель IDispatch
VT_UNKNOWN	указатель объекта на интерфейсный указатель IUnknown
VT_ARRAY	Массив. Комбинируется (при помощи символа |) с другими типами VT_ для указания типа массива. Недействителен с VT_EMPTY и VT_NULL.
VT_BYREF	Ссылка. Комбинируется (при помощи символа |) с другими типами VT_ для указания на то, что переменная передается по ссылке (передается адрес). Недействителен с VT_EMPTY и VT_NULL.
VT_VARIANT	Элемент может иметь различные типы или не подходить ни под один из вышеуказанных типов. Должен комбинироваться с VT_BYREF.

Другой необходимой структурой является METHODDATA. Эта структура сообщает OLE, какие методы и свойства реализованы, какие параметры требуются, что возвращается и как осуществляется доступ к методам. Структура INTERFACEDATA используется для описания автоматных интерфейсов объекта. В листинге 4.5 представлен образец реализации METODDATA и INTERFACEDATA.

Листинг 4.5. Реализация METHODDATA и INTERFACEDATA.

```
#define IDMETH_DAY04_GETA 0
#define IDMETH_DAY04_SETA 1

static  METHODDATA rgmdataCOleDay4Object[] = {
    {
    "A",
    rgpdataA,
    IDMEMBER_DAY04_PROP_A,
    IDMETH_DAY04_SETA,
    CC_CDECL,
    DIM(rgpdataA),
    DISPATCH_PROPERTYPUT,
    VT_EMPTY
    },
    {
    "A",
    NULL,
    IDMEMBER_DAY04_PROP_A,
    IDMETH_DAY04_GETA,
    CC_CDECL,
    0,
    DISPATCH_PROPERTYGET,
    VT_I2
    }
};

INTERFACEDATA g_idataCOleDay4Object = {
    rgmdataCOleDay4Object, DIM(rgmdataCOleDay4Object)
};
```

Анализ

Первый пункт в METHODDATA, A, сообщает, что первый метод или свойство называется A. Следующий пункт, rgpDataA — адрес массива PARAMDATA этого элемента. Структура PARAMDATA была ранее описана в листинге 4.4. IDMEMBER_DAY04_PROP_A — это уникальный ID, используемый в IDispatch внутри оператора switch. ID номер может быть не уникальным в единственном случае — когда он используется для свойств, реализованных попарно (и разделяющих одно и то же имя, в данном примере A). Тогда эти свойства разделяют один и тот же идентификатор. ID должен быть положительным целым числом. Отрицательные числа зарезервированы и не могут использоваться, а нуль имеет специальное значение. Если ваше приложение имеет реализацию по умолчанию (когда применяется, например, c = MyObject вместо c = Myobject.AnySpecialFunction), то в качестве ID используется нуль.

Следующее поле, IDMETH_DAY04_SETA, является смещением в vtable. В этом примере оно определяется как 1. Если вы посмотрите на заголовок листинга 4.3, то увидите, что GetA и SetA — виртуальные функции. Когда C++ строит виртуальную таблицу, GetA имеет нулевое смещение и является первым ее пунктом, а SetA имеет смещение 1 и является вторым пунктом. Мы также создали отдельный класс для реализации этих функций. Если бы мы не создали отдельный класс, то эти смещения нужно было бы соответствующим образом настроить. Кроме того, если бы мы реализовали их в интерфейсе, то начальным числом было бы 3, а не нуль. Вспомните, все интерфейсы требуют IUnknown, поэтому смещение QueryInterface равно нулю, Addref — единице, Release — двум.

Следующий пункт, CC_CDECL, является соглашением о вызове для данного элемента. CreateStdDispatch поддерживает CC_CDECL и CC_PASCAL. Далее идет число используемых аргументов. Можно было бы просто закодировать это поле как 1, но вместо этого мы использовали DIM(rgpdataA), чтобы компилятор сам вычислил количество аргументов. DIM не является частью OLE; это макрос #define, входящий в листинг 4.3. Чтобы определить число элементов в массиве, макрос берет массив и делит его на размер первого элемента. Подобный метод определения числа аргументов предполагает, что все элементы массива имеют одинаковый размер.

Далее вы указываете, что определяется — метод или свойство, и если это свойство, то каков его тип. Поскольку первое свойство служит для «записи» переменной («put»), то используется DISPATCH_PROPERTYPUT. Чтобы определить свойство «чтения» («get»), следует использовать DISPATCH_PROPERTYGET. DISPATCH_PROPERTYREF применяется для ссылки на переданный объект, а DISPATCH_METHOD используется для определения метода. Наконец, указывается возвращаемый тип, который в данном свойстве для установки равен VT_EMPTY, поскольку ничего не возвращается. За всем этим идет информация, которая требуется для GetA.

Аналогично тому, как PARAMDATA описывает параметры, а METHODDATA — методы, INTERFACEDATA описывает автоматные интерфейсы объекта. Первый параметр rgmdataCOleDay4Object относится к массиву METHODDATA, а второй пунктом является DIM, который дает число элементов в массиве METHODDATA.

Создание объекта-автомата относительно просто. В листинге 4.6 представлена реализация вспомогательной функции, применяемой при создании объекта.

Листинг 4.6. Create из COleDay4Obect.

```
COleDay4Object FAR* COleDay4Object::Create()
{
     COleDay4Object FAR* pOleDay4Object;

     if ((pOleDay4Object = new FAR COleDay4Object()) ==
          (COleDay4Object FAR*)NULL)
             return (COleDay4Object FAR*)NULL;
    pOleDay4Object->AddRef();
    pOleDay4Object->pOleDay4ObjectImp = new FAR COleDay4ObjectImp();

    ITypeInfo FAR* ptinfo;
    HRESULT hresult =
        CreateDispTypeInfo(&g_idataCOleDay4Object,
                           LOCALE_SYSTEM_DEFAULT, &ptinfo);
    if (hresult != NOERROR){
        pOleDay4Object->Release();
        return NULL;
    }
    hresult =
         CreateStdDispatch(pOleDay4Object,
                           pOleDay4Object->pOleDay4ObjectImp,
                           ptinfo,
                           &pOleDay4Object->m_disp_interface);
    ptinfo->Release();
     return pOleDay4Object;
}
```

Анализ

Сначала создайте объект, выполнив new. Далее вызовите Addref для приращения счетчика интерфейса, поскольку интерфейс будет передан CreateStdDispatch. Затем создается реализация с помощью new COleDay4ObjectImp. Поскольку это не объект OLE, он не имеет счетчика ссылок и соответственно функции Addref. Если бы это был объект OLE, имеющий указатель на интерфейс, то нужно было бы вызвать Addref.

ITypeInfo — это интерфейс, возвращающий информацию о вашем объекте-автомате. Поскольку вся эта информация определяется в массивах (листинги 4.4 и 4.5), вызовите CreateDispTypeInfo, чтобы перевести эту информацию в требуемый для CreateStdDispatch формат. Сообщите также функции CreateStdDispatch, что нужно использовать местный набор символов (LOCALE_SYSTEM_DEFAULT). Помните, что CreateStdDispatch может работать только с одним набором символов. Если все в порядке, вызывается CreateStdDispatch. CreateStdDispatch возвращает в pOleDay4Object->m_disp_interface указатель на IDispatch. Теперь у вас есть IDispatch. Затем вызовите ptinfo->Release, поскольку в CreateDispTypeInfo имеется внутренний вызов метода Addref созданного и переданного вам интерфейса ITypeInfo.

Листинг 4.7 показывает реализацию интерфейса IUnknown.

Листинг 4.7. Реализация IUnknown для COleday4Object.

```
STDMETHODIMP
COleDay4Object::QueryInterface(REFIID riid, void FAR* FAR* ppv)
{
    if (riid == IID_IUnknown)
        *ppv = this;
     else if (riid == IID_IDispatch){
        return m_disp_interface->QueryInterface(IID_IDispatch,ppv);
    } else {
        *ppv = NULL;
        return ResultFromScode(E_NOINTERFACE);
    }

    AddRef();
    return NOERROR;
}

STDMETHODIMP_(ULONG)COleDay4Object::AddRef()
{
    return ++m_refs;
}

STDMETHODIMP_(ULONG)COleDay4Object::Release()
{
    if(--m_refs == 0)
    {
      if (m_disp_interface != NULL)
        m_disp_interface->Release();
      if (pOleDay4ObjectImp != NULL)
        delete pOleDay4ObjectImp;
      delete this;
      PostQuitMessage(0);
      return 0;
    }
    return m_refs;
}
```

Анализ

Эта реализация похожа на уже встречавшиеся вам, однако помните, что поскольку IDispatch вы сами не реализуете, нужно возвращать m_disp_interface всякий раз, когда запрашивается IDispatch, и освобождать m_disp_interface при освобождении объекта. Другим существенным отличием является то, что при равенстве счетчика ссылок нулю приложение должно завершиться. В данной реализации для завершения приложения вызывается функция PostQuitMessage. Если вы используете при завершении библиотеку классов или какой-то другой метод, то нужно заменить этот вызов на подходящее в вашей ситуации действие.

Листинг 4.8 показывает реализацию функций свойств. Поскольку OLE здесь не используется, они совершенно обычны.

Листинг 4.8. Реализация свойств.

```
void CDECL COleDay4ObjectImp::SetA(short A)
{
     m_A = A;
}
```

```
short CDECL COleDay4ObjectImp::GetA(short A)
{
    return(short)m_A;
}
```

Анализ

SetA принимает один аргумент и хранит его в m_A. GetA просто возвращает m_A. OLE, однако, производит здесь небольшой фокус. Заметьте, что SetA хочет получить short a GetA возвращает short. Если автоматный контроллер (приложение, вызывающее вашу программу) передает или должно получать что-либо отличное от short, то IDispatch попытается преобразовать значения к желаемому типу. Если IDispatch не сможет произвести преобразование, он вернет DIP_E_TYPEMISMATCH.

Листинг 4.9. частично показывает WinMain.

Листинг 4.9. Фрагмент WinMain.

```
IClassFactory FAR *gpOleDay4ClassFactory;
DWORD            gdwOleDay4ClassFactory;
DWORD            gdwRegister;

  gpOleDay4ClassFactory = COleDay4ClassFactory::Create();
  if (gpOleDay4ClassFactory != NULL){
      HRESULT hresult = CoRegisterClassObject(CLSID_OleDay4Object,
                                              gpOleDay4ClassFactory,
                                              CLSCTX_LOCAL_SERVER,
                                              REGCLS_SINGLEUSE,
                                              &gdwOleDay4ClassFactory);

  }
  gpOleDay4ClassFactory->Release();


  while (GetMessage(&msg, NULL, 0, 0)) {
      TranslateMessage(&msg);
      DispatchMessage(&msg);
  }

  CoRevokeClassObject(gdwOleDay4ClassFactory);
```

Анализ

Как можно видеть, для создания фабрики класса вызывается вспомогательная функция ClassFactory (COleday4ClassFactory::Create). Если создание прошло успешно, вызывается CoRegisterClassObject, чтобы информировать OLE о том, что имеется доступный для создания объект. При завершении приложения вызывается CoRevoke-ClassObject, чтобы сообщить, что объект более не может быть создан.

Допустим, вы проделали все, о чем шла речь выше, но это еще не конец. Нужно создать регистрационный файл и включить его в регистрационную базу данных. В листинге 4.10 представлен образец регистрационного файла.

Листинг 4.10. Регистрационный файл.

```
REGEDIT

HKEY_CLASSES_ROOT\OleDay4.Application = OLE Day 4 Test Application
HKEY_CLASSES_ROOT\OleDay4.Application\Clsid = {62B5F701-3478-101B-81D7-00AA001FA1E3}

HKEY_CLASSES_ROOT\OleDay4.Application.1 = OLE Day 4 Test Application
HKEY_CLASSES_ROOT\OleDay4.Application.1\Clsid =
 {62B5F701-3478-101B-81D7-00AA001FA1E3}

HKEY_CLASSES_ROOT\CLSID\{62B5F701-3478-101B-81D7-00AA001FA1E3} =
  OLE Day 4 Test Application
HKEY_CLASSES_ROOT\CLSID\{62B5F701-3478-101B-81D7-00AA001FA1E3}\ProgID =
  OleDay4.Application.1
```

Листинг 4.10. продолжение

```
HKEY_CLASSES_ROOT\CLSID\{62B5F701-3478-101B-81D7-00AA001FA1E3}
  \VersionIndependentProgID = OleDay4.Application
HKEY_CLASSES_ROOT\CLSID\{62B5F701-3478-101B-81D7-00AA001FA1E3}
  \LocalServer = c:\olein21\day04\day04.exe /Automation
```

Анализ

Первая строка REGEDIT содержится во всех регистрационных файлах. На следующих двух строках содержится независимая от версии информация.

Обычно при создании объекта-автомата OLE в Visual Basic или Excel вы можете написать:

```
DIM MyObject as Object
Set MyObject = CreateObject("OleDay4.Application")
```

OLE начинает искать в регистрационной базе данных строку OleDay4.Application, а затем выясняет ID класса объекта. По ID класса OLE может определить, какое приложение требуется для создания объекта. В будущем вы можете написать новую версию вашего приложения, обладающую новыми возможностями. Если пользователь создал объект, используя только что обсуждавшийся метод, то вполне вероятно, что его приложение будет работать без всяких проблем. Однако если у пользователя имеются две версии вашего приложения, то некоторые программы, возможно, захотят воспользоваться самой последней версией (например, Word 6), а другим может потребоваться предпоследняя версия (например, Word 2). Имя, зависящее от версии, является ссылкой, которую программа может использовать для различения версий сервера-автомата OLE. В данном приложении OleDay4.Application.1 (следующие две строки) являются именем, зависящим от версии. Это значит, что пользователь может также ввести следующее:

```
DIM MyObject as Object
Set MyObject = CreateObject("OleDay4.Application.1")
```

В приложении оба варианта создадут один и тот же объект, поскольку имеется только одна версия. В других приложениях могут быть запушены разные серверы, поскольку каждая версия содержит обычно разные пункты. Если разные версии запускают разные серверы, то вы должны присвоить версиям различные ID класса.

В последнем разделе регистрационных данных (листинг 4.10) имеется вся необходимая информация для создания объекта. В первой строчке находится строка в формате, удобном для чтения (которая появляется в OLE2VIEW, например). Затем в ProgID вносится текущая версия приложения. Потом идет независимый от версии ID программы (VersionIndependentProgID) и, наконец, имя сервера. Ключ /Automation является частью пункта LocalServer и должен стоять в той же строке. LocalServer — это командная строка, которую нужно исполнить. Ключ /Automation говорит о том, что приложение будет запущено как автоматный сервер. Ваше приложение обычно смотрит на командную строку, чтобы определить, как оно было запущено, и предпринимает соответствующие действия.

Тестирование

После того, как вы построили свое приложение и объединили регистрационную информацию с системным реестром, можно приступать к тестированию. Запустив Ole2View и нажав кнопку мыши над Ole Day 4 Test Application, вы увидите то, что изображено на рис. 4.1.

Дважды нажав кнопку мыши на строке OLE Day 4 Test Application (в Ole2View) и выбрав IDispatch, вы увидите рис. 4.2.

Заметьте, что имеются две функции с именем А. Высветив первую из них, вы увидите, что это функция «get» (посмотрите на поле invkind в панели FUNCDESC for A). Нажав кнопку мыши над вторым А, вы увидите изображенное на рис. 4.3.

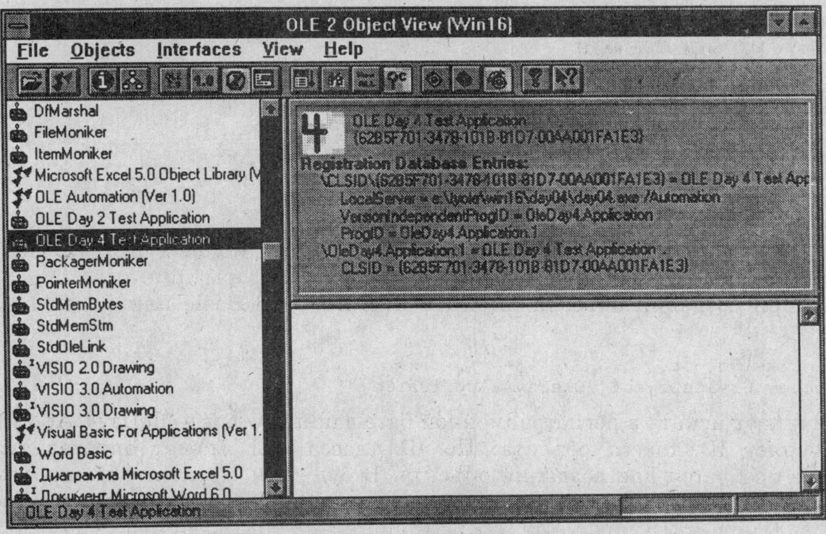

Рис. 4.1. OleDay4Object в OLE2VIEW.

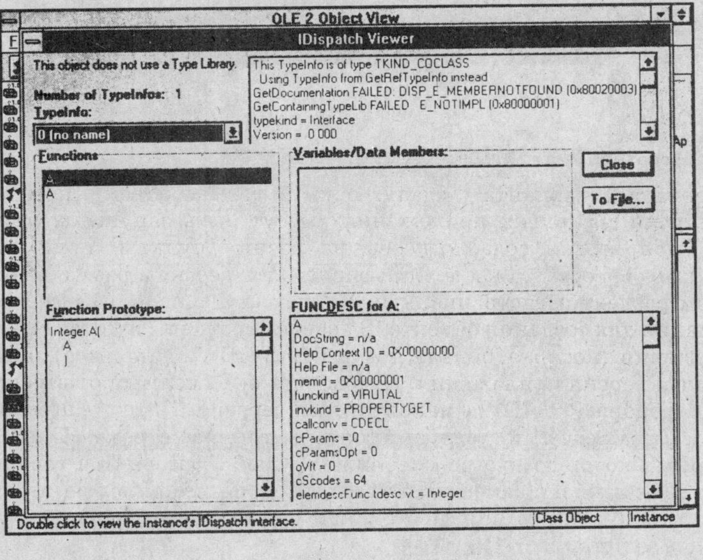

Рис. 4.2. OleDay4Object, функция IDispatch GetA.

Вторая функция — это SetA, являющаяся свойством «put». Соглашением о вызове является CDECL (callconv=CDECL в FUNCDESC). До сих пор все выглядит так, как и ожидалось. Теперь с помощью DispTest протестируйте приложение в действии. Введя листинг 4.11 в файл и затем загрузив текстовый файл в DispTest, вы можете тестировать свое приложение. (Перед выбором Run создайте метку на форме и назовите ее Label1.) Выбрав Run, вы увидите рис. 4.4.

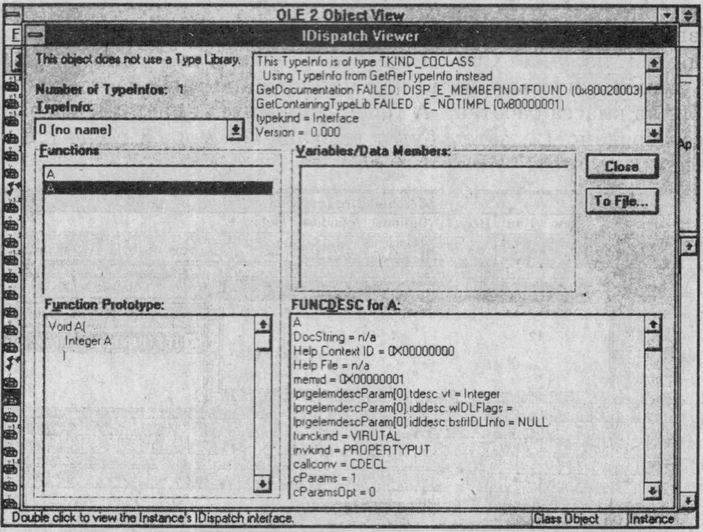

Рис. 4.3. OleDay4Object, функция IDispatch SetA.

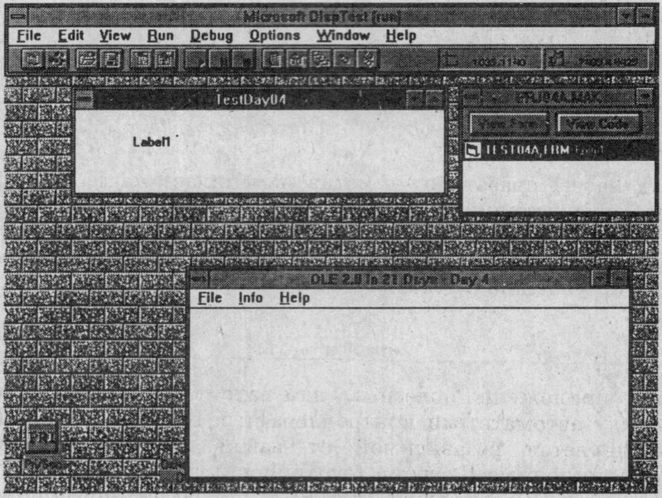

Рис. 4.4. Начальный вывод DispTest.

Листинг 4.11. Базовый код DispTest.

```
Dim t As Object

Sub Form_Load ()
 Set t = CreateObject("OleDay4.Application")
End Sub

Sub Label1_Click ()
    a$ = spase$(20)
    t.a = 12
    a$ = Str$(t.a)
    Label1.Caption = a$
End Sub
```

Обратите внимание на то, что выбор Run в DispTest запускает приложение автоматически. Когда OLE получает CreateObject из DispTest, оно начинает поиск в регистрационной базе данных, чтобы узнать, как приложение запускается, а потом запускает его. Ваша фабрика класса работает! А теперь нажмите кнопку мыши над Label1. Функции SetA будет послано 12, затем будет вызвана GetA и 12 появится на дисплее. На рис. 4.5 показан результат.

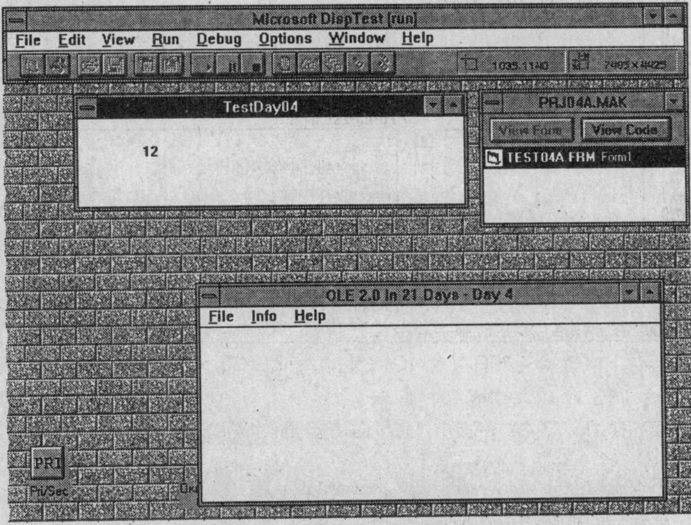

Рис. 4.5. Вывод DispTest от сервера-автомата

Нажатие над Label1 сработало — метка изменилась на 12. Интерфейс IDispatch работает! Теперь завершающий тест. Выберите в DispTest «File,Exit» (или дважды нажмите кнопку мыши над системным меню TestDay04). Приложение Ole2.0 In 21 Days — Day 4 исчезнет, счетчик ссылок сработал и функция PostQuitMessage сработала. Сервер-автомат OLE успешно реализован.

Строки

Чтобы сделать приложение полезным, вам надо познакомиться с тем, как передаются строки между автоматными контроллерами и серверами OLE. Поскольку OLE-автоматизация является независимой от языка программирования, в ней не используются традиционные С-строки (ограниченные нулем). Вместо них в OLE вводятся *двоичные строки* (Binary String), или BSTR. BSTR во многом походят на обычные строки С, за исключением того, что они содержат длину строки (С-строка заканчивается нулем, а ее длина вычисляется). Для преобразования С-строк в BSTR вызывайте функцию SysAllocString(cstring), которая возвращает BSTR.

Во 2-й день обсуждались функции CoCreateGuid и StrigFromGUID2, которые генерируют новый GUID. Вы можете теперь ввести метод (пока у вас есть только пара свойств), всякий раз возвращающий при вызове новый GUID. В листинге 4.12 представлены изменения, которые нужно внести в заголовок для реализации нового элемента.

Листинг 4.12. Заголовок ColeDay4ObjectImp.

```
enum IDMEMBER_DAY04 {
    IDMEMBER_DAY04_PROP_A = 1,
    IDMEMBER_DAY04_GUIDGEN
};

class COleDay4ObjectImp
{
```

Листинг 4.12. продолжение.

```
 protected:
    short   m_A;
 public:
    virtual short CDECL GetA(void);
    virtual void  CDECL SetA(short a);
    virtual BSTR  CDECL GUIDGen(void);
    COleDay4ObjectImp() {m_A = 1;}
};
```

Анализ

Так как ранее было определено перечисление enum IDMEMBER_DAY04, то вы просто прибавляете к списку IDMEMBER_DAY04_GUIDGEN, чтобы IDispatch имел уникальный ID. Следует также объявить функцию GUIDGen, возвращающую BSTR.

Структура METHODDATA требует некоторых модификаций, связанных с добавлением метода (см. листинг 4.13).

Листинг 4.13. METHODDATA и GUIDGen.

```
#define IDMETH_DAY04_GETA 0
#define IDMETH_DAY04_SETA 1
#define IDMETH_DAY04_GUIDGEN 2

static  METHODDATA rgmdataCOleDay4Object[] = {
    {
    "A",
    rgpdataA,
    IDMEMBER_DAY04_PROP_A,
    IDMETH_DAY04_SETA,
    CC_CDECL,
    DIM(rgpdataA),
    DISPATCH_PROPERTYPUT,
    VT_EMPTY
    },
    {
    "A",
    NULL,
    IDMEMBER_DAY04_PROP_A,
    IDMETH_DAY04_GETA,
    CC_CDECL,
    0,
    DISPATCH_PROPERTYGET,
    VT_I2
    },
    {
    "GUIDGEN",
    NULL,
    IDMEMBER_DAY04_GUIDGEN,
    IDMETH_DAY04_GUIDGEN,
    CC_CDECL,
    0,
    DISPATCH_METHOD,
    VT_BSTR
    }
};

BSTR CDECL COleDay4ObjectImp::GUIDGen()
{
    GUID    guid;
    char    str[50];

    CoCreateGuid(&guid);
    StringFromGUID2(guid,str,sizeof(str));
    return SysAllocString(str);
}
```

Анализ

Реализуйте GUIDGEN в METHODDATA так, как если бы он был свойством, только вместо DISPATCH_PROPERTYxxx используйте DISPATCH_METHOD. Поскольку возвращается BSTR, в качестве возвращаемого типа указывается VT_BSTR. Наконец, реализуйте GUIDGen.

Чтобы протестировать новые добавления, введите текст листинга 4.14 в файл и потом в DispTest или Visual Basic 3.0 загрузите его в качестве файла проекта.

Листинг 4.14. Тестовый сценарий для DispTest/Visual Basic 3.0.

```
VERSION 2.00
Begin Form Form1
   Caption         =   "TestDay04"
   ClientHeight    =   2796
   ClientLeft      =   1032
   ClientTop       =   1572
   ClientWidth     =   8088
   Height          =   3216
   Left            =   984
   LinkTopic       =   "Form1"
   ScaleHeight     =   2796
   ScaleWidth      =   8088
   Top             =   1200
   Width           =   8184
   Begin CommandButton Command2
      Caption         =   "Exit"
      Height          =   492
      Left            =   6480
      TabIndex        =   3
      Top             =   120
      Width           =   1092
   End
   Begin CommandButton Command1
      Caption         =   "DoAuto"
      Height          =   492
      Left            =   3600
      TabIndex        =   2
      Top             =   120
      Width           =   972
   End
   Begin Label Label2
      Caption         =   "Label2"
      Height          =   1572
      Left            =   840
      TabIndex        =   1
      Top             =   840
      Width           =   6852
      WordWrap        =   -1  'True
   End
   Begin Label Label1
      Caption         =   "Label1"
      Height          =   252
      Left            =   840
      TabIndex        =   0
      Top             =   360
      Width           =   1812
   End
End
Dim t As object

Sub Command1_Click ()
    a$ = "                    "
    t.a = 12
    a$ = Str$(t.a)
    Label1.Caption = a$
```

Листинг 4.14. продолжение

```
    Label2.Caption = t.Guidgen
End Sub

Sub Command2_Click ()
 End
End Sub

Sub Form_Load ()
    Set t = CreateObject("OleDay4.Application")
End Sub
```

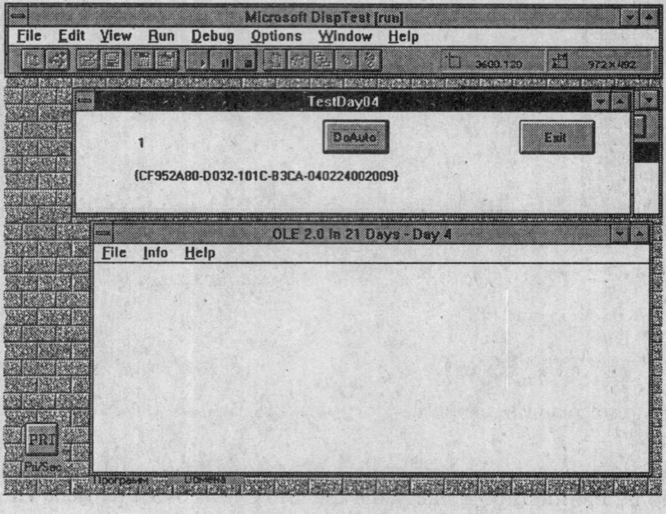

Рис. 4.6. DispTest, 1-й результат

Запустив приложение, нажмите кнопку DoAuto, и вы увидите изображенное на рис. 4.6. Ваш автоматный метод работает.

Если нажать DoAuto еще раз, то GUID-номер изменится, как на рис. 4.7 (ваши номера будут отличаться от показанных на рис. 4.6 и 4.7). Вы сейчас создали сервер-автомат, способный передавать строки и имеющий методы и свойства.

Заключение

Сегодня вы успешно создали свой первый законченный автоматный сервер OLE. Напомним, какие шаги нужно для этого предпринять:

- Создайте для вашего приложения фабрику классов.
- Создайте структуры, необходимые для CreateStdDispatch (PARAMDATA, METHODDATA и INTERFACEDATA).
- Создайте из INTERFACEDATA интерфейс ITypeInfo.
- Вызовите CreateStdDispatch и сохраните интерфейс IDispatch.
- В объекте-приложении, когда запрашивается интерфейс IDispatch, используйте интерфейс, возвращаемый CreateStdDispatch.
- Реализуйте методы и свойства.
- Помните о необходимости вызова PostQuitMessage (или другой функции) для завершения вашего приложения, когда автоматный контроллер закончит работу с вашим объектом.

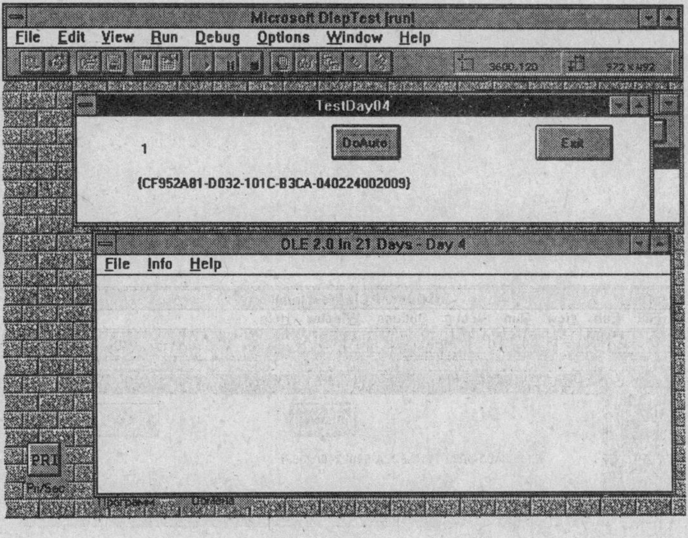

Рис. 4.7. DispTest, 2-й результат

Вопросы и ответы

В: Можно ли использовать DispTest или Visual Basic 3.0 для тестирования именных параметров?

О: Нет. Для проверки именных параметров можно использовать Visual Basic for Applications, являющийся частью Excel 5.0 и Microsoft Project 4.0, а также Access Basic в Microsoft Access 2.0.

В: На рисунках из OLE2View некоторые параметры typelib якобы показывают наличие ошибок. Это действительно так?

О: Да. Применение CreateDispTypeInfo не использует многих возможностей ITypeInfo. Эти возможности будут использоваться в 5-й день, «Сложный автоматный сервер».

В: Ограничен ли выбор тестирующей программы для сервера-автомата только DispTest, Visual Basic 3.0 и Excel 5?

О: Нет. Для тестирования серверов можно использовать любое приложение, являющееся автоматным контроллером.

Семинар

Опрос

1. Какая разница между свойством и методом?
2. Как вставить регистрационный файл в регистрационную базу данных?

Упражнение

1. Модифицируйте приложение таким образом, чтобы свойство NumOfGUIDS управляло числом GUID'ов, генерируемых при вызове GUIDGen. Отделяйте каждый GUID пробелом.

День 5

Сложный автоматный сервер

В 4-й день вы узнали, как создать сервер-автомат OLE, используя функцию CreateStdDispatch, информация для которой формировалась с помощью массивов структур. Сегодня вы узнаете другой способ выполнения этой операции, а также о том, как сделать приложение соответствующим стандартам и основным принципам, рекомендованным Microsoft для «хороших» автоматных серверов (стандарты OLE и основные принципы приводятся в справочном файле, поставляемом с OLE SDK).

Библиотеки типов

Если помните, при создании первого сервера-автомата OLE требовалось создать структуры, которые использовали структуры PARAMDATA, METHODDATA и INTERFACEDATA. Процесс создания этих структур утомителен и служит источником ошибок. Те, кто работал с ранними бета-версиями OLE, возможно, помнят, что при создании подобных приложений это был единственно возможный способ. В процессе развития OLE фирмой Microsoft был разработан альтернативный способ — библиотеки типов (Type Libraries). В библиотеках типов хранится гораздо больше информации, чем передается через упомянутые выше структуры. Из-за обилия в библиотеках информации о сервере-автомате OLE фирма Microsoft создала специальный *язык описания объектов* (Object Description Language), или сокращенно ODL.

Кроме того, OLE определяет интерфейсы ITypeLib и ITypeInfo для доступа к информации о типах. ITypeLib сообщает информацию об объекте библиотеки типов, а ITypeInfo предоставляет информацию, которая содержится в библиотеке типов. Можно представить себе ITypeLib как аналог картотеки в публичной библиотеке, служащей для описания всего ее содержимого, в то время как ITypeInfo обеспечивает доступ к информации об отдельных объектах.

ODL

Язык описания объектов (Object Description Language, или ODL) — это язык, который используется при создании библиотек типов. Для поддержки OLE-автоматизации в 4-й день пришлось создавать три структуры. С использованием ODL отпадает необходимость их создания. В листинге 5.1 представлен файл ODL для приложения, подобного приложению 4-го дня (в действительности NumOfGUIDs назывался там SetA, а GetA и GUIDGen остались без изменений).

Листинг 5.1. Файл ODL для примера автоматного сервера.

```
[uuid(0002A401-0000-0000-C000-000000000046)]

library OleDay5 {
 importlib("stdole.tlb");

 [odl, uuid(0002A402-0000-0000-C000-000000000046),
    helpstring("OleDay5 Automation")]
 interface _IOleDay5 : IUnknown
```

Листинг 5.1. продолжение

```
{
 [id(0), propput] void NumOfGUIDs([in] short a);
 [id(0), propget] short NumOfGUIDs();
 BSTR GUIDGen();
 void Quit();
};
[uuid(0002A403-0000-0000-C000-000000000046)]
dispinterface _DOleDay5{
   interface _IOleDay5;
}
[uuid(0002A404-0000-0000-C000-000000000046)]
  coclass OleDay5 {
   dispinterface _DOleDay5;
   interface     _IOleDay5;
 }
};
```

Анализ

Хотя при первом чтении ODL может показаться запутанным, выучить его несложно, а редактировать и поддерживать его файлы еще проще. Мы постараемся расшифровать строки ODL по порядку.

Во-первых, чтобы библиотека типов однозначно идентифицировалась, ей нужен свой собственный uuid. Этот uuid будет также помещен в системный реестр.

Затем библиотека типа идентифицируется по имени, которым в данном случае является OleDay5. Потом программа импортирует стандартную библиотеку типов с именем stdole.tlb. Эта библиотека необходима. Она поставляется с OLE SDK.

Далее идет описание интерфейса. В некоторых приложениях этот интерфейс будет предназначен для другого объекта; но поскольку в данном случае объект один (само приложение), создается производный от IUnknown интерфейс _IOleDay5. Этот интерфейс должен иметь идентификатор (IID), поэтому ему нужно присвоить uuid (GUID). Так как в этом интерфейсе реализованы ваши методы и свойства, информация о них также должна присутствовать. В 4-й день были реализованы два свойства. В листинге 5.2 они переопределены для ODL.

Листинг 5.2. Фрагмент файла ODL. Свойства get/set.

```
[id(0), propput] void NumOfGUIDs([in] short a);
[id(0), propget] short NumOfGUIDs();
```

Анализ

Во-первых, каждой паре свойств нужно придать уникальный ID (один на пару). В данном случае ID-номер устанавливается равным 0. В отличие от предыдущего примера (с SetA и GetA) ODL сам переименует свойства, причем предполагается, что свойства get и set(put) будут иметь одно и то же внешнее имя. Когда MakeTypeLib преобразует ваш файл, то она изменит внутренние имена на put_NumOfGUIDs и get_NumOfGUIDs. Для того, чтобы MakeTypeLib могла это сделать, нужно с помощью ключевого слова propget указать ей, какой пункт является свойством get, а какой — свойством put (с помощью ключа propput). Кроме того, для каждого используемого параметра (в данном случае short a) нужно указать MakeTypeLib, является ли этот параметр входным, выходным или же тем и другим одновременно.

Чтобы определить метод, нужно просто создать прототип функции, включающий все входные и выходные параметры. Ниже приведен определенный в ODL метод GUIDGen.

```
BSTR GUIDGen();
```

Затем сообщите библиотеке типов о dispinterface. В листинге 5.3 показана его ODL-реализация.

Листинг 5.3. Фрагмент с dispinterface из файла ODL.

```
[uuid(0002A403-0000-0000-C000-000000000046)]
dispinterface _DOleDay5{
 interface _IOleDay5;
```

Анализ

Интерфейс dispinterfase является тривиальным производным от IDispatch. В отличие от примера 4-го дня вы здесь действительно определяете новый интерфейс OLE для интерфейса-диспетчера. Поскольку это новый интерфейс, ему, как обычно, необходим IID (GUID), определяемый в uuid (см. листинг 5.3).

Наконец, сообщите библиотеке типов, что в информации ComponentObject (более подробно обсуждается в 9-й главе) содержатся два класса, интерфейс IDispatch (т.е. _DOleDay5) и интерфейс _IOleDay5 (см. листинг 5.4). Вот и все, что требуется сделать.

Листинг 5.4. Фрагмент с Component Object.

```
coclass OleDay5 {
dispinterface _DOleDay5;
 interface     _IOleDay5;
}
```

MkTypLib

Теперь, когда есть ODL-файл, пришло время преобразовать его во что-нибудь полезное. MkTypLib — это утилита, которая используется для того, чтобы перекомпилировать ODL в TLB-библиотеку типов. Кроме того, MkTypLib создает заголовочные файлы с расширением .h, которые включаются в ваше приложение. MkTypLib — это программа Windows, но ее можно запускать также и из окна DOS. Чтобы использовать MkTypLib из окна DOS, должен быть запущен WXServer. WXServer включен в Visual Basic, а также в OLE SDK. WXServer обычно помещается в стартовую группу и запускается при загрузке Windows. Если WXServer запущен, то можно ввести в окне DOS следующую командную строку (или поместить ее в командный BAT-файл):

```
WX mktyplib /nocpp /h oledey5.h /o day05.log /tlb day05.tlb day05.odl
```

В результате выполнения этой команды произойдет компиляция файла ODL и будут созданы файлы с расширениями TLB, H и LOG. После ее выполнения вы остаетесь в Windows. После того, как вы вернетесь в окно DOS, исследуйте файл day05.log. В этом файле сохраняется информация о компиляции: закончилась ли она успешно или, в противном случае, указывается местоположение первой встреченной ошибки.

По умолчанию MkTypLib использует компилятор Microsoft C или C++, поэтому, если вы используете другой компилятор, нужно дать MkTypLib дополнительную информацию, а именно, ключ /cpp_cmd, который запускает препроцессор C; препроцессором по умолчанию является CL (компилятор C/C++ фирмы Microsoft). Кроме того, нужно указать ключ /cpp_opt, за которым идут опции, используемые препроцессором C (по умолчанию опции /C /E /D_MKTYPLIB__). Поскольку вы использовали опцию /nocpp, то никакой препроцессорной обработки производиться не будет, так что выполнение предыдущей команды не зависит от того, какой компилятор вы применяете.

При успешной компиляции ODL-файла MkTypLib создает файл IOleDay5.H, подобный показанному в листинге 5.5. Заметьте, что в созданном заголовочном файле содержится вся необходимая информация для создания интерфейса (в том числе требуемые методы IUnknown). Теперь остается только использовать этот заголовочный файл в вашем базовом классе и сделать необходимые изменения.

Листинг 5.5. Выходной заголовочный файл, генерируемый программой MkTypLib.

```
/* This header file machine-generated by mktyplib.exe */
/* Interface to type library: OleDay5 */

#ifndef _OleDay5_H_
#define _OleDay5_H_

/* Definition of interface: _IOleDay5 */
DECLARE_INTERFACE_(_IOleDay5, IUnknown)
{
    /* IUnknown methods */
    STDMETHOD(QueryInterface)(THIS_ REFIID riid, LPVOID FAR* ppvObj) PURE;
    STDMETHOD_(ULONG, AddRef)(THIS) PURE;
    STDMETHOD_(ULONG, Release)(THIS) PURE;

    /* _IOleDay5 methods */
    STDMETHOD_(void, put_NumOfGUIDs)(THIS_ short a) PURE;
    STDMETHOD_(short, get_NumOfGUIDs)(THIS) PURE;
    STDMETHOD_(BSTR, GUIDGen)(THIS) PURE;
};

/* Definition of dispatch interface: _DOleDay5 */
DECLARE_INTERFACE_(_DOleDay5, IDispatch)
{
    /* IUnknown methods */
    STDMETHOD(QueryInterface)(THIS_ REFIID riid, LPVOID FAR* ppvObj) PURE;
    STDMETHOD_(ULONG, AddRef)(THIS) PURE;
    STDMETHOD_(ULONG, Release)(THIS) PURE;

    /* IDispatch methods */
    STDMETHOD(GetTypeInfoCount)(THIS_ UINT FAR* pctinfo) PURE;

    STDMETHOD(GetTypeInfo)(
      THIS_
      UINT itinfo,
      LCID lcid,
      ITypeInfo FAR* FAR* pptinfo) PURE;

    STDMETHOD(GetIDsOfNames)(
      THIS_
      REFIID riid,
      char FAR* FAR* rgszNames,
      UINT cNames,
      LCID lcid,
      DISPID FAR* rgdispid) PURE;

    STDMETHOD(Invoke)(
      THIS_
      DISPID dispidMember,
      REFIID riid,
      LCID lcid,
      WORD wFlags,
      DISPPARAMS FAR* pdispparams,
      VARIANT FAR* pvarResult,
      EXCEPINFO FAR* pexcepinfo,
      UINT FAR* puArgErr) PURE;

/* Capable of dispatching all the methods of interface _IOleDay5 */
};

#endif
```

Анализ

Во фрагменте кода, представленном в листинге 5.6, показаны те изменения, которые должны быть сделаны при реализации заголовка COleDay5Object. Нужно включить новый заголовок, который был создан MkTypLib (ioleday5.h), и сделать COleDay5Object производным от этого класса, а не от IUnknown. Обратите внимание, что теперь методы и свойства, которые используются интерфейсом IDispatch (NumOfGUIDs и GUIDgen), в действительности являются частью интерфейса. На 4-й день вы реализовали NumOfGUIDs и GUIDgen в отдельном (неинтерфейсном) классе. Однако с точки зрения MkTypLib, предпочтительней сделать реализацию частью интерфейса, поэтому они были включены в COleDay5Object. Можно было бы создать другой интерфейс, далее будет показано, как это сделать.

Листинг 5.6. Заголовок COleDay5Object.

```
#include "ioleday5.h"

CLASS COleDay5Object : public _IOleDay5
{
 protected:
   ULONG   m_refs;
   IUnknown FAR* m_disp_interface;
   ITypeInfo FAR *m_typeinfo_interface;
    short   m_NumOfGuids;
 public:
   STDMETHOD(QueryInterface)(REFIID riid,void FAR* FAR* ppv);
   STDMETHOD_(ULONG,AddRef)(void);
   STDMETHOD_(ULONG,Release)(void);

    STDMETHOD_(void, put_NumOfGUIDs)(THIS_ short a);
    STDMETHOD_(short, get_NumOfGUIDs)(THIS);
    STDMETHOD_(BSTR, GUIDGen)(THIS);

   COleDay5Object(void);
   ~COleDay5Object(void) {;}
   static COleDay5Object FAR* Create();

};
```

Анализ

В первой строке заголовочного файла стоит макрос включения заголовка ioleday5.h, созданного MkTypLib. Затем создается класс, производный от _IOleDay5. Информация, содержащаяся в классе COleDay5Object, должна включать методы, которые определены в _IOleDay5, поскольку функции-элементы _IOleDay5 объявлены PURE (объявление чисто виртуальных функций в базовом классе вынуждает вас реализовать методы в производном классе).

В листинге 5.7 показана реализация COleDay5Object. Главные изменения затрагивают метод Create, который ранее использовал созданные вами структуры, а теперь может использовать библиотеку типов. За исключением вызовов LoadRegTypLib (которая загружает информацию о библиотеке типов, используя пункты регистрационной базы данных), LoadTypLib, которая в действительности читает TLB-файл (если его не было в регистрационной базе данных) и GetTypeInfoOfGuid (которая получает информацию о типе), две программы в остальном похожи. Другие различия состоят в том, что теперь методы и свойства реализованы в классе.

Листинг 5.7. Реализация COleDay5Object.

```
COleDay5Object::COleDay5Object()
{
    m_refs = 0;
    m_NumOfGuids = 1;
    m_disp_interface = NULL;
    m_typeinfo_interface = NULL;
}

COleDay5Object FAR* COleDay5Object::Create()
{
     COleDay5Object FAR* pOleDay5Object;
```

Листинг 5.7. продолжение.

```
    if ((pOleDay5Object = new FAR COleDay5Object())
     == (COleDay5Object FAR*)NULL)
           return (COleDay5Object FAR*)NULL;
   pOleDay5Object->AddRef();

   ITypeLib  FAR* ptlib;
   ITypeInfo FAR* ptinfo;

   HRESULT hresult = LoadRegTypeLib(CLSID_OleDay5TypLib,1,0,0x0409, &ptlib);
   if (hresult != NOERROR){
   if ((hresult = LoadTypeLib("DAY05.TLB",&ptlib)) != NOERROR)
       return NULL;
   }
   hresult = ptlib->GetTypeInfoOfGuid(IID_IOleDay5, &ptinfo);
   if (hresult != NOERROR)
   return NULL;

   pOleDay5Object->m_typeinfo_interface = ptinfo;

   ptinfo->AddRef();    // Because we assigned it to another variable
   ptlib->Release();    // Because we don't need ptlib anymore

   hresult = CreateStdDispatch(pOleDay5Object, pOleDay5Object,
               ptinfo, &pOleDay5Object->m_disp_interface);

   ptinfo->Release();

   if (hresult != NOERROR)
   return NULL;

   return pOleDay5Object;
}

STDMETHODIMP
COleDay5Object::QueryInterface(REFIID riid, void FAR* FAR* ppv)
{
   if ((riid == IID_IUnknown) || (riid == IID_IOleDay5))
       *ppv = this;
   else if ((riid == IID_IDispatch) || (riid == IID_DOleDay5))
       return m_disp_interface->QueryInterface(IID_IDispatch,ppv);
   else if (riid == IID_ITypeInfo)
       return m_typeinfo_interface->QueryInterface(IID_ITypeInfo,ppv);
   else {
       *ppv = NULL;
       return ResultFromScode(E_NOINTERFACE);
   }

   AddRef();
   return NOERROR;
}

STDMETHODIMP_(ULONG)COleDay5Object::AddRef()
{
   return ++m_refs;
}

STDMETHODIMP_(ULONG)COleDay5Object::Release()
{
   if(--m_refs == 0)
   {
     if (m_disp_interface != NULL)
       m_disp_interface->Release();
     if (m_typeinfo_interface != NULL)
       m_typeinfo_interface->Release();
     delete this;
     PostQuitMessage(0);
     return 0;
```

```
    }
    return m_refs;
}

STDMETHODIMP_(void) COleDay5Object::put_NumOfGUIDs(short A)
{
    if ((A < 10) && (A > 0))
        m_NumOfGuids = A;
}

STDMETHODIMP_(short)COleDay5Object::get_NumOfGUIDs()
{
    return (short)m_NumOfGuids;
}

STDMETHODIMP_(BSTR)COleDay5Object::GUIDGen()
{
    GUID    guid;
    char    str1[500];
    char    str[50];
    int     i;

    str1[0] = 0x00;
    for (i=0;i<m_NumOfGuids;i++){
      if (i != 0)
       strcat(str1," ");
      CoCreateGuid(&guid);
     StringFromGUID2(guid,str,sizeof(str));
     strcat(str1,str);
     }
    return SysAllocString(str1);
}
```

Анализ

Конструктор COleDay5Object просто инициализирует счетчик ссылок объекта нулем, число GUID по умолчанию устанавливается равным единице и два указателя устанавливаются в NULL.

Метод Create для COleDay5Object создает объект COleDay5Object. Если COleDay5Object успешно создан, то загружается ассоциированная с приложением библиотека типов. Когда библиотека загружена, можно создать экземпляр интерфейса IDispatch, вызвав CreateStdDispatch. В случае, если хотя бы один из этих этапов закончится неудачно (создание объекта, загрузка библиотеки типов или вызов CreateStdDispatch), функция Create возвратит NULL, в противном случае будет возвращен указатель на вновь созданный объект.

Еще раз о регистрационной базе данных

Из файла ODL видно, что для регистрационной базы данных теперь требуется дополнительная информация, поскольку появились дополнительные интерфейсы и библиотека типов. В листинге 5.8 представлена возможная реализация.

Листинг 5.8. Регистрационные данные для OLE Day 5 Test Application.

```
REGEDIT

;;;;;;;;;;;;;;;;;;;;;;;;;;;;;;;;;;;;;;;;;;;;;;;;;;;;;;;;;;;;;;;;;;;;;;;;;;;;

HKEY_CLASSES_ROOT\OleDay5.Application = OLE Day 5 Test Application
HKEY_CLASSES_ROOT\OleDay5.Application\Clsid = {0002A404-0000-0000-C000-000000000046}

;;;;;;;;;;;;;;;;;;;;;;;;;;;;;;

; (Application Object)
HKEY_CLASSES_ROOT\OleDay5.Application.1 = OLE Day 5 Test Application
```

Листинг 5.8. продолжение.

```
HKEY_CLASSES_ROOT\OleDay5.Application.1\Clsid = {0002A404-0000-0000-C000-
000000000046}

HKEY_CLASSES_ROOT\CLSID\{0002A404-0000-0000-C000-000000000046} =
 OLE Day 5 Test Application
HKEY_CLASSES_ROOT\CLSID\{0002A404-0000-0000-C000-000000000046}\ProgID =
 Day05.Application.1
HKEY_CLASSES_ROOT\CLSID\{0002A404-0000-0000-C000-000000000046}
 \VersionIndependentProgID = Day05.Application
HKEY_CLASSES_ROOT\CLSID\{0002A404-0000-0000-C000-000000000046}
 \LocalServer = c:\olein21\day05\day05.exe /Automation

HKEY_CLASSES_ROOT\TypeLib\{0002A401-0000-0000-C000-000000000046}
HKEY_CLASSES_ROOT\TypeLib\{0002A401-0000-0000-C000-000000000046}\1.0 =
 OLE Day 5 Type Library
HKEY_CLASSES_ROOT\TypeLib\{0002A401-0000-0000-C000-000000000046}\1.0\HELPDIR =
HKEY_CLASSES_ROOT\TypeLib\{0002A401-0000-0000-C000-000000000046}\1.0\409\win16 =
 c:\olein21\day05\day05.tlb

HKEY_CLASSES_ROOT\Interface\{0002A403-0000-0000-C000-000000000046} = _DOleDay5
HKEY_CLASSES_ROOT\Interface\{0002A403-0000-0000-C000-000000000046}
 \ProxyStubClsid = {00020420-0000-0000-C000-000000000046}
HKEY_CLASSES_ROOT\Interface\{0002A403-0000-0000-C000-000000000046}
 \NumMethod = 7
HKEY_CLASSES_ROOT\Interface\{0002A403-0000-0000-C000-000000000046}
 \BaseInterface = {00020400-0000-0000-C000-000000000046}
```

Анализ

Первая половина регистрационного файла осталась без изменений, но в конце имеются два дополнительных раздела. В первом из них находится информация, требуемая для регистрации библиотеки типов, а во втором разделе регистрируется интерфейс _DOleDay5. Имеется одно интересное обстоятельство относительно регистрации _DOleDay5. Вы указываете OLE, что _DOleDay5 — это IDispatch ({00020400-000-000-C000-0000000046} — это IID для IDispatch). Если вы поищете в регистрационной базе данных IDispatch, то вы обнаружите, что это та же самая информация, что и IDispatch (семь методов для IDispatch — это QueryInterface, Addref, Release, GetTypeInfo,GetTypeInfoCount и Invoke).

Хотя устройство регистрационного файла достаточно понятно, корректным он будет только при условии, что исполняемые модули и библиотека типов установлены в каталоге c:\olein21\day05 и они никогда не будут переименованы. В том случае, если пользователь захочет переименовать или переместить исполняемые модули или библиотеку типов, нужно произвести редактирование регистрационного файла, чтобы он отражал новое имя и/или новое местоположение исполняемого модуля и библиотеки типов. Затем нужно соединить регистрационный файл с системным реестром, чтобы внести в него эти изменения. Это создает определенные неудобства.

К счастью, на помощь приходит сама система Windows. Windows содержит функции, которые позволяют осуществить программный доступ к регистрационной базе данных. Если включить эту информацию в выполняемые модули, то можно автоматизировать большую часть работы и пользователю не придется беспокоиться о редактировании файла и слиянии его с реестром. В листинге 5.9 показано, каким образом можно выполнить эту задачу, используя процедуры регистрационной базы данных, являющиеся частью SHELLAPI в Windows 3.1.

Листинг 5.9. Добавление регистрационной информации OLE к регистрационной базе данных.

```
#include <windows.h>
#include <shellapi.h>
#include <string.h>
#include <stdlib.h>
```

```
static  void    AddRegKeysHelper(char *iszSubKey, char *iszValue)
{
    static  char    szValue[200];
    static  char    szSubKey[100];

    strcpy(szSubKey,iszSubKey);
    strcpy(szValue,iszValue);
    RegSetValue(HKEY_CLASSES_ROOT, szSubKey, REG_SZ, szValue, sizeof(szValue));
}

void    AddRegKeys(void)
{
    HKEY    hKey;
    static  char    szCLSID[] = "CLSID";
    char    szAppString[_MAX_PATH + 20];
    char    szTypString[_MAX_PATH + 20];
    extern  char    gszExeName[_MAX_PATH];

    hKey = NULL;
    strcpy(szAppString,gszExeName);
    strcat(szAppString," /Automation");

    char    szDrv[_MAX_DRIVE];
    char    szDir[_MAX_DIR];
    char    szFname[_MAX_FNAME];
    _splitpath(gszExeName,szDrv,szDir,szFname,NULL);
    strcpy(szTypString,szDrv);
    strcat(szTypString,szDir);
    strcat(szTypString,szFname);
    strcat(szTypString,".TLB");

    RegOpenKey(HKEY_CLASSES_ROOT, szCLSID, &hKey);

    AddRegKeysHelper("OleDay5.Application",
                     "OLE Day 5 Test Application");
    AddRegKeysHelper("OleDay5.Application\\Clsid",
                     "{0002A404-0000-0000-C000-000000000046}");

    AddRegKeysHelper("OleDay5.Application.1",
                     "OLE Day 5 Test Application");
    AddRegKeysHelper("OleDay5.Application.1\\Clsid",
                     "{0002A404-0000-0000-C000-000000000046}");

    AddRegKeysHelper("CLSID\\{0002A404-0000-0000-C000-000000000046}",
                     "OLE Day 5 Test Application");
    AddRegKeysHelper("CLSID\\{0002A404-0000-0000-C000-000000000046}\\ProgId",
                     "Day05.Application.1");
    AddRegKeysHelper(
      "CLSID\\{0002A404-0000-0000-C000-000000000046}\\VersionIndependentProgID",
      "Day05.Application");
    AddRegKeysHelper(
      "CLSID\\{0002A404-0000-0000-C000-000000000046}\\LocalServer",
      szAppString);
    AddRegKeysHelper(
      "TypeLib\\{0002A401-0000-0000-C000-000000000046}","");
    AddRegKeysHelper(
      "TypeLib\\{0002A401-0000-0000-C000-000000000046}\\1.0",
      "OLE Day 5 Type Library");
    AddRegKeysHelper(
      "TypeLib\\{0002A401-0000-0000-C000-000000000046}\\1.0\\HELPDIR",
      "");
    AddRegKeysHelper(
      "TypeLib\\{0002A401-0000-0000-C000-000000000046}\\1.0\\409\\win16",
      szTypString);
    AddRegKeysHelper(
      "Interface\\{0002A403-0000-0000-C000-000000000046}",
      "_DOleDay5");
    AddRegKeysHelper(
      "Interface\\{0002A403-0000-0000-C000-000000000046}\\ProxyStubClsid",
```

Листинг 5.9. продолжение.

```
    "{00020420-0000-0000-C000-000000000046}");
  AddRegKeysHelper(
    "Interface\\{0002A403-0000-0000-C000-000000000046}\\NumMethod",
    "7");
  AddRegKeysHelper(
    "Interface\\{0002A403-0000-0000-C000-000000000046}\\BaseInterface",
    "{00020420-0000-0000-C000-000000000046}");

  RegCloseKey(hKey);
}
```

Анализ

Сначала определяется вспомогательная функция AddRegKeyHelper, принимающая два параметра: ключ и его значение. Ключ — это левая часть строки в файле регистрации без HKEY_CLASSES_ROOT (если HKEY_CLASSES_ROOT\Interface\{0002A403-0000-0000-C000-000000000046} = _DOleDay5 — это пункт регистрации, то ключ — это Interface\{0002A403-0000-0000-C000-000000000046}). Информация правой части будет значением ключа (в этом примере _DOleDay5). Затем RegSetValue поместит эту информацию в регистрационную базу.

AddRegKeys — это процедура, которая помещает в базу данных информацию, прежде находившуюся в вашем регистрационном файле. Главное отличие состоит в том, что такая реализация довольно сообразительна. Если у вас есть имя и маршрут, то можно совершить настройку регистрационных пунктов «на ходу» (для локального сервера и для файла библиотеки типов). Поскольку вы пишете в HKEY_CLASSES_ROOT, вам не нужно открывать и закрывать регистрационный файл (используя RegOpenKey и RegCloseKey). Но для скорости фирма Microsoft рекомендует открывать и закрывать регистрационный файл. Листинг 5.10 похож на AddRegKeys, за исключением того, что в нем ключи удаляются из реестра. Хотя вам не требуется удалять ключи из регистрационного списка, в том случае, когда пользователь демонтирует ваше приложение, оно должно произвести «уборку» и удалить ненужные пункты.

В листинге 5.10 представлена реализация функции DeleteRegKeys, которая используется для удаления регистрационной информации из регистрационной базы данных.

Листинг 5.10. Удаление регистрационной информации OLE из регистрационной базы данных.

```
void    DeleteRegKeys(void)
{
   HKEY    hKey;
   static  char    szCLSID[] = "CLSID";

   hKey = NULL;

   RegOpenKey(HKEY_CLASSES_ROOT, szCLSID, &hKey);

   RegDeleteKey(HKEY_CLASSES_ROOT,"OleDay5.Application");
   RegDeleteKey(HKEY_CLASSES_ROOT,"OleDay5.Application\\Clsid");

   RegDeleteKey(HKEY_CLASSES_ROOT,"OleDay5.Application.1");
   RegDeleteKey(HKEY_CLASSES_ROOT,"OleDay5.Application.1\\Clsid");

   RegDeleteKey(HKEY_CLASSES_ROOT,
     "CLSID\\{0002A404-0000-0000-C000-000000000046}");
   RegDeleteKey(HKEY_CLASSES_ROOT,
     "CLSID\\{0002A404-0000-0000-C000-000000000046}\\ProgId");
   RegDeleteKey(HKEY_CLASSES_ROOT,
     "CLSID\\{0002A404-0000-0000-C000-000000000046}\\VersionIndependentProgID");
   RegDeleteKey(HKEY_CLASSES_ROOT,
     "CLSID\\{0002A404-0000-0000-C000-000000000046}\\LocalServer");
   RegDeleteKey(HKEY_CLASSES_ROOT,
     "TypeLib\\{0002A401-0000-0000-C000-000000000046}");
```

```
    RegDeleteKey(HKEY_CLASSES_ROOT,
      "TypeLib\\{0002A401-0000-0000-C000-000000000046}\\1.0");
    RegDeleteKey(HKEY_CLASSES_ROOT,
      "TypeLib\\{0002A401-0000-0000-C000-000000000046}\\1.0\\HELPDIR");
    RegDeleteKey(HKEY_CLASSES_ROOT,
      "TypeLib\\{0002A401-0000-0000-C000-000000000046}\\1.0\\409\\win16");
    RegDeleteKey(HKEY_CLASSES_ROOT,
      "Interface\\{0002A403-0000-0000-C000-000000000046}");
    RegDeleteKey(HKEY_CLASSES_ROOT,
      "Interface\\{0002A403-0000-0000-C000-000000000046}\\ProxyStubClsid");
    RegDeleteKey(HKEY_CLASSES_ROOT,
      "Interface\\{0002A403-0000-0000-C000-000000000046}\\NumMethod");
    RegDeleteKey(HKEY_CLASSES_ROOT,
      "Interface\\{0002A403-0000-0000-C000-000000000046}\\BaseInterface");

    RegCloseKey(hKey);
}
```

Анализ

Сравнивая процедуру AddRegKeys (листинг 5.9) с процедурой DeleteRegKeys, можно заметить, что две процедуры очень похожи. Процедура DeleteRegKeys сначала открывает регистрационную базу данных, а потом удаляет каждый из пунктов, который был помещен в нее процедурой AddRegKeys. После того, как пункты регистрации удалены, регистрационная база закрывается.

Опции командной строки

Теперь у нас есть процедуры для добавления пунктов в регистрационную базу и для их удаления. В соответствии со стандартами OLE приложение может работать в качестве сервера-автомата OLE, только если вы запускаете его с ключом командной строки /Automation (вспомните /Automation в пункте локального сервера в регистрационной базе данных). Листинг 5.11 показывает новую WinMain, в которой реализована обработка командной строки. Реализация WinMain позволяет приложению запускаться в качестве автоматного сервера; без ключей оно запущено быть не может. Были добавлены также ключи /Reg и /Unreg для регистрации и для восстановления регистрационной базы данных.

Листинг 5.11. WinMain.

```
char            gszExeName[_MAX_PATH];

int PASCAL WinMain(HINSTANCE hInstance, HINSTANCE prevInst, LPSTR cmdline,
                   int show)
{
    HWND        hWnd;
    MSG         msg;
    WNDCLASS    wndcls;
    static  char    szAppName[] = "DAY05";
    BOOL        bDidOption;

    int iMsgQueSize = 96;
    while ((SetMessageQueue(iMsgQueSize) == 0) && (iMsgQueSize>0))
        iMsgQueSize -= 8;
    if (iMsgQueSize < 0)
        return FALSE;

    if (prevInst == NULL){
        wndcls.style          = CS_HREDRAW | CS_VREDRAW;
        wndcls.lpfnWndProc    = WndProc;
        wndcls.cbWndExtra     = 0;
        wndcls.cbClsExtra     = 0;
        wndcls.hInstance      = hInstance;
        wndcls.hIcon          = LoadIcon(hInstance, szAppName);
        wndcls.hCursor        = LoadCursor(NULL, IDC_ARROW);
        wndcls.hbrBackground= (HBRUSH)(COLOR_WINDOW+1);
```

Листинг 5.11. продолжение.

```
        wndcls.lpszMenuName = szAppName;
        wndcls.lpszClassName= szAppName;

        if (!RegisterClass(&wndcls))
            return FALSE;
    }

    hInst = hInstance;
    hWnd = CreateWindow(szAppName,
                        "OLE 2.0 In 21 Days - Day 5",
                        WS_OVERLAPPEDWINDOW | WS_SYSMENU,
                        CW_USEDEFAULT,
                        0,
                        CW_USEDEFAULT,
                        0,
                        NULL,
                        NULL,
                        hInst,
                        NULL);
    ShowWindow(hWnd,SW_HIDE);
    UpdateWindow(hWnd);

    bDoAutomation = FALSE;
    bDidOption    = FALSE;
    GetModuleFileName(hInstance,gszExeName,_MAX_PATH);

    while (*cmdline != 0){
        if (*cmdline == '-' || *cmdline == '/'){
            if (_fstrnicmp(cmdline+1,"automation",10) == 0){
                cmdline += 11;
                bDoAutomation = TRUE;
                bDidOption = TRUE;
            }
            else if (_fstrnicmp(cmdline+1,"reg",3) == 0){
                cmdline +=4;
                AddRegKeys();
                MessageBox(NULL,"Registration entries added","Day05",MB_OK);
                bDidOption = TRUE;
            }
            else if (_fstrnicmp(cmdline+1,"unreg",5) == 0){
                cmdline += 4;
                DeleteRegKeys();
                MessageBox(NULL,"Registration entries removed","Day05",MB_OK);
                bDidOption = TRUE;
            }
        }
        cmdline++;
    }
    if (bDidOption == FALSE){
        MessageBox(NULL,"This program cannot run standalone","Error",MB_OK);
        return FALSE;
    }

    if (bDoAutomation == FALSE)
        return FALSE;

    pOleBase = new COleBase;

    if (pOleBase->InitDone != eOleInitialized){
        MessageBox(NULL, "Could not initialize OLE","Error",MB_OK);
        return FALSE;
    }

    gpOleDay5ClassFactory = COleDay5ClassFactory::Create(hWnd);
    if (gpOleDay5ClassFactory != NULL){
        HRESULT hresult = CoRegisterClassObject(CLSID_OleDay5Object,
                                                gpOleDay5ClassFactory,
```

```
                                             CLSCTX_LOCAL_SERVER,
                                             REGCLS_SINGLEUSE,
                                             &gdwOleDay5ClassFactory);
    }
    gpOleDay5ClassFactory->Release();


    while (GetMessage(&msg, NULL, 0, 0)) {
        TranslateMessage(&msg);
        DispatchMessage(&msg);
    }

    CoRevokeClassObject(gdwOleDay5ClassFactory);
    delete pOleBase;

    return msg.wParam;
}
```

Анализ

Имеется еще одно существенное отличие этого кода от реализации WinMain, приведенной в главе 4. Теперь ваше приложение запускается в скрытом режиме, поэтому никакого окна на экране не видно. Поскольку в типичном случае автоматный сервер не предполагает какого-либо вмешательства человека, вы не должны выводить окно. Это достигается путем установки SW_HIDE в параметре ShowWindow.

Вы вправе выбирать: вызывать ли процедуру AddRegKeys для регистрации ваших пунктов при каждом запуске вашего приложения или же запустить эту процедуру, только если введен ключ (например, /reg). Поскольку OLE не может запустить приложение, если оно успешно не зарегистрировано, предпочтительнее иметь ключ командной строки. Если ваше приложение может применяться с пользой независимо от аспектов автоматизации и может быть запущено пользователем непосредственно, целесообразно реализовать регистрацию при каждом запуске приложения.

Дополнительные свойства и методы

В автоматном сервере OLE вы создаете метод и пару свойств. Эти элементы уникальны для вашего приложения. Однако существует стандарт для автоматных серверов, перечисляющий методы и свойства, реализация которых необходима. В таблице 5.1 приведены методы и свойства, которые должны быть реализованы в сервере-автомате OLE.

Таблица 5.1. Стандартные методы и свойства автоматного сервера OLE.

Имя	Тип	Возвращаемый тип	Описание
`Application`	читаемое свойство	VT_DISPATCH	Возвращает интерфейс IDispatch для приложения.
`Full Name`	читаемое свойство	VT_BSTR	Возвращает имя исполняемого модуля, включая полный маршрут.
`Name`	читаемое свойство	VT_BSTR	Возвращает имя приложения.
`Parent`	читаемое свойство	VT_DISPATCH	Возвращает интерфейс IDispatch для приложения.

Visible	читаемое/ записываемое свойство	VT_BOOL	Устанавливает или возвращает видимость приложения. Серверы-автоматы обычно возвращают FALSE, поскольку приложение обычно запускается как скрытое. Это свойство также заставляет приложение становиться скрытым, если устанавливается равным FALSE, или становиться видимым при установке TRUE.
Quit	метод	VT_EMPTY	Завершает приложение.

Рекомендуемые методы и свойства не являются обязательными. За более подробной информацией обращайтесь к справочному файлу по автоматизации OLE 2, пункт Standarts and Guidelines. В примере приложения реализованы все стандартные свойства и методы (кроме Application и Parent).

Чтобы реализовать стандартные методы и свойства (кроме Application и Parent), требуется небольшие изменения. Во-первых, нужно добавить новые методы и свойства в файл ODL. Новый файл показан в листинге 5.12.

Листинг 5.12. Файл ODL для OleDay5.

```
[uuid(0002A401-0000-0000-C000-000000000046)]

library OleDay5 {
 importlib("stdole.tlb");

 [odl, uuid(0002A402-0000-0000-C000-000000000046),helpstring("OleDay5 Automation")]
 interface _IOleDay5 : IUnknown
 {
  [id(2), propput] void NumOfGUIDs([in] short a);
  [id(2), propget] short NumOfGUIDs();
  [id(1), propput] void Visible([in] boolean bflag);
  [id(1), propget] boolean Visible();
  [id(0), propget] BSTR Name();
  [id(3), propget] BSTR FullName();
  BSTR GUIDGen();
  void Quit();
 };
 [uuid(0002A403-0000-0000-C000-000000000046)]
 dispinterface _DOleDay5{
    interface _IOleDay5;
 }
 [uuid(0002A404-0000-0000-C000-000000000046)]
      coclass OleDay5 {
    dispinterface _DOleDay5;
    interface     _IOleDay5;
 }
};
```

Анализ

Листинг 5.12 подобен первоначальному файлу ODL (листинг 5.1), за исключением тех свойств и методов, которые были введены для поддержки стандарта автоматных серверов OLE. При сравнении двух файлов можно заметить, что в новом файле ODL определено свойство Name с ID, равным нулю, которое указывает, что свойство Name является для данного интерфейса свойством по умолчанию (таким образом, если вы вызываете объект из Visual Basic и не указываете, какое свойство вас интересует, то приложению Visual Basic будет возвращено свойство Name сервера-автомата).

После компиляции файла ODL нужно изменить определение класса, чтобы это определение соответствовало новому файлу (см. листинг 5.13).

Листинг 5.13. Заголовок COleDay5Object.

```
CLASS COleDay5Object : public _IOleDay5
{
 protected:
   ULONG   m_refs;
   IUnknown FAR* m_disp_interface;
   ITypeInfo FAR *m_typeinfo_interface;
    short  m_NumOfGuids;
    BOOL   m_bIsVisible;
    HWND   m_hWnd;
 public:
   STDMETHOD(QueryInterface)(REFIID riid,void FAR* FAR* ppv);
   STDMETHOD_(ULONG,AddRef)(void);
   STDMETHOD_(ULONG,Release)(void);

    STDMETHOD_(void, put_NumOfGUIDs)(THIS_ short a);
    STDMETHOD_(short, get_NumOfGUIDs)(THIS);
    STDMETHOD_(void, put_Visible)(THIS_ BOOL bflag);
    STDMETHOD_(BOOL, get_Visible)(THIS);
    STDMETHOD_(BSTR, get_Name)(THIS);
    STDMETHOD_(BSTR, get_FullName)(THIS);
    STDMETHOD_(BSTR, GUIDGen)(THIS);
    STDMETHOD_(void, Quit)(THIS);

   COleDay5Object(void);
   ~COleDay5Object(void) {;}
   static COleDay5Object FAR* Create(HWND hWnd);

};
```

Анализ

Первоначальный вариант COleDay5Object (листинг 5.6) теперь расширен, чтобы включить новые методы и свойства, которые поддерживает сервер-автомат OLE. Кроме того, было изменено объявление функции Create. В первоначальном варианте функция Create параметров не принимала. В листинге 5.13 функция Create принимает один параметр, который является дескриптором главного окна приложения. Функция Create сохраняет дескриптор и затем при каждом вызове put_Visible эта процедура использует дескриптор (сохраненный Create), чтобы сделать приложение видимым или невидимым.

Листинг 5.14. Реализация методов и свойств приложения-автомата OLE Day 5.

```
STDMETHODIMP_(void) COleDay5Object::put_NumOfGUIDs(short A)
{
    if ((A < 10) && (A > 0))
        m_NumOfGuids = A;
}

STDMETHODIMP_(short)COleDay5Object::get_NumOfGUIDs()
{
    return (short)m_NumOfGuids;
}
STDMETHODIMP_(void) COleDay5Object::put_Visible(BOOL bFlag)
{
   if (bFlag == m_bIsVisible)
        return;
   m_bIsVisible = bFlag;
   if (m_bIsVisible)
       ShowWindow(m_hWnd,SW_NORMAL);
   else
       ShowWindow(m_hWnd,SW_HIDE);
   UpdateWindow(m_hWnd);
}

STDMETHODIMP_(BOOL)COleDay5Object::get_Visible()
{
```

Листинг 5.14. продолжение.

```
    return (BOOL)m_bIsVisible;
}

STDMETHODIMP_(BSTR)COleDay5Object::get_Name()
{
    return SysAllocString("Day05");
}

STDMETHODIMP_(BSTR)COleDay5Object::get_FullName()
{
    extern  char gszExeName[_MAX_PATH];
    return SysAllocString(gszExeName);
}

STDMETHODIMP_(BSTR)COleDay5Object::GUIDGen()
{
    GUID    guid;
    char    str1[500];
    char    str[50];
    int     i;

    str1[0] = 0x00;
    for (i=0;i<m_NumOfGuids;i++){
      if (i != 0)
        strcat(str1," ");
      CoCreateGuid(&guid);
     StringFromGUID2(guid,str,sizeof(str));
     strcat(str1,str);
     }
    return SysAllocString(str1);
}

//
// Quit method
//  Your implementation of this method may vary.
//
STDMETHODIMP_(void)COleDay5Object::Quit()
{
      PostQuitMessage(0);
}
```

Анализ

Свойство put_Visible является одной из самых интересных процедур, потому что оно использует дескриптор (handle) окна, сохраняемый объектом при его создании (процедура Create требует, чтобы ей передавалось окно). Когда put_Visible делает окно невидимым или видимым, то она сохраняет состояние окна (скрытое или видимое) в переменной с именем m_bIsVisible. Свойство get_Visible просто возвращает переменную m_bIsVisible.

Вы, возможно, заметили, что процесс добавления методов и свойств посредством ODL занимает меньше времени, чем при использовании структур. Язык ODL может быть очень сложным, но скорее всего вы будете начинать с ODL-файлов, подобных здесь представленному.

Если вы запустите листинг 5.15 в DispTest или в Visual Basic 3.0, то сможете протестировать новые элементы вашего приложения.

Листинг 5.15. Basic-программа для проверки сервера-автомата OLE.

```
VERSION 2.00
Begin Form Form1
   Caption         =   "TestDay05"
   ClientHeight    =   4824
   ClientLeft      =   1032
   ClientTop       =   1572
   ClientWidth     =   8088
```

```
Height          =   5244
Left            =   984
LinkTopic       =   "Form1"
ScaleHeight     =   4824
ScaleWidth      =   8088
Top             =   1200
Width           =   8184
Begin CommandButton Command4
   Caption         =   "DoQuit"
   Height          =   492
   Left            =   480
   TabIndex        =   8
   Top             =   4200
   Width           =   1452
End
Begin CommandButton Command3
   Caption         =   "UnHide"
   Height          =   492
   Left            =   5040
   TabIndex        =   4
   Top             =   120
   Width           =   1092
End
Begin CommandButton Command2
   Caption         =   "Exit"
   Height          =   492
   Left            =   6480
   TabIndex        =   3
   Top             =   120
   Width           =   1092
End
Begin CommandButton Command1
   Caption         =   "DoAuto"
   Height          =   492
   Left            =   3600
   TabIndex        =   2
   Top             =   120
   Width           =   972
End
Begin Label Label5
   Caption         =   "Label5"
   Height          =   372
   Left            =   360
   TabIndex        =   7
   Top             =   3600
   Width           =   6252
End
Begin Label Label4
   Caption         =   "Label4"
   Height          =   372
   Left            =   3120
   TabIndex        =   6
   Top             =   3120
   Width           =   1932
End
Begin Label Label3
   Caption         =   "Label3"
   Height          =   252
   Left            =   480
   TabIndex        =   5
   Top             =   3120
   Width           =   1932
End
Begin Label Label2
   Caption         =   "Label2"
   Height          =   1572
   Left            =   840
   TabIndex        =   1
   Top             =   840
```

Листинг 5.15. продолжение.

```
      Width             =   6852
      WordWrap          =   -1  'True
   End
   Begin Label Label1
      Caption           =   "Label1"
      Height            =   252
      Left              =   840
      TabIndex          =   0
      Top               =   360
      Width             =   1812
   End
End
Dim t As object

Sub Command1_Click ()
    a$ = "                        "
    t.NumOfGuids = 3
    a$ = Str$(t.NumOfGuids)
    Label1.Caption = a$
    Label2.Caption = t.Guidgen
End Sub

Sub Command2_Click ()
 End
End Sub

Sub Command3_Click ()
    If Command3.Caption = "Hide" Then
        t.Visible = 0
        Command3.Caption = "UnHide"
    Else
        t.Visible = 1
        Command3.Caption = "Hide"
    End If
    ab = t.Visible
    If ab = True Then
        label3.Caption = "Visible"
    Else
        label3.Caption = "Hidden"
    End If
End Sub

Sub Command4_Click ()
t.quit
End Sub

Sub Form_Load ()
    Set t = CreateObject("OleDay5.Application")
    If t.Visible = True Then
        label3.Caption = "Visible"
        Command3.Caption = "Hide"
    Else
        label3.Caption = "Hidden"
        Command3.Caption = "UnHide"
    End If
    label4.Caption = t.name
    label5.Caption = t.FullName
End Sub
```

Запустив листинг 5.15 в DispTest и выбрав DoAuto, вы получите результат, показанный на рис. 5.1. Заметьте, что ваше приложение-автомат невидимо.

Если потом выбрать UnHide, то приложение появляется, как показано на рис. 5.2.

И наконец, если выбрать DoQuit, то приложение завершится, но приложение DispTest все еще будет работать (см. рис. 5.3). Если теперь выбрать DoAuto или Hide, то DispTest выдаст ошибку, потому что сервер уже остановлен. Итак, приложение работает.

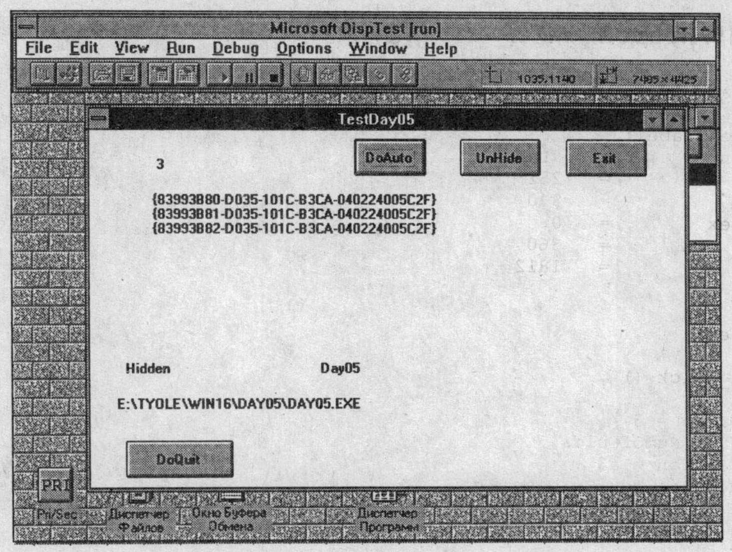

Рис. 5.1. DispTest — OLE-сервер скрыт

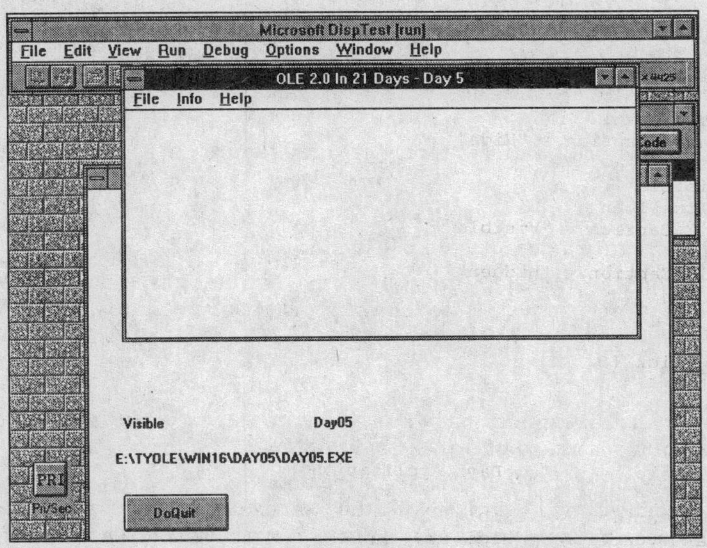

Рис. 5.2. DispTest — OLE-сервер видим

Заключение

Сегодня вы изучили еще одну методику, применяемую для создания автоматного сервера. Кроме того, вы узнали, как можно автоматически вводить новые пункты в регистрационную базу данных. Напомним основные этапы, необходимые для создания сервера-автомата OLE:

- Создайте для своего приложения фабрику класса.
- Создайте файл ODL.
- Сделайте вызов CreateStdDispatch и сохраните интерфейс IDispatch.

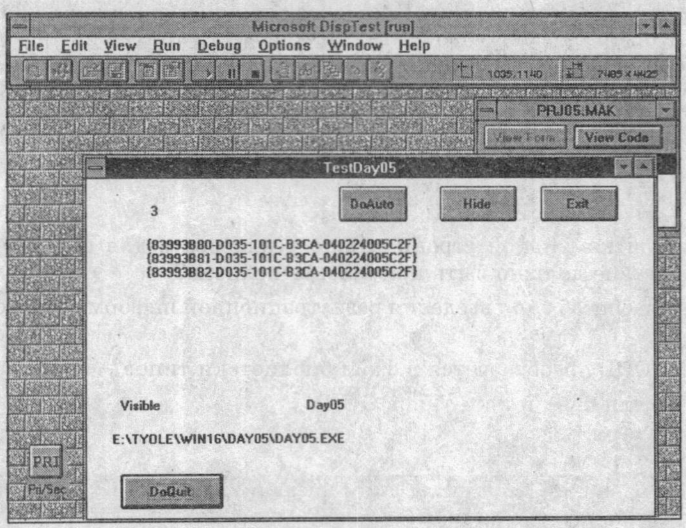

Рис. 5.3. Выбор DoQuit в DispTest

- В объекте приложения, когда у вашего приложения запрашивается интерфейс IDispatch, используйте интерфейс, возвращаемый CreateStdDispatch.
- При запуске в автоматном режиме делайте ваше окно скрытым (ваше приложение запускается как сервер-автомат, если командная строка содержит ключ /Automation или -Automation).
- Зарегистрируйте свои классы в регистрационной базе данных (не забудьте пункт TypLib).
- Реализуйте ваши методы и свойства.
- Перед компиляцией приложения скомпилируйте файл ODL.
- Выполните PostQuitMessage (или другую функцию) для завершения приложения, когда автоматный контроллер закончит свою работу с вашим объектом.

Вопросы и ответы

В: При обсуждении свойств речь всегда шла о парах свойств (get и set). Всегда ли нужно реализовывать оба этих свойства?

О: Нет. Если свойство типа read-only (только для чтения), то нужно реализовать только свойство get. Также возможно реализовать и свойство только для записи, но в обычных приложениях это не очень целесообразно и в такой ситуации лучше реализовать его как метод.

В: Хотя свойства подобны переменным, может ли при установке свойства происходить какое-то действие?

О: Да. В приведенной реализации свойства Visible ваше приложение становится видимым или невидимым в зависимости от установки свойства.

В: Есть ли альтернативные способы для реализации сервера-автомата OLE, кроме использования CreateStdDispatch?

О: Да. IDispatch можно реализовать непосредственно в вашем приложении. Количество дополнительной работы незначительно. Обратитесь к документации по OLE-автоматизации (руководству или справочному файлу) или по интерфейсу IDispatch.

В: Нужно ли мне включать в свое приложение TLB?

О: Не всегда. TLB можно соединить с вашим приложением с помощью компилятора ресурсов, однако TLB можно ввести только в DLL, но не в EXE-модуль. Если ваше приложение не использует DLL, TLB нужно поставлять вместе с приложением.

Семинар

Опрос

1. Какой ключ командной строки нужно реализовать для автоматного сервера и какое действие должно быть при этом выполнено?
2. Каковы два способа для введения регистрационной информации в системную базу данных?
3. Как файл ODL преобразуется в файл библиотеки типов?
4. Нужен ли для библиотеки типов GUID?

Упражнения

Стандарты и основные принципы для серверов-автоматов OLE рекомендуют реализовать только-читаемое свойство Path, возвращающее строку VT_BSTR, в которой содержится маршрут EXE-файла приложения. Реализуйте это свойство.

Ответы к опросу

1. Все серверы-автоматы OLE должны реализовывать ключ /Automation или -Automation. При запуске с этой опцией приложение обычно работает в скрытом режиме (блокируются все остальные опции командной строки). При использовании этого ключа приложение также должно делать доступными свои автоматные объекты.
2. Регистрационную информацию можно либо внести в регистрационную базу данных с помощью утилиты Windows Regedit, либо сделать это программным путем.
3. Чтобы создать библиотеку типов, запустите для файла ODL утилиту MKTYPLIB.
4. Для библиотеки типов требуется GUID, который должен быть уникальным.

Ответы к упражнениям

Ответы находятся на прилагаемом диске.

День 6

Автоматный контроллер

Хотя для разработки автоматных контроллеров можно использовать такие языки, как Visual Basic и Visual Basic for Applications, иногда возникает потребность создать свой собственный автоматный контроллер OLE, не обращаясь к использованию этих продуктов. В этой главе мы изучим вопросы создания автоматного контроллера OLE.

У вас может возникнуть вопрос: «А зачем мне может потребоваться написать автоматный контроллер?» По разным причинам. Если вы применяете исключительно Visual Basic или Visual Basic for Applications, то нет нужды писать свой контроллер, поскольку сами эти средства являются контроллерами автоматизации OLE. Но если вы занимаетесь интеграцией приложений, то вам скорее всего понадобится написать свой собственный контроллер автоматизации. Автоматный контроллер OLE позволяет пользоваться возможностями, которые предоставляют другие приложения (другие приложения будут являться для вашего приложения строительными блоками). Допустим, что вы пишете приложение, отслеживающее сообщения о дефектах программ. При этом вам может понадобиться орфографическая проверка вводимой пользователем информации. Если у вас есть Excel 5.0, то можно воспользоваться его программой проверки орфографии. Затем ваше приложение может подготовить памятную записку (с помощью Word 6) и разослать ее по почте нужным людям (также с помощью Word 6 с Microsoft Mail или Windows for Workgroups). Ваше приложение даже может вставить туда диаграмму, используя либо Excel, либо MS Graph. Если у вас есть свои собственные серверы-автоматы OLE, то можно подключить также и их функциональные возможности.

CLSIDFromProgID

Когда вы захотите вступить в диалог с автоматным сервером OLE, то сначала нужно будет его запустить и затем получить к нему доступ. Если CLSID сервера вам известен, то можно жестко закодировать эту информацию в автоматном контроллере. Однако вы можете получить CLSID и из регистрационного файла. Последний способ более предпочтителен, поскольку в этом случае вы не привязаны к определенной версии приложения — можно всегда выяснить последний CLSID нужного приложения. В листинге 6.1 приведен пример того, как можно получить ID класса (CLSID) объекта из регистрационной базы данных.

Листинг 6.1. CLSIDFromProgID

```
CLSID      clsid;
HRESULT    hresult;
hresult = CLSIDFromProgID("Excel.Application", &clsid);
if (FAILED(hresult))
  // error;
```

Анализ

Чтобы получить CLSID, можно непосредственно прочитать регистрационный файл, однако в OLE имеется более простой метод. Это функция CLSIDFromProgID, принимающая два параметра. Первый параметр — это ID нужной программы (например,

OleDay5.Application или Excel.Application), а второй параметр является указателем на переменную clsid, в которой вы хотите сохранить результат.

В случае успешного завершения функции CLSIDFromProgID приложение получит ID класса для Excel.Application. Теперь у нас есть вся необходимая информация для запуска автоматного сервера.

CoCreateInstance

Для запуска автоматного сервера OLE используется функция CoCreateInstance, при условии, что вам уже известен ID класса сервера. При помощи CoCreateInstance можно получить указатель интерфейса сервера IUnknown, а затем интерфейсный указатель IDispatch. Однако применение CoCreateInstance не ограничивается только запуском автоматного сервера OLE. CoCreateInstance можно использовать для создания любого OLE-объекта, внесенного в регистрационную базу данных (имеется также возможность создать объект, отсутствующий в регистрационной базе данных, но сервер которого в данный момент запушен). В листинге 6.2 показан пример вызова CoCreateInstance для запуска автоматного сервера.

Листинг 6.2. CoCreateInstance.

```
CLSID       clsid;      // previously returned by CLSIDFromProgID
HRESULT     hresult;

IUnknown    FAR *punk = NULL;
hresult = CoCreateInstance(clsid, NULL, CLSCTX_SERVER,
    IID_IUnknown, (void FAR * FAR *)&punk);
if (FAILED(hresult))
  // error;
```

Анализ

CoCreateInstance вызывается с параметрами для ID класса объекта и ID интерфейса (IID_IUNKNOWN), которые нас интересуют. Если вызов CoCreateInstance завершится успешно, то punk будет содержать интерфейсный указатель на интерфейс IUnknown нужного нам объекта. Имея интерфейс IUnknown, вы можете получить указатель любого из поддерживаемых объектом интерфейсов. Имейте в виду, что CoCreateInstance не возвращает управления, пока объект не будет создан. Поскольку вы пишете контроллер-автомат OLE, вам потребуется интерфейс IDispatch. Чтобы получить указатель этого интерфейса, вызовите QueryInterface, как это показано в листинге 6.3.

Листинг 6.3. Способ получения IDispatch.

```
IDispatch    FAR *pIdispatch;
hresult = punk->QueryInterface(IID_IDispatch, (void FAR * FAR *)&pIDispatch);
if (FAILED(hresult))
  // error;
```

Анализ

Используя интерфейсный указатель, полученный в punk, вы вызываете QueryInterface, чтобы получить интерфейсный указатель на IDispatch. Если hresult из QueryInterface показывает успешное завершение, то у вас есть указатель интерфейса IDispatch автоматного сервера. Если же вызов QueryInterface завершится неудачно, то имеющийся у вас объект, по всей вероятности, не является сервером-автоматом OLE (поскольку у последнего должен быть доступный интерфейс IDispatch). Есть еще один способ получить интерфейс IDispatch. Для этого нужно вызвать CoCreateInstance, запросив непосредственно IDispatch (вместо IUnknown). На наш взгляд, предпочтительнее вызов CoCreateInstance с указанием IUnknown и последующим вызовом QueryInterface, потому что если просто вызвать CoCreateInstance с IDispatch для объекта, который IDispatch не поддерживает, то объект все равно будет создан, но в результате у вас не будет его интерфейсного указателя. Если объект написан корректно, то при вызове CoCreateInstance с интерфейсом, который объект не поддерживает, функция возвратит E_NOINTERFACE и не создаст объекта. Однако в спецификации OLE нет явного указания на то, что функции CoCreateInstance следует возвращать E_NOINTERFACE и не создавать объект в том случае, если объект не поддерживает указанный интерфейс. Согласно спецификации Microsoft (спецификация Component Object Model будет обсуждаться в 8-й главе), все объекты должны иметь интерфейс IUnknown, поэтому вызов CoCreateInstance с запросом IUnknown даст предсказуемый результат. Если объект может быть создан, то вызов CoCreateInstance завершится успешно. Затем можно вызвать QueryInterface для получения нужного интерфейса. В том случае, если вызов QueryInterface завершится неудачно, т.е. объект не поддерживает запрашиваемый интерфейс, можно попытаться, если это имеет смысл, запросить другой интерфейс.

GetIDsOfNames

После того, как интерфейс IDispatch автоматного сервера OLE получен, вы, скорее всего, будете как-то использовать этот сервер. Из 4-й главы вы знаете, что автоматный сервер идентифицирует свойства и методы с помощью ID-номеров. Тогда вы непосредственно вписывали в структуры соответствующие числа. В 5-й главе («Сложный автоматный сервер») эти номера генерировались при помощи библиотеки типов. Чтобы получить ID-номер в обоих случаях, в OLE предусмотрена функция GetIDsOfNames. В листинге 6.4 показано, как можно получить ID метода/свойства.

Листинг 6.4. GetIDsOfNames.

```
char FAR* szName = "Caption";
DISPID    dispid;
hresult = pIDispatch = GetIDsOfNames(IID_NULL, &szName, 1, lsid, &dispid);
if (FAILED(hresult))
  // error;
```

Анализ

Чтобы получить ID интересующего нас метода или свойства, с помощью интерфейсного указателя IDispatch вызывается GetIDsOfNames. Если вызов GetIDsOfNames завершился успешно, то dispid будет содержать ID запрашиваемого метода или свойства (в данном случае он будет содержать ID для Caption — свойства, используемого в Excel, которое владеет заголовком окна приложения).

Возможно, у вас вызовет недоумение переменная lcid. Это ID кода языка. Автоматный сервер может поддерживать несколько языков, и lcid служит для того, чтобы установить желаемый язык. Если ваше приложение никогда не будет применяться за пределами вашей страны, то можно заменить lcid на LOCALE_SYSTEM_DEFAULT, что будет означать использование ID языка текущей системы (заданного при установке Windows). Если ваша система будет использоваться в другой стране, но ваш сервер поддерживает только английский язык, замените lcid на MAKELCID(MAKELANGID(0x09,0x01)), что дает LCID для английского. В противном случае используйте нужный вам lcid.

Иногда в документации OLE (включая справочные файлы OLE SDK) утверждается, что первым параметром GetIDsOfNames должен быть NULL. Это неверно (вы получите от компилятора сообщение об ошибке). Правильным является IID_NULL.

Второй и пятый параметры (szName и dispid) представлены не в нормальной для этой функции форме. На самом деле GetIDsOfNames принимает массив строк и возвращает массив DISPID. Первый строковый элемент является именем метода/свойства, а все последующие имена в массиве предназначены для именуемых параметров, которые метод/свойство использует. Возвращаемый массив DISPID указывает DISPID метода/свойства и DISPID именуемых параметров. Поскольку ваш простой контроллер не поддерживает именуемых параметров, то используйте формат, приведенный в листинге 6.4. Если ваш контроллер поддерживает именуемые параметры, то измените третий параметр (1 в листинге 6.4) на число запрашиваемых элементов.

VARIANTARG

VARIANTARG используется для передачи параметров и получения результатов в автоматных контроллерах OLE. Это структура, содержащая тип данных (одну из констант VT_, обсуждавшихся в 5-й день) и объединение данных всех поддерживаемых типов. При пересылке данных от автоматного контроллера к серверу OLE берет на себя работу по преобразованию данных (если это возможно) к формату, требуемому для сервера.

Предположим, что серверу требуется long (четыре байта) и он возвращает int (два байта). Если ваш контроллер передает ему int, то OLE пытается преобразовать int в формат, требуемый для сервера. Таким образом, сервер получает целое (int), преобразованное в long. Когда же вы получаете от сервера результат (в данном примере сервер возвращает простое целое), то вы должны попросить OLE преобразовать данные в требуемый вам формат (в данном случае long). Обратите внимание на то, что OLE автоматически преобразует данные, получаемые от контроллера, но контроллер сам должен преобразовывать данные, которые он получает.

Использовать VARIANTARG достаточно несложно. В листинге 6.5 показан пример создания переменной, содержащей значение true (true = -1, false = 0).

Листинг 6.5. VARIANTARG VT_BOOL.

```
VARIANTARG varg;
VariantInit(&varg);
V_VT(&varg) = VT_BOOL;
VT_BOOL(&varg) = -1;
```

Анализ

Прежде всего объявите переменную как VARIANTARG (в листинге 6.5 используется varg). Затем инициализируйте ее с помощью VariantInit. VariantInit просто устанавливает переменную в VT_EMPTY (и выполняет некоторые внутренние действия). После этого с помощью V_VT сообщите, какого типа данные будут содержаться в переменной. Поскольку VARIANTARG содержит объединение различных поддерживаемых типов, то V_VT говорит обращающимся к объединению функциям, какой из вариантов нужно использовать для правильного доступа к данным. И наконец, V_BOOL используется для того, чтобы сохранить данные в объединении. Заголовочный файл OLE Variant.h содержит список всех возможных поддерживаемых V_-типов, таких как V_I2 или V_I4.

VARIANTARG также содержит функции, позволяющие преобразовывать данные одного типа к другому. Это особенно полезно, когда сервер передает данные обратно. В большинстве случаев вам не придется заботиться о формате, в котором данные вам возвращаются, для вас важно только то, какой формат данных необходим вашему приложению. Для выполнения преобразования используйте VariantChangeType. В листинге 6.6 показано, как изменить созданную переменную VT_BOOL на VT_BSTR (или строку).

Листинг 6.6. VariantChangeType.

```
VARIANTARG varg;
VariantInit(&varg);
V_VT(&varg) = VT_BOOL;
VT_BOOL(&varg) = -1;
VariantChangeType(&varg, &varg, 0, VT_BSTR);
```

Анализ

Функция VariantChangeType принимает четыре параметра. Первый параметр — это указатель на выходную переменную, второй параметр — указатель на входную переменную (они могут быть указателями на одну и ту же переменную). Следующий параметр требует пояснения. Как вы помните (день 5), параметры могут передаваться по значению и по ссылке. При передаче параметра по ссылке OLE попытается перед выполнением преобразования получить действительные данные. Если в качестве третьего параметра при вызове VariantChangeType стоит VARIANT_NOVALUEPROP и входной параметр передается по ссылке, то VariantChangeType возвращает DISP_E_TYPEMISMATCH. Microsoft рекомендует в качестве третьего параметра вместо VARIANT_NOVALUEPROP всегда использовать нуль, чтобы преобразование типов происходило автоматически. Последним параметром VariantChangeType является тот тип, к которому вы хотите преобразовать данные.

Листинг 6.7. VariantClear.

```
VARIANTARG varg;
VariantInit(&varg);
V_VT(&varg) = VT_BOOL;
VT_BOOL(&varg) = -1;
VariantChangeType(&varg, &varg, 0, VT_BSTR);
VariantClear(&varg);
```

Анализ

Вызов VariantClear чрезвычайно важен, потому что эта функция вызывает соответствующую типу данных процедуру освобождения. В данном случае varg содержит BSTR. Если вы не вызовете VariantClear, то строка не будет освобождена, а это приведет к утечке памяти. Сервер может передавать различные данные, включая интерфейсы, и вызов VariantClear корректно освободит интерфейс или данные.

Активация методов

Активация (вызов) метода осуществляется довольно просто. Если ваш метод не требует параметров, то можно использовать код, представленный в листинге 6.6.

Листинг 6.8. Активация метода, не имеющего параметров.

```
DISPPARAMS  disp = {NULL, NULL, 0, 0};
HRESULT     hresult;
VARIANTARG  vargResult;
DISPID      dispid;
char   FAR* szMethodName = "NoParamMethod";

VariantInit(&vargResult);
hresult = pIDispatch->GetIDsOfNames(IID_NULL, &szMethodName, 1, lcid, &dispid);
if (FAILED(hresult)){
    // error recovery...
}
hresult = pIDispatch->Invoke(dispid,IID_NULL, lcid, DISPATCH_METHOD,
    &disp, &vargResult, NULL, NULL);
if (FAILED(hresult)){
     VariantClear(&vargResult);
     // error recovery...
}
// use vargResult if necessary...
VariantClear(&vargResult);
```

Анализ

В листинге 6.8 появляются два новых элемента — DISPPARAMS и Invoke. DISPPARAMS содержит любые данные, которые нужно передать методу. Поскольку вашему методу данные не требуются, то DISPPARAMS инициализируется для случая отсутствия данных. Invoke — это функция, непосредственно запускающая запрашиваемый метод. Для Invoke требуется ID, который вы получаете от GetIDsOfNames и который сообщает Invoke, какой метод вас интересует. Нужно также указать, что вам требуется именно метод (DISPATCH_METHOD). Наконец, в переменную vargResult передаются обратно все результаты. Можно использовать переменную vargResult или преобразовать ее в нужный вам формат (с помощью VariantChangeType). Если вы заканчиваете работу с vargResult, ее нужно очистить, вызвав VariantClear.

Чтобы активировать метод с одним параметром, нужно произвести лишь небольшие изменения (см. листинг 6.9).

Листинг 6.9. Активация метода, имеющего один параметр.

```
VARIANTARG  varg;
VARIANTARG  vargResult;
DISPPARAMS  disp;
DISPID      dispid;
HRESULT     hresult;
char FAR    *szMethodName = "SingleParamMethod";

VariantInit(&varg);
V_VT(&varg) = VT_BOOL;
V_BOOL(&varg) = -1;
VariantInit(&vargResult);

disp.rgvarg = &varg;
disp.rgdispidNamedArgs = NULL;
disp.cArgs = 1;
disp.cNamedArgs = 0;

hresult = pIDispatch->GetIDsOfNames(IID_NULL, &szMethodName, 1,
    lcid, &dispid);
if (FAILED(hresult)){
    VariantClear(&varg);
    // error recovery...
}
hresult = pIDispatch->Invoke(dispid, IID_NULL, lcid, DISPATCH_METHOD,
    &disp, &vargResult, &excepInfo, &uArgErr);
if (FAILED(hresult)){
    VariantClear(&vargResult);
    VariantClear(&varg);
    // error recovery...
}
// use vargResult if necessary...
VariantClear(&vargResult);
VariantClear(&varg);
```

Анализ

Когда метод поддерживает параметры, то каждый элемент в disp должен инициализироваться отдельно. В этом состоит отличие от случая, когда параметры отсутствуют и переменная disp инициализируется как {NULL, NULL, 0, 0} (в листинге 6.8). disp.rgvarg предполагает наличие массива VARIANTARG, содержащего передаваемые методу данные. Поскольку метод содержит только один параметр, то disp.rgvarg устанавливается равным адресу varg.

disp.rgdispidNamedArgs предполагает массив dispid, соответствующий значениям именуемых аргументов. Массив dispid должен быть организован в том же порядке, что и disp.rgvarg, поскольку сервер использует этот массив для определения того, какие данные соответствуют каждому из имен. Если ваш автоматный сервер собирается использовать именуемые аргументы, то dispid для каждого имени может быть получен из GetIDOfNames, в противном случае параметр должен равняться NULL. Кроме того, если вы не используете именуемых аргументов, данные, которые вы передаете, должны быть расположены в том же порядке, в котором сервер их ожидает. disp.cArgs — это число передаваемых аргументов (в данном случае 1), а disp.cNamedArgs — число именуемых аргументов, которые вы передаете (в данном случае 0).

Последнее существенное отличие между этим фрагментом кода и фрагментом для метода без параметров состоит в наличии дополнительных вызовов VariantClear. Дополнительные вызовы VariantClear гарантируют, что все данные корректным образом освобождаются. Хотя в данном случае вызов VariantClear не является обязательным, тем не менее он является признаком «хорошего тона», при несоблюдении правил которого у вас могут возникнуть утечки памяти и появятся неосвобожденные интерфейсные указатели.

Листинг 6.10 — это фрагмент кода, в котором вызывается метод, требующий нескольких параметров.

Листинг 6.10. Активация метода с несколькими параметрами.

```
VARIANTARG  varg[5];
VARIANTARG  vargResult;
DISPPARAMS  disp;
DISPID      dispid;
HRESULT     hresult;
char FAR    *szMethodName = "MultipleParamMethod";
int MaxParams;
int i;

MaxParams = 5;      // a five parameter example
for (i-0; i<MaxParams; i++)
  VariantInit(&varg);
VariantInit(&vargResult);

// initialize the parameters to their proper values...

disp.rgvarg = &varg;
disp.rgdispidNamedArgs = NULL;
disp.cArgs = MaxParams;
disp.cNamedArgs = 0;

hresult = pIDispatch->GetIDsOfNames(IID_NULL, &szMethodName, 1,
    lcid, &dispid);
if (FAILED(hresult)){
    // VariantClear for each of the parameters;
    // error recovery...
}
hresult = pIDispatch->Invoke(dispid, IID_NULL, lcid, DISPATCH_METHOD,
    &disp, &vargResult, &excepInfo, &uArgErr);
if (FAILED(hresult)){
    VariantClear(&vargResult);
    // VariantClear for each of the parameters;
    // error recovery...
}
// use vargResult if necessary...
VariantClear(&vargResult);
// VariantClear for each of the parameters;
```

Анализ

Главное отличие однопараметрического случая от многопараметрического случая заключается в инициализации varg. Когда varg является массивом, то каждый его элемент должен быть инициализирован с помощью VariantInit. Кроме того, во время очистки нужно вызвать VariantClear для каждого элемента массива varg, чтобы освободить все данные, которые могут содержаться в отдельных элементах.

Активация *PropertyGet*

Использование PropertyGet аналогично активации метода, не имеющего параметров. На самом деле, единственное отличие состоит в том, что Invoke использует DISPATCH_PROPERTYGET вместо DISPATCH_METHOD. В листинге 6.11 представлен фрагмент кода для PropertyGet.

Листинг 6.11. Фрагмент кода с PropertyGet.

```
DISPPARAMS  disp = {NULL, NULL, 0, 0};
HRESULT     hresult;
VARIANTARG  vargResult;
```

Листинг 6.11. продолжение.

```
DISPID    dispid;
char      FAR* szPropertyName = "PropertyName";

VariantInit(&vargResult);
hresult = pIDispatch->GetIDsOfNames(IID_NULL,&szPropertyName,1,lcid,&dispid);
if (FAILED(hresult)){
    // error recovery...
}
hresult = pIDispatch->Invoke(dispid,IID_NULL,lcid,DISPATCH_PROPERTYGET,
    &disp,&vargResult,NULL,NULL);
if (FAILED(hresult)){
    VariantClear(&vargResult);
    // error recovery...
}
// use vargResult
VariantClear(&vargResult);
```

Анализ

Если сравнить листинг 6.11 с листингом 6.8 (активация метода, не имеющего параметров), можно увидеть, что GetIDsOfNames в листинге 6.11 вызывается с именем интересующего вас свойства вместо имени метода в листинге 6.8. После того, как ID диспетчера для данного свойства получен, вызывается Invoke для извлечения данных, которые оно содержит.

Активация *PropertyPut*

Использование PropertyPut аналогично случаю активации метода с одним именуемым параметром. Те переменные для именуемых аргументов, что были NULL или нулем в предыдущем листинге, теперь будут содержать значения. В листинге 6.12 представлен фрагмент кода для PropertyPut.

Листинг 6.12. Фрагмент кода с PropertyPut.

```
DISPPARAMS  disp;
HRESULT     hresult;
VARIANTARG  varg;
DISPID      dispidPropertyPut = DISPID_PROPERTYPUT;
DISPID      dispid;
char    FAR* szPropertyName = "PropertyName";

VariantInit(&varg);
V_VT(&varg) = VT_BOOL;
V_BOOL(&varg) = -1;

disp.rgvarg = &varg;
disp.rgdispidNameArgs = &dispidPropertyPut;
disp.cArgs = 1;
disp.cNameArgs = 1;

hresult = pIDispatch->GetIDsOfNames(IID_NULL,&szPropertyName,1,lcid,&dispid);
if (FAILED(hresult)){
    VariantClear(&varg);
    // error recovery...
}
hresult = pIDispatch->Invoke(dispid,IID_NULL,lcid,DISPATCH_PROPERTYPUT,
    &disp,NULL,NULL,NULL);
if (FAILED(hresult)){
    VariantClear(&varg);
    // error recovery...
}
VariantClear(&varg);
```

Анализ

Из листинга 6.12 видно, что в disp.rgdispNamedArg устанавливается указатель переменной dispidPropertyPut, которая равна DISPID_PROPERTYPUT (вспомните, что для rgdispidNamedArg нужен массив именуемых аргументов). disp.cNamedArgs будет содержать 1, указывая, таким образом, что имеется один именной аргумент. Другое отличие состоит в том, что метод Invoke использует DISPATCH_PROPERTYPUT вместо DISPATCH_METHOD, а также нулевое поле для результата, поскольку PropertyPut не возвращает значения.

Заключение

Сегодня вы узнали, что создание автоматного контроллера OLE является относительно несложной процедурой, для реализации которой вам нужно:

1. Получить ID класса автоматного сервера с помощью CLSIDFromProgID.
2. Запустить сервер посредством CoCreateInstance.
3. Получить интерфейс IDispatch, используя QueryInterface интерфейса IUnkown, полученного от CoCreateInstance.
4. Получить ID диспетчера для желаемого метода или свойства, используя GetIDsOfNames.
5. Активировать желаемый метод или свойство.

Вопросы и ответы

В: В приведенных примерах функция GetIDsOfNames вызывалась внутри каждого из них. Нужно ли вызывать GetIDsOfNames перед каждым Invoke?

О: В процедуре инициализации вы можете получить все ID, которые могут понадобиться вашей программе, потому что эти ID не будут изменяться во время ее работы. Вы также можете закодировать эти номера вручную (особенно если вы используете структуры из 4-й главы, хотя этот подход является менее гибким).

В: Как можно найти имена методов/свойств, которые предусмотрены в сервере?

О: Если в документации приложения нет информации, то сначала посмотрите, есть ли у приложения библиотека типов. Если библиотека типов существует, то вы можете использовать утилиту tibrowse.exe, поставляемую с OLE SDK. Это программа просмотра библиотеки типов и она может дать вам большую часть интересующей вас информации. Если приложение не поставляется с библиотекой типов, то вы можете запустить ole2view.exe и посмотреть на интерфейс IDispatch. Некоторые приложения, такие как Excel, имеют отдельный объект для библиотеки типов. Поэтому когда вы запустите ole2view.exe, выберите Excel 5.0 Object Library вместо Excel 5.0 Application. Помните, что библиотеки типов имеют отдельный CLSID и поэтому выглядят в ole2view как отдельные пункты.

Семинар

Опрос

1. Как получить ID класса автоматного сервера OLE?
2. Метод возвращает целое, а приложению требуется строка. Как можно преобразовать возвращаемое значение?
3. Как получить ID диспетчера для метода или свойства?

Упражнения

1. Создайте автоматный контроллер, который позволит вам манипулировать свойствами и методами Excel 5, такими как Visible, Caption и Quit.

2. Используя контроллер из упражнения 1, добавьте функцию, которая выполняла бы орфографическую проверку слова. Метод Excel 5, выполняющий проверку орфографии, называется CheckSpelling. Единственным обязательным параметром этого метода (кроме него есть еще необязательные) является слово, которое нужно проверить. Excel 5 возвращает -1, если слово написано правильно, и 0, если слова в словаре не обнаружено.

Ответы к опросу

1. Используйте CLSIDFromProgID с именем-идентификатором программы нужного сервера (Excel.Application, OleDay5.Application).
2. ```
   VariantChangeType (&vargResult, &vargResult, 0, VT_BSTR);
   ```
   Не забудьте вызвать VariantClear(&vargResult), чтобы освободить строку по окончании работы с ней.
3. ```
   hresult = pIDispatch->GetIDsOfNames(IID_NULL, &szName, 1,
       LOCALE_SYSTEM_DEFAULT, &dispid);
   ```
   Не забудьте проверить hresult, чтобы убедиться, что ID действительно получен.

Ответы к упражнениям

Исходные тексты находятся на прилагаемом диске.

Агрегированные объекты

Использование объектов OLE в качестве блоков для построения других объектов предполагает, что при желании вы можете инкапсулировать в вашем новом объекте функциональные возможности уже имеющегося объекта. Если объект OLE находится целиком внутри нового объекта и при этом все интерфейсы его закрыты для внешнего мира, то объект используется как обычно. Но если вы хотите в новом объекте предоставить доступ к одному или нескольким интерфейсам исходного объекта, то необходимо выполнить *агрегацию.*

Подкласс объекта

Агрегацию можно представлять себе как выделение подкласса объекта, по аналогии с подклассом окна. При создании подкласса окна вы исходите из существующих функциональных свойств и меняете или усовершенствуете поведение окна. Например, можно создать подкласс панели для редактирования так, что она будет допускать только ввод числовых значений. Такой подход избавляет от необходимости изобретать свою собственную редактирующую панель.

Агрегация в OLE устроена по тому же принципу, что и создание подклассов в Windows. Если у вас есть объект, который делает почти то, что вам нужно, то вы можете агрегировать его и, добавив лишь небольшое число новых функциональных возможностей, необходимых вашему объекту, получить новый объект. Однако агрегацию можно выполнить только в том случае, если объект, который вы хотите расширить, ее поддерживает. Для этого объект должен быть разработан особым образом. Причина этому кроется в реализации интерфейса IUnknown.

Агрегированные объекты имеют две основных компоненты: контролирующий объект (новый объект, который вы создаете) и контролируемый объект. Контролируемый объект — это объект, который вы хотите использовать (выделяя подкласс) и открыть внешнему миру (экспонировать) некоторые или все его интерфейсы. Поскольку конечный пользователь знает только о вашем новом объекте, то он (или она) будет спрашивать его IUnknown об интерфейсе, который может быть как вашим собственным, так и одним из интерфейсов контролируемого объекта. Поскольку с точки зрения пользователя существует единственный IUnknown/QueryInterface, то каким образом пользователь может получить необходимый интерфейс? Вы не можете просто соединить два интерфейса IUnknown. Давайте посмотрим, как реализуется объект и как он затем агрегируется.

> ***Замечание:*** Не все объекты могут быть агрегированы. Для поддержки агрегации в текст IUnknown требуется внести дополнительный код. Поэтому если при разработке агрегация не предусматривалась, то объект агрегирован быть не может.

Во 2-й день («IUnknown, IClassFactory») вы реализовали метод фабрики класса CreateInstance, используя код, представленный в листинге 7.1.

Листинг 7.1. CreateInstance из 2-й главы.

```
STDMETHODIMP COleDay2ClassFactory::CreateInstance(IUnknown FAR* /* punkOuter */,
   REFIID iid,
   void FAR* FAR* ppv)
{
```

Листинг 7.1. продолжение.

```
    HRESULT hresult;
    COleDay2Object FAR* pOleDay2Object;

    if ((pOleDay2Object = COleDay2Object::Create()) == NULL){
     *ppv = NULL;
     return ResultFromScode(E_OUTOFMEMORY);
    }
    hresult = pOleDay2Object->QueryInterface(iid, ppv);
    pOleDay2Object->Release();
    return hresult;
}
```

Анализ

Хотя эта реализация в основном корректна, тем не менее имеется одна проблема. Если вы посмотрите на заголовок функции, то увидите, что переменная punkOuter закомментирована. Хотя представленная в листинге 7.1 фабрика классов годится для объектов-автоматов, в общем случае для объектов других типов такую реализацию применять не следует. Чтобы определить, используется ли объект в качестве части агрегированного объекта, нужно проверить переменную punkOuter. Если в punkOuter передается NULL, то объект не является частью агрегированного объекта, и код листинга 7.1 работает правильно. Если punkOuter не NULL, то CreateInstance нужно выполнить дополнительные действия, зависящие от того, допускает ли объект использование в качестве части агрегированного объекта. В листинге 7.2 представлен код для случая, когда объектом не предусматривается возможность его агрегации.

Листинг 7.2. CreateInstance неагрегируемого объекта.

```
STDMETHODIMP COleDay7ClassFactory::CreateInstance(IUnknown FAR* punkOuter,
  REFIID iid, void FAR* FAR* ppv)
{
  HRESULT hresult;
  COleDay7Object FAR* pOleDay7Object;

  if (punkOuter != NULL){
    *ppv = NULL;
    return ResultFromCode(CLASS_E_NOAGGEGATION);
  }
  if ((pOleDay7Object = COleDay7Object::Create()) == NULL){
    *ppv = NULL;
    return ResultFromScode(E_OUTOFMEMORY);
  }
  hresult = pOleDay7Object->QueryInterface(iid, ppv);
  pOleDay7Object->Release();
  return hresult;
}
```

Анализ

Главное различие между листингом 7.1 и листингом 7.2 состоит в том, что в последнем содержится проверка punkOuter. Если punkOuter NULL, то объект не включается в агрегат и должен быть создан обычным образом. Если punkOuter не NULL, то объект создается как включаемый в состав агрегата. Но поскольку объект, представленный в листинге 7.2, не поддерживает агрегацию, CreateInstance возвращает CLASS_E_NOAGGREGATION, сообщая вызывающему о том, что объект не может быть составной частью агрегированного объекта. Если разработка объекта не предусматривает его агрегации, то нужно всегда проверять punkOuter и возвращать CLASS_E_NOAGGREGATION, если этот аргумент не NULL.

Реализация объекта, поддерживающего агрегацию, также отличается от обсуждавшейся во 2-й главе. В частности, поддерживающий агрегацию объект должен передавать свой собственный IUnknown и следить за своим собственным счетчиком ссылок в том случае, если не является контролируемым. Если же он используется в качестве контролируемого объекта, то должен передавать IUnknown контролирующего объекта и использовать счетчик ссылок последнего. В листинге 7.3 показан пример реализации QueryInterface, Addref и Release для объекта, поддерживающего агрегацию.

Листинг 7.3. Реализация IUnknown для объекта, поддерживающего агрегацию.

```
STDMETHODIMP
CCanAggegate::QueryInterface(REFIID iid, void FAR* FAR* ppv)
{
    *ppv = NULL;

    if (iid == IID_IUnknown){
        if (punkOuter != NULL)
          *ppv = punkOuter;
        else
          *ppv = this;
    }
    else if (iid == IID_IObj1a)
        *ppv = this;
    else if (iid == IID_IObj1b)
        *ppv = this;
    else return ResultFromScode(E_NOINTERFACE);

    AddRef();
    return NOERROR;
}

STDMETHODIMP_(ULONG)CCanAggregate::AddRef()
{
    if (punkOuter != NULL)
        return punkOuter->AddRef();
    else
          return ++m_refs;
}

STDMETHODIMP_(ULONG)CCanAggregate::Release()
{
    if (punkOuter != NULL)
        return punkOuter->Release();

    if (--m_refs == 0){
        delete this;
        return 0;
    }
    retutn m_refs;
}
```

Анализ

Из листинга 7.3 видно, что когда объект включен в агрегат, он передает вызовы Addref и Release контролирующему объекту. QueryInterface контролируемого объекта распоряжается его собственными интерфейсами, но если получен запрос об IUnknown, то его QueryInterface передает интерфейс IUnknown контролирующего объекта.

Для большей наглядности предположим, что вы хотите создать новый объект (см. Object 2 на рис. 7.1) и у вас уже есть объект, обладающий некоторыми из нужных вам функциональных возможностей (Object 1). Когда объекты агрегированы, они должны выглядеть, как показано на рис. 7.2.

Обратите внимание, что на этом рисунке IUnknown агрегированного объекта находится внутри контролирующего объекта и для внешнего мира недоступен. Когда происходит вызов QueryInterface контролирующего объекта, именно он отвечает за определение того, какие интерфейсы агрегированного объекта следует показать.

Контролирующий объект (Object 2) может показать все или только некоторые интерфейсы агрегированного объекта. Если контролирующий объект хочет открыть доступ лишь к некоторые интерфейсам, то его QueryInterface должна проверять все запросы и передавать агрегированному объекту только те из них, которые соответствуют открытым интерфейсам. В листинге 7.4 показано, как это можно сделать.

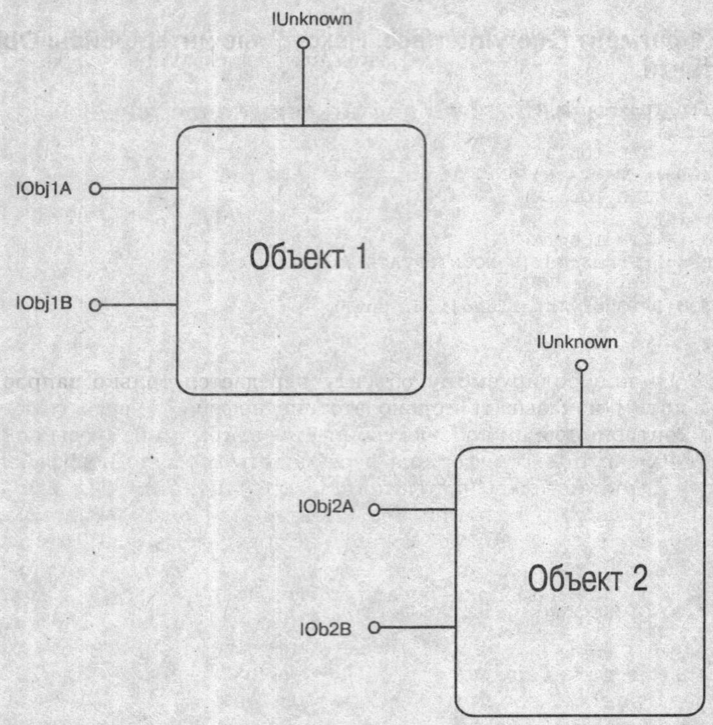

Рис. 7.1. Неагрегированные объекты

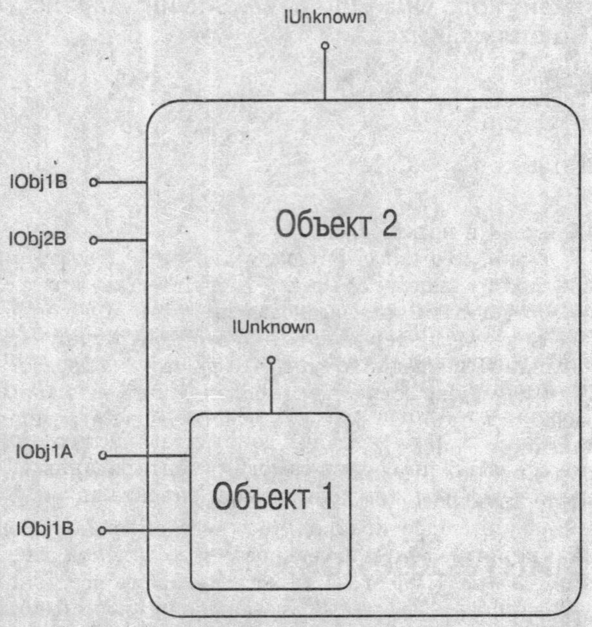

Рис. 7.2. Агрегированные объекты

Листинг 7.4. Фрагмент QueryInterface. Некоторые интерфейсы Object1 делаются открытыми.

```
if (iid == IID_IUnknown)
    *ppv = this;
else if (iid == IID_IObj2A)
    *ppv = this;
else if (iid == IID_IObj2B)
    *ppv = this;
else if (iid != IID_IObj1A)
    return ResultFromScode(E_NOINTERFACE);
else
    return IObj1->QueryInterfase(iid, ppv);
```

Анализ

В листинге 7.4 контролируемому объекту передается только запрос IID_IObj1A, поскольку мы хотим показывать только этот интерфейс объекта (как части нового объекта). Если контролирующий объект собирается открыть все агрегированные интерфейсы, тогда его QueryInterface должна перечислять все эти интерфейсы. Контролирующий объект должен сам перечислять все интерфейсы, так как если к контролируемому объекту добавляется новый интерфейс и он конфликтует с интерфейсами контролирующего, то возникает вопрос, который из интерфейсов должна возвращать QueryInterface.

В листинге 7.5 реализована процедура открытия всех интерфейсов контролируемого объекта и добавления к нему нового интерфейса (Object1). В данной реализации новый интерфейс будет открыт, даже если у контролирующего объекта имеется такой же интерфейс. Это очень важно понять сейчас, потому что в 12-й главе («DLL- сервер») вы будете использовать агрегацию при создании DLL-сервера. В таком сервере контролирующий и контролируемый объекты имеют интерфейсы, реализованные в каждом из них. Если вы будете слепо передавать интерфейсы, то можете сделать открытыми те интерфейсы из Object1, которые не должны быть показаны.

Листинг 7.5. Фрагмент кода QueryInterface. Все интерфейсы Object1 делаются открытыми. (Не для реализации!)

```
if (iid == IID_IUnknown)
    *ppv = IUnknownObject1;
else if (iid == IID_IObj2A)
    *ppv = this;
else if (iid == IID_IObj2B)
    *ppv = this;
else
    return ResultFromCode(E_NOINTERFACE);
```

Анализ

Когда вы хотите сделать открытыми все интерфейсы объекта управления, следует использовать функцию QueryInterface, подобную показанной в листинге 7.4. В вашей реализации вы должны перечислить все интерфейсы, которые ваш объект собирается сделать открытыми (заменив IID_IObj2A и IID_IObj2B на все те указатели интерфейсов, которые ваш объект собирается показывать). Это избавит вас от кошмаров отладки, когда вы пытаетесь определить, какой интерфейс в действительности открывается. Такой способ позволяет также сделать ваш объект самодокументированным, поскольку он явно констатирует, какие интерфейсы контролируемого объекта он экспонирует.

Еще раз об интерфейсах

При создании агрегированных объектов вам следует придерживаться определенных правил относительно экспонирования интерфейсов. Главное правило в этом случае состоит в том, что если у объекта запрашивается IUnknown, то он всегда должен возвращать контролирующий (главный) IUnknown. Это означает, что оба объекта должны возвратить один и тот же IUnknown — IUnknown контролирующего объекта. Это чрезвычайно важно. Путем использования главного IUnknown приложение всегда может получить интерфейс, который контролирующий объект хочет сделать открытым. Другими словами, если контролирующий и контролируемый объекты оба поддерживают один и тот же интерфейс (IID_Ixx), то результатом вызова QueryInterface для IUnknown будет IUnknown контролирующего объекта. После того, как вы получили главный IUnknown, QueryInterface для IID_Ixx возвратит интерфейс, который контролирующий объект хочет показать (обычно это IID_Ixx контролирующего).

Другим интересным аспектом интерфейса является то, что нет гарантии того, что определенный интерфейс (отличный от IUnknown) будет доступен из другого интерфейса. Другими словами, пусть IDD_Iyy является интерфейсом контролирующего объекта, а IDD_Ixx — интерфейсом контролируемого. Тогда вызов IDD_Ixx->QueryInterface с аргументом IDD_Iyy может возвратить E_NOINTERFACE. Однако если вы вызовете IDD_Ixx->QueryInterface для IUnknown и уже потом выполните вызов QueryInterface, то вы получите желаемый интерфейс.

Счетчик ссылок

Очень важным при реализации объектов, поддерживающих агрегацию, становится счетчик ссылок (обсуждавшийся во 2-й главе). Конечно, при выдаче интерфейса контролируемый объект должен поддерживать свой счетчик ссылок. Но при этом он должен увеличивать счетчик ссылок контролирующего объекта. Если контролирующий интерфейс не увеличивает счетчик контролирующего объекта, то этот объект может быть уничтожен преждевременно. Помните, что интерфейсы обоих объектов логически принадлежат контролирующему объекту и контролирующий объект может уничтожиться только тогда, когда будут освобождены все его интерфейсы (включая интерфейсы контролируемого объекта).

Когда создается контролируемый объект, контролирующий объект должен получить его интерфейс (чтобы коммуникация с ним была возможна) и увеличить при этом счетчик ссылок контролируемого объекта. Если контролирующий объект не производит приращения счетчика контролируемого, последний может преждевременно уничтожиться, когда его счетчик станет равным нулю.

Кроме того, контролируемый объект имеет интерфейс IUnknown контролирующего, но для этого интерфейса счетчик ссылок контролирующего объекта не увеличивается. Контролирующий объект не мог бы быть уничтожен, если бы контролируемый увеличил его счетчик ссылок. Счетчик ссылок контролирующего объекта не смог бы обнулиться. Вспомните, контролирующий объект содержит ссылку на контролируемый. Если еще и контролируемый объект будет иметь ссылку на контролирующий, то уничтожить оба этих объекта будет невозможно. Поскольку существование контролируемого объекта зависит от контролирующего, то только последний может иметь ссылку на контролируемый объект, но не наоборот.

Как определить, какие объекты могут быть агрегированы?

Как определить, может ли объект, созданный не вами, быть агрегирован (реализован как контролируемый объект)? Помните, ранее мы говорили, что если вы вызываете для объекта функцию CreateInstance и передаете ей IUnknown вашего объекта, то она возвратит CLASS_E_NOAGREGATION, если объект не поддерживает агрегацию. В противном случае контролируемый объект будет создан. Это правильно в том случае, когда объект реализован с проверкой переменной pUnk, но, если вы помните, прежде мы не делали этой проверки. Как можно убедиться, что объект действительно использует ваш IUnknown? Вызвав QueryInterface, конечно! Когда вы вызываете QueryInterface и запрашиваете IUnknown, то должны получить свой собственный IUnknown, а не объекта. Если же в результате вы получите IUnknown объекта, то объект агрегацию не поддерживает.

Ну а теперь, когда вы уже умеете определять, можно ли объект сделать подклассом, вам нужно выяснить, какие из объектов вашей системы поддерживают агрегацию. Вы можете увидеть объекты вашей системы с помощью программы OLE2View (включенной в OLE SDK), но она не показывает, какие объекты можно сделать подклассами. Поскольку исходные тексты OLE2View не поставляются, вам придется написать небольшую программу, которая показывает все объекты системы и затем сообщает, какие из них допускают подклассы. К счастью, на помощь приходит Windows SDK. Можно определить, какие объекты имеются в вашей системе, используя некоторые функции API для системного реестра. Когда вы уже знаете объекты, то можете выбрать интересующий вас объект и вызвать CreateInstance, чтобы выяснить, поддерживает ли он агрегацию. В листинге 7.6 показан класс, который можно использовать для чтения реестра.

Листинг 7.6. Чтение регистрационной базы данных.

```
//Constructor for COleObjectInfo
//Opens the subkey "CLSID"
//
COleObjectInfo::COleObjectInfo()
{
        hkError = RegOpenKey(HKEY_CLASSES_ROOT,"CLSID",&hkRoot);
        RegAtEof = (hkError == ERROR_SUCCESS) ? FALSE : TRUE;
        dwIndex = 0;
}

//Destructor for COleObjectInfo
//Closes the subkey opened by the constructor
//
COleObjectInfo::~COleObjectInfo()
{
        RegCloseKey(hkRoot);
}

//GetNextObject allows you to walk through the registration database
//On each call the next CLSID is returned.
//In addition, the flags bOle1 is set if says it is an OLE1Class
//                      bAutomation is set if the object is launched
//                       with the automation flag
//                      bInsertable flag is set if the object is insertable
//                      bProxyStub is set if the object is a proxy stub
//You can add additional flags as you see fit
//
BOOL    COleObjectInfo::GetNextObject(void)
{
       bOle1 = FALSE;
       bAutomation = FALSE;
       bInsertable = FALSE;
       bProxyStub  = FALSE;

        if (RegAtEof == TRUE)
                return FALSE;
//Iterate through all the CLSIDs
        hkError = RegEnumKey(hkRoot,dwIndex++,szCLSID,sizeof(szCLSID));
        if (hkError != ERROR_SUCCESS){
                RegAtEof = TRUE;
                return FALSE;
        }
        LONG cb = sizeof(szName);
        if (RegQueryValue(hkRoot,(LPSTR)szCLSID,(LPSTR)szName,&cb) !=
            ERROR_SUCCESS){
          strcpy(szName,"***INVALID***");
        }
        else {
//We have a CLSID so let's get some specific information
          HKEY hkSubKey;
          CString szNewKey;
          char szKey[80];
          char szKeyValue[80];
```

Листинг 7.6. продолжение.

```
          szNewKey = "CLSID\\";
          szNewKey += szCLSID;
          RegOpenKey(HKEY_CLASSES_ROOT,szNewKey,&hkSubKey);
          DWORD dwSubIndex = 0;
          while (RegEnumKey(hkSubKey,dwSubIndex++,szKey,sizeof(szKey)) ==
                 ERROR_SUCCESS){
               LONG cb = sizeof(szKeyValue);
//The object says its insertable
               RegQueryValue(hkSubKey,(LPSTR)szKey,(LPSTR)szKeyValue,&cb);
               if (lstrcmpi(szKey,"Insertable")==0)
                    bInsertable = TRUE;
//The object says its an OLE1
               else if (lstrcmpi(szKey,"Ole1Class")==0)
                    bOle1 = TRUE;
//The object appears to be a proxy stub
               else if (lstrcmpi(szKey,"InProcServer")==0){
                    if ((lstrcmpi(szKeyValue,"ole2prox.dll") == 0) ||
                        (lstrcmpi(szKeyValue,"ole2disp.dll") == 0))
                        bProxyStub = TRUE;
               } else if (lstrcmpi(szKey,"LocalServer")==0){
                char *lpszFind = szKeyValue;
                while (*lpszFind != 0){
//The object appears to support automation
                         if (((*lpszFind == '-') || (*lpszFind == '/')) &&
                                lstrcmpi(lpszFind+1,"Automation") == 0){
                          bAutomation = TRUE;
                          break;
                          }
                lpszFind++;
                }
               }
          }
//Close the clsid specific Reg (not the CLSID reg from the constructor)
          RegCloseKey(hkSubKey);
        }
        return TRUE;
}
```

Анализ

COleObjectInfo — это класс, который может быть использован для чтения регистрационной базы данных и который возвращает информацию об объекте. Используя CLSID в качестве ключа регистрационного списка, вы можете отобрать все CLSID, которые были зарегистрированы в вашей системе. Используя эти ID, можно получить дополнительную информацию о соответствующих классах. Например, в 4-й день («Простой автоматный сервер») в данных регистрации автоматного сервера использовался ключ /Automation в пункте LocalServer. Просматривая регистрационный список, вы можете встретить пункты с ключом /Automation, по которому вы можете узнать, что это сервер-автомат. К сожалению, нет пункта, который дал бы вам ответ, поддерживает ли ваш объект агрегацию. В листинге 7.7 представлен фрагмент кода, позволяющий это выяснить.

Листинг 7.7. Фрагмент кода для определения агрегации.

```
hresult =CLSIDFromString(szclsid,&clsid);
if (hresult != ResultFromScode(S_OK)){
     PrintError(hresult);
     ::MessageBox(NULL,"Could not convert CLSID","Error",MB_OK);
     return;
}

hresult = CoGetClassObject(clsid,
                           CLSCTX_SERVER,
                           NULL,
                           IID_IClassFactory,
                           (LPVOID FAR *)&pIClassFactory);
```

```
if (hresult != NOERROR){
     PrintError(hresult);
     return;
}
hresult = pIClassFactory->CreateInstance(m_pOleDay7Object,
          IID_IUnknown,
          (LPVOID FAR *)&pIUnknown);
if (hresult != ResultFromScode(S_OK)){
     PrintError(hresult);
     pIClassFactory->Release();
     return;
}
```

Анализ

При первом запуске этого фрагмента вы получаете строку, представляющую ID класса (szclsid). ID класса может быть получен при чтении реестра или из панели списка (содержащей все идентификаторы классов), либо его может ввести пользователь. Вне зависимости от того, откуда появилась эта информация, нужно преобразовать ASCII-строку ID класса в двоичный формат. Чтобы сделать это преобразование, вызовите CLSIDFromSring — функцию, которая возвращает двоичный ID класса. Когда у вас будет идентификатор в двоичном формате, можно использовать функцию CoGetClassObject, чтобы получить фабрику класса объекта. После этого можно создать объект, вызвав CreateInstance и передав ей ваш IUnknown. Возможно, вы не получите сообщение об ошибке, даже если объект и не поддерживает агрегацию (может быть, приложение ведет себя неправильно). Поэтому нужна еще одна проверка. Если вы вызовете QueryInterface объекта, запросив интерфейс IUnknown, и получите ваш интерфейс обратно, то объект поддерживает агрегацию. В противном случае агрегация не поддерживается.

Заключение

Агрегация — это процесс построения новых объектов на основе существующих объектов OLE. Придерживайтесь следующих двух основных правил, если вы хотите, чтобы ваш объект поддерживал агрегацию:

QueryInterface вашего объекта должна передавать IUnknown контролирующего объекта, если объект является контролируемым, и свой собственный IUnknown, если он не контролируется.

Методы Addref и Release объекта, поддерживающего агрегацию, должны использовать счетчик ссылок контролирующего объекта, если объект является контролируемым, и свой собственный счетчик ссылок, если объект не контролируется.

Вопросы и ответы

В: Когда следует создавать объекты, поддерживающие агрегацию?

О: Вообще говоря, если ваш экспонируемый объект — это автоматный сервер, вам не нужно поддерживать агрегацию (хотя это и возможно), потому что агрегация не даст вам никаких особых преимуществ при экспонировании IDispatch. Если ваш объект не является автоматным сервером, то реализация агрегации довольно проста и ваш объект может быть использован внутри других объектов. Если ваш объект просто показывает стандартные интерфейсы OLE (такие, как серверы составных документов, обсуждаемые в главе 12), то реализация агрегации не принесет много пользы и может даже вызвать затруднения, поскольку контролирующий объект может показывать те же интерфейсы. Вывод таков: если вы думаете, что ваш объект может быть использован другими объектами внутри своих объектов, то следует реализовать в объекте поддержку агрегации.

В: Когда я создаю контролирующий объект, должен ли я показывать интерфейсы контролируемого объекта, используя ID интерфейсов, применяемые последним?

О: Нет. Ваш контролирующий объект может преобразовать запрос на интерфейс X в запрос на интерфейс Y контролируемого объекта. Пользователь вашего объекта даже и не должен знать, что ваш объект является контролирующим.

В: Можно ли создавать вложенные агрегированные объекты? Другими словами, могу ли я иметь контролирующий объект, управляющий другим контролирующим объектом, который в свою очередь управляет третьим объектом?

О: Да. Вспомните, что пользователь контролирующего объекта даже не подозревает, что это контролирующий объект, поэтому если средний (в данном примере) объект является не просто контролирующим, но и поддерживает агрегацию, то он вполне может управляться другим контролирующим объектом.

В: Есть ли еще какие-нибудь полезные ключи, кроме ключа CLSID, который возвращает все зарегистрированные ID классов системы?

О: Да. Поиск с ключом TYPELIB даст все зарегистрированные библиотеки типов, а поиск с ключом INTERFACE вернет все зарегистрированные интерфейсы (определенные OLE и определенные пользователем).

Семинар

Опрос

1. Когда вызывается Addref при создании агрегированного объекта?
2. Как определить, поддерживает ли объект агрегацию?

Упражнения

1. Модифицируйте OleGen таким образом, чтобы она могла создавать контролируемые объекты.
2. Создайте приложение, которое показывало бы все объекты системы, поддерживающие автоматизацию.
3. OleGen имеет возможность показать все интерфейсы, определенные пользователем. Однако, в ее настоящем варианте, выбор этой опции не приводит к появлению каких-либо интерфейсов. Модифицируйте OleGen таким образом, чтобы она получала все определенные пользователем интерфейсы. Подсказка: возьмите регистрационную базу данных и отбросьте все интерфейсы, являющиеся стандартными интерфейсами OLE, уже встроенными в OleGen.

Ответы к опросу

1. Когда контролирующий объект создает контролируемый, он вызывает его метод Addref. Но контролируемый объект, хотя и будет иметь интерфейс контролирующего объекта, не вызывает метод Addref для этого интерфейса.
2. Если при попытке создания объекта (передавая ему ваш IUnknown) объект возвращает CLASS_E_NOAGGREGATION, объект не поддерживает агрегацию. Но даже если объект и не возвращает сообщение об ошибке, это не означает, что агрегация поддерживается. Вам нужно сделать дополнительную проверку. Если запрос QueryInterface контролирующего объекта об интерфейсе IUnknown даст интерфейс IUnknown контролирующего объекта, то объект поддерживает агрегацию.

Ответы к упражнениям

Ответы к упражнениям содержатся на прилагаемом к книге диске.

Неделя 1

Заключительный обзор

После первой недели изучения программирования OLE вы уже можете написать простые автоматные контроллеры и серверы OLE. Темы и понятия, обсуждавшиеся на этой неделе, использованы в приведенной ниже программе.

> *Замечание:* Выделенные жирным шрифтом метки указывают главу, в которой рассматривалось понятие, относящееся к данному фрагменту кода. За более подробной информацией обратитесь к соответствующему разделу. Также следует отметить, что представленный здесь текст не является полным, а отражает только ключевые моменты. Полный исходный код программы находится на прилагаемом к книге диске.

Листинг Н1.1. Обзор первой недели; WinMain (AutoGen.Cpp).

```
int PASCAL WinMain(HINSTANCE hInstance, HINSTANCE prevInst, LPSTR cmdline, int show)
{
    HWND        hWnd;
    MSG         msg;
    WNDCLASS    wndcls;
    static  char    szAppName[] = "AutoGen";
```

День01

```
//For embedding in OLE 16 bits we need to change our message queue size
    int     iMsgQueueSize = 96;
    while   ((SetMessageQueue(iMsgQueueSize) == 0) && (iMsgQueueSize>0))
            iMsgQueueSize -= 8;
    if (iMsgQueueSize <= 0)
            return FALSE;

    if (prevInst == NULL){
        wndcls.style          = CS_HREDRAW | CS_VREDRAW;
        wndcls.lpfnWndProc    = WndProc;
        wndcls.cbWndExtra     = 0;
        wndcls.cbClsExtra     = 0;
        wndcls.hInstance      = hInstance;
        wndcls.hIcon          = LoadIcon(hInstance, szAppName);
        wndcls.hCursor        = LoadCursor(NULL, IDC_ARROW);
        wndcls.hbrBackground= (HBRUSH)(COLOR_WINDOW+1);
        wndcls.lpszMenuName = szAppName;
        wndcls.lpszClassName= szAppName;

        if (!RegisterClass(&wndcls))
            return FALSE;
    }

    hInst = hInstance;
    hWnd = CreateWindow(szAppName,
                        "OLE 2.0 In 21 Days - Week 1 in Review/AutoGen",
                        WS_OVERLAPPEDWINDOW | WS_SYSMENU,
                        CW_USEDEFAULT,
                        0,
                        CW_USEDEFAULT,
                        0,
                        NULL,
```

Листинг H1.1. продолжение.

```
                    NULL,
                    hInst,
                    NULL);
    ShowWindow(hWnd,SW_HIDE);
    UpdateWindow(hWnd);
```

День01

```
    pOleBase = new COleBase;

//Check to see if OLE initialized
//if it didn't then we don't want to continue with the application
//
```

День01

```
    if (pOleBase->InitDone != eOleInitialized){
        MessageBox(NULL, "Could not initialize OLE","Error",MB_OK);
        return FALSE;
    }
```

День04

```
//Parse the command line for /automation, /reg and /unreg
    if (FALSE == pOleBase->ParseCmdLine(cmdline)){
        MessageBox(NULL,"This program cannot run standalone","Error",MB_OK);
        return FALSE;
    }
```

День05

```
     //Block to cause auto-delete of RegistryRoutine
     {
          CRegistryRoutine RegistryRoutine;

//The calling application asked for us to enter our info into the
//registration database
//
```

День05

```
          if (pOleBase->DoRegister() == TRUE){
               RegistryRoutine.AddKey();
               MessageBox(NULL,"Registration Entries Added","AutoGen",MB_OK);
          }

//The calling application asked for us to remove our info from the
//registeration database
//If the caller used /reg and /unreg then we would register ourselves
//and then unregister ourselves so watch out!
//
```

День05

```
          if (pOleBase->DoUnRegister() == TRUE){
               RegistryRoutine.DeleteKey();
               MessageBox(NULL,"Registration Entries Removed","AutoGen",MB_OK);
          }
     }

     if (pOleBase->DoAutomation() == FALSE)
          return FALSE;
```

День02

```
//Create the new class factory
//
    gpCleAutoGenClassFactory = COleAutoGenClassFactory::Create(hWnd);

//If the class factory was successfully created then we need to
```

```
//register our class factory for OLE
//
```

День02

```
    if (gpOleAutoGenClassFactory != NULL){
        HRESULT hresult = CoRegisterClassObject(CLSID_AutoGenObject,
                                                gpOleAutoGenClassFactory,
                                                CLSCTX_LOCAL_SERVER,
                                                REGCLS_SINGLEUSE,
                                                &gdwOleAutoGenClassFactory);
    }
//We're done with our class factory so release it
//
    gpOleAutoGenClassFactory->Release();


//Normal windows message loop stuff for an application
//
    while (GetMessage(&msg, NULL, 0, 0)) {
        TranslateMessage(&msg);
        DispatchMessage(&msg);
    }

//Our class is still registered so revoke it from OLE since
//we're going away
//
```

День02

```
    CoRevokeClassObject(gdwOleAutoGenClassFactory);
```

День01

```
//Uninitialize OLE
    delete pOleBase;

    return msg.wParam;
}
```

Листинг Н1.2. Обзор первой недели; OleBase.Cpp.

День01

```
//This routine provides standard OLE initialization processing
// It first makes sure that a usuable version of OLE is running
// by comparing the build version to the current running OLE version.
// If all is not well, we cannot continue.
// If all is well we then call OleInitialize.
COleBase::COleBase()
{
 DWORD dwVer;

 m_bDoAutomation =
 m_bDoEmbedded   =
 m_bDoRegister   =
 m_bDoUnRegister = FALSE;

 m_uPrivateClipboardFormat =
 m_uEmbedSourceClipboardFormat =
 m_uObjectDescriptorClipboardFormat =
 m_uLinkSourceClipboardFormat =
 m_uLinkSrcDescriptorClipboardFormat = 0;

 m_pRootStorage = NULL;

 InitDone = eNotInitialized;

 dwVer = ::OleBuildVersion();
```

Листинг Н1.2. продолжение.

```
 if (rmm == HIWORD(dwVer)){
   if (rup <= LOWORD(dwVer)){
     InitDone = eOleInitialized;  // Init OK
   } else {
     InitDone = eMinorFailed;    // Minor version failed
     return;
   }
 } else {
   InitDone = eMajorFailed;
   return;
 }
 if (FAILED(::OleInitialize(NULL))){
   InitDone = eOleInitFailed;
   return;
 }

// We need to register our clipboard formats for later use
//
     m_uPrivateClipboardFormat            = RegisterClipboardFormat("CF_AUTOGEN");
     m_uEmbedSourceClipboardFormat        = RegisterClipboardFormat(
       CF_EMBEDSOURCE);
     m_uObjectDescriptorClipboardFormat   = RegisterClipboardFormat(
       CF_OBJECTDESCRIPTOR);
     m_uLinkSourceClipboardFormat         = RegisterClipboardFormat(
       CF_LINKSOURCE);
     m_uLinkSrcDescriptorClipboardFormat = RegisterClipboardFormat(
       CF_LINKSRCDESCRIPTOR);

// Open/Create our 'database'
//
    char    szdbName[_MAX_PATH];
    char    szExeName[_MAX_PATH];

    extern HINSTANCE hInst;

//We get the name of our module which includes the pathname of our executable
//the database will be stored in the same directory as our executable
//
    GetModuleFileName(hInst, szExeName,_MAX_PATH);
    char    szDrv[_MAX_DRIVE];
    char    szDir[_MAX_DIR];
    char    szFname[_MAX_FNAME];
    _splitpath(szExeName,szDrv,szDir,szFname,NULL);
    strcpy(szdbName,szDrv);
    strcat(szdbName,szDir);
    strcat(szdbName,szFname);
    strcat(szdbName,".db");

//Open the database as a root storage
//
```

День03

```
 HRESULT hResult = StgOpenStorage(szdbName,
                          NULL,
                          STGM_READWRITE | STGM_SHARE_EXCLUSIVE | STGM_TRANSACTED,
                         NULL,
                         0,
                          &m_pRootStorage);

//If the database didn't exist create it
//
 if (GetScode(hResult) == STG_E_FILENOTFOUND){
    hResult = StgCreateDocfile(szdbName,
                        STGM_READWRITE | STGM_SHARE_EXCLUSIVE | STGM_TRANSACTED,
                        0,
```

```
                        &m_pRootStorage);
//Couldn't create the DB so return
//You might want to tell the user
//
```

День03

```
    if (hResult != NOERROR)
     return;
 }

}

//This is the reverse of COleBase constructor, since now
//we need to terminate OLE if we successfully initialized it
COleBase::~COleBase()
{
```

День02

```
//If we opened/created a root storage we need to release it
//
 if (m_pRootStorage != NULL){
 m_pRootStorage->Release();
 }

 // Make sure we only uninitialize OLE if we
 // successfully initialized it!
```

День02

```
 if (InitDone == eOleInitialized){
   //Uninitialize OLE as usual
   ::OleUninitialize();
   }
}

//Parse the command line
//
//We aren't using the routine in OLEUI since we also want
//to check for /reg and /unreg which the OLEUI currently doesn't support
//
//This routine will accept a '-' or '/' to start an option
//and the option can be in any case (including mixed)
//
//The routine will return TRUE if it found an option which it could use
//or FALSE if no usable option is found
//
```

День05

```
BOOL COleBase::ParseCmdLine(char *szCmdLine)
{
        BOOL    bDidOption = FALSE;

        while (*szCmdLine != 0){
        if (*szCmdLine == '-' || *szCmdLine == '/'){
            if (_fstrnicmp(szCmdLine+1,"automation",10) == 0){
                szCmdLine += 10;
                m_bDoAutomation = TRUE;
                bDidOption = TRUE;
            }
            else if (_fstrnicmp(szCmdLine+1,"embedding",9) == 0){
                szCmdLine += 9;
                m_bDoEmbedded = TRUE;
                bDidOption = TRUE;
            }
            else if (_fstrnicmp(szCmdLine+1,"reg",3) == 0){
                szCmdLine +=3;
                m_bDoRegister = TRUE;
                bDidOption = TRUE;
            }
```

Листинг H1.2. продолжение.

```
            else if (_fstrnicmp(szCmdLine+1,"unreg",5) == 0){
                szCmdLine += 3;
                m_bDoUnRegister = TRUE;
                bDidOption = TRUE;
            }
        }
        szCmdLine++;
    }
    return bDidOption;
}

//Constructor for our Automation object
COleAutoGenObject::COleAutoGenObject()
{
    m_refs = 0;
    m_bIsVisible = FALSE;
    m_disp_interface = NULL;
    m_typeinfo_interface = NULL;
 m_NumOfIDispatch = 1;
 strcpy(m_szName,"Test");
    _getcwd(m_szPath,sizeof(m_szPath));

}

//This routine will create our Automation object
//It is passed a window handle so it can make the window visible or invisible
//
COleAutoGenObject FAR* COleAutoGenObject::Create(HWND hWnd)
{
     COleAutoGenObject FAR* pOleAutoGenObject;

     if ((pOleAutoGenObject = new FAR COleAutoGenObject()) ==
        (COleAutoGenObject FAR*)NULL)
           return (COleAutoGenObject FAR*)NULL;
    pOleAutoGenObject->AddRef();
    pOleAutoGenObject->m_hWnd = hWnd;

//We need our typelib
    ITypeLib  FAR* ptlib;
    ITypeInfo FAR* ptinfo;
```

День05

```
    HRESULT hresult = LoadRegTypeLib(CLSID_AutoGenTypLib,1,0,0x0409, &ptlib);
    if (hresult != NOERROR){
    if ((hresult = LoadTypeLib("WIR01.TLB",&ptlib)) != NOERROR)
        return NULL;
    }
```

День05

```
    hresult = ptlib->GetTypeInfoOfGuid(IID_IAutoGen, &ptinfo);
    if (hresult != NOERROR)
    return NULL;

    pOleAutoGenObject->m_typeinfo_interface = ptinfo;
    ptinfo->AddRef();   // Because we assigned it to another variable
```

День04

```
//We're going to use the StdDispatch
    hresult = CreateStdDispatch(pOleAutoGenObject, pOleAutoGenObject,ptinfo,
&pOleAutoGenObject->m_disp_interface);
    ptinfo->Release();
    ptlib->Release();   // Because we don't need ptlib anymore
    if (hresult != NOERROR)
    return NULL;

    return pOleAutoGenObject;
```

```
}

//The QueryInterface for our Automation object
//
```

День05

```
STDMETHODIMP
COleAutoGenObject::QueryInterface(REFIID riid, void FAR* FAR* ppv)
{
    if ((riid == IID_IUnknown) || (riid == IID_IAutoGen))
        *ppv = this;
     else if ((riid == IID_IDispatch) || (riid == IID_DAutoGen))
        return m_disp_interface->QueryInterface(IID_IDispatch,ppv);
    else if (riid == IID_ITypeInfo)
        return m_typeinfo_interface->QueryInterface(IID_ITypeInfo,ppv);
    else {
        *ppv = NULL;
        return ResultFromScode(E_NOINTERFACE);
    }

    AddRef();
    return NOERROR;
}

//AddRef for the Automation Object
//
```

День02

```
STDMETHODIMP_(ULONG)COleAutoGenObject::AddRef()
{
    return ++m_refs;
}

//Release for the Automation Object
//
```

День02

```
STDMETHODIMP_(ULONG)COleAutoGenObject::Release()
{
    if(--m_refs == 0){

//Release the Dispatch interface we received when we created the StdDispatch
//
```

День04

```
      if (m_disp_interface != NULL)
        m_disp_interface->Release();

//Release the typelib interface
//
```

День05

```
      if (m_typeinfo_interface != NULL)
        m_typeinfo_interface->Release();

//Delete ourself
//
      delete this;

//Since we are single instance, we can terminate the app
//
      PostQuitMessage(0);
      return 0;
    }
    return m_refs;
}
```

Листинг H1.2. продолжение.

```
//The class factory for our Automation Object
//We need a window handle so when we create our Automation Object, we
//have a window handle for the Automation Object visible/invisible method
//
IClassFactory FAR* COleAutoGenClassFactory::Create(HWND hWnd)
{
    COleAutoGenClassFactory FAR* pCF;

    if ((pCF = new FAR COleAutoGenClassFactory()) == NULL)
        return NULL;
    pCF->m_hWnd = hWnd;
    pCF->AddRef();
    return pCF;
}

//The QueryInterface for our Automation Object
//Note: the QueryInterface only supports IUnknown and IClassFactory
//
```

День02

```
STDMETHODIMP
COleAutoGenClassFactory::QueryInterface(REFIID riid, void FAR* FAR* ppv)
{

    if ((riid == IID_IUnknown) || (riid == IID_IClassFactory)){
        *ppv = this;
        ++m_refs;
        return NOERROR;
        }
    *ppv = NULL;
    return ResultFromScode(E_NOINTERFACE);
}

//The AddRef for our Automation Object ClassFactory
//
STDMETHODIMP_(unsigned long) COleAutoGenClassFactory::AddRef(void)
{
    return ++m_refs;
}

//The Release for our Automation Object ClassFactory
//Note: This only deletes the ClassFactory and not the Automation Object
//
STDMETHODIMP_(unsigned long) COleAutoGenClassFactory::Release(void)
{
    if (--m_refs == 0){
        delete this;
        return 0;
    }
    return m_refs;
}

//The ClassFactory CreateInstance method
//
```

День02

```
STDMETHODIMP
COleAutoGenClassFactory::CreateInstance(IUnknown FAR* /*punkOuter*/, REFIID iid,
                void FAR* FAR* ppv)
{
        HRESULT hresult;
        COleAutoGenObject FAR* pOleAutoGenObject;

        //Create a new Automation Object using the window handle
        //we obtained from our Create method
        //
```

```
        if ((pOleAutoGenObject = COleAutoGenObject::Create(m_hWnd)) == NULL){
            *ppv = NULL;
            return ResultFromScode(E_OUTOFMEMORY);
        }

        //If all is well, give the caller the interface they requested
        //
        hresult = pOleAutoGenObject->QueryInterface(iid, ppv);

        //Release the IUnknown interface since now we have a reference on
        //the user requested interface
        //
        pOleAutoGenObject->Release();
        return hresult;
}

//The LockServer is required to be present but otherwise
//unimplemented
//
```

День02

```
STDMETHODIMP COleAutoGenClassFactory::LockServer(BOOL /* flock */)
{
    return NOERROR;
}

//Put_Visible is called by an Automation Controller
//This routine will either make our application visible or invisible
//depending on the bflag
//Property
//
```

День05

```
STDMETHODIMP_(void) COleAutoGenObject::put_Visible(BOOL bFlag)
{
   //If our window is already in the requested state, just return
   //rather than wasting time
   //
   if (bFlag == m_bIsVisible)
           return;

    m_bIsVisible = bFlag;

    //Make our application visible ... or not
    if (m_bIsVisible)
        ShowWindow(m_hWnd,SW_NORMAL);
    else
        ShowWindow(m_hWnd,SW_HIDE);
    UpdateWindow(m_hWnd);
}

//The Automation Controller wants to know whether our application is
//currently visible or not
//Property
//
STDMETHODIMP_(BOOL) COleAutoGenObject::get_Visible()
{
    return (BOOL)m_bIsVisible;
}

//The Automation Controller wants to give us a document name
//We will use this name to generate our ODL, and to give the object a name
//Property
//
STDMETHODIMP_(void)COleAutoGenObject::put_Name(BSTR szName)
{
    strcpy(m_szName,szName);
    SysFreeString(szName);
```

Листинг H1.2. продолжение.

```
}

//The Automation Controller wants to know our document name
//They will free the BSTR themselves
//Property
//
STDMETHODIMP_(BSTR)COleAutoGenObject::get_Name()
{
    return SysAllocString(m_szName);
}

//The Automation Controller wants our full document name (including path)
//Since we don't keep this information internally we need to construct it
//Property
//
STDMETHODIMP_(BSTR)COleAutoGenObject::get_FullName()
{
    char szFullName[_MAX_PATH];
    strcpy(szFullName,m_szPath);
    strcat(szFullName,"\\");
    strcat(szFullName,m_szName);
    strcat(szFullName,".odl");

    return SysAllocString(szFullName);
}

//The Automation Controller wants to know our current path (for the document)
//Property
//
STDMETHODIMP_(BSTR)COleAutoGenObject::get_Path()
{
   return SysAllocString(m_szPath);
}

//The Automation Controller wants to give our document a path
//Property
//
STDMETHODIMP_(void)COleAutoGenObject::put_Path(BSTR szPath)
{
    strcpy(m_szPath,szPath);
    SysFreeString(szPath);
}

//The Automation Controller wants to tell us how many IDispatch interfaces
//the target application supports
//You may wish to use this information in a later version of the application
//Property
//
STDMETHODIMP_(void) COleAutoGenObject::put_NumOfIDispatch(short A)
{
    if (A > 0)
        m_NumOfIDispatch = A;
}

//How many IDispatches will we generate for askes the Automation Controller
//Property
//
STDMETHODIMP_(short)COleAutoGenObject::get_NumOfIDispatch()
{
    return (short)m_NumOfIDispatch;
}

//The Automation Controller is telling us to generate the source code
//METHOD
//
STDMETHODIMP_(BOOL)COleAutoGenObject::GenSource()
{
```

```
extern  COleBase *pOleBase;
char    szTypeLibCLSID[50];
char    szIID_ICLSID[50];
char    szIID_DCLSID[50];
char    szObjectCLSID[50];

//File is not opened, so we couldn't do anything
if (pOleBase->m_pRootStorage == NULL)
    return (BOOL)(0);

HRESULT hResult;

//See if the name of the document already exists in our DB
```

День03

```
IStorage *pStorage;
hResult = pOleBase->m_pRootStorage->OpenStorage(m_szName,
                   NULL,
                    STGM_READWRITE | STGM_SHARE_EXCLUSIVE | STGM_TRANSACTED,
                   NULL,
                   0,
                   &pStorage);

//If the document name does exist, then create the sub-storage
//
if (hResult != NOERROR){
    hResult = pOleBase->m_pRootStorage->CreateStorage(m_szName,
                    STGM_READWRITE | STGM_SHARE_EXCLUSIVE | STGM_TRANSACTED,
                   0,
                   0,
                   &pStorage);
    if (hResult != NOERROR)
        return (BOOL)(0);
}

//Open or Create the document stream in our sub-storage
//As you get more familar with OLE you will want to store each of the
//IDispatches in their own stream
```

День03

```
IStream *pStream;
hResult = pStorage->OpenStream(m_szName,
                            NULL,
                    STGM_READWRITE | STGM_SHARE_EXCLUSIVE,
                   0,
                   &pStream);

//The stream couldn't be opened so try to create it
if (hResult != NOERROR){
    hResult = pStorage->CreateStream(m_szName,
                STGM_READWRITE | STGM_SHARE_EXCLUSIVE | STGM_CREATE,
                            0,
                            0,
                            &pStream);
    if (hResult != NOERROR){
        //Couldn't create the stream, but I have an interface to the
        //sub-storage so I need to release it
        //
        pStorage->Release();
        return (BOOL)(0);
    }
}

//Read the stream
//
ULONG uBytesRead;
```

Листинг H1.2. продолжение.

День03

```
hResult = pStream->Read(szTypeLibCLSID,sizeof(szTypeLibCLSID),&uBytesRead);

//WARNING: Read will return Success even it could not read the number of
//characters so don't check for NOERROR
//Instead, you should make sure that you receive the number of characters
//you expected
//
if (uBytesRead != sizeof(szTypeLibCLSID)){

    //The stream doesn't have the information we want so we need to create
    //the data and write it into the stream
    //The stream will have the four clsids which we need to make
    //a minimal automation server
    //If you support multiple IDispatches per application then
    //you will need to generate the appropriate number of clsids
    //
    GUID    guid;

    //Creates a clsid (aka guid)
    //
```

День02

```
    CoCreateGuid(&guid);

    //Makes the clsid into an ASCII string with a leading '{' and
    //trailing '}'
    //
```

День02

```
    StringFromGUID2(guid,szTypeLibCLSID,sizeof(szTypeLibCLSID));

    //Delete the '{' '}'
    memmove(szTypeLibCLSID,&szTypeLibCLSID[1],36);
    szTypeLibCLSID[36] = 0x00;

    CoCreateGuid(&guid);
    StringFromGUID2(guid,szIID_ICLSID,sizeof(szIID_ICLSID));
    memmove(szIID_ICLSID,&szIID_ICLSID[1],36);
    szIID_ICLSID[36] = 0x00;

    CoCreateGuid(&guid);
    StringFromGUID2(guid,szIID_DCLSID,sizeof(szIID_DCLSID));
    memmove(szIID_DCLSID,&szIID_DCLSID[1],36);
    szIID_DCLSID[36] = 0x00;

    CoCreateGuid(&guid);
    StringFromGUID2(guid,szObjectCLSID,sizeof(szObjectCLSID));
    memmove(szObjectCLSID,&szObjectCLSID[1],36);
    szObjectCLSID[36] = 0x00;

    //Write out the data we just created
    //
    pStream->Write(szTypeLibCLSID,sizeof(szTypeLibCLSID),NULL);
    pStream->Write(szIID_ICLSID,sizeof(szIID_ICLSID),NULL);
    pStream->Write(szIID_DCLSID,sizeof(szIID_DCLSID),NULL);
    pStream->Write(szObjectCLSID,sizeof(szObjectCLSID),NULL);

    //And commit the changes or else we'll lose them
    //
    pStream->Commit(STGC_DEFAULT);
} else {
    //If the stream existed then just read in the old information
    //
    pStream->Read(szIID_ICLSID,sizeof(szIID_ICLSID),NULL);
```

```
        pStream->Read(szIID_DCLSID,sizeof(szIID_DCLSID),NULL);
        pStream->Read(szObjectCLSID,sizeof(szObjectCLSID),NULL);
    }

    //We're done with the stream so release it
    //We've already committed our writes
    pStream->Release();

    //Generate the name of the odl
    //
    char szFullName[_MAX_PATH];
    strcpy(szFullName,m_szPath);
    strcat(szFullName,"\\");
    strcat(szFullName,m_szName);
    strcat(szFullName,".odl");

    //Create a DOS file to write our odl
    //
    FILE *fout = fopen(szFullName,"wt");
    if (fout == NULL)
        return (BOOL)(0);

    //Write out the odl
    //
    fprintf(fout,"[uuid(%s),version(1.0)]\n",szTypeLibCLSID);
    fprintf(fout,"\nlibrary %s {\n",m_szName);
    fprintf(fout,"\timportlib(\"stdole.tlb\");\n");
    fprintf(fout,"\n\t[odl, uuid(%s),\n",szIID_ICLSID);
    fprintf(fout,"\t\thelpstring(\"%s Automation\"),\n",m_szName);
    fprintf(fout,"\t\tversion(1.0)]\n");
    fprintf(fout,"\tinterface _I%s : IUnknown\n",m_szName);
    fprintf(fout,"\t{\n");
    fprintf(fout,"//\tAdd properties here\n");
    fprintf(fout,"//\t[id(0), propput]void Name([in] BSTR szName);\n");
    fprintf(fout,"//\t[id(0), propget]BSTR Name();\n");
    fprintf(fout,"\n//\tAdd methods here\n");
    fprintf(fout,"//\tboolean SampleMethod();\n");
    fprintf(fout,"//\tvoid Quit();\n");
    fprintf(fout,"\t};\n");
    fprintf(fout,"\t[uuid(%s)]\n",szIID_DCLSID);
    fprintf(fout,"\t\tdispinterface _D%s{\n",m_szName);
    fprintf(fout,"\t\tinterface _I%s;\n",m_szName);
    fprintf(fout,"\t}\n");

    fprintf(fout,"\t[uuid(%s)]\n",szObjectCLSID);
    fprintf(fout,"\t\tcoclass %s {\n",m_szName);
    fprintf(fout,"\t\tdispinterface _D%s;\n",m_szName);
    fprintf(fout,"\t\tinterface _I%s;\n",m_szName);
    fprintf(fout,"\t}\n");
    fprintf(fout,"};\n");

//Commit the storage (just in case we did a write to the sub-storage or stream
//
```

День03

```
    pStorage->Commit(STGC_DEFAULT);

    //Release the sub-storage since we're finished with it
    //
```

День03

```
    pStorage->Release();

    //If you don't commit the root storage you will lose any commits you
    //made to the sub-storage and stream
    //
```

Листинг H1.2. продолжение.

День03

```
    pOleBase->m_pRootStorage->Commit(STGC_DEFAULT);

    //Close the odl file
    //
    fclose(fout);
    //TRUE in Visual Basic is -1
    return (BOOL)(-1);
}


//
// Quit method
//  Your implementation of this method may vary.
//
STDMETHODIMP_(void)COleAutoGenObject::Quit()
{
      PostQuitMessage(0);
}
```

Листинг H1.3. Обзор первой недели; RegRtns.Cpp.

```
//Registration routines, constructor
```

День05

```
CRegistryRoutine::CRegistryRoutine(void)
{
    extern  HINSTANCE   hInst;

    //Opening the registration database makes access faster as per Microsoft
    //
    RegOpenKey(HKEY_CLASSES_ROOT,"CLSID", &hKey);

    //Find out our exename
    GetModuleFileName(hInst,szExeName,_MAX_PATH);
}

//Destructor
CRegistryRoutine::~CRegistryRoutine(void)
{
    //Close the registry we opened in the constructor
    RegCloseKey(hKey);
}

//Add entries to the registration database
//
void    CRegistryRoutine::AddKey(void)
{
    //create 'exename /automation'
    strcpy(szAppString,szExeName);
    strcat(szAppString," /Automation");

    //Find out our drive and path
    char    szDrv[_MAX_DRIVE];
    char    szDir[_MAX_DIR];
    char    szFname[_MAX_FNAME];
    _splitpath(szExeName,szDrv,szDir,szFname,NULL);

    //make the typelib string
    strcpy(szTypString,szDrv);
    strcat(szTypString,szDir);
    strcat(szTypString,szFname);
    strcat(szTypString,".TLB");
```

```
    //make the help string
    strcpy(szHlpString,szDrv);
    strcat(szHlpString,szDir);
    int i = strlen(szHlpString);
    if (szHlpString[i-1]=='\\')
        szHlpString[i-1] = 0x00;

    //Add the entries into the registration database to support
    //OLE Automation
    AddKeyHelper("AutoGen.Application","AutoGen Application");
    AddKeyHelper("AutoGen.Application\\Clsid",
     "{0002A423-0000-0000-C000-000000000046}");

    AddKeyHelper("AutoGen.Application.1","AutoGen Application");
    AddKeyHelper("AutoGen.Application.1\\Clsid",
      "{0002A423-0000-0000-C000-000000000046}");

    AddKeyHelper("CLSID\\{0002A423-0000-0000-C000-000000000046}",
      "AutoGen Application");
    AddKeyHelper("CLSID\\{0002A423-0000-0000-C000-000000000046}\\ProgId",
      "AutoGen.Application.1");
    AddKeyHelper(
      "CLSID\\{0002A423-0000-0000-C000-000000000046}\\VersionIndependentProgID",
      "AutoGen.Application");
    AddKeyHelper(
      "CLSID\\{0002A423-0000-0000-C000-000000000046}\\LocalServer",szAppString);
    AddKeyHelper("TypeLib\\{0002A420-0000-0000-C000-000000000046}","");
    AddKeyHelper("TypeLib\\{0002A420-0000-0000-C000-000000000046}\\1.0",
      "AutoGen Type Library");
    AddKeyHelper(
      "TypeLib\\{0002A420-0000-0000-C000-000000000046}\\1.0\\HELPDIR",
      szHlpString);
    AddKeyHelper(
      "TypeLib\\{0002A420-0000-0000-C000-000000000046}\\1.0\\9\\win16",
      szTypString);
    AddKeyHelper("Interface\\{0002A422-0000-0000-C000-000000000046}",
      "_DOleAutoGen");
    AddKeyHelper(
      "Interface\\{0002A422-0000-0000-C000-000000000046}\\ProxyStubClsid",
      "{00020420-0000-0000-C000-000000000046}");
    AddKeyHelper(
      "Interface\\{0002A422-0000-0000-C000-000000000046}\\NumMethod","7");
    AddKeyHelper(
      "Interface\\{0002A422-0000-0000-C000-000000000046}\\BaseInterface",
      "{00020420-0000-0000-C000-000000000046}");
}

//Delete our entry from the registration database
//
void    CRegistryRoutine::DeleteKey(void)
{
    RegDeleteKey(HKEY_CLASSES_ROOT,"AutoGen.Application");
    RegDeleteKey(HKEY_CLASSES_ROOT,"AutoGen.Application\\Clsid");

    RegDeleteKey(HKEY_CLASSES_ROOT,"AutoGen.Application.1");
    RegDeleteKey(HKEY_CLASSES_ROOT,"AutoGen.Application.1\\Clsid");

    RegDeleteKey(HKEY_CLASSES_ROOT,
      "CLSID\\{0002A423-0000-0000-C000-000000000046}");
    RegDeleteKey(HKEY_CLASSES_ROOT,
      "CLSID\\{0002A423-0000-0000-C000-000000000046}\\ProgId");
    RegDeleteKey(HKEY_CLASSES_ROOT,
      "CLSID\\{0002A423-0000-0000-C000-000000000046}\\VersionIndependentProgID");
    RegDeleteKey(HKEY_CLASSES_ROOT,
      "CLSID\\{0002A423-0000-0000-C000-000000000046}\\LocalServer");
    RegDeleteKey(HKEY_CLASSES_ROOT,
      "TypeLib\\{0002A420-0000-0000-C000-000000000046}");
    RegDeleteKey(HKEY_CLASSES_ROOT,
      "TypeLib\\{0002A420-0000-0000-C000-000000000046}\\1.0");
```

Листинг H1.3. продолжение.

```
    RegDeleteKey(HKEY_CLASSES_ROOT,
      "TypeLib\\{0002A420-0000-0000-C000-000000000046}\\1.0\\HELPDIR");
    RegDeleteKey(HKEY_CLASSES_ROOT,
      "TypeLib\\{0002A420-0000-0000-C000-000000000046}\\1.0\\9\\win16");
    RegDeleteKey(HKEY_CLASSES_ROOT,
      "Interface\\{0002A422-0000-0000-C000-000000000046}");
    RegDeleteKey(HKEY_CLASSES_ROOT,
      "Interface\\{0002A422-0000-0000-C000-000000000046}\\ProxyStubClsid");
    RegDeleteKey(HKEY_CLASSES_ROOT,
      "Interface\\{0002A422-0000-0000-C000-000000000046}\\NumMethod");
    RegDeleteKey(HKEY_CLASSES_ROOT,
      "Interface\\{0002A422-0000-0000-C000-000000000046}\\BaseInterface");
}
```

Листинг H1.4. Обзор первой недели; AutoGen.ODL. День05

```
[uuid(0002A420-0000-0000-C000-000000000046), version(1.0)]

library AutoGen {
 importlib("stdole.tlb");

 [odl, uuid(0002A421-0000-0000-C000-000000000046),
             helpstring("AutoGen Automation"),
             version(1.0)]
 interface _IAutoGen : IUnknown
 {
  [id(0), propput] void Name([in] BSTR szName);
  [id(0), propget] BSTR Name();
  [id(1), propput] void Visible([in] boolean bflag);
  [id(1), propget] boolean Visible();
  [id(2), propput] void NumOfIDispatch([in] short a);
  [id(2), propget] short NumOfIDispatch();
  [id(3), propget] BSTR FullName();
  [id(4), propget] BSTR Path();
  [id(4), propput] void Path([in] BSTR szPath);
  boolean GenSource();
  void Quit();
 };
 [uuid(0002A422-0000-0000-C000-000000000046)]
 dispinterface _DAutoGen{
    interface _IAutoGen;
 }
 [uuid(0002A423-0000-0000-C000-000000000046)]
       coclass AutoGen {
    dispinterface _DAutoGen;
    interface     _IAutoGen;
 }
};
```

В листингах с H1.1 по H1.4 представлены фрагменты кода автоматного сервера OLE под названием AutoGen. AutoGen позволяет пользователю посредством интерфейса автоматизации создавать скелет ODL, который может использоваться для создания других автоматных серверов. Опишем вкратце, как это приложение работает.

В листинге H1.1 показана процедура WinMain. Первая выполняемая функция в OLE — это установка длины очереди сообщений, равной 96. Эта функция выполняется, как вы знаете (день 1), для всех 16-битных приложений OLE, не являющихся DLL. После того как вы зарегистрируете и создадите окно приложения, вам следует создать pOleBase, который управляет инициализацией OLE.

Для проверки того, что при запуске был использован какой-либо ключ, автоматный сервер должен производить разбор командной строки. В противном случае приложение завершается, поскольку оно не может работать в независимом режиме. Если приложение запущено с ключом /reg, то его регистрационная информация будет добавлена к реестру, а ключ /unreg убирает из него регистрационную информацию.

Если приложение запущено с ключом /automation, то оно должно создать и зарегистрировать свою фабрику класса (день 2), чтобы OLE могло создать объект приложения. До завершения приложения его объект нужно аннулировать (день 2) и деинициализировать OLE (день 1).

В листинге R1.2 содержится полная реализация COleBase, являющегося объектом С++, используемым для инициализации и деинициализации OLE. Для AutoGen требуется «база данных», которая в действительности есть список всех приложений, создаваемых AutoGen. AutoGen использует эту «базу данных» (которая реализована как структурированное хранилище с применением методов, изучавшихся в главе 3), чтобы поддерживать список имен приложений и ID классов, использовавшихся ранее. Если AutoGen используется много раз с одним и тем же приложением, она каждый раз будет возвращать один и тот же ID класса. Если AutoGen используется с другим именем приложения (для которого нужно генерировать код), то она, не найдя соответствующего имени в своей базе данных, генерирует новый ID класса. В данной реализации конструктор COleBase открывает (или создает, если его не находит) структурированное хранилище, а деструктор освобождает (закрывает) его.

Поскольку в каждом приложении OLE нужно инициализировать/деинициализировать OLE и анализ командной строки для поиска OLE-специфичных опций приходится проводить во многих приложениях, в качестве метода COleBase нужно также реализовать функцию ParseCmdLine разбора командной строки. Эта процедура производит разбор командной строки и, если обнаруживает OLE-специфичное ключевое слово, то устанавливает внутренний флаг. ParseCmdLine возвращает TRUE, если какая-нибудь специфичная для OLE опция найдена, и FALSE в противном случае. Обратите внимание на то, что строк сравнение строк не различает регистр, поэтому ввод пользователем /Automation будет эквивалентен вводу /automation.

В листинге H1.2 содержится реализация фабрики класса и всех методов и свойств, которые поддерживает AutoGen.

В листинге H1.3 содержится реализация CRegistryRoutine, который является вспомогательным объектом (не объектом OLE). Этот объект добавляет (/reg) или удаляет (/unreg) из реестра вашу регистрационную информацию.

В листинге H1.4 показан файл ODL, который вам потребуется для AutoGen. Если вы будете использовать AutoGen в том виде, как она представлена на диске, то AutoGen будет генерировать файл ODL, который можно использовать в ваших приложениях. Возможно, вам захочется расширить AutoGen, чтобы генерировать CRegistryRoutine, поскольку ID класса в файле ODL и в CRegistryRoutine один и тот же.

освой самостоятельно
Программирование OLE
за 21 день

неделя 2

День 8
День 9
День 10
День 11
День 12
День 13
День 14

На этой неделе мы продолжим изучение основ OLE.

День 8-й посвящен обсуждению компонентной модели объекта (Component Object Model, COM).

День 9-й познакомит вас с унифицированной передачей данных (Uniform Data Transfer, UDT), которая позволяет приложениям OLE свободно обмениваться данными.

День 10-й продолжит изучение UDT; будут обсуждаться уведомления (Notifications) и обновление данных в реальном времени с использованием объектов.

День 11-й вводит понятия именования и связывания, которые являются ядром концепции составных документов (Compound Documents).

Дни 12-й, 13-й и 14-й продолжат исследование составных документов с помощью нескольких серверов OLE.

К концу недели вы создадите несколько серверов составных документов OLE, а также будете создавать объекты, связывать их и вставлять в другие приложения.

день 8

Компонентная модель объекта (COM)

Компонентная модель объекта описывает коммуникацию объектов между собой. В течение первой недели вы уже использовали COM при создании автоматных серверов и клиентов. Вы не могли не встретиться с компонентной моделью объекта, так как она является своего рода инфраструктурой OLE 2, и если вы работаете с автоматизацией или составными документами, то все равно пользуетесь COM.

Microsoft утверждает, что компонентная модель объекта положена в основу большинства их новых разработок, поэтому понимание основных принципов COM чрезвычайно важно.

Еще раз об интерфейсах

Ранее (день 2, «IUnknown, IClassFactory») уже говорилось, что интерфейс — это просто указатель объекта в виртуальной таблице. Программисты, работающие на C++, знакомы с виртуальными таблицами, поскольку они обеспечивают доступ к объектам классов C++. Вы могли предположить, что в своей реализации OLE в действительности использует классы C++, однако на самом деле OLE применяет в качестве своего инструмента структуры struct. Для не использующих Borland C++ *интерфейс* определяется как

```
#define interface struct FAR
```

а для пользователей Borland C++

```
#define interface struct huge
```

Определение класса/структуры в Borland C++ как huge делает указатель виртуальной таблицы дальним указателем, как требуется в OLE.

OLE создает интерфейс, используя форму структуры C++, которая отличается от структуры C. Для не использующих Borland типичный интерфейс OLE выглядит так:

```
struct FAR IClassFactory : public IUnknown
{
 virtual HRESULT STDMETHODCALLTYPE QueryInterface(
        IID FAR& riid,
        LPVOID FAR* ppvObj) = 0;
 virtual HRESULT STDMETHODCALLTYPE AddRef(void) = 0
 virtual HRESULT STDMETHODCALLTYPE Release(void) = 0
 virtual HRESULT STDMETHODCALLTYPE CreateInstance(
        LPUNKNOWN pUnkouter,
        IID FAR& riid,
        LPVOID FAR* ppvObject) = 0;
 virtual HRESULT STDMETHODCALLTYPE LockServer(
        BOOL flock) = 0;
};
```

В C++ эта форма структуры аналогична классу, за исключением того, что ее члены по умолчанию открыты. Ключевое слово virtual с окончанием =0 делают каждую функцию чисто виртуальной, что в C++ эквивалентно абстрактному классу/структуре. Так как класс/структура имеет чисто виртуальные функции, нельзя создавать его представителей. Поэтому когда вы производите от этого класса/структуры новый класс, необходимо полностью определять все чисто виртуальные функции основного класса. Так как все интерфейсы OLE используют IUnknown, понятно, почему каждый из них требует реализации IUnknown. Компилятор заставит вас определить функции-элементы IUnknown, поскольку методы IUnknown объявлены как чисто виртуальные функции. Тремя первыми записями в виртуальной таблице любого интерфейса OLE являются QueryInterface, AddRef и Release.

Технически в OLE интерфейсный указатель является указателем на таблицу указателей виртуальных функций. Интерфейс OLE является структурой указателей функций, а не объектом.

При создании объекта OLE вы, на самом деле, создаете одну или несколько таблиц указателей виртуальных функций, в зависимости от количества интерфейсов, поддерживаемых вашим объектом. Обычно для каждого интерфейса, поддерживаемого объектом OLE, создается один объект C++.

НЕ ПУТАЙТЕ объект C++ с объектом OLE.

IMalloc

В 1-й день рассматривалась OleInitialize, принимающая один параметр — интерфейс IMalloc. Обычно в этом параметре передается NULL, и OLE использует для неразделяемой памяти управление по умолчанию. OLE пользуется двумя типами памяти. *Неразделяемая память* — это память, специфическая для задачи, в то время как *разделяемая* память может быть передана разным задачам. OLE использует malloc, realloc и free из библиотеки C (одновременно с собственными методами) в качестве реализации IMalloc по умолчанию. Если вы хотите использовать другую схему управления памятью, необходимо реализовать IMalloc. Интерфейс IMalloc требует реализации шести методов: Alloc, Realloc, Free, GetSize, DidAlloc и HeapMinimize.

НЕ ИСПОЛЬЗУЙТЕ какие-либо функции API OLE в своей реализации IMalloc, так как OLE еще не инициализировалось.
РЕАЛИЗУЙТЕ функциональный IUnknown. CoInitialize и OleInitialize будут использовать AddRef/Release, чтобы показать, когда они пользуются IMalloc, и когда его можно освободить. Для QueryInterface необходима только поддержка IID_IMalloc и IID_IUnknown; обе возвращают указатель this.

Alloc

```
void *IMalloc::Alloc (ULONG uSize);
```

Alloc просто выделяет область памяти. Вы задаете размер области (uSize), и Alloc пытается выделить такую область (как неинициализированную память). Выделенная область может быть больше указанного размера из-за выравнивания адресов при управлении памятью. Функция возвращает NULL, если доступной памяти недостаточно. Это может показаться странным, но если задан нулевой размер, то Alloc выделяет область нулевой длины и возвращает указатель на нее. По умолчанию Alloc использует C-реализацию malloc.

Realloc

```
void *IMalloc::Realloc (void *pBlock, ULONG uSize);
```

Realloc либо изменяет размер ранее выделенной области, либо выделяет новую область памяти. Если параметр pBlock нулевой, Realloc выделяет новую область аналогично Alloc. Если параметр pBlock ненулевой, Realloc пытается изменить размер области на больший или меньший. Указатель, возвращенный функцией Realloc, не обязательно будет равен адресу, заданному параметром pBlock, так как блок, возможно, будет при перераспределении перемещен. Любые данные в области, указываемой pBlock, будут находиться и в возвращенном блоке (вплоть до uSize байт). Realloc возвращает NULL, если заданное перераспределение памяти произвести невозможно. По умолчанию Realloc использует C-реализацию realloc.

Free

```
void *IMalloc::Free (void *pBlock);
```

Free освобождает блок памяти. Параметр pBlock должен указывать на память, ранее выделенную функциями IMalloc::Alloc или IMalloc::Realloc. Если параметр pBlock нулевой, функция не делает ничего (ничего не освобождается, просто происходит возврат). По умолчанию Free использует C-реализацию free.

GetSize

```
ULONG IMalloc::GetSize (void *pBlock);
```

Функция GetSize возвращает размер параметра pBlock в байтах. Если параметр pBlock нулевой, значение функции -1.

DidAlloc

```
int IMalloc::DidAlloc (void *pBlock);
```

DidAlloc определяет, распределена ли интерфейсом IMalloc память, на которую указывает параметр pBlock. Если да, то DidAlloc возвращает 1, в противном случае 0. Если DidAlloc не может определить, распределялась ли данная память IMalloc, то возвращаемое значение -1. Это значение будет получено и при нулевом параметре pBlock. Если вы реализуете свой интерфейс IMalloc, то вашей функции DidAlloc не требуется определять, выделялась ли вашим интерфейсом память, на которую указывает параметр pBlock. Если в вашей реализации DidAlloc не проверяет, выделялась ли указываемая pBlock память, то данная функция должна всегда возвращать -1.

HeapMinimize

```
void IMalloc::HeapMinimize ();'
```

HeapMinimize осуществляет сборку мусора, передавая неиспользуемую динамическую память операционной системе.

API компонентной модели объекта

Компонентная модель объекта имеет ряд функций API, которые являются центральными в OLE. Со многими из них вы вкратце познакомились в первую неделю. В этом разделе мы подробнее рассмотрим некоторые из них.

CoBuildVersion

```
DWORD CoBuildVersion (void);
```

В 1-й день обсуждалась OLEBuildVersion. CoBuildVersion вызывается OLEBuildVersion для определения версии постройки библиотеки компонентной модели объекта. Если вы не используете автоматизацию, унифицированную передачу данных или составные документы, можно пользоваться CoBuildVersion вместо OLEBuildVersion. Однако для средней OLE-программы, скорее всего, нужно будет использовать OLEBuildVersion, так как OLEBuildVersion обеспечивает ряд дополнительных операций, необходимых для автоматизации, UDT и составных документов. Как и OLEBuildVersion, CoBuildVersion возвращает номер постройки библиотеки компонентной модели объекта. Номер постройки не является номером версии OLE, то есть вы не сравниваете его со значением 2.01, например.

Заголовочный файл OLE ole2ver.h (2 — номер версии OLE) содержит две константы, rmm и rup, которые являются соответственно старшим и младшим номерами версии постройки. Вы никогда не должны использовать версию DLL OLE, возвращающую старший номер (rmm), не согласующийся с номером версии, с которой производилась компиляция. Вы должны использовать версию DLL, возвращающую младший номер, больший номера для компиляции. Если вы используете младший номер версии DLL, который меньше младшего номера версии компиляции, убедитесь, что вы не применяете не имеющихся в версии возможностей.

CoInitialize

```
HRESULT CoInitialize (IMalloc *pMalloc)
```

В 1-й день, «Введение в OLE», обсуждалось использование функции OleInitialize, инициализирующей OLE. Если вы не собираетесь использовать автоматизацию, унифицированную передачу данных или составные документы, можно пользоваться CoInitialize вместо OleInitialize. CoInitialize требуется один параметр, которому присваивается значение NULL или интерфейс IMalloc. Если параметр нулевой, OLE использует реализацию IMalloc по умолчанию. Если же задан интерфейс IMalloc, OLE будет использовать этот интерфейс для любой необходимой локальной (неразделяемой) памяти. Можно представлять себе CoInitialize как конструктор компонентной модели объекта.

> ***Замечание.*** В версиях OLE под Windows NT 3.5 OleInitialize и CoInitialize должны вызываться с нулевым параметром, а не интерфейсом IMalloc. OleInitialize и CoInitialize под Windows NT 3.5 не поддерживают использование внешней реализации управления памятью для OLE.

CoUninitialize

```
void CoUninitialize (void);
```

CoUninitialize можно представить как деструктор компонентной модели объекта. Вызовы CoInitialize и CoUninitialize должны быть сбалансированы — на каждый вызов CoInitialize должен приходиться вызов CoUninitialize. Если Вы используете OleInitialize вместо CoInitialize, вызывайте OleUninitialize (которая сама вызывает CoUninitialize).

CoGetMalloc

```
HRESULT CoGetMalloc (DWORD MemType, IMalloc **ppMalloc);
```

Когда OLE инициализировано при помощи OleInitialize либо CoInitialize, вы можете передать нулевой параметр для IMalloc по умолчанию либо установить свою собственную реализацию IMalloc. Когда при различных операциях OLE возвращает данные, вы должны освобождать их сами. Для этого нужно использовать метод free для IMalloc. Если используется реализация IMalloc по умолчанию, у вас нет интерфейса IMalloc, поэтому для того, чтобы можно было получить этот интерфейс, в OLE существует CoGetMalloc. Переменная MemType может иметь значение MEMCTX_TASK, в этом случае OLE возвращает IMalloc, используемый для OleInitialize (CoInitialize). MemType также может быть MEMCTX_SHARED, при этом OLE возвращает IMalloc, используемый для разделяемой памяти. Если разделяемая память на конкретной платформе не реализована, CoGetMalloc может вернуть E_INVALIDARG.

CoGetCurrentProcess

```
DWORD CoGetCurrentProcess (void);
```

Эта функция возвращает уникальный номер для идентификации текущего процесса. Этот номер единственен, если только с момента старта Windows не было запущено более 2^{32} процессов, что крайне маловероятно.

CoGetClassObject

```
HRESULT CoGetClassObject (REFCLSID clsid,
                          DWORD grfContext,
                          void *Reserved,
                          REFIID iid,
                          void **ppv);
```

Процедура соединяет с заданным объектом класса. При необходимости она запускает сервер, необходимый для создания объекта класса. Обычно эта процедура используется для получения интерфейса IClassFactory для создания объекта, и параметр iid обычно является IID_IClassFactory. Переменная clsid — идентификатор класса объекта, который вы хотите создать или присоединить. grfContext может содержать одно или несколько из следующих значений:

Имя	Значение
CLSCTX_INPROC_SERVER	Код в процессе клиента (DLL-сервер)
CLSCTX_INPROC_HANDLER	DLL-менеджер
CLSCTX_LOCAL_SERVER	EXE-сервер
CLSCTX_INPROC	CLSCTX_INPROC_SERVER|CLSCTX_INPROC_HANDLER
CLSCTX_SERVER	CLSCTX_INPROC_SERVER|CLSCTX_LOCAL_SERVER

Переменная Reserved должна быть нулем, а ppv — переменная, используемая для хранения указателя интерфейса, требуемого iid. Как было сказано выше, iid обычно имеет значение IID_IClassFactory, чтобы объект мог быть создан.

CoCreateInstance

CoCreateInstance — вспомогательная функция OLE, используемая для создания объектов-представителей. Синтаксис следующий:

```
HRESULT CoCreateInstance (REFCLSID rclsid,
                          IUnknown *pUnkOuter,
                          DWORD grfContext,
                          REFIID iid,
                          void **ppv);
```

Внутренне CoCreateInstance фактически эквивалентна следующему коду (действительная реализация проверяет также коды результатов и предпринимает соответствующие действия):

```
CoGetClassObject (rlsid, grfContext, NULL, IID_ClassFactory, (void **)&ppx);
ppx->CreateInstance (pUnkOuter, iid, (void **)&ppv);
ppx->Release ();
```

CoCreateInstance сначала вызывает CoGetClassObject для получения интерфейса Class Factory нужного объекта. Затем вызывается Class Factory для создания объекта и получения нужного интерфейса.

Вообще говоря, если у вас нет интерфейсного указателя на фабрику класса объекта, который вы хотите создать, нужно вызывать CoCreateInstance. Если же у вас уже есть указатель фабрики класса, можно создать экземпляр объекта, просто вызывая с его помощью CreateInstance.

Перечислители

Перечислителями являются интерфейсы, дающие возможность выполнять итерацию на упорядоченном наборе предметов. В 3-й день («Структурированное хранилище») вы пользовались IEnumSTATSTG для выполнения итерации элементов хранилища, а в 19-й день будет использоваться IEnumVARIANT для итерации набора объектов, передаваемых при автоматизации OLE.

Для осуществления такой итерации перечислители имеют четыре метода (не считая методов IUnknown). Важно помнить, что вы не можете использовать методы перечислителей отдельно, а только при помощи интерфейсов, таких как IEnumSTATSTG или IEnumVARIANT (в OLE определено несколько интерфейсов перечислителей для различных элементов). Часто перечислители называют интерфейсами IEnumXXX.

Next

```
HRESULT Next (ULONG celt, void *rgelt, ULONG *pceltFetched);
```

Эта функция возвращает celt следующих элементов. Параметр celt является количеством элементов, которые необходимо получить, а rgelt — массив, где они должны храниться. pceltFetched может быть либо NULL (если celt — единица), либо переменной для хранения действительно полученного числа элементов,.

Skip

```
HRESULT Skip (ULONG celt);
```

Этот метод пытается пропустить celt элементов с текущей позиции. Функция возвращает S_OK, если она может выполнить задачу, или S_FALSE, если был достигнут последний номер.

Reset

```
HRESULT Reset (void);
```

Этот метод возвращает текущую позицию первого элемента последовательности. Метод не гарантирует начало с той же позиции, что и на предыдущей итерации, также как не гарантирует, что доступны будут те же элементы в том же порядке. Элементы могли быть уничтожены или переупорядочены в силу обстоятельств, не зависящих от перечислителя (например, при итерации списка файлов. Если был удален или добавлен новый файл, список будет другим).

Clone

```
HRESULT Clone (Enumerator ppenum);
```

Этот метод возвращает перечислитель, содержащий копию данного перечислителя с той же текущей позицией. При этом элементы не обязательно будут в том же порядке, что и в первоначальной версии.

Формировка (marshaling)

Хотя детальное рассмотрение формировки выходит за рамки этой книги, но краткое обсуждение позволит вам, по крайней мере, понять его идею.

Формировка (marshaling) в OLE представляет собой акт предоставления интерфейса сервером объекта клиенту объекта, выходящий за рамки процесса. Вспомните, что в первую неделю вы создавали различные автоматные серверы OLE и автоматный клиент. Когда автоматный клиент связывается с автоматным сервером, клиент запрашивает интерфейс IUnknown, чтобы получить интерфейс IDispatch. Единственная проблема состоит в том, что интерфейс IUnknown является указателем, определенным в адресном пространстве сервера. Для обеспечения доступа клиента к этому указателю OLE «упаковывает» интерфейс IUnknown, а клиент, в свою очередь, «распаковывает» данные и получает указатель. Процесс «упаковки» данных для передачи называется *формировкой (marshaling)*, а процесс «распаковки» — *расформировкой (unmarshaling)*.

Для упаковки данных OLE использует технику, называемую *легкими удаленными вызовами* (LRPC). Механизм LRPC, реализованный в 16-битном OLE на Windows 3.1x для пересылки данных от сервера клиенту использует PostMessage. На самом деле, установка длины очереди сообщений равной 96 в приложениях OLE нужна была потому, что очередь должна быть достаточно велика для управления всеми PostMessage, которые могут генерироваться механизмами формировки OLE.

Во всех реализациях OLE для Win32, за исключением Win32s, для формировки OLE-интерфейсов используется реализация удаленных вызовов (RPC) Microsoft, называемая MS RPC. В Windows NT 3.5 и Windows 95 разрешены только RPC между процессами на одной и той же машине. В следующих версиях Windows и Windows NT будут возможны также RPC между машинами.

Вы можете спросить, почему нужно устанавливать очередь сообщений длиной 96 даже для приложений OLE под Win32. Причина в том, что OLE в Win32s, реализации Win32 на основе Windows 3.1x, применяет для формировки не MS RPC, a LRPC (Windows 3.1 не поддерживает MS RPC). При разработке приложения под Win32 следует предполагать, что оно может применяться в любой среде Win32, будь то Windows NT, Windows 95 или Win32s.

Формировка требуется только для объектов OLE, реализуемых исполняемыми модулями. DLL-объекты не требуют формировки, поскольку работают в области процесса запрашивающего приложения. Поскольку DLL-объектам не нужна формировка, они, в принципе, работают быстрее своих EXE-двойников. Преимущество EXE-объектов в том, что для них безразлично, является ли сервер 16-ти или 32-битным приложением. В настоящее время в Windows 16-битные DLL не могут общаться с 32-битными приложениями, и наоборот (если только вы не написали специальных процедур).

Еще одним преимуществом реализации формировки является то, что объекты не обязательно должны находиться на той же машине. Когда сервер находится на одной машине, а клиент — на другой, OLE использует для передачи данных RPC. В этом случае две машины даже не обязательно должны иметь один тип процессора (например, одна может быть Intel, а другая — DEC Alpha).

В настоящему моменту все интерфейсы OLE обеспечивали формировку, за исключением IEnumUnknown и ITypeLib. Поддержка формировки позволяет переносить все интерфейсы, определяемые OLE, через границы процессов. Тот факт, что сейчас интерфейсы IEnumUnknown и ITypeLib не обеспечивают формировки, является известным дефектом OLE 2.01. OLE 2.02 (и в Win16, и в Win32) формировку этих интерфейсов поддерживает.

Заключение

Компонентная модель объекта является инфраструктурой OLE. COM — не только набор стандартов для реализации объектов, но и набор функций API, помогающих реализации этих стандартов.

COM включает в себя следующее:

- Интерфейсы, реализующие IUnknown.
- Интерфейс IMalloc, упрощающий реализацию в OLE специального управления памятью.
- Перечислители, являющиеся стандартным механизмом итерации в наборе элементов.
- Формировку (marshaling) — механизм передачи интерфейсов между процессами.

Вопросы и ответы

В: Какая разница между компонентной моделью объекта и автоматизацией?

О: Компонентная модель объекта является инфраструктурой OLE. Автоматизация специфицируется на более высоком уровне и на низком уровне использует COM.

В: Можно ли вызывать CoInitialize (или OleInitialize) несколько раз с различными интерфейсами IMalloc?

О: Да, но OLE будет использовать только интерфейс IMalloc, определенный при первой инициализации. Если при первой инициализации был указан нулевой параметр, OLE будет пользоваться IMalloc интерфейсом по умолчанию.

В: Можно ли создавать собственные интерфейсы, не производя специальной формировки?

О: Только если объект реализован в DLL. Объекты, реализуемые в исполняемых модулях, обычно требуют специальной формировки. В 5-й день, «Сложный автоматный сервер», вы уже создавали такой интерфейс (_DOleDay5). Как вы помните, при создании информации в регистрационной базе данных вы включали такие строки:

```
HKEY_CLASSES_ROOT\Interface\{0002A403-0000-0000-C000-000000000046} = _DOleDay5
HKEY_CLASSES_ROOT\Interface\{0002A403-0000-0000-C000-
  000000000046} \ProxyStudClsid = {00020420-0000-0000-C000-000000000046}
HKEY_CLASSES_ROOT\Interface\{0002A403-0000-0000-C000-000000000046}\NumMethod = 7
HKEY_CLASSES_ROOT\Interface\{0002A403-0000-0000-C000-000000000046}\BaseInterface
  = {00020400-0000-0000-C000-000000000046}
```

Этот пункт реестра на самом деле говорил OLE, что следует работать с этим интерфейсом как интерфейсом IDispatch. Если бы вы этого не сделали, нужно было бы писать собственный код формировки для поддержки данного интерфейса.

Семинар

Опрос

1. Как заставить OLE использовать ваш собственный API управления памятью?
2. Для чего используется CoGetMalloc?
3. Какая разница между CoGetClassObject и CoCreateInstance?
4. Когда не требуется SetMessageQueue (96)?
5. Какая разница между LRPC и RPC?

Упражнение

1. Напишите простую реализацию IMalloc, используя функции _fmalloc, _frealloc, _fsize, _ffree.

Ответы к опросу

1. Вызывая CoInitialize или OleInitialize, предусмотрите интерфейс IMalloc использующий ваши собственные функции API управления памятью. Необходимо предусмотреть методы Alloc, Realloc, Free, GetSize, DidAlloc и HeapMinimize.
2. CoGetMalloc используется, чтобы получить текущий интерфейс IMalloc, используемый OLE. Этот интерфейс нужен для освобождения данных, предоставляемых OLE (например, строк). Если ваше приложение использует собственную реализацию IMalloc, обычно не нужно вызывать CoGetMalloc, так как уже имеется интерфейс IMalloc, определенный CoInitialize или OleInitialize.
3. CoGetClassObject запускает (если необходимо) сервер и получает запрошенный интерфейс, но не создает никаких объектов. CoCreateInstance (которая внутренне вызывает CoGetClassObject) запускает сервер и создает нужный объект, вызывая фабрику класса объекта. CoCreateInstance также возвращает запрошенный интерфейс.
4. Обычно SetMessageQueue(96) не требуется для приложений, не использующих формировку. Сюда входят серверы объекта, реализованные как DLL, а также внутренние процессы-серверы клиента, так как эти серверы пользуются адресным пространством клиента. SetMessageQueue (96) не требуется для приложений Win32.
5. LRPC означает *легкие вызовы удаленных процедур* и используется для передачи интерфейсов между процессами одного компьютера. RPC означает *удаленные вызовы процедур* и может применяться для передачи интерфейсов между процессами вне зависимости от того, на одной они машине или на разных. В настоящее время RPC поддерживается только в распределенном OLE (хотя, написав специальную реализацию формировки, вы можете поддерживать RPC и в не-распределенном OLE).

Замечание. Этого ответа к упражнению НЕТ на диске.

Ответ к упражнению

```
//Обычная реализация IUnknown
//
//Реализация IUnknown::QueryInterface
STDMETHODIMP
COleIMalloc:: QueryInterface(REFIID riid, void FAR* FAR* ppv)
{
//Принимается либо запрос на IUnknown, либо на IMalloc
if (riid == IID_IUnknown) ||
   (riid == IIDIMalloc)
     *ppv = this
else {
        *ppv = NULL;
        return ResultFromScode(E_NOINTERFACE);
         }
          AddRef();
           return NOERROR;
}
//Реализация простейшего IUnknown::AddRef
STDMETHODIMP_(ULONG) COleIMalloc::AddRef()
{
      return ++m_refs;
}
//Реализация простейшего IUnknown::Release
//Помните, что OLE вызывает release после завершения работы над IMalloc.
//Убедитесь, что этот объект удаляется при нулевом счетчике ссылок
STDMETHODIMP_(ULONG) COleIMalloc::Release()
{
      if(-m_refs == 0)
       {
         delete this;
         return 0;
       }
     return m_refs;
}
//Составляющие IMalloc
STDMETHODIMP (void*)COleIMalloc::Alloc(ULONG uSize)
{
//Т.к. _fmalloc нас устраивает, используем это
     return _fmalloc(uSize);
}
STDMETHODIMP (void*)COleIMalloc::Realloc(void *pBlock, ULONG uSize)
{
//Т.к. _frealloc нас устраивает, используем ее
    return _frealloc(pBlock, uSize);
}
STDMETHODIMP (void)COleIMalloc::Free(void *pBlock)
{
//Т.к. _ffree нас устраивает, используем ее
   return _ffree(pBlock);
}
STDMETHODIMP (ULONG)COleIMalloc::GetSize(void *pBlock)
{
//Т.к. _fmsize возвращает размер области, используем ее
        return _fmsize(pBlock);
}
STDMETHODIMP (int)COleIMalloc::DidAlloc(void *pBlock)
{
//Т.к. DidAlloc может возвращать -1, если не может установить, была ли определенная
//область выделена IMalloc, пусть всегда возвращает -1, что допустимо
  return -1;
}
STDMETHODIMP (void)COleIMalloc::HeapMinimize(void)
{
; //Не делать ничего. Можно, в принципе, вызвать _fheapmin();
}
```

День 9

Унифицированная передача данных

Термин *унифицированная передача данных* (Uniform Data Transfer) применяется для описания определенных в OLE интерфейсов, которые позволяют двум OLE-объектам обмениваться данными стандартным способом. Унифицированная передача данных дает возможность объекту обмениваться данными с другим OLE-приложением, а также приложением, в котором не используется технология OLE, и избавляет разработчика объектов от необходимости знания того, как и откуда в действительности появляются данные.

Сегодня вы познакомитесь с интерфейсом IDataObject, который является центральным элементом унифицированной передачи данных. Первоначально обсуждение будет сконцентрировано вокруг *статических данных*, значения которых не изменяются во времени. В главе 10 обсуждение класса IDataObject будет продолжено, однако речь там пойдет о модификации данных в реальном времени, то есть о механизме *уведомлений*. День 17 завершит тему унифицированной передачи данных обсуждением передачи составных документов с помощью механизма перенести-положить (drag and drop).

IDataObject

Интерфейс IDataObject является ключевым в технике унифицированной передачи данных, поскольку он дает объекту возможность коммуникации с внешним миром. IDataObject предоставляет механизмы, напоминающие механизмы динамического обмена данными (DDE) и передачи данных через буфер обмена Clipboard. Перед тем как углубиться в изучение IDataObject, давайте рассмотрим некоторые из способов, позволяющих Windows осуществлять передачу данных.

Буфер обмена Clipboard

Обмен данными через Clipboard — это один из способов передачи данных между приложениями, реализованных в среде Windows. Одно приложение (источник данных) может размещать данные в буфере обмена, а другое (потребитель данных) может забирать их из этого буфера. Основной особенностью этого способа взаимодействия является то, что оба приложения должны «понимать» тот формат, в котором данные поступают в Clipboard. Если приложение, принимающее данные, обнаруживает, что в буфере промежуточного обмена находятся данные, с которыми оно в состоянии работать, то оно выбирает их из буфера. К сожалению, физически такой обмен осуществляется только посредством глобальной памяти. Если объем передаваемых данных превышает размер свободной памяти, то приложение-источник не в состоянии поместить их в Clipboard. Кроме того, в данный момент времени в буфере может находиться лишь одна порция информации (или различные форматы одной и той же порции). У источника также нет способа ограничить доступ к находящимся в буфере данным, разве что он поместит данные в Clipboard в таком формате, который не смогут распознать никакие другие приложения. И, наконец, передача данных оказывается возможной только в одном направлении.

DDE

В среде Windows возможен еще один механизм передачи данных, называемый динамическим обменом данными (DDE — Dynamic Data Exchange). Посредством этого механизма приложение, принимающее данные, может послать запрос приложению-источнику, а затем начать диалог с источником данных. Как только диалог инициирован, оба приложения могут обмениваться данными друг с другом, хотя данный способ передачи, как и только что описанный, является по сути односторонним. Основным отличием DDE от обмена данными через Clipboard является то, что при осуществлении динамического обмена потребитель может запросить у сервера нужные ему данные. При обмене через Clipboard решать, какие данные должны передаваться, приходится обычно человеку. При динамическом обмене приложение-потребитель запрашивает необходимые данные, и приложение-сервер их предоставляет (если располагает нужными данными). Кроме того, потребитель может запрашивать и получать не только текущие данные, но и информацию об их изменении. Он может получать извещения всякий раз, когда интересующие его данные изменяются и принимать от сервера либо сами данные, либо уведомление о том, потребитель может получить данные, как только они будут готовы. К сожалению, физически передача данных в DDE осуществляется также через глобальную память. В случае передачи значительного объема данных вам, скорее всего, придется разбить этот процесс на части. Кроме того, протокол DDE недостаточно четко специфицирован и с трудом поддается пониманию.

OLE 1

Фирма Microsoft выпустила в свет OLE 1.0 за несколько месяцев до появления Windows 3.1. Что касается задач коммуникации, этот продукт не представлял из себя ничего нового, поскольку целиком основывался на механизме DDE, хотя OLE-объекты можно было также помещать в буфер обмена. Однако появление OLE 1 принесло с собой новые проблемы. Поскольку эта технология прежде всего имела дело с передачей документов, объем обмена информацией между приложениями мог быть очень велик. Как раз в передаче данных решения OLE 1.0 были не слишком эффективны. Сама идея внедрения и связывания объектов (Object Linking and Embedding) оказалась весьма жизнеспособной, но ее реализация явно оставляла желать лучшего.

Drag and drop

Впервые эта концепция была введена в Windows 3.1. Методика Drag and Drop (перенести-положить) позволяет пользователю выбрать файл (обычно из окна менеджера файлов) и «перетащить» его мышью в окно другого приложения. Затем приложение начинает работать с этим файлом. Основным недостатком методики является то, что она работает только с целыми файлами и не позволяет, например, таким же образом «перетаскивать» отдельные части файла.

OLE 2

Спецификация OLE 2 представила новый метод передачи данных между приложениями. Для совместимости с приложениями, не использующими механизм OLE 2, данный стандарт поддерживает (при некоторых программных затратах с вашей стороны) взаимодействие с буфером Clipboard. Это означает, что программы, не являющиеся приложениями OLE, все же могут получать данные от приложений OLE 2 посредством буфера обмена. Кроме того, приложения OLE 2 могут обмениваться информацией с приложениями OLE 1. К сожалению, OLE 2 использует только принцип DDE, но не обеспечивает совместимости с ним. OLE и DDE будут еще обсуждаться в главе 10.

Стандарт OLE 2 вносит усовершенствования в drag and drop, позволяя переносить от одного приложения к другому не только файлы целиком, но и отдельные их части. Этот вопрос будет обсуждаться в главе 17.

Чтобы объяснить, каким образом функционирует IDataObject, давайте кратко рассмотрим, как можно обеспечить работу с буфером обмена, не пользуясь при этом механизмами OLE.

Операции с буфером Clipboard до OLE

Чтобы сделать данные доступными в буфере обмена, вы должны прежде всего поместить данные в область глобальной памяти и затем передать их буферу. Если данные могут быть представлены более чем в одном формате Clipboard (например, CF_TEXT и CF_METAFILE в случае метафайлов), вы можете передать все эти форматы. Механизм передачи данных через буфер обмена также производит так называемую отсроченную передачу данных (delayed rendering), при которой программа-сервер предоставляет в буфере лишь информацию о формате передаваемых данных, а не сами данные. После того как соответствующая программа-потребитель запросит данные в определенном формате, сервер предоставляет фактические данные. Однако в случае, если сервер завершается до того, как потребитель сделает запрос, Windows потребует, чтобы сервер предоставил в буфер данные во всех возможных форматах, чтобы потребитель мог получить к ним доступ, даже если приложение-сервер уже неактивно.

Операции с буфером Clipboard в OLE

OLE 2 использует тот факт, что буфер обмена предоставляет механизм отсроченной передачи данных. Благодаря этому OLE может «узнать», какие форматы данных поддерживаются и получить соответствующие данные, если они потребуются. Всю эту работу берут на себя методы класса IDataObject. Кроме того, потребитель может затребовать данные в конкретном формате и получить эти данные в том случае, если сервер его поддерживает. Для того чтобы увидеть, как OLE в действительности осуществляет указанные действия, давайте более детально рассмотрим IDataObject и сопутствующий ему объект IEnumFORMATETC, а также две структуры — FORMATETC и STGMEDIUM.

FORMATETC

IDataObject во многом обязан своей гибкостью структуре, которая называется FORMATETC. Эта структура используется классом IDataObject для того, чтобы сообщать серверу и потребителю о форматах, доступных для интересующей их порции данных. Используя массив структур FORMATETC, приложение-потребитель может выяснить у сервера, какие форматы тот поддерживает, выбрать наиболее подходящий формат и запросить данные в этом формате. Структура FORMATETC содержит поля, описываемые ниже.

sfFormat

Поле sfFormat сообщает, какой именно из форматов буфера обмена интересует потребителя. Это может быть как один из стандартных форматов Clipboard, так и уникальный формат, зарегистрированный приложением.

ptd

Поле ptd определяет, для какого устройства предназначены данные. ptd является указателем на структуру DVTARGETDEVICE, которая сообщает приложению о том, направляются ли данные на экран, на принтер или на какое-либо другое устройство. Обычно это поле используется только в том случае, если данные переводятся в формат, специфичный для устройства. В большинстве случаев значение этого поля равно NULL. Это означает, что информация не предназначена для вывода на конкретное устройство.

dwAspect

Поле dwAspect указывает различные представления, или аспекты, объекта. Он может быть представлен, например, в миниатюре или в виде пиктограммы. Иногда объем передаваемых данных достаточно велик и наиболее разумным в этом случае будет их представление в другом формате. Потребителю данных они могут в действительности быть не нужны, а нужно только отобразить уменьшенное их изображение без использования всех имеющихся деталей, чтобы пользователь мог понять, те ли это данные, которые его интересуют. Когда данные представляются с меньшей подробностью, чем возможна на самом деле, можно говорить о них как о *миниатюре* данных. Если не имеет смысла предоставлять данные в таком виде, то они могут представляться в виде пиктограммы. Оба этих способа представления данных — в миниатюре или в виде пиктограммы — позволяют пользователю видеть информацию, не дожидаясь отображения всех ее деталей. Например, нет никакого смысла отображать на экране в миниатюре файл .WAV (звуковой файл), поэтому приложение может представить его пиктограммой.

Поле dwAspect указывает, представлены ли данные во всей полноте (значение DVASPECT_CONTENT), в миниатюре (значение DVASPECT_THUMBNAIL) или пиктограммой (DVASPECT_ICON). Кроме того, поле dwAspect может принимать значение DVASPECT_DOCPRINT в том случае, если данные полностью сформатированы для вывода на принтер (имеют заголовок, колонтитулы и т.п.).

lindex

Поле lindex определяет количество страниц документа. Если значение поля dwAspect равно DVASPECT_THUMBNAIL или DVASPECT_ICON, то содержимое lindex игнорируется. В том случае, если значение поля dwAspect равно DVASPECT_CONTENT, поле lindex должно принимать значение −1, что указывает на передачу документа целиком. Если же dwAspect равно DVASPECT_DOCPRINT, то в будущих версиях OLE значение поля lindex будет определять, какая часть документа передается. В настоящее время lindex должно равняться −1.

tymed

Это поле определяет тип носителя, который будет использоваться при передаче данных. Как было указано ранее, одним из основных недостатков способов обмена, имеющихся в Windows, является то, что данные могут передаваться только через глобальную память. Механизм OLE свободен от этого недостатка. Для передачи данных в OLE используется либо глобальная память, либо файл. Преимущества от подобной гибкости трудно переоценить. Например, если вы хотите передать 10 Мбайт данных, то вам вовсе необязательно при этом задействовать ресурсы памяти. Передача может осуществляться через файл. В последнем случае производительность может значительно возрасти, поскольку серверу необходимо передать приложению-потребителю лишь дескриптор соответствующего файла; ему не нужно считывать находящиеся в файле данные и передавать их в память, в то время как потребитель снова будет их записывать. Поскольку речь идет об OLE, файл на самом деле может быть либо обычным файлом, либо структурированным хранилищем данных, которое, в свою очередь, включает в себя хранилища и потоки. Значения, которые может принимать поле tymed, обсуждаются ниже в разделе, посвященном структуре STGMEDIUM.

STGMEDIUM

Структура STGMEDIUM сообщает OLE, как использовать и уничтожать данные, описываемые структурой FORMATETC. STGMEDIUM содержит поля, описываемые ниже.

tymed

Также как и поле структуры FORMATETC с тем же именем, поле tymed описывает носитель, посредством которого осуществляется передача. Возможные значения, принимаемые этим полем, обсуждаются далее при описании поля pUnkForRelease.

hGlobal/lpszFileName/pStg/pStm

Это поле является в действительности объединением, которое включает в себя следующие поля: hGlobal, lpzFileName, pStg или pStm. Фактический смысл этого поля зависит от содержимого поля tymed. Используемые варианты описаны в таблице 9.1.

pUnkForRelease

Это поле определяет, каким образом носитель, указанный в tymed, должен освобождаться и кто ответственен за это. Если это поле не NULL, то получатель данных сам должен их удалить. Таблица 9.1 перечисляет возможные значения tymed и соответствующие им способы освобождения.

Таблица 9.1. Значения tymed и механизмы освобождения данных.

tymed	Поле в объединении	Смысл	Метод освобождения
TYMED_HGLOBAL	hGlobal	Глобальная память	GlobalFree (значение pUnkForRelease равно NULL)
TYMED_FILE	lpzFileName	Дисковый файл	Файл удаляется; pMalloc->Free(lpzFileName) очищает строку с именем файла (значение pUnkForRelease равно NULL)
TYMED_ISTORAGE	pStg	Хранилище	pStg->Release()
TYMED_ISTREAM	pStm	Поток	pStm->Release()
TYMED_GDI	GDI	DeleteObject	(pUnkForRelease равно NULL)
TYMED_MFPICT	hGlobal	Метафайл	DeleteMetaFile
TYMED_NULL	Не определено	Не создается	Не определено

ReleaseStgMedium

```
void ReleaseStgMedium(LPSTGMEDIUM pStg);
```

В OLE эта функция предусмотрена для того, чтобы вам не нужно было выяснять, как освободить конкретный носитель. При использовании ReleaseStgMedium совместно со структурой STGMEDIUM OLE освобождает данные в соответствии с описаниями в таблице 9.1.

Теперь, зная все необходимое о структурах FORMATETC и STGMEDIUM, вы можете приступить к изучению методов IDataObject.

GetData

```
HRESULT GetData(FORMATETC *pformatetc, STGMEDIUM *pstgmedium);
```

Метод GetData получает данные посредством конкретного носителя в указанном формате. Другими словами, когда в приложении-потребителе выполняется оператор pIDataObject->GetData(pformatetc, pmedium), сервер возвращает данные на запрошенном носителе и в нужном формате. Сервер должен выделить для хранилища соответствующий носитель, а потребитель обязан его освободить. Если приложение является только потребителем данных, то функция может возвращать E_NOTIMPL, поскольку такие приложения не могут возвращать данные.

GetDataHere

```
HRESULT GetDataHere(FORMATETC *pformatetc, STGMEDIUM *pstgmedium);
```

Метод GetDataHere аналогичен GetData, за тем исключением, что в данном случае носитель выделяется не сервером, а потребителем. Если приложение не поддерживает данного метода, функция должна возвращать E_NOTIMPL.

6 Заказ 1091

QueryGetData

```
HRESULT QueryGetData(FORMATETC *pformatetc);
```

Этот метод сообщает, будет ли успешным вызов GetData для формата, задаваемого pformatetc. Другими словами, потребитель может спросить, поддерживает ли сервер конкретный формат данных. Сервер возвращает значение NOERROR, если формат поддерживается, и DATA_E_FORMATETC в противном случае.

> **НЕ ПРОВЕРЯЙТЕ** значение, возвращаемое функцией QuryGetData, с помощью макросов SUCCEEDED или FAILED. Помните, что любой код возврата, начинающий-ся с буквы S, означает успешное завершение. Поэтому и NOERROR и, например, S_FALSE будут свидетельствовать об успешном завершении.
> **ПРОВЕРЯЙТЕ** возвращаемое значение непосредственно на равенство NOERROR или S_FALSE.

GetCanonicalFormatEtc

```
HRESULT GetCanonicalFormatEtc(FORMATETC *pformatetc, FORMATETC *pOutFormatec);
```

Метод GetCanonicalFormatEtc сообщает, возвращают ли два указанных формата действительно различные данные. Если два формата логически одинаковы, то метод возвращает значение DATA_S_SAMEFORMATETC, в противном случае возвращается S_OK. GetCanonicalFormatEtc обычно возвращает значение DATA_S_SAMEFORMATETC, если только ваш сервер не поддерживает специфичные для устройства представления данных. Если же он поддерживает такие представления, то следует игнорировать значение поля tymed, так как используемый носитель не зависит от специфики устройства.

> **НЕ ПРОВЕРЯЙТЕ** результат с помощью SUCCEEDED или FAILED. S_OK и DATA_S_SAMEFORMATETC одинаково возвратят SUCCEDED. Помните, что префикс DATA_ означает просто, что данное значение относится к IDataObject.
> **ПРОВЕРЯЙТЕ** непосредственно, равен ли результат S_OK или DATA_S_SAMEFORMATETC.
> **ИГНОРИРУЙТЕ** поле tymed при сравнении структур FORMATETC.

SetData

```
HRESULT SetData(FORMATETC *pformatetc, STGMEDIUM pMedium, BOOL bRealize);
```

Метод SetData посылает объекту данные в указанном формате. Если значение флага bRelease равно TRUE, то это означает, что объект сам ответственен за последующее освобождение данных. Объекты, которые выступают только в качестве источника данных, могут возвращать значение E_NOTIMPL.

EnumFormatEtc

```
HRESULT EnumFormatEtc(DWORD direction, IEnumFORMATETC **ppTnumFormatEtc);
```

Метод EnumFormatEtc сообщает форматы, которые поддерживаются методами GetData и SetData. Этот метод возвращает интерфейс IEnumFORMATETC. Используя этот перечислитель, программист может перебрать все поддерживаемые объектом форматы. Как и любой перечислитель, интерфейс IEnumFORMATETC имеет в своем составе методы Next, Skip, Reset и Clone.

> **ВЫЗЫВАЙТЕ** AddRef, прежде чем передавать интерфейс IEnumFORMATETC.
> **НЕ ЗАБЫВАЙТЕ** вызвать метод Release, если вы получили IEnumFORMATETC и заканчиваете работать с ним.

Уведомляющие методы

IDataObject содержит три метода, используемых для уведомлений, то есть для того, чтобы сообщать потребителю об изменении данных, имеющихся у сервера. Это методы DAdvise, DUnadvise и EnumDadvise; они будут обсуждаться в главе 10. Пока же будем считать, что эти методы возвращают OLE_E_ADVISENOTSUPPORTED.

OLEUI

Прежде чем вам станет нехорошо при мысли о необходимости написания всех этих методов и инициализации разного рода структур, я открою вам маленький секрет. В библиотеке OLEUI, возможности которой кратко обсуждались главе 3, имеются методы и макросы, несколько упрощающие реализацию интерфейса IDataObject. В действительности вам вообще не нужно переопределять методы IEnumFORMATETC — вы можете использовать методы, предоставляемые им по умолчанию.

OleStdEnumFmtEtc_Create

```
STDAPI_(LPENUMFORMATETC) OleStdEnumFmtEtc_Create(WORD wCount,
  LPFORMATETC lpEtc);
```

Этот метод создает интерфейс IEnumFORMATETC. wCount — это число структур FORMATETC, которое данный перечислитель будет поддерживать, а lpEtc — указатель на соответствующий массив структур. Метод возвращает указатель IEnumFORMATETC. Это все, что вам требуется для создания этого интерфейса.

OleStdEnumFmtEtc_Destroy

Хотя этот метод и документирован, доступ к нему из приложений сильно затруднен. Чтобы по завершении использования уничтожить интерфейс IEnumFORMATETC, вместо указанного метода следует просто вызвать Release с указателем интерфейса. Собственно, метод Release сам вызывает OleStdEnumFmtEtc_Destroy, когда счетчик ссылок становится равным нулю. В свою очередь метод OleStdEnumFmtEtc_Create автоматически вызывает функцию AddRef (т.к. вы передаете ему указатель интерфейса), поэтому вам в любом случае нужно вызвать метод Release.

Простой пример обмена данными через Clipboard

Теперь, когда вы знаете основные принципы работы с IDataObject, давайте посмотрим, как можно составить простейшую программу, которая помещает GUID в буфер обмена (полные листинги имеются на диске с исходными текстами). Листинг 9.1 содержит реализацию метода GetData.

Листинг 9.1. Реализация GetData для операций с буфером обмена.

```
//Our object's implementation of GetData
//We only support CF_TEXT and CF_BITMAP
//
STDMETHODIMP COleDay9ADataObject::GetData(LPFORMATETC pformatetcIn,
                                    LPSTGMEDIUM pmedium )
{
   char FAR *pstrDest;
   char FAR *pstrSrc;

   if (!(DVASPECT_CONTENT & pformatetcIn->dwAspect))
       return ResultFromScode(DATA_E_FORMATETC);

    switch (pformatetcIn->cfFormat){
//For text, we need to get the data from our GUID and transfer
// it to global memory for use by the caller.
```

Листинг 9.1. продолжение.

```
//If this was production code we should make sure that we
//actually have data, and for all memory operations
//we should make sure that we succeeded.
    case CF_TEXT:
      if (!(pformatetcIn->tymed & TYMED_HGLOBAL))
            return ResultFromScode(DATA_E_FORMATETC);
      pmedium->tymed = TYMED_HGLOBAL;
      pmedium->hGlobal = GlobalAlloc(GHND,GlobalSize(hGuid));
      pmedium->pUnkForRelease = NULL;
      pstrDest = (char FAR *)GlobalLock(pmedium->hGlobal);
      pstrSrc  = (char FAR *)GlobalLock(hGuid);
      memcpy(pstrDest,pstrSrc,GlobalSize(hGuid));
      GlobalUnlock(hGuid);
      GlobalUnlock(pmedium->hGlobal);
      break;
//They asked for a bitmap so lets dig up one
//The one which we will return is a default bitmap which
//has checkboxes.  This bitmap is part of Windows, and not
//our executable.
  case CF_BITMAP:
      pmedium->tymed = TYMED_GDI;
      pmedium->hGlobal = LoadBitmap(NULL,MAKEINTRESOURCE(32759));
      pmedium->pUnkForRelease = NULL;
     break;
    default:
       return ResultFromScode(DATA_E_FORMATETC);
       }

    return NOERROR;
}
```

Анализ

Оператор switch распознает различные форматы, которые могут быть запрошены у вашего объекта. В данном примере ваш объект поддерживает формат CF_TEXT, который возвратит любую имеющуюся у объекта строку текста. Вы можете также возвратить формат CF_BITMAP, который передает битовую матрицу для демонстрации того, как GetData может использоваться с разными форматами данных.

Особый интерес представляет реализация формата CF_TEXT. Сначала метод GetData определяет, требуется ли передавать данные через глобальную память. Если потребителю нужен носитель, отличный от TYMED_HGLOBAL, то GetData возвращает DATA_E_FORMATETC, сообщая тем самым потребителю, что ваша реализация не поддерживает запрошенного формата. В принципе метод GetData мог бы поддерживать различные носители, но поскольку данный пример работает с буфером обмена, метод обслуживает только запросы, относящиеся к глобальной памяти.

Как только GetData выяснит, что обмен будет производиться посредством глобальной памяти, память потребуется выделить. Чтобы определить, сколько памяти необходимо выделить, запросите ваш объект посредством вызова GlobalSize(hGuid) и используйте возвращенное значение. Если бы объект находился не в глобальной памяти, а представлял собой, например, просто целое число или строку, то для определения размера следовало бы вызвать какую-то другую функцию.

Как только необходимая память выделена, данные могут быть скопированы из внутренней памяти в ту область глобальной памяти, которая возвращается потребителю. Для этого сначала нужно заблокировать выделенную память, чтобы получить указатель на нее. После этого данные могут копироваться. Как только данные скопированы, дескрипторы глобальной памяти разблокируются. Если все описанные операции завершились успешно, возвращается значение NOERROR. Теперь данные имеются у потребителя.

В демонстрационных целях метод GetData реализует также передачу формата CF_BITMAP. В определенном смысле передача битовой матрицы осуществляется даже проще, поскольку GetData просто присваивает полю hGlobal дескриптор загруженной матрицы. Метод должен также сообщить потребителю, что носителем является TYMED_GDI (требуется для битовых матриц). Вот и все, что нужно сделать.

При такой реализации метода пользователь, вызывая GetData вашего интерфейса IDataObject, получит любые имеющиеся у объекта текстовые данные, если запросит CF_TEXT. Если он запросит CF_BITMAP, то получит битовую матрицу с разными кнопочками.

Реализация метода GetDataHere оказывается еще короче, чем в случае GetData, поскольку наша реализация IDataObject не поддерживает GetDataHere (см. листинг 9.2). Так как объект поддерживает обмен только посредством глобальной памяти, потребитель не может знать, сколько памяти нужно выделить под имеющиеся на текущий момент данные.

Листинг 9.2. GetDataHere

```
//We don't support GetDataHere because we don't want the
//caller to supply a return area to us.  How could they? They
//don't actually know how large our string is (although we
//could have done a ReAlloc
//
STDMETHODIMP COleDay9ADataObject::GetDataHere(LPFORMATETC pformatetc,
                                   LPSTGMEDIUM pmedium )
{
        return ResultFromScode(E_NOTIMPL);
}
```

Анализ

GetDataHere просто возвращает значение E_NOTIMPL, так как метод не поддерживается нашей реализацией интерфейса IDataObject.

Потребитель может использовать метод QueryGetData, чтобы выяснить, какие структуры FORMATEC поддерживаются методом GetData, так что метод QueryGetData так или иначе придется реализовать. Листинг 9.3 содержит код QueryGetData.

Листинг 9.3. QueryGetData

```
//Let anyone who is asking know that we support
// CF_TEXT and CF_BITMAP for clipboard formats
// We also support TYMED_HGLOBAL and TYMED_GDI for
// the corresponding formats.
STDMETHODIMP COleDay9ADataObject::QueryGetData(LPFORMATETC pformatetc )
{
  if (!(DVASPECT_CONTENT & pformatetc->dwAspect))
      return ResultFromScode(DATA_E_FORMATETC);
  if ((pformatetc->cfFormat != CF_TEXT) &&
      (pformatetc->cfFormat != CF_BITMAP))
      return ResultFromScode(DATA_E_FORMATETC);
  if ((TYMED_HGLOBAL & pformatetc->tymed) ||
      (TYMED_GDI      & pformatetc->tymed))
      return NOERROR;
  return ResultFromScode(DATA_E_FORMATETC);
}
```

Анализ

Так как объект не поддерживает специфических представлений, то в том случае, когда поле dwAspect отлично от DVASPECT_CONTENT, метод QueryGetData вернет значение DATA_E_FORMATETC, чтобы сообщить потребителю, что запрашиваемый формат не поддерживается. Затем QueryGetData проверяет, не требует потребитель чего-то отличного от CF_TEXT и CF_BITMAP, и опять-таки возвращает значение DATA_E_FORMATETC как индикатор ошибки. И, наконец, QueryGetData проверяет, запрашивает ли потребитель корректный тип носителя, т.е. TYMED_HGLOBAL для CF_TEXT или TYMED_GDI для формата CF_BITMAP. В случае, если носитель соответствует формату, QueryGetData возвращает NOERROR и потребитель убеждается в том, что функция GetData будет работать с данным форматом. В противном случае возвращается DATA_E_FORMATETC.

Так как наша реализация не предусматривает никакой передачи данных, которая зависела бы от конкретного устройства, метод GetCanonicalFormatEtc (см. листинг 9.4) может всегда возвращать значение DATA_S_SAMEFORMATETC. Если программа-потребитель уже работает с каким-то форматом, она может использовать метод GetCanonicalFormatEtc, чтобы определить, является ли другой формат идентичным первому. Листинг 9.4 представляет типичное определение метода GetCanonicalFormatEtc и вам вряд ли понадобиться какое-либо другое.

Листинг 9.4. GetCanonicalFormatEtc

```
//We don't do any device specific renderings so
// DATA_S_SAMEFORMATETC is always right
STDMETHODIMP COleDay9ADataObject::GetCanonicalFormatEtc(LPFORMATETC pformatetc,
                                LPFORMATETC pformatetcOut)
{
    pformatetcOut = NULL;
    return ResultFromScode(DATA_S_SAMEFORMATETC);
}
```

Анализ

Если не поддерживается специфичная для устройства передача данных, GetCanonicalFormatEtc возвращает значение DATA_S_SAMEFORMATETC.

Так как вы хотите помещать данные в ваш объект, ваш интерфейс IDataObject должен реализовать метод SetData (листинг 9.5).

Листинг 9.5 SetData

```
//We can accept data so we will implement, SetData.
//Unfortuneately since we are not a real application, no other
//application can obtain our IDataObject to perform a SetData
//If we wanted to make our IDataObject available, we need to
//create a real object (with a class factory, etc.)
STDMETHODIMP COleDay9ADataObject::SetData(LPFORMATETC pformatetc, STGMEDIUM FAR *
pmedium,
                                BOOL fRelease)
{
    // We only support CF_TEXT
    if (pformatetc->cfFormat != CF_TEXT)
        return ResultFromScode(E_FAIL);

    // We want memory only.
    if (pformatetc->tymed != TYMED_HGLOBAL)
        return ResultFromScode(E_FAIL);

    //If we have any old data, lets release it first
    if (hGuid != NULL)
        GlobalFree(hGuid);

    //Let's create a new area which is the size of the
    //data being passed.  We can then copy the data
  //into our object
  hGuid = GlobalAlloc(GHND,GlobalSize(pmedium->hGlobal));
  char FAR *pstrDest = (char FAR *)GlobalLock(hGuid);

  char FAR *pstrSrc  = (char FAR *)GlobalLock(pmedium->hGlobal);
  memcpy(pstrDest, pstrSrc, GlobalSize(pmedium->hGlobal));
  GlobalUnlock(hGuid);
  GlobalUnlock(pmedium->hGlobal);

    //Now that we have the data, we can release the passed data
    //if the caller told us to do so.
    if (fRelease)
        ReleaseStgMedium(pmedium);
```

```
    return NOERROR;
}
```

Анализ

Ваш простой объект может работать только с текстом, так что SetData проверяет, находится ли в поле sfFormat значение CF_TEXT. Кроме того, SetData работает лишь с данными, находящимися в глобальной памяти, поэтому метод должен определить, является ли указанный носитель TYMED_HGLOBAL. В случае несоблюдения этих условий возвращается значение E_FAIL, сообщающее потребителю, что данная операция не поддерживается.

Поскольку объект хранит данные в глобальной памяти, необходимо сначала освободить любые ранее записанные данные, если они имеются. Вместо этого наше приложение могло бы перераспределять память, однако для простоты я предпочел освободить ранее выделенную область.

Прежде всего для сохраняемых данных нужно выделить определенное количество памяти, поэтому вызовите GlodalSize для выяснения необходимого размера области. После этого выделяется память и данные могут быть скопированы в глобальную область. Затем данные необходимо получить и сохранить. Ваш объект теперь имеет свою собственную копию данных.

После того как данные скопированы, метод SetData должен проверить состояние флага sfRelease, чтобы установить, необходимо ли очищать память или же программа-поставщик данных намеревается сделать это сама. В случае, если значение флага равно TRUE, необходимо очистить память вызовом функции ReleaseStgMedium. В нашем случае можно было бы вызвать и GlobalFree, так как мы пока работаем только с глобальной памятью. Однако в общем случае при использовании носителя, отличного от TYMED_HGLOBAL, пользоваться этой функцией не стоит. Функция OLE ReleaseStgMedium сама определяет, какие действия совершить для освобождения того или иного носителя.

Если данные успешно скопированы, метод SetData возвращает значение NOERROR. В коммерческих продуктах я настоятельно рекомендую производить дополнительные проверки, особенно для вызова GlobalAlloc. Если вызов этой функции даст отрицательный результат, вы, скорее всего, должны будете вернуть код ошибки (например, E_OUTOFMEMORY), чтобы вызывающая процедура узнала о том, что функции SetData не хватило памяти. В этом случае необходимо также предпринять определенные действия по восстановлению предыдущего состояния, так как ваш объект может оказаться недействительным (из-за уже произведенного освобождения имевшихся данных).

Анализ

Одним из наиболее интересных методов является метод EnumFormatEtc (см. листинг 9.6). Этот метод должен возвращать интерфейс IEnumFORMATETC. Вызывающая процедура будет использовать его для определения того, какие структуры FORMATETC вы поддерживаете (как вы помните, интерфейсы-перечислители позволяют программисту шаг за шагом просматривать различные списки; в данном случае это список поддерживаемых структур FORMATETC).

Листинг 9.6. EnumFormatEtc.

```
//They ask for our IEnumFormatEtc interface so let's give
//them the standard implementation.
//We are only providing it for Gets and not Sets
//In addition, when we provide this handle, make sure
//that we do an AddRef, since we are assigning an interface
STDMETHODIMP COleDay9ADataObject::EnumFormatEtc(DWORD dwDirection,
                              LPENUMFORMATETC FAR* ppenumFormatEtc)
{
    if (dwDirection != DATADIR_GET)
        return ResultFromScode(E_FAIL);
```

Листинг 9.6. продолжение.

```
    SETDEFAULTFORMATETC(m_aFormatEtc[1],CF_BITMAP,TYMED_GDI);
    SETDEFAULTFORMATETC(m_aFormatEtc[0],CF_TEXT,TYMED_HGLOBAL);

//Now lets create a standard implementation of the IEnumFormatEtc interface
//OLEUI makes this easy by calling OleStdEnumFmtEtc_Create
    *ppenumFormatEtc =
OleStdEnumFmtEtc_Create(sizeof(m_aFormatEtc)/sizeof(FORMATETC),
                &m_aFormatEtc[0]);
    (*ppenumFormatEtc)->AddRef();
    return NOERROR;
}
```

Анализ

Если вы хотите поддерживать интерфейс IEnumFORMATETC, вам необходимо написать код методов перечисления. Поскольку они стандартны и зависят только от применяемых структур FORMATEC, Microsoft реализует стандартную версию IEnumFORMATETC в библиотеке OLEUI. Чтобы воспользоваться реализацией по умолчанию, необходимо просто вызвать функцию OleStdEnumFmtEtc_Create с параметром, определяющим количество поддерживаемых вами структур FORMATETC, а также соответствующим массивом инициализированных структур. Для их инициализации воспользуйтесь макросом SETDEFAULTFORMATETC из OLEUI, передав ему элемент массива, формат буфера обмена и тип носителя для этого формата. OleStdEnumFmtEtc_Create затем вернет интерфейс IEnumFORMATETC, определенный по умолчанию, который в свою очередь можно передать вызывающей процедуре. Так как значение указателя интерфейса присваивается переменной, вызовите AddRef перед выходом из функции (с возвращением NOERROR). В нашем примере простейшей реализации класса IDataObject нам не имеет смысла поддерживать методы уведомлений, сообщающие об изменениях данных в реальном времени, поэтому все эти методы (Dadvise, DUnadvise и EnumDAdvise) возвращают значение OLE_E_ADVISENOTSUPPORTED (см. листинг 9.7). На этом ваша реализация для IDataObject закончена.

Листинг 9.7. Уведомляющие методы.

```
//The advise members will not be used by this example program
STDMETHODIMP COleDay9ADataObject::DAdvise(FORMATETC FAR* /* pFormatetc*/,
                    DWORD /* advf */,
                    LPADVISESINK /* pAdvSink */,
                    DWORD FAR* /* pdwConnection */)
{
       return ResultFromScode(OLE_E_ADVISENOTSUPPORTED);
}

//The advise members will not be used by this example program
STDMETHODIMP COleDay9ADataObject::DUnadvise(DWORD /* dwConnection */)
{
       return ResultFromScode(OLE_E_ADVISENOTSUPPORTED);
}

//The advise members will not be used by this example program
STDMETHODIMP COleDay9ADataObject::EnumDAdvise(LPENUMSTATDATA FAR*
                                          /* ppenumAdvise */)
{
       return ResultFromScode(OLE_E_ADVISENOTSUPPORTED);
}
```

Анализ

Так как в настоящий момент объект не поддерживает механизм уведомлений, все соответствующие методы возвращают значение OLE_E_ADVISENOTSUPPORTED.

Все, что осталось сделать — это снабдить ваш объект конкретными данными и затем поместить его в Clipboard. Для выполнения первой задачи вам необходимо вызвать SetData. Листинг 9.8 показывает, как можно инициализировать объект.

Листинг 9.8 Инициализация объекта с использованием SetData.

```
//Let's get the IDataObject interface from our newly created object
//We could have just said pDay9AObject->m_pIDataObject, which is our
//IDataObject interface, but thats not the OLE way!
    LPDATAOBJECT pIDataObject;
  pDay9AObject->QueryInterface(IID_IDataObject,(void FAR * FAR*)&pIDataObject);
//In the real world, you should check the return code from QueryInterface
//to make sure that all is well.  Since this is a demonstration program
//we know that all is well

//Let's demonstrate using IDataObject->SetData
//To do this we will create a GUID and give it to the DataObject
//Since our data object only supports CF_TEXT, and TYMED_HGLOBAL
//we will create the GUID using global memory.
  HANDLE  hGuid = GlobalAlloc(GHND,50);
    char FAR *pstr = (char FAR *)GlobalLock(hGuid);
  GUID   guid;
    CoCreateGuid(&guid);
    StringFromGUID2(guid,pstr,50);
  GlobalUnlock(hGuid);

//Now that we have our GUID in global memory, we can give
//it to the DataObject, but first we need to set up
//the FORMATETC and STGMEDIUM structures so we can call SetData
    FORMATETC formatetc;
    STGMEDIUM medium;

//We are telling the FORMATETC structure that this is a CF_TEXT in
//global memory.
    formatetc.cfFormat = CF_TEXT;
  formatetc.dwAspect = DVASPECT_CONTENT;
    formatetc.ptd       = NULL;
    formatetc.tymed     = TYMED_HGLOBAL;
  formatetc.lindex    = -1;

//We are telling STGMEDIUM that this is a global memory handle
//and then we are assigning our data to this handle.  Since we
//are passing NULL for pUnkForRelease, SetData can be responsible
//for freeing the memory.
  medium.tymed        = TYMED_HGLOBAL;
  medium.hGlobal      = hGuid;
    medium.pUnkForRelease = NULL;

//We are passing the information to SetData and explicitly telling
//it that it is responsible for freeing the memory (because the
//third parameter is true)
    pIDataObject->SetData(&formatetc, &medium, TRUE);
```

Анализ

Для вызова SetData необходим указатель интерфейса IDataObject. Этот указатель можно получить путем вызова QueryInterface. Затем при помощи функций CoCreateGuid и StringFromGUID2 создаются данные, которыми объект будет инициализирован. После этого данные могут быть переданы в объект посредством вызова метода SetData. Прежде чем это сделать, инициализируется структура FORMATETC, сообщающая функции SetData, какой формат будет использоваться. Эта информация передается также в структуру STGMEDIUM.

Теперь, когда ваш объект получил данные, необходимо поместить их в буфер обмена. Листинг 9.9 показывает, как это делается в OLE.

Листинг 9.9. OleSetClipboard.

```
pDay9AObject->QueryInterface(IID_IDataObject,(void FAR * FAR*)&pIDataObject);
//In the real world, you should check the return code from QueryInterface
//to make sure that all is well.  Since this is a demonstration program
//we know that all is well
```

Листинг 9.9. продолжение.

```
//Let's send the data in the object onto the clipboard
//use IDataObject to send data to the clipboard
        OleSetClipboard(pIDataObject);

//Don't forget to release the interface which was
//obtained from QueryInterface
        pIDataObject->Release();
```

Анализ

Чтобы послать данные в буфер обмена, ваше приложение должно получить указатель на интерфейс IDataObject вашего объекта и затем просто передать его функции OleSetClipboard. Последняя очистит буфер и поместит туда форматы, поддерживаемые вашим интерфейсом IDataObject. При этом сами данные в Clipboard не помещаются (используется механизм отсроченной передачи). Когда кто-нибудь использует Clipboard и выберет определенный формат, OLE при помощи интерфейсного указателя IDataObject, помещенного в буфер, вызовет функцию GetData для получения данных. Очень важно помнить, что данные при вызове OleSetCliboard в буфер обмена не помещаются. Если данные вашего объекта изменились, прежде чем была затребована их передача из Clipboard, то ваш объект передаст пользователю новые данные, поскольку OLE вызовет функцию GetData.

Это означает, что если пользователь производит операции Cut/Copy, а между этими двумя операциями данные изменяются по каким-либо другим причинам, то вставлены будут совсем не те данные, которые были предварительно вырезаны. Если по каким-либо причинам данные вашего объекта изменяются без вмешательства пользователя, то для операций с буфером обмена вы не должны использовать подобный IDataObject. Решение этой проблемы будет обсуждаться в главе 10.

И наконец, когда ваше приложение завершается, вам необходимо вызвать либо функцию OleFlushClipboard, либо OleSetClipboard(NULL) (см. листинг 9.10).

Листинг 9.10. Завершение работы с Clipboard.

```
//Flush the clipboard in case we left something on it
  ::OleFlushClipboard();
//  Use OleSetClipboard(NULL) if you want to remove the clipboard
//   data from Memory or Use OleFlushClipboard to keep the data available
//   and continue to use Global Memory
//     ::OleSetClipboard(NULL);
```

Анализ

Функция OleFlushClipboard заставляет OLE потребовать у вашего приложения, чтобы буферу обмена были предоставлены все возможные форматы данных и, таким образом, данные были бы доступны в Clipboard и после завершения приложения. Как только данные переданы в Clipboard, OLE освобождает ваши ресурсы буфера, чтобы приложение могло завершиться.

Функция OleSetClipboard(NULL) похожа на предыдущую, за исключением того, что OLE в этом случае не требует предоставления всех форматов. Вместо этого OLE очищает Clipboard, так что ваши данные после этого становятся недоступны.

Заключение

Как вы можете видеть из сегодняшнего примера, создание OLE-приложения, использующего IDataObject, достаточно просто и вместе с тем интерфейс IDataObject может служить для решения различных задач. Во-первых, IDataObject может использоваться другими объектами для получения и передачи данных (с помощью, например, методов GetData и SetData). Во-вторых, вы можете предусмотреть реализацию интерфейса с Clipboard и получать или передавать данные через этот буфер.

Вопросы и ответы

В: В чем разница между IDispatch и IDataObject?

О: Интерфейс IDispatch используется при реализации OLE-автоматизации, в то время как IDataObject используется исключительно для передачи данных. Интерфейс IDispatch обычно служит для вызова методов, которые устанавливают, выбирают или изменяют данные, поддерживаемые приложением. Методы IDataObject, как правило, управляют только данными, поддерживаемыми объектом. Кроме того, IDispatch не поддерживает уведомления и передачу данных в реальном времени, а IDataObject, как вы увидите в главе 10, это делает.

В: Реализованный нами объект не имеет соответствующей фабрики класса. Могу ли я иметь IDataObject, ассоциированный с объектом, который инициализируется и доступен извне?

О: Да. Ваша реализация IDataObject осуществлена на уровне приложения. Вы могли бы включить в нее много различных интерфейсов, в том числе и IClassFactory. В последующих главах вы узнаете, каким образом включить IDataObject в объекты, имеющие фабрику класса.

В: В моем приложении уже реализована возможность обмена данными через Clipboard при помощи традиционных функций API. Нужно ли мне реализовать все заново, если я хочу преобразовать свою программу в приложение OLE?

О: Нет. OLE только лишь позволяет реализовать то же самое более простым способом. Если вы уже обеспечили возможность обмена через Clipboard в вашей программе, то можете оставить эту реализацию и в OLE-программе. Даже если вы решите реализовать интерфейс IDataObject, вы все равно можете использовать уже написанный код для обмена через Clipboard.

В: Мое приложение использует собственный формат данных, размещаемых в Clipboard. Могу ли я воспользоваться интерфейсом IDataObject для передачи данных в буфер обмена?

О: Да. Вызвав функцию RegisterClipboardFormat, вы можете использовать возвращаемое целое значение в качестве дескриптора в своей реализации IDataObject. Поскольку формат данных — ваш собственный, вы можете найти целесообразным передавать данные непосредственно с помощью IDataObject, а не в буфере обмена. Как только потребитель получает доступ к интерфейсу IDataObject, он может передавать данные методами GetData и SetData, совершенно не нуждаясь в операциях Clipboard.

В: Каким образом функции OleSetClipboard и OleGetClipboard непосредственно взаимодействуют с буфером обмена?

О: Они не взаимодействуют с буфером обмена напрямую. На самом деле OLE создает скрытое окно, которое принимает все сообщения, имеющие отношение к обмену данными через Clipboard (например, сообщения WM_RENDERFORMAT) и производит соответствующие вызовы функций GetData и SetData. Чтобы создать такое окно, необходимо вызвать функцию OleInitialize, которая и возьмет на себя всю необходимую работу.

Семинар

Опрос

1. Какая информация содержится в поле tymed?
2. Когда необходимо вызывать функцию ReleaseStgMedium?
3. В чем разница между методами GetData и GetDataHere?
4. Как уничтожить экземпляр IEnumFORMATETC, созданный вызовом OleStdEnumFmtEtc_Create?

Упражнения

1. Напишите программу, вводящую GUID в буфер обмена.
2. Напишите реализацию команд copy и paste, используя механизмы OLE.

Ответы к опросу

1. Поле tymed определяет тип носителя, посредством которого осуществляется передача данных. Это дает возможность объекту узнать, используется ли для этой цели глобальная память или же файл.
2. Когда вы получаете доступ к структуре STGMEDIUM, вам может понадобиться очистить данные. Однако способ очистки данных изменяется в зависимости от того, какой носитель используется. Функция ReleaseStgMedium определяет корректную процедуру очистки данных.
3. Если применяется метод GetData, потребитель будет запрашивать тип носителя, хотя выделять носитель будет сервер. Если потребитель использует метод GetDataHere, то он же будет производить выделение носителя, который сервер будет только использовать.
4. Поскольку данный интерфейс является стандартным объектом OLE, он будет уничтожен (x->Release()), когда все ссылки на него будут освобождены.

Ответы к упражнениям

Ответы представлены на диске с исходными текстами.

День 10

Уведомления

В предыдущий день вы научились пользоваться методами IDataObject, чтобы помещать данные в объект и извлекать их из него. Такая процедура пригодна, если сам обмен данными происходит эпизодически или же сами данные редко изменяются (или не изменяются вообще). В реальных ситуациях такого, как правило, не случается. В большинстве случаев приложение должно быть уведомлено о том, что данные изменились, чтобы при их получении можно было быть уверенным, что копия данных является свежей. Допустим, вы работаете с приложением, которое в реальном времени строит диаграммы различных процессов, происходящих на фондовом рынке. Ваша диаграмма нуждается в обновлении всякий раз, когда цены на акции интересующих вас компаний претерпевают изменения. Интерфейс IDataObject содержит в себе методы, которые позволяют уведомлять объект об изменениях в данных. Применение этих методов оказывается достаточно простым. Для начала мы кратко рассмотрим механизм DDE.

DDE

В Windows имеется возможность осуществлять *динамический обмен данными* (DDE), который может происходить в реальном масштабе времени. В общих словах, DDE является протоколом, который передает сообщения, поступающие от одного приложения другому, причем обмен производится через глобальную память. DDE, наряду с обменом данными посредством Clipboard и разделяемой памяти, рассматривается как один из механизмов взаимодействия между процессами в 16-разрядных приложениях Windows. В OLE 1 именно DDE использовался в качестве основного средства взаимодействия процессов. OLE 2 использует в качестве базового метода процедуру формировки. В Windows 3.1 применяется упрощенный вызов процедур (LRPC). Операционные системы Windows 95 и Windows NT используют для этой цели реализованный фирмой Microsoft вариант удаленного вызова процедур (MS RPC), который будет применяться и в последующих версиях, причем будет возможным взаимодействие с удаленными машинами.

Основным недостатком, присущим механизму динамического обмена, является то, что данные обычно передаются через глобальную память. Когда программа-потребитель данных требует данные у сервера, она помещает запрос в глобальную память и передает его серверу. Тот, в свою очередь, рассматривает запрос, и если он может его удовлетворить, то запрошенная информация возвращается потребителю, также в глобальной памяти. Проблема состоит в том, что при пересылке больших объемов информации может потребоваться несколько запросов, чтобы переправить все данные. Из предыдущей главы вы знаете, что OLE свободно от таких ограничений. В OLE 2 вы возвращаете данные, используя любую пригодную для них промежуточную среду (носитель). Если объем данных сравнительно невелик, можно передать их и через глобальную память, но для передачи большего объема данных вы можете использовать структурированное хранилище.

Другим недостатком метода DDE является довольно сложный протокол. При использовании этого метода программа-потребитель должна инициировать диалог с сервером. Для этого потребитель сначала посылает серверу сообщение WM_DDE_INITIATE, в котором указывает, какие данные ему нужны. Сервер, со своей стороны, отвечает на запрос, и между ними начинается диалог. Сам диалог представляет из себя серию сообщений типа WM_DDE_REQUEST и WM_DDE_ASK, передающихся в том и другом направлении между двумя программами, и сообщений WM_DDE_DATA собственно для передачи данных. Этот диалог может быть чрезвычайно сложным, так как управление им происходит на весьма низком уровне. Библиотека управления динамическим обменом данными (DDEML — Dynamic Data Exchange Management Library), введенная в Windows 3.1, позволяет программировать обмен данными посредством DDE более просто благодаря добавлению к DDE слоя функций более высокого уровня. Диалог DDE по большей части может контролироваться посредством DDEML, но сам обмен все равно происходит через глобальную память.

Одним из неоспоримых преимуществ диалога DDE является возможность устанавливать так называемые холодные (cold), теплые (warm) и горячие (hot) связи. *Холодная связь* — это диалог, в котором потребитель запрашивает данные, а сервер их предоставляет. Как отмечалось в предыдущих главах, IDataObject является примером холодной связи в OLE 2.

Теплая связь возникает в том случае, когда потребитель запрашивает данные и в то же время говорит серверу о том, что желает получать сообщения об изменениях в затребованных данных. Потребитель не требует посылать сами данные, а хочет лишь получить уведомление об их изменении. При использовании этого метода потребитель будет знать, что данные изменились и что его собственная копия данных отличается от копии сервера, но он может отложить получение новых данных до того момента, когда они ему действительно будут нужны.

Горячая связь имеет место в том случае, когда программа-потребитель требует от сервера посылки новых данных всякий раз, когда данные изменяются. Это гарантирует, что потребитель и сервер все время будут иметь одинаковые копии данных (хотя у потребителя данные будут появляться с некоторой задержкой).

Снова *IDataObject*

В главе 9 вы видели, как устанавливаются холодные связи между двумя приложениями. Сначала программа-потребитель получает доступ к интерфейсу IDataObject и, с помощью методов GetData или GetDataHere, может запросить данные у сервера. В отличие от того, что происходит в DDE, клиент не может запросить определенную порцию данных, а может запросить лишь объект. Если сервер создает объект для каждой порции имеющихся у него данных, то потребителю нужно только получить доступ к интерфейсу IDataObject для конкретного объекта и затем извлечь данные. Прежде чем мы с вами начнем рассматривать теплые и горячие связи, давайте поближе познакомимся с холодными связями.

Холодные связи

В примере, представленном в главе 9, вы в действительности не создавали объекта, а просто реализовали интерфейс IDataObject. В том примере такой метод работал, но для организации холодной связи его использовать нельзя. В OLE для осуществления коммуникации между потребителем и сервером последний должен иметь фабрику класса. Чтобы ваше приложение использовало фабрику класса, необходимо определенным образом модифицировать код.

Во 2-й день говорилось, что для реализации фабрики класса вам нужно определить класс, показанный в листинге 10.1. Этот класс фабрики и будет использоваться для создания ваших объектов.

Листинг 10.1. Определение фабрики класса.

```
CLASS COleDay10AClassFactory : public IClassFactory
{
 protected:
   ULONG   m_refs;
 public:
   COleDay10AClassFactory(void)  {m_refs = 0;}
   ~COleDay10AClassFactory(void) {;}

   STDMETHOD(QueryInterface)(REFIID riid,void FAR* FAR* ppv);
```

```
   STDMETHOD_(ULONG,AddRef)(void);
   STDMETHOD_(ULONG,Release)(void);

   STDMETHODIMP   CreateInstance(IUnknown FAR  *pUnkOuter, REFIID riid,
                                 void FAR* FAR* ppv);
   STDMETHODIMP   LockServer(BOOL fLock);

   static IClassFactory FAR *Create();
};
```

Анализ

В листинге 10.1 показано описание класса, порожденного от класса IClassFactory. Фабрика класса должна реализовать интерфейс IUnknown (с методами QueryInterface, AddRef и Release), метод CreateInstance и метод LockServer. В заголовок также включен конструктор объекта C++, который просто устанавливает счетчик ссылок на нуль (m_refs = 0), и деструктор, не выполняющий никаких действий. Наконец, имеется вспомогательная функция Create, которая будет вызываться, когда потребуется создать объект вашей фабрики класса.

При написании фабрики класса вы можете использовать код, представленный в листинге 10.2. Это тот же самый код, который демонстрировался в главе 2 при обсуждении реализации фабрики класса.

Листинг 10.2. Реализация фабрики класса

```
//Class Factory create method.  This method is responsible for
//creating the class factory
IClassFactory FAR* COleDay10AClassFactory::Create()
{
    COleDay10AClassFactory FAR* pCF;

    // if we could not create the class factory we'll return
    //  NULL so the caller knows that something went wrong
    if ((pCF = new FAR COleDay10AClassFactory()) == NULL)
        return NULL;

    //The class factory was created so let's addref it since we are
    //passing the interface the class factory back to the caller
    pCF->AddRef();
    return pCF;
}

//Standard implementation of Query Interface within the clas factory
//Remember, the class factory Query Interface only supports IUnknown and
// IClassFactory, it does not support or return any interfaces to the objects
// which it creates.
STDMETHODIMP COleDay10AClassFactory::QueryInterface(REFIID riid,
                                          void FAR* FAR* ppv)
{
    if (riid != IID_IUnknown){
        if (riid != IID_IClassFactory){
            *ppv = NULL;
            return ResultFromScode(E_NOINTERFACE);
        }
    }

    *ppv = this;
    ++m_refs;
    return NOERROR;
}

//Standard implementation of AddRef, just incrementing our reference count
STDMETHODIMP_(unsigned long) COleDay10AClassFactory::AddRef(void)
{
    return ++m_refs;
}
```

Листинг 10.2. продолжение

```
//Standard implementation of Release, decrementing our reference count
// and deleting the class factory if the reference count is zero
STDMETHODIMP_(unsigned long) COleDay10AClassFactory::Release(void)
{
   if (--m_refs == 0){
        delete this;
        return 0;
   }
   return m_refs;
}

//An implementation of CreateInstance which does not support object aggregation
//If everything is successful, thie method will return the requested
// interface on the newly created object
STDMETHODIMP COleDay10AClassFactory::CreateInstance(
                IUnknown FAR* /* punkOuter */, REFIID iid,
                void FAR* FAR* ppv)
{
        HRESULT hresult;
        COleDay10AObject FAR* pOleDay10AObject;

        // Create the object.  If you cannot, return E_OUTOFMEMORY
        if ((pOleDay10AObject = COleDay10AObject::Create()) == NULL){
            *ppv = NULL;
            return ResultFromScode(E_OUTOFMEMORY);
        }

        //The object was created, so get the requested interface.
        //The requested interface will be returned in ppv
        hresult = pOleDay10AObject->QueryInterface(iid, ppv);
        pOleDay10AObject->Release();

        //Return the result code of the QueryInterface
        return hresult;
}

//Unimplemented method.
//We would implement this method if we needed to keep the ClassFactory
//in memory by application control for performance

STDMETHODIMP COleDay10AClassFactory::LockServer(BOOL /* flock */)
{
    return NOERROR;
}
```

Анализ

Хотя данная реализация обсуждалась в главе 2 («IUnknown, IClassFactory»), мы все же проанализируем некоторые моменты. Метод Create — вспомогательная функция, которая не входит собственно в IClassFactory, но вы используете ее при создании фабрики класса. Эта функция, как можно видеть, объявлена как статическая, так что существует всего один ее экземпляр для всех созданных объектов. Кроме того, ее можно вызывать до того, как появится какой-либо объект класса IClassFactory. Это важно, поскольку ваше приложение вызывает метод Create с целью создания фабрики класса. Как только метод Create создал объект, он вызывает для вновь созданного объекта функцию AddRef, которая увеличивает счетчик ссылок.

Метод QueryInterface поддерживает только интерфейсы IUnknown и IClassFactory и возвращает E_NOINTERFACE, если требуется какой-либо другой интерфейс. Метод Release, в противоположность методу AddRef, уменьшает счетчик ссылок на единицу. В том случае, если счетчик уже нулевой, Release уничтожает объект. Метод фабрики класса CreateInstance создает объект, реализующий интерфейс IDataObject (COleDay10AObject), вызывая метод объекта Create. И, наконец, метод LockServer всегда возвращает NOERROR, так как объект не остается в оперативной памяти, если нет ссылок на класс COleDay10AObject.

После реализации фабрики класса вам необходимо сделать некоторые изменения в вашем объекте. Прежде всего вам нужно определить функцию COleDay10AObject::Create, вызываемую фабрикой при создании объекта. Помните, что Create не является необходимым элементом IDataObject (от которого порождается COleDay10AObject), поэтому вы можете назвать этот метод любым именем, которое вам нравится. Листинг 10.3 показывает реализацию метода Create класса COleDay10AObject.

Листинг 10.3. COleDay10AObject::Create.

```
COleDay10AObject FAR* COleDay10AObject::Create()
{
     COleDay10AObject   FAR* pOleDay10AObject;

//If the object already exists, give them the interface
// to the existing object
     if (pDay10AObject != NULL){
        pDay10AObject->AddRef();
        return pDay10AObject;
        }

     if ((pOleDay10AObject =
        new FAR COleDay10AObject()) == (COleDay10AObject FAR*)NULL)
            return (COleDay10AObject FAR*)NULL;
    pOleDay10AObject->AddRef();

    LPDATAOBJECT pIDataObject;
    pOleDay10AObject->QueryInterface(IID_IDataObject,
                      (void FAR * FAR*)&pIDataObject);

    HANDLE  hGuid = GlobalAlloc(GHND,50);
    char FAR *pstr = (char FAR *)GlobalLock(hGuid);
    lstrcpy(pstr,"<Empty>");
    GlobalUnlock(hGuid);

//Now that we have our GUID in global memory, we can give
//it to the DataObject, but first we need to set up
//the FORMATETC and STGMEDIUM structures so we can call SetData
    FORMATETC formatetc;
    STGMEDIUM medium;

//We are telling the FORMATETC structure that this is a CF_TEXT in
//global memory.
    formatetc.cfFormat = CF_TEXT;
    formatetc.dwAspect = DVASPECT_CONTENT;
    formatetc.ptd      = NULL;
    formatetc.tymed    = TYMED_HGLOBAL;
    formatetc.lindex   = -1;

//We are telling STGMEDIUM that this is a global memory handle
//and then we are assigning our data to this handle.  Since we
//are passing NULL for pUnkForRelease, SetData can be responsible
//for freeing the memory.
    medium.tymed          = TYMED_HGLOBAL;
    medium.hGlobal        = hGuid;
    medium.pUnkForRelease = NULL;

//We are passing the information to SetData and explicitly telling
//it that it is responsible for freeing the memory (because the
//third parameter is true)
    pIDataObject->SetData(&formatetc, &medium, TRUE);
    pIDataObject->Release();

    pDay10AObject = pOleDay10AObject;
    return pOleDay10AObject;
}
```

Анализ

Первые строки определения метода COleDay10AObject::Create содержат проверку, не существует ли уже объект COleDay10AObject. Для этого глобальный указатель pDay10AObject сравнивается с NULL. Если pDay10AObject равен NULL, то объекта не существует, и он должен быть создан. В противном случае увеличивается счетчик ссылок на объект (путем вызова AddRef). Такой метод позволяет вам производить некоторые манипуляции с механизмом OLE. В данном примере ваше приложение создает окно, в котором пользователь может выбирать команды copy и paste, демонстрирующие, как с помощью OLE производятся операции копирования и вставки. Другое приложение запрашивает объект у вашей фабрики класса и получает уже существующий объект, если таковой имеется. Использование существующего объекта позволяет новому потребителю увидеть уже имеющиеся в нем данные.

Если объект не существует, создайте объект и поместите в него строку <Empty>, чтобы в нем имелись какие-нибудь данные. Данные объекту присвойте при помощи SetData, как это уже делалось в главе 9.

В IDataObject имеется еще всего одно изменение, касающееся метода Release (см. листинг 10.4).

> ***Замечание.*** Ваше приложение будет удалено из памяти, если счетчик ссылок равен нулю. Если вы вызываете для фабрики класса метод LockServer, такое поведение может вам не подходить. Если этому методу ранее было послано TRUE, значит, приложение требует, чтобы сервер оставался в памяти, пока им не будет получено значение FALSE. Вы можете реализовать ваш сервер так, чтобы запрос на фиксацию сервера удовлетворялся и удалять приложение из памяти только когда LockServer получает FALSE и никаких объектов в данный момент не существует.

Листинг 10.4. Реализация COleDay10AObject::Release.

```
// Fairly standard implementation of Release
// Since this is not an aggregate object, we can decrement our
// own reference counter.  We also delete the object upon completion
// but we do not terminate the application.  Since we are also
// responsible for COleDay10ADataObject and share it's Release
// we will destroy it as well.
//
STDMETHODIMP_(ULONG)COleDay10AObject::Release()
{
    if(--m_refs == 0)
    {
    if (((COleDay10ADataObject*)m_pIDataObject)->m_pIAdvHolder != NULL)
        ((COleDay10ADataObject*)m_pIDataObject)->m_pIAdvHolder->SendOn-
DataChange(((COleDay10ADataObject*)m_pIDataObject),0,ADVF_DATAONSTOP);
//Lets free the Global memory we used to store our internal version
//of the GUID.
    if (((COleDay10ADataObject*)m_pIDataObject)->hGuid)
        GlobalFree(((COleDay10ADataObject*)m_pIDataObject)->hGuid);
//Now we can delete our IDataObject
    delete m_pIDataObject;
//And now we can delete this object (which was created in Day10A.CPP)
    delete this;
    pDay10AObject = NULL;

    extern HWND MyApphWnd;
    PostMessage(MyApphWnd,WM_CLOSE,0,0);

    return 0;
    }
    return m_refs;
}
```

Анализ

Метод Release, определенный в листинге 10.4, при вызове уменьшает значение счетчика ссылок. В том случае, когда значение счетчика равно нулю, Release выполняет определенные процедуры очистки. Освобождается область глобальной памяти, которая была выделена методом Create. Если в методе Release не очистить выделенную память, то она останется зарезервированной, даже если приложение завершит работу (если вы работаете не в Windows NT). Метод Release затем освобождает указатель на интерфейс, что заставляет IDataObject также совершить некоторые процедуры очистки. Как только указатель на IDataObject удален, Release посылает сообщение WM_CLOSE главному окну приложения и приложение заканчивает свою работу. Если приложение не завершается, когда счетчик ссылок равен нулю, ваш объект остается активным, пока пользователь явно его не закроет.

Теперь вам надо сделать некоторые изменения в функции WinMain (см. листинг 10.5). Используя такой вариант WinMain, вы можете зарегистрировать вашу фабрику класса, чтобы OLE было известно о том, что приложение уже запущено. Вы также экспортируете дескриптор окна, чтобы метод Release знал, куда послать сообщение WM_CLOSE. Поскольку теперь ваш объект является доступным объектом OLE, вам необходим CLSID для регистрации объекта, чтобы его можно было найти.

Листинг 10.5. Реализация WinMain для объекта Day 10.

```
COleBase*   pOleBase;           // Used to initialize OLE
COleDay10AObject *pDay10AObject;  // Used to create our IDataObject
IClassFactory FAR *gpOleDay10AClassFactory;
DWORD              gdwOleDay10AClassFactory;
DWORD              gdwRegister;
char              gszExeName[_MAX_PATH];
HWND              MyApphWnd;

//
//Main window creation
//In addition, this routine initializes OLE
//and creates our simple IDataObject
//
int PASCAL WinMain(HINSTANCE hInstance, HINSTANCE hPrevInst, LPSTR cmdline,
                   int show)
{
    HWND        hWnd;
    MSG         msg;
    WNDCLASS    wndcls;
    static  char    szAppName[] = "Day10A";
    HRESULT     hresult;

    pDay10AObject = NULL;

//Make sure we have a large enough message queue for OLE
    int iMsgQueSize = 96;
    while ((SetMessageQueue(iMsgQueSize) == 0) && (iMsgQueSize>0))
        iMsgQueSize -= 8;
    if (iMsgQueSize < 0)
        return FALSE;

//Create and register our Window class
    if (hPrevInst == NULL){
        wndcls.style        = CS_HREDRAW | CS_VREDRAW;
        wndcls.lpfnWndProc  = WndProc;
        wndcls.cbWndExtra   = 0;
        wndcls.cbClsExtra   = 0;
        wndcls.hInstance    = hInstance;
        wndcls.hIcon        = LoadIcon(hInstance, szAppName);
        wndcls.hCursor      = LoadCursor(NULL, IDC_ARROW);
        wndcls.hbrBackground= (HBRUSH)(COLOR_WINDOW+1);
        wndcls.lpszMenuName = szAppName;
        wndcls.lpszClassName= szAppName;
```

Листинг 10.5. продолжение

```
    if (!RegisterClass(&wndcls))
        return FALSE;
    }

//Register with OLE by creating COleBase
    pOleBase = new COleBase;
//Make sure that the initialization was OK
    if (pOleBase->InitDone != IDS_OLE_INITIALIZED){
        MessageBox(NULL,"OLE Initialization failed","OLE Error",MB_OK);
        return FALSE;
    }

//We can now create and display our window
    hInst = hInstance;
    hWnd = CreateWindow(szAppName,
                        "OLE 2.0 In 21 Days - Day 10A",
                        WS_OVERLAPPEDWINDOW | WS_SYSMENU,
                        0,
                        0,
                        400,
                        200,
                        NULL,
                        NULL,
                        hInst,
                        NULL);
    ShowWindow(hWnd,show);
    UpdateWindow(hWnd);
    MyApphWnd = hWnd;
    GetModuleFileName(hInstance,gszExeName,_MAX_PATH);

    while (*cmdline != 0){
        if (*cmdline == '-' || *cmdline == '/'){
            if (_fstrnicmp(cmdline+1,"reg",3) == 0){
                cmdline +=4;
                AddRegKeys();
                MessageBox(NULL,"Registration entries added","Day10A",MB_OK);
            }
            else if (_fstrnicmp(cmdline+1,"unreg",5) == 0){
                cmdline += 4;
                DeleteRegKeys();
                MessageBox(NULL,"Registration entries removed","Day10A",MB_OK);
            }
        }
        cmdline++;
    }

//Register our class factory
    gpOleDay10AClassFactory = COleDay10AClassFactory::Create();
    if (gpOleDay10AClassFactory != NULL){
        hresult = CoRegisterClassObject(CLSID_OleDay10AObject,
                                        gpOleDay10AClassFactory,
                                        CLSCTX_LOCAL_SERVER,
                                        REGCLS_MULTIPLEUSE,
                                        &gdwOleDay10AClassFactory);

        if (FAILED(hresult)){
            MessageBox(NULL,"Could not register object","Day10A",MB_OK);
            return FALSE;
            }
    }

    UpdateTextWindow(hWnd);
//Normal windows processing
    while (GetMessage(&msg, NULL, 0, 0)) {
        TranslateMessage(&msg);
        DispatchMessage(&msg);
    }
```

```
//Flush the clipboard in case we left something on it
  ::OleFlushClipboard();
//  Use OleSetClipboard(NULL) if you want to remove the clipboard
//   data from Memory or Use OleFlushClipboard to keep the data available
//   and continue to use Global Memory
//     ::OleSetClipboard(NULL);

    gpOleDay10AClassFactory->Release();
    CoRevokeClassObject(gdwOleDay10AClassFactory);

//Release/Uninitialize OLE
    delete pOleBase;
    return msg.wParam;
}
```

Анализ

Когда вы реализовали функцию WinMain из главы 9, то вам не требовалось никакой проверки параметров командной строки. Вы также не регистрировали ваш объект в OLE. В определении функции WinMain согласно листингу 10.5 вы проверяете полученную строку на наличие параметров /reg и /unreg. Если командная строка содержит ключ /reg, приложение будет регистрировать объект в базе данных регистрации, а если присутствует ключ /unreg, соответствующая информация будет удалена из базы данных.

После обработки командной строки создается фабрика класса при помощи вызова COleDay10AClassFactory::Create. При успешном создании метод Create возвращает указатель фабрики класса, который используется для регистрации объекта в OLE. После этого OLE сможет создавать.

Вы могли заметить, что хотя вы получаете указатель вашей фабрики класса, вы не освобождаете его, пока приложение не завершится. Это не похоже на предыдущие реализации, где вы получали фабрику класса, создавали объект и освобождали свою фабрику класса. Мы использовали новый метод по двум причинам. Во-первых, вам не нужно снова получать интерфейс, когда потребуется создать объект, так как вы больше не создаете объект в функции WinMain. Во-вторых, что более существенно, если вы реализовали метод LockServer, ваше приложение может закончить работу, когда нет ссылок на IDataObject или на фабрику класса. Если вы освободите интерфейс фабрики класса, то ссылок на нее больше не будет и, поскольку вы не создаете объект, приложение может завершиться. Сохраняя интерфейс фабрики класса, вы можете быть уверены, что приложение не закончит работу (если реализована логика LockServer).

Поскольку ваше приложение является теперь приложением с объектом OLE, оно должно быть зарегистрировано в базе данных. Используя листинг, представленный в главе 5, вы можете ввести в базу данных регистрационную информацию программно. Поскольку данное приложение не является автоматным, регистрация упрощается.

Листинг 10.6. Процедуры регистрации.

```
//OLE registration routines

#ifndef STRICT
#define STRICT
#endif

#include <windows.h>
#include <shellapi.h>
#include <string.h>
#include <stdlib.h>

//A helper routine to place data into the registration database
static  void    AddRegKeysHelper(char *iszSubKey, char *iszValue)
{
```

Листинг 10.6. продолжение

```
    static  char    szValue[200];
    static  char    szSubKey[100];
    strcpy(szSubKey,iszSubKey);
    strcpy(szValue,iszValue);
    RegSetValue(HKEY_CLASSES_ROOT, szSubKey,
      REG_SZ, szValue, sizeof(szValue));
}

//A routine to add data into the registration database for OLE
void    AddRegKeys(void)
{
    HKEY    hKey;
    static  char    szCLSID[] = "CLSID";
    char    szAppString[_MAX_PATH + 20];
    extern  char    gszExeName[_MAX_PATH];

    hKey = NULL;
    strcpy(szAppString,gszExeName);

    RegOpenKey(HKEY_CLASSES_ROOT, szCLSID, &hKey);

    AddRegKeysHelper(
      "CLSID\\{0002A409-0000-0000-C000-000000000046}",
      "OLE Day 10A Test Application");
    AddRegKeysHelper(
      "CLSID\\{0002A409-0000-0000-C000-000000000046}\\LocalServer",
      szAppString);

    RegCloseKey(hKey);
}

void    DeleteRegKeys(void)
{
    HKEY    hKey;
    static  char    szCLSID[] = "CLSID";

    hKey = NULL;

    RegOpenKey(HKEY_CLASSES_ROOT, szCLSID, &hKey);
    RegDeleteKey(HKEY_CLASSES_ROOT,
      "CLSID\\{0002A409-0000-0000-C000-000000000046}");
    RegDeleteKey(HKEY_CLASSES_ROOT,
      "CLSID\\{0002A409-0000-0000-C000-000000000046}\\LocalServer");

    RegCloseKey(hKey);
}
```

Анализ

Если вы посмотрите на функции AddRegKeys и DeleteRegKeys, то увидите, что они существенно меньше, чем в предыдущей реализации. Когда мы с вами в 5-й день писали процедуры регистрации, добавлялся код, необходимый для OLE-автоматизации. Поскольку ваше настоящее приложение только реализует объект, большая часть регистрационных данных не требуется; на самом деле необходимы только два пункта. Первый из них ассоциирует ваш объект с текстовым именем, чтобы вы могли найти его с помощью OLE2View. Это имя также появится в диалоговом окне Insert Object, когда в главе 12 будет создаваться внедряемый объект. Второй пункт определяет локальный сервер, что позволяет OLE запустить его, если кто-либо затребует ваш объект в тот момент, когда приложение не запущено.

В главе 8, когда вы создавали меню, команда paste была все время доступной, даже в том случае, когда данные для вставки отсутствовали. Листинг 10.7 показывает новую функцию WndProc, которая управляет созданием объекта по требованию пользователя и при этом активирует команду вставки только в том случае, если в буфере обмена находятся текстовые данные.

Листинг 10.7. Реализация WndProc.

```
//Windows Procedure to handle the menu commands
LONG FAR PASCAL EXPORT WndProc(HWND hWnd, UINT msg,
                               WPARAM wParam, LPARAM lParam)
{
    PAINTSTRUCT ps;
    static FARPROC lpfnDlgProc;
    LPDATAOBJECT pIDataObject;
    LPDATAOBJECT pMyIDataObject;
    FORMATETC   fe;
    STGMEDIUM   stm;

    switch (msg){
    case WM_PAINT:
        BeginPaint(hWnd, &ps);
        UpdateTextWindow(hWnd);
        EndPaint(hWnd,&ps);
        return 0;
    case WM_INITMENUPOPUP:
        if (lParam == 1){
            if (pDay10AObject == NULL){
                EnableMenuItem((HMENU)wParam,ID_EDIT_COPY,MF_GRAYED);
                EnableMenuItem((HMENU)wParam,ID_EDIT_PASTE,MF_GRAYED);
                EnableMenuItem((HMENU)wParam,ID_EDIT_NEWOBJECT,MF_ENABLED);
             } else {
                EnableMenuItem((HMENU)wParam,ID_EDIT_COPY,MF_ENABLED);
                if (CanPaste())
                    EnableMenuItem((HMENU)wParam,ID_EDIT_PASTE,MF_ENABLED);
                else
                    EnableMenuItem((HMENU)wParam,ID_EDIT_PASTE,MF_GRAYED);
                EnableMenuItem((HMENU)wParam,ID_EDIT_NEWOBJECT,MF_GRAYED);
             }
        return 0;
        }
        break;
    case WM_COMMAND:
        switch (wParam){
        case ID_FILE_EXIT:
             pDay10AObject->Release();
            break;
        case ID_EDIT_COPY:
            pDay10AObject->QueryInterface(IID_IDataObject,
                                 (void FAR * FAR*)&pIDataObject);
//In the real world, you should check the return code from QueryInterface
//to make sure that all is well.  Since this is a demonstration program
//we know that all is well

//Let's send the data in the object onto the clipboard
//use IDataObject to send data to the clipboard
           OleSetClipboard(pIDataObject);

//Don't forget to release the interface which was
//obtained from QueryInterface
            pIDataObject->Release();
            InvalidateRect(hWnd,NULL,TRUE);
            UpdateTextWindow(hWnd);
            break;
        case ID_EDIT_PASTE:
            if (FAILED(OleGetClipboard(&pIDataObject)))
                break;  //No valid interface
            SETDEFAULTFORMATETC(fe,CF_TEXT,TYMED_HGLOBAL);
            if (SUCCEEDED(pIDataObject->GetData(&fe, &stm))){
                pDay10AObject->QueryInterface(IID_IDataObject,
                     (void FAR * FAR*)&pMyIDataObject);
                pMyIDataObject->SetData(&fe, &stm, TRUE);
                ReleaseStgMedium(&stm);
                pMyIDataObject->Release();
            }
```

Листинг 10.7. продолжение

```
//Don't forget to release the interface which was
//obtained from QueryInterface
            pIDataObject->Release();
            InvalidateRect(hWnd,NULL,TRUE);
            UpdateTextWindow(hWnd);
            break;
        case ID_EDIT_NEWOBJECT:
            if (pDay10AObject == NULL){
                gpOleDay10AClassFactory->CreateInstance(NULL,
                    IID_IUnknown,(void FAR* FAR*)&pDay10AObject);
            }
            break;
        case ID_INFO_INITIALIZE:
            lpfnDlgProc = MakeProcInstance((FARPROC)InitDlgProc,hInst);
            DialogBox(hInst,MAKEINTRESOURCE(IDD_INITIALIZE),
                      hWnd,(DLGPROC)lpfnDlgProc);
            return 0;
        case ID_HELP_ABOUT:
            lpfnDlgProc = MakeProcInstance((FARPROC)AboutDlgProc,hInst);
            DialogBox(hInst,MAKEINTRESOURCE(IDD_ABOUT),hWnd,(DLGPROC)lpfnDlgProc);
            return 0;
        }
        return 0;
    case WM_DESTROY:
        PostQuitMessage(0);
        return 0;
    }
    return DefWindowProc(hWnd, msg, wParam, lParam);
}
```

Анализ

В функции WndProc обрабатывается сообщение WM_INITMENUPOPUP, и если пользователь остановил курсор на пункте Edit, происходит специальная обработка команд меню, относящихся к обмену данными через Clipboard. Если объект IDataObject еще не инициализирован, пункт меню Copy неактивен, так как еще нет данных для копирования, а New Object, наоборот, активен. Если же объект IDataObject уже был создан, команда Copy будет активной, а New Object — неактивной. Команда Paste будет активной, если CanPaste возвращает значение TRUE.

Листинг 10.8 показывает реализацию CanPaste.

Листинг 10.8. CanPaste.

```
BOOL    CanPaste(void);

//This routine determines whether there is any usable data
// in the clipboard
BOOL    CanPaste(void)
{
    LPDATAOBJECT     pIDataObject;
    FORMATETC        fe;

// Is there any data in the clipboard? If no data return FALSE
    if (FAILED(OleGetClipboard(&pIDataObject)))
        return FALSE;
// We only consider data usable if its text data in global memory
// since that's all our SetData implementation supports
    SETDEFAULTFORMATETC(fe,CF_TEXT,TYMED_HGLOBAL);
    HRESULT hresult = pIDataObject->QueryGetData(&fe);
// Don't forget to release the interface we received
// from OleGetClipboard
    pIDataObject->Release();
// If QueryGetData returned NOERROR then there's data we can use
    if (hresult == NOERROR)
        return TRUE;
```

```
// Out of luck, no usable data
    return FALSE;
}
```

Анализ

Эта функция использует OleGetClipboard для получения IDataObject для данных, находящихся в буфере обмена. Если в Clipboard нет данных, вызов заканчивается неудачно и CanPaste возвращает FALSE. В противном случае CanPaste проверяет, являются ли эти данные текстовыми данными в глобальной памяти, и если это так, CanPaste возвращает TRUE; если эти условия не выполнены, возвращается FALSE.

После всех этих изменений ваше приложение готово и будет теперь поддерживать холодные связи. При первом его запуске убедитесь, что используется ключ командной строки /reg для проведения необходимой регистрации, которая позволит OLE находить ваш сервер.

Для поддержки теплых и горячих связей вам необходим механизм, обеспечивающий посылку уведомлений об изменении данных. Класс IDataObject предоставляет такой механизм посредством методов DAdvise, DUnAdvise и EnumDAdvise.

DAdvise

Метод DAdvise указывает серверу, что программа-потребитель желает получить уведомление. При вызове метода потребитель сообщает серверу формат FORMATETC, в котором он хочет получить уведомление, тип уведомления, а также интерфейс AdviseSink (приемник сообщений), который должен использоваться для возвращаемой информации. Потребитель должен реализовать AdviseSink, чтобы прием данных был возможен (подробнее об этом интерфейсе далее).

Так как потребитель специфицирует формат FORMATETC получаемых данных, сервер может оказаться не в состоянии выполнить запрос. Если сервер не поддерживает требуемый формат, он возвращает DATA_E_FORMATETC. В противном случае он устанавливает связь (соединение) и возвращает его номер. Программа-потребитель использует этот номер, чтобы отменить запрос.

Потребитель отвечает также за определение типа уведомления, которое он хочет получить. Если он передает методу DAdvise значение ADF_NODATA, это значит, что запрашивается теплая связь, при которой сервер информирует клиента только об изменениях в данных, но не передает сами данные. Потребитель должен в этом случае запросить данные, как только они ему понадобятся. К сожалению, он не может получить данные, просто вызвав функцию GetData.

OLE 2 не поддерживает синхронных вызовов внутри асинхронных методов. Другими словами, при определенных условиях ваш потребитель не может вызвать GetData в процессе обработки уведомления. Если ваш сервер реализован как локальный (как EXE-модуль), потребитель не может послать серверу запрос о данных из-за особенностей реализации LRPC. Если ваш сервер организован в виде модуля DLL, это ограничение отсутствует, поскольку в этом случае общение между сервером и потребителем осуществляется не при помощи LRPC.

Хотя потребитель может выставить флаг ADF_NODATA, сервер может игнорировать этот факт и вернуть вместе с уведомлением сами данные. Программа-потребитель должна убедиться, что значение поля tymed равно TYMED_NULL, что является признаком того, что сервер посылает только уведомление. Если значение поля tymed отлично от указанного, сервер возвращает данные. Потребитель может их использовать, но должен скопировать данные, поскольку они действительны только в течение вызова.

Если потребитель передает в DAdvise ADVF_PRIMFIRST, сервер посылает данные или уведомление, не дожидаясь изменения данных.

Если потребитель передает значение ADVF_ONLYONCE, это является запросом на разрыв соединения сразу после посылки одного уведомления. В случае, если флаг комбинируется с VF_PRIMFIRST, сервер прекращает связь сразу после того, как данные переданы клиенту независимо от их изменения.

Значение ADVF_DATAONSTOP требует, чтобы сервер послал наличные данные непосредственно перед закрытием связи. Этот флаг имеет смысл только в комбинации ADVF_NODATA, потому что другие флаги вызывают передачу данных, и к моменту закрытия они уже будут у потребителя. Поскольку флаг ADVF_NODATA предполагает, что у потребителя нет данных, флаг ADVF_DATAONSTOP позволяет ему их получить до того, как связь по каким-либо причинам будет прервана (за исключением GPF или других ошибок программы).

Как в OLE, так и в DDE, если несколько потребителей подсоединяются к одному и тому же серверу, на последний ложится ответственность за управление всеми соединениями. К счастью, OLE предоставляет метод, благодаря которому вам не нужно самим контролировать связь (если, конечно, вы сами не захотите этого). В OLE имеется интерфейс с именем IDataAdviseHolder, который управляет соединениями. Чтобы создать объект IDataAdviseHolder, вы просто вызываете функцию API OLE CreateDataAdviseHolder, которая возвращает этот интерфейс. После этого он может использоваться вашей реализацией DAdvise (см. листинг 10.9). Если вы имеете доступ к интерфейсу IDataAdviseHolder, вы просто вызываете его метод Advise всякий раз, когда вызывается метод DAdvise вашего объекта IDataObject. Таким образом, определение метода DAdvise сводится к трем строкам кода.

Листинг 10.9. DAdvise.

```
//DAdvise implementation using CreateDataAdviseHolder
STDMETHODIMP COleDay10ADataObject::DAdvise(FORMATETC FAR* pFormatetc,
                    DWORD  advf,
                    LPADVISESINK pAdvSink,
                    DWORD FAR* pdwConnection )
{
    if (m_pIAdvHolder == NULL){
        CreateDataAdviseHolder(&m_pIAdvHolder);
    }
    return m_pIAdvHolder->Advise((LPDATAOBJECT)this,pFormatetc,
        advf,pAdvSink,pdwConnection);

}
```

Анализ

Сначала метод DAdvise вызывает QueryGetData, для того чтобы определить, поддерживает ли IDataObject указанный формат. Если требуемый формат не поддерживается, DAdvise возвращает значение DV_E_FORMATETC, чтобы сообщить о том, что уведомляющее сообщение не может быть послано в формате, который не поддерживается интерфейсом IDataObject. После этого DAdvise проверяет, создан ли объект класса IDataAdviseHolder, путем сравнения значения указателя m_pIAdvHolder с NULL. Если указатель равен NULL, то объект не создан и необходимо вызвать функцию CreateDataAdviseHolder. После этого вызов DAdvise передается объекту IDataAdviseHolder.

DUnadvise

Функция DUnadvise отменяет установленный ранее режим уведомления, используя при этом номер соединения, возвращаемый функцией DAdvise. Как и в случае DAdvise, при использовании объекта IDataAdviseHolder DUnadvise просто вызывает его метод Unadvise с номером соединения в качестве параметра (см. листинг 10.10). Как и в случае DAdvise, реализация функции занимает всего три строки.

Листинг 10.10. DUnadvise.

```
//DUnadvise implementation using the OLE implementation of Unadvise
STDMETHODIMP COleDay10ADataObject::DUnadvise(DWORD dwConnection)
{
    if (m_pIAdvHolder == NULL){
        ResultFromScode(E_FAIL);
    }
```

```
    return m_pIAdvHolder->Unadvise(dwConnection);
}
```

Анализ

DUnadvise сначала проверяет, создан ли уже объект IDataAdviseHolder. Если он существует, вызов передается его методу Unadvise. В противном случае возвращается значение E_FAIL.

EnumAdvise

EnumAdvise позволяет программе-потребителю (которая может быть и самим вашим приложением) просмотреть список уведомляющих связей, установленных в данный момент с объектом сервера. Как и в предыдущих двух методах, обработка вызова может передаваться в IDataAdviseHolder (поскольку ему известны все соединения объекта). Листинг 10.11 показывает простую реализацию метода EnumDAdvise.

Листинг 10.11. EnumDAdvise.

```
//EnumDAdvise implementation using the OLE implementation of EnumDAdvise
STDMETHODIMP COleDay10ADataObject::EnumDAdvise(LPENUMSTATDATA FAR*
    ppenumAdvise)
{
    if (m_pIAdvHolder == NULL){
        ResultFromScode(E_FAIL);
    }
    return m_pIAdvHolder->EnumAdvise(ppenumAdvise);
}
```

Анализ

В первую очередь производится проверка на существование объекта IDataAdviseHolder. Если объект еще не создавался, возвращается E_FAIL; в противном случае вызов передается в IDataAdviseHolder.

DLL

Динамически присоединяемые библиотеки будут подробно рассмотрены в главе 12. Тем не менее вам нужно изучить работу внутреннего (Inproc) сервера для объектов, которые используют в IDataObject уведомляющие методы. (Inproc-сервер является сервером OLE, реализованным в виде DLL, а не исполняемого модуля.) Как уже упоминалось, вопрос о реализации сервера становится важен в том случае, если ваш сервер должен посылать уведомление без данных (поскольку потребитель указывает ADVF_NODATA). Вы можете игнорировать флаг ADVF_NODATA и послать данные, что не запрещено спецификацией OLE. Во всяком случае, воплотить сервер в виде DLL весьма несложно. Если вы следили за приводимыми в книге примерами, то должны заметить, что в OLEBASE.CPP были добавлены две функции и был создан один дополнительный исходный файл для LibMain, а остальные исходные файлы больше не используются.

Поскольку вы создаете объект в виде DLL, то должны реализовать функцию LibMain, необходимую во всех динамических библиотеках Win16. Единственным важным действием, которое должна выполнить LibMain, является вызов OleUILockLibrary (см. листинг 10.12). Этот вызов необходим, так как вы используете в своем приложении DLL-версию OLEUI (вызов OleUILockLibrary увеличивает или уменьшает значение счетчика блокировки DLL, чтобы она не была удалена из памяти преждевременно). Если вы не используете OLEUI, вы не должны вызывать эту функцию.

Листинг 10.12. LibMain.

```
//Libmain routine required for 16bit versions of a DLL
#include "olebase.h"

HINSTANCE _DLLhinst;
```

Листинг 10.12. продолжение

```
#ifdef __TURBOC_
extern "C"
int PASCAL FAR LibMain
(
    HINSTANCE   hinst,
    WORD        segDS,
    WORD        cbHeapSize,
    LPSTR       lpCmdLine
)
#else
extern "C"
BOOL PASCAL FAR LibMain
(
    HINSTANCE   hinst,
    HANDLE      segDS,
    UINT        cbHeapSize,
    LPSTR       lpCmdLine
)
#endif
{
    //Save the hinst in case we need it in the future
    _DLLhinst = hinst;

  // Leave our DS unlocked when we're not running
  UnlockData( 0 );

  //Lock the OLEUI library for the use of our application
  OleUILockLibrary(TRUE);

  return TRUE;
}

extern "C" int FAR PASCAL _WEP(int)
{
  //Unlock the OLEUI library since we are finished with it
  OleUILockLibrary(FALSE);

  return 1;
}
```

Анализ

Динамически присоединяемые библиотеки требуют реализации функции LibMain; определение, представленное в листинге 10.12, является стандартным для Windows. Так как вы реализуете операции OLE с помощью OLEUI, требуется вызов функции OleUILockLibrary. DLL также требуется WEP (завершающая процедура окна), и в вашей процедуре WEP также нужен только вызов OleUILockLibrary для разблокирования библиотеки, которую вы заблокировали в функции LibMain. Если OLEUI не используется, то определение WEP должно быть пустым.

Поскольку сервер реализуется как DLL, дополнительно необходимы две процедуры. Функция DllGetClassObject(см. листинг 10.13) используется только в DLL-серверах. В случае, если сервер реализован в виде EXE-файла, используется функция CoRegister-ClassObject, чтобы сообщить OLE о том, какие классы поддерживает тот или иной сервер. DLL должна также включать (и экспортировать) функцию DllGetClassObject.

Листинг 10.13. Реализация DllGetClassObject.

```
//Called from CoGetClassObject if the object's server is implemented
//as a DLL.
//This routine will return an object of the requested ClassID
STDAPI  DllGetClassObject(REFCLSID clsid, REFIID iid, void FAR* FAR* ppv)
{
    IClassFactory FAR * pCF;
```

```
    HRESULT hr;

    *ppv = NULL;
   if (clsid == CLSID_OleDay10BObject)
    {
        pCF = COleDay10BClassFactory::Create();
        if (pCF == NULL) return ResultFromScode(E_OUTOFMEMORY);
        pCF->AddRef();
        hr = pCF->QueryInterface( iid, ppv );
        pCF->Release();
        return hr;
    }
    return ResultFromScode(CLASS_E_CLASSNOTAVAILABLE);
}
```

Анализ

Когда OLE пытается создать объект в DLL-сервере, она вызывает функцию DllGetClassObject и передает ей соответствующий ID класса, запрошенный интерфейс (обычно IID_ClassFactory) и указатель на метод для возвращения требуемого интерфейса. Представленная в листинге 10.13 процедура проверяет, поддерживается ли соответствующий ID класса; если класс поддерживается, то DllGetClassObject создает объект и вызывает его метод QueryInterface. Если DllGetClassObject не поддерживает запрошенный класс (что довольно странно, разве что была допущена ошибка в регистрационных данных), возвращается CLASS_E_CLASSNOAVAILABLE.

Последним методом, который необходимо определить, является метод DllCanUnloadNow, который OLE будет вызывать для выяснения того, может ли DLL быть удалена из памяти. Листинг 10.14 показывает реализацию функции DllCanUnloadNow.

Листинг 10.14. Реализация DllCanUnloadNow.

```
//Indicates whether the DLL is still in use, or if it can
//be released.
//This function must return S_FALSE if there are any references
//to any objects served by this DLL.
STDAPI DllCanUnloadNow(void)
{
    if ((g_dwObjectCount == 0)) {
        return NOERROR;
    }

    return ResultFromScode(S_FALSE);
}
```

Анализ

Когда OLE вызывает DllCanUnloadNow, оно пытается определить, может ли DLL быть выгружена из памяти. Если DLL больше не нужна (не существует объектов, поддерживаемых данной DLL, что определяется сравнением g_dwObjectCount с нулем), функция DllCanUnloadNow может вернуть NOERREOR. В противном случае она вернет S_FALSE и OLE не будет освобождать DLL.

Перед тестированием этих изменений не забудьте, что теперь у вас больше нет функций регистрации, поскольку они включались в EXE-модуль. Вам необходимо создать регистрационный файл (см. листинг 10.15) и соединить его с регистрационной базой данных (regedit /v, затем выбрать merge). Нужно иметь в виду, что сервер не является более локальным (локальный сервер — это EXE-модуль), теперь это внутренний (In-proc) сервер. Поэтому не забудьте включить в регистрационную базу данных строку InProcServer.

Листинг 10.15. Регистрационный файл.

```
REGEDIT
; Day10B
HKEY_CLASSES_ROOT\OleDay10B = OleDay10B
HKEY_CLASSES_ROOT\OleDay10B\CLSID = {0002A40A-0000-0000-C000-000000000046}
```

Листинг 10.15. продолжение

```
HKEY_CLASSES_ROOT\CLSID\{0002A40A-0000-0000-C000-000000000046} =
 OLE Day 10B Test DLL
HKEY_CLASSES_ROOT\CLSID\{0002A40A-0000-0000-C000-000000000046}\InprocServer =
 C:\OLEIN21\DAY10B\DAY10B.DLL
```

Анализ

Листинг 10.15 показывает минимальную регистрационную информацию для сервера, выполненного в виде DLL.

IDataAdviseHolder

Как отмечалось ранее, в OLE имеется интерфейс с именем IDataAdviseHolder, который делает реализацию уведомлений в IDataObject весьма простой. IDataAdviseHolder следит за всеми уведомляющими связями объекта IDataObject. IDataAdviseHolder реализует все функции уведомления (Advise, UnAdvise EnumAdvise), так что ваш объект IDataObject может передавать запросы непосредственно в IDataAdviseHolder. Помимо этого в IDataAdviseHolder определен еще один метод с именем SendOnDataChange.

SendOnDataChange

Когда потребитель сообщает о желании получать уведомления об изменении данных, вызывая метод вашего объекта DAdvise, нужно уведомлять метод IAdviseSink::OnDataChange (являющейся частью потребителя) всякий раз, когда данные изменяются. Поскольку IDataObject не управляет обменом данными между потребителем и соединениями IDataObject, ваш объект не знает, кому посылать уведомления или данные, и даже — что посылать, так как ваша реализация IDataObject перекладывает всю ответственность за это на IDataAdviseHolder. Для решения этой проблемы в IDataAdviseHolder имеется метод SendOnDataChange, отвечающий за посылку уведомлений или данных всем необходимым потребителям.

Фунция SendOnDataChange посылает уведомления во все приемники сообщений (Advise Sinks), зарегистрированным на текущий момент интерфейсом IDataAdviseHolder. Обычно вы будете вызывать эту фукнцию с соответствующим указателем объекта с данными. SendOnDataChange рассматривает все текущие соединения и посылает уведомления либо данные в зависимости от требования, указанного в вызове DAdvise. Поэтому кроме вызова SendOnDataChange вам ничего делать не нужно.

В нашем с вами случае SendOnDataChange вызывается из SetData, поскольку все изменения в объекте происходят посредством этого метода. Если ваш объект может менять свои данные еще каким-либо образом, вам нужно производить вызов SendOnDataChange в соответствующем месте (или местах). Однако я настоятельно рекомендую по мере возможности ограничиться изменением данных в функции SetData.

Листинг 10.16. SetData/SendOnDataChange.

```
//We can accept data so we will implement, SetData.
STDMETHODIMP COleDay10BDataObject::SetData(LPFORMATETC pformatetc,
                                 STGMEDIUM FAR * pmedium, BOOL fRelease)
{
   // We only support CF_TEXT
   if (pformatetc->cfFormat != CF_TEXT)
      return ResultFromScode(E_FAIL);

   // We want memory only.
   if (pformatetc->tymed != TYMED_HGLOBAL)
      return ResultFromScode(E_FAIL);

   //If we have any old data, lets release it first
   if (hObjectsData != NULL)
      GlobalFree(hObjectsData);
```

```
    //Let's create a new area which is the size of the
    //data being passed.  We can then copy the data
    //into our object

  //We're restricting the size to 10K or less
  int iDestSize = ((int)GlobalSize(pmedium->hGlobal) < 10240)
      ? (int)GlobalSize(pmedium->hGlobal) : 10240;

  hObjectsData = GlobalAlloc(GHND,iDestSize);
  char FAR *pstrDest = (char FAR *)GlobalLock(hObjectsData);
  char FAR *pstrSrc  = (char FAR *)GlobalLock(pmedium->hGlobal);
  _fmemcpy(pstrDest, pstrSrc, (size_t)iDestSize);
  GlobalUnlock(hObjectsData);
  GlobalUnlock(pmedium->hGlobal);

  //Now that we have the data, we can release the passed data
  //if the caller told us to do so.
  if (fRelease == TRUE)
     ReleaseStgMedium(pmedium);

  if (m_pIAdvHolder != NULL)
        m_pIAdvHolder->SendOnDataChange(this,0,NULL);
    return NOERROR;
}
```

Анализ

В реализации SetData, показанной в листинге 10.16, поддерживается только формат данных CF_TEXT и промежуточный носитель данных TYMED_HGLOBAL, поэтому первым делом в функции производятся соответствующие проверки. Если запрос указывает другие формат или носитель, возвращается E_FAIL. Если проверки показывают, что запрос может быть поддержан, выделяется глобальная память, необходимая для хранения полученных от вызывающей процедуры данных в объекте IDataObject. Далее данные копируются в глобальную память и вызывается метод SendOnDataChange, который уведомляет каждый зарегистрированный объект о том, что данные были изменены.

IAdviseSink

Класс IAdviseSink используется получателем уведомления. Программа-потребитель сначала получает доступ к интерфейсу сервера IDataObject и затем посылает запрос методу DAdvise. Если у сервера имеются в наличии данные, он возвращает соответствующую информацию интерфейсу IAdviseSink, а точнее, его методу OnDataChange. IAdviseSink имеет также еще четыре метода (OnViewChange, OnRename, OnSave и OnClose), которые могут быть пустыми процедурами. Вы будете определять эти функции, когда мы приступим к созданию составных документов.

OnDataChange

Метод OnDataChange принимает уведомление или данные, когда данные в объекте сервера изменяются и потребитель получает об этом уведомляющее сообщение. При вызове потребителем функции DAdvise серверу передается указатель интерфейса IAdviseSink. Когда сервер сможет выполнить запрос потребителя (в случае изменения данных или если DAdvise вызывалась с параметром ADVF_PRIMFIRST), он возвращает данные или уведомление методу OnDataChange. Потребитель может затем проанализировать параметры FORMATETC и STGMEDIUM, чтобы убедиться в том, что формат и носитель соответствуют затребованным. Если потребитель запросил только уведомление (ADVF_NODATA), сервер может либо удовлетворить запрос и просто послать уведомление, либо он может послать действительные данные. Потребитель должен проверить, равно ли значение поля tymed структуры STGMEDIUM TYMED_NULL. Если равно, то уведомление — это только уведомление, без данных, если нет — сервером посланы действительные данные (и поле tymed указывает тип носителя, посредством которого данные передаются). Листинг 10.17 содержит минимальную реализацию OnDataChange (предполагается, что флаг ADVF_NODATA не используется).

Листинг 10.17 OnDataChange

```
//OnDataChange method.  This method is called when we receive
//notification from a data source that the data has changed
//Our implementation just updates the screen to reflect the
//new data
STDMETHODIMP_(void)COleDay10CAdviseSink::OnDataChange(LPFORMATETC lpf,
    LPSTGMEDIUM pmed)
{
    extern  HWND    MyApphWnd;
    extern  void  UpdateTextWindow(HWND);

    UpdateTextWindow(MyApphWnd);
}
```

Анализ

В данном случае OnDataChange обновляет текстовое окно, выводя в него новые данные, поступающие от IDataObject. MyAppWnd является глобальной переменной для дескриптора окна, в котором отображаются данные.

Заключение

Как видите, реализация уведомлений может быть довольно тривиальной благодаря модели унифицированной передачи данных OLE. Когда в IDataObject реализован обмен данными через Clipboard или обобщенная передача данных, поддержку уведомлений вы получаете практически даром. Уведомления OLE предоставляет вам большинство функциональных возможностей DDE, но с гораздо меньшим количеством необходимого кода.

Вопросы и ответы

В: У меня уже есть приложение, которое для связи с внешним миром использует механизм DDE. Могу ли я использовать IDataObject в качестве замены этого механизма?

О: Нет. IDataObject реализует большинство из возможностей DDE, однако не может служить ему заменой. Другими словами, вы не можете с помощью IDataObject обмениваться данными с DDE-приложениями. Вы должны оставить в своей программе поддержку DDE, если хотите, чтобы она сохраняла совместимость с ним. Вы, вместе с тем, можете одновременно поддерживать IDataObject, а если вы работаете с составными документами, поддержка IDataObject вам необходима.

В: Поскольку OLE предоставляет обработчик для управления уведомляющими связями, должен ли я всегда его использовать?

О: Если все потребители получают одинаковый приоритет (получают данные по порядку), вариант обработчика OLE скорее всего будет вполне достаточным. Если вы хотите, чтобы определенные потребители имели более высокий приоритет, то вы должны реализовать свои собственные методы (включая определение того, как различаются приоритеты потребителей).

В: Я хочу получить уведомление и указываю флаг ADVF_NODATA; и после этого я получаю сами данные, но только в некоторых ситуациях. Сервер выполнен в виде EXE-программы. Что мне делать? Ведь я не могу вызвать метод GetData в процессе уведомления.

О: Отправьте (не *посылайте*) сообщение самому себе (то есть потребителю) при помощи функции PostMessage, когда от сервера поступит уведомление и вашему объекту нужно будет принять данные. Вы можете также установить флаг получения данных, которые можно будет выбрать во время работы программы на «холостом ходу». Помните, что потребитель не в состоянии определить, является ли объект, чей указатель IDataObject ему передан, EXE- или DLL-сервером. Поэтому следует считать, что сервер реализован в виде EXE-модуля (локальный сервер) и вы не должны вызывать IDatyaObject::GetData из метода OnDataChange.

Семинар

Опрос

1. Интерфейс какого класса необходимо определить для того, чтобы потребитель получал уведомления?
2. Какие методы нужны для реализации сервера в виде DLL?

Упражнения

1. Добавьте фабрику класса и поддержку уведомлений для примера из главы 9, касающегося работы с командами copy и paste. Протестируйте вашу программу с помощью Ole2View. Используйте Ole2View версии 1.11 или более поздней, поскольку более ранние версии не поддерживают уведомления.
2. Переделайте локальный сервер объекта данных в DLL Inproc-сервера. Данные должны изменяться каждые пять секунд. Протестируйте программу с помощью Ole2View.
3. Создайте исполняемый EXE-модуль, реализующий IAdviseSink, используя исходный код DLL из предыдущего упражнения. Реализуйте команду copy таким образом, чтобы данные, помещенные в Clipboard, после копирования не были связаны с изменяющимися данными.

Ответы к опросу

1. Потребителю необходимо лишь определить интерфейс IAdviseSink и все его методы (включая QueryInterface, AddRef и Release), однако такие методы, как OnViewChange, OnRename, OnClose и OnSave могут быть пустыми (содержать лишь оператор ;). Метод OnDataChange должен быть определен, для того чтобы уведомляющие сообщения были приняты.
2. Чтобы построить DLL-сервер, вы должны реализовать LibMain и WEP. Еще вы должны определить метод DllGetClassObject. Требуется также реализовать DllCanUnloadNow, но если вы этого не сделаете, OLE по умолчанию будет выгружать библиотеку при вызове OleUninitialize (или CoUninitialize).

Ответы к упражнениям

Исходный код содержится на прилагаемом диске.

7 Заказ 1091

Именование и присоединение

Вы почти готовы к тому, чтобы создать настоящую программу OLE, которая поддерживает как внедренные, так и связываемые объекты, а также сервер составных документов. Однако перед тем как вы реально создадите такую программу (это будет сделано в главе 12), следует рассмотреть внутренние механизмы работы OLE. Чтобы понять, как функционирует сервер OLE, вам нужно разобраться в отличиях механизмов OLE, поддерживающих связывание и внедрение.

Внедрение и связывание

На протяжении предыдущих глав книги вы пользовались низкоуровневыми механизмами OLE. То, с чем вы знакомились до сих пор, представляет собой сердцевину технологии OLE. Но вы, должно быть, заметили, что ваше приложение выглядит не так, как настоящие программы OLE. Это потому, что вы наверняка привыкли думать о таких приложениях, как о поддерживающих внедрение и связывание. При работе, например, с редактором MS Word, который является типичным OLE-приложением, вы могли пользоваться опцией Insert Object. Выбор этой опции выводит список объектов, доступных в вашей системе (см. рис. 11.1).

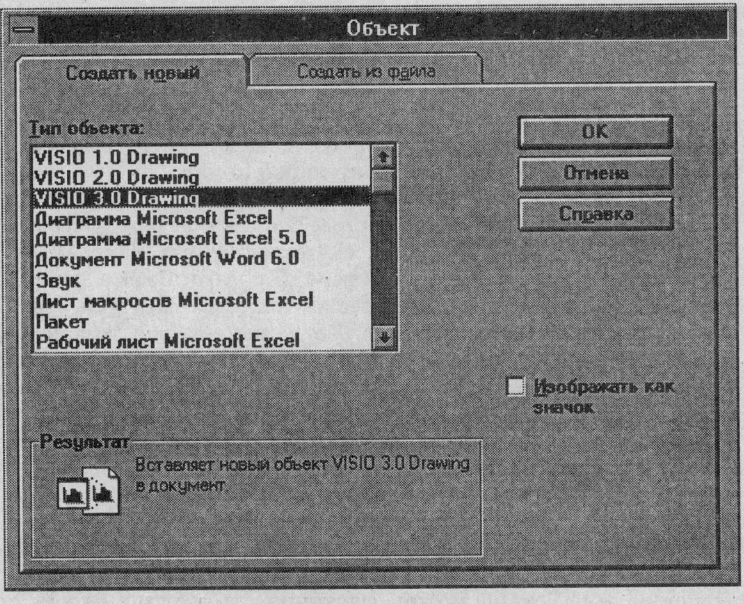

Рис. 11.1. Диалоговая панель вставки объекта

Из представленного списка вы можете выбрать любой объект, который желаете поместить в ваш документ. Если вы затем выбираете Visio, это приложение запускается и вы можете создать в нем рисунок (см. рис. 11.2).

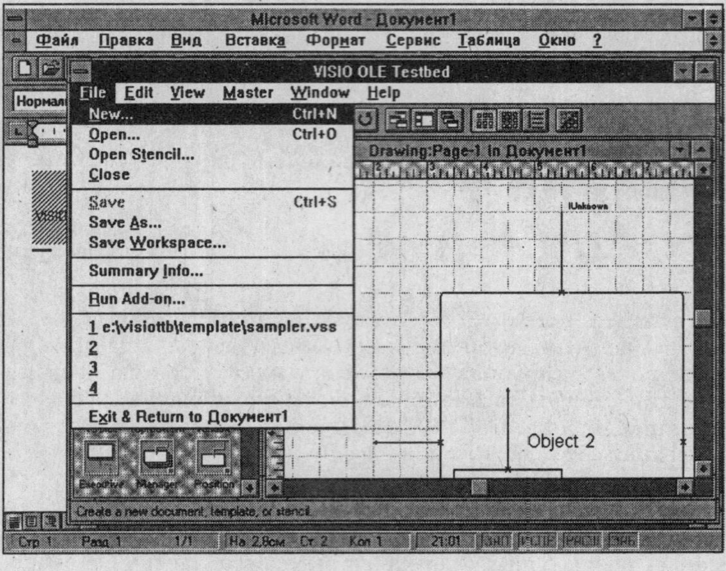

Рис. 11.2. Рисунок Visio для последующего внедрения или связывания

Когда вы вернетесь в Word, рисунок будет размещен в документе. При сохранении документа объект Visio сохраняется вместе с ним. Если выражаться в терминах OLE, объект Visio оказывается внедренным в основной документ. Если вы внимательно посмотрите на рис. 11.2, то заметите, что в Visio меню File не содержит команды Save, поскольку предполагается, что объект будет сохранен в контейнерном приложении, запустившем Visio (в данном случае это Word). Тем не менее Visio имеет команду Save Copy As, с помощью которой можно сохранить объект на диске, но эта копия не передается в Word. Она предназначена для пользователя, на случай если тот захочет сделать изменения в рисунке. Однако последующее редактирование копии объекта, сохраненной с помощью команды Save Copy As, никак не отразится на объекте, размещенном в документе редактора Word. Последний даже не имеет никакой информации о существовании еще одной самостоятельной копии.

В качестве альтернативы команде Insert Object OLE предоставляет еще один способ вставки объекта из одного приложения в другое. Если, к примеру, у вас имеется таблица Excel с диаграммой и вы, находясь в Excel, выделите эту диаграмму и выполните команду Copy, то диаграмма окажется в буфере Clipboard. Затем, перейдя в Word, вы можете воспользоваться командой Paste Special (см. рис. 11.3) и выбрать опцию Paste Link, создав тем самым связанный объект. Когда вы сохраняете документ Word, вы при этом не сохраняете объект из Excel непосредственно в документе. Вместо этого вы сохраняете связь с ним (на самом деле вы сохраняете ярлык, но об этом позже).

Когда вы закончили работать с документом и сохранили его, попробуйте сделать изменения в электронной таблице Excel и также сохраните ее. Вы можете подумать, что документы Word и Excel окажутся теперь не согласованными друг с другом. Однако когда вы вновь откроете документ Word, он будет содержать уже обновленную диаграмму, даже если Excel при этом вообще не загружен. Но еще интереснее то, что если вы вообще сотрете данную таблицу, то документ все равно будет содержать диаграмму. Но как только вы попытаетесь дважды нажать над диаграммой кнопку мыши, вы тут же получите сообщение, что Word не может редактировать таблицу Excel. Это происходит потому, что Word хранит последний образ диаграммы для вывода ее на экран. Если вы открываете документ в редакторе Word, он в первую очередь проверяет, не изменилась ли данная диаграмма, и если это так, то Word загружает новое ее представление. Если же диаграмма не изменилась или более не существует, то Word показывает последнее из сохраненных им представлений.

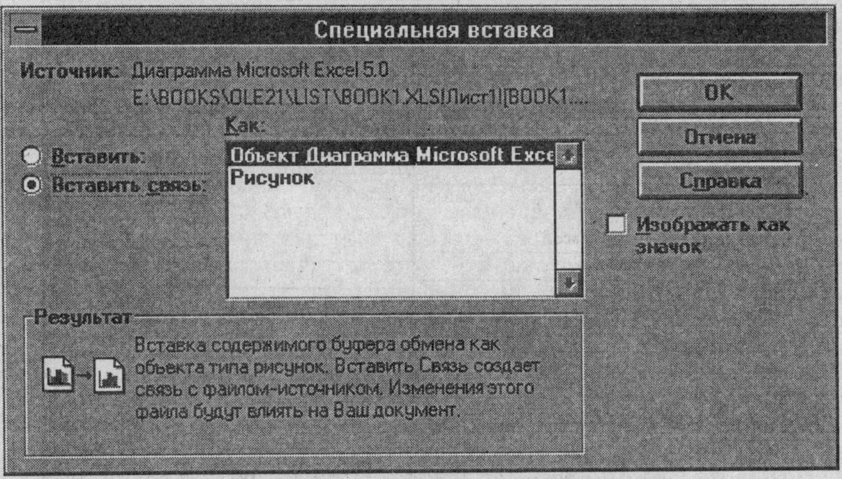

Рис. 11.3. Панель диалога Paste Special.

Если вы посмотрите на документ с помощью DocViewer (который входит в OLE SDK), то увидите, как это все происходит. Внутри документа редактора Word (см. рис. 11.4) имеется раздел ObjectPool. Если вы раскроете пункт с номером _872533857, то увидите, что в нем содержатся несколько записей, некоторые из которых напоминают форматы Clipboard. Последняя строчка содержит слово VisioDocument. Это и есть тот объект из Visio, который вы внедряли в ваш документ Word. PIC и META являются визуальным представлением объекта. При помощи PIC и META Word может показать диаграмму Visio, не запуская само это приложение.

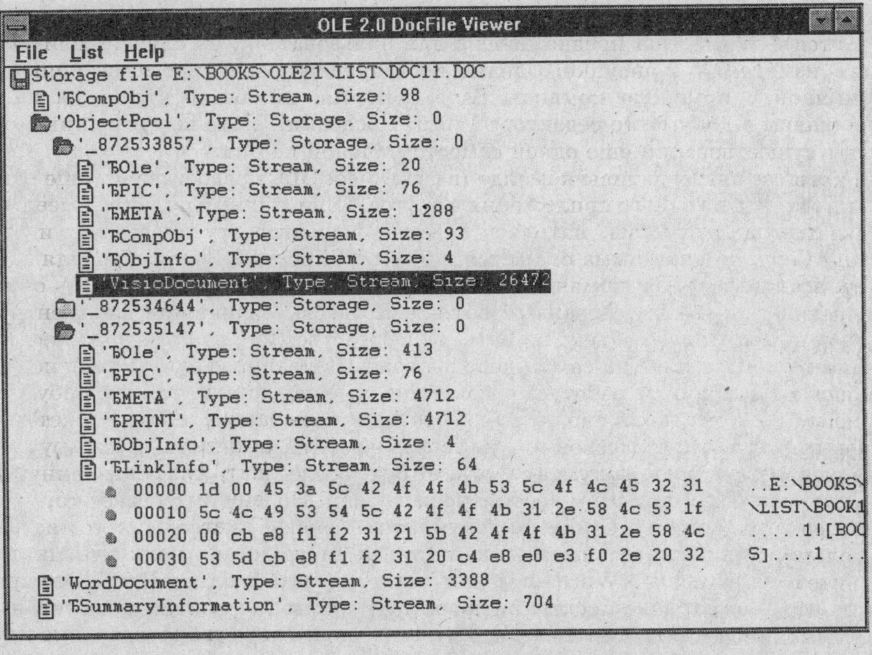

Рис. 11.4. Окно Docfile Viewer для документа Word

Если вы перейдете к следующему хранилищу (с номером _872535147), то вы снова заметите некоторые из форматов Clipboard, а также пункт с именем LinkInfo. Посмотрев на LinkInfo поближе, вы обнаружите там абсолютный маршрут к вашей таблице Excel и имя диаграммы, которая в ней находится. Когда вы, находясь в редакторе Word, указываете на диаграмму двойным нажатием кнопки мыши, Word пытается присоединить объект, указанный в секции LinkInfo (эта информация о связи является на самом деле разновидностью ярлыка, называемой ярлыком элемента). Word также использует данную информацию, когда вы впервые открываете документ, для того чтобы определить, является ли диаграмма последним визуальным представлением объекта. Если диаграмма была модифицирована, то Word получает свежее ее представление. В действительности OLE может получить информацию об изменениях и не запуская Excel, но я отложу обсуждение этого механизма до рассмотрения связывающих серверов (в главе 14) и контейнеров (в главе 16).

Как можно видеть, Word использует для реализации связывания и внедрения структурированное хранилище (если вы сохраняете документ в собственном формате Word 6). Однако Word не имеет никакого понятия о том, как сохранять внедренные или связанные данные других приложений. При их сохранении Word просит сервер сохранить свои объекты. В случае внедрения Word предоставляет серверу структурированное хранилище, в котором нужно сохранить объект. В случае связывания он просит сервер объекта сохранить в предоставленном хранилище связь. Как может Word указать постороннему объекту, что тот должен сам себя сохранить? Это делается при помощи еще одного интерфейса, а именно интерфейса IPersistStorage.

Устойчивые объекты

Когда объект используется в качестве части составного документа, он должен уметь сохранять сам себя; иногда об этой процедуре говорят как об *упорядочении* (serializing), переводе объекта в последовательную форму. Когда объект упорядочивает свои данные на некотором носителе, его называют *устойчивым* (persistent). OLE имеет четыре интерфейса, которые используются для поддержки устойчивых объектов. Это IPersist, IPersistStorage, IPersistFile и IPersistStream.

IPersist

IPersist является базовым интерфейсом для IPersistStorage, IPersistStream и IPersistFile. Он содержит всего один собственный метод (помимо трех методов IUnknown), который называется GetClassID. Этот метод вызывается контейнерным приложением для получения ID класса сохраняемого (устойчивого) объекта. Метод имеет следующий синтаксис:

```
HRESULT IPersist::GetClassID (CLSID *pclsid)
```

Контейнер может использовать этот метод, чтобы получить ID класса объекта и запустить нужный сервер.

IPersistStorage

Интерфейс IPersistStorage используется для считывания и записи объекта в устойчивое хранилище. IPersistStorage имеет шесть методов, которые мы рассмотрим по порядку.

IsDirty

Этот метод вызывается контейнерным приложением для определения того, что объект изменился (стал *грязным*) и его нужно сделать устойчивым.

> ***Замечание:*** Я намеренно избегаю термина «сохранить на диске». Когда объект делается устойчивым, то вы не знаете, какой носитель используется для его хранения. Помните, что если интерфейс IStorage имеет своей основой ILockBytes, то действительным носителем может быть диск, память и вообще любая среда, на которой реализовано хранилище. Чтобы избежать путаницы, будет употребляться выражение «сделать устойчивым».

Если объект был изменен после того, как он был сохранен последний раз, функция IsDirty возвращает S_OK. В противном случае возвращаемое значение равно S_FALSE. Если объект сам является контейнером, то есть содержит другие объекты, то вы должны быть очень осторожны при определении того, изменился ли данный объект. Вы должны в этом случае вызвать IsDirty для каждого объекта, входящего в контейнерный. Синтаксис функции имеет следующий вид:

```
HRESULT IPersistStorage::IsDirty()
```

В том случае, если объект не в состоянии определить, изменился ли он (например, если объект контейнерный и нет достаточной памяти для получения доступа ко всем объектам, которые он содержит), IsDirty должна возвращать значение E_OUTOFMEMORY. Если объект не может определить наличие в нем изменений по каким-либо другим причинам, метод IsDirty возвращает E_FAIL.

InitNew

Эта функция вызывается контейнерным приложением, чтобы дать указание серверу создать все хранилища и потоки, необходимые для нового объекта. Сервер заранее создает хранилища и потоки, чтобы иметь возможность справляться с состояниями нехватки памяти (вы узнаете об этом подробнее далее в этой главе). Синтаксис этой функции следующий:

```
HRESULT IPersistStorage::InitNew (LPSTORAGE pStg)
```

При нормальном завершении этот метод возвращает S_OK. Если для данного объекта хранилище уже инициализировано, то возвращается значение CO_E_ALREADYINITIALIZED. Значение E_OUTOFMEMORY возвращается, если оперативной памяти оказывается недостаточно, и значение E_FAIL возвращается в том случае, если вызов данной функции завершился неудачно по каким-то другим причинам.

Load

Этот метод загружает в память сохраненный ранее объект. Его синтаксис:

```
HRESULT IPersistStorage::Load (LPSTORAGE pStg)
```

В случае успешного завершения функция возвращает значение S_OK. В случае неудачного выполнения возвращаемые значения те же, что и в случае функции InitNew. Прежде чем реализовать этот метод, вы должны внимательно изучить раздел «Нехватка памяти» данной главы.

Save

Метод Save сохраняет объект в хранилище, предоставленном приложением-контейнером. Он имеет два параметра, определяющих соответственно хранилище, которое используется, и значение флага SameAsLoad. Если значение флага равно TRUE, то сервер должен выполнять частичные записи в хранилище. Хотя обычно вы можете сохранить объект и полностью, но если сервер является одновременно контейнером для других объектов, то необязательно сохранять их все, а только те, которые изменились.

Если значение флага равно FALSE, сервер должен сделать полное сохранение. Во всяком случае необходимо сохранить объект полностью, если предоставляемое хранилище отлично от того, что использовалось в Load.

В обоих случаях ваша реализация функции Save не должна вызывать Commit, поскольку ответственность за это лежит на контейнерном приложении. Не следует также сохранять ID класса, так как контейнер выполнил бы то же самое действие. В случае нормального завершения программа возвращает значение S_OK. Однако если необходимый объем хранилища не может быть выделен, то возвращается значение STG_E_MEDIUMFULL. В случае возникновения какой-либо другой ошибки возвращается E_FAIL. Функция описывается следующим образом:

```
HRESULT IPersistStorage::Save (LPSTORAGE pStgSave, BOOL fSameAsLoad)
```

Save также должна сбрасывать флаг изменения объекта, чтобы объект больше не считался «грязным». Объект считается грязным, если в нем произошли изменения, еще не записанные в устойчивое хранилище.

Состояния структурированного хранилища.

Прежде чем продолжить рассмотрение методов IPersistStorage, я должен пояснить некоторые правила, которые OLE требует соблюдать при сохранении объекта. Когда объект создается впервые с помощью функций Load или InitNew, полагается, что хранилище находится в состоянии Normal (нормальном). В этом случае объект может быть считан или же записан совершенно свободно. Когда происходит запись (см. рис. 11.5), операция Save меняет состояние хранилища объекта с нормального на No Scribble (состояние запрета «приписок»). В этом состоянии вы можете читать, но не записывать (дописывать) данные объекта. Устойчивое представление объекта должно оставаться в состоянии No Scribble до тех пор, пока контейнерное приложение не вызовет метод SaveCompleted. Как только этот метод вызван, вы можете спокойно записывать объект и снова возвращать его в нормальное состояние.

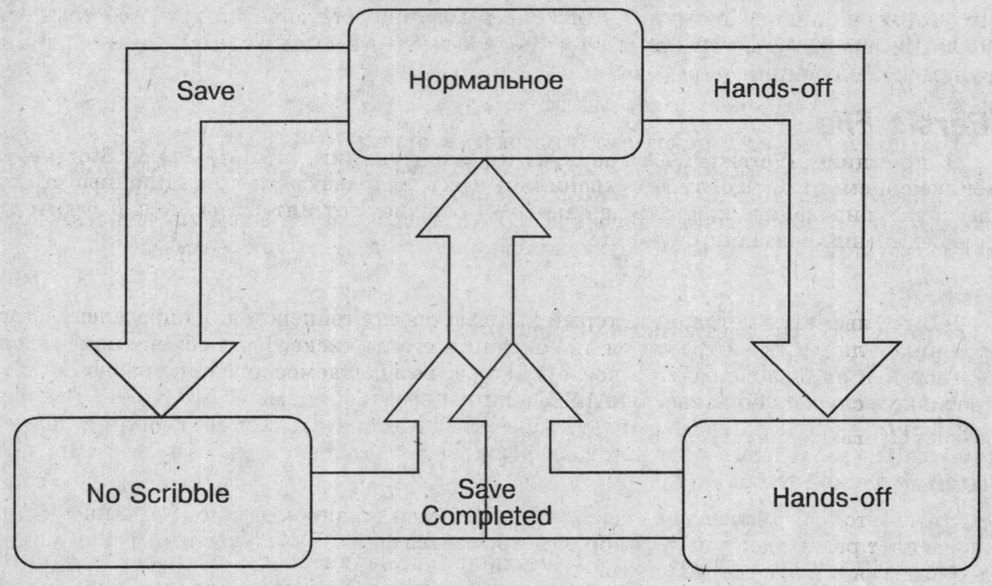

Рис. 11.5. Состояния объекта

Контейнер может также перевести устойчивое представление объекта в состояние Hands-Off («руки прочь»). В этом состоянии объект должен освободить все имеющиеся у него указатели на свое устойчивое представление. При вызове метода SaveCompleted контейнер может передать либо указатель на старое хранилище, либо новый указатель. Вне зависимости от того, какой указатель возвращается, объект должен пользоваться вновь полученным указателем и изменить состояние своего устойчивого представления с Hands-Off на нормальное.

Нехватка памяти

Объект должен уметь сохранять себя в ситуациях дефицита памяти. При вызове метода Save с флагом SameAsLoad, равным TRUE от сервера требуется, чтобы в условиях нехватки памяти он все же выполнил операцию, если это вообще возможно. Для этого вашему методу InitNew может потребоваться создание всех вложенных хранилищ или потоков, нужных для сохранения объекта. Кроме того, методы InitNew, Load и SaveCompleted должны удерживать указатели на все необходимые хранилища и потоки. Таким образом, если контейнерное приложение требует частичного сохранения объекта (флаг SameAsLoad равен TRUE), объект будет иметь все указатели, которые ему нужны для успешного выполнения операции записи. Помните, что метод SaveComleted может возвращать указатель на новое хранилище, так что объекту может потребоваться переустановить свои указатели (поскольку имеющиеся у него указатели скорее всего уже недействительны). А теперь вернемся к обсуждению функций программного интерфейса.

SaveCompeted

Как уже говорилось, метод SaveCompleted вызывается с целью восстановления нормального состояния объекта. Указатель на хранилище, передаваемый из контейнерного приложения, никогда не равен NULL в состоянии Hands-Off и всегда равен NULL, если хранилище находится в состоянии No Scribble.

```
HResult IPersistStorage::SaveCompleted(LPStorage pStgNew)
```

HandsOffStorage

Как отмечалось ранее, метод HandsOffStorage переводит хранилище в состояние «руки прочь». Объект должен освободить все имеющиеся у него указатели на хранилище. Возвращаемое значение должно быть всегда равно S_OK.

```
HResult IPersistStorage::HandsOffStorage()
```

IPersistFile

В принципе IPersistFile выполняет те же функции, что и IPersistStorage, за исключением того, что вместо хранилищ здесь используются традиционные файлы (неструктурированное хранилище данных). Обычно этот интерфейс используется для присоединения связанного объекта.

IsDirty

IsDirty является методом, который вызывается контейнером для определения того, изменился ли объект и требуется ли сохранить его на диске. Если объект изменился с тех пор как он был сохранен в последний раз, возвращаемое значение равно S_OK. В противном случае оно равно S_FALSE.

```
HRESULT IPersistFile::IsDirty()
```

Load

Этот метод загружает документ, содержащийся в данном файле. Значение gfMode определяет режим доступа, в котором открывается файл. Указанное имя файла должно сохраняться в качестве текущего.

```
HRESULT IPersistFile::Load (LPCSTR lpszFileName, DWORD gfMode)
```

Save

Этот метод сохраняет объект. В противоположность методу Save интерфейса IPersistStorage этот метод принимает в качестве параметров имя файла и флаг. Если указатель строки с именем файла равен NULL, то запрашивается сохранение в текущем файле. Если параметр не NULL, то запрашивается либо операция Save As, либо Save Copy As. Если значение флага равно TRUE, запрошенной операцией является Save As, и для сохранения должно использоваться новое имя файла, которое с этого момента становиться текущим. Если значение флага равно FALSE, тогда осуществляется операция Save Copy As. В этом случае для записи объекта также должно использоваться новое имя файла, однако новое имя при этом *не должно* делаться текущим.

Метод Save в настоящее время в OLE не используется и находится целиком в ведении программиста.

```
HRESULT IPersistFile::Save (LPCSTR lpszFilename, BOOL fRemember)
```

SaveCompleted

Метод SaveCompleted вызывается для перевода объекта из состояния No Scribble обратно в нормальное состояние.

```
HRESULT IPersistFile::SaveCompeted (LPCSTR lpszFilename)
```

GetCurFile

Этот метод (которого, кстати, нет в интерфейсе IPersistStorage) возвращает имя текущего файла и его абсолютный маршрут. Если в текущий момент с хранилищем не ассоциирован никакой файл, функция должна возвращать строку подсказки по умолчанию (например, *.abc). Если в параметре lpszFilename возвращается конкретное имя, то функция GetCurFile возвращает S_OK. Если же возвращается строка по умолчанию, то GetCurFile должна возвратить S_FALSE. Если произошла ошибка, возвращается значение E_FAIL.

```
HRESULT IPersistFile::GetCurFile(LPCSTR FAR *lpszFilename)
```

IPersistStream

Этот интерфейс используется OLE для предоставления устойчивым объектам потоков, требуемых реализацией их хранилища, и необходим в основном только для поддержки ярлыков. Указатель IPersistStream действителен только во время соответствующего вызова и, в отличие от IPersistStorage, не может быть удержан.

IsDirty

Метод применяется для того, чтобы установить факт изменения объекта со времени последней записи.

```
HRESULT IPersistStream::IsDirty()
```

Load

Этот метод загружает объект из потока.

```
HRESULT IPersistStream::Load(LPSTREAM pStm)
```

Save

Метод сохраняет объект в потоке. Если значение флага равно TRUE, то флаг изменений объекта должен сбрасываться. В противном случае его состояние сохраняется.

```
HRESULT IPersistStream::Save(LPSREAM pStm, BOOL fClearDirty)
```

GetSizeMax

Метод GetSizeMax возвращает приблизительное количество памяти в байтах, которое потребуется для записи объекта в поток. Данный метод не имеет аналогов в интерфейсах IPersistStorage и IPersistFile.

```
HRESULT IPersistStream::GetSizeMax(ULARGE_INTEGER, FAR *pcbSize)
```

Присоединение связанного объекта

Когда пользователь добавляет объект в контейнер, то в зависимости от особенностей приложений контейнера и сервера пользователь может внедрить объект в контейнерное приложение (в данном случае все данные объекта будут помещены в контейнер).

Пользователь может также связать объект с приложением, и в этом случае данные объекта будут храниться отдельно, но в контейнер помещается связующая информация. Эта информация позволяет контейнерному приложению присоединить объект позднее. Связующую информацию, которая позволяет приложению получить доступ к данным объекта, мы будем называть *ярлыком* (moniker). Ярлык — это просто «кличка» или псевдоним. В терминологии OLE ярлык является именем для объекта, который контейнер должен найти, чтобы получить доступ к содержащимся там данным. Ярлык, таким образом, используется для того, чтобы присоединиться (получить доступ) к данным, хранящимся вне контейнера.

Упрощенное описание действий контейнера

Когда контейнер открывает структурированное хранилище, происходит выполнение некоторых операций. Прежде всего контейнер открывает нужное хранилище или поток внутри структурированного хранилища. Как только контейнер получает данные, он может отметить, что эти данные содержат другой объект (или объекты). Затем приложение определяет, является ли данный объект внедренным или связанным. Вспомните, что на рис. 11.4 первым элементом списка был внедренный объект (_872533857), и что объект содержал VisioDocument в качестве потока. Контейнер устанавливает, что эти данные являются внедренными и что все необходимые ему данные скорее всего находятся прямо здесь.

Если объект является связанным (как, например, _872535147 на рис. 11.4), контейнер видит LinkInfo. Контейнеру теперь известно, что данные, которые он содержит, являются ярлыком или именем данных, которые ему нужны. Контейнер знает, что для получения доступа к данным он должен присоединить объект, представляемый ярлыком. Сначала он попытается присоединить C:\OLEIN21\DAY03\EXCEL.XLS, который является первым ярлыком связанного объекта из показанных на рис. 11.4. Этот ярлык носит название *файлового* (File Moniker), и это имя сообщает приложению о том, где искать данные. Контейнерное приложение затем попытается определить, является ли данное местоположение структурированным хранилищем или настоящим файлом. В первом случае хранилище содержит CLSID сервера и, следовательно, контейнерное приложение может запустить программу-сервер (сервер будет использовать свой собственный интерфейс IPersistStorage для чтения информации). На этом этапе сами данные еще недоступны контейнерному приложению. Следующее имя на рис. 11.4 — это Sheet1![EXCEL.XLS]Sheet1 Chart 1, и оно является *ярлыком элемента* (Item Moniker). Приложение будет пытаться присоединить этот объект. Если все пройдет успешно, сервер предоставит данные контейнеру, и последний благополучно произведет над ними все те манипуляции, ради которых он разрабатывался.

Если же первый пункт представлял не структурированное хранилище, а файл, приложению придется проделать дополнительную работу. В первую очередь приложение может постараться прочитать файл и выяснить, не содержит ли он идентификатор CLSID. В этом случае загружается нужный сервер и дальнейшая обработка происходит так, как описано выше. Ели же приложение не находит CLSID, оно ищет расширение имени файла в регистрационной базе данных. Если оно находит его там, то происходит загрузка соответствующего сервера. В противном случае присоединение к связанному объекту заканчивается неудачно и данные восстановлены быть не могут.

В действительности контейнер не пытается присоединить сначала файловый ярлык, а затем ярлык элемента. Вместо этого приложение пробует осуществить соединение с композитным ярлыком (Composite Moniker), который иногда называют обобщенным (Generic Composite Moniker). *Композитный ярлык* является коллекцией ярлыков, которая может состоять из файловых ярлыков, ярлыков элементов и других композитных ярлыков. Файловый ярлык и ярлык элемента, которые использовались контейнером, являлись элементами композитного ярлыка.

Когда контейнер пытается присоединиться к ярлыку элемента, последний тут же пробует соединиться с ярлыком, находящимся слева (в данном случае файловым ярлыком). Ярлык элемента — это информация, предназначенная для конкретного сервера, которая указывает ему, какие именно данные требуются из объекта. Эта информация представляется в виде строки и используется сервером для поиска запрошенных данных. Если ваш объект поддерживает связь только со всеми своими данными в совокупности, то сервер, соответственно, не поддерживает ярлык элемента. Например, если бы ваш объект являлся электронной таблицей и не поддерживал связь с отдельными своими ячейками, то сервер не мог бы поддерживать ярлык элемента.

Заключение

Контейнерные приложения используют различные механизмы для доступа к хранящимся в них объектам. Для извлечения внедренных данных контейнер получает к ним доступ посредством интерфейса IPersistStorage. Чтобы извлечь связанные данные, приложение получает доступ к ним через ярлык, хранящийся в контейнере. Файловые ярлыки используются для получения объектов из файла или структурированного хранилища. Ярлык элемента используется для доступа к определенной части данных объекта, и, наконец, композитный ярлык представляет собой коллекцию ярлыков.

Вопросы и ответы

В: Я слышал, что ярлыки соединяются справа налево, но из предыдущего описания можно понять, что соединение производится слева направо. Что же происходит на самом деле?

О: На самом деле контейнерное приложение видит только один ярлык — композитный. Поэтому оно не связывает ярлыки в каком-либо направлении. Композитный ярлык, в свою очередь, пытается связаться с ярлыком элемента. Последний связывается с ярлыком, находящимся непосредственно слева от него (как говорилось выше). В вашем примере таким ярлыком оказался файловый. Файловый ярлык затем пытается запустить адекватный сервер и передать управление обратно ярлыку элемента, который выполнит положенные ему действия и возвратит информацию композитному ярлыку. Последний передаст эту информацию контейнерному приложению. Таким образом, технически процесс присоединения происходит справа налево. Однако реальная связь (возврат запрошенных данных) реализуется как раз наоборот.

В: В OLE 1, если я перемещал контейнер и связывал элемент с другим каталогом или диском, существующая связь разрушалась (OLE не могло переустановить связи). Может ли подобная ситуация иметь место в OLE 2?

О: Не всегда. Если вы перемещаете контейнер и связанный элемент на другой диск (маршрут при этом остается тем же), OLE 2 все равно восстановит связь. Если вы перемещаете контейнер и связанный элемент в пределах того же диска, но в другие каталоги (например, из C:\OLEIN21 в C:\MOVED), связи также не будут утеряны. OLE 2 поддерживает относительные связи, так что когда документ и связанный источник перемещаются, но сохраняют свое относительное расположение, OLE 2 будет в состоянии восстановить связь.

В: Если я стираю связанный источник данных, мой документ будет все равно показывать данные, находившиеся там последними. Каким образом это происходит?

О: Когда вы сохраняете внедренный или связанный объект, представление объекта также может сохраняться. Тогда данные, описывающие представление объекта на экране, могут отображаться и в том случае, когда исходных данных больше не существует.

В: Могу ли я связать объект, внедренный в другой контейнер?

О: Да. На самом деле можно даже связаться с объектом, внедренным в ваш собственный контейнер, если ваше приложение может одновременно быть и контейнером, и сервером.

В: Я могу воспользоваться командой Insert Object, чтобы внедрить объект в контейнер, и опцией Paste Link для связывания объекта с контейнером. Существует ли иной способ для организации внедрения и связывания?

О: Да. Механизм drag and drop (см. главу 17) поддерживает как внедрение, так и связывание данных в контейнере.

Семинар

Опрос

1. В чем разница между методами Load и InitNew?
2. Какие существуют состояния хранилища данных?
3. Что возвращает метод IPersistFile::GetCurFile?
4. От каких интерфейсов помимо IUnknown производятся IPersistStorage, IPersistFile и IPersistStream?

Упражнения

1. Добавьте интерфейс IPersistStorage к упражнению 1 главы 10. Соответствующий интерфейс должен уметь читать и записывать данные объекта (с которыми работали методы GetData/SetData интерфейса IDataObject).
2. Напишите программу, которая тестирует методы IPersistStorage, определенные вами в первом упражнении. Программа должна управляться с помощью меню и уметь читать и записывать данные объекта.
3. Добавьте к упражнению 11.1 IPersistStream. Первоначально метод должен записывать в поток строку «This will become a moniker» («это будет файловым ярлыком») или какую-нибудь другую.
4. Напишите программу, тестирующую методы IPersistStream, реализованные вами только что.

Ответы к опросу

1. Метод InitNew определяется только для интерфейса IPersistStorsge и используется для создания нового хранилищ или потоков в пределах уже существующего хранилища (поставляемого контейнером). Это операция необходима, чтобы операция Save не закончилась неудачей в условиях дефицита памяти. Load определяется в интерфейсах IPersistStorage, IPersistFile и IPersistStream и используется для получения желаемых данных от соответствующего носителя (хранилища, файла или потока).
2. Хранилище данных может находится в нормальном состоянии, в состоянии с невозможностью записи (No Scribble) и в состоянии с невозможностью как считывания, так и записи (Hands-Off). В последнем случае сервер не может иметь никаких интерфейсов к хранилищу. Это состояние возникает в результате вызова метода HandsOff. Когда вызывается метод SaveCompleted, хранилище возвращается в нормальное состояние.
3. IPersistFile::GetCurFile возвращает либо полный маршрут хранилища, либо, если никакое хранилище в данный момент не ассоциировано с таковым, возвращается подсказка для имени файла, принятая по умолчанию.
4. IPersist, который определяет единственный метод GetClassID.

Ответы к упражнениям

Ответы представлены на прилагаемом к книге диске.

День 12

DLL-сервер OLE

Сегодня мы с вами последовательно рассмотрим все шаги, необходимые для создания простого сервера. Эта глава является в определенной мере автономной, поэтому вы можете пользоваться ей как справочным материалом при создании своего собственного сервера. Кроме того, глава содержит исходные тексты программы, за исключением уже рассмотренных нами модулей. Не приведены также определения конструкторов и деструкторов. Я настоятельным образом рекомендую, чтобы при чтении этой главы перед вами находилась распечатанная копия исходного кода с диска, который вы купили вместе книгой. Прежде чем мы углубимся в детали создания сервера, я расскажу, какие типы серверов OLE поддерживает.

Серверы составных документов

До сих пор вы имели дело с созданием только одного типа сервера — локального сервера (local server). Вы, должно быть, помните из примеров в предыдущих главах, что во всех случаях, когда вы модифицировали регистрационную базу данных, вы писали строку LocalServer=xxx.EXE (или LocalServer32, в том случае если вы создаете 32-разрядные приложения). Строка информирует OLE о том, что локальным сервером для вашего объекта является xxx.EXE. Сегодня мы обсудим три возможных типа серверов, а затем мы создадим так называемый внутренний, или встроенный (In-process) сервер.

Локальный сервер

Локальный сервер — это тот тип сервера, с реализацией которого вы имели дело до сих пор. *Локальные серверы* имеют все интерфейсы, необходимые для запуска объекта. Они всегда реализуются в виде исполняемых модулей (EXE) и, следовательно, выполняются в своем собственном пространстве процесса. По этой причине другие приложения могут общаться с локальным сервером только с помощью LRPC — варианта удаленных вызовов процедур, описанных в главе 1. Посредством LRPC локальный сервер может взаимодействовать с 16-ти и 32-битными приложениями, поскольку этот механизм производит необходимые преобразования 16-битных вызовов в 32-битные и наоборот. На рис. 12.1 показаны минимальные требования к интерфейсу сервера, который реализован в виде исполняемого модуля.

Замечание: Сервер называется «удаленным», когда он выполняется на другой машине. Удаленные серверы будут доступны в будущих версиях операционных систем Microsoft, которые будут поддерживать так называемое распределенное OLE (Distributed OLE), которое обсуждается в главе 22.

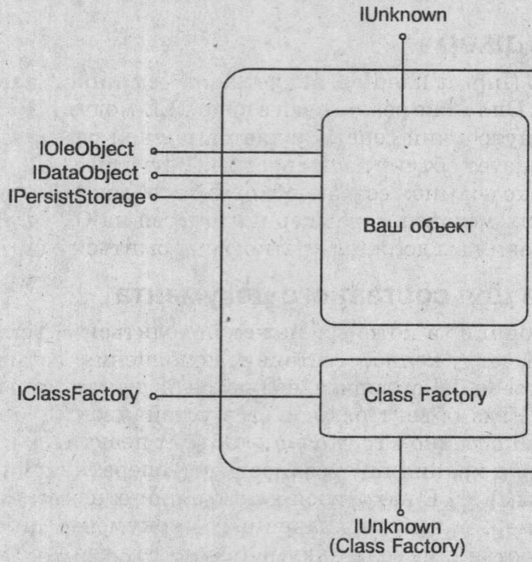

Рис. 12.1. Интерфейсы локального сервера.

Внутренний сервер

Внутренний сервер (также называемый Inproc-сервером или приложением DLL-объекта) похож на локальный за исключением того, что он реализован в виде DLL и выполняется поэтому не в собственном пространстве, а в пространстве процесса вызывающего приложения. 32-битный внутренний сервер, как это ни удивительно, может вызываться из 16-битных приложений (но не наоборот). На рис. 12.2 представлен минимум интерфейсов, требуемых для реализации сервера как DLL-модуля.

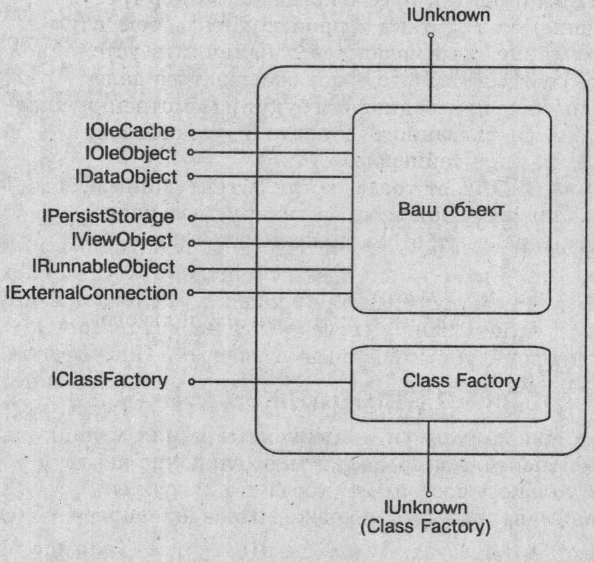

Рис. 12.2. Интерфейсы внутреннего сервера.

Внутренний менеджер

Внутренний менеджер (Inproc handler) является ни чем иным, как упрощенной версией внутреннего сервера. Он также реализован в виде DLL-модуля. Разница между ними заключается в том, что внутренний сервер является полной реализацией объекта, в то время как менеджер реализует объект не полностью. Другими словами, внутренний менеджер обеспечивает только подмножество необходимых объекту интерфейсов и методов. В отношении недостающих методов менеджер полагается на OLE и локальный сервер. Для дальнейшего обсуждения вы должны кратко ознакомиться с состояниями объекта.

Состояния объектов для составного документа

Существует пять состояний, в которых может находиться объект составного документа OLE. Это пассивное, загруженное, состояние исполнения, активное и UI-активное (интерактивное). Активное и UI-активное являются в действительности вариантами состояния исполнения. Когда объект находится в устойчивом хранилище (например, на диске), он пребывает в *пассивном состоянии*. Объект неактивен и даже не загружен в память (в том случае, если хранилище реализовано в оперативной памяти, объект все равно считается пассивным). OLE находится в неведении относительно самого существования объекта. Например, объект, сохраненный в документе текстового редактора, пребывает в пассивном состоянии, если документ не загружен в редактор.

Следующее состояние объекта возникает, когда он загружается в оперативную память. В этом случае принято считать, что объект находится в *загруженном состоянии*. Объект также считается загруженным, если он создан впервые.

Если же к объекту возможен полноценный доступ, то есть все его интерфейсы полностью доступны и объект может откликаться на изменения и обеспечивать посылку уведомлений, то считается, что объект находится в *состоянии выполнения*. Внедренные объекты переводятся в состояние выполнения, когда пользователь из соответствующего контейнерного приложения производит двойное нажатие кнопки мыши над объектом или когда поступает запрос, который не может быть обработан в загруженном состоянии (данный случай будет рассмотрен подробно при обсуждении работы внутреннего менеджера). Связанные объекты переводятся в состояние выполнения, когда происходит реальное присоединение (binding), то есть когда контейнер требует запуска приложения объекта. Присоединение может также происходить в том случае, когда контейнер запрашивает представление, не имеющееся в наличии в устойчивой версии объекта, однако поддерживаемое объектом (это будет обсуждаться далее в разделе "Реализация IOleCache"). Другие способы присоединения будут рассмотрены в главе 14. Процесс этот состоит в запуске сервера связанного объекта и установлении необходимых связей между сервером объекта и контейнером.

Активное состояние возникает тогда, когда объект занимает свое собственное окно в контейнерном приложении. Объекты, активируемые извне, при двойном нажатии кнопки мыши всегда переходят от загруженного сразу в интерактивное состояние, минуя активное.

UI-активное состояние имеет место, когда объект занимает свое собственное окно в контейнере и берет на себя управление интерфейсом пользователя (User Interface), т.е. меню и инструментальными линейками.

Внутренний менеджер (продолжение)

Теперь, после того как вы узнали, в каких состояниях может находиться объект в составном документе, мы можем продолжить обсуждение внутреннего менеджера. Он управляет объектом только в состоянии, когда тот загружен. Когда объект переходит в состояние выполнения, внутренний менеджер передает запросы к объекту локальному серверу.

Различия

Основное различие между локальным и внутренним серверами, как мы уже говорили, состоит в том, что первый реализован в виде исполняемого EXE-модуля, в то время как второй является модулем DLL. Различие между внутренним сервером и внутренним менеджером заключается, в свою очередь, в том, что они работают с объектом, когда тот находится в различных состояниях. Таблица 12.1 показывает различные состояния объекта и то, какой сервер или менеджер может поддерживать то или иное состояние.

Таблица 12.1. Серверы и менеджеры для различных состояний объекта.

Состояние	Внутренний сервер	Внутренний менеджер	Локальный сервер
пассивное	нет	нет	нет
загруженное	да	да	да
выполнения	да	нет	да

Эти описания могут оставить вас в недоумении относительно того, какой же все-таки сервер или менеджер следует реализовать в конкретном случае. К сожалению, ответом здесь может быть лишь «смотря по обстоятельствам». Основная проблема с внутренним сервером и менеджером заключается в том, что они являются модулями DLL. Если ваш объект будет поддерживать как 16-ти, так и 32-разрядные приложения, то вам соответственно понадобятся два варианта внутреннего сервера или менеджера. Поскольку DLL-модули выполняются в контексте процесса того приложения, из которого они вызываются, то 16-разрядное приложение предполагает взаимодействие с 16-разрядным DLL-модулем. То же самое относится и к 32-разрядным программам. В принципе вы можете обойти эту трудность, постоянно преобразовывая адреса, однако в настоящее время такая операция достаточно сложна и может замедлить работу программы.

Применение локального сервера снимает эту проблему, так как EXE-модуль выполняется как самостоятельный процесс и для связи с ним приложение использует протокол LRPC, который и решает проблему диалога сервера и приложения разной разрядности.

В сущности, преимущества применения DLL-модулей являются продолжением их недостатков (имеется в виду их исполнение в контексте процесса контейнерного приложения). Внутренний сервер и менеджер вызываются непосредственно без использования вызовов удаленных процедур. Как вы помните, удаленные вызовы реализуется при помощи механизма сообщений Windows; сообщения ставятся в очередь и только потом обрабатываются. Процедуры DLL, напротив, вызываются непосредственно. Таким образом, если скорость работы приложения является критическим фактором, то реализация вашего сервера или менеджера в виде DLL-модуля может выглядеть предпочтительнее.

Другой проблемой использования внутренних сервера или менеджера является то, что они не имеют своей собственной очереди сообщений. Тот факт, что локальный сервер имеет таковую, означает, что он способен легко создавать окна и поддерживать ускоряющие клавиши (это осуществляется на уровне очереди сообщений). Создание окон возможно и при использовании внутренних сервера и менеджера, однако такая процедура оказывается достаточно сложной и менее гибкой, чем в локальном сервере.

И все же почему помимо локального и внутреннего серверов, с всеми их недостатками и достоинствами, возникает необходимость применения внутренних менеджеров? Внутренний менеджер обладает преимуществами, присущими DLL-модулям и одновременно способностью легко конструировать окна, что характерно для локального сервера. Это происходит потому, что те операции, выполнение которых менеджер обеспечить не в состоянии, он передает локальному серверу. К сожалению, в этом же состоит и главный недостаток. Когда менеджер решает, что он не может выполнить определенную функцию и должен возложить эту работу на локальный сервер, последний должен быть запущен. Затем менеджер должен синхронизовать локальный сервер и передать ему все, что в настоящий момент известно об объекте. Только после этого локальный сервер может обрабатывать запросы (естественно, медленнее, чем это делает внутренний менеджер). Жизнь была бы намного проще, не будь в выборе реализации всех этих нюансов.

Регистрационная информация

При реализации внутреннего сервера регистрационные данные могут иметь очень большое значение. В предыдущих главах вы просто помещали в регистрационную базу информацию, достаточную для запуска объекта. Сегодня вы узнаете, как регистрационная база данных может помогать вам в создании исходного кода. Вспомните, например, как в 9-й день вы реализовали EnumFormatEtc, создавая массив всех форматов, которые поддерживал наш объект, а затем перебирали все доступные форматы. С помощью регистрационной базы данных вы можете просто перечислить все форматы, поддерживаемые вашим объектом, и поручить OLE всю остальную работу. Давайте посмотрим, какие пункты регистрационной информации вы будете использовать для Inproc-сервера (найдите на диске листинг 12-го дня, в котором все они присутствуют).

DataFormats\GetSet

Пункт с этим ключом указывает, какие форматы реализует ваш объект для методов GetData, GetDataHere и SetData. Эту информацию можно использовать, вызвав функцию OleRegEnumFormatEtc. Выглядит данная запись так:

```
\DataFormats\GetSet\x=a,b,c,d
```

Здесь x — это последовательные целые значения для каждого из пунктов GetSet вашего ID класса, начиная с нуля.

a — это целое или строковое значение, представляющее формат буфера обмена.

```
CF_TEXT             1
CF_BITMAP           2
CF_METAFILEPICT     3
CF_SYLC             4
CF_DIF              5
CF_TIFF             6
CF-OEMTEXT          7
CF_DIB              8
CF_PALLETE          9
CF_PENDATA          10
CF_RIFF             11
CF_WAVE             12
```

Для формата, определяемого пользователем, просто укажите уникальное имя, например MYCFFORMAT (без кавычек).

b — целое, определяющее внешнее представление объекта (аспект).

```
DVASPECT_CONTENT     1
DVASPECT_THAMBNAIL   2
DVASPECT_ICON        4
DVASPECT_DOCPRINT    8
ALL                 -1
```

Эти значения (за исключением ALL) могут быть скомбинированы, если несколько представлений имеют одинаковый формат.

Значение c определяет тип носителя.

```
TYMED_HGLOBAL       1
TYMED_FILE          2
TYMED_ISTREM        4
TYMED_ISTORAGE      8
TYMED_GDI           16
```

```
UTYMED_MFPICT          32
TYMED_NULL             0
```

Эти значения также могут быть объединены (кроме значения TYMED_NULL), если аспект поддерживает более одного носителя.

d — целое значение, которое определяет, какие методы (Get, Set или оба) поддерживают форматы, определенные параметром c.

```
DATADIR_GET            1
DATADIR_SET            2
оба                    3
```

> **Замечание:** Все ключи регистрационной базы данных, которые мы представили, имеют префикс HKEY_CLASSES_ROOT\CLSID\{*classIDofObject*}\, где *classIDofObject* есть ID класса вашего объекта.

AuxUserType

Данный ключ сообщает регистрационной базе данных краткое имя пользователя и имя приложения. Синтаксис записи следующий

```
AuxUserType\2=shortname
AuxUserType\3 = applicationName
```

MiscStatus

Данный ключ сообщает регистрационной базе данных разнообразную информацию о статусе объекта.

```
\MiscStatus\x = a
```

Здесь x определяет представление (см. константы с префиксом DVASPECT из GetData).

a = статус:

OLEMISC_RECOMPOSEONRESIZE	1	Объект может изменить свой размер и перерисовать изображение (а не только изменить масштаб).
OLEMISC_ONLYICONIC	2	Объект может иметь представление только в виде пиктограммы.
OLEMISC_INSERTNOREPLACE	4	Если производится вставка, элемент вставляется вслед за выделенным фрагментом, а не замещает его.
OLEMISC_STATIC	8	Объект может быть создан из метафайла, DIB или битовой матрицы из Clipboard.
OLEMISC_CANTLINKINSIDE	16	Объект не может быть источником связи.
OLEMISC_CFNTLINKBYOLE1	32	Объект может быть связан с контейнером OLE 1 (значение недействительно в случае внутреннего сервера).

OLEMISC_ISLINKOBJECT	64	Объект является связанным.
OLEMISC_INSIDEOUT	128	Объект поддерживает активацию по месту.
OLEMISC_ACTIVATEWHENVISIBLE	264	Объект предполагает быть активным, когда он видим. Действительно только если определено также OLEMISC_INSIDEOUT.
OLEMISC_RENDERINGISDEVICEINDEPENDENT	512	Представление объекта не зависит от устройства.

Пошаговая реализация Inproc-сервера

Последующие разделы описывают последовательность шагов, которые необходимо предпринять для создания встроенного сервера.

Шаг 0 — Прекомпилированный заголовочный файл

Когда вы пишете большое приложение, вам скорее всего потребуется использование заранее откомпилированных заголовочных файлов, что поможет сократить требуемое время компиляции. Прекомпилированные заголовки полезны, если у вас есть несколько заголовков, которые должны быть включены во все или большинство ваших исходных файлов. В DLL-приложении вам потребуется соответствующая библиотека классов (MFC или OWL), а также файлы WINDOWS.H, OLE2.H, OLESTD.H, OLE2UI.H, CLSID.H и файл заголовка ресурсов. Чтобы сократить время компиляции, используйте прекомпилируемый файл под названием StdAfx.H, который включает в себя все наиболее часто используемые заголовочные файлы. Так как использование прекомпилированных заголовков бывает полезным только в том случае, если сами они не меняются между компиляциями, не включайте OleBase.H, который необходим в каждом программном модуле, но в который нужно вносить изменения по ходу разработки вашей программы. Если вы используете какую-либо другую библиотеку классов (отличную от MFC и OWL, заголовки для которых приведены в листингах 12.1 и 12.2), вам необходимо изменить StdAfx.H для обеспечения поддержки вашей библиотеки классов и вашего компилятора (путем замены AfxWin.H и AfcExt.H на соответствующие заголовочные файлы, используемые вашей библиотекой).

Листинг 12.1. Фрагмент прекомпилируемого заголовка для библиотеки MFC.

```
// stdafx.h : include file for standard system include files,
//  or project specific include files that are used frequently, but
//      are changed infrequently
//

#include <afxwin.h>
#include <aftext.h>

// Any additional #include go here
```

Листинг 12.2. Фрагмент прекомпилируемого заголовка для библиотеки OWL

```
// stdafx.h : include file for standard system include files,
//  or project specific include files that are used frequently, but
//      are changed infrequently
//

#include <owl\owlpch.h>

// Any additional #include go here
```

Листинг 12.2. продолжение

```
// The pragma should be the last line of the header
#pragma hdrstop
```

Шаг 1 — Инициализация и деинициализация DLL

Реализация *LibMain/WEP*

Так как вы создаете модуль DLL, вам необходимо реализовать стандартные процедуры инициализации и деинициализации для динамических библиотек Windows. Это функции LibMain и WEP (см. листинг 12.3).

Листинг 12.3. Процедуры LibMain и WEP (не для MFC).

```
//Libmain routine required for 16bit versions of a DLL
#include "stdafx.h"

#include "olebase.h"
#include "olenew.h
#include "llist.h"          //Our linked list
#include "intf_dat.h"       //Our linked list of inteface data

HINSTANCE _DLLhinst;

CIntefaceDatList *pInterfaceDatList = NULL;  //The common list which
                            //all new interfase lists get their data from
UINT uPrivateClipboardFormat = 0;           //Our private format

#ifdef __TURBOC__
extern "C"
int PASCAL FAR LibMain
(
    HINSTANCE   hinst,
    WORD        segDS,
    WORD        cbHeapSize,
    LPSTR       lpCmdLine
)
#else
extern "C"
BOOL PASCAL FAR LibMain
(
    HINSTANCE   hinst,
    HANDLE      segDS,
    UINT        cbHeapSize,
    LPSTR       lpCmdLine
)
#endif
{
    //Save the hinst in case we need it in the future
    _DLLhinst = hinst;

  // Leave our DS unlocked when we're not running
  UnlockData( 0 );

  //Lock the OLEUI library for the use of our application
  OleUILockLibrary(TRUE);

  // We need to register our private clipboard format for later use
  uPrivateClipboardFormat = RegisterClipboardFormat("CF_DAY12");

  // Lets get a new CInterfaceDatList
  if (pInterfaceDatList == NULL)
      pInterfaceDatList = new CInterfaceDatList;

  return TRUE;
}
```

```
extern "C" int FAR PASCAL _WEP(int)
{
  //Delete our common list
  if (pIntefaceList)
      delete pInterfaceList;

  //Unlock the OLEUI library since we are finished with it
  OleUILockLibrary(FALSE);

  return 1;
}
```

Анализ

Функция LibMain является стандартной инициализацией DLL, за тем исключением, что вам требуется также инициализировать библиотеку OLEUI. Если инициализация последней завершилась неудачно, то DLL-модуль не может быть загружен, и функция LibMain возвращает FALSE. В противном случае, если все в порядке, DLL может быть загружена и LibMain возвращает TRUE.

НЕ ВЫЗЫВАЙТЕ SetMessageQueue(96) из DLL-модуля, чтобы не разрушить существующую очередь сообщений, которые будут потеряны. Вызов этой функции должно производить вызывающее приложение.
НЕ ИНИЦИАЛИЗИРУЙТЕ OLE. Вызывающее приложение уже осуществило инициализацию OLE, иначе ваша библиотека не загрузилась бы. Если вы инициализируете OLE, то обнаружите, что ваш DLL-сервер не выгружается.

Реализация LibMain инициализирует также глобальный список CInterfaceDatList, который будут использовать все новые объекты. Эта инициализация делается в LibMain, чтобы ваша DLL выполнила ее лишь однажды. Кроме того, DLL регистрирует собственный формат данных Clipboard, используемый интерфейсом IDataObject, поскольку это также должно быть сделано только один раз.

Листинг 12.4 показывает, каким образом инициализировать и деинициализироать DLL в случае, если вы применяете библиотеку классов Microsoft Foundation.

Листинг 12.4. Процедуры LibMain и WEP (MFC).

```
//Libmain routine required for MFC

#include "stdafx.h"

#include "olebase.h"
#include "olenew.h
#include "llist.h"          //Our linked list
#include "intf_dat.h"       //Our linked list of inteface data

HINSTANCE _DLLhinst;

CIntefaceDatList *pInterfaceDatList = NULL;  //The common list which
                            //all new interfase lists get their data from
UINT uPrivateClipboardFormat = 0;            //Our private format

class CDay12DLL : public CWinApp
{
public:
  virtual BOOL InitInstance(); // Initialization
  virtual int ExitInstance();  // Termination (WEP-like code)

  // nothing special for the constructor
  CDay12DLL(const char* pszAppName)
    : CWinApp(pszAppName)
      { }
```

Листинг 12.4. продолжение

```
BOOL CDay12DLL::InitInstance()
{
  //Lock the OLEUI library for the use of our application
  OleUILockLibrary(TRUE);

    _DLLhinst = m_hInstance;

  // We need to register our private clipboard format for later use
  uPrivateClipboardFormat = RegisterClipboardFormat("CF_DAY12");

  // Lets get a new CInterfaceDatList
  if (pInterfaceDatList == NULL)
      pInterfaceDatList = new CInterfaceDatList;

  return TRUE;
}

int CDay12DLL::ExitInstance()
{
  //Delete our common list
  if (pIntefaceList)
      delete pInterfaceList;
//
// And we're outta here
  return CWinApp::ExitInstance();
}


CDay12DLL  NEAR Day12DLL("day12.dll");
```

Анализ

Если вы используете MFC версии 2.0 и выше, то LibMain и WEP создавать не нужно. Вместо этого вы определяете функции InitInstance и ExitInstance, входящие в класс CWinApp.

Реализация *new* и *delete*

Следующий шаг, который вы должны сделать — это переопределить стандартные операции new и delete (см. листинг 12.5). Вспомните, что в главе 3 мы обсуждали интерфейс IMalloc, который дает пользователю возможность выделять и освобождать память. Поскольку ваш сервер реализован в виде DLL, то он выполняется в пространстве процесса контейнерного приложения. Чтобы приложение являлось корректным приложением OLE, ваш сервер должен пользоваться теми же механизмами выделения памяти, что и контейнерное приложение. Чтобы выяснить, какие методы распределения памяти использовать, серверу нужен интерфейс IMalloc, с которым работает контейнер. Для получения доступа к этому интерфейсу вызовите функцию CoGetMalloc. Получив интерфейс IMalloc, ваш сервер может выполнять распределение памяти.

Операция delete выполняет функцию, противоположную new и также должна переопределяться и освобождать память с помощью того же интерфейса.

Листинг 12.5. Переопределение стандартных операций new и delete.

```
// Olenew.cpp
// This source file contains a implementation of new and delete which
// can be used in OLE applications.  Specifically, this implementation
// uses the Malloc routines provided by the application program, when OLE
// was initialized.  If no Malloc routine was provided, OLE uses its
// default implementation
//

#include "stdafx.h"
#include "olenew.h"
```

```
// There are two implementation of new and delete here
// If USE_STATIC_MALLOC is defined, we will get the IMalloc
// interface once, and use it for all calls to new and delete
// We need to release this interface as soon as we get it so
// that the application can terminate and release the OLE libraries.
//
// The second method is to obtain the IMalloc on each call.
// This method is safer since it gets the IMalloc each time, and
// releases the interface each time.  This method is slower since
// it obtains the IMalloc interface each time.
//

#ifndef _USRDLL
#ifdef USE_STATIC_MALLOC
static IMalloc FAR *pMalloc = NULL;

//
// Use the Static pMalloc to obtain the interface once
//
// Use the IMalloc which the calling application is using.
//
void FAR* COleNew::operator new( size_t size)
{
    LPVOID lpv;

    //
    //Get the task's IMalloc interface to perform the alloc
    //
    if (pMalloc == NULL){
        if (CoGetMalloc(MEMCTX_TASK, &pMalloc) == NOERROR){
                pMalloc->Release();
        }
    } else
        return NULL;    //Couldn't get the interface, return NULL

    lpv = pMalloc->Alloc(size);
    return lpv;
}

//
//Since we implemented our own 'new' we need to implement
//'delete' to get rid of the allocated data space.
//
void COleNew::operator delete( void FAR* lpv)
{

    if (lpv == NULL) return;

    if (pMalloc == NULL){
        if (CoGetMalloc(MEMCTX_TASK, &pMalloc) == NOERROR){
                pMalloc->Release();
        }
    } else
        return;

    //
    // Only free the memory if we allocated it
    //
    if (pMalloc->DidAlloc(lpv) != 0)
         pMalloc->Free(lpv);
}

#else
//
// Obtain the IMalloc interface each time
//
//Use the IMalloc which the calling application is using.
void FAR* COleNew::operator new( size_t size)
{
```

Листинг 12.5. продолжение

```
    IMalloc FAR* pMalloc;
    LPVOID lpv;

    //
    //Get the task's IMalloc interface to perform the alloc
    //
    if (CoGetMalloc(MEMCTX_TASK, &pMalloc) == NOERROR){
        lpv = pMalloc->Alloc(size);
        pMalloc->Release();
        return lpv;
    }
    //
    //Couldn't get the IMalloc interface, so return NULL since
    //we didn't allocate
    //
    return NULL;
}

//Since we implemented our own 'new' we need to implement
//'delete' to get rid of the allocated data space.
void COleNew::operator delete( void FAR* lpv)
{
    IMalloc FAR* pMalloc;

    if (lpv == NULL) return;

    if( CoGetMalloc(MEMCTX_TASK, &pMalloc) == NOERROR){
    //
    // Only free the memory if we allocated it
    //
      if (pMalloc->DidAlloc(lpv) != 0)
         pMalloc->Free(lpv);
    pMalloc->Release();
  }
}

#endif // UsrDLL
#endif
```

Анализ

Листинг содержит две альтернативных реализации операторов new и delete. Если исходный код компилируется с определением макроса USE_STATIC_MALLOC, вызов CoGetMalloc для получения интерфейса IMalloc будет произведен только один раз. Как только DLL-модуль получает соответствующий указатель, он немедленно его освобождает и в то же время продолжает его использовать, и это противоречит правилам, принятым при написании OLE-программ, поскольку DLL после освобождения указателя сохраняет его в глобальной памяти для дальнейшей работы. Если DLL не освободит указатель, библиотеки OLE не будут выгружены при деинициализации DLL.

Во второй реализации new и delete интерфейс IMalloc получается при каждом вызове. Хотя такая реализация работает медленнее (поскольку производится много вызовов CoGetMalloc), она более четко следует правилам OLE, так как DLL освобождает указатели на интерфейс и не использует тот же самый указатель между вызовами new и delete.

НЕ РЕАЛИЗУЙТЕ new и delete, если ваше приложение использует библиотеки OWL или MFC. Если вы сделаете это, компоновщик будет выдавать сообщения о многократно определяемых символах. При использовании MFC или OWL вы, вообще говоря, должны перекомпилировать библиотеки, исключив методы new и delete. Лично я не встретился ни с какими проблемами, используя new и delete из MFC или OWL, однако в OLE это не считается хорошим стилем программирования.

Реализация *DllGetClassObject*

Следующей ступенью создания встроенного сервера является реализация функции DllGetClassObject (см. листинг 12.6).

Если вы помните, в главе 11 мы говорили о том, что эта функция вызывается OLE для создания объекта, реализованного в DLL. Регистрационная база данных сообщает OLE, какую DLL следует вызвать для соответствующего ID класса, и теперь ваша DLL должна создать объект. Если DLL может создавать различные объекты, вы должны быть уверены в том, что создается нужный.

Вам нужно модифицировать процедуру, если DLL отвечает за несколько идентификаторов класса. Если же она поддерживает только один ID, то все, что вам необходимо сделать — это заменить значение CLSID_OleDay12Object на идентификатор вашего объекта.

Листинг 12.6. DllGetClassObject.

```
//Called from CoGetClassObject if the object's server is implemented
//as a DLL.
//This routine will return an object of the requested ClassID
STDAPI  DllGetClassObject(REFCLSID clsid, REFIID iid, void FAR* FAR* ppv)
{
    IClassFactory FAR * pCF;
    HRESULT hr;

    *ppv = NULL;
   if (clsid == CLSID_OleDay12Object)
    {
        pCF = COleDay12ClassFactory::Create();
        if (pCF == NULL) return ResultFromScode(E_OUTOFMEMORY);
        pCF->AddRef();
        hr = pCF->QueryInterface( iid, ppv );
        pCF->Release();
        return hr;
    }
    return ResultFromScode(CLASS_E_CLASSNOTAVAILABLE);
}
```

Анализ

Сначала производится проверка, поддерживает ли DLL требуемый ID класса. В случае если ID не поддерживается, возвращается значение CLASS_E_CLASSNOTAVAILABLE. В противном случае DLL-модулю необходима фабрика класса для создания объекта. После того как объект создан, DllGetClassObject вызывает функцию QueryInterface для интерфейсного указателя, запрошенного приложением. DllGetClassObject затем возвращает результат вызова QueryInterface в вызывающее приложение и заканчивает работу.

Реализация *DllCanUnloadNow*

Приложение вызывает эту функцию, чтобы определить, может ли DLL-модуль быть выгружен (см. листинг 12.7). Для этого DLL-модуль должен поддерживать счетчик, который подсчитывает число созданных им объектов, и хранить это значение в глобальной переменной g_dwObjectCount. Когда объект уничтожается, соответствующее значение уменьшается на единицу и, когда значение счетчика достигает нуля, считается, что DLL может быть выгружена.

В своей программе вы можете применить реализацию листинга 12.7 или создать свой собственный метод определения того, может ли DLL-сервер быть выгружен.

Листинг 12.7. DllCanUnloadNow.

```
//Indicates whether the DLL is still in use, or if it can
//be released.
//This function must return S_FALSE if there are any references
//to any objects served by this DLL.
```

Листинг 12.7. продолжение

```
STDAPI DllCanUnloadNow(void)
{
    if ((g_dwObjectCount == 0)) {
        return NOERROR;
    }

    return ResultFromScode(S_FALSE);
}
```

Анализ

Как вы можете заметить, данное определение весьма просто. Если значение переменной g_dwObjectCount равно нулю, DLL-модуль знает, что его никто более не использует и он может быть выгружен, и возвращает значение NOERROR. Если же кто-либо использует DLL, возвращается значение S_FALSE, означающее, что модуль не может быть выгружен.

Реализация *IClassFactory*

DllGetClassObject создает запрошенный объект посредством вызова фабрики класса. Так в данном случае используется стандартная реализация, здесь приводится не весь ее код. Однако определение метода LockServer является новым, так что обратите внимание на листинг 12.8.

Листинг 12.8. Реализация LockServer.

```
//Keep the object in memory
STDMETHODIMP COleDay12ClassFactory::LockServer(BOOL flock)
{
    if (flock)
        g_dwObjectCount++;
    else
        g_dwObjectCount--;

    return NOERROR;
}
```

Анализ

Самым интересным моментом является определение метода LockServer. Поскольку этот метод вызывается, когда кто-то хочет удержать фабрику класса в памяти, то вы связываете метод со значением переменной g_dwObjectClass, которое используется функцией DllCanUnloadNow для определения того, можно ли освободить DLL. Когда LockServer вызывается с параметром TRUE, это означает необходимость присутствия DLL-модуля в памяти и поэтому счетчик увеличивается, что предотвращает выгрузку DLL в случае, если не остается поддерживаемых ей объектов. Если же LockServer вызывается с параметром FALSE, то DLL может быть выгружена, если ее присутствие не требуется другим объектам (когда g_dwObjectClass равна нулю).

Реализация объекта

Для осуществления этой операции необходимо совершить несколько шагов, и чтобы выполнить ее было проще, первое, что вы должны сделать — это реализовать ядро объекта с интерфейсом IUnknown (который реализует методы QueryInterface, AddRef и Release). Листинг 12.9 содержит реализацию базового объекта, когда вы уже определили, какие интерфейсы, глобальные переменные и вспомогательные процедуры вам потребуются.

Листинг 12.9. Полная реализация базового объекта (IUnknown).

```
//COleDay12Object implementation
//
//The OLE specification require that a DLL inprocess server must
//implement the following interfaces:
```

```
// - IDataObject
// - IPersistStorage
// - IViewObject2
// - IOleObject
// - IRunnableObject
// - IExternalConnection

COleDay12Object FAR* COleDay12Object::Create()
{
     COleDay12Object   FAR* pOleDay12Object;

    //If we can't create the object return a NULL pointer
     if ((pOleDay12Object =
        new FAR COleDay12Object()) == (COleDay12Object FAR*)NULL)
            return (COleDay12Object FAR*)NULL;


    //All is well so increment the reference count since we're going
    //to pass the interface
    //
    pOleDay12Object->AddRef();

    return pOleDay12Object;
}

//COleDay12Object Constructor
//
COleDay12Object::COleDay12Object(void)
{
    HRESULT     hresult;

    m_refs = 1;    //Initialize our reference count

    g_dwObjectCount++;    //This tells us the DLL is in use

    //These are the pointers to the interfaces which OLE requires
    //to be implemented.  We will start them out at NULL so we can
    //tell which interfaces were successfully created, and which
    //ones were not
    m_pIDataObject          = NULL;
    m_pIPersistStorage      = NULL;
    m_pIViewObject          = NULL;
    m_pIOleObject           = NULL;
    m_pIOleCache            = NULL;
    m_pIRunnableObject      = NULL;
    m_pIExternalConnection = NULL;
    m_pIStdMarshalInfo      = NULL;

    m_pOleGenObject         = NULL;

//Null helper
    m_pHelperViewObject2   = NULL;
    m_pHelperOleCache2     = NULL;
    m_pHelperDataObject    = NULL;
    m_pHelperPersistStorage= NULL;

//Create the primary interfaces we need
    m_pIDataObject          = new COleDay12DataObject(this);
    m_pIPersistStorage      = new COleDay12PersistStorage(this);
    m_pIViewObject          = new COleDay12ViewObject(this);
    m_pIOleObject           = new COleDay12OleObject(this);
    m_pIOleCache            = new COleDay12OleCache(this);
    m_pIRunnableObject      = new COleDay12RunnableObject(this);
    m_pIExternalConnection = new COleDay12ExternalConnection(this);
    m_pIStdMarshalInfo      = new COleDay12StdMarshalInfo(this);

    m_bIsLocked             = FALSE;
    m_bIsRunning            = FALSE;
```

Листинг 12.9. продолжение

```
    m_dwRegister           = 0;

//Create our own object which handles drawing etc.
    extern CInterfaceDatList *pInterfaceDatList;

    m_pOleGenObject        = (COleGenObject *)new COleGenObject();
    m_pOleGenObject->pInterfaceList = new CInterfaceList;
    m_pOleGenObject->pInterfaceList->CopyChange(pInterfaceDatList);


//Create a default cache
    hresult = CreateDataCache(NULL,CLSID_OleDay12Object,
                IID_OleCashe2,(LPVOID FAR *)&m_pHelperOleCache2);

//Save the default cache's View object interface
    if (hresult == NOERROR)
        hresult = m_pHelperOleCache2->QueryInterface(IID_IViewObject2,
                (LPVOID FAR *)&m_pHelperViewObject2);

//Save the default cache's Data object interface
    if (hresult == NOERROR)
        hresult = m_pHelperOleCache2->QueryInterface(IID_IDataObject,
                (LPVOID FAR *)&m_pHelperDataObject);

//Save the default cache's PersistStorage interface
    if (hresult == NOERROR)
        hresult = m_pHelperOleCache2->QueryInterface(IID_IPersistStorage,
                (LPVOID FAR *)&m_pHelperPersistStorage);
}

//Our destructor for COleDay12Object decrements the object count
COleDay12Object::~COleDay12Object(void)
{
//Delete any objects we may have created to support this object

//Delete the default cache interfaces
    if (m_pHelperViewObject2 != NULL)
        m_pHelperViewObject2->Release();


    if (m_pHelperDataObject != NULL)
        m_pHelperDataObject->Release();

    if (m_pHelperPersistStorage != NULL)
        m_pHelperPersistStorage->Release();

    if (m_pHelperOleCache2 != NULL)
        m_pHelperOleCache2->Release();

//Delete the interface we created
    if (m_pIOleCache != NULL)
        delete m_pIOleCache;

    if (m_pIDataObject != NULL)
        delete m_pIDataObject;

    if (m_pIPersistStorage != NULL)
        delete m_pIPersistStorage;

    if (m_pIViewObject != NULL)
        delete m_pIViewObject;

    if (m_pIOleObject != NULL)
        delete m_pIOleObject;

    if (m_pIRunnableObject != NULL)
        delete m_pIRunnableObject;
```

```
    if (m_pIExternalConnection != NULL)
        delete m_pIExternalConnection;

    if (m_pIStdMarshalInfo != NULL)
        delete m_pIStdMarshalInfo;

//Delete our drawing object
    if (m_pOleGenObject != NULL)
     delete m_pOleGenObject;

    g_dwObjectCount--;          //Since we incremented our UsageCnt
                                // when we constructed the object
                                // we need to decrease it when we
                                // destroy our object, else
                                // we will never unload our selves

    return;                     //And we're done!!!
}

//
// Standard implementation of QueryInterface
//
STDMETHODIMP
COleDay12Object::QueryInterface(REFIID riid, void FAR* FAR* ppv)
{
    if (riid == IID_IUnknown)
        *ppv = this;
    else if (riid == IID_IDataObject)
     *ppv = m_pIDataObject;
    else if ((riid == IID_IPersistStorage) || (riid == IID_IPersist))
        *ppv = m_pIPersistStorage;
    else if ((riid == IID_IViewObject) || (riid == IID_IViewObject2))
        *ppv = m_pIViewObject;
    else if (riid == IID_IOleObject)
     *ppv = m_pIOleObject;
    else if ((riid == IID_IOleCache) || (riid == IID_IOleCache2))
        *ppv = m_pIOleCache;
    else if (riid == IID_IRunnableObject)
     *ppv = m_pIRunnableObject;
    else if (riid == IID_IExternalConnection)
     *ppv = m_pIExternalConnection;
    else if (riid == IID_IStdMarshalInfo)
     *ppv = m_pIStdMarshalInfo;
    else
        *ppv = NULL;

    if (*ppv != NULL){
     ((LPUNKNOWN)(*ppv))->AddRef();
     return NOERROR;
     }

//If for some reason our constructor did not create the requested interface
//don't pass the NULL interface without telling the caller that we don't support
//the requested interface.
    return ResultFromScode(E_NOINTERFACE);
}

//
// Standard implementation of AddRef
// Since this is not an aggregate object, we can increment our
// own reference counter
//
STDMETHODIMP_(ULONG)COleDay12Object::AddRef()
{
    return ++m_refs;
}
```

Листинг 12.9. продолжение

```
// Standard implementation of Release
// Since this is not an aggregate object, we can decrement our
// own reference counter.  We also delete the object upon completion
// but we do not terminate the application.  Since we are also
// responsible for COleGenDataObject and share it's Release
// we will destroy it as well.
//
STDMETHODIMP_(ULONG)COleDay12Object::Release()
{
   if(--m_refs == 0){
   //And now we can delete this object
    delete this;
   }

   return m_refs;
}

//
//A helper routine
//Whenever a view changes this routine should be called so that
//the appropriate actions (such as notification) will occur
//
void COleDay12Object::DoViewChange(void)
{
  if (m_pIViewObject->m_pViewAdviseSink != NULL){
      if ((m_pIViewObject->m_aspects & dwAspects) != 0){
        m_pIViewObject->m_pViewAdviseSink->OnViewChange(dwAspects,(LONG)-1);
        if (m_pIViewObject->m_advf & ADVF_ONLYONCE){
            m_pIViewObject->m_pViewAdviseSink->Release();
            m_pIViewObject->m_pViewAdviseSink = NULL;
        }
      }
  }
}

//
//A helper routine
//Whenever data changes this routine should be called so that
//the appropriate actions (such as notification) will occur
//
void COleDay12Object::DoDataChange(void)
{
  if (m_pIDataObject->m_pDataAdviseHolder != NULL)
     m_pIDataObject->m_pDataAdviseHolder->SendOnDataChange(m_pIDataObject,0,0);

// Let the view know that underlying data changed
//
  DoViewChange(m_pIViewObject->m_aspects);
}

//^^^^^^^^^^^^^^^^^^^^^^^^^^^^^^^^^^^^^^^^^^^^^^^^^^^^^^^^^^^^^^
// End of COleDay12Object Specific routines
//
```

Анализ

Так как ваш объект инициализирует переменные и интерфейсы, которые еще не обсуждались, при первом чтении главы вы можете вместо листинга 12.9 воспользоваться листингом 12.10, который определяет только методы IUnknown. К концу изучения главы вы сможете вернуться к листингу 12.9.

Листинг 12.10. Упрощенная реализация базового объекта (IUnknown).

```
COleDay12Object FAR* COleDay12Object::Create()
{
    COleDay12Object   FAR* pOleDay12Object;
```

```
    //If we can't create the object return a NULL pointer
     if ((pOleDay12Object =
        new FAR COleDay12Object()) == (COleDay12Object FAR*)NULL)
            return (COleDay12Object FAR*)NULL;


    //All is well so increment the reference count since we're going
    //to pass the interface
    //
    pOleDay12Object->AddRef();

    return pOleDay12Object;
}

//COleDay12Object Constructor
//
COleDay12Object::COleDay12Object(void)
{
    HRESULT     hresult;

    m_refs = 1;    //Initialize our reference count

    g_dwObjectCount++;    //This tells us the DLL is in use

    m_pOleGenObject        = NULL;

//Create our own object which handles drawing etc.
    extern CInterfaceDatList *pInterfaceDatList;

    m_pOleGenObject        = (COleGenObject *)new COleGenObject();
    m_pOleGenObject->pInterfaceList = new CInterfaceList;
    m_pOleGenObject->pInterfaceList->CopyChange(pInterfaceDatList);
}

//Our destructor for COleDay12Object decrements the object count
COleDay12Object::~COleDay12Object(void)
{
//Delete any objects we may have created to support this object


//Delete our drawing object
    if (m_pOleGenObject != NULL)
     delete m_pOleGenObject;

    g_dwObjectCount--;        //Since we incremented our UsageCnt
                              // when we constructed the object
                              // we need to decrease it when we
                              // destroy our object, else
                              // we will never unload our selves

    return;                   //And we're done!!!
}

//
// Standard implementation of QueryInterface
//
STDMETHODIMP
COleDay12Object::QueryInterface(REFIID riid, void FAR* FAR* ppv)
{
    if (riid == IID_IUnknown)
        *ppv = this;
    else
        *ppv = NULL;

    if (*ppv != NULL){
     ((LPUNKNOWN)(*ppv))->AddRef();
     return NOERROR;
    }
```

Листинг 12.10. продолжение

```
//If for some reason our constructor did not create the requested interface
//don't pass the NULL interface without telling the caller that we don't support
//the requested interface.
  return ResultFromScode(E_NOINTERFACE);
}

//
// Standard implementation of AddRef
// Since this is not an aggregate object, we can increment our
// own reference counter
//
STDMETHODIMP_(ULONG)COleDay12Object::AddRef()
{
  return ++m_refs;
}

// Standard implementation of Release
// Since this is not an aggregate object, we can decrement our
// own reference counter.  We also delete the object upon completion
// but we do not terminate the application.  Since we are also
// responsible for COleGenDataObject and share it's Release
// we will destroy it as well.
//
STDMETHODIMP_(ULONG)COleDay12Object::Release()
{
   if(--m_refs == 0){
   //And now we can delete this object
    delete this;
   }

   return m_refs;
}
```

Анализ

Здесь используется стандартная реализация методов QueryInteface, AddRef и Release. Конструктор создает объект, а также его данные (m_pOleGenObject) и инициализирует ваш объект данными из списка pInterfaceDatList, созданного в функции LibMain. Кроме того, увеличивается g_dwObjectCount, так что если вызывается DllCanUnloadNow, DLL сообщит вызывающей процедуре, что она в данный момент используется и не может быть освобождена. Деструктор IUnknown уничтожает данные, созданные конструктором и уменьшает значение g_dwObjectCount; после этого DLL может быть выгружена, если ее никто больше не использует.

Тестирование базового объекта

Как только вы реализовали интерфейс IUnknown, вы можете протестировать базовый объект с помощью OLE2View (поставляемой вместе с OLE 2.01 SDK). Сперва вы должны скомпилировать приложение. Если вы пользуетесь компилятором Borland C++ 4.0, необходимо установить следующие опции компиляции:

В опции Virtual Tables установите smart.

В опции Memory Model установите far для виртуальных таблиц C++.

В опции Member Pointers установите «Member pointers support all cases».

В разделе C++ Compatibility для Virtual Base Pointers установите «same size as 'this' pointer».

В разделе C++ Compatibility установите «Disable Constructor Displasement».

В разделе компоновщика General выключите «Case sensitive Link», а также «Case sensitive export/import».

В разделе компилятора Source установите длину идентификаторов равной 40.

Этот список отличается от ранее приводившихся установок для Borland C++, поскольку теперь вы создаете DLL. Установка длины идентификаторов имеет существенное значение, потому что одна из функций OLEUI (OleStdGetMetafilePictFromOleObject) имеет имя длиной в 34 символа, а длина идентификаторов в Borland C++ по умолчанию равна 32. Пользователям Microsoft достаточно задать при компиляции опцию DLL. Никаких иных изменений не требуется.

После успешной компиляции вы можете приступать к тестированию. Если вы запустили Ole2View, но не видите вашего объекта в списке, вы скорее всего забыли ввести регистрационную информацию в базу данных (с помощью Regedit /v). Если вы нашли объект в списке, нажали кнопку мыши и ничего не произошло, проверьте, правильно ли задан маршрут DLL и другая информация (например, ID класса), помещаемая в регистрационную базу данных. Если все же ваш объект не загружается, убедитесь в том, что вы экспортируете DllGetClassObject и что она использует тот самый ID класса, что вы ввели в реестр. Если и это не помогло, сверьте ваш исходный код с кодом, который представлен в тексте. Скорее всего, в одну из ваших процедур вкралась опечатка.

Если вы увидели интерфейс IUnknown при помощи OLE2View, то можете быть уверены, что все в порядке. Закройте OLE2View при помощи команд File и Exit, а затем запустите WPS (Windows Process Status) из OLE 2.01 SDK. Проверьте, что DLL нет в списке. Если это не так, значит, ваша процедура WEP не вызывается. Это может случиться, если вы инициализируете OLE из DLL или значение g_dwObjectCount не равно нулю.

Замечание: Если вы не хотите создавать собственный минимальный исходный код и вносить в него изменения по ходу обсуждений, то можете воспользоваться полным кодом, который представлен на диске, приобретенном вами вместе с книгой. Если вы будете пользоваться полным кодом, то увидите там дополнительные интерфейсы, которые мы пока не рассматривали, но которые будут обсуждаться позже в данной главе.

Реализация *IDataObject*

На протяжении 9-го и 10-го дней было дано детальное описание интерфейса IDataObject. Нижеследующий текст касается только определений, которые используются в данном примере.

GetData

Когда вызывается метод GetData (см. листинг 12.11) интерфейса сервера IDataObject, требуется, чтобы он возвращал данные в запрошенном формате. Сегодняшняя реализация отличается в некоторых аспектах от представленной в главе 9. Прежде всего, она вызывает QueryGetData, чтобы узнать, поддерживаются ли запрошенные формат и носитель. Поскольку метод QueryGetData так или иначе должен быть определен, GetData пользуется готовой реализацией вместо того, чтобы еще раз кодировать то же самое. Ранее проверка кодировалась в обоих методах, ради большей ясности обсуждения. Теперь, когда вы уже хорошо понимаете эти процедуры, можно закодировать их более эффективно.

Листинг 12.11. Реализация GetData (IDataObject).

```
//Our object's implementation of GetData
//
STDMETHODIMP COleDay12DataObject::GetData(LPFORMATETC pformatetcIn,
                              LPSTGMEDIUM pmedium )
{
   char FAR *pstrDest;
   HRESULT hresult;
   UINT   uSize;

//See if its a format we support.
//All the checking is done by QueryGetData since it needs to
```

Листинг 12.11. продолжение

```
//do this anyway
//
   if ((hresult = QueryGetData(pformatetcIn)) != NOERROR)
        return hresult;

    switch (pformatetcIn->cfFormat){
    case CF_TEXT:
        pmedium->tymed = TYMED_HGLOBAL;
        if (pMalloc == NULL)
            return ResultFromScode(STG_E_MEDIUMFULL);
 uSize = GetTextFormatHelper();
        pmedium->hGlobal = GlobalAlloc(GHND,uSize+1);
        pmedium->pUnkForRelease = NULL;
        pstrDest = (char FAR *)GlobalLock(pmedium->hGlobal);
        _fstrcpy(pstrDest,pstrStart);
        GlobalUnlock(pmedium->hGlobal);
        pMalloc->Free(pstrStart);
        break;
    case CF_METAFILEPICT:
      if (pformatetcIn->dwAspect == DVASPECT_ICON){
           pmedium->hGlobal = OleGetIconOfClass(CLSID_OleDay12Object, "OleGenIcon",
TRUE);
           pmedium->tymed   = TYMED_MFPICT;
           pmedium->pUnkForRelease = NULL;
    break;
      } else if (pformatetcIn->dwAspect == DVASPECT_CONTENT){
           pmedium->hGlobal =
               OleStdGetMetafilePictFromOleObject((LPOLEOBJECT)
                 m_pOleDay12Object->m_pIOleObject,
                 pformatetcIn->dwAspect,NULL,NULL);
           pmedium->tymed   = TYMED_MFPICT;
           pmedium->pUnkForRelease = NULL;
         break;
    } else
    return ResultFromScode(DATA_E_FORMATETC); //Should never happen
                //since we checked in QueryGetData
    default:
      if (pformatetcIn->cfFormat == uPrivateClipboardFormat)
        return ResultFromScode(DATA_E_FORMATETC);
      pmedium->tymed = TYMED_HGLOBAL;
      if (pMalloc == NULL)
        return ResultFromScode(STG_E_MEDIUMFULL); //Strange error but what else
                                                  //could we return?
    uSize = GetPrivateFormatHelper();            //Let the helper do the work
        pmedium->hGlobal = GlobalAlloc(GHND,uSize);
        pmedium->pUnkForRelease = NULL;
        pstrDest = (char FAR *)GlobalLock(pmedium->hGlobal);
        memmove(pstrDest,pstrStart,uSize);
        GlobalUnlock(pmedium->hGlobal);
        pMalloc->Free(pstrStart);
        break;
        }  // end of case

    return NOERROR;
}

//A helper routine to write text data to memory
//Used by GetData
//
UINT COleDay12DataObject::GetTextFormatHelper(void)
{
    UINT uSize = 0;
    UINT uMallocCount = 1;
    CInterfaceObject *pInterfaceObject;
    char   buffer[100];

    if (m_pOleDay12Object->m_pOleGenObject->pInterfaceList == NULL)
```

```
    return 0;

    pstrStart = (LPSTR)pMalloc->Alloc(1024);
    pInterfaceObject =
        m_pOleDay12Object->m_pOleGenObject->pInterfaceList->GetHead();
    while (pInterfaceObject != NULL){
        wsprintf(buffer,"%u,%u,%u,%s\n",pInterfaceObject->GetID(),
                                pInterfaceObject->GetInUse(),
                                pInterfaceObject->GetInterfaceType(),
                                pInterfaceObject->GetName());
        if (strlen(buffer) >= ((uMallocCount * 1024) - uSize))
            pstrStart = (LPSTR)pMalloc->Realloc(pstrStart,(++uMallocCount * 1024));
        memcpy((pstrStart+uSize),buffer,strlen(buffer));
        uSize += strlen(buffer);
        pInterfaceObject =
                m_pOleDay12Object->m_pOleGenObject->pInterfaceList->GetNext();
    }
    *(pstrStart+uSize) = 0x00;
    return uSize;
}

//A helper routine to write our private format data to memory
//Used by GetData and GetDataHere
//
UINT COleDay12DataObject::GetPrivateFormatHelper(void)
{
    UINT uSize = 0;
    UINT uMallocCount = 1;
    CInterfaceObject *pInterfaceObject;
    struct PrivateFormat pfPrivateFormat;
    struct PrivateHeader phPrivateHeader;
    UINT   uBufferSize;

    if (m_pOleDay12Object->m_pOleGenObject->pInterfaceList == NULL)
    return 0;

    pstrStart = (LPSTR)pMalloc->Alloc(1024);
    phPrivateHeader.wVersion = 0x0001;
    phPrivateHeader.wCount   = 0x0000;
    uSize += sizeof(struct PrivateHeader);

    pInterfaceObject =
        m_pOleDay12Object->m_pOleGenObject->pInterfaceList->GetHead();
    while (pInterfaceObject != NULL){
        phPrivateHeader.wCount++;
        pfPrivateFormat.ID = (WORD)pInterfaceObject->GetID();
        pfPrivateFormat.InUse = (WORD)pInterfaceObject->GetInUse();
        pfPrivateFormat.InterfaceType = (WORD)pInterfaceObject->GetInterfaceType();
        pfPrivateFormat.NameLength = (WORD)strlen(pInterfaceObject->GetName());
        strcpy(pfPrivateFormat.Name,pInterfaceObject->GetName());
        uBufferSize = sizeof(WORD)*4 + strlen(pInterfaceObject->GetName());
        if (uBufferSize >= ((uMallocCount * 1024) - uSize))
            pstrStart = (LPSTR)pMalloc->Realloc(pstrStart,(++uMallocCount * 1024));
        memcpy((pstrStart+uSize),&pfPrivateFormat,uBufferSize);
        uSize += uBufferSize;
        pInterfaceObject =
          m_pOleDay12Object->m_pOleGenObject->pInterfaceList->GetNext();
    }
    memcpy(pstrStart,&phPrivateHeader,sizeof(struct PrivateHeader));

    return uSize;
}
```

Анализ

Поддержка текстового формата не сильно отличается от реализованной в главе 9, однако вы должны заметить, что GetData в данном случае вызывает GetTextFormatHelper. Эта функция берет данные, пользуясь указателем m_pOleGenObject, и трансформирует их в текстовый формат. Данные в этом формате могут быть распечатаны, показаны на экране или помещены в Clipboard. Процедура разработана для того, чтобы не забивать метод GetData специфичным для приложения кодом поддержки m_pOleGenObject. Если вы будете использовать представленный метод GetData, вы должны заменить GetTextFormatHelper на процедуру, соответствующую вашему конкретному приложению. Такая методика может быть полезна еще и потому, что она дает возможность написать небольшую тестовую программу, проверяющую GetTextFormatHelper перед включением ее в OLE-приложение.

Для поддержки метафайлов (CF_METAFILEPICT) вы используете OLEUI (для запросов DVASPECT_CONTENT), поэтому в данном случае вам не надо писать много кода. Фактически вся работа делается в OleStdGetMetafilePictFromOleObject. Эта функция использует интерфейс IOleObject (с которым вы познакомитесь далее). С его помощью OleStdGetMetafilePictFromOleObject вызывает интерфейс IViewObject2 (который мы реализуем позже при рассмотрении IViewObject), чтобы поместить представление объекта в метафайл (нарисовать объект), а затем возвращает этот метафайл вызывающей программе. OLEUI избавляет вас от необходимости писать массу операторов для перевода объекта в представление метафайла.

Замечание: Оперативная документация OLE 2.01 SDK описывает функцию OleStdGetMetafilePictFromOleObject неверно. В действительности эта функция получает четыре параметра:
LPOLEOBJECT lpOle — указатель на интерфейс IOleObject
DWORD dwDrawAspect — требуемый аспект представления объекта как метафайла
SIZEL lpSizeHim — размер выводимого представления объекта или NULL, если используется его истинный размер
TARGETDEVICE FAR* ptd — целевое устройство, для которого создается образ, или NULL, если используется дисплей.

Код поддержки метафайлов обрабатывает также запросы для DVASPECT_ICON. Вам нужно поддерживать аспект DVASPECT_ICON, чтобы при запросе приложением представления в виде пиктограммы вы могли ее предоставить. Функция OLE OleGetIconOfClass получает пиктограмму, используя регистрационную запись DefaultIcon для вашего объекта. Можно вызвать OleGetIconOfClass вместо написания вашего собственного кода, рисующего метафайл пиктограммы. Если ваше приложение само рисует пиктограмму (например, если вы сворачиваете в пиктограмму часы, имеющиеся в Windows, она показывает правильное время), вам, конечно, нужно будет реализовать такой код.

Замечание: По-видимому, Word 6.0 использует для получения пиктограмм непосредственно запись DefaultIcon, не запрашивая объект. Excel, PowerPoint и Access запрашивают DWASPECT_ICON у объекта.

GetDataHere

Эта функция похожа на GetData, но в случае GetDataHere вызывающей процедурой предоставляется носитель данных, в то время при вызове GetData нужный тип носителя только запрашивается, но не предоставляется. В действительности вам не требуется реализовывать данный метод (можно просто возвращать E_NOTIMPLEMENTED), однако, чтобы продемонстрировать даваемую вспомогательными функциями гибкость, в листинге 12.12 приводится реализация для CF_TEXT.

Листинг 12.12. Реализация GetDataHere (IDataObject).

```
//We need to support GetDataHere
//It would be nice if we support streams but
//we don't need them, so we wont
//
STDMETHODIMP COleDay12DataObject::GetDataHere(LPFORMATETC pformatetc,
                            LPSTGMEDIUM pmedium )
{
   char FAR *pstrDest;
   UINT uSize;
   HRESULT hresult;

     if ((pformatetc->cfFormat == CF_TEXT) &&
         (pformatetc->tymed & TYMED_HGLOBAL)){
         if (pMalloc == NULL)
            return ResultFromScode(STG_E_MEDIUMFULL);
 uSize = GetTextFormatHelper();

         if (GlobalSize(pmedium->hGlobal) <= uSize)
            return ResultFromScode(STG_E_MEDIUMFULL);
         pstrDest = (char FAR *)GlobalLock(pmedium->hGlobal);
         _fstrcpy(pstrDest,pstrStart);
         GlobalUnlock(pmedium->hGlobal);
         pMalloc->Free(pstrStart);
         pMalloc->Release();

         return NOERROR;
     } else {
         return ResultFromScode(DATA_E_FORMATETC);
     }
}
```

Анализ

Как можно видеть, в случае GetDataHere вызывающая процедура предоставляет методу область, в которой данные будут сохраняться. Ваша реализация могла бы поддерживать и другие типы носителя, например, запись в поток, предоставляемый вызывающей процедурой.

QueryGetGata

Данный метод информирует вызывающую процедуру о том, какие форматы данных поддерживается функцией GetData. GetData также использует этот метод для проверки допустимости запрошенного формата. В листинге 12.13 показана реализация QueryGetData.

Листинг 12.13. Реализация QueryGetData (IDataObject).

```
//Let anyone who is asking know the formats we support
//
//We support CF_TEXT as DVASPECT_CONTENT using TYMED_HGLOBAL
//We support CF_METAFILEPICT as DVASPECT_CONTENT or DVASPECT_ICON as TYMED_MFPICT
//and our private format as DVASPECT_CONTENT using TYMED_HGLOBAL
//
STDMETHODIMP COleDay12DataObject::QueryGetData(LPFORMATETC pformatetc )
{
//The pformatetc field cannot be NULL, or else we have nothing to check
    if (pformatetc == NULL)
        return ResultFromScode(E_INVALIDARG);

//In OLE 2.01, we expect lindex to be -1 only
    if (pformatetc->lindex != -1)
        return ResultFromScode(DV_E_LINDEX);

    if ((pformatetc->cfFormat != CF_TEXT) &&
        (pformatetc->cfFormat != CF_METAFILEPICT) &&
        (pformatetc->cfFormat != uPrivateClipboardFormat))
```

Листинг 12.13. продолжение

```
        return ResultFromScode(DATA_E_FORMATETC);
    if (((pformatetc->cfFormat == CF_TEXT) ||
      (pformatetc->cfFormat == uPrivateClipboardFormat) &&
     (pformatetc->tymed == TYMED_HGLOBAL) &&
        (pformatetc->dwAspect == DVASPECT_CONTENT))
        return NOERROR;

    if ((pformatetc->cfFormat == CF_METAFILEPICT) &&
     (pformatetc->tymed == TYMED_MFPICT) &&
     ((pformatetc->dwAspect == DVASPECT_CONTENT) ||
      (pformatetc->dwAspect == DVASPECT_ICON)))
        return NOERROR;

//Oh, well they want something we don't support

    return ResultFromScode(DATA_E_FORMATETC);
}
```

Анализ

Реализация функции QueryGetData довольно проста. Прежде всего проверяется наличие поддержки запрошенного формата Clipboard. Если формат не поддерживается, то возвращается значение DATA_E_FORMATETC. Затем проверяется, поддерживается ли требуемая комбинация формата, аспекта и носителя данных. При отрицательном результате проверки возвращается DATA_E_FORMATETC. В противном случае возвращается NOERROR.

GetCanonicalFormatEtc

Как вы помните, в 9-й день говорилось о том, что если объект поддерживает зависящее от устройства представление данных, GetCanonicalFormatEtc возвращает структуру FORMATETC, логически эквивалентную заданной структуре. Ваш объект не поддерживает специфичной для устройства передачи данных, поэтому можно просто вернуть значение DATA_S_SAMEFORMATETC. Но в отличие от прошлой реализации в методе проводятся дополнительные проверки передаваемых вам данных (см. листинг 12.4).

Листинг 12.14. Реализация GetCanonicalFormatEtc (IDataObject)

```
//We don't do any device specific renderings so
// DATA_S_SAMEFORMATETC is always right if its a format we support
//
STDMETHODIMP COleDay12DataObject::GetCanonicalFormatEtc(LPFORMATETC pformatetc,
                            LPFORMATETC pformatetcOut)
{
//We expect pformatetc and pformatetcOut to be valid pointers
    if (!pformatetcOut)
        return ResultFromScode(E_INVALIDARG);

    pformatetcOut->ptd = NULL;

    if (!pformatetc)
        return ResultFromScode(E_INVALIDARG);

//Do we support the requested format?
    HRESULT hresult = QueryGetData(pformatetc);
    if (hresult != NOERROR)
        return hresult;          // Nope, we don't support that format

    *pformatetcOut = *pformatetc;

    return ResultFromScode(DATA_S_SAMEFORMATETC);
}
```

Анализ

При изучении данной реализации вы наверняка обратите внимание на то, что GetCanonicalFormatEtc проверяет два передаваемых ей указателя на их равенство NULL. Если хоть одно из значений NULL, GetCanonicalFormatEtc возвращает E_INVALIDARG, чтобы сообщить вызывающей функции о некорректности одного или обоих указателей. Если производится запрос неподдерживаемого формата, GetCanonicalFormatEtc сообщает об ошибке. В противном случае он возвращает DATA_S_SAMEFORMATETC. Вы всегда можете пользоваться приведенной реализацией, если только вам не придется иметь дело с зависящим от устройства способом передачи данных.

SetData

Метод SetData противоположен методу GetData, то есть с его помощью вызывающая процедура предоставляет вам данные, которые она хочет поместить в объект. Если объект должен принимать данные, вам скорее всего придется реализовать этот метод. При реализации вы должны обеспечить достаточно тщательную проверку корректности данных, так как метод может вызываться внешними по отношению к объекту процедурами. Данная реализация (см. листинг 12.15) принимает только данные вашего собственного формата (PrivateFormat), сводя тем самым к минимуму возможность разрушения объекта из-за записи недействительных данных.

Вы можете задаться вопросом, зачем мы предусмотрели данный метод, если наш объект получает только данные в своем собственном формате. Дело в том, что метод для передачи данных объекту необходим некоторым интерфейсам, которые вы собираетесь реализовать. Реализация SetData позволяет легко обмениваться данными с другими объектами (или приложениями), которым известен формат данных вашего приложения. Так что прежде чем решить, что вам не нужен метод SetData, вы должны представлять себе, будете ли вы создавать другие объекты, которые будут передавать данные вашему объекту.

Листинг 12.15. Реализация SetData (IDataObject).

```
//We can accept data so we will implement, SetData.
//
STDMETHODIMP COleDay12DataObject::SetData(LPFORMATETC pformatetc,
                              STGMEDIUM FAR * pmedium, BOOL fRelease)
{
    // We only support out PrivateFormat
    if (pformatetc->cfFormat != uPrivateClipboardFormat)
        return ResultFromScode(E_FAIL);

    // We want memory only.
    if (pformatetc->tymed != TYMED_HGLOBAL)
        return ResultFromScode(E_FAIL);

    //If we have any old data, let's release it first
    if (m_pOleDay12Object->m_pOleGenObject->pInterfaceList != NULL)
          delete m_pOleDay12Object->m_pOleGenObject->pInterfaceList;

    //Let's create a new area which is the size of the
    //data being passed.  We can then copy the data
    //into our object
        m_pOleDay12Object->m_pOleGenObject->pInterfaceList =
                new CInterfaceList;
        char *ptr       = (char *)GlobalLock(pmedium->hGlobal);

 CInterfaceObject *pInterfaceObject;
        struct PrivateFormat pfPrivateFormat;
        struct PrivateHeader phPrivateHeader;
        memmove(&phPrivateHeader,ptr,sizeof(struct PrivateHeader));
        ptr += sizeof(struct PrivateHeader);

 //Loop around until we added all the data the header
 //says we should add
```

Листинг 12.15. продолжение

```
        while (phPrivateHeader.wCount--){
                memmove(&pfPrivateFormat,ptr,sizeof(WORD)*4);
                ptr += sizeof(WORD) * 4;
                memmove(&pfPrivateFormat.Name,ptr,pfPrivateFormat.NameLength);
                pfPrivateFormat.Name[pfPrivateFormat.NameLength] = 0x00;
                ptr += pfPrivateFormat.NameLength;
                pInterfaceObject = new CInterfaceObject(pfPrivateFormat.ID,
                                    pfPrivateFormat.Name,
                                    pfPrivateFormat.InUse);
                m_pOleDay12Object->m_pOleGenObject->pInterfaceList
                    ->InsertTail(pInterfaceObject);
        } //End of while

    //Now that we have the data, we can release the passed data
    //if the caller told us to do so.
    if (fRelease == TRUE)
        ReleaseStgMedium(pmedium);

    //Let's tell the base object that its pointer has changed
 // m_pOleDay12Object->m_pOleGenObject->pIntefaceList =
 //     m_pOleDay12Object->m_pIntefaceList;

    //Let's notify anyone who's interested
    if (m_pDataAdviseHolder != NULL)
        m_pDataAdviseHolder->SendOnDataChange(this,0,NULL);

    return NOERROR;
}
```

Анализ

Как вы можете заметить из рассмотрения листинга SetData, ваш объект будет получать данные в частном формате вашего приложения, и, кроме того, данные должны предоставляться через оперативную память. Методом SetData пользуются другие интерфейсы вашего объекта для передачи ему данных. Вам необходимо иметь в виду, что при вызове метода вы уничтожаете имеющиеся у объекта старые данные. Метод не предназначен для добавления данных к уже существующим. При изменении данных не забывайте также об уведомлении других объектов, заинтересованных в получении информации об изменениях (то есть объектов, вызывавших, например, ваш метод DAdvise).

EnumFormatEtc

В главе 9 мы говорили о том, что функция EnumFormatEtc перечисляет форматы, которые поддерживает ваше приложение при вызове методов SetData или GetData. Ранее вы использовали массив для хранения всех поддерживаемых форматов, однако в OLE имеется более простой путь реализации метода. Листинг 12.16 показывает более простой подход, использующий функцию OleRegEnumFormatEtc.

Листинг 12.16. Реализация EnumFormatEtc (IDataObject).

```
//They ask for our IEnumFormatEtc interface so let's give
//them the information from the registry
//
STDMETHODIMP COleDay12DataObject::EnumFormatEtc(DWORD dwDirection,
                            LPENUMFORMATETC FAR* ppenumFormatEtc)
{
// Get the information from the registration database
//
    return OleRegEnumFormatEtc(CLSID_OleGen,
            dwDirection,ppenumFormatEtc);
}
```

Анализ

OleRegEnumFormatEtc входит в состав стандартного API OLE. Она возвращает поддерживаемые вашим объектом форматы, опираясь на информацию, имеющуюся в регистрационной базе данных. Вам не придется беспокоиться об изменениях в реализации EnumFormatEtc — достаточно лишь обновить регистрационную базу данных.

НЕ ЗАБЫВАЙТЕ модифицировать регистрационную базу данных, когда в методы GetData и SetData вашего объекта вводится поддержка новых форматов.

DAdvise, DUnadvise, EnumAdvise

В 10-й главе реализация этих методов была необязательной. Она была нужна только в тех случаях, когда объект поддерживал уведомления (т.е. возможность известить вызывающую процедуру о том, что данные изменились). Во встроенном сервере вы обязаны предусмотреть эти методы, так как различные интерфейсы, которые вы вскоре реализуете, должны иметь информацию об изменении исходных данных (например, интерфейсы вашего объекта IViewObject и IPersistStorage). В листинге 12.17 показана реализация уведомляющих методов.

Листинг 12.17. Методы уведомления (IDataObject).

```
//DAdvise implementation using CreateDataAdviseHolder
//Let's let OLE do the work and use it's Data Advise Holder
//
STDMETHODIMP COleDay12DataObject::DAdvise(FORMATETC FAR* pFormatetc,
                     DWORD  advf,
                     LPADVISESINK pAdvSink ,
                     DWORD FAR* pdwConnection )
{
//Do we support the requested format?
    HRESULT hresult = QueryGetData(pFormatetc);
    if (hresult != NOERROR)
        return hresult;

//If we currently don't have a holder we need to make one
    if (m_pDataAdviseHolder == NULL){
        CreateDataAdviseHolder(&m_pDataAdviseHolder);
    }
//Oh-no we couldn't create the advise holder!!!
    if (!m_pDataAdviseHolder)
        return ResultFromScode(E_OUTOFMEMORY);

//All is well so far
    return m_pDataAdviseHolder->Advise((LPDATAOBJECT)this,pFormatetc,
        advf,pAdvSink,pdwConnection);
}

//DUnadvise implementation using the OLE implementation of Unadvise
STDMETHODIMP COleDay12DataObject::DUnadvise(DWORD dwConnection)
{
//This should never be NULL since Advise should have created one
    if (m_pDataAdviseHolder == NULL)
        ResultFromScode(E_FAIL);

//Let the OLE Advise Holder do all the work
    return m_pDataAdviseHolder->Unadvise(dwConnection);
}

//EnumDAdvise implementation using the OLE implementation of EnumDAdvise
STDMETHODIMP COleDay12DataObject::EnumDAdvise(LPENUMSTATDATA FAR*
     ppenumAdvise)
{
```

Листинг 12.17. продолжение

```
//This should never be NULL since Advise should have created one
    if (m_pDataAdviseHolder == NULL)
        ResultFromScode(E_FAIL);

//Let the OLE Advise Holder do all the work
    return m_pDataAdviseHolder->EnumAdvise(ppenumAdvise);
}
```

Анализ

Здесь снова используется функция QueryGetData. На сей раз в DAdvise с ее помощью производится проверка того, что вызывающая процедура запрашивает посылку уведомлений для формата, поддерживаемого вашим объектом. Весь остальной код касается создания уведомляющего интерфейса (с помощью вызова CreateDataAdviseHolder) и передает всю работу созданному OLE интерфейсу. Этот интерфейс (вызываемый с помощью указателя m_pDataAdviseHolder) реализует также метод SendOnDataChange, вызываемый из SetData для уведомления других объектов об изменении данных вашего объекта.

Тестирование интерфейса *IDataObject*

Реализовав IDataObject, вы снова можете протестировать базовый объект при помощи OLE2View. Поскольку вы уже тестировали свой объект, то должны при выборе объекта в OLE2View увидеть его интерфейсы IUnknown и IDataObject. Если появляется только интерфейс IUnknown, то вы, по-видимому, забыли модифицировать QueryInterface (т.е. ввести в метод код для IDataObject). Если же вы видите этот интерфейс, то можете выбрать его нажатием кнопки. При этом вы должны увидеть список форматов, поддерживаемых методами GetData и SetData. При желании вы также можете протестировать методы уведомления. Помните, что вы можете получить уведомление всего один раз, если только данные не изменяются объектом вследствие какого-либо внешнего события. Поскольку ваш объект еще не имеет пользовательского интерфейса, вы сами не можете изменить данные. После того как вы убедитесь, что IDataObject функционирует надлежащим образом, закройте OLE2View и запустите WPS. Если вы не найдете объекта в списке, то все работает правильно; в противном случае, вероятно, где-то в IDataObject имеется вызов AddRef без соответствующего Release.

Реализация *IViewObject*

Следующим интерфейсом, который я обычно создаю, является IViewObject, поскольку по своим принципам он близок к интерфейсу IDataObject. IDataObject позволяет получать доступ к данным, в то время как IViewObject дает возможность объекту отображать себя. IViewObject должен быть создан в случае встроенного сервера. В локальном сервере этот интерфейс реализован быть не может. Внутренний менеджер обычно не реализует IViewObject (но использует стандартную реализацию, предусмотренную в OLE). Локальный сервер не может иметь IViewObject по той причине, что данный интерфейс использует при рисовании объекта контекст устройства. В Windows различные процессы не могут разделять один и тот же контекст, так что локальный сервер не может использовать контекст устройства, предоставленный вызывающим приложением.

Draw

Метод Draw интерфейса IViewObject отвечает за прорисовку объекта в контексте устройства, передаваемом вызывающей процедурой. К сожалению, метод Draw, равно как и другие методы IViewObject, требует знания графического интерфейса устройства GDI (Graphic Device Interface). Если вы никогда не пользовались функциями GDI в Windows, то советую обратиться к приложению Б («Быстрый взгляд на GDI»). Листинг 12.18 содержит реализацию метода Draw.

Листинг 12.18. Реализация Draw (IViewObject).

```
STDMETHODIMP COleDay12ViewObject::Draw (DWORD dwDrawAspect, LONG lindex,
        void FAR* pvAspect, DVTARGETDEVICE FAR * ptd,
        HDC hicTargetDev,
        HDC hdcDraw,
        LPCRECTL lprcBounds,
        LPCRECTL lprcWBounds,
        BOOL (CALLBACK * pfnContinue) (DWORD),
        DWORD dwContinue)
{
     if (dwDrawAspect != DVASPECT_CONTENT)
        return m_pOleDay12Object->m_pHelperViewObject2->Draw(dwDrawAspect,
                  lindex,
                  pvAspect, ptd,
                  hicTargetDev, hdcDraw,
                  lprcBounds, lprcWBounds,
                  pfnContinue, dwContinue);

     DrawHelper(hdcDraw,lprcBounds);
     return NOERROR;
}
```

Анализ

Хотя данный метод выглядит достаточно компактно, он делает массу работы, которая остается за кулисами. Например, m_pOleDay12Object->m_pHelperViewObject2->Draw является вспомогательной функцией, которая будет реализована при рассмотрении интерфейса IOleCache. В сущности, эта процедура вызывает реализацию по умолчанию для Draw (это будет объясняться подробнее при рассмотрении интерфейса IOleCache). Если вызывающая процедура требует прорисовки объекта в каком-либо аспекте, отличном от DVASPECT_CONTENT, вы пользуетесь реализацией по умолчанию (другими возможными аспектами являются DVASPECT_THUMBNAIL, DVASPECT_ICON и DVASPECT_DOCPRINT). В случае запроса DVASPECT_CONTENT вы обрабатываете его сами, вызывая DrawHelper.

DrawHelper является зависящей от конкретной задачи процедурой, выполняющей прорисовку вашего объекта. Листинги 12.19 и 12.20 содержат ее реализацию при использовании соответственно библиотек MFC и OWL. DrawHelper определяется самостоятельно и отдельно от Draw. Я обычно кодирую Draw с использованием DrawHelper, поэтому могу просто скопировать исходный код IViewObject из прошлого проекта и модифицировать только DrawHelper.

Попутно я хочу отметить один важный момент. OLE предполагает режим отображения MM_HIMETRIC и работает в соответствующих координатах (см. приложение Б). При работе в других системах координат (так, например, в листингах 12.19 и 12.20 используется MM_LOENGLISH) ваша процедура Draw должна сама преобразовывать величины, получаемые из OLE.

Листинг 12.19. DrawHelper в случае использования MFC.

```
//This is not an OLE method, but a helper routine for the Draw method
//It makes the routine easier to read and understand
//THIS IS AN MFC IMPLEMENTATION!!!
//
void COleDay12ViewObject::DrawHelper(HDC hdcDraw, LPCRECTL lprcBounds)
{
     CDC   cdc;
     SIZEL Sizel;
     int   iOldDC = Save(hdcDraw);

     m_pOleDay12Object->m_pIOleObject->GetExtent(DVASPECT_CONTENT, &Sizel);

     cdc.Attach(hdcDraw);
```

Листинг 12.19. продолжение

```
    cdc.SetMapMode(MM_ANISOTROPIC);
    m_pOleDay12Object->m_pOleGenObject->Draw(&cdc);

    RestoreDC(hdcDraw, iOldDC);
}
```

Листинг 12.20. DrawHelper в случае использования OWL.

```
//This is not an OLE method, but a helper routine for the Draw method
//It makes the routine easier to read and understand
//THIS IS AN OWL IMPLEMENTATION!!!
//
void COleDay12ViewObject::DrawHelper(HDC hdcDraw, LPCRECTL lprcBounds)
{
    TDC   cdc(hdcDraw);
    SIZEL Sizel;

    m_pOleDay12Object->m_pIOleObject->GetExtent(DVASPECT_CONTENT, &Sizel);

    cdc.SetMapMode(MM_ANISOTROPIC);
    m_pOleDay12Object->m_pOleGenObject->Draw(&cdc);
}
```

GetColorSet

Данная функция вызывается для получения цветовой палитры, используемой вашим объектом для конкретных аспекта и устройства. Поскольку реализация вашего объекта не производит зависящих от устройства преобразований, и даже вообще не работает с цветом, GetColorSet может возвращать S_FALSE, сообщая о том, что объект не использует какой-либо специфической палитры.

Листинг 12.21. Реализация GetColorSet (IViewObject).

```
STDMETHODIMP COleDay12ViewObject::GetColorSet (DWORD dwDrawAspect, LONG lindex,
        void FAR* pvAspect, DVTARGETDEVICE FAR * ptd,
        HDC hicTargetDev,
      LPLOGPALETTE FAR* ppColorSet)
{
     if( ppColorSet )
         *ppColorSet = NULL;

     return ResultFromScode(S_FALSE);
}
```

Freeze/UnFreeze

Представление объекта обычно носит динамический характер, то есть при изменении данных объекта представление обычно тоже меняется. Интерфейс IViewObject имеет два метода, управляющих динамикой представлений. Freeze предотвращает появление изменений в представлении объекта, даже если соответствующие данные изменились. Кроме того, при замораживании представления посылка уведомлений для соответствующего аспекта откладывается до момента его размораживания. Размораживание производится методом UnFreeze, который возобновляет обновление представления и генерацию уведомлений.

В нынешней версии OLE значение lindex (см. листинг 12.22) должно равняться -1 и значение pvAspect должно быть равно NULL. dwDrawAspect содержит константу представления (например, DVASPECT_CONTENT), которое должно быть заморожено. pdwFreeze является указателем на двойное слово, которое вы возвращаете вызывающей процедуре в качестве ключа. Этот ключ используется ею при вызове UnFreeze для ранее замороженного аспекта. Вы можете задавать ключ любым удобным для вас способом; в нашем примере в качестве ключа берется значение dwDrawAspect.

> **Замечание:** Полный исходный код метода Draw на диске включает поддержку методов Freeze и Advise. Там же приведена и полная реализация Freeze.

Листинг 12.22. Реализация Freeze (IViewObject).

```
STDMETHODIMP COleDay12ViewObject::Freeze(DWORD dwDrawAspect, LONG lindex,
        void FAR* pvAspect,
        DWORD FAR* pdwFreeze)
{
    if (dwDrawAspect != DVASPECT_CONTENT)
        return m_pOleDay12Object->m_pHelperViewObject2->Freeze(dwDrawAspect,
                    lindex, pvAspect, pdwFreeze);

    if( m_fFrozen )
        return ResultFromScode(VIEW_S_ALREADY_FROZEN);

    m_fFrozen = TRUE;

//Save frozen view here
//
    *pdwFreeze = dwDrawAspect;

    return NOERROR;
}
```

И снова вы можете заметить, что определенная доля работы перекладывается на вспомогательный объект (m_pHelperViewObject2). Вы узнаете о его работе при обсуждении IOleCache, а сейчас можно отметить, что для управления замораживанием отличных от DVASPECT_CONTENT аспектов вы используете OLE, в то время как аспектом DVASPECT_CONTENT вы управляете сами. Если вызывающая процедура хочет заморозить DVASPECT_CONTENT, необходимо проверить, не был ли он уже заморожен (флаг m_Frozen). Если это так, вы возвращаете VIEW_S_ALREADY_FROZEN. В противном случае вы замораживаете представление и возвращаете в pdwFreeze значение DVASPECT_CONTENT, а также NOERROR в качестве результата функции. Вместо комментария //Save frozen view here вы должны вставить свой собственный код, замораживающий представление. Этот код довольно сложен, поскольку он должен сохранять всю информацию, необходимую для воссоздания представления, что в данном случае предполагает реализацию альтернативного связанного списка.

Листинг 12.23 показывает метод UnFreeze, который разрешает объекту возобновить модификацию и перерисовку аспекта.

Листинг 12.23. Реализация UnFreeze (IViewObject).

```
STDMETHODIMP COleDay12ViewObject::Unfreeze (DWORD dwFreeze)
{
    if (dwDrawAspect != DVASPECT_CONTENT)
        return m_pOleDay12Object->m_pHelperViewObject2->Unfreeze(dwFreeze);

    if( !m_fFrozen )
        return ResultFromScode(OLE_E_ NOCONNECTION);

    m_fFrozen = FALSE;

    return NOERROR;
}
```

Анализ

Так же как и в случае Freeze, если запрос касается представления объекта, отличного от DVASPECT_CONTENT, то вы передаете запрос вспомогательной функции. Затем UnFreeze проверяет, что представление действительно было заморожено, в противном случае вызывающая процедура дает странное указание разморозить незамороженный объект. Тогда метод возвращает OLE_E_NOCONNECTION в качестве индикатора ошибки. Если все в порядке, вы можете разморозить объект. Как и в случае Freeze, необходим еще довольно сложный код, не показанный в листинге, который размораживает представление и освобождает объекты, созданные методом Freeze. (Данный код имеется на диске.)

SetAdvise/GetAdvise

Эти функции являются в IViewObject эквивалентом уведомляющих методов, но вместе с тем по ряду признаков существенно отличаются от них. Метод DAdvise (реализованный в IDataObject), как вы помните, может поддерживать несколько соединений. Интерфейс IViewObject, напротив, может поддерживать только одно соединение. В действительности, если более чем одна вызывающая процедура требует уведомления, предыдущий запрос вытесняется последующим. Поскольку в данный момент времени существует только один запрос, отпадает необходимость в использовании функций, подобных EnumAdvise, которая перечисляет все соединения интерфейса IDataObject. Таким образом, SetAdvise используется для инициирования уведомлений, а GetAdvise определяет, произведена ли для объекта данная инициация.

Вы также можете заметить, что в данном случае нет эквивалента функции DUnadvise. Если вызывающая процедура захочет отменить посылку уведомлений, она снова обратиться к SetAdvise, на этот раз передав NULL вместо IAdviseSink (ранее передавался интерфейс IAdviseSink, которому должны направляться уведомления).

Листинг 12.24. Реализация SetAdvise (IViewObject).

```
STDMETHODIMP COleDay12ViewObject::SetAdvise (DWORD aspects, DWORD advf,
        LPADVISESINK pAdvSink)
{

    if (m_pViewAdviseSink != NULL){
        m_pViewAdviseSink->Release();
        m_pViewAdviseSink = NULL;
    }

    if (aspects != DVASPECT_CONTENT)
        return m_pOleDay12Object->m_pHelperViewObject2->SetAdvise(aspects^
                 adwf, pAdwSink);;

    m_aspects = aspects;
    m_advf = advf;

    if( pAdvSink != NULL ){
        pAdvSink->AddRef();      //we are now holding on this pointer
        m_pViewAdviseSink = pAdvSink;

        if (advf & ADVF_PRIMEFIRST)
            m_pOleDay12Object->DoViewChange(m_aspects);
    };
    return NOERROR;
}
```

Анализ

До присвоения указателю интерфейса (m_pViewAdviseSink) нового значения первоначальное соединение должно быть ликвидировано функцией Release. И снова (вам, наверное, надоело каждый раз читать это), если запрос не относится к представлению DVASPECT_CONTENT, вы перекладываете выполнение дальнейших операций на одну из вспомогательных функций (которые, как я уже обещал, будут рассмотрены позже). В противном случае вы сами делаете всю работу.

Эта работа состоит в основном в сохранении интерфейса-приемника уведомлений (pAdvSink) в вашем объекте и приращении его счетчика ссылок (поскольку объект удерживает его указатель). И, наконец, следует вызов DoViewChange, если вызывающая процедура запрашивает ADVF_PRIMFIRST, то есть хочет сразу получить данные независимо от уведомлений, которые будут поступать позже. DoViewChange вы должны реализовать сами — пример есть в файле OLEBASE.CPP. DoViewChange управляет посылкой данных приемнику уведомлений, а также аннулирует соединение, если вызывающая процедура передает флаг ADVF_ONLYONCE (что означает, как вы помните, однократную посылку уведомления). Почему же вы определяете DoViewChange, а не включаете код прямо в функцию SetAdvise? Помните, что если первичные данные изменяются, меняется также и представление, так что ваш объект должен всякий раз посылать уведомление об изменениях данных. Файл OLEBASE.CPP содержит также метод DoDataChange, который как раз и вызывается при изменении данных объекта. Последним действием этого метода является вызов DoViewChange, информирующий об изменениях представление объекта.

GetAdvise является логическим эквивалентом метода EnumAdvise (принадлежащего интерфейсу IDataObject). Напомню, что представление объекта может поддерживать в данный момент только одно соединение. EnumAdvise возвращает все соединения интерфейса данных. Поскольку интерфейс представления, как мы сказали, может поддерживать только одно соединение, то необходимость их перечисления отпадает. Листинг 12.25 показывает реализацию GetAdvise.

Листинг 12.25. Реализация GetAdvise (IViewObject).

```
STDMETHODIMP COleDay12ViewObject::GetAdvise (DWORD FAR* pAspects,
        DWORD FAR* pAdvf,
        LPADVISESINK FAR* ppAdvSink)
{
    if (*pAspects != DVASPECT_CONTENT)
        return m_pOleDay12Object->m_pHelperViewObject2->GetAdvise(pAspects,
                  pAdvf, ppAdvSink);

    if( pAspects )
        *pAspects = m_aspects;
    if( pAdvf )
        *pAdvf = m_advf;

    if( ppAdvSink ){
        *ppAdvSink = m_pViewAdviseSink;
        if(m_pViewAdviseSink)
            m_pViewAdviseSink->AddRef();
    }
    return NOERROR;
}
```

Анализ

Если представление не является DVASPECT_CONTENT, работа передается вспомогательной функции. В противном случае вы возвращаете указатель на ранее сохраненный интерфейс IAdviseSink.

GetExtent (только для *IViewObject2*)

В процессе работы над OLE 2.01 фирма Microsoft решила добавить к IViewObject новый метод, который возвращал бы объем (размер) представления объекта. Этот метод был необходим, чтобы встроенному менеджеру не надо было заставлять объект загружать свой локальный сервер, необходимый для получения текущего размера представления. До реализации GetExtent всякий раз приходилось запускать сервер. Вспомните, что интерфейсы — это просто указатели виртуальных таблиц, а методы представлены смещениями от начала таблицы. Если вы добавляете метод GetExtent в конец таблицы виртуальных методов IDataObject, приложение, написанное для OLE 2.0, будет содержать в этом пункте таблицы неизвестно что. Это означает, что приложение, написанное для OLE 2.01, скорее всего спровоцирует GPF (общее нарушение защиты), если попытается вызвать GetExtent для объекта, созданного в OLE 2.0. Для решения этой проблемы был введен новый интерфейс, названный IViewObject2. Он содержит те же методы, что и IViewObject, плюс метод GetExtent. Листинг 12.26 содержит код для этого метода.

Листинг 12.26. Реализация GetExtent (IViewObject2).

```
STDMETHODIMP COleDay12ViewObject::GetExtent( DWORD dwDrawAspect,
        LONG lindex, DVTARGETDEVICE FAR *ptd, LPSIZEL lpsizel)
{
    if( dwDrawAspect == DVASPECT_CONTENT )
```

```
        return m_pOleDay12Object->m_pIOleObject->GetExtent(dwDrawAspect, lpsizel);

    return m_pOleDay12Object->m_pHelperViewObject2->GetExtent(dwDrawAspect,
            lindex, ptd, lpsizel);
}
```

Анализ

Реализация GetExtent крайне проста. Если вызывающая функция не интересуется представлением DVASPECT_CONTENT, вызовите вспомогательную функцию. В противном случае вы вызываете GetExtent вашего интерфейса IOleObject (который будет обсуждаться позднее). Вспомните, что метод GetExtent был введен для того, чтобы внутреннему менеджеру не приходилось запускать локальный сервер. Сервер был необходим для вызова GetExtent из IOleObject. Так как вы реализуете этот метод в IOleObject, вам нет нужды вызывать его дважды — просто вызовите метод, имеющийся в IOleObject. Поскольку ваше приложение не является внутренним менеджером (а является внутренним сервером), интерфейс IOleObject доступен вашему приложению (он должен быть реализован в случае внутреннего сервера).

ОПРЕДЕЛЯЙТЕ GetExtent для всех внутренних серверов, которые вы создаете с использованием OLE 2.01 или выше.
НЕ ЗАБЫВАЙТЕ ввести оба интерфейса (IViewObject и IViewObject2) в ваш метод QueryInterface (приложение OLE 2.0 может вызывать только IViewObject, так что вам нужны оба интерфейса).

Тестирование интерфейса *IViewObject*

После реализации IViewObject и IViewObject2 вы снова можете протестировать работу вашего базового объекта с помощью OLE2View. Поскольку вы тестировали ваш объект прежде в отношении интерфейса IUnknown и других, вы должны увидеть эти интерфейсы, равно как и интерфейсы IViewObject и IViewObject2, когда вы выбираете ваш объект в OLE2View. Если IViewObject и IViewObject2 не появляются, вы, вероятнее всего, забыли модифицировать QueryInterface, чтобы эта функция отражала наличие данных интерфейсов. Как только вы увидели все интерфейсы, закройте OLE2View и запустите WPS, чтобы убедиться, что вашего объекта нет в списке. (OLE2View не имеет функций, которые можно использовать для дальнейшего тестирования). Если вы увидели объект в списке, то по всей видимости где-то в тексте IViewObject имеется вызов AddRef без последующего вызова Release.

Замечание: В первоначальном варианте в OLE 2 имелся интерфейс IViewObject. Перед появлением версии OLE 2.01 было решено, что IViewObject нуждается в дополнительном методе (GetExtent). Так как спецификация OLE не предполагает добавления новых методов к существующим интерфейсам, появился интерфейс IViewObject2, в котором имеется метод GetExtent в дополнение к методам, поддерживаемым в IViewObject.

Реализация *IPersistStorage*.

В главе 11 уже говорилось об этом интерфейсе, так что вы должны понимать по крайней мере его основные принципы. В своей реализации IPersistStorage (как и в других интерфейсах, которые создавались в данной главе) вы вызываете вспомогательные функции, имеющиеся в вашем интерфейсе IOleCache (это будет следующий интерфейс, который вы создадите).

GetClassID/IsDirty

Методы GetClassID и IsDirty являются наиболее простыми в реализации интерфейса IPersistStorage; кроме того, при создании различных приложений вам вряд ли понадобится их изменять. GetClassID (см. листинг 12.27) просто возвращает ID класса вашего объекта, в то время как IsDirty (листинг 12.28) сообщает, изменялся ли ваш объект со времени последнего сохранения.

Листинг 12.27. Реализация GetClassID (IPersistStorage).

```
//Returns the CLSID
//but only if initialized
STDMETHODIMP COleDay12PersistStorage::GetClassID (LPCLSID lpClassID)
{
     *lpClassID = CLSID_OleDay12Object;
     return NOERROR;
}
```

Листинг 12.28. Реализация IsDirty (IPersistStorage).

```
//Figure out whether we are dirty or not and tell the caller
STDMETHODIMP COleDay12PersistStorage::IsDirty (void)
{
    if( m_bIsDirty )
        return ResultFromScode(S_OK);
    else
        return ResultFromScode(S_FALSE);
}
```

Анализ

GetClassID просто возвращает ID класса вместе с кодом завершения NOERROR. IsDirty возвращает S_OK, если объект изменялся после последней записи, или S_FALSE в противном случае.

InitNew/Load

Эти методы очень похожи. InitNew (см. листинг 12.29) создает новый поток в хранилище, предоставляемом вызывающей процедурой, в то время как Load (см. листинг 12.30) открывает поток, имеющийся в хранилище.

Листинг 12.29. Реализация InitNew (IPersistStorage).

```
//Create a new document
//Hold on to interfaces for low-memory operations
STDMETHODIMP COleDay12PersistStorage::InitNew (LPSTORAGE pStg)
{
    HRESULT hresult;

//We must be uninitialized
    if( m_state != DVPS_UNINITIALIZED)
        return ResultFromScode(E_UNEXPECTED);

//And they needed to provide a storage
    if(!pStg )
        return ResultFromScode(E_INVALIDARG);

//Hold on to the storage for later use
    m_pStg = pStg;
    pStg->AddRef();

//Create the stream in the storage
    if((hresult = m_pStg->CreateStream(cLpstrOleDay12StreamName,
        STGM_READWRITE  | STGM_SHARE_EXCLUSIVE  | STGM_CREATE, 0, 0, &(m_pStream)))
        != NOERROR) {
        m_pStream = NULL;
        pStg->Release();
        m_pStg = NULL;
        return hresult;
    }

//If all is well, change our state to normal
        m_state = DVPS_NORMAL;
```

Листинг 12.29 продолжение

```
        m_fSaveWithSameAsLoad = FALSE;
        m_fNoScribbleMode = FALSE;
        m_bIsDirty = TRUE;

//Let the cache's PersistStorage know
    m_pOleDay12Object->m_pHelperPersistStorage->InitNew(pStg);

//But don't save the cache's error if any because we don't care
//Use our error code instead
    return hresult;
}
```

Анализ

Как вы видите, InitNew создает новый поток. Если поток может быть создан, InitNew сохраняет указатель на поток без увеличения счетчика ссылок, потому что CreateStream уже вызвала AddRef, когда возвратила указатель на интерфейс. Если все в порядке, InitNew затем передает управление одноименной функции вспомогательного интерфейса (который мы рассмотрим в разделе IOleCache) и затем завершает работу. Функция Load (листинг 12.30) выполняет схожие действия, за исключением того, что поток предполагается уже существующим.

Листинг 12.30. Реализация Load (IPersistStorage).

```
//Load the object from the given storage
STDMETHODIMP COleDay12PersistStorage::Load (LPSTORAGE pStg)
{
    HRESULT hresult;

//We must be uninitialized
    if( m_state != DVPS_UNINITIALIZED )
        return ResultFromScode(E_UNEXPECTED);

//And they needed to provide a storage
    if( !pStg )
        return ResultFromScode(E_INVALIDARG);

//Hold on to the storage for later use
    m_pStg = pStg;
    pStg->AddRef();

//Open the stream
    hresult = pStg->OpenStream(cLpstrOleDay12StreamName,
                NULL, STGM_READWRITE | STGM_SHARE_EXCLUSIVE,
                0, &(m_pStream));
    if (hresult == NOERROR){
     hresult = ReadDataStream(m_pStream);
     if (hresult == NOERROR){
         m_state = DVPS_NORMAL;
         m_bIsDirty = FALSE;

//Don't forget to tell the cache
         m_pOleDay12Object->m_pHelperPersistStorage->Load(pStg);

             return NOERROR;
     }
    }
//We got here because an error occurred
    if( m_pStream ){
        m_pStream->Release();
        m_pStream = NULL;
    }

    if( pStg )
        pStg->Release();
```

```
    return hresult;
}
```

Анализ

Load открывает существующий поток в хранилище, указанном вызывающей процедурой и затем вызывает одноименный вспомогательный метод кэш-интерфейса. Единственное, что делает Load и не делает InitNew — это чтение данных потока. Чтение осуществляется вызовом закрытого метода ReadDataStream, который мы обсудим чуть позже. И InitNew, и Load удерживают интерфейсы хранилища и потока, чтобы ваш объект мог держать их все время открытыми для управления ситуациями дефицита памяти (как обсуждалось в главе 11).

Save

Метод Save является несколько более сложным, чем методы InitView или Load, потому что он не только осуществляет сохранение данных, но может также создавать поток в предоставленном ему хранилище. Если значение fSameAsLoad равно FALSE (см. листинг 12.31), вызывающая программа говорит вам, что хранилище, полученное в предыдущих вызовах Load или InitNew изменилось и что имеющиеся у вас интерфейсы уже недействительны. В этом случае вы должны создать поток, прежде чем сможете использовать его. Если значение fSameAsLoad равно TRUE, то вы можете пользоваться уже имеющимся у вас интерфейсом потока.

Листинг 12.31. Реализация Save (IPersistStorage).

```
//Save our object
//(..if possible)
STDMETHODIMP COleDay12PersistStorage::Save (LPSTORAGE pStgSave, BOOL fSameAsLoad)
{
    HRESULT hresult = NOERROR;
    LPSTREAM pStm;

//We've got to be normal
    if( m_state != DVPS_NORMAL )
        return ResultFromScode(E_UNEXPECTED);

//And we have to have a storage
    if( !pStgSave )
        return ResultFromScode(E_INVALIDARG);

    if( fSameAsLoad ) {
//The stream already exists,truncate the file and move to the beginning
        LARGE_INTEGER libzero;
        ULARGE_INTEGER ulibzero;
        LISet32(libzero, 0);
        LISet32(ulibzero, 0);

        pStm = m_pStream;

        //truncate and reset the stream to the beginning

        pStm->SetSize(ulibzero);
        pStm->Seek(libzero, STREAM_SEEK_SET, NULL);
    } else {
     //Brand new so create it
        hresult = pStgSave->CreateStream(cLpstrOleDay12StreamName,
          STGM_READWRITE  | STGM_SHARE_EXCLUSIVE  | STGM_CREATE, 0, 0, &pStm);
    }
    if (hresult == NOERROR)
     hresult = WriteDataStream(pStm);

    //Let the cache's PersistStorage know
    m_pOleDay12Object->m_pHelperPersistStorage->Save(pStgSave, fSameAsLoad);

    //All is well so let's change our state
    //We now must be in NOSCRIBBLE state
```

Листинг 12.31. продолжение

```
    m_state = DVPS_NOSCRIBBLE;
    m_fSaveWithSameAsLoad = fSameAsLoad;
    m_fNoScribbleMode = TRUE;
    m__pStream = pStm;

    return hresult;
}
```

Анализ

Если значение fSameAsLoad равно TRUE, то ваш объект мог ранее уже сохранять данные в этом потоке, и вы можете заметить, что поток усекается с помощью функции SetSize интерфейса IStream. Затем вы позиционируете указатель на начало потока, после чего можно записывать в него данные. Независимо от значения fSameAsLoad для записи данных вызывается WriteDataStream. Этот закрытый метод обсуждается в разделе, посвященном тестированию интерфейса IPersistStorage. И наконец, вы должны перевести объект в состояние No Scribble (описанное в главе 11).

SaveCompleted

Метод SaveCompleted вызывается, когда вызывающая процедура хочет вернуть объект из заблокированного состояния (No Scribble или Hands-off) в нормальное состояние (см. подробнее в главе 11). Листинг 12.32 содержит реализацию метода SaveCompleted.

Листинг 12.32. SaveCompleted (IPersistStorage).

```
//
//Returns the object back to normal state (no longer No Scribble or Hands Off)
//
STDMETHODIMP COleDay12PersistStorage::SaveCompleted (LPSTORAGE pStgSaveNew)
{
    HRESULT hresult;

     switch (m_state){
     case DVPS_UNINITIALIZED:              //Uninitialized state
     case DVPS_NORMAL:                     //Normal state
     return ResultFromScode(E_UNEXPECTED);  //They shouldn't have called us
     case DVPS_NOSCRIBBLE:                 //No scribble state
     if (pStgSaveNew == NULL)
          break;                      //Fall into HandsOff if not NULL
     case DVPS_HANDSOFF:              //Hands off
          if (m_fNoScribbleMode == TRUE)
               break;
          if (pStgSaveNew){
               if (m_pStream){
                    m_pStream->Release();
                    m_pStream= NULL;
               }
               if (m_pStg){
                    m_pStg->Release();
                    m_pStg = pStgSaveNew;
                    m_pStg->AddRef();
               }
          hresult = m_pStg->OpenStream(cLpstrOleGenStreamName, NULL,
                    STGM_READWRITE | STGM_SHARE_EXCLUSIVE,0,&m_pStream);
          if (hresult != NOERROR ){
                    m_pStg->Release();
                    m_pStg = NULL;
                    return hresult;
          }
               m_pStream->AddRef();
     }
     break;
    default:
     return ResultFromScode(E_UNEXPECTED);
```

```
    }

    if( pStgSaveNew || m_fSaveWithSameAsLoad) {
        if (m_fNoScribbleMode) {
            m_bIsDirty = FALSE;
    if((COleDay12OleObject *)(m_pOleDay12Object->m_pIOleObject)->m_pOleAdviseHolder)
       (COleDay12OleObject *)(m_pOleDay12Object->m_pIOleObject)->m_pOleAdviseHolder-
>SendOnSave();
        }
        m_fSaveWithSameAsLoad = FALSE;
    }
    m_fNoScribbleMode = FALSE;

    m_state = DVPS_NORMAL;

    //Don't forget the cache's PersistStorage
    m_pOleDay12Object->m_pHelperPersistStorage->SaveCompleted(pStgSaveNew);

    return NOERROR;
}
```

Анализ

Рассмотрев код SaveCompleted, можно заметить, что если вы начинаете с состояния No Scribble и значение pStgSaveNew не есть NULL, то в операторе switch управление передается следующей секции, отвечающей за состояние Hands-Off. Спецификация OLE 2.01 требует, что если объект находится в состоянии с невозможностью дописывания и параметр pStgSaveNew в вызове SaveCompleted не равен NULL, вы должны симулировать вызов HandOffStorage (обсуждается позже) и продолжать обработку так, как если бы ваш объект находился в состоянии Hands-Off.

Другой особенностью, которую следует отметить, является вызов функции SendOnSave интерфейса IOleAdviseHolder. Он создается в вашем интерфейсе IOleObject и должен вызываться всякий раз, когда хранилищу объекта поступает запрос, требующий от него упорядочить (сохранить) себя.

HandsOffStorage

В главе 11 говорилось о том, что данный метод предназначен для перевода объекта в состояние «руки прочь». Реализация HandsOffStorage достаточно тривиальна, так как все, что необходимо сделать — это освободить все указатели на хранилище и поток контейнера, которые тот предоставил вашему объекту ранее при вызове методов InitNew или Load. Объект должен также изменить свое состояние на Hands-Off, чтобы при вызове SaveCompleted состояние объекта опять могло стать нормальным.

Листинг 12.33. HandsOffStorage (IPersistStorage).

```
//Keep your hands off of the Storage says the container
STDMETHODIMP COleDay12PersistStorage::HandsOffStorage (void)
{
//Can't tell us to keep our hands off unless we're normal
//or noscribble

     if((m_state != DVPS_NORMAL) ||
        (m_state != DVPS_NOSCRIBBLE ))
         return ResultFromScode(E_UNEXPECTED);

//Free the storage so that we will keep our hands off
     if( m_pStg ){
         if( m_pStream ){
             m_pStream->Release();
             m_pStream = NULL;
         }
         m_pStg->Release();
         m_pStg = NULL;
     }

     m_state = DVPS_HANDSOFF;
```

Листинг 12.33. продолжение

```
    //Don't forget the cache's PersistStorage
    m_pOleDay12Object->m_pHelperPersistStorage->HandsOffStorage();

    return NOERROR;
}
```

Вспомогательные функции (*WriteDataStream* и *ReadDataStream*)

Реализация интерфейса IPersistStorage содержит два метода, которые должны быть специализированы вами при создании конкретного приложения. Это методы WriteDataStream и ReadDataStream (см. листинг 12.34). WriteDataStream просто записывает данные, которые содержит ваш объект. Сначала вызывается функция Seek и указатель потока устанавливается в его начало, чтобы гарантировать запись новых данных поверх тех, что уже могут находиться в потоке. Затем вы вызываете GetData из IDataObject и получаете доступ к данным в памяти, после чего записываете данные на диск.

Листинг 12.34. WriteDataStream/ReadDataStream (IPersistStorage).

```
//Writes our IDataObject to the stream
//Mainly for use by IPersistStorage::Save
STDMETHODIMP COleDay12PersistStorage::WriteDataStream(LPSTREAM pStream)
{
    HRESULT hresult;
    FORMATETC formatetc;
    STGMEDIUM medium;

    LARGE_INTEGER libzero;
    LISet32(libzero, 0);
    pStream->Seek(libzero, STREAM_SEEK_SET, NULL);

    //Write out clsid
    hresult = WriteClassStm(pStream, CLSID_OleDay12Object);

//We are telling the FORMATETC structure that this is a our private format in
//global memory.
    formatetc.cfFormat = uPrivateClipboardFormat;
    formatetc.dwAspect = DVASPECT_CONTENT;
    formatetc.ptd      = NULL;
    formatetc.tymed    = TYMED_HGLOBAL;
    formatetc.lindex   = -1;

    //Get the data, the easiest way is from the DataObject
    m_pOleDay12Object->m_pIDataObject->GetData(&formatetc,&medium);

    ULONG   ObjectSize = GlobalSize(medium.hGlobal);

    //Write out our object
    char FAR *lpstr =
     (char FAR *)GlobalLock(medium.hGlobal);
    hresult = pStream->Write(lpstr,ObjectSize,NULL);
    GlobalUnlock(medium.hGlobal);
    ReleaseStgMedium(&medium);
    return hresult;
}

//Reads our IDataObject from the stream
//Mainly for use by IPersistStorage::Load
STDMETHODIMP COleDay12PersistStorage::ReadDataStream(LPSTREAM pStream)
{
    ULONG   ObjectSize;
    ULONG k;
    HRESULT hresult;
    CLSID cid;
    HANDLE hObjectsData;

    //Go to the beginning
```

```
    LARGE_INTEGER libzero;
    LISet32(libzero, 0);
    pStream->Seek(libzero, STREAM_SEEK_SET, NULL);

    //Get the object size
    if (hresult == NOERROR)
     hresult = pStream->Read(&ObjectSize,sizeof(ULONG),&k);

    //Get the data
    if (hresult == NOERROR){
         hObjectsData = GlobalAlloc(GHND,ObjectSize);
     char FAR *pstr = (char FAR *)GlobalLock(hObjectsData);
     hresult = pStream->Read(pstr,ObjectSize,NULL);
     GlobalUnlock(hObjectsData);
    }

    FORMATETC formatetc;
    STGMEDIUM medium;

//We are telling the FORMATETC structure that this is a PrivateFormat in
//global memory.
    formatetc.cfFormat = uPrivateClipboardFormat;
    formatetc.dwAspect = DVASPECT_CONTENT;
    formatetc.ptd      = NULL;
    formatetc.tymed    = TYMED_HGLOBAL;
    formatetc.lindex   = -1;

//We are telling STGMEDIUM that this is a global memory handle
//and then we are assigning our data to this handle.  Since we
//are passing NULL for pUnkForRelease, SetData can be responsible
//for freeing the memory.
    medium.tymed          = TYMED_HGLOBAL;
    medium.hGlobal        = hObjectsData;
    medium.pUnkForRelease = NULL;

//We are passing the information to SetData and explicitly telling
//it that it is responsible for freeing the memory (because the
//third parameter is true)
    m_pOleDay12Object->m_pIDataObject->SetData(&formatetc, &medium, TRUE);

    return hresult;
}
```

Анализ

Функция ReadDataStream является противоположностью WriteDataStream. Она считывает данные из потока в память, после чего предоставляет их методу SetData. Если вы реализовали SetData таким образом, что этот метод может считывать данные из потока, то в ReadDataStream вы можете просто вызвать SetData без предварительного чтения данных в память.

Тестирование интерфейса *IPersistStorage*

При тестировании интерфейса воспользуйтесь указаниями, которые уже были даны при обсуждении IViewObject.

Реализация *IOleCache*

Наконец-то мы с вами добрались до интерфейса IOleCache, на который я постоянно делал ссылки при обсуждении внутреннего сервера. Прежде чем приступить к его реализации, давайте несколько отвлечемся и посмотрим, что в данном случае имеется в виду под словом «кэш».

В 11-й день вы рассматривали документ MS Word с помощью утилиты DocFile Viewer (см. рис. 11.4). При изучении документа вы видели объект (в данном случае VisioDocument), непосредственно перед которым находилось несколько других записей. Они описывали данные объекта VisioDocument в форматах различных представлений. VisioDocument является родным форматом Visio, в то время как, например, META является представлением VisioDocument в формате метафайла. Если вы перенесете этот документ на машину, где нет приложения Visio, вы все равно увидите рисунок в составе документа MS Word, хотя и не сможете этот рисунок редактировать. VisioDocument записан интерфейсом IPersistStorage, в то время как все остальные представления записываются кэш-интерфейсом. *Кэш* является просто хранителем визуализированных данных.

Если все так просто, почему же я на протяжении всей этой главы придавал кэш-интерфейсу такое большое значение? Потому что кэш, если вы его используете, может выполнять за вас массу работы. Например, когда вы создавали интерфейс IPersistStorage, то в конце каждого метода (за исключением GetClassID) вызывали эквивалентный метод этого интерфейса из кэша. Я имею в виду интерфейс IPersistStorage, который используется вашим кэшем. Когда вы создаете кэш с помощью CreateDataCache, OLE создает не только IOleCache и IOleCache2, но и интерфейсы IDataObject, IViewObject, IViewObject2, IPersistStorage и IOleCacheControl, используемые кэш-интерфейсом. Когда над объектом производятся какие-либо действия, о которых должен знать кэш-интерфейс, объект должен уведомить об этом эквивалентный кэш-метод. Например, когда контейнерное приложение велит IPersistStorage произвести операцию Save, ваш объект сначала выполняет сохранение, а затем требует от интерфейса IPersistStorage в кэше сделать то же самое. Таким образом, вы обслуживаете только свой исходный формат и предоставляете кэш-интерфейсу управление всеми форматами визуального представления объекта. Следующее описание показывает детали того, что происходит при вызове CreateDataCache:

```
HRESULT   CreateDataCache (LPUNKNOWN pUnk, REFCLSID rclsid, REFIID riid, LPVOID
FAR* ppvObj);
```

LPUNKNOWN pUnk — Значением данного поля является либо NULL, либо указатель на контролирующий интерфейс IUnknown, если объект входит в агрегат (подробнее о главном IUnknown агрегата см. главу 7).

REFCLSID rclsid — ID класса, используемый только когда кэш должен генерировать метку для представления DVASPECT_ICON. Вы должны указывать ID класса своего объекта.

REFIID riid — Требуемый интерфейс. Это может быть IID_IOleCache, IID_IDataObject, IID_IViewObject или IID_IPersistStorage. В данном случае используйте IID_IOleCache.

LPVOID FAR *ppvObj — В этой переменной возвращается указатель на интерфейс, запрошенный в поле riid.

Как только вы вызываете CreateDataCache, эта функция создает соответствующие интерфейсы (IOleCache, IOleCache2, IDataObject, iViewObject, iViewObject2, IPersisdtStorage и IOleCacheControl). Однако CreateDataCache возвращает только указатель на интерфейс IOleCache. Вы можете получить доступ к другим интерфейсам при помощи вызова QueryInterface для IOleCache. Так как вызов CreateDataCache не предполагал создания агрегированного объекта, то QueryInterface возвращает интерфейсы, реализуемые в кэше. Если бы при вызове CreateDataCache вы передавали интерфейс IUnknown, то получили бы от QueryInterface собственные интерфейсы вашего объекта, а не кэш-интерфейсы. С точки зрения контейнера интерфейсы, созданные с помощью CreateDataCache, недоступны вне объекта, так что контейнерное приложение никогда не может воспользоваться этими интерфейсами. Если бы контейнерное приложение могло вызвать, например, интерфейс IDataObject кэша, какие данные оно получило бы?

НЕ ЭКСПОНИРУЙТЕ интерфейсы, получаемые с помощью CreateDataObject, если вы не до конца разобрались в последствиях этого (ваши интерфейсы вызываться не будут, а только те, что экспонированы).
НЕ ВЫЗЫВАЙТЕ функцию CreateDataCache со значением pUnk, не равным NULL, если вы не понимаете в совершенстве механизмов агрегирования. Если вы сделаете это, то можете экспонировать интерфейсы, которые вы не собирались делать открытыми.

Вернемся к обсуждению IOleCache. Если вы взглянете на предыдущие листинги, то увидите, что можно было бы сделать интерфейс IOleCache открытым, вместо того, чтобы создавать собственный интерфейс, а затем вызывать вспомогательные кэш-методы. Это вопрос вкуса. Лично я предпочитаю определять интерфейс и передавать вызов, так как если впоследствии мне понадобится нестандартная реализация, мне не нужно будет беспокоиться об удалении кэш-интерфейса из QueryInterface и вызове своих собственных методов.

Замечание: Всем интерфейсам, которые созданы функцией CreateDataCache присваиваются имена, начинающиеся с префикса m_Helper. Например, m_HelperPersistStorage определяет кэш-интерфейс IPersistStorage. Я нахожу, что использование подобной нотации помогает помнить, что реализация интерфейса относится к кэшу, а не является моей собственной.

Cache

Контейнер вызывает данный метод, чтобы запросить аспекты объекта, которое должны кэшироваться. В листинге 12.35 показана реализация метода. Возвращаемое через указатель значение номера соединения (dwConnection) используется впоследствии для прекращения кэширования представления объекта.

Листинг 12.35. Cache (IOleCache).

```
//Tell the cache what formats to support
STDMETHODIMP COleDay12OleCache::Cache(LPFORMATETC petc,
        DWORD advf, LPDWORD lpdwConnection)
{
//Cache needs to be non-NULL
  if (petc == NULL))
        return ResultFromScode(E_INVALIDARG);

    if (lpdwConnection != NULL)
       *lpdwConnection = NULL;

//lindex must be -1
    if (petc->lindex != -1)
        return ResultFromScode(DV_E_LINDEX);

    if (m_pOleDay12Object->m_pHelperOleCache2 != NULL)
      return m_pOleDay12Object->m_pHelperOleCache2->Cache(petc,advf,lpwdConnection);

  return ResultFromScode(DV_E_CLIPFORMAT);

}
```

Анализ

Заметьте, что в этом методе содержится значительное количество проверок, прежде чем вызывается сам вспомогательный метод Cache. Хотя кэш должен осуществлять эти проверки самостоятельно, никогда не мешает перестраховаться.

UnCache

UnCache прекращает кэширование, ранее инициализированное функцией Cache. Листинг 12.36 показывает код для данного метода, который просто вызывает вспомогательный кэш-метод.

Листинг 12.36. UnCache (IOleCache).

```
//Delete a cache connection previously established in Cache
//Since we asked the default cache to cache the stuff, let it uncache it too!
STDMETHODIMP COleDay12OleCache::Uncache(DWORD dwConnection)
{
    if (m_pOleDay12Object->m_pHelperOleCache2 != NULL)
      return m_pOleDay12Object->m_pHelperOleCache2->Uncache(dwConnection);

    return ResultFromScode(OLE_E_NOCONNECTION);
}
```

EnumCache

Подобно тому как в IDataObject существует метод для перечисления всех имеющихся уведомлений, интерфейс IOleCache имеет метод EnumCache, выдающий список всех запросов на кэширование. Листинг 12.37 показывает реализацию данного метода. В нем просто делается вызов соответствующего вспомогательного метода.

Листинг 12.37. EnumCache (IOleCache).

```
// Return an enumeration of all the current cache connections
STDMETHODIMP COleDay12OleCache::EnumCache(LPENUMSTATDATA FAR *ppenumStatData)
{
    if (m_pOleDay12Object->m_pHelperOleCache2 != NULL)
      return m_pOleDay12Object->m_pHelperOleCache2->EnumCache(*ppenumStatData);

        return ResultFromScode(E_OUTOFMEMORY);
}
```

Анализ

Если вы не реализуете (и кэшируете) данные сами, вы должны вызвать вспомогательную функцию, чтобы перечислять все кэшированные представления, так как вы не знаете, какие именно представления кэшируются (поскольку вы использовали вспомогательные методы Cache и UnCache).

InitCache

Функция InitCache вызывается для того, чтобы заполнить кэш данными. Вызывающая функция предоставляет интерфейс, который будет использоваться кэшем для получения данных. Контейнерное приложение обычно использует этот метод для заполнения кэша данными при операции вставки из Clipboard или при работе по технологии drag and drop. Данное в листинге 12.38 определение делегирует работу соответствующей вспомогательной функции.

Листинг 12.38. InitCache (IOleCache).

```
//Fill the cache with data
STDMETHODIMP COleDay12OleCache::InitCache(LPDATAOBJECT pDataObject)
{
//Let our helper do the work
   return m_pOleDay12Object->m_pHelperOleCache2->InitCache(pDataObject);
}
```

SetData

Метод SetData (см. листинг 12.39) похож на функцию InitCache за тем исключением, что вместо интерфейса IDataObject передается значение промежуточного носителя.

Листинг 12.39. SetData (IOleCache).

```
//Fill a cache with data from pmedium
STDMETHODIMP COleDay12OleCache::SetData(LPFORMATETC pformatetc,
    STGMEDIUM FAR *pmedium, BOOL fRelease )
{
    HRESULT hresult;

    hresult = return m_pOleDay12Object->m_pHelperOleCache2->
                        SetData(pformatetc, pmedium, fRelease);
    return hresult;
}
```

UpdateCache/DiscardCache (только для *IOleCache2*)

Эти два метода являются методами интерфейса IOleCache2 и не содержаться в IOleCache. UpdataCache (см. листинг 12.40) используется тогда, когда вы сами хотите обновить данные, находящиеся в кэше (при изменении данных обычно кэш меняется автоматически). Такое может случиться если вы, например, хотите заменить черные линии на рисунке на синие. Данные объекта при этом не изменяются, а изменяется только преставление объекта на экране.

Листинг 12.40 Определение UpdateCache (IOleCache2)

```
//This function is simply delegated to the helper
STDMETHODIMP COleDay12OleCache::UpdateCache(LPDATAOBJECT pDataObject,
    DWORD grfUpdf, LPVOID pReserved)
{
    return m_pOleDay12Object->m_pHelperOleCache2->UpdateCache(pDataObject,
            grfUpdf, pReserved);
}
```

Листинг 12.41. DiscardCache (IOleCache2).

```
//This function is simply delegated to the Cache helper
STDMETHODIMP COleDay12OleCache::DiscardCache(DWORD dwDiscardOptions)
{
  return m_pOleDay12Object->m_pHelperOleCache2->DiscardCache(dwDiscardOptions);
}
```

Тестирование интерфейсов *IOleCache* и *IOleCache2*

При тестировании необходимо руководствоваться указаниями, которые были даны прежде в отношении тестирования интерфейса IViewObject. Убедитесь в том, что вам видны интерфейсы IDataObject, IOleCache, IOleCache2, IViewObject, IViewObject2 и IPersistStorage, но не IOleCacheControl. Если вы встретите один и тот же интерфейс несколько раз или найдете среди других интерфейсов IOleCacheControl, то вы либо ввели лишние интерфейсы в QueryInterface, либо передаете этой функции IUnknown одного из вспомогательных интерфейсов.

Реализация *IOleObject*

IOleObject является ключевым интерфейсом объекта OLE. Он используется контейнером в качестве первичного интерфейса для общения с вашим объектом. IOleObject также предоставляет объекту методы для отслеживания информации о связях; однако OLE 2 не поддерживает реализацию связанных объектов во внутреннем сервере.

SetClientSite

Этот метод всегда вызывается из контейнерного приложения и предназначен для информирования сервера об интерфейсе контейнера. Он должен быть реализован в сервере и соответствующий указатель на интерфейс должен быть сохранен. Остальным методам в IOleObject потребуется этот указатель на интерфейс, поставляемый методом SetClientSite. Листинг 12.42 содержит код для SetClientSite.

Листинг 12.42. SetClientSite (IOleObject).

```
// Tells the object its client within the container
//
STDMETHODIMP COleDay12OleObject::SetClientSite (LPOLECLIENTSITE pClientSite)
{
//Release it if its already set
    if (m_pClientSite)
        m_pClientSite->Release();

//Save the info
    m_pClientSite = pClientSite;

//Addref it
    if (m_pClientSite)
        m_pClientSite->AddRef();
    return NOERROR;
}
```

Анализ

Метод SetClientSite, как правило, вызывается контейнером только один раз. Если метод вызывается более одного раза, ваш объект освобождает предыдущий указатель на интерфейс, прежде чем вызвать AddRef для вновь полученного интерфейса.

GetClientSite

Вызывающая процедура может получить информацию, предоставленную функцией SetClientSite, с помощью вызова GetClientSite (см. листинг 12.43)

Листинг 12.43. GetClientSite (IOleObject).

```
// Returns the client site received fron SetClientSite
//
STDMETHODIMP COleDay12OleObject::GetClientSite(LPOLECLIENTSITE FAR* ppClientSite)
{
    *ppClientSite = m_pClientSite;
//Only do the Addref if the client site is not NULL
// If the client site is null, we don't know it yet (of course!!!)
    if (*ppClientSite)
        (*ppClientSite)->AddRef();
    return NOERROR;
}
```

Анализ

Прежде чем вызвать AddRef и передать указатель, осуществляется проверка, имеется ли у объекта информация о местоположении клиента. Если вы не сделаете этого, то при работе программы скорее всего получите ошибку GPF, когда вызовете AddRef с нулевым указателем.

SetHostNames

Когда контейнер передает вашему объекту фокус ввода, вы можете указать имя, которое появится в строке названия приложения. Формат, используемый для вывода строки названия, можно представить в виде строк szContainerApp - szContainerObj, которые ваш объект получает при вызове SetHostNames (см. листинг 12.44). Данная реализация просто возвращает значение NOERROR, чтобы указать на успешное завершение функции.

Листинг 12.44. SetHostNames (IOleObject).

```
// Title information for an object while editting, which we don't support
//
STDMETHODIMP COleDay12OleObject::SetHostNames (LPCSTR /*szContainerApp*/,
    LPCSTR /*szContainerObj*/)
{
    return NOERROR;
}
```

Close

Когда приложение требует закрытия вашего объекта (например, когда пользователь закрыл документ или закрыл все приложение), ваш объект должен изменить свое состояние с выполняемого на просто загруженное и, кроме того, сохранить все данные. В листинге 12.45 показано типичная реализация этих операций.

Листинг 12.45. Close (IOleObject).

```
//The container wants to close
STDMETHODIMP COleDay12OleObject::Close (DWORD dwSaveOption)
{
    HRESULT hresult;

//Only close it if we are not closed
    if( m_fIsClosing  == FALSE) {
        m_fIsClosing = TRUE;
```

```
        if((dwSaveOption == OLECLOSE_SAVEIFDIRTY) ||
           (dwSaveOption == OLECLOSE_PROMPTSAVE ))
            if( m_pClientSite )
                m_pClientSite->SaveObject();

        if (m_pOleDay12Object->m_pIRunnableObject->IsRunning()){
            hresult = SetRunningState(FALSE);
            if (m_pOleDay12Object->m_bIsLocked){
                m_pOleDay12Object->m_bIsLocked = FALSE;
                hresult =
            m_pOleDay12Object->m_pIRunnableObject->LockRunning(FALSE,TRUE);
                if (m_pClientSite != NULL)
                    hresult = m_pClientSite->OnShowWindow(FALSE);
            }
        }
//Make the object shutdown
        if (m_pOleAdviseHolder)
            m_pOleAdviseHolder->SendOnClose();
    }
    return NOERROR;
}
```

Анализ

Значительная часть приведенного кода служит только для перестраховки. Например, когда ваш объект закрывается, вам не надо проверять значение m_pClientSite на NULL, так как у вас уже должно быть местоположение клиента. Кроме того, если объект получает запрос на закрытие, то он должен уже находиться в состоянии выполнения, и вам не нужно проверять, был ли он запущен. Со временем вы убедитесь, что лишние проверки при программировании OLE никогда не помешают. Если вы пишете автономное приложение, вы можете полностью протестировать его, в то время как при написании внутреннего сервера вы предполагаете, что контейнер соблюдает все принятые правила. Если контейнерное приложение не всегда следует этим правилам, может оказаться, что ваш DLL-сервер откажет, если вы не приняли определенных мер предосторожности в отношении контейнеров..

SetMoniker

Приложение вызывает эту функцию (см. листинг 12.46), чтобы сообщить объекту его ярлык (moniker), если значение dwWhichMoniker равно OLEWHICHMK_OBJREL или OLEWHICHMK_OBJFULL. Если значение dwWhichMoniker равно OLEWHICHMK_CONTAINER, приложение сообщает объекту свой ярлык. Вашему объекту в настоящее время не нужна эта информация, поэтому данная реализация просто возвращает значение NOERROR.

Листинг 12.46. SetMoniker (IOleObject).

```
STDMETHODIMP COleDay12OleObject::SetMoniker (DWORD dwWhichMoniker, LPMONIKER pmk)
{

//    if (m_pOleDay12Object->m_bIsRunning)
        return RegisterAsRunning();
      return NOERROR;
}
```

GetMoniker

Функция GetMoniker (см. листинг 12.47) возвращает вызывающей процедуре ярлык объекта. Вы можете подумать, что ваш объект не имеет ярлыка, поскольку не поддерживает связывания; данный объект является только внедряемым. Однако ваш объект может быть внедрен в контейнер, который затем связывается. Поэтому GetMoniker просто передает вызов клиенту (используя значение m_pClientSite, сохраненное функцией SetClientSite) и предлагает клиенту обработать запрос.

Листинг 12.47. GetMoniker (IOleObject).

```
STDMETHODIMP COleDay12OleObject::GetMoniker (DWORD dwAssign,
                        DWORD dwWhichMoniker, LPMONIKER FAR* ppmk)
{
    //You have to give us a place to put it
    if (ppmk == NULL)
        return ResultFromScode(E_INVALIDARG);

    if (dwAssign == OLEGETMONIKER_UNASSIGN)
        return ResultFromScode(E_INVALIDARG);

    if( !m_pClientSite )
        return ResultFromScode(E_FAIL);

    return m_pClientSite->GetMoniker(dwAssign, dwWhichMoniker, ppmk);
}
```

InitFromData

InitFromData — метод IOleObject, который вам поддерживать не нужно. Данная функция обычно вызывается контейнером для размещения данных в объекте в процессе операций с Clipboard. Так как ваш объект не поддерживает инициализацию из буфера обмена или операцию вставки, то ваша функция всегда возвращает S_FALSE.

pDataObject (см. листинг 12.48) — это IDataObject-источник, из которого контейнер предлагает объекту получить данные.

Листинг 12.48. InitFromData (IOleObject).

```
STDMETHODIMP COleDay12OleObject::InitFromData (LPDATAOBJECT pDataObject,
            BOOL fCreation,
            DWORD dwReserved)
{
    return ResultFromScode(S_FALSE);
}
```

GetClipboardData

Функция GetClipboardData (см. листинг 12.49) просто возвращает интерфейс IDataObject, который должен использоваться для передачи данных в Clipboard. Так как ваш объект не поддерживает операций обмена данными через Clipboard, то GetClipboardData возвращает E_NOTIMPL).

Листинг 12.49. GetClipboardData (IOleObject).

```
STDMETHODIMP COleDay12OleObject::GetClipboardData (DWORD dwReserved,
            LPDATAOBJECT FAR* ppDataObject)
{
    if (ppDataObject != NULL)
        *ppDataObject = NULL;
    return ResultFromScode(E_NOTIMPL);
}
```

DoVerb

Эта функция — наиболее сложная из всех методов IOleObject, и приведенный в листинге 12.50 код является лишь подмножеством полной реализации. Вызов DoVerb является запросом контейнера на выполнение объектом специфического действия.

Как минимум с вашей стороны необходима поддержка следующих *глаголов*:

Глагол	Описание
OLEIVERB_PRIMARY	Выполняет некоторое действие, которое должно происходить при двойном нажатии пользователем кнопки мыши. Это может быть запуск музыкального фрагмента или видеозаписи, если объект относится к типу мультимедиа.
OLEIVERB_OPEN	Выводит объект для просмотра или редактирования. Это может означать также изменение меню, при котором меню объекта становится интегрированным с меню контейнерного приложения.
OLEIVERB_HIDE	Прячет объект. Как и в случае OLEIVERB_OPEN, это может означать изменение пунктов меню.
Неизвестное положительное значение iVerb	Выполняет действие в соответствии со значением OLEIVERB_PRIMARY и возвращает OLE_S_INVALIDVERB.
Неизвестное отрицательное значение iVerb	Возвращает значение E_NOTIMPL.

Листинг 12.50. DoVerb (IOleObject).

```
STDMETHODIMP COleDay12OleObject::DoVerb (LONG iVerb,
            LPMSG lpmsg,
            LPOLECLIENTSITE pActiveSite,
            LONG lindex,
            HWND hwndParent,
            LPCRECT lprcPosRect)
{
    HRESULT hresult;

    if ((iVerb == OLEIVERB_PRIMARY) || (iVerb == OLEIVERB_OPEN) ||
        (iVerb == OLEIVERB_SHOW)){
      if (m_pOleDay12Object->m_bIsRunning == FALSE)
        hresult = m_pOleDay12Object->m_pIRunnableObject->Run(NULL);

      if (m_pOleDay12Object->m_bIsLocked == FALSE){
        m_pOleDay12Object->m_bIsLocked = TRUE
        m_pOleDay12Object->m_pIRunnableObject->LockRunning(TRUE,FALSE);
        m_pOleDay12Object->DoDataChange();
      }

      if (m_pClientSite != NULL) {
        m_pClientSite->OnShowWindow(TRUE);
        m_pClientSite->ShowObject();
      }
    } else if (iVerb == 1){
      if ((m_pClientSite == pActiveSite) && m_pOleDay12Object->m_bIsRunning)
        hresult = m_pOleDay12Object->m_pIOleObject->Close(OLECLOSE_SAVEIFDIRTY);

    } else if (iVerb == OLEIVERB_HIDE){
      if (m_pOleDay12Object->m_bIsRunning == FALSE){
        hresult = m_pOleDay12Object->m_pIRunnableObject->Run(NULL);
      } else if (m_pOleDay12Object->m_bIsLocked){
        m_pOleDay12Object->m_bIsLocked = FALSE
        m_pOleDay12Object->m_pIRunnableObject->LockRunning(FALSE,FALSE);
        m_pOleDay12Object->DoDataChange();

        if (m_pClientSite != NULL)
          m_pClientSite->OnShowWindow(FALSE);
      }
    } else
```

Листинг 12.50. продолжение

```
        return ResultFromScode(OLEOBJ_S_INVALIDVERB);

    return hresult;
}
```

В главе 15 мы с вами напишем подобный, но более сложный код с возможностью изменения меню. Данная реализация является минимальной.

EnumVerbs

Когда контейнер хочет выяснить, какие глаголы поддерживает ваш объект, он вызывает EnumVerbs (см. листинг 12.51). Если вы воспользуетесь функцией OleRegEnumVerbs, OLE получит соответствующую информацию из регистрационной базы данных.

Листинг 12.51. EnumVerbs (IOleObject).

```
STDMETHODIMP COleDay12OleObject::EnumVerbs (IEnumOLEVERB FAR* FAR* ppenumOleVerb)
{
    //You have to give us a place to put it
    if (ppenumOleVerb == NULL)
        return ResultFromScode(E_INVALIDARG);

    *ppenumOleVerb = NULL;
    return OleRegEnumVerbs(CLSID_OleDay12, ppenumOleVerb);
}
```

Update

При вызове данной функции (см. листинг 12.52) контейнер хочет быть уверенным в том, что все поддерживаемые объектом кэшированные представления соответствуют его текущему состоянию. Для реализации метода вызовите UpdateCache интерфейса IOleCache.

Листинг 12.52. Update (IOLeObject).

```
STDMETHODIMP COleDay12OleObject::Update (void)
{
    BOOL bStarted = FALSE;
    HRESULT hresult;

    if (m_pOleDay12Object->m_bIsRunning == FALSE){
        m_pOleDay12Object->m_pIRunnableObject->Run(NULL);
        bStarted = TRUE;
    }
    hresult = m_pOleDay12Object->m_pIOleCache->UpdateCache(
                (IDataObject FAR *)m_pOleDay12Object->m_pIDataObject,
                UPDFCACHE_IFBLANK | UPDFCACHE_ONSAVECACHE, 0);

    if (bStarted)
        m_pOleDay12Object->m_pIOleObject->Close(OLECLOSE_SAVEIFDIRTY);
    return hresult;
}
```

Анализ

Вы можете задать вопрос, почему осуществляется вызов функции Run, если ваш объект не выполняется. Если вы реализуете Update во внутреннем менеджере, то объект не обязательно должен находиться в стадии исполнения и данные кэша могут быть не актуальными. Чтобы обновить кэш, необходимо перевести объект в состояние выполнения. После этого необходимо вернуть объект в исходное состояние, потому что контейнер не просил вас запускать объект, а просил только обновить кэш.

В случае внутреннего сервера такая процедура необязательна, и все, что вам необходимо сделать в данном случае — это вызвать UpdateCache.

IsUpToDate

Функция IsUpToDate (см. листинг 12.53) проверяет, соответствует ли объект текущему моменту. Если объект не поддерживает связи, то он актуален всегда. При наличии связей ваш сервер должен выяснить, не изменились ли данные, соответствующие связям; данные источника связи могли измениться, в то время как объект имеет только их кэшированное представление.

Листинг 12.53. IsUpToDate (IOleObject).

```
STDMETHODIMP COleDay12OleObject::IsUpToDate (void)
{
    return NOERROR;    // Its up to date
}
```

GetUserClassID

Функция GetUserClassID (см. листинг 12.54) возвращает ID класса внедренного объекта или ID класса последней установленной связи, если объект связан. Поскольку в нашем случае сервер поддерживает только внедренные объекты, GetUserClassID просто возвращает значение ID самого объекта.

Листинг 12.54. GetUserClassID (IOleObject).

```
STDMETHODIMP COleDay12OleObject::GetUserClassID (CLSID FAR* pClsid)
{
    //You have to give us a place to put it
    if (pClsid == NULL)
        return ResultFromScode(E_INVALIDARG);

    *pClsid = CLSID_OleDay12Object;
    return NOERROR;
}
```

GetUserType

Эта функция похожа на GetClassID. Однако вместо ID она возвращает идентификатор объекта в виде читаемой строки. В реализации, представленной в листинге 12.55, информация берется непосредственно из регистрационной базы данных.

Листинг 12.55. GetUserType (IOleObject).

```
STDMETHODIMP COleDay12OleObject::GetUserType (DWORD dwFormOfType, LPSTR FAR*
pszUserType)
{
    //You have to give us a place to put it
    if (pszUserType == NULL)
        return ResultFromScode(E_INVALIDARG);

    *pszUserType = NULL;
    return OleRegGetUserType(CLSID_OleDay12Object, dwFormOfType, pszUserType);
}
```

SetExtent

Когда контейнер вызывает SetExtent (см. листинг 12.56), он просит объект изменить свои размеры, чтобы тот поместился в указанный (в координатах HI_METRIC) прямоугольник. Объект, в свою очередь, может выполнить требование приложения, или отказаться от этого, возвратив значение E_FAIL, означающее, что размер объекта фиксирован.

Листинг 12.56. SetExtent (IOleObject).

```
STDMETHODIMP COleDay12OleObject::SetExtent (DWORD dwDrawAspect, LPSIZEL lpSizel)
{
    if (dwDrawAspect == DVASPECT_CONTENT){
```

Листинг 12.56. продолжение.

```
        m_Size.cx = lpSizel.cx;
        m_Size.cy = lpSizel.cy;
        m_pOleDay12Object->DoViewChange();

        return ResultFromScode(S_OK);
    }
    return ResultFromScode(E_FAIL);
}
```

Анализ

В данной реализации предусматривается изменение только представления DVASPECT_CONTENT. При изменении размеров образа вызывается функция DoViewChange, чтобы объект мог себя перерисовать.

GetExtent

Контейнер вызывает данную функцию, чтобы определить размеры образа объекта, которые тот предпочитает иметь (в координатах HI_METRIC). Вызов GetExtent не препятствует последующему вызову функции SetExtent, который попытается заставить объект изменить эти размеры.

Листинг 12.57. GetExtent (IOleObject).

```
STDMETHODIMP COleDay12OleObject::GetExtent (DWORD dwDrawAspect, LPSIZEL lpsizel)
{
    if (dwDrawAspect == DVASPECT_CONTENT){
      if (lpsizel != NULL){
          lpsizel->cx = cs.cx;
          lpsizel->cy = cs.cy;
          return NOERROR;
      }
    } else {
      if (m_pOleDay12Object->m_pHelperViewObject2 != NULL)
          return m_pOleDay12Object->m_pHelperViewObject2->
                    GetExtent(dwDrawAspect, 1, NULL, lpsizel);
    }
    return ResultFromScode(E_FAIL);
}
```

Анализ

В данном случае, если контейнер запрашивает размеры для представления DVASPECT_CONTENT, ваш объект просто возвращает текущий размер. Если делается запрос относительно какого-то другого представления, то он передается во вспомогательные кэш-интерфейсы, так как они обрабатывают все отличные от DVASPECT_CONTENT аспекты объекта.

Advise/Unadvise/EnumAdvise

Функции Advise (см. листинг 12.58), UnAdvise (листинг 12.59) и EnumAdvise (листинг 12.60) похожи на соответствующие функции интерфейса IDataObject. Они являются уведомляющими методами IOleObject. Когда вызывающая процедура запрашивает уведомления, она хочет получать сообщения о том, что объект закрывается, сохраняется, переименовывается или изменяет связи. Чтобы выполнить эту задачу, вы просто вызываете функцию CreateAdviseHolder, создающую уведомляющий интерфейс, который сделает за вас всю работу.

Листинг 12.58. Advise (IOleObject).

```
STDMETHODIMP COleDay12OleObject::Advise (IAdviseSink FAR* pAdvSink,
                                          DWORD FAR* pdwConnection)
{
    if (m_pOleAdviseHolder == NULL)
        CreateOleAdviseHolder(&(m_pOleAdviseHolder));
    if (m_pOleAdviseHolder != NULL)
```

```
            return m_pOleAdviseHolder->Advise(pAdvSink, pdwConnection);
    return ResultFromScode(E_FAIL);
}
```

Метод Advise инициализирует интерфейс IOleAdviseHolder вызовом функции CreateOleAdviseHolder. Как только IOleAdviseHolder инициализирован, обращения к Advise передаются одноименному методу этого интерфейса.

Листинг 12.59. UnAdvise (IOleObject).

```
STDMETHODIMP COleDay12OleObject::Unadvise(DWORD dwConnection)
{
    if (m_pOleAdviseHolder != NULL)
            return m_pOleAdviseHolder->Unadvise(dwConnection);
    return ResultFromScode(E_FAIL);
}
```

Метод Unadvise передает запрос интерфейсу IOleAdviseHolder. Если перед этим IOleAdviseHolder не был создан, то возвращается значение E_FAIL.

Листинг 12.60. EnumAdvise (IOleObject).

```
STDMETHODIMP COleDay12OleObject::EnumAdvise (LPENUMSTATDATA FAR* ppenumAdvise)
{
    if (m_pOleAdviseHolder != NULL)
            return m_pOleAdviseHolder->EnumAdvise(ppenumAdvise);

    *ppenumAdvise = NULL;
    return ResultFromScode(E_NOTIMPL);
}
```

Метод EnumAdvise передают запрос интерфейсу IOleAdviseHolder. Если перед этим IOleAdviseHolder не был инициализирован, то возвращается значение E_NOTIMPL.

GetMiscStatus

Функция GetMiscStatus (см. листинг 12.61) возвращает информацию об объекте. Полное описание этих данных приводилось ранее в разделе «Регистрационная информация». На самом деле ваша функция просто возвращает информацию из регистрационной базы данных.

Листинг 12.61. GetMiscStatus (IOleObject).

```
STDMETHODIMP COleDay12OleObject::GetMiscStatus(DWORD dwAspect,
                                               DWORD FAR* pdwStatus)
{
    return OleRegGetMiscStatus(CLSID_OleDay12, dwAspect, pdwStatus);
}
```

Анализ

GetMiscStatus вызывает функцию OleRegGetMiscStatus, извлекающую из регистрационной базы данных разнообразную информацию о статусе объекта.

SetColorScheme

Когда приложение вызывает данный метод, оно сообщает вам, какую палитру следует использовать для вашего объекта. Так как в нашем случае объект не поддерживает использования цветовой палитры, метод возвращает значение E_NOTIMPL (см. листинг 12.62), указывающее на то, что объект не может обработать этот запрос.

Листинг 12.62. SetColorScheme (IOleObject).

```
STDMETHODIMP COleDay12OleObject::SetColorScheme (LPLOGPALETTE lpLogpal)
{
    return ResultFromScode(E_NOTIMPL);
}
```

Анализ

Функция SetColorScheme возвращает E_NOTIMPL. В некоторых реализациях SetColorScheme сохраняет логическую палитру, которую объект будет впоследствии использовать.

Реализация *IExternalConnection/IRunnableObject*

IExternalConnection должен быть реализован, чтобы была возможность устанавливать и разрывать связи с объектом. Спецификация OLE требует, чтобы внедренный объект считал количество установленных соединений (с помощью AddConnection — см. листинг 12.63). Когда соединение прерывается (с помощью ReleaseConnection — см. листинг 12.64), вам следует выполнить процедуру закрытия.

Листинг 12.63. AddConnection (IExternalConnection).

```
STDMETHODIMP_(DWORD) COleDay12ExternalConnection::AddConnection(
      DWORD extconn, DWORD /* reserved */)
{
    return (extconn & EXTCONN_STRONG) ? ++m_dwStrong : 0;
}
```

Анализ

Функция AddConnection устанавливает жесткое соединение с объектом. В нашем случае наличие жесткого соединения означает увеличение счетчика соединений объекта. При нулевом значении счетчика и соответственно отсутствии соединений объект может быть удален.

Листинг 12.64. ReleaseConnection (IExternalConnection).

```
STDMETHODIMP_(DWORD) COleDay12ExternalConnection::ReleaseConnection(
      DWORD extconn, DWORD /* reserved */, BOOL fLastReleaseCloses)
{
    if (extconn & EXTCONN_STRONG){
        DWORD dwStrong = --m_dwStrong;
        if ((m_dwStrong ==0) && fLastReleaseCloses)
            m_pOleDay12Object-m_pIOleObject-Close(OLECLOSE_SAVEIFDIRTY);
        return dwStrong;
    } else
        return 0;
}
```

Анализ

Функция ReleaseConnection используется для удаления жесткого соединения объекта, установленного функцией AddConnection. Когда все соединения удалены, сам объект может быть освобожден (функцией Release).

Интерфейс IRunnableObject должен быть реализован как часть внутреннего сервера. Данный интерфейс применяется, чтобы перевести объект в состояние выполнения, если он участвует в связи. Листинги с 12.65 по 12.69 представляют реализацию методов IRunnableObject.

Листинг 12.65. GetRunningClass (IRunnableObject).

```
STDMETHODIMP COleDay12RunnableObject::GetRunningClass(LPCLSID lpClsid)
{
    if (!lpClsid)
        return ResultFromScode(E_INVALIDARG);
    *lpClsid = CLSID_OleDay12Object;

    return ResultFromScode(E_NOTIMPL);
}
```

Анализ

Метод GetRunningClass возвращает ID класса выполняемого объекта. Если объект эмулирует другой объект, то все равно возвращается ID выполняемого, а не эмулируемого объекта.

Листинг 12.66. Run (IRunnableObject).

```
STDMETHODIMP COleDay12RunnableObject::Run(LPINDCTX /* pbc */))
{
    return m_pOleDay12Object-m_pIOleObject-SetRunningState(TRUE);
}
```

Анализ

Метод Run переводит объект в состояние выполнения. Ваша реализация вызывает вспомогательную функцию SetRunningState, которая и выполняет это действие.

Листинг 12.67. IsRunning (IRunnableObject).

```
STDMETHODIMP COleDay12RunnableObject::IsRunning(void)
{
    return m_pOleDay12Object-m_bIsRunning;
}
```

Анализ

Метод IsRunning используется для возврата вызывающей процедуре текущего состояния объекта. Если он находится в состоянии выполнения, IsRunning возвращает TRUE. В противном случае IsRunning возвращает FALSE.

Листинг 12.68. LockRunning (IRunnableObject).

```
STDMETHODIMP COleDay12RunnableObject::LockRunning(BOOL fLock,
      BOOL fLastUnlockCloses)
{
    return CoLockObjectExternal(this, flock, fLastUnlockCloses);
}
```

Анализ

Метод LockRunning блокирует выполняемый объект, удерживая его в памяти. Этот же метод используется и для разблокирования. В нашем случае вызов передается функции ColockObjectExternal программного интерфейса OLE.

Листинг 12.69. SetContainedObject (IsRunnubleObject).

```
STDMETHODIMP COleDay12RunnableObject::SetContainedObject(
      BOOL /* fContained */)
{
    return NOERROR;
}
```

Анализ

Данный метод вызывается приложением для того, чтобы сообщить объекту, что он является внедренным.

IStdMarshalInfo

Хотя данный интерфейс не является обязательным, вы все же должны реализовать его. Если вы хотите, чтобы ваш Inproc-сервер поддерживал ConvertTo (то есть преобразование одного объекта в другой), вам необходим этот интерфейс, чтобы OLE могло выяснить, какой из обработчиков должен быть задействован. В нашем случае возвращается ID класса объекта, если только у сервера не запрашивается поддержка преобразования в масштабах сети (это пока не реализовано). Исходя из личного опыта могу сказать, что различные контейнеры обращаются к этому интерфейсу, даже если они и не производят преобразований. В листинге 12.70 представлена реализация метода GetClassForHandler интерфейса IStdMarshallnfo.

Листинг 12.70. GetClassForHandler (IStdMarshallnfo).

```
STDMETHODIMP COleDay12StdMarshalInfo::GetClassForHandler(
      DWORD dwDestContext, LPVOID pvDestContext, LPCLSID pClsid)
{
    if ((pClsid != NULL) && (dwDectContext == MSHCTX_LOCAL)){
        *pClsid = CLSID_OleDay12Object;
        return NOERROR;
    }
    return ResultFromScode(E_INVALIDARG);
}
```

Тестирование DLL

Теперь, когда все необходимые интерфейсы определены, вы можете начать тестирование объекта. Если ваш объект будет использоваться с каким-либо коммерческим продуктом, вам необходимо протестировать DLL вместе с этим продуктом. Примите во внимание следующие моменты:

- Microsoft Word 6 не использует пиктограмму, предоставляемую интерфейсом IDataObject (метод GetData). Вместо этого он обращается к соответствующей записи в регистрационной базе данных.
- Microsoft Excel 5 выдает ошибку General Protection Fault, когда в DLL выбирается опция Use Icon.

Если ваша DLL создается с помощью MFC, не используйте операции new и delete, определенные в olenew.cpp, при работе отладочной версии MFC. При компоновке вы получите сообщение о дублировании символа. Если вам необходимо работать с отладочной версией MFC, вы должны перекомпилировать MFC и создать новую библиотеку, в которой нет вышеупомянутых функций.

Заключение

Реализация внутреннего сервера включает в себя следующие шаги:

1. Реализация функций LibMain и WEP, которые являются стандартными при определении любого модуля DLL в Windowds.
2. Переопределение стандартной реализации C++ для new и delete. Необходимо пользоваться интерфейсом IMalloc при выделении и освобождении областей памяти.
3. Реализация функции DllGetClassObject. Этот метод должен знать об объектах, которые DLL-сервер может создать от имени другого приложения (как указано в регистрационной базе данных).
4. Реализация DllCanUnloadNow. Этот метод должен решать, может ли DLL выгружаться из памяти. Он принимает это решение, определяя (по значению глобальной переменной), использует ли кто-либо данный DLL-модуль.
5. Реализация интерфейса IClassFactory для каждого объекта, который может создаваться посредством DLL от имени другого приложения (как указано в регистрационной базе данных).
6. Реализация объекта. Первоначально это будет оболочка, которая будет пополняться по мере добавления к объекту новых методов.
7. Создание регистрационного файла и добавление его в регистрационную базу данных.
8. Реализация IDataObject.
9. Реализация IPersistStorage.
10. Реализация IViewObject.

11. Реализация IOleCache.
12. Реализация IOleObject.
13. Реализация IExternalConnection.
14. Реализация IRunnubleObject.

После всего этого ваш встроенный сервер готов к тестированию.

Вопросы и ответы

В: Существуют ли вообще причины, делающие необходимым создание внутреннего, а не локального сервера?

О: Да. В настоящее время управляющие компоненты (OLE Controls) должны быть реализованы в форме Inpoc-сервера. Дополнительная информация по данному вопросу содержится в главе 23.

Семинар

Опрос

1. В чем разница между внутренним сервером, внутренним менеджером и локальным сервером?
2. В чем разница между интерфейсами IViewObject и IDataView?
3. Какие интерфейсы необходимо реализовать при создании внутреннего сервера?

Упражнения

1. Добавьте в OleGen необходимый код для генерации интерфейсов IOleCache, IOleObject, IPersist, IPersistStorage, IViewObject, IExternalConnection и IRunnableObject.
2. Модифицируйте OleGen так, чтобы генерировался код для интерфейса IDataObject.
3. Модифицируйте OleGen так, чтобы генерировался код для интерфейса IStdMarshalInfo.
4. Добавьте необходимый код, чтобы при выборе пользователем Inproc-сервера в OleGen выбирались бы и все необходимые интерфейсы.

Ответы к опросу

1. Внутренние сервер и менеджер определяются в виде DLL-модулей и всегда выполняются в пространстве процесса контейнера. Локальный сервер реализуется в виде EXE-модуля. Он выполняется в контексте своего собственного процесса. Кроме того, локальный сервер может быть использован как 16-битным, так и 32-битным приложением, в то время как разрядности внутреннего сервера (а также внутреннего менеджера) и контейнера должны совпадать.
2. IDataObject управляет данными, в то время как IViewObject манипулирует только их визуальным представлением. Изменения в IDataObject обычно ведут к изменениям данных в IViewObject. Однако когда представление изменяется (например, при масштабировании объекта), IDataOdject остается при этом неизменным.
3. IOleCache, IOleObject, IDataObject, IPersistStorage,IViewObject, IExternalConnection и IRunnableObject. Другие интерфейсы, такие как IStdMarshalInfo и IOleCacheControl, не являются для встроенного сервера обязательными.

Ответы к упражнениям

Представлены на диске, поставляемом вместе с книгой.

День 13

EXE-сервер OLE

Управление составными документами

На протяжении 12-го дня вы создавали простой OLE-сервер, реализованный в виде DLL. Сегодня вы узнаете о том, как разработать то же самое приложение как EXE-версию вместо DLL-версии. В отличие от 12-й, данная глава не ориентирована на самостоятельную реализацию сервера, а, напротив, полностью базируется на материале предыдущей и поясняет отличия создания исполняемого сервера от реализации DLL-сервера. Приложение, созданное сегодня, будет модифицировано в главе 14 при поддержке связывания объекта, а также в главе 15 при поддержке активации по месту. Для изучения данной главы вы должны были обязательно ознакомиться с содержанием предыдущей.

EXE-сервер

Глава 12 обсуждает некоторые отличия, возникающие при реализации OLE-сервера в версии DLL и в варианте EXE-сервера. Наиболее существенным из них является то, что внутренний сервер (DLL) выполняется в контексте контейнерного процесса. Следовательно, удаленный вызов процедур (LRPC) не используется, и тем самым обеспечивается более эффективная работа приложения, чем в случае эквивалентного EXE-сервера. С другой стороны, DLL-сервер должен быть написан и в 16-ти, и в 32-битном варианте, если должны поддерживаться 16-ти и 32-битные контейнеры, поскольку сервер выполняется в контексте контейнера. Серверы, выполненные в виде EXE-модуля (локальные), используют LRPC, и так как 16-ти и 32-битные коды при этом могут преобразовываться друг в друга, такой сервер может обслуживать как 16-ти, так и 32-битные контейнеры.

Сервер в виде EXE-модуля обладает также и другими преимуществами перед DLL-серверами, прежде всего потому, что в таком случае не является необходимым применять все интерфейсы, которые мы создавали в случае DLL (неважно, сервера или менеджера). Применение DLL-сервера делает необходимым создание семи интерфейсов (помимо IUnknown и IClassFactory), а именно IOleCache, IOleObject, IDataObject, IPersistStorage, IViewObject, IRunnableObject и IExternalConnection. Напротив, при создании локального сервера в обязательном порядке реализуются только три интерфейса — IOleObject, IDataObject и IPersistStorage. В действительности сервер, созданный в виде EXE-сервера, и не может определять интерфейс IViewObject.

Вы можете несколько удивиться этому и зададите вопрос, каким же образом ваш объект будет отображаться, несмотря на последнее обстоятельство? При реализации IViewObject в предыдущей главе ваш контейнер предоставлял контекст устройства (HDC) для прорисовки объекта в контейнере. Поскольку вы работаете в том же самом пространстве процесса, что и ваш контейнер, использование контекста устройства не представляет трудности. К сожалению, в Windows не предусмотрена передача контекста устройства между приложениями, так что EXE-сервер не может рисовать объект в контейнере, используя его контекст устройства, или это возможно? Для того, чтобы ваш EXE-сервер рисовал в пространстве контейнера, необходимо использование динамически загружаемой библиотеки OLE2.DLL. OLE2.DLL в данном случае приходит на помощь, являясь одной из важнейших составных частей OLE. Помимо других выполняемых ею функций она обеспечивает ваш канал связи от EXE-сервера к контейнеру. Другими словами, OLE2.DLL ответственна за прорисовку вашего объекта в контейнерном приложении. По сути она является вашим внутренним менеджером.

Но почему же именно менеджером, а не сервером? Вспомните (или посмотрите в главе 12), что внутренний сервер может полностью обрабатывать запросы объекта. Он может нарисовать объект, сохранить его, изменить данные объекта. OLE2.DLL не может проделать всех этих операций, поскольку ничего не знает об объекте. Если вы создаете, например, электронную таблицу, то OLE.DLL ничего не знает о том, как вычислять формулы или изменять формат отображения в ячейках. Менеджер может работать с объектом, когда тот находится в состоянии загрузки, а не выполнения, так что сервер может быть полезен, если объектом можно управлять в состоянии выполнения. В состоянии выполнения объектом управляет локальный сервер (ваш EXE-сервер).

Как же OLE2.DLL может рисовать ваш объект, если даже не знает о том, что тот собой представляет? Вспомните, что интерфейс IDataObject (который в локальном сервере должен быть реализован) имеет метод GetData. Этот метод может получать различные данные от вашего объекта и одним из форматов, который может возвращаться, является формат метафайла. OLE2.DLL вызывает методы интерфейса IDataObject для получения метафайла из вашего объекта (данные могут быть представлены в виде DIB или битовой матрицы, однако наиболее общеупотребительным является формат метафайла). Поскольку OLE2.DLL имеет метафайл вашего объекта, она может прорисовать объект в контейнере. OLE2.DLL может также кэшировать ваш объект, так что IOleCache для локального сервера не нужен. Так как локальные серверы всегда находятся в состоянии выполнения, IRunnableObject также не является необходимым. IExternalConnection необходим в DLL для управления связыванием, так что локальный сервер также не нуждается в этом интерфейсе. Таким образом, использование OLE2.DLL исключает нужду в создании IViewObject, IOleCache, IRunnableObject и IExternalConnection, оставляя необходимость реализации в вашем локальном сервере только интерфейсов IDataObject, IOleObject и IPersistStorage.

Другим преимуществом локального сервера перед DLL является то, что первый имеет свою очередь сообщений (почти все приложения Windows имеют очередь сообщений, хотя возможно написание приложения и без нее). По этой причине локальный сервер может в полной мере использовать возможности пользовательского интерфейса. Внутренние серверы и менеджеры в качестве пользовательского интерфейса почти всегда используют диалоговую панель, так как они не имеют собственной очереди сообщений, а без нее трудно работать с окнами. Кроме того, внутренние серверы и менеджеры, не имея собственной очереди, не могут обрабатывать клавиатурные ускорители. Поскольку локальные серверы используют свою очередь сообщений, они имеют возможность выводить на экран окна, а также работать с собственными ускорителями. (Ускоряющие клавиши будут рассмотрены в главе 15).

Читая главу 12, вы уяснили для себя разницу в скорости между внутренними менеджерами, внутренними серверами и локальными серверами. Вы также узнали об их различной способности поддерживать как 16-ти, так и 32-битные приложения. Сейчас вы узнали также о необходимости реализовать свой сервер как локальный, если нуждаетесь в более богатых возможностях пользовательского интерфейса, необходимости поддерживать окна и задействовать ускорители. (Надо сказать, что на самом деле вы можете реализовать свой объект так, что он будет использовать как менеджер, так и локальный сервер, однако такая реализация довольно сложна и ее обсуждение выходит за рамки данной книги). Сейчас вы вполне готовы к тому, чтобы узнать о реализации локального сервера.

Создание локального сервера — последовательность шагов

Следующие ниже разделы познакомят вас с теми шагами, которые необходимо предпринять для реализации локального сервера.

Шаг 0 — Прекомпилируемый заголовок

В главе 12 вы узнали о том, что вы можете воспользоваться заранее откомпилированными заголовками, если ваш компилятор поддерживает такую возможность. Такая технология позволяет сократить время компиляции, поскольку заголовки компилируются лишь в том случае, если изменяются. Поскольку заголовки включаются в многократно используемые исходные файлы вместо компиляции заголовка в каждом исходном файле, время компиляции сокращается. Вы должны помнить о преимуществах прекомпиляции заголовков, независимо от того, реализуете ли вы локальный или внутренний сервер.

Шаг 1 — Инициализация и завершение

В главе 12 данные процедуры выполнялись в LibMain и WEP, необходимых при реализации DLL. В случае локального сервера вам не нужно использовать эти функции, однако вы, тем не менее, должны осуществить всю необходимую работу, связанную с инициализацией и завершением работы приложения.

Инициализация и обработка командной строки

Когда вы создаете внутренний сервер, вы не используете командную строку, потому что внутренний сервер есть DLL. Когда вы работаете с локальным сервером, возможно, вы будете получать различные опции из командной строки (в главе 4, как вы помните, при реализации автоматного сервера вы получали параметр /Automation при помощи командной строки). В действительности когда контроллер запустит ваш объект, он поместит в командную строку параметр /Embedding. Если ваше приложение может быть запущено как автономное (помимо того, что оно может работать в качестве OLE-сервера), оно должно использовать различные маршруты в зависимости от того, как оно запускается. Если оно запускается как самостоятельное приложение (например, из диспетчера программ), приложение должно выполняться обычным образом, и инициализироваться соответственно. Если же программа запускается посредством OLE, с опцией /Embedding, должна быть осуществлена инициализация, необходимая для поддержки внедрения объектов.

Когда приложение запускается с опцией /Embedding, оно тем самым получает информацию о том, что будет исполняться как OLE-сервер. Для этого прежде всего необходимо инициализировать само OLE, так как вы теперь определяете не внутренний, а локальный сервер. В главе 12, когда вы работали с внутренним сервером, инициализация OLE не проводилась, так как эту работу осуществляло соответствующее контейнерное приложение, а сервер выполнялся в контексте процесса этого приложения.

В главе 1 вы видели, что при инициализации OLE длина очереди сообщений устанавливалась равной 96, затем контролировался номер версии постройки и, наконец, вызывалась функция OleInitialize. Определение локального сервера в этом отношении остается точно таким же.

Вторым шагом инициализации OLE-сервера является создание фабрики класса (см. главу 2). После того как ваше приложение получило интерфейс IClassFactory, вызывается CoRegisterClassObject, как это описано в главе 4. В главе 12 мы говорили о необходимости вызова DllGetClassObject, чтобы интерфейс IClassFactory стал доступен вашему приложению. При построении локального сервера требуется вызов CoRegisterClassObject, чтобы сделать интерфейс IClassFactory доступным для OLE. Ваше приложение должно вызывать CoRegisterCllassObject для каждого интерфейса IClassFactory, который ваш объект хочет экспонировать.

СОЗДАВАЙТЕ CoRegisterClassObject для каждого интерфейса IClassFactory в вашем приложении.
НЕ ВЫЗЫВАЙТЕ CoRegisterClassObject для вашего автоматного IClassFactory, если ваш объект поддерживает автоматизацию. Указатель на интерфейс должен быть зарегистрирован, только если приложение запущено с ключом /Automation.

Существует одно важное исключение относительно того, когда следует вызывать CoRegisterClassObject. Это следует делать, если приложение является MDI-приложением (Multiple Document Interface) и зарегистрировано для множественного использования (несколько других приложений могут использовать единственный экземпляр вашего приложения). Когда ваше приложение оказывается зарегистрированным для такого использования, оно в любом случае требует осуществления инициализации и регистрации всех фабрик классов независимо от того, запускается ли приложение как автономное или с использованием опций /Automation или /Embedding. Так как в данном случае ваше приложение поддерживает связь с многими различными клиентами в одно и тоже время, то может получиться так, что одна программа-клиент запускает ваше приложение в качестве автоматного сервера с опцией /Automation, в то время как другой клиент желает запустить ваше приложение как OLE-сервер с опцией /Embedding.

Если приложение не зарегистрирует все эти интерфейсы, OLE будет вынуждено запускать второй экземпляр приложения, чтобы удовлетворить требованию опции /Embedding. Такой тип приложения оказывается чрезмерно сложным, поскольку необходимо постоянно быть уверенным, что каждый клиент «видит» свой объект, а не объект, который создает или с которым работает другой клиент. Кроме того, если пользователь хочет запустить ваше приложение, оно должно создать пользовательский интерфейс (ваш объект обычно скрыт, если он запущен как OLE-сервер с опциями /Automation или /Embedding). Ваше приложение не должно завершаться, пока все клиенты не закончили работу с его объектами. Хотя мы сейчас говорим о MDI-приложении, вы можете и не поддерживать несколько клиентов одновременно из-за сложности реализации.

При создании приложения с поддержкой одного клиента вы должны принять дополнительные предосторожности при экспонировании интерфейса IClassObject. Когда клиент получает доступ к фабрике класса, которая делается доступной вызовом CoRegisterClassObject, возможно, что контейнерное приложение будет стараться использовать фабрику класса, чтобы создать второй объект (того же типа, что был создан прежде в случае поддержки нескольких фабрик классов). Если контейнерное приложение вызывает интерфейс IClassFactory второй раз, то возвращается значение E_UNEXPECTED, и поэтому ваше приложение не может поддерживать множество клиентов посредством одного и того же экземпляра. Даже если вторая программа-клиент на самом деле та же самая, ваше приложение рассматривает ее как еще одного клиента (поскольку с точки зрения необходимых операций и ресурсов это то же самое, что разные клиенты).

И, наконец, если программа инициализирована с опцией /Embedding, то ее работа должна быть скрытой, пока программа не получит указание показать содержимое окон (это определяется спецификацией OLE). При создании Windows-приложения, не использующего технологии OLE, вы обычно вызываете для этой цели функцию ShowWindow. Когда вы создаете OLE-сервер, он должен вызывать ShowWindow с параметром SW_HIDE. Контейнерное приложение сообщит серверу, когда и где вывести окно (приложение это задает с помощью метода DoVerb вашего интерфейса IOleObject).

Лично я предпочитаю возможность обработки еще двух опций — /Reg и /UnReg, хотя они не являются необходимыми для OLE-серверов. Если задана опция /Reg, регистрационная информация помещается в регистрационную базу данных. Я считаю эту опцию крайне полезной, если перемещаю соответствующий исполняемый модуль, так как я всегда регистрирую локальный сервер с полным заданием маршрута к нему.

Когда вы перемещаете исполняемый модуль, зарегистрированный с полным именем маршрута, вы должны регистрировать приложение заново. С помощью опции /Reg такая регистрация проводится автоматически (автоматически создается новый полный маршрут). Вы также можете регистрировать приложение каждый раз, когда оно запускается. Спецификация OLE предусматривает, что при запуске приложения вы должны на самом деле анализировать информацию регистрационной базы данных и в случае необходимости производить необходимые изменения. Поскольку каждая из подобных проверок может занять несколько секунд, а в действительности все опции регистрационной базы остаются правильными при каждом новом запуске (если только последняя не испорчена и пользователь не стер что-либо), я предпочитаю закладывать информацию в регистрационную базу данных по запросу.

Кроме того, я понял, что полезно также реализация ключа /UnReg, стирающего всю информацию, занесенную в регистрационную базу данных для приложения. Если вы написали определенное количество тестовых приложений (или пользователь решил, что не будет больше использовать ваше приложение), то уничтожение всех пунктов реестра не приведет к тому, что сервер будет сервером только по видимости, когда пользователь пожелает внедрить его объект в контейнер (контейнеры будут выводить все пункты реестра, которые могут быть внедрены). Управляющие элементы OLE (о них говорится в главе 23) используют похожие ключи /REGSERVER и /UNREGSERVER. Вы можете воспользоваться также и ими, хотя мне кажется, что /Reg и /UnReg проще запомнить и печатать.

Завершение

Данная процедура должна делать все, что необходимо для нормального завершения работы приложения. Кроме того, нужно осуществить вызов функции OleUninitialize для освобождения динамически загружаемых библиотек DLL, а также вызов CoRevokeClassObject, поскольку фабрика класса более не нужна. Однако необходимо помнить, что ваше приложение не должно завершаться, если оно является MDI-приложением и было запущено в качестве автономного, даже если все счетчики ссылок равны нулю.

MDI-приложения всегда остаются открытыми, даже если не открыты никакие документы (и все счетчики ссылок равны нулю). Если ваше приложение обслуживает несколько клиентов, оно может прекратить работу, только если все клиенты прекратили связь с ним. Кроме того, если последний пользователь потребовал завершения работы приложения, но существуют еще и дополнительные клиенты (такие как текстовый процессор, если ваше приложение является внедряемым сервером), то вы должны скрыть приложение, так чтобы пользователю казалось, что оно закрыто. Не прерывайте работу программы-сервера, пока последнее приложение не прекратит связь. Еще раз хочу предупредить вас о том, что реализация сервера, обслуживающего несколько клиентов, является довольно трудоемкой.

Шаг 2 — Реализация *IClassFactory*

Как указывалось ранее, реализация фабрики класса для локального сервера мало чем отличается от подобной работы для внутреннего сервера. Единственным отличием в вашей реализации локального сервера является то, что если объект один раз создан, IClassFactory вернет E_UNEXPECTED при любой попытке создания объекта в течение сеанса работы этого представителя приложения. Вы создали ваше приложение таким образом, чтобы вам не нужно было обеспечивать множественной работы с клиентами. Ваша реализация CreateInstance пока просто возвращает E_UNEXPECTED, так как ваше приложение не создает объекта.

Шаг 3 — Процедура регистрации и тестирования

До того как вы сможете произвести первую попытку тестирования вашего объекта (который является пока только скелетом), вы должны зарегистрировать ваше приложение в базе данных. В главе 12 мы с вами обсуждали регистрационные пункты для случая внутреннего сервера. Для локального сервера они те же самые, за исключением того, что вместо InProcServer появляется LocalServer, куда заносится имя исполняемого модуля. После того как вы зарегистрировали ваше приложение, запустив его с опцией /Reg, вы можете начать тестировать его. Так же как вы делали это в главе 12, вы воспользуетесь при этом программой Ole2View, поставляемой вместе с OLE SDK. Когда вы запускаете Ole2View, вы должны найти ваш сервер в списке доступных объектов. Если вы его не найдете, то по всей видимости вы просто забыли зарегистрировать его. Если вы найдете ваш сервер, нажмите кнопку мыши на его имени два раза. Вы увидите список интерфейсов (таких как IViewObject и IOleObject). Вас возможно, это удивит, так как вы еще их не реализовали. Эти интерфейсы на самом деле связаны с вашим внутренним менеджером, которым является OLE2.DLL. Если вы два раза нажмете кнопку над IDataObject, вы увидите список типов данных Get/Set, которые поддерживаются вашим приложением. Эта информация предоставляется OLE2.DLL из реестра. OLE2.DLL выполняет теперь всю работу, которую вам при создании внутреннего сервера приходилось делать самому.

Не думайте, что если вы увидели все это через Ole2View, вся работа на этом завершена. Возьмите контейнерное приложение, такое как Microsoft Word или Microsoft Excel, выберите команды Insert, Object и затем вызовите объект, который вы только что создали (OleGen Server). Когда появится контейнер и вы нажмете кнопку мыши, то получите на экране сообщение о том, что приложение-сервер не может быть найдено (см. рис. 13.1).

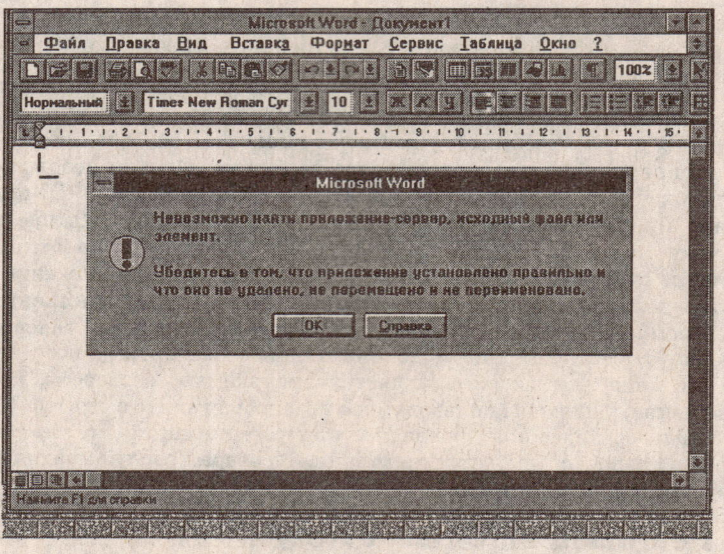

Рис 13.1. MS Word с не полностью реализованным локальным сервером.

Помните, что OLE2.DLL является внутренним менеджером. Когда вы намереваетесь разместить объект в контейнерном приложении, объект, в свою очередь, пытается перейти в состояние выполнения. Когда объект перейдет в состояние выполнения, менеджер пытается запустить локальный сервер, поскольку сам не может управлять объектом, находящимся в состоянии выполнения. Когда OLE2.DLL пытается запустить ваш объект, он обнаруживает, что объект не имеет требуемых интерфейсов (IDataObject, IPersistStorage и IOleObject) и далее сообщает контейнерному приложению, что не может перевести объект в состояние выполнения. Затем контейнерное приложение выдает сообщение об ошибке. Вы должны определить еще три важных интерфейса.

Существует еще ряд тестов, которые вы должны проделать на данной стадии. В первую очередь, убедитесь, что приложение не появляется на экране, когда вы пытаетесь внедрить объект. Если оно выводится, то это означает, что вы либо не обработали опцию /Embedding и не вызвали ShowWindow(SW_HIDE), либо просто забыли вызвать ShowWindow(SW_HIDE). Если приложение не выводится на экран, запустите WPS и удалите ваше приложение, так как оно все еще находится в выполняемом состоянии и в то же время не отображается на экране.

Если все в порядке, вы должны запустить приложение из диспетчера программ, если ваш объект может быть запущен непосредственно пользователем. Если вы запускаете приложение и ничего при этом не происходит, используйте WPS, для того чтобы убедиться, что ваш объект не запущен. Если ваш объект запущен, но не показан на экране, значит вызов ShowWindow(SW_HIDE) был сделан не к месту. Вы должны использовать параметр SW_HIDE, только если ваше приложение запускается с опцией /Embedding. Если приложение не запускается на выполнение, то в программе присутствует какая-либо специфическая ошибка. Если приложение отображает себя корректным образом, вы должны протестировать функционирование отдельных его частей. Вообще же тестирование целесообразно проводить по мере добавления к приложению новых функциональных блоков и новых интерфейсов. Так всегда легче обнаружить ошибку. Если откладывать тестирование до тех пор, пока у вас не будет полностью завершенного кода приложения, то вы обнаружите, что найти какой-то дефект гораздо труднее, поскольку вы не знаете, на каком этапе он появился.

Шаг 4 — Реализация базового объекта

В главе 12 мы с вами реализовали базовый объект. Реализация локального сервера здесь ничем не отличается от таковой для внутреннего сервера, за исключением того, что в реализации локального сервера в QueryInterface будут использоваться IDataObject, IOleObject и IPersistStorage. Кроме того, вы не создаете интерфейс IOleCache, и следовательно, все вспомогательные интерфейсы, которые вы реализовали при создании кэша, в данном случае не используются. После определения основных методов объекта вы должны протестировать его так же, как и фабрику класса.

Шаг 5 — Реализация *IDataObject*

Реализация IDataObject весьма напоминает соответствующую реализацию в главе 12. Однако имеют место и некоторые отличия. В предыдущей реализации метода GetData вызывалась функция OleStdGetMetafilePictFromOleObject. Вам не следует больше вызывать эту функцию, так как OleStdGetMetafilePictFromOleObject вызывает интерфейс IViewObject. Поскольку вы не определяете интерфейса IViewObject, вам необходимо управлять прорисовкой самому. Листинг 13.1 содержит выдержки из кода реализации метода GetData интерфейса IDataObject, которые иллюстрируют, каким образом следует создавать метафайл.

Листинг 13.1. Фрагмент реализации GetData интерфейса IDataObject.

```
pmedium->hGlobal = GlobalAlloc(GMEM_SHARE | GHND, sizeof (METAFILEPICT));
       lpMfp = (METAFILEPICT FAR *)GlobalLock(pmedium->hGlobal);
       lpMfp->mm = MM_ANISOTROPIC;
       CSize cs = m_pOleGenObject->m_pOleGenDoc->AppObject->GetDocSizeHiMetric();

       lpMfp->xExt = cs.cx;
       lpMfp->yExt = cs.cy;
       m_pOleGenObject->m_pOleGenDoc->AppObject->UseHiMetric();
       dcMetafile = CreateMetaFile(NULL);
       SetMapMode(dcMetafile,MM_HIMETRIC);
       SetWindowOrg(dcMetafile,0,0);
       SetWindowExt(dcMetafile,cs.cx,cs.cy);
       m_pOleGenObject->m_pOleGenDoc->AppObject->Draw(
         cdcMetafile.FromHandle(dcMetafile));
       lpMfp->hMF  = CloseMetaFile(dcMetafile);
       GlobalUnlock(pmedium->hGlobal);
       pmedium->tymed    = TYMED_MFPICT;
       pmedium->pUnkForRelease = NULL;
```

Анализ

Чтобы создать структуру metafilepict, вы сначала должны выделить память для ее хранения. После того как вы создали структуру и получили соответствующий указатель вызовом GlobalLock, вы можете приступать к управлению памятью для создания метафайла. Если вы создавали метафайл ранее, код, приведенный в листинге 13.1, может быть вам знаком. В первую очередь необходимо создать в памяти контекст устройства для метафайла. Это можно осуществить вызовом функции API CreateMetaFile. Затем надо вызвать метод Draw и передать данные в контекст устройства, так что Draw сделает всю работу за вас. После того как ваш объект был нарисован в контексте устройства в памяти, вы закрываете метафайл и возвращаете данные вызывающей процедуре. Это все весьма просто.

При создании локального сервера некоторые изменения требуются также в реализации IDataObject. В случае DLL-версии вы просто создавали интерфейс IDataObject, и он содержал необходимые данные. В качестве пользовательского интерфейса в случае DLL выступало диалоговое окно, которое само изменяло переданные ему данные. В случае EXE-версии данные не содержатся в IDataObject, а могут содержаться где-либо еще. Если вы хорошо знакомы с объектными библиотеками MFC или OWL, то вы по всей видимости знакомы и с архитектурой документ/вид, которую они используют. В данной архитектуре документ содержит данные, а вид дает их визуальное представление. Поскольку изначально ваше приложение создавалось с использованием данной архитектуры, то его данные содержатся в документе. Когда вы создаете IDataObject, вы должны связать данные с соответствующим объектом. В вашем приложении, когда вы создаете документ (он создается при запуске приложения), вы помещаете указатель на документ в глобальную переменную g_OleGenDoc. Когда вы создаете базовый объект, вы храните этот указатель в переменной m_pOleGenDoc. Затем вы также сохраняете указатель на базовый объект в некоторой переменной внутри документа.

Теперь ваш документ имеет указатель на базовый объект, а базовый объект, в свою очередь, имеет указатель на документ. В случае вашего определения IDataObject ваше приложение вместо получения данных из IDataObject получает их непосредственно из документа. Но зачем же вы храните указатель на базовый объект в самом документе? При изменении данных в документе он должен уведомлять об этом интерфейс IDataObject. Когда данные внутри документа изменяются, документ вызывает вспомогательную функцию внутри базовой функции, коей является функция DoDataChange (см. главу 12).

К сожалению, документ не является единственным местом, где могут изменяться данные. Интерфейс IDataObject имеет метод SetData, который может вызвать изменения данных. Поэтому если IDataObject получает данные посредством SetData, вы должны соответствующим образом изменить данные документа. Почему же вы не поддерживаете метод SetData? Если вы помните, мы утверждали в главе 12, что когда контейнерное приложение вызывает ваше приложение, контейнер может предоставлять данные, которые были сохранены прежде. При определении IPersistStorage ваше приложение обновляло объект путем помещения данных в IDataObject при помощи метода SetData.

И последний момент, который потребуется вам для создания IDataObject. В соответствии со спецификацией OLE, сервер, осуществляющий внедрение (такой как ваш), должен поддерживать два формата буфера обмена, EmbedSource и ObjectDescriptor, в дополнение к любым другим форматам. Формат EmbedSource поддерживается очень легко, так как это формат буфера обмена для вашего приложения, записанный в IStorage. В действительности кроме создания хранилища и потока (в GetData) или использования предоставляемого контейнером хранилища (в GetDataHere), вы должны просто вызвать вспомогательную функцию в IPersistStorage (рассмотренную в главе 12), которая запишет ваш объект в структурированное хранилище. Если вы посмотрите исходный код на диске для функций GetData и GetDataHere в IDataObject и WriteDataStream в IRersistStorage, вы можете обнаружить одну странную вещь. Функция WriteDataStream вызывает GetData, чтобы вывести данные. В случае поддержки EmbedSource в GetData из EmbedSource вызывается функция WriteDataStream интерфейса IPersistStorage (которая затем снова вызывает GetData). Эта операция не приводит к бесконечной рекурсии. Функция EmbedSourse в GetData вызывает WriteDataStream, которая в свою очередь вызывает GetData для частного формата Clipboard. Как только этот формат становится доступным в памяти, WriteDataStream записывает данные в хранилище. Затем управление возвращается в функцию EmbedSource. Поскольку при выполнении EmbedSource необходимо лишь, чтобы данные были записаны в хранилище, работа этой функции завершается и это является концом рекурсии.

Определение формата буфера обмена ObjectDescriptor столь же элементарно, потому что OLEUI предоставляет метод OleStdGetObjectDescriptor, который проводит всю необходимую работу. ObjectDescriptor — это просто структура, содержащая ID класса вашего объекта, представление объекта (DVASPECT_CONTENT или DVASPECT_ICON) и размер объекта. Она также содержит информацию, являющую результатом операций, осуществляемых в соответствии с технологией drag-and-drop (которая будет обсуждаться в главе 17).

После того как вы реализовали IDataObject, вы можете провести те же самые тесты, которые вы проводили при создании фабрики класса. Кроме того, если интерфейс IDataObject поддерживает CF_TEXT, вы можете протестировать интерфейс IDataObject с помощью OLE2View. После выбора метода GetData вы можете увидеть текстовые данные.

Шаг 6 — Реализация *IPersistStorage*

Реализация IPersistStorage похожа на соответствующую реализацию в предыдущей главе. Однако в случае определения IPersistStorage в главе 12 мы вызывали вспомогательные функции для управления кэшем. Так как в данном случае мы не используем кэш, то все соответствующие вызовы становятся излишними. После того, как вы определили IPersistStorage, можно приступать к такому же тестированию, которое вы выполняли после создания фабрики класса. Было бы все прекрасно, если бы все в OLE было так просто!

Шаг 7 — Реализация *IOleObject*

Последним из того, что следует реализовать, является интерфейс IOleObject. Поскольку ваше приложение не имеет кэша, то соответствующая реализация становится очень простой. Фактически, за исключением каких-либо ссылок на кэш и соответствующие вспомогательные функции, реализация IOleObject для локального сервера ничем не отличается от реализации для внутреннего сервера из главы 12. Основное отличие наблюдается в определении метода DoVerb.

В главе 12 реализация DoVerb использовала диалоговую панель, потому что в DLL вы не могли простыми средствами создать обычное окно. В реализации локального сервера DoVerb может создать окно. В действительности, с точки зрения пользователя, когда локальный сервер запускается на выполнение, приложение запускается со стороны OLE из диспетчера программ, поскольку само приложение появляется перед пользователем (меню и все прочее). Листинг 13.2 дает определение метода DoVerb в случае использования библиотеки MFC для локального сервера.

Листинг 13.2. Определение DoVerb для локального сервера (MFC).

```
STDMETHODIMP COleGenOleObject::DoVerb (LONG iVerb,
            LPMSG lpmsg,
            LPOLECLIENTSITE pActiveSite,
            LONG lindex,
            HWND hwndParent,
            LPCRECT lprcPosRect)
{

    switch (iVerb){
    case OLEIVERB_PRIMARY:
    case OLEIVERB_SHOW:
    case OLEIVERB_OPEN:
      AfxGetMainWnd()->ShowWindow(SW_SHOWNORMAL);
      AfxGetMainWnd()->SetFocus();
      if (m_pClientSite != NULL) {
        m_pClientSite->OnShowWindow(TRUE);
        m_pClientSite->ShowObject();
      }
      break;
    case OLEIVERB_HIDE:
```

Листинг 13.2.продолжение

```
        AfxGetMainWnd()->ShowWindow(SW_HIDE);
        if (m_pClientSite != NULL)
          m_pClientSite->OnShowWindow(FALSE);
    default:
        return ResultFromScode(OLEOBJ_S_INVALIDVERB);
    } // end of iVerb case
    return NOERROR;
}
```

Анализ

Реализация DoVerb достаточно ясна. Если данный метод получает значения OLEIVERB_PRIMARY, OLEIVERB_SHOW, OLEIVERB_OPEN, ваше приложение должно сделать себя видимым. После того как приложение стало видимым (ShowWindow(SW_SHOWNORMAL), оно должно сообщить OLE об этом с помощью вызова OnShowWindow и ShowObject, как сделано в главе 12. Когда ваше приложение получает требование от контейнерного приложения скрыть себя, просто вызовите ShowWindow(SW_HIDE) и соответственно сообщите OLE, что приложение невидимо. Если ваше приложение получает какие-либо другие требования от контейнерного приложения, сообщите ему, что требование некорректно и возвратите значение OLEOBJ_S_INVALIDVERB как сделано в главе 12.

Вывод на экран пользовательского интерфейса вашего приложения сопряжен с некоторыми дополнительными сложностями. Типичное приложение имеет пункт меню под названием File, Exit. С его помощью пользователь может прервать работу приложения. Если пользователь выбирает File, Exit, приложение заканчивает свою работу, делая некоторые указатели контейнерного приложения некорректными. (Чаще всего попытка контейнера воспользоваться одним из этих указателей приводит к сообщению об ошибке.) Вы можете удалить этот пункт File, Exit из меню, но тогда вы ставите в тупик пользователя, поскольку пользовательский интерфейс в этом случае оказывается разным в зависимости от того, запускается ли приложение из диспетчера программ или путем инициализации внедрения объекта вашего приложения в контейнерное.

Кроме того, если вы работаете с MDI-приложением, которое поддерживает работу одного сервера со многими клиентами одновременно, пользователь должен и в этом случае иметь возможность выбрать пункт меню File, Exit, когда он заканчивает работу с экземпляром программы, запущенной из диспетчера программ. Чтобы решить эту проблему, ваше приложение должно уметь определять, каким образом оно было первоначально инициализировано и затем уметь сохранять эту информацию, чтобы в дальнейшем быть в состоянии адекватным образом обработать команду File, Exit. Если ваше приложение было запущено с опциями /Embedding или /Automation, обсуждаемыми в главе 21, оно должно только скрыть себя, а не прекратить работу. Пользователь будет думать, что приложение закрыто, но в действительности оно будет работать. Это будет продолжаться до того момента, пока все ссылки не будут освобождены и ваше приложение сможет завершиться корректным образом.

Но может ли на самом деле приложение нормально закрыться? Обычно когда приложение, построенное по архитектуре Документ/Вид, закрывается, то если данные в документе были изменены, документ сам будет задавать пользователю вопрос, желает ли он сохранить эти изменения. Включение в программу такой подсказки пользователю является хорошим стилем программирования для приложения, запущенного автономно, поскольку гарантирует, что пользователь не забудет сохранить данные. Однако наличие такой подсказки является излишним для приложения, запущенного OLE и являющегося сервером по отношению к другому приложению. В данном случае само контейнерное приложение с помощью сервера должно сохранить данные. Так как приложение заканчивает свою работу из-за окончания работы контейнерного приложения, последнее уже опросило пользователя о его желании сохранить данные.

Вы еще не закончили с теми изменениями, которые необходимы, чтобы ваш локальный сервер функционировал. Существует еще одна проблема, которую вам предстоит преодолеть. Интерфейс IOleObject имеет два метода — GetExtent и SetExtent.

Эти методы (как обсуждалось в главе 12) ответственны за размер объекта, который используется при отображении объекта на экран дисплея в контейнерном приложении. Так как вы прежде не определяли SetExtent, то ваш локальный сервер не может позволить контейнерному приложению изменить размер вашего объекта. Однако контейнер будет вызывать GetExtent, чтобы узнать размер вашего объекта. Проблема в том, что ни один из интерфейсов OLE не знает размер вашего объекта. Указатель m_pOleGenDoc в данном случае приходит на помощь. Ваш документ знает размер видимого объекта, стало быть, IOleObject должен спросить его об этом (см. листинг 13.3).

Листинг 13.3. Метод GetExtent для локального сервера.

```
STDMETHODIMP COleGenOleObject::GetExtent (DWORD dwDrawAspect, LPSIZEL lpsizel)
{
    if (dwDrawAspect == DVASPECT_CONTENT){
      if (lpsizel != NULL){
        CSize cs = m_pOleGenObject->m_pOleGenDrawObject->GetDocSizeHiMetric();
        lpsizel->cx = cs.cx;
        lpsizel->cy = cs.cy;
            return NOERROR;
      }
    }
    return ResultFromScode(E_FAIL);
}
```

Анализ

В данной реализации GetExtent вызывает ваш документ и спрашивает его о размере объекта в HiMetrics вызовом GetDocSizeMetrics. Помните, что когда бы OLE ни просило выдать информацию о размере объекта, необходимо всегда представлять эту информацию в HiMetrics.

Замечание: Хотя вы не определили метод SetExtent, это вовсе не означает, что контейнер не может изменить размер объекта. Контейнер может получить объект в таком размере, который поддерживается для вашего объекта и затем самостоятельно масштабировать метафайл. Так как различные контейнеры по-разному работают с вашими объектами, вы должны тестировать сервер совместно с контейнерным приложением, поддерживающим ваш объект, чтобы видеть, что контейнерное приложение делает с объектом.

На данный момент нашу с вами реализацию локального сервера можно считать завершенной. На рис. 13.2 показан вид OleGen, когда она оказывается внедренной в электронную таблицу Excel.

Теперь можно считать, что вы успешно закончили изучение темы связывания и внедрения в технологии OLE.

Заключение

Ниже по шагам представлена методика создания простого локального сервера.

1. Инициализация OLE (посредством класса подобного COleBase)
2. Выполнение регистрации объекта, используя процедуры, подобные включенным в regrtns.cpp и regrtns.h.
3. Определение будет ли являться ваше приложение SDI или MDI-приложением.

3а. Если ваше приложение является SDI-приложением, поддерживающим только одного клиента, необходимо зарегистрировать классы, только если ваше приложение запускается с опцией /Embedding.

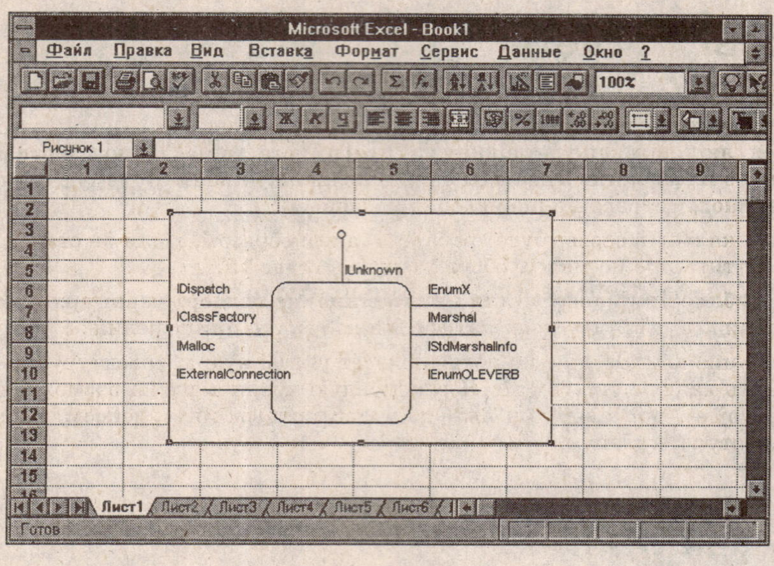

Рис 13.2. Программа OleGen, внедренная в электронную таблицу Excel.

3b. Если приложение является MDI-приложением, необходимо в любом случае зарегистрировать ваши классы.

4. Тестирование прототипа приложения на ранней стадии (скелета). Необходимо убедиться, что регистрация прошла так, как и было задумано (даже если вы пока не создавали фабрики класса).

5. Создание одного из объектов документа (если вы имеете SDI приложение и скорее всего будет существовать только один документ). Реализация интерфейсов IUnknown и IClassFactory.

6. Тестирование вашего объекта документа. Убедитесь в том, что приложение заканчивает работу с учетом того, как вы это определили. При этом обратите внимание на счетчик ссылок.

7. Реализация IDataObject без уведомлений.

8. Тестирование интерфейса IDataObject. Необходимо снова проверить процедуру закрытия приложения и проследить за счетчиком внешних ссылок. Можно использовать Ole2View при тестировании IDataObject.

9. Реализация процедуры уведомления для IDataObject.

10. Тестирование реализованной только что процедуры уведомления. Снова для этой цели вы можете использовать Ole2View.

11. Реализация IPersistStorage.

12. Тестирование IPersistStorage. Для этого вам, по всей видимости, придется написать отдельную программу тестирования этого интерфейса. Написав ее один раз, вы сможете впоследствии ее модифицировать, чтобы иметь возможность тестировать другие интерфейсы IPersistStorage.

13. Реализация IOleObject.

14. Тестирование IOleObject. На этой стадии вы имеете почти полностью реализованный сервер и вы можете использовать готовые приложения (такие как, например, Excel или Word) при тестировании ваших приложений.

Вопросы и ответы

В: Когда я запускаю локальный сервер на выполнение, приложение, связанное с запуском сервера, отображается на экране дисплея как самостоятельное. Если я внедряю электронную таблицу из Excel в Word, то мое меню в Word изменяется на меню Excel, когда я дважды нажимаю кнопку мыши. Почему в случае запуска локального сервера не происходит подобного?

О: Ваш локальный сервер будет работать таким образом, когда он станет поддерживать активацию по месту, обсуждаемую в главе 15.

В: Моя библиотека классов (или приложение) не поддерживает архитектуру документ/вид. Куда будут помещаться данные моего приложения?

О: Если ваше приложение не поддерживает указанную архитектуру, то оно может хранить данные где угодно. Я рекомендую хранить их по возможности внутри IDataObject, поскольку он является стандартным интерфейсом, используемым для доступа к данным.

Семинар

Опрос

1. Какой интерфейс не следует включать в реализацию локального сервера?
2. Какие интерфейсы необходимы для реализации локального сервера?
3. Когда ваше приложение должно стартовать в скрытом состоянии?
4. Почему объект документа имеет указатель на ваш OLE-объект?
5. Почему вы должны производить изменения в реализации IPersistStorage по сравнению с той, которая была представлена в главе 12?

Упражнения

1. Следуя указаниям этой главы, усовершенствуйте OleGen (как она определена в каталоге Day 00 на исходном диске) до локального сервера.
2. Добавьте поддержку к OleGen таким образом, чтобы программа могла генерировать код для локального сервера.

Ответы к опросу

1. Это интерфейс IViewObject, так как дескрипторы Windows действуют только в пределах процессов, а не за их границами.
2. При реализации локального сервера должны быть созданы интерфейсы IOleObject, IDataObject и IPersistStorage.
3. Если ваше приложение стартует с опцией /Embedding (или /Automation), то оно сразу становится скрытым. Контейнерное приложение будет информировать ваше приложение (через метод DoVerb интерфейса IOleObject), когда вашему приложению надлежит стать видимым. Кроме того, контейнер может указать вашему приложению «спрятать» себя, передавая соответствующую информацию в метод DoVerb.
4. Данные, которыми пользуется ваше приложение, содержатся в документе. Поскольку данные внутри документа могут быть изменены (при помощи пользовательского интерфейса сервера), ваше приложение должно информировать контейнерное приложение, когда данные, относящиеся к вашему приложению, изменились. Если ваше приложение не сделает этого, контейнерное приложение не будет знать, каким образом перерисовать объект.
5. В главе 12 мы видели, что внутренний сервер создает кэш. Когда для него создается интерфейс IPersistStorage, соответствующие методы выполняют необ-

ходимую работу, а затем передают управление кэшу. Кэш затем тоже выполняет определенную работу, такую как считывание и запись кэшируемых данных в память. В случае локального сервера кэш не предусматривается и соответственно управление при создании IPersistStorage туда не передается.

Ответы к упражнениям

Представлены на диске с исходными текстами.

Поддержка связывания в сервере OLE

В предыдущих главах обсуждался вопрос о том, каким образом создать сервер, поддерживающий внедренные объекты. Сегодня внимание будет сосредоточено на введении в ваши серверы реализации связывания. Материал данного раздела предполагает, что вы завершили построение простого сервера OLE из 13-й главы.

Связывание

В главе 13 сервер OLE поддерживал внедрение объекта в контейнерное приложение. Когда объект внедрен в приложение, то относящиеся к объекту данные хранятся в структурированном хранилище, предоставляемом контейнером. Чтобы получить доступ к вашему объекту, вы должны были запустить контейнерное приложение и после этого дважды нажать над объектом кнопку мыши. Если вы запустите сервер как автономное приложение (OleGen), то получится новый объект, а не тот, который был сохранен контейнером. При помощи механизма связывания, предоставляемого OLE, вы можете создать объект, который будет храниться вашим сервером, и затем связать данные с контейнерным приложением.

Зачем вообще вам может понадобиться применение связывания вместо внедрения? Предположим, что вы создаете с помощью OleGen новую программу. Вы построили приложение и после этого хотите написать к нему руководство. Каким образом вы добавите к тексту, набранному в Word, диаграмму? На данном этапе вы не сможете этого сделать, так как вам потребуется либо механизм связывания, либо операции с буфером обмена; пока OleGen не поддерживает ни того, ни другого.

Другой причиной, по которой вы можете отдать предпочтение связыванию, является то, что с его помощью можно, например, вставить объект размером в 10 Мбайт в разные части документа, подготовленного в текстовом редакторе Word. Если вы будете внедрять объект всякий раз, когда вам это необходимо, размер документа будет увеличиваться каждый раз на 10 Мбайт. Кроме того, поскольку объект оказывается внедренным, изменения, сделанные в одном объекте, никак не отразятся на изменениях объектов, встроенных в другие части документа, поскольку все они суть разные объекты. Такая проблема стоит еще более остро, если вам необходимо иметь данный объект в разных документах. В этом случае при модификации объекта вам придется вносить изменения во все документы (и при этом не забыть ни один из них).

Механизм связывания решает эти проблемы, и если вы уже реализовали внедренный сервер из главы 13, то вам потребуется совсем незначительные усилия, чтобы ввести в него поддержку связывания. Когда я добавлял в OleGen процедуру связывания, у меня это заняло меньше пяти минут. Следующие разделы детально поясняют последовательность шагов, которые вам необходимо предпринять для добавления к вашему локальному внедряющему серверу возможности связывания объектов.

Шаг 1 — Изменение структуры приложения

Не нужно бояться слов вроде «изменение структуры». Речь идет все о той же архитектуре документ/представление. В главе 13, когда вы создавали документ, то не всегда создавали ваш объект OLE. В действительности вы вообще не создавали OLE-объекта самостоятельно — вместо вас это делало контейнерное приложение, когда вызывало фабрику класса. К сожалению (по причинам, которые вскоре станут ясны), если вы хотите реализовать связывание, вам нужно иметь возможность самостоятельно создавать представитель объекта. Для этого вам необходимо сделать несколько небольших изменений.

Во-первых, вместо создания OLE-объекта посредством фабрики класса объект теперь будет создаваться при создании документа. Это, однако, не такое уж большое дело, так как все, что вам нужно — это вызвать конструктор объекта при инициализации документа. В главе 13 у вас в документе был элемент данных с именем AppOleObject, значение которого устанавливалось при создании OLE-объекта. Теперь при создании документа вы будете создавать новый объект COleGenObject непосредственно в этой переменной (не забудьте удалить из конструктора COleObject код, который устанавливал переменную AppOleObject).

Во-вторых, OLE-объект более не должен создаваться, когда вызывается фабрика класса. Вы будете создавать новый документ (который в свою очередь создаст объект OLE). Вот тот объем изменений в структуре, о которых шла речь. Вы можете спросить, для чего все это нужно. Ответ станет ясен из рассмотрения таблицы запущенных объектов (Running Object Table).

Шаг 2 — Связь с таблицей запущенных объектов

Допустим, вы реализовали связывание и работаете в данный момент с программой OleGen. С помощью OleGen вы создаете ABC.GEN (как вы помните, OleGen знала, как сохранять свои данные в файле еще до того, как вы начали определять интерфейсы, добавлявшиеся в главе 13). Теперь вы решаете вызвать Word (OleGen при этом работает) и связать файл ABC.GEN с документом Word. OLE ищет ABC.GEN в своей таблице запущенных объектов. Если находится пункт таблицы для ABC.GEN, OLE знает, что сервер ABC.GEN в данный момент выполняется, и просто получает доступ к интерфейсу IUnknown для объекта ABC.GEN. Word теперь работает с тем же объектом, что и OleGen. Никакого нового сервера или нового объекта при этом не создавалось. Таким образом, таблица запущенных объектов сообщает OLE о том, какие объекты в настоящее время находятся в состоянии выполнения (отсюда и ее название). Почему же вам пришлось перестраивать приложение — всего лишь затем, чтобы сообщить OLE, что ваш объект запущен?

Таблица запущенных объектов представляет собой список объектов, которые поддерживают связывание и в текущий момент времени находятся в состоянии выполнения (о состоянии выполнения подробнее см. главу 11). Таблица запущенных объектов не требует списка серверов, которые также выполняются в текущий момент, но она имеет список ярлыков, которые имеют выполняемые объекты. Вы, должно быть, помните, что ярлык — это просто псевдоним или «кличка». В нашем с вами случае ярлык представляет собой полное имя маршрута к файлу, когда последний сохраняется на диске. Такой тип ярлыка называется файловым (File Moniker). Контейнерное приложение будет хранить его в структурированном хранилище вместо хранения самого объекта.

Пусть вы открываете документ в редакторе Word, и Word видит, что документ имеет файловый ярлык. На самом деле Word нуждается в соответствующих данных, а не ярлыке. Затем Word спросит вас, хотите ли вы восстановить связи с объектом (который в данном случае представлен файловым ярлыком). Если вы отвечаете «нет», Word просто выведет на экран метафайл ваших данных, которые он сохранил в структурированном хранилище. Если вы ответите «да» — Word постарается отыскать ваши данные. Он будет использовать файловый ярлык, чтобы открыть файл, содержащий ваши данные. После того как Word установил местонахождение файла, он выясняет, является ли файл структурированным хранилищем, и если является, то Word будет пытаться загрузить сервер, связанный с этим хранилищем. Если файл не является хранилищем, Word (при посредничестве механизма OLE) определит расширение файла и проверит, известно ли оно регистрационной базе данных. Если это так, то сервер может быть загружен, если нет — Word отказывается от дальнейших поисков. Теперь, когда Word имеет доступ к серверу, что конкретно это значит для вас?

Word прежде всего вызовет фабрику класса, чтобы создать объект и получить интерфейс IUnknown, связанный с вашим объектом. Затем Word вызовет IPersistFile (не IPersistStorage) для загрузки данных в ваш объект. Теперь Word может вызвать интерфейс IDataObject вашего объекта для получения последней версии его метафайла и, наконец, вывести данные на экран.

Таблица запущенных объектов помогает контейнерам избежать этой лихорадочной процедуры поиска, если данные связаны с уже выполняемым объектом. Когда выполняется сервер, поддерживающий связывание, он помещает в таблицу файловый ярлык и указатель на интерфейс IUnknown для всех объектов, которые выполняются в текущий момент и чье связывание данный сервер поддерживает. Если Word находит в таблице соответствующий пункт, он просто берет указатель на интерфейс IUnknown и получает данные через IDataObject.

Вы перестроили вашу программу таким образом, что теперь ваше приложение может создать файловый ярлык и поместить его в таблицу запущенных объектов. В архитектуре типа документ/представление документ не только содержит данные, но еще и отвечает за их загрузку и сохранение. Чтобы получить файловый ярлык, вам нужно имя файла данных, поэтому логичнее всего реализовать эту функцию внутри документа. Кроме того, если вы запускаете ваше приложение без ключа /Embedding, от вас еще требуется создать файловый ярлык (чтобы Word мог избежать описанной процедуры поиска). Сейчас же, когда ваше приложение создает или открывает документ, будет немедленно создаваться файловый ярлык и таблица запущенных объектов пополнится необходимыми данными.

Шаг 3 — Реализация *IPersistFile*

Как ранее говорилось, при осуществлении связывания контейнерное приложение предоставляет интерфейсу IPersistFile файловый ярлык. IPersistFile отвечает за открытие файла, его считывание и помещение данных в объект. Основное различие между IPersistStorage и IPersistFile состоит в том, что первый из них считывает и записывает данные в структурированное хранилище, в то время как второй читает и записывает данные объекта непосредственно в файл сервера (который может быть обычным файлом DOS, структурированным хранилищем или чем-либо еще, что поддерживает сервер).

Еще раз о вставках

Хотя вы закончили реализацию связывания, необходимо отметить что OLE поддерживает, а пользователь ожидает поддержки еще одного способа связывания. Это связывание через Clipboard. В главе 9 вы изучали, как обеспечить возможность обмена через Clipboard. Ваше приложение создавало для Clipboard интерфейс IDataObject и затем осуществляло вызов функции OleSetClipboard с этим интерфейсом. После этого пользователь мог выполнить в контейнере команду Paste, чтобы поместить в него данные. Если пользователь хочет вместо этого связать данные, ему нужно выполнить команду Paste Link, которая помещает в контейнерное приложение файловый ярлык. Вся проблема состоит в том, что ярлык не представлен в формате Clipboard, поддерживаемом вашим приложением в настоящее время. Для связывания через Clipboard вы должны реализовать в IDataObject приложения форматы CF_LINKSOURCE и CF_LINKSRCDESCRIPTOR (см. листинг 14.1).

Листинг 14.1. Фрагмент кода для CF_LINKSOURCE и CF_LINKSRCDESCRIPTOR.

```
if ((pformatetcIn->cfFormat ==
     ((COleGenApp *)AfxGetApp())->
       pOleBase->GetCFObjectDescriptorClipboardFormat()) ||
     (pformatetcIn->cfFormat ==
     ((COleGenApp *)AfxGetApp())->pOleBase->
       GetCFLinkSrcDescriptorClipboardFormat())){
```

Листинг 14.1. продолжение

```
    CSize cs = AppObject->GetDocSizeHiMetric();
    SIZEL szl;
    szl.cx = cs.cx;
    szl.cy = cs.cy;

    POINTL  ptl;
    ptl.x = 0;
    ptl.y = 0;

    DWORD dwStatus;
    LPSTR   psz= NULL;

    if (m_pOleGenObject->m_pOleGenDoc->m_pMoniker != NULL){
       LPBC    pbc;
       CreateBindCtx(0,(LPBC FAR*)&pbc);
       m_pOleGenObject->m_pOleGenDoc->m_pMoniker->GetDisplayName(
            pbc,NULL,&psz);
       pbc->Release();
    }
    m_pOleGenObject->m_pIOleObject->GetMiscStatus(
         DVASPECT_CONTENT,&dwStatus);
    pmedium->hGlobal=
       OleStdGetObjectDescriptorDataFromOleObject(
            m_pOleGenObject->m_pIOleObject,
        psz,DVASPECT_CONTENT, ptl,&szl);

    pmedium->tymed = TYMED_HGLOBAL;
    pmedium->pUnkForRelease = NULL;
    break;
}else if (pformatetcIn->cfFormat ==
          ((COleGenApp *)AfxGetApp())->pOleBase->
            GetCFLinkSourceClipboardFormat()){
    if (m_pOleGenObject->m_pOleGenDoc->m_pMoniker != NULL){
            FORMATETC        fe;
            pmedium->tymed = TYMED_NULL;
            fe.cfFormat=pformatetcIn->cfFormat;
            fe.dwAspect=DVASPECT_CONTENT;
            fe.ptd = NULL;
            fe.tymed = TYMED_ISTREAM;
            fe.lindex = -1;
            hresult =
              OleStdGetLinkSourceData(
                   m_pOleGenObject->m_pOleGenDoc->m_pMoniker,
                   (LPCLSID)&CLSID_OleGen,&fe,pmedium);
            if (hresult == NOERROR)
                TRACE0("LinkSourceData returned no error\n");
            else
                TRACE0("LinkSourceData returned an error\n");
            return hresult;
    }
```

Анализ

Как можно видеть, вы снова применяете функции из OLEUI, выполняющие вместо вас различные операции. Для CF_LINKSOURCE ваше приложение использует функцию OleStdLinkSourceData, чтобы создать для Clipboard данные формата Link Source. Для CF_LINKSRCDESCRIPTOR ваше приложение использует ту же самую процедуру, что и в главе 13, создающую формат CF_OBJECTDESCRIPTOR, вызывающий функцию OLEUI OleStdGetObjectDescriptor. Единственным изменением в форматах является то, что если ваше приложение имеет ярлык (а это наверняка так, если приложение поддерживает связывание), оно передает дисплейное имя ярлыка функции OleStdGetObjectDescriptor. Вот и все, что вам нужно сделать для поддержки связывания через Clipboard.

Заключение

Ниже приводится пошаговая методика добавления поддержки связывания к локальному серверу, в котором уже реализовано внедрение.

1. Создайте OLE-объект при создании документа.
2. Реализуйте поддержку таблицы запущенных объектов.
3. Реализуйте IPersistFile.

Для обеспечения связывания через буфер Clipboard:

1. Реализуйте в IDataObject поддержку форматов CF_LINKSOURCE и CF_LINKSRCDESCRIPTOR.
2. Создайте копию вашего IDataObject, которую будет использовать Clipboard.
3. Добавьте к приложению функции OleSetClipboard и OleFlushClipboard соответственно для экспонирования и аннулирования вашего буферного IDataObject.

Вопросы и ответы

В: В Excel я могу вставить не целую электронную таблицу, а только ее часть. Каким образом осуществляется подобная операция?

О: В 11-й день при обсуждении закрепления и связывания вы познакомились с тремя видами ярлыков — файловым ярлыком, ярлыком элемента и композитным ярлыком. Определенная область внутри электронной таблицы будет доступна через ярлык элемента, в то время как вся таблица — через файловый ярлык (композитный ярлык представляет собой коллекцию ярлыков файлов и элементов и используется для получения данных). Ваш сервер должен также поддерживать интерфейс IOleItemContainer. Более подробную информацию о реализации IOleItemContainer вы можете найти в файлах оперативного справочника, поставляемых с OLE SDK.

В: Мое приложение в настоящее время использует для хранения данных обычные файлы DOS, а следующая версия программы будет использовать для этой цели структурированное хранилище. Если я реализую связывание в текущей версии, будет ли эта реализация работать в будущих версиях моей программы?

О: Да. В текущей версии вам следует реализовать IPersistFile, чтобы считывать файлы DOS. Когда вы впоследствии перейдете к структурированному хранилищу, вашему IPersistFile нужно будет только определять, является ли файл файлом DOS или представляет собой структурированное хранилище, и затем вызвать нужные процедуры чтения. Если вы попытаетесь открыть файл DOS с помощью StgOpenStorage, то получите отказ, после чего вы можете открывать файл как обыкновенный файл DOS.

Семинар

Опрос

1. Какая разница между внедренным и связанным объектами?
2. Какие форматы Clipboard требуются для поддержки связывания из буфера обмена (посредством команды Paste Link контейнерного приложения)?

Упражнения

1. Добавьте в программу OleGen связывание файла.
2. Добавьте в OleGen связывание через Clipboard.
3. Модифицируйте OleGen таким образом, чтобы она генерировала код для поддержки связывания.

Ответы к опросу

1. Внедренные объекты хранятся внутри контейнерного приложения, в то время как связанные — вне его. Для связи с объектом в контейнере будет храниться его ярлык.
2. В IDataObject вам необходима поддержка форматов CF_LINKSOURCE и CF_LINKSRCDESCRIPTOR.

Ответы к упражнениям

Ответы находятся на прилагаемом диске с исходными текстами.

неделя 2

Заключительный обзор

Завершив вторую неделю обучения, вы написали код для сервера OLE. Нижеследующая программа демонстрирует многое из того, о чем вы узнали на протяжении этой недели.

> **Замечание:** Метки, выделенные жирным шрифтом, указывают главу, в которой рассматривалось понятие, относящееся к данному фрагменту кода. За более подробной информацией обратитесь к соответствующему разделу. Также следует отметить, что представленный здесь текст не является полным, а отражает только ключевые моменты. Полный исходный код программы находится на прилагаемом к книге диске.

Листинг Н2.1. Обзор второй недели; WinMain (OleGen.cpp).

```
int PASCAL WinMain(HINSTANCE hInstance, HINSTANCE prevInst, LPSTR cmdline, int show)
{
    MSG          msg;
    WNDCLASS     wndcls;
    HANDLE       hAccel;
    HWND         hWndClient;

//For embedding in OLE 16 bits we need to change our message queue size
    int      iMsgQueueSize = 96;
    while    ((SetMessageQueue(iMsgQueueSize) == 0) && (iMsgQueueSize>0))
             iMsgQueueSize -= 8;
    if (iMsgQueueSize <= 0)
             return FALSE;

    bClassRegistered = FALSE;

//If we are using 3DControls we need to do some initialization
//If you don't want to use 3DControls see stdafx.h and remove
//the Use3DControls define
//
#ifdef    Use3DControls
     Ctl3dRegister(hInstance);
     Ctl3dAutoSubclass(hInstance);

#endif

    szViewClassName = new char[7];
    _fstrcpy(szViewClassName,"OLEGEN");

    szFrameClassName = new char[12];
    _fstrcpy(szFrameClassName,"OLEGENFRAME");

    if (prevInst == NULL){
        wndcls.style          = CS_HREDRAW | CS_VREDRAW;
        wndcls.lpfnWndProc    = FrameWndProc;
        wndcls.cbWndExtra     = 0;
        wndcls.cbClsExtra     = 0;
        wndcls.hInstance      = hInstance;
        wndcls.hIcon          = LoadIcon(hInstance, szViewClassName);
        wndcls.hCursor        = LoadCursor(NULL, IDC_ARROW);
```

Листинг Н2.1. продолжение

```
        wndcls.hbrBackground= (HBRUSH)(COLOR_WINDOW+1);
        wndcls.lpszMenuName = NULL;
        wndcls.lpszClassName= szFrameClassName;

        if (!RegisterClass(&wndcls))
            goto FAILED;

        wndcls.style         = CS_HREDRAW | CS_VREDRAW;
        wndcls.lpfnWndProc   = ViewWndProc;
        wndcls.cbWndExtra    = sizeof (COleGenDoc *);
        wndcls.cbClsExtra    = 0;
        wndcls.hInstance     = hInstance;
        wndcls.hIcon         = LoadIcon(hInstance, szViewClassName);
        wndcls.hCursor       = LoadCursor(NULL, IDC_ARROW);
        wndcls.hbrBackground= (HBRUSH)(COLOR_WINDOW+1);
        wndcls.lpszMenuName = NULL;
        wndcls.lpszClassName= szViewClassName;

        if (!RegisterClass(&wndcls))
            goto FAILED;
    }

    hInst = hInstance;

    hMenuFrame = LoadMenu(hInstance, "FrameMenu");
    hMenuView  = LoadMenu(hInstance, "ViewMenu");

    hMenuFrameWindow = GetSubMenu(hMenuFrame,0);
    hMenuViewWindow  = GetSubMenu(hMenuView,5);
    hAccel  = LoadAccelerators(hInstance,"MDIAccel");

    hWndFrame = CreateWindow(szFrameClassName,
                        "OLE 2.0 In 21 Days - OleGen",
                        WS_OVERLAPPEDWINDOW | WS_CLIPCHILDREN,
                        CW_USEDEFAULT,
                        0,
                        CW_USEDEFAULT,
                        0,
                        NULL,
                        hMenuFrame,
                        hInstance,
                        NULL);

    hWndClient = GetWindow(hWndFrame, GW_CHILD);

    pInputList = new CInterfaceDatList;

    pOleBase = new COleBase;

//Check to see if OLE initialized
//if it didn't then we don't want to continue with the application
//
    if (pOleBase->InitDone != eOleInitialized){
            return FALSE;
    }

//Parse the command line for /embedding, /automation, /reg and /unreg
    pOleBase->ParseCmdLine(cmdline);

//     Lets get a new CInterfaceDatList
    if (pInterfaceDatList == NULL)    //Should always be NULL but just in case...
        pInterfaceDatList = new CInterfaceDatList;

//Since we are registering for single use we only want to register our class
//factory if we were launched with the embedding
//
```

День13

```
    if (pOleBase->DoEmbedded()) {

//Create the new class factory
//
        pOleGenClassFactory = new COleGenClassFactory;
        if (pOleGenClassFactory != NULL){
            pOleGenClassFactory->AddRef();

//If the class factory was successfully created then we need to
//register our class factory for OLE
//
            CoRegisterClassObject(CLSID_OleGen,
                                  (IClassFactory FAR*)pOleGenClassFactory,
                                  CLSCTX_LOCAL_SERVER,
                                  REGCLS_SINGLEUSE,
                                  &gdwOleGenClassFactory);

//We set our class factory registered flag to true since we have
//registered our class factory with OLE
//
            bClassRegistered = TRUE;
//We're done with our class factory so release it
//
            pOleGenClassFactory->Release();
        }

    }
     pInputList = new CInterfaceDatList; //Create a new interfac.dat list

//Create a new registration object
//
    CRegistryRoutine    *pDoKeys;

    pDoKeys = new CRegistryRoutine;

//The calling application asked for us to enter our info into the
//registration database
//
    if (pOleBase->DoRegister() == TRUE)
        pDoKeys->AddKey();

//The calling application asked for us to remove our info from the
//registeration database
//If the caller used /reg and /unreg then we would register ourselves
//and then unregister ourselves so watch out!
//
    if (pOleBase->DoUnRegister() == TRUE)
        pDoKeys->DeleteKey();

//We're done with registration so delete the registration object
//
    delete pDoKeys;

//The main window has been initialized, so show and update it.
//If we launched for embedding or automation (if our app supported automation)
//then we want to start invisible
//Otherwise we want our app visible (otherwise when launched directly the user
//would not see the app)
//
```

День13

```
    if (pOleBase->DoEmbedded() || pOleBase->DoAutomation())
        ShowWindow(hWndFrame,SW_HIDE);
    else
        ShowWindow(hWndFrame,show);
```

Листинг Н2.1. продолжение

```
     UpdateWindow(hWndFrame);

//If the user launches the app (instead of OLE in embedding) we will
//be nice and do the File/New operation for the user
//
     if (pOleBase->DoEmbedded() != TRUE)
         PostMessage(hWndFrame,WM_COMMAND,ID_FILE_NEW,0L);

//Normal windows message loop stuff for an MDI application
//
    while (GetMessage(&msg, NULL, 0, 0)) {
        if (!TranslateMDISysAccel(hWndClient,&msg) &&
            !TranslateAccelerator(hWndFrame,hAccel, &msg)) {
                TranslateMessage(&msg);
                DispatchMessage(&msg);
            }
    }

//Delete our menu when we are done
//
    DestroyMenu(hMenuView);

//If our class is still registered then revoke it from OLE since
//we're going away
//
    if (bClassRegistered == TRUE)
        CoRevokeClassObject(gdwOleGenClassFactory);

// Delete our common list
    if (pInterfaceDatList)
        delete pInterfaceDatList;
    if (pInputList)
        delete pInputList;

//Uninitialize OLE
        if (pOleBase)
                delete pOleBase;

#ifdef    Use3DControls
//If we are compiled with 3D controls we need to unregister the 3d stuff
//
     Ctl3dUnregister(hInstance);
#endif

//Delete are class names which we 'new'ed
//
    delete szViewClassName;
    delete szFrameClassName;

    return msg.wParam;

//On failure we only need to delete our class names
//If your failure routine needs to do more
//add it here
//
FAILED:
    delete szViewClassName;
    delete szFrameClassName;
    return FALSE;
}
```

Листинг Н2.2. Обзор второй недели; COleGenObject (OleBase.cpp).

```
//COleGenObject implementation
//
COleGenObject FAR* COleGenObject::Create()
```

```
{
     COleGenObject   FAR* pOleGenObject;

     extern COleGenDoc   FAR *g_OleGenDoc;
     g_OleGenDoc = NULL;
     SendMessage(hWndFrame,WM_COMMAND,ID_FILE_NEW,0);
     pOleGenObject = g_OleGenDoc->AppOleObject;
     if (pOleGenObject == NULL)
            return NULL;

    return pOleGenObject;
}

//COleGenObject Constructor
//
COleGenObject::COleGenObject(void)
{
    m_refs = 0;    //Initialize our reference count
```



```
    g_dwObjectCount++;    //This tells us the object is in use

    //These are the pointers to the interfaces which OLE requires
    //to be implemented.  We will start them out at NULL so we can
    //tell which interfaces were successfully created, and which
    //ones were not
    m_pIDataObject          = NULL;
    m_pIPersistStorage      = NULL;
    m_pIPersistFile         = NULL;
    m_pIOleObject           = NULL;

    m_pOleGenDrawObject     = NULL;
    m_pOleGenDoc            = NULL;

//Create the primary interfaces we need
    m_pIDataObject          = new COleGenDataObject(this);
    m_pIPersistStorage      = new COleGenPersistStorage(this);
    m_pIPersistFile         = new COleGenPersistFile(this);
    m_pIOleObject           = new COleGenOleObject(this);

    m_bIsLocked             = FALSE;
    m_bIsRunning            = FALSE;
    m_dwRegister            = 0;
}

//Our destructor for COleGenObject decrements the object count
COleGenObject::~COleGenObject(void)
{
//Delete any objects we may have created to support this object

//Delete the interface we created
    if (m_pIDataObject != NULL)
        delete m_pIDataObject;

    if (m_pIPersistStorage != NULL)
        delete m_pIPersistStorage;

    if (m_pIPersistFile != NULL)
        delete m_pIPersistFile;

    if (m_pIOleObject != NULL)
        delete m_pIOleObject;

    if (m_pOleGenDoc != NULL)
        m_pOleGenDoc->AppOleObject = NULL;
```

Листинг Н2.2. продолжение

День12

```
    g_dwObjectCount--;          //Since we incremented our UsageCnt
                                // when we constructed the object
                                // we need to decrease it when we
                                // destroy our object, else
                                // we will never unload our selves
```

День13

```
  if (g_dwObjectCount == 0) {
      if ((pOleBase->DoEmbedded() == TRUE) ||
          (pOleBase->DoAutomation() == TRUE))
          PostMessage(hWndFrame,WM_CLOSE,0,0);
    }
    return;                     //And we're done!!!
}

//
// Standard implementation of QueryInterface
//
STDMETHODIMP
COleGenObject::QueryInterface(REFIID riid, void FAR* FAR* ppv)
{
    if (riid == IID_IUnknown)
        *ppv = this;
    else if (riid == IID_IDataObject)
     *ppv = m_pIDataObject;
    else if ((riid == IID_IPersistStorage) || (riid == IID_IPersist))
        *ppv = m_pIPersistStorage;
    else if (riid == IID_IPersistFile)
        *ppv = m_pIPersistFile;
    else if (riid == IID_IOleObject)
     *ppv = m_pIOleObject;
    else{
        *ppv = NULL;
        }
    if (*ppv != NULL){
     ((LPUNKNOWN)(*ppv))->AddRef();
     return NOERROR;
    }

//If for some reason our constructor did not create the requested interface
//don't pass the NULL interface without telling the caller that we don't support
//the requested interface.
   return ResultFromScode(E_NOINTERFACE);
}

//
// Standard implementation of AddRef
// Since this is not an aggregate object, we can increment our
// own reference counter
//
STDMETHODIMP_(ULONG)COleGenObject::AddRef()
{
    return ++m_refs;
}

// Standard implementation of Release
// Since this is not an aggregate object, we can decrement our
// own reference counter.  We also delete the object upon completion
// but we do not terminate the application.  Since we are also
// responsible for COleGenDataObject and share it's Release
// we will destroy it as well.
//
STDMETHODIMP_(ULONG)COleGenObject::Release()
{
```

```
   if(--m_refs == 0){
   //And now we can delete this object
    delete this;
   }

   return m_refs;
}


//
//A helper routine
//Whenever data changes this routine should be called so that
//the appropriate actions (such as notification) will occur
//
```

День13

```
void COleGenObject::DoDataChange(void)
{
  if (m_pIDataObject == NULL)
    return;

  if (m_pIDataObject->m_pDataAdviseHolder != NULL)
     m_pIDataObject->m_pDataAdviseHolder->SendOnDataChange(m_pIDataObject,0,0);
}
```

Листинг Н2.3. Обзор второй недели; IDataObject (IData.cpp).

```
//Create the IDataObject object
//
//Constructor for our implementation of IDataObject
//We pass it the interface to the IUnknown of the main object
//which is the object which is creating us.  We cannot exist
//without this object.
```

День09

```
COleGenDataObject::COleGenDataObject(COleGenObject FAR *pIUnk)
{
//Save the IUnknown pointer of the parent object
   m_pOleGenObject = pIUnk;

//Set our advise holder to NULL since we haven't used it yet
   m_pDataAdviseHolder = NULL;
```

День08

```
   if (CoGetMalloc(MEMCTX_TASK, &pMalloc) != NOERROR) //Get the IMalloc interface
      pMalloc = NULL;                                 //For our helpers
}

//Our destructor does nothing major since the release of COleGenObject
//does all of the work
COleGenDataObject::~COleGenDataObject(void)
{

//Free our Advise holder if we used it
//   if (m_pDataAdviseHolder)
//    m_pDataAdviseHolder->Release();

//Free our IMalloc interface if we obtained it
```

День08

```
   if (pMalloc != NULL)
    pMalloc->Release();
}

//
```

Листинг Н2.3. продолжение

```
// All QueryInterface, AddRef and Release calls will be
// delegated to our parent object.
//
STDMETHODIMP
COleGenDataObject::QueryInterface(REFIID riid, void FAR* FAR* ppv)
{
    return m_pOleGenObject->QueryInterface(riid, ppv);
}

//
// All QueryInterface, AddRef and Release calls will be
// delegated to our parent object.
//
STDMETHODIMP_(ULONG)COleGenDataObject::AddRef()
{
    return m_pOleGenObject->AddRef();
}

//
// All QueryInterface, AddRef and Release calls will be
// delegated to our parent object.
//
STDMETHODIMP_(ULONG)COleGenDataObject::Release()
{
    return m_pOleGenObject->Release();
}

//Our object's implementation of GetData
//
```

День09

```
STDMETHODIMP COleGenDataObject::GetData(LPFORMATETC pformatetcIn,
                            LPSTGMEDIUM pmedium )
{
   char FAR *pstrDest;
   HRESULT hresult;
   UINT   uSize;
   HDC    dcMetafile;
   METAFILEPICT FAR *lpMfp;

//See if its a format we support.
//All the checking is done by QueryGetData since it needs to
//do this anyway
//
   if ((hresult = QueryGetData(pformatetcIn)) != NOERROR)
       return hresult;

    switch (pformatetcIn->cfFormat){
    case CF_TEXT:
        pmedium->tymed = TYMED_HGLOBAL;
        if (pMalloc == NULL)
            return ResultFromScode(STG_E_MEDIUMFULL);
     uSize = GetTextFormatHelper();
        pmedium->hGlobal = GlobalAlloc(GHND,uSize+1);
        pmedium->pUnkForRelease = NULL;
        pstrDest = (char FAR *)GlobalLock(pmedium->hGlobal);
        _fstrcpy(pstrDest,pstrStart);
        GlobalUnlock(pmedium->hGlobal);
        pMalloc->Free(pstrStart);
        break;
    case CF_METAFILEPICT:
 if (pformatetcIn->dwAspect == DVASPECT_ICON){
           pmedium->hGlobal = OleGetIconOfClass(CLSID_OleGen, "OleGenIcon", TRUE);
           pmedium->tymed   = TYMED_MFPICT;
           pmedium->pUnkForRelease = NULL;
    break;
```

```
 } else if (pformatetcIn->dwAspect == DVASPECT_CONTENT){
            pmedium->hGlobal = GlobalAlloc(GMEM_SHARE | GHND, sizeof
(METAFILEPICT));
            lpMfp = (METAFILEPICT FAR *)GlobalLock(pmedium->hGlobal);
            lpMfp->mm = MM_ANISOTROPIC;
            SIZE  cs;
            cs = m_pOleGenObject->m_pOleGenDoc->AppObject->GetDocSizeHiMetric();

            lpMfp->xExt = cs.cx;
            lpMfp->yExt = cs.cy;
            m_pOleGenObject->m_pOleGenDoc->AppObject->UseHiMetric();
            dcMetafile = CreateMetaFile(NULL);
            SetMapMode(dcMetafile,MM_HIMETRIC);
            SetWindowOrg(dcMetafile,0,0);
            SetWindowExt(dcMetafile,cs.cx,cs.cy);
            m_pOleGenObject->m_pOleGenDoc->AppObject->Draw(dcMetafile);
            lpMfp->hMF  = CloseMetaFile(dcMetafile);
            GlobalUnlock(pmedium->hGlobal);
          pmedium->tymed   = TYMED_MFPICT;
          pmedium->pUnkForRelease = NULL;
    break;
 } else
    return ResultFromScode(DATA_E_FORMATETC); //Should never happen
              //since we checked in QueryGetData
    default:
 if ((pformatetcIn->cfFormat ==
              pOleBase->GetCFObjectDescriptorClipboardFormat()) ||
    (pformatetcIn->cfFormat ==
              pOleBase->GetCFLinkSrcDescriptorClipboardFormat())){
        SIZE cs;

        cs = m_pOleGenObject->m_pOleGenDrawObject->GetDocSizeHiMetric();
        SIZEL szl;
        szl.cx = cs.cx;
        szl.cy = cs.cy;

        POINTL  ptl;
        ptl.x = 0;
        ptl.y = 0;

        DWORD dwStatus;
        LPSTR   psz= NULL;

        if (m_pOleGenObject->m_pOleGenDoc->m_pMoniker != NULL){
              LPBC    pbc;
              CreateBindCtx(0,(LPBC FAR*)&pbc);
              m_pOleGenObject->m_pOleGenDoc->m_pMoniker->GetDisplay-
Name(pbc,NULL,&psz);
              pbc->Release();
        }
        m_pOleGenObject->m_pIOleObject->GetMiscStatus(DVASPECT_CONTENT,&dwStatus);
        pmedium->hGlobal=OleStdGetObjectDescriptorData(CLSID_OleGen,
            DVASPECT_CONTENT, szl,ptl, dwStatus,0, psz);

        pmedium->tymed = TYMED_HGLOBAL;
        pmedium->pUnkForRelease = NULL;
        break;
    }else if (pformatetcIn->cfFormat ==
              pOleBase->GetCFLinkSourceClipboardFormat()){
        if (m_pOleGenObject->m_pOleGenDoc->m_pMoniker != NULL){
              FORMATETC        fe;
              pmedium->tymed = TYMED_NULL;
              fe.cfFormat=pformatetcIn->cfFormat;
              fe.dwAspect=DVASPECT_CONTENT;
              fe.ptd = NULL;
              fe.tymed = TYMED_ISTREAM;
              fe.lindex = -1;
```

Листинг Н2.3. продолжение

```
                hresult = OleStdGetLinkSourceData(m_pOleGenObject->m_pOleGenDoc-
>m_pMoniker,
                                   (LPCLSID)&CLSID_OleGen,&fe,pmedium);
                return hresult;
            }
    }else if (pformatetcIn->cfFormat ==
                pOleBase->GetCFEmbedSourceClipboardFormat()){
        pmedium->pUnkForRelease = NULL;
        pmedium->tymed = TYMED_ISTORAGE;
        pmedium->pstg =
            OleStdCreateRootStorage(NULL,STGM_DIRECT |
                                    STGM_READWRITE | STGM_SHARE_EXCLUSIVE);
        if (pmedium->pstg == NULL)
            return ResultFromScode(STG_E_MEDIUMFULL);
     //Brand new so create it
        LPSTREAM pStm;
        hresult = pmedium->pstg->CreateStream(cLpstrOleGenStreamName,
            STGM_READWRITE  | STGM_SHARE_EXCLUSIVE  | STGM_CREATE, 0, 0,
                &pStm);
        if (hresult == NOERROR)
            hresult = m_pOleGenObject->m_pIPersistStorage->WriteDataStream(pStm);
        return hresult;
    } else if (pformatetcIn->cfFormat !=
                pOleBase->GetCFPrivateClipboardFormat())
          return ResultFromScode(DATA_E_FORMATETC);
        pmedium->tymed = TYMED_HGLOBAL;
        if (pMalloc == NULL)
          return ResultFromScode(STG_E_MEDIUMFULL); //Strange error but what else
                                                    //could we return?
 uSize = GetPrivateFormatHelper();                  //Let the helper do the work
        pmedium->hGlobal = GlobalAlloc(GHND,uSize);
        pmedium->pUnkForRelease = NULL;
        pstrDest = (char FAR *)GlobalLock(pmedium->hGlobal);
        memmove(pstrDest,pstrStart,uSize);
        GlobalUnlock(pmedium->hGlobal);
        pMalloc->Free(pstrStart);
        break;
        }  // end of case

    return NOERROR;
}

//We need to support GetDataHere
//It would be nice if we support streams but
//we don't need them, so we wont
//
```

День09

```
STDMETHODIMP COleGenDataObject::GetDataHere(LPFORMATETC pformatetc,
                             LPSTGMEDIUM pmedium )
{
   char FAR *pstrDest;
   UINT uSize;
   HRESULT hresult;

    if ((pformatetc->cfFormat == CF_TEXT) &&
        (pformatetc->tymed & TYMED_HGLOBAL)){
        if (pMalloc == NULL)
            return ResultFromScode(STG_E_MEDIUMFULL);
 uSize = GetTextFormatHelper();

        if (GlobalSize(pmedium->hGlobal) <= uSize)
            return ResultFromScode(STG_E_MEDIUMFULL);
        pstrDest = (char FAR *)GlobalLock(pmedium->hGlobal);
        _fstrcpy(pstrDest,pstrStart);
        GlobalUnlock(pmedium->hGlobal);
```

```
        pMalloc->Free(pstrStart);
        pMalloc->Release();

        return NOERROR;
    } else if ((pformatetc->cfFormat ==
                pOleBase->GetCFEmbedSourceClipboardFormat()) &&
            (pformatetc->tymed & TYMED_ISTORAGE)){
        LPSTREAM pStm;
        hresult = pmedium->pstg->CreateStream(cLpstrOleGenStreamName,
            STGM_READWRITE  | STGM_SHARE_EXCLUSIVE  | STGM_CREATE, 0, 0,
                &pStm);
        if (hresult == NOERROR)
            hresult = m_pOleGenObject->m_pIPersistStorage->WriteDataStream(pStm);
        return hresult;
    } else
        return ResultFromScode(DATA_E_FORMATETC);
}

//Let anyone who is asking know the formats we support
//
//We support CF_TEXT as DVASPECT_CONTENT using TYMED_HGLOBAL
//We support CF_METAFILEPICT as DVASPECT_CONTENT or DVASPECT_ICON as TYMED_MFPICT
//and our private format as DVASPECT_CONTENT using TYMED_HGLOBAL
//
STDMETHODIMP COleGenDataObject::QueryGetData(LPFORMATETC pformatetc )
{
//The pformatetc field cannot be NULL, or else we have nothing to check
    if (pformatetc == NULL)
        return ResultFromScode(E_INVALIDARG);

//In OLE 2.01, we expect lindex to be -1 only
    if (pformatetc->lindex != -1)
        return ResultFromScode(DV_E_LINDEX);

    if ((pformatetc->cfFormat ==
                pOleBase->GetCFEmbedSourceClipboardFormat()))
      return NOERROR;

    if ((pformatetc->cfFormat ==
                pOleBase->GetCFLinkSrcDescriptorClipboardFormat()))
      return NOERROR;
    if ((pformatetc->cfFormat ==
                pOleBase->GetCFLinkSourceClipboardFormat()))
      return NOERROR;

    if ((pformatetc->cfFormat ==
                pOleBase->GetCFPrivateClipboardFormat()))
      return NOERROR;
    if ((pformatetc->cfFormat ==
                pOleBase->GetCFObjectDescriptorClipboardFormat()))
      return NOERROR;
    if (pformatetc->cfFormat == CF_TEXT)
      return NOERROR;
    if (pformatetc->cfFormat == CF_METAFILEPICT)
      return NOERROR;

    if ((pformatetc->cfFormat != CF_TEXT) &&
        (pformatetc->cfFormat != CF_METAFILEPICT) &&
        (pformatetc->cfFormat !=
                pOleBase->GetCFObjectDescriptorClipboardFormat()) &&
        (pformatetc->cfFormat !=
                pOleBase->GetCFPrivateClipboardFormat()))
        return ResultFromScode(DATA_E_FORMATETC);
    if (((pformatetc->cfFormat == CF_TEXT) ||
      (pformatetc->cfFormat ==
                pOleBase->GetCFObjectDescriptorClipboardFormat()) ||
      (pformatetc->cfFormat ==
                pOleBase->GetCFPrivateClipboardFormat())) &&
```

Листинг H2.3. продолжение

```
     (pformatetc->tymed == TYMED_HGLOBAL) &&
 (pformatetc->dwAspect == DVASPECT_CONTENT))
 return NOERROR;

    if ((pformatetc->cfFormat == CF_METAFILEPICT) &&
     (pformatetc->tymed == TYMED_MFPICT) &&
     ((pformatetc->dwAspect == DVASPECT_CONTENT) ||
      (pformatetc->dwAspect == DVASPECT_ICON)))
 return NOERROR;

//Oh, well they want something we don't support

    return ResultFromScode(DATA_E_FORMATETC);
}

//We don't do any device specific renderings so
// DATA_S_SAMEFORMATETC is always right if its a format we support
//
STDMETHODIMP COleGenDataObject::GetCanonicalFormatEtc(LPFORMATETC pformatetc,
                            LPFORMATETC pformatetcOut)
{
//We expect pformatetc and pformatetcOut to be valid pointers
    if (!pformatetcOut)
        return ResultFromScode(E_INVALIDARG);

    pformatetcOut->ptd = NULL;

    if (!pformatetc)
        return ResultFromScode(E_INVALIDARG);

//Do we support the requested format?
    HRESULT hresult = QueryGetData(pformatetc);
    if (hresult != NOERROR)
        return hresult;          // Nope, we don't support that format

    *pformatetcOut = *pformatetc;

    return ResultFromScode(DATA_S_SAMEFORMATETC);
}

//We can accept data so we will implement, SetData.
//
STDMETHODIMP COleGenDataObject::SetData(LPFORMATETC pformatetc,
                            STGMEDIUM FAR * pmedium,
                            BOOL fRelease)
{
    // We only support out PrivateFormat
    if (pformatetc->cfFormat !=
              pOleBase->GetCFPrivateClipboardFormat())
        return ResultFromScode(E_FAIL);

    // We want memory only.
    if (pformatetc->tymed != TYMED_HGLOBAL)
        return ResultFromScode(E_FAIL);

    //If we have any old data, let's release it first
    if (m_pOleGenObject->m_pOleGenDoc->AppObject->pInterfaceList != NULL)
         delete m_pOleGenObject->m_pOleGenDoc->AppObject->pInterfaceList;

    //Let's create a new area which is the size of the
    //data being passed.  We can then copy the data
    //into our object
         m_pOleGenObject->m_pOleGenDoc->pInterfaceList =
         m_pOleGenObject->m_pOleGenDoc->AppObject->pInterfaceList =
              new CInterfaceList;
        char *ptr       = (char *)GlobalLock(pmedium->hGlobal);
```

```
CInterfaceObject *pInterfaceObject;
       struct PrivateFormat pfPrivateFormat;
       struct PrivateHeader phPrivateHeader;
       memmove(&phPrivateHeader,ptr,sizeof(struct PrivateHeader));
       ptr += sizeof(struct PrivateHeader);

//Loop around until we added all the data the header
//says we should add
       while (phPrivateHeader.wCount--){
               memmove(&pfPrivateFormat,ptr,sizeof(WORD)*4);
               ptr += sizeof(WORD) * 4;
               memmove(&pfPrivateFormat.Name,ptr,pfPrivateFormat.NameLength);
               pfPrivateFormat.Name[pfPrivateFormat.NameLength] = 0x00;
               ptr += pfPrivateFormat.NameLength;
               pInterfaceObject = new CInterfaceObject(pfPrivateFormat.ID,
                                       pfPrivateFormat.Name,
                                       pfPrivateFormat.InUse);
               m_pOleGenObject->m_pOleGenDoc->AppObject->pInterfaceList->
                 InsertTail(pInterfaceObject);
       } //End of while

   //Now that we have the data, we can release the passed data
   //if the caller told us to do so.
   if (fRelease == TRUE)
       ReleaseStgMedium(pmedium);

   //Let's notify anyone who's interested
   if (m_pDataAdviseHolder != NULL)
       m_pDataAdviseHolder->SendOnDataChange(this,0,NULL);

   return NOERROR;
}

//They ask for our IEnumFormatEtc interface so let's give
//them the information from the registry
//
```

День09

```
STDMETHODIMP COleGenDataObject::EnumFormatEtc(DWORD dwDirection,
                           LPENUMFORMATETC FAR* ppenumFormatEtc)
{
// Get the information from the registration database
//
   return OleRegEnumFormatEtc(CLSID_OleGen,
          dwDirection,ppenumFormatEtc);
}

//DAdvise implementation using CreateDataAdviseHolder
//Let's let OLE do the work and use it's Data Advise Holder
//
```

День10

```
STDMETHODIMP COleGenDataObject::DAdvise(FORMATETC FAR* pFormatetc,
                     DWORD  advf,
                     LPADVISESINK pAdvSink ,
                     DWORD FAR* pdwConnection )
{
//Do we support the requested format?

//If we currently don't have a holder we need to make one
   if (m_pDataAdviseHolder == NULL){
       CreateDataAdviseHolder(&m_pDataAdviseHolder);
   }
//Oh-no we couldn't create the advise holder!!!
   if (!m_pDataAdviseHolder)
       return ResultFromScode(E_OUTOFMEMORY);
```

Листинг Н2.3. продолжение

```
//All is well so far
    return m_pDataAdviseHolder->Advise((LPDATAOBJECT)this,pFormatetc,
        advf,pAdvSink,pdwConnection);
}

//DUnadvise implementation using the OLE implementation of Unadvise
```

День10

```
STDMETHODIMP COleGenDataObject::DUnadvise(DWORD dwConnection)
{
//This should never be NULL since Advise should have created one
    if (m_pDataAdviseHolder == NULL)
        ResultFromScode(E_FAIL);

//Let the OLE Advise Holder do all the work
    return m_pDataAdviseHolder->Unadvise(dwConnection);
}

//EnumDAdvise implementation using the OLE implementation of EnumDAdvise
```

День10

```
STDMETHODIMP COleGenDataObject::EnumDAdvise(LPENUMSTATDATA FAR*
    ppenumAdvise)
{
//This should never be NULL since Advise should have created one
    if (m_pDataAdviseHolder == NULL)
        ResultFromScode(E_FAIL);

//Let the OLE Advise Holder do all the work
    return m_pDataAdviseHolder->EnumAdvise(ppenumAdvise);
}

//A helper routine to write text data to memory
//Used by GetData
//
UINT COleGenDataObject::GetTextFormatHelper(void)
{
    UINT uSize = 0;
    UINT uMallocCount = 1;
    CInterfaceObject *pInterfaceObject;
    char   buffer[100];

    if (m_pOleGenObject->m_pOleGenDoc->AppObject->pInterfaceList == NULL)
    return 0;

    pstrStart = (LPSTR)pMalloc->Alloc(1024);
    pInterfaceObject =
        m_pOleGenObject->m_pOleGenDoc->AppObject->pInterfaceList->GetHead();
    while (pInterfaceObject != NULL){
        wsprintf(buffer,"%u,%u,%u,%s\n",pInterfaceObject->GetID(),
                                pInterfaceObject->GetInUse(),
                                pInterfaceObject->GetInterfaceType(),
                                pInterfaceObject->GetName());
        if (strlen(buffer) >= ((uMallocCount * 1024) - uSize))
            pstrStart = (LPSTR)pMalloc->Realloc(pstrStart,
                                    (++uMallocCount * 1024));
        memcpy((pstrStart+uSize),buffer,strlen(buffer));
        uSize += strlen(buffer);
        pInterfaceObject =
           m_pOleGenObject->m_pOleGenDoc->AppObject->pInterfaceList->GetNext();
    }
    *(pstrStart+uSize) = 0x00;
    return uSize;
}

//A helper routine to write our private format data to memory
```

```
//Used by GetData and GetDataHere
//
UINT COleGenDataObject::GetPrivateFormatHelper(void)
{
    UINT uSize = 0;
    UINT uMallocCount = 1;
    CInterfaceObject *pInterfaceObject;
    struct PrivateFormat pfPrivateFormat;
    struct PrivateHeader phPrivateHeader;
    UINT   uBufferSize;

    if (m_pOleGenObject->m_pOleGenDoc->AppObject->pInterfaceList == NULL)
    return 0;

    pstrStart = (LPSTR)pMalloc->Alloc(1024);
    phPrivateHeader.wVersion = 0x0001;
    phPrivateHeader.wCount   = 0x0000;
    uSize += sizeof(struct PrivateHeader);

    pInterfaceObject =
        m_pOleGenObject->m_pOleGenDoc->AppObject->pInterfaceList->GetHead();
    while (pInterfaceObject != NULL){
        phPrivateHeader.wCount++;
        pfPrivateFormat.ID = (WORD)pInterfaceObject->GetID();
        pfPrivateFormat.InUse = (WORD)pInterfaceObject->GetInUse();
        pfPrivateFormat.InterfaceType =
           (WORD)pInterfaceObject->GetInterfaceType();
        pfPrivateFormat.NameLength = (WORD)strlen(pInterfaceObject->GetName());
        strcpy(pfPrivateFormat.Name,pInterfaceObject->GetName());
        uBufferSize = sizeof(WORD)*4 + strlen(pInterfaceObject->GetName());
        if (uBufferSize >= ((uMallocCount * 1024) - uSize))
            pstrStart = (LPSTR)pMalloc->Realloc(pstrStart,
                                              (++uMallocCount * 1024));
        memcpy((pstrStart+uSize),&pfPrivateFormat,uBufferSize);
        uSize += uBufferSize;
        pInterfaceObject =
           m_pOleGenObject->m_pOleGenDoc->AppObject->pInterfaceList->GetNext();
    }
    memcpy(pstrStart,&phPrivateHeader,sizeof(struct PrivateHeader));

    return uSize;
}
```

Листинг Н2.4. Обзор второй недели; IOleObject (IOle.cpp).

```
//Create the IOleObject object
//
//Constructor for our implementation of IOleObject
//We pass it the interface to the IUnknown of the main object
//which is the object which is creating us.  We cannot exist
//without this object.
```

День12/День13

```
COleGenOleObject::COleGenOleObject( COleGenObject FAR * pOleGenObject )
{
//Save the IUnknown pointer of the parent object
    m_pOleGenObject  = pOleGenObject;

//Set our advise holder to NULL since we haven't used it yet
    m_pOleAdviseHolder = NULL;

    m_pClientSite       = NULL;
    m_fIsClosing        = FALSE;
}

//Our destructor does nothing major since the release of COleGenObject
```

Листинг Н2.4. продолжение

```
//does all of the work
COleGenOleObject::~COleGenOleObject()
{
//Free our Advise holder if we used it
    if (m_pOleAdviseHolder != NULL)
        m_pOleAdviseHolder->Release();
}

//
// All QueryInterface, AddRef and Release calls will be
// delegated to our parent object.
//
STDMETHODIMP
COleGenOleObject::QueryInterface (REFIID riid, LPVOID FAR* ppvObj)
{
    return m_pOleGenObject->QueryInterface(riid, ppvObj);
}

//
// All QueryInterface, AddRef and Release calls will be
// delegated to our parent object.
//
STDMETHODIMP_(ULONG) COleGenOleObject::AddRef (void)
{
    return m_pCleGenObject->AddRef();
}

//
// All QueryInterface, AddRef and Release calls will be
// delegated tc our parent object.
//
STDMETHODIMP_(ULONG) COleGenOleObject::Release (void)
{
    return m_pOleGenObject->Release();
}

//
// SetClientSite
//
// Tells the object its client within the container
//
STDMETHODIMP COleGenOleObject::SetClientSite (LPOLECLIENTSITE pClientSite)
{
//Release it if its already set
    if (m_pClientSite)
        m_pClientSite->Release();

//Save the info
    m_pClientSite = pClientSite;

//Addref it
    if (m_pClientSite)
        m_pClientSite->AddRef();
    return NOERROR;
}

//
// Inquiring minds...
// Returns the client site received fron SetClientSite
//
STDMETHODIMP COleGenOleObject::GetClientSite (LPOLECLIENTSITE FAR* ppClientSite)
{
    *ppClientSite = m_pClientSite;
//Only do the Addref if the client site is not NULL
// If the client site is null, we don't know it yet (of course!!!)
    if (*ppClientSite)
        (*ppClientSite)->AddRef();
```

```
    return NOERROR;
}

//
// Title information for an object while editting, which we don't support
//
STDMETHODIMP COleGenOleObject::SetHostNames (LPCSTR szContainerApp,
    LPCSTR szContainerObj)
{
    m_pOleGenObject->m_pOleGenDoc->SetHostNames(szContainerApp,szContainerObj);
    return NOERROR;
}

//The container wants to close
STDMETHODIMP COleGenOleObject::Close (DWORD dwSaveOption)
{
//Only close it if we are not closed
    if( m_fIsClosing  == FALSE) {
        m_fIsClosing = TRUE;

        if((dwSaveOption == OLECLOSE_SAVEIFDIRTY) ||
           (dwSaveOption == OLECLOSE_PROMPTSAVE ))
            if( m_pClientSite )
                m_pClientSite->SaveObject();
    }
    m_pClientSite->OnShowWindow(FALSE);
    PostMessage(hWndFrame,WM_CLOSE,0,0L);
    return NOERROR;
}

STDMETHODIMP COleGenOleObject::SetMoniker (DWORD dwWhichMoniker, LPMONIKER pmk)
{

//    if (m_pOleGenObject->m_bIsRunning)
        return RegisterAsRunning();
//    return NOERROR;

}


STDMETHODIMP COleGenOleObject::GetMoniker (DWORD dwAssign, DWORD dwWhichMoniker,
            LPMONIKER FAR* ppmk)
{
    //You have to give us a place to put it
    if (ppmk == NULL)
        return ResultFromScode(E_INVALIDARG);

    if (dwAssign == OLEGETMONIKER_UNASSIGN)
        return ResultFromScode(E_INVALIDARG);

    if (m_pOleGenObject->m_pOleGenDoc->m_pMoniker != NULL){
        *ppmk = m_pOleGenObject->m_pOleGenDoc->m_pMoniker;
        m_pOleGenObject->m_pOleGenDoc->m_pMoniker->AddRef();
        return NOERROR;
    }

    if( !m_pClientSite )
        return ResultFromScode(E_FAIL);

    return m_pClientSite->GetMoniker(dwAssign, dwWhichMoniker, ppmk);
}

STDMETHODIMP COleGenOleObject::InitFromData (LPDATAOBJECT pDataObject,
            BOOL fCreation,
            DWORD dwReserved)
{
```

Листинг Н2.4. продолжение

```
    return ResultFromScode(S_FALSE);
}

STDMETHODIMP COleGenOleObject::GetClipboardData (DWORD dwReserved,
            LPDATAOBJECT FAR* ppDataObject)
{
    if (ppDataObject != NULL)
        *ppDataObject = NULL;
    return ResultFromScode(E_NOTIMPL);
}


STDMETHODIMP COleGenOleObject::DoVerb (LONG iVerb,
            LPMSG lpmsg,
            LPOLECLIENTSITE pActiveSite,
            LONG lindex,
            HWND hwndParent,
            LPCRECT lprcPosRect)
{

    switch (iVerb){
    case OLEIVERB_PRIMARY:
    case OLEIVERB_SHOW:
    case OLEIVERB_OPEN:
      ShowWindow(hWndFrame,SW_SHOWNORMAL);
      SetFocus(hWndFrame);
      if (m_pClientSite != NULL) {
        m_pClientSite->OnShowWindow(TRUE);
        m_pClientSite->ShowObject();
      }
      break;
    case OLEIVERB_HIDE:
        ShowWindow(hWndFrame,SW_HIDE);
        if (m_pClientSite != NULL)
          m_pClientSite->OnShowWindow(FALSE);
        break;
    default:
        return ResultFromScode(OLEOBJ_S_INVALIDVERB);
    } // end of iVerb case
    return NOERROR;
}


STDMETHODIMP COleGenOleObject::EnumVerbs (IEnumOLEVERB FAR* FAR* ppenumOleVerb)
{
    //You have to give us a place to put it
    if (ppenumOleVerb == NULL)
        return ResultFromScode(E_INVALIDARG);

    *ppenumOleVerb = NULL;
    return OleRegEnumVerbs(CLSID_OleGen, ppenumOleVerb);
}


STDMETHODIMP COleGenOleObject::Update (void)
{
    BOOL bStarted = FALSE;
    HRESULT hresult;

    if (bStarted)
        m_pOleGenObject->m_pIOleObject->Close(OLECLOSE_SAVEIFDIRTY);
    return hresult;
}


STDMETHODIMP COleGenOleObject::IsUpToDate (void)
{
```

```
    if (m_pOleGenObject->m_pIPersistStorage->m_bIsDirty == TRUE)
        return ResultFromScode(S_FALSE);
    return NOERROR;     // Its up to date
}

STDMETHODIMP COleGenOleObject::GetUserClassID (CLSID FAR* pClsid)
{
    //You have to give us a place to put it
    if (pClsid == NULL)
        return ResultFromScode(E_INVALIDARG);

    *pClsid = CLSID_OleGen;
    return NOERROR;
}

STDMETHODIMP COleGenOleObject::GetUserType (DWORD dwFormOfType, LPSTR FAR*
pszUserType)
{
    //You have to give us a place to put it
    if (pszUserType == NULL)
        return ResultFromScode(E_INVALIDARG);

    *pszUserType = NULL;
    return OleRegGetUserType(CLSID_OleGen, dwFormOfType, pszUserType);
}

STDMETHODIMP COleGenOleObject::SetExtent (DWORD dwDrawAspect, LPSIZEL lpSizel)
{
    return ResultFromScode(E_FAIL);
}

STDMETHODIMP COleGenOleObject::GetExtent (DWORD dwDrawAspect, LPSIZEL lpsizel)
{
    if (dwDrawAspect == DVASPECT_CONTENT){
      if (lpsizel != NULL){
        SIZE cs;
        cs = m_pOleGenObject->m_pOleGenDrawObject->GetDocSizeHiMetric();
        lpsizel->cx = cs.cx;
        lpsizel->cy = cs.cy;
            return NOERROR;
      }
    }
    return ResultFromScode(E_FAIL);
}

STDMETHODIMP COleGenOleObject::Advise (IAdviseSink FAR* pAdvSink,
                                       DWORD FAR* pdwConnection)
{
    if (m_pOleAdviseHolder == NULL)
        CreateOleAdviseHolder(&(m_pOleAdviseHolder));
    if (m_pOleAdviseHolder != NULL)
            return m_pOleAdviseHolder->Advise(pAdvSink, pdwConnection);
    return ResultFromScode(E_FAIL);
}

STDMETHODIMP COleGenOleObject::Unadvise(DWORD dwConnection)
{
    if (m_pOleAdviseHolder != NULL)
            return m_pOleAdviseHolder->Unadvise(dwConnection);
    return ResultFromScode(E_FAIL);
}
```

Листинг Н2.4. продолжение

```
STDMETHODIMP COleGenOleObject::EnumAdvise (LPENUMSTATDATA FAR* ppenumAdvise)
{
    if (m_pOleAdviseHolder != NULL)
            return m_pOleAdviseHolder->EnumAdvise(ppenumAdvise);

    *ppenumAdvise = NULL;
    return ResultFromScode(E_NOTIMPL);
}

STDMETHODIMP COleGenOleObject::GetMiscStatus (DWORD dwAspect, DWORD FAR* pdwStatus)
{
    return OleRegGetMiscStatus(CLSID_OleGen, dwAspect, pdwStatus);
}

STDMETHODIMP COleGenOleObject::SetColorScheme (LPLOGPALETTE lpLogpal)
{
    return ResultFromScode(E_NOTIMPL);
}

STDMETHODIMP COleGenOleObject::SetRunningState(BOOL bRun)
{
        HRESULT hresult = NOERROR;
        LPOLECACHECONTROL pOleCacheControl = NULL;

        if (m_pOleGenObject->m_bIsRunning == bRun)
                return NOERROR;

        m_pOleGenObject->m_bIsRunning = bRun;
        m_pOleGenObject->DoDataChange();

        if (m_pClientSite != NULL){
                LPOLECONTAINER pContainer;
                if ((hresult = m_pClientSite->GetContainer(&pContainer)) ==
                    NOERROR){
                        if (SUCCEEDED(hresult) && (pContainer != NULL)){
                                pContainer->LockContainer(bRun);
                                pContainer->Release();
                        }
                }
        }

        return NOERROR;
}

STDMETHODIMP COleGenOleObject::RegisterAsRunning(void)
{
  HRESULT hresult = NOERROR;
  LPMONIKER pmkFull;

  if (m_pClientSite != NULL) {
    hresult = m_pClientSite->GetMoniker(OLEGETMONIKER_ONLYIFTHERE,
                     OLEWHICHMK_OBJFULL, &pmkFull);
    if (hresult == NOERROR) {
      OleStdRegisterAsRunning(m_pOleGenObject, pmkFull,
       &m_pOleGenObject->m_dwRegister);
      pmkFull->Release();
      m_pOleAdviseHolder->SendOnRename(pmkFull);
    }

    if (SUCCEEDED(hresult) && (pmkFull != NULL)) {
      pmkFull->Release();
    }
```

```
}

return hresult;
}
```

Листинг Н2.5. Обзор второй недели; IPersistFile (IPerfile.cpp).

```
//Create the IPersistFile object
//
//Constructor for our implementation of IPersistFile
//We pass it the interface to the IUnknown of the main object
//which is the object which is creating us.  We cannot exist
//without this object.
```

День11/День14

```
COleGenPersistFile::COleGenPersistFile(COleGenObject FAR * pOleGenObject)
{
//Save the IUnknown pointer of the parent object
    m_pOleGenObject      = pOleGenObject;

//Make our state uninitialized (from IPersistFile's point of view)
    m_bIsDirty            = FALSE;

}

//Our destructor does nothing major since the release of COleGenObject
//does all of the work
COleGenPersistFile::~COleGenPersistFile()
{
        ;
}

//
// All QueryInterface, AddRef and Release calls will be
// delegated to our parent object.
//
STDMETHODIMP
COleGenPersistFile::QueryInterface (REFIID riid, LPVOID FAR* ppvObj)
{
    return m_pOleGenObject->QueryInterface(riid, ppvObj);
}

//
// All QueryInterface, AddRef and Release calls will be
// delegated to our parent object.
//
STDMETHODIMP_(ULONG) COleGenPersistFile::AddRef (void)
{
    return m_pOleGenObject->AddRef();
}

//
// All QueryInterface, AddRef and Release calls will be
// delegated to our parent object.
//
STDMETHODIMP_(ULONG) COleGenPersistFile::Release (void)
{
    return m_pOleGenObject->Release();
}

//Returns the CLSID
//but only if we're initialized
STDMETHODIMP COleGenPersistFile::GetClassID (LPCLSID lpClassID)
{
        *lpClassID = CLSID_OleGen;
        return NOERROR;
}
```

Листинг Н2.5. продолжение

```
// Figure out whether we are dirty or not and tell the caller
STDMETHODIMP COleGenPersistFile::IsDirty (void)
{
    if( m_bIsDirty )
        return ResultFromScode(S_OK);
    else
        return ResultFromScode(S_FALSE);
}

#define FReadAddr(x,y) fread(&m_pOleGenObject->m_pOleGenDoc->x,\
                         sizeof(m_pOleGenObject->m_pOleGenDoc->x),1,y)

#define FRead(x,y) fread(m_pOleGenObject->m_pOleGenDoc->x,\
                         sizeof(m_pOleGenObject->m_pOleGenDoc->x),1,y)
//Load the object from the given storage
STDMETHODIMP COleGenPersistFile::Load (LPCSTR szName, DWORD grfMode)
{
    HRESULT hresult = NOERROR;

    WORD    w, wID,wInUse;
    char    *pstr;

   FILE *fin;
   fin = fopen(szName,"rb");
   if (fin == NULL)
    return ResultFromScode(E_FAIL);

   FReadAddr(m_TyplibSupport,fin);
   FReadAddr(m_CodeGeneration,fin);
   FReadAddr(m_ServerType,fin);
   FReadAddr(m_DragAndDropSupport,fin);
   FReadAddr(m_ClipboardSupport,fin);
   FReadAddr(m_AutomationServer,fin);
   FReadAddr(m_AutomationController,fin);
   fread(m_pOleGenObject->m_pOleGenDoc->m_ObjectBaseName,30,1,fin);

    CInterfaceObject *pInterfaceObject;
   if (m_pOleGenObject->m_pOleGenDoc->pInterfaceList != NULL)
        delete m_pOleGenObject->m_pOleGenDoc->pInterfaceList;

    m_pOleGenObject->m_pOleGenDoc->pInterfaceList =
        (CInterfaceList *)new CInterfaceList;
    while (TRUE){
        fread(&wID,sizeof(w),1,fin);
        fread(&w,sizeof(w),1,fin);
        pstr = (char *)new char[w];
        fread(pstr,w,1,fin);
        fread(&wInUse,sizeof(w),1,fin);
        if (wID == 0)
            break;
        pInterfaceObject = new CInterfaceObject(wID, pstr,wInUse);
        m_pOleGenObject->m_pOleGenDoc->pInterfaceList->InsertTail(
                pInterfaceObject);
        } //End of while

    fclose(fin);

   m_pOleGenObject->m_pOleGenDoc->AppObject->pInterfaceList =
        m_pOleGenObject->m_pOleGenDoc->pInterfaceList;
   m_pOleGenObject->m_pOleGenDoc->SetTitle(szName);
   m_pOleGenObject->m_pOleGenDoc->SetPathName(szName);
   m_pOleGenObject->m_pOleGenDoc->RegisterObject();
   InvalidateRect(m_pOleGenObject->m_pOleGenDoc->m_hWndView,NULL,TRUE);
    return hresult;
}
```

```
#define FWriteAddr(x,y) fwrite(&m_pOleGenObject->m_pOleGenDoc->x,\
                        sizeof(m_pOleGenObject->m_pOleGenDoc->x),1,y)

#define FWrite(x,y) fwrite(m_pOleGenObject->m_pOleGenDoc->x,\
                        sizeof(m_pOleGenObject->m_pOleGenDoc->x),1,y)
//Save our object
//(..if possible)
STDMETHODIMP COleGenPersistFile::Save (LPCSTR szName, BOOL fRemember)
{
    HRESULT hresult = NOERROR;
    WORD    w;
    char    *pstr;

   FILE *fout;
   fout = fopen(szName,"wb");
   if (fout == NULL)
    return ResultFromScode(E_FAIL);

   FWriteAddr(m_TyplibSupport,fout);
   FWriteAddr(m_CodeGeneration,fout);
   FWriteAddr(m_ServerType,fout);
   FWriteAddr(m_DragAndDropSupport,fout);
   FWriteAddr(m_ClipboardSupport,fout);
   FWriteAddr(m_AutomationServer,fout);
   FWriteAddr(m_AutomationController,fout);
   fwrite(m_pOleGenObject->m_pOleGenDoc->m_ObjectBaseName,30,1,fout);

    CInterfaceObject *pInterfaceObject;
    pInterfaceObject = m_pOleGenObject->m_pOleGenDoc->pInterfaceList->GetHead();
    while (pInterfaceObject){
                w = pInterfaceObject->GetID();
                fwrite(&w,sizeof(w),1,fout);
                pstr = pInterfaceObject->GetName();
                w = strlen(pstr)+1;
                fwrite(&w,sizeof(w),1,fout);
                fwrite(pstr,w,1,fout);
                w = pInterfaceObject->GetInUse();
                fwrite(&w,sizeof(w),1,fout);
                pInterfaceObject =
                   m_pOleGenObject->m_pOleGenDoc->pInterfaceList->GetNext();
        } //End of while

    w = 0;
    fwrite(&w,sizeof(w),1,fout);
    w = 1;
    fwrite(&w,sizeof(w),1,fout);
    fwrite(&w,w,1,fout);
    fwrite(&w,sizeof(w),1,fout);
    fclose(fout);

    if (fRemember == TRUE)
        strcpy(szCurrentName,szName);

    return hresult;
}

//
//Returns the object back to normal state (no longer No Scribble or Hands Off)
//
STDMETHODIMP COleGenPersistFile::SaveCompleted (LPCSTR szName)
{
    HRESULT hresult = NOERROR;


    return hresult;
}
```

Листинг Н2.5.продолжение

```
STDMETHODIMP COleGenPersistFile::GetCurFile(LPSTR FAR *szName)
{
   strcpy(szCurrentName,m_pOleGenObject->m_pOleGenDoc->GetPathName());
         *szName = szCurrentName;
         return NOERROR;
}
```

Листинг Н2.6. Обзор второй недели; IPersistStorage (IPersist.cpp).

```
//Create the IPersistStorage object
//
//Constructor for our implementation of IPersistStorage
//We pass it the interface to the IUnknown of the main object
//which is the object which is creating us.  We cannot exist
//without this object.
```

День11/День12/День13

```
COleGenPersistStorage::COleGenPersistStorage( COleGenObject FAR * pOleGenObject )
{
//Save the IUnknown pointer of the parent object
    m_pOleGenObject      = pOleGenObject;

//Make our state uninitialized (from IPersistStorage's point of view)
    m_state                  = DVPS_UNINITIALIZED;
    m_fSaveWithSameAsLoad = FALSE;
    m_fNoScribbleMode     = FALSE;
    m_bIsDirty            = FALSE;
    m_pStg                = NULL;
    m_pStream             = NULL;

}

//Our destructor does nothing major since the release of COleGenObject
//does all of the work
COleGenPersistStorage::~COleGenPersistStorage()
{
//Free our stream if we used it
    if (m_pStream != NULL)
        m_pStream->Release();

//Free our storage if we used it
    if (m_pStg != NULL)
        m_pStg->Release();
}

//
// All QueryInterface, AddRef and Release calls will be
// delegated to our parent object.
//
STDMETHODIMP
COleGenPersistStorage::QueryInterface (REFIID riid, LPVOID FAR* ppvObj)
{
    return m_pOleGenObject->QueryInterface(riid, ppvObj);
}

//
// All QueryInterface, AddRef and Release calls will be
// delegated to our parent object.
//
STDMETHODIMP_(ULONG) COleGenPersistStorage::AddRef (void)
{
    return m_pOleGenObject->AddRef();
}

//
```

```
// All QueryInterface, AddRef and Release calls will be
// delegated to our parent object.
//
STDMETHODIMP_(ULONG) COleGenPersistStorage::Release (void)
{
    return m_pOleGenObject->Release();
}

//Returns the CLSID
//but only if we're initialized
STDMETHODIMP COleGenPersistStorage::GetClassID (LPCLSID lpClassID)
{
    if( m_state == DVPS_UNINITIALIZED )
        return ResultFromScode(E_UNEXPECTED);
    else
        *lpClassID = CLSID_OleGen;
        return NOERROR;
}

// Figure out whether we are dirty or not and tell the caller
STDMETHODIMP COleGenPersistStorage::IsDirty (void)
{
    if( m_bIsDirty )
        return ResultFromScode(S_OK);
    else
        return ResultFromScode(S_FALSE);
}

//Create a new document
//Hold on to interfaces for low-memory operations
STDMETHODIMP COleGenPersistStorage::InitNew (LPSTORAGE pStg)
{
    HRESULT hresult;

//We must be uninitialized
    if( m_state != DVPS_UNINITIALIZED)
        return ResultFromScode(E_UNEXPECTED);

//And they needed to provide a storage
    if(!pStg )
        return ResultFromScode(E_INVALIDARG);

//Hold on to the storage for later use
    m_pStg = pStg;
    pStg->AddRef();

//Create the stream in the storage
    if( (hresult = m_pStg->CreateStream(cLpstrOleGenStreamName,
        STGM_READWRITE  | STGM_SHARE_EXCLUSIVE  | STGM_CREATE, 0, 0, &(m_pStream)))
!= NOERROR) {
               m_pStream->AddRef();
            return hresult;
    }

//If all is well, change our state to normal
    if( hresult == NOERROR) {
        m_state = DVPS_NORMAL;
        m_fSaveWithSameAsLoad = FALSE;
        m_fNoScribbleMode = FALSE;
        m_bIsDirty = TRUE;
    } else {
        //clean things up on failure
        m_pStream->Release();
        m_pStream = NULL;
        pStg->Release();
        m_pStg = NULL;
    }
```

Листинг Н2.6. продолжение

```
//But don't save the cache's error if any because we don't care
//Use our error code instead
    return hresult;
}

//Load the object from the given storage
STDMETHODIMP COleGenPersistStorage::Load (LPSTORAGE pStg)
{
    HRESULT hresult;

//We must be uninitialized
    if( m_state != DVPS_UNINITIALIZED )
        return ResultFromScode(E_UNEXPECTED);

//And they needed to provide a storage
    if( !pStg )
        return ResultFromScode(E_INVALIDARG);

//Hold on to the storage for later use
    m_pStg = pStg;
    pStg->AddRef();

//Open the stream
    hresult = pStg->OpenStream(cLpstrOleGenStreamName,
                NULL, STGM_READWRITE | STGM_SHARE_EXCLUSIVE,
                0, &(m_pStream));
    if (hresult == NOERROR){
     hresult = ReadDataStream(m_pStream);
     if (hresult == NOERROR){
         m_state = DVPS_NORMAL;
         m_bIsDirty = FALSE;

            return NOERROR;
     }
    }
//We got here because an error occurred
    if( m_pStream ){
        m_pStream->Release();
        m_pStream = NULL;
    }

    if( pStg )
        pStg->Release();

    return hresult;
}

//Save our object
//(..if possible)
STDMETHODIMP COleGenPersistStorage::Save (LPSTORAGE pStgSave, BOOL fSameAsLoad)
{
    HRESULT hresult = NOERROR;
    LPSTREAM pStm;

//We've got to be normal
    if( m_state != DVPS_NORMAL )
        return ResultFromScode(E_UNEXPECTED);

//And we have to have a storage
    if( !pStgSave )
        return ResultFromScode(E_INVALIDARG);

    if( fSameAsLoad ) {
//The stream already exists,truncate the file and move to the beginning
        LARGE_INTEGER libzero;
        ULARGE_INTEGER ulibzero;
        LISet32(libzero, 0);
```

```
        LISet32(ulibzero, 0);

        pStm = m_pStream;

        //truncate and reset the stream to the beginning

        pStm->SetSize(ulibzero);
        pStm->Seek(libzero, STREAM_SEEK_SET, NULL);
    } else {
     //Brand new so create it
        hresult = pStgSave->CreateStream(cLpstrOleGenStreamName,
            STGM_READWRITE  | STGM_SHARE_EXCLUSIVE  | STGM_CREATE, 0, 0, &pStm);
    }
    if (hresult == NOERROR)
     hresult = WriteDataStream(pStm);

    if (hresult != NOERROR)
     return hresult;

    //All is well so let's change our state
    //We now must be in NOSCRIBBLE state
    m_state = DVPS_NOSCRIBBLE;
    m_fSaveWithSameAsLoad = fSameAsLoad;
    m_fNoScribbleMode = TRUE;

    return hresult;
}

//
//Returns the object back to normal state (no longer No Scribble or Hands Off)
//
STDMETHODIMP COleGenPersistStorage::SaveCompleted (LPSTORAGE pStgSaveNew)
{
    HRESULT hresult;

     switch (m_state){
     case DVPS_UNINITIALIZED:             //Uninitialized state
     case DVPS_NORMAL:                    //Normal state
     return ResultFromScode(E_UNEXPECTED);    //They shouldn't have called us
     case DVPS_NOSCRIBBLE:                //No scribble state
     if (pStgSaveNew == NULL)
          break;                     //Fall into HandsOff if not NULL
     case DVPS_HANDSOFF:             //Hands off
          if (m_fNoScribbleMode == TRUE)
               break;
          if (pStgSaveNew){
               if (m_pStream){
                    m_pStream->Release();
                    m_pStream= NULL;
               }
               if (m_pStg){
                    m_pStg->Release();
                    m_pStg = pStgSaveNew;
                    m_pStg->AddRef();
               }
          hresult = m_pStg->OpenStream(cLpstrOleGenStreamName, NULL,
                    STGM_READWRITE  | STGM_SHARE_EXCLUSIVE,0,&m_pStream);
          if (hresult != NOERROR ){
                    m_pStg->Release();
                    m_pStg = NULL;
                    return hresult;
          }
               m_pStream->AddRef();
     }
     break;
    default:
     return ResultFromScode(E_UNEXPECTED);
    }
```

Листинг H2.6. продолжение

```
    if( pStgSaveNew || m_fSaveWithSameAsLoad) {
        if (m_fNoScribbleMode) {
            m_bIsDirty = FALSE;
    if((COleGenOleObject *)(m_pOleGenObject->m_pIOleObject)->m_pOleAdviseHolder )
       (COleGenOleObject *)
          (m_pOleGenObject->m_pIOleObject)->m_pOleAdviseHolder->SendOnSave();
        }
        m_fSaveWithSameAsLoad = FALSE;
    }
    m_fNoScribbleMode = FALSE;

    m_state = DVPS_NORMAL;

    return NOERROR;
}

//Keep your hands off of the Storage says the container
STDMETHODIMP COleGenPersistStorage::HandsOffStorage (void)
{
//Can't tell us to keep our hands off unless we're normal
//or noscribble

    if((m_state != DVPS_NORMAL) ||
       (m_state != DVPS_NOSCRIBBLE ))
        return ResultFromScode(E_UNEXPECTED);

//Free the storage so that we will keep our hands off
    if( m_pStg ){
        if( m_pStream ){
            m_pStream->Release();
            m_pStream = NULL;
        }
        m_pStg->Release();
        m_pStg = NULL;
    }

    m_state = DVPS_HANDSOFF;

    return NOERROR;
}

//Writes our IDataObject to the stream
//Mainly for use by IPersistStorage::Save
STDMETHODIMP COleGenPersistStorage::WriteDataStream(LPSTREAM pStream)
{
    HRESULT hresult;
    FORMATETC formatetc;
    STGMEDIUM medium;

    LARGE_INTEGER libzero;
    LISet32(libzero, 0);
    pStream->Seek(libzero, STREAM_SEEK_SET, NULL);

    //Write out clsid
    hresult = WriteClassStm(pStream, CLSID_OleGen);

//We are telling the FORMATETC structure that this is a our private format in
//global memory.
    formatetc.cfFormat =
                pOleBase->GetCFPrivateClipboardFormat();
    formatetc.dwAspect = DVASPECT_CONTENT;
    formatetc.ptd      = NULL;
    formatetc.tymed    = TYMED_HGLOBAL;
    formatetc.lindex   = -1;

    //Get the data, the easiest way is from the DataObject
```

```
    m_pOleGenObject->m_pIDataObject->GetData(&formatetc,&medium);

    ULONG   ObjectSize = GlobalSize(medium.hGlobal);

    //Write out the size of our object
    pStream->Write(&ObjectSize,sizeof(ULONG),NULL);

    //Write out our object
    char FAR *lpstr =
     (char FAR *)GlobalLock(medium.hGlobal);
    hresult = pStream->Write(lpstr,ObjectSize,NULL);
    GlobalUnlock(medium.hGlobal);
    ReleaseStgMedium(&medium);
    return hresult;
}

//Reads our IDataObject from the stream
//Mainly for use by IPersistStorage::Load
STDMETHODIMP COleGenPersistStorage::ReadDataStream(LPSTREAM pStream)
{
    ULONG   ObjectSize;
    ULONG k;
    HRESULT hresult;
    CLSID cid;
    HANDLE hObjectsData;

    //Go to the beginning
    LARGE_INTEGER libzero;
    LISet32(libzero, 0);
    pStream->Seek(libzero, STREAM_SEEK_SET, NULL);

    //Don't forget to read the clsid
    hresult = ReadClassStm(pStream, &cid);

    //Get the object size
    if (hresult == NOERROR)
     hresult = pStream->Read(&ObjectSize,sizeof(ULONG),&k);

    //Get the data
    if (hresult == NOERROR){
         hObjectsData = GlobalAlloc(GHND,ObjectSize);
     char FAR *pstr = (char FAR *)GlobalLock(hObjectsData);
     hresult = pStream->Read(pstr,ObjectSize,NULL);
     GlobalUnlock(hObjectsData);
    }

    FORMATETC formatetc;
    STGMEDIUM medium;

//We are telling the FORMATETC structure that this is a PrivateFormat in
//global memory.
```



```
    formatetc.cfFormat =
                pOleBase->GetCFPrivateClipboardFormat();
    formatetc.dwAspect = DVASPECT_CONTENT;
    formatetc.ptd      = NULL;
    formatetc.tymed    = TYMED_HGLOBAL;
    formatetc.lindex   = -1;

//We are telling STGMEDIUM that this is a global memory handle
//and then we are assigning our data to this handle.  Since we
//are passing NULL for pUnkForRelease, SetData can be responsible
//for freeing the memory.
    medium.tymed          = TYMED_HGLOBAL;
    medium.hGlobal        = hObjectsData;
    medium.pUnkForRelease = NULL;
```

Листинг Н2.6. продолжение

```
//We are passing the information to SetData and explicitly telling
//it that it is responsible for freeing the memory (because the
//third parameter is true)
    m_pOleGenObject->m_pIDataObject->SetData(&formatetc, &medium, TRUE);

    return hresult;
}
```

На протяжении первой недели вы узнали основные принципы технологии автоматизации OLE. Вторая неделя была посвящена созданию серверного приложения как для случая внедрения, так и для связывания объекта. Поскольку полный листинг, содержащий код сервера, может оказаться слишком большим, листинги с Н2.1 по Н2.6 показывают основные процедуры, необходимые вам для реализации сервера. Хотя представленный в листингах код написан для локального сервера, вы можете, пользуясь знаниями, которые вы получили в 12-й день, сделать из этого приложения внутренний сервер.

Листинг Н2.1 показывает реализацию WinMain. Основным ее отличием от WinMain, созданной в первую неделю, является поддержка внедряемого объекта (проверка ключа командной строки /embedding вместо /automation). Помимо проверки вам еще необходима и реализация дополнительных операций для случая, если указывается этот ключ. Если присутствует опция /embedding, вы должны создать фабрику класса и сделать ее доступной для OLE, вызвав CoRegisterClassObject. Фабрика класса не будет создана и не сможет использоваться OLE, если опция /embedding в командной строке отсутствует.

Листинг Н2.2 представляет новый файл OleBase.Cpp, который оказывается существенно отличным от реализации первой недели. Тогда объект поддерживал только интерфейсы, необходимые для автоматизации OLE. Теперь объект поддерживает все те новые интерфейсы, с которыми вы познакомились на протяжении второй недели вашего знакомства с OLE. Это IDataObject, IViewObject, IPersist, IPersistStorage, IPersistFile и IOleObject.

Листинг Н2.3 содержит реализацию IDataObject. Если вы посмотрите на определение методов GetData/GetDataHere, то увидите, что объект обеспечивает связывание и внедрение благодаря поддержке форматов Clipboard (Object Descriptor, Link Source и Embed Source). Если же вы обратите внимание на методы уведомления (DAdvise, DUnadvise и EnumAdvise), то увидите, что вся работа передается одноименным методам, функционирование которых обеспечено вызовом CreateDataAdviseHolder. Они выполняют всю черновую работу по уведомлению тех потребителей, которым небезразличны изменения данных нашего объекта.

Листинг Н2.4 показывает реализацию IOleObject. Этот ее вариант предназначен для сервера, который поддерживает внедрение и связывание. Листинг Н2.5 содержит реализацию IPersistFile, который необходим, так как сервер поддерживает связывание. И, наконец, в листинге Н2.6 представлена реализация IPersistStorage, нужного для создания серверного приложения OLE.

освой самостоятельно

Программирование OLE

за 21 день

Неделя 3

На этой неделе будет продолжено изучение составных документов.

В 15-й день обучения будет представлена активация по месту, основное свойство любого приложения, работающего с составными документами OLE.

В 16-й день наше обсуждение составных документов охватит вопрос реализации контейнера OLE.

В 17-й день будет быстро повторен наш предыдущий урок по унифицированной передаче данных и представлено перемещение объектов с помощью мыши (drag-and-drop), являющееся составной частью передачи данных OLE. Мы также свяжем вместе нашу реализацию составного документа с перемещением так, чтобы вы могли применить эту операцию к части документа, что существенно отличается от варианта, поддерживаемого менеджером файлов (только для целых файлов).

День 18-й возвращает нас к автоматам OLE и позволит реализовать автоматизацию с объектами, а 19-й день продвинет нас еще на шаг при содействии IEnum Variant, являющегося еще одним методом использования объектов в автоматизации OLE.

В 20-й день с помощью OLE будет дан обзор спецификации WOSA/XRT, стандарта фирмы Microsoft для маркеров реального времени (Reatime Marker Data).

В 21-й день мы соединим все то, что было изучено на протяжении последних трех недель, в автомате модификации данных в реальном времени.

По окончании этой недели вы сможете написать любое приложение OLE, какое захотите!

Активация по месту в серверах OLE

Вы уже создавали объекты и реализовали связь и внедрение, но вы еще не все знаете про OLE. Ваши приложения все еще не похожи на большинство приложений OLE, имеющихся сейчас на рынке. Это потому, что ваш сервер еще не поддерживает активации по месту. Сегодня вы познакомитесь с тем, как реализуется эта операция.

Активация по месту

Когда вы использовали ваш сервер из предыдущих глав, то всегда, когда ваш объект помещался в контейнер — неважно каким путем, связывания или внедрения, — ваше приложение становилось видимым после того, как вы дважды нажимали кнопку мыши на объекте. Когда ваше приложение становится видимым, оно всегда выглядит как независимое, работающее само по себе. Если объект (и контейнер) поддерживает активацию по месту, то визуально можно отличить активный объект от неактивного. Взгляните на пример, использующий Word 6, Excel 5 и Visio 3.0. Рисунок 15.1 показывает документ Word, содержащий два внедренных объекта: диаграмму Visio слева и график Excel справа.

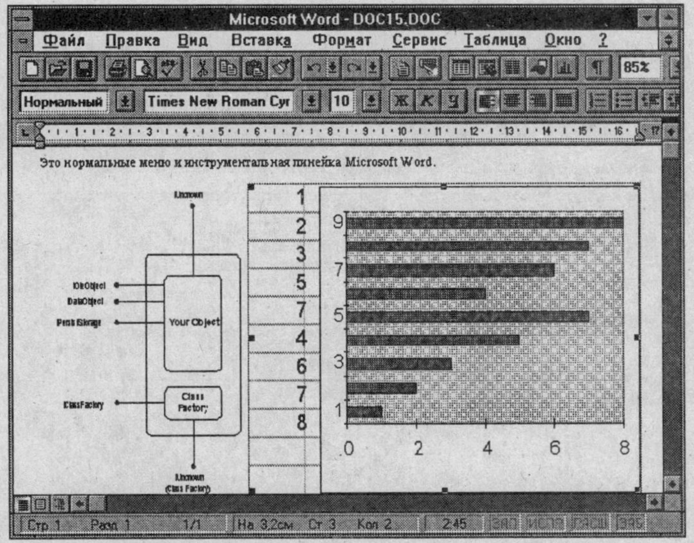

Рис. 15.1. *Документ Word с внедренными рисунком Visio и графиком Excel.*

Обратите внимание, что на рис. 15.1 изображено нормальное меню Word. Если вы дважды нажмете кнопку мыши на диаграмме Visio, то вид экрана изменится (см. рис. 15.2).

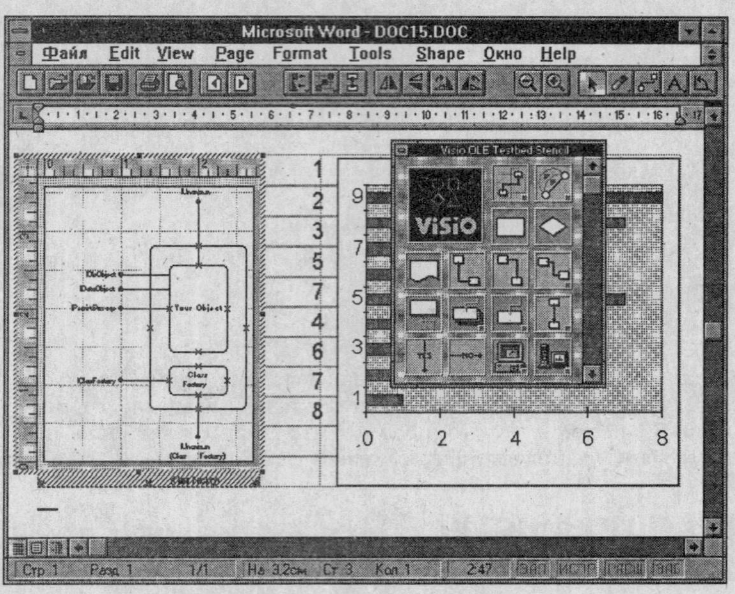

Рис. 15.2. *Документ Word с активированным рисунком Visio*

Заметьте, что при активном рисунке Visio меню и линейка инструментов заменяются меню и линейкой инструментов Visio. Вдобавок Visio активирует плавающую панель инструментов с дополнительным инструментарием, имеющимся в Visio. Обратите внимание, что заштрихованная рамка вокруг рисунка Visio указывает на то, что этот рисунок является активным. Вы можете теперь работать над рисунком Visio, как если бы вы действительно были в Visio. Если вы затем дважды нажмете кнопку над графиком Excel, то появится изображенное на рис. 15.3.

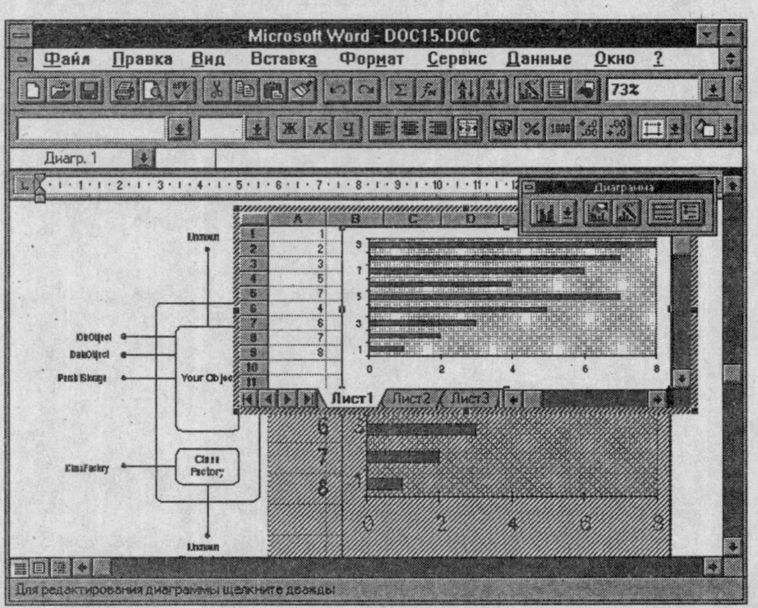

Рис. 15.3. *Документ Word с активированным графиком Excel.*

При активации Excel меню снова меняется, но на этот раз вместо меню Visio мы видим меню Excel. Заметьте также, что плавающая панель инструментов Visio исчезла и Excel отображает плавающую панель для графиков Excel. Активация по месту показывает меню и инструменты, соответствующие активному в данный момент объекту. На рисунке 15.1 активным объектом является документ Word, поэтому интерфейс пользователя отображает Word. На рисунке 15.2 активна Visio, поэтому интерфейс пользователя отражает Visio, в то время как на рисунке 15.3 активен график Excel и пользовательский интерфейс отражает Excel. Пользователям не нужно знать или беспокоиться о том, что выполняются другие программы; они по прежнему находятся в Word, который выглядит так, как будто он вобрал в себя возможности других приложений.

Изучите вашу библиотеку классов

Перед тем как вы вплотную приступите к реализации активации по месту, я хотел бы вас предостеречь относительно некоторых моментов. Во-первых, как вы вскоре увидите, в случае, если вы создаете активируемый по месту сервер, контейнер предоставит вашему приложению родительское окно. Это может звучать вполне невинно, но во многих случаях (особенно если вы используете Microsoft Foundation Class) применяемой вами библиотеке классов Windows может не понравиться то, что родительское окно не является частью этой библиотеки классов. Например, если вы создаете просмотровое окно View средствами Microsoft Foundation Class (MFC), используя архитектуру Document/View, то View не работает корректно в случае, если его родитель не является обрамлением MFC. Требуется много усилий и копаний во внутренностях MFC, чтобы заставить активацию по месту работать. Это подводит вас к следующему предупреждению — изучите внутренний механизм вашей библиотеки классов. Ваше приложение не только назначает окно сервера в качестве потомка окна контейнера, но оно должно также снабдить контейнер необходимыми меню и обеспечить взаимодействие с клавишами быстрого доступа. Если у вас не будет глубоких знаний по вашей библиотеке классов, то активацию по месту будет чрезвычайно трудно или просто невозможно реализовать.

Последнее предупреждение касается возможной недооценки количества времени, необходимого для преобразования ваших приложений в реализующие активацию по месту. Так, например, когда вы добавляли новые возможности в ваше приложение, то это занимало от нескольких минут в случае добавления поддержки связывания к внедряющему серверу до дня и более в случае создания внедряющего сервера. В большинстве случаев добавление активации по месту потребует от одного дня как минимум до, возможно, нескольких недель в зависимости от сложности вашего приложения и вашего знания своей библиотеки классов. Еще раз подчеркну, что вам необходимо понимать во всей полноте, как работает ваша библиотека классов, прежде чем вы попытаетесь осуществить поддержку активации по месту. Короче, я вас предупредил, а теперь давайте реализуем активацию по месту.

Шаг 1 — *IOleObject::DoVerb*

Этот шаг вам будет выполнить проще всего. Вам нужно изменить метод IOleObject::DoVerb для того, чтобы обеспечить поддержку нескольких новых глаголов, которые могут быть посланы контейнером, а также изменить работу некоторых существующих команд. Когда в 13-й день (глава «EXE-сервер OLE») вы реализовывали внедряющий сервер, вы всегда показывали ваше приложение независимо от того, получало ли оно первичный глагол или глаголы «показать» и «редактировать». Каждый раз, когда ваше приложение получало глагол «скрыть», оно просто становилось невидимым. Поскольку вы вводите поддержку активации по месту, вам нужно изменить характер действий программы. Таблица 15.1 показывает действия, необходимые для стандартных глаголов OLE.

11 Заказ 1091

Таблица 15.1. Основные действия DoVerb при активации по месту.

Глагол	Действие
OLEIVERB_PRIMARY	Это первичный глагол для вашего приложения. Действие его зависит от приложения.
OLEIVERB_SHOW	Этот глагол отображает окно вашего сервера. Если активация по месту может быть произведена, то глагол будет всегда пытаться сразу ее осуществить. Если выполнить активацию по месту невозможно, то сервер отображается как обычно. Если сервер в данный момент отображается без активации по месту, то фокус ввода сместится на сервер и активации по месту не произойдет.
OLEIVERB_OPEN	Этот глагол будет всегда отображать сервер без активации по месту. Если сервер отображается в текущий момент, то окно с активацией по месту закрывается и сервер показывается без активации.
OLEIVERB_HIDE	Этот глагол скрывает сервер или окно активации.

Разработанный в главе 14 код для OLEIVERB_OPEN не меняется. В 14-й день, когда ваше приложение получало OLEIVERB_OPEN, запускался сервер объекта, который отображался как отдельное приложение. OLEIVERB_OPEN будет продолжать выполнять это действие. Главные изменения в вашем приложении связаны с глаголами OLEIVERB_PRIMARY и OLEIVERB_SHOW. В этих двух случаях, если ваш сервер отображается в данный момент без активации по месту (предположим, что сервер перед этим получил глагол OLEIVERB_OPEN), активации по месту не произойдет. Вместо этого фокус ввода попросту вернется к активному приложению объекта. С точки зрения пользователя это имеет смысл. Если пользователь в текущий момент работает с сервером без активации по месту, то он может растеряться, если при двойном нажатии кнопки мыши его приложение внезапно сольется с контейнерным приложением.

Следующим глаголом, реализацию которого нужно изменить, является OLEIVERB_HIDE. Ему теперь необходимо определять, активирован ли объект по месту или приложение работает в независимом режиме отображения. Когда вы дважды нажмете кнопку мыши внутри контейнера, но вне вашего активного объекта, то фокус возвращается в контейнеру или к объекту, на который вы указали. Если ваш объект в текущий момент активирован по месту, то необходимо удалить интерфейс пользователя, добавленный вами для своего объекта и показать интерфейс или контейнера, или нового активного объекта. Если ваш объект работает в независимом режиме отображения, то вам необходимо вернуть фокус к контейнеру.

В дополнение к этим глаголам, поддерживаемым для внедренных объектов, ваша реализация DoVerb должна поддерживать еще три, специфичных для объектов с активацией по месту. Таблица 15.2 показывает эти глаголы, используемые только для активации по месту.

Таблица 15.2. Специальные глаголы для активации по месту.

Глагол	Действие
OLEIVERB_INPLACEACTIVATE	Должна быть выполнена активация по месту без смены интерфейса пользователя (без меню и линейки инструментов сервера).
OLEIVERB_UIACTIVATE	Должна быть выполнена активация по месту со сменой интерфейса пользователя. Операция отменяется при невозможности активации по месту.
OLEIVERB_DISCARDUNDOSTATE	Сброс всей информации, сохраняемой для отката.

Команда OLEIVERB_INPLACEACTIVATE похожа на OLEIVERB_SHOW, за исключением некоторых главных отличий. Во-первых, в отличие от OLEIVERB_SHOW глагол OLEIVERB_INPLACEACTIVATE вернет отрицательный результат в случае, если сервер объекта уже отображен не по месту. Во-вторых, если данный объект не может быть активирован по месту (например, он в текущий момент отображается пиктограммой), то глагол OLEIVERB_INPLACEACTIVATE также даст отрицательный результат. Наконец, OLEIVERB_INPLACEACTIVATE используется для поддержки объектов, активируемых изнутри, и не должен поддерживаться за исключением случаев, когда объект активируем изнутри. Активация изнутри и активация извне требуют небольшого пояснения.

Когда активизируемый извне объект отображается в контейнере, то он неактивен до тех пор, пока пользователь дважды не нажмет над ним кнопку мыши. Это означает, что сервер объекта не выполняется до момента двойного нажатия кнопки. Объект, активируемый изнутри, активен всегда, когда он виден в контейнере. Это означает, что если объект не загружен, то он запускается, как только становится видимым. Это может казаться тривиальным различием, но с точки зрения конечного пользователя объекты, активируемые изнутри, могут вызывать раздражение. Когда пользователь начинает просмотр контейнера с активируемыми изнутри объектами, будет запущен сервер этих объектов, как только эти объекты попадут в поле зрения. Некоторым серверам (таким, как Excel и Visio) требуется несколько секунд для загрузки, и если пользователь просматривает документ, содержащий много объектов, то каждый объект, попадая в поле зрения, загружается. Это вызывает задержки, а также занимает память, так как каждый сервер загружается в память.

Хотя активируемые изнутри объекты становятся активными, попадая в поле зрения, фокусировки ввода на них не происходит и они не меняют пользовательского интерфейса контейнера, пока пользователь не укажет на них нажатием (однократным) кнопки мыши. После того, как пользователь нажмет над объектом кнопку, интерфейс контейнера переключится на интерфейс активируемого изнутри объекта. Этот переход, однако, осуществляется довольно быстро, так как сервер объекта уже запущен. С другой стороны, активируемые извне объекты никак не реагируют на однократное нажатие кнопки. Активируемые извне объекты не запускаются до тех пор, пока пользователь не нажмет кнопку мыши дважды, после чего сервер этого объекта загружается в память. Это означает, что когда вы просматриваете документ, содержащий лишь объекты, активируемые извне, их сервер не запускается до тех пор, пока пользователь намеренно не прикажет серверу загрузиться (двойным нажатием кнопки на объекте).

Как вам определить, должен ли ваш объект быть активируемым изнутри или извне? К сожалению, здесь нет однозначного ответа. Если ваш объект является управляющим элементом OLE (см. 23-й день, «Управляющие элементы OLE»), то он должен активироваться изнутри. В остальных случаях вы должны руководствоваться следующими соображениями:

1. Если серверу вашего объекта для загрузки требуется значительное время (несколько секунд или более), то целесообразно сделать объект активируемым извне.

2. Если ваш сервер в загруженном состоянии требует большого количества ресурсов (ресурсов Windows или памяти), то целесообразно сделать объект активируемым извне.

3. Если пользователь вашего объекта не всегда работает с ним, когда он видим, то целесообразно сделать объект активируемым извне.

4. Если ваш объект обычно активен, когда он виден в контейнере, то объект лучше сделать активируемым изнутри и рассмотреть возможность реализации внутреннего (In-Process) сервера, поскольку DLL обычно загружаются быстрее по сравнению с исполняемыми модулями.

Глагол OLEIVERB_UIACTIVATE подобен OLEIVERB_INPLACEACTIVATE, но при получении этого глагола отобразите, помимо самого объекта, интерфейс вашего приложения. Так же как и OLEIVERB_INPLACEACTIVATE, эта команда возвращает отрицательный результат в случае невозможности активации объекта по месту.

OLEIVERB_UIACTIVATE посылается активируемому снаружи серверу при необходимости отображения интерфейса пользователя.

Наконец, OLEIVERB_DISCARDUNDOSTATE посылается контейнером объекту в том случае, когда сервер не должен сохранять его состояние для отката. На этапе реализации объекта вы можете разрешить пользователю отменять последнее действие (или ряд действий). Для этого вашему серверу потребуется сохранять информацию таким образом, чтобы ваш объект мог совершить откат. При деактивации вашего объекта (при выборе мышью другого объекта или контейнера) вашему серверу все еще необходимо сохранять информацию для отката, так как пользователь может вновь активировать объект и потребовать выполнить откат. Если в контейнере произошло изменение (положим, пользователь что-то ввел с клавиатуры) после деактивации объекта, то контейнер пошлет вашему серверу команду OLEIVERB_DISCARDUNDOSTATE, после чего сервер может забыть всю информацию для отката, которую он хранил. Если ваш объект не поддерживает откат, то для глагола OLEIVERB_DISCARDUNDOSTATE просто возвратите NOERROR контейнеру из DoVerb. Возврат ошибки может смутить некоторые контейнеры, так как контейнер не ожидает, что эта операция может вернуть отрицательный результат. Листинг 15.1 показывает реализацию DoVerb.

Листинг 15.1. Реализация DoVerb.

```
STDMETHODIMP COleGenOleObject::DoVerb (LONG iVerb,
            LPMSG /* lpmsg */,
            LPOLECLIENTSITE pActiveSite,
            LONG /* lindex */,
            HWND /* hwndParent */,
            LPCRECT /* lprcPosRect */)
{
    switch (iVerb){
    case OLEIVERB_PRIMARY:
      //Primary verb may or may not activate in place depending
      //on what the verb does
      return InPlaceActivate(pActiveSite);
      break;
    case OLEIVERB_SHOW:
      //Show verb always tries to activate in place
      return InPlaceActivate(pActiveSite);
      break;
    case OLEIVERB_OPEN:
      //Open verb must never activate in place
      DoOpenVerb();
      break;
    case OLEIVERB_HIDE:
        //Hide verb show hide or deactivate
        return InPlaceDeActivate();
        break;
    case OLEIVERB_INPLACEACTIVATE:
        //InPlaceActivate should inplace activate no ui
        return InPlaceActivate(pActiveSite,FALSE,FALSE);
        break;
    case OLEIVERB_UIACTIVATE:
        //UIActivate should inplace activate with ui
        return InPlaceActivate(pActiveSite,TRUE,FALSE);
        break;
    case OLEIVERB_DISCARDUNDOSTATE:
        //Dump any undo info
        break;
    default:
        return ResultFromScode(OLEOBJ_S_INVALIDVERB);
    } // end of iVerb case
    return NOERROR;
}
```

Анализ

Главное изменение в вашей реализации метода DoVerb (кроме поддержки новых глаголов) по сравнению с реализацией 14-го дня состоит в том, что в ней производятся вызовы InPlaceActivate, InPlaceDeActivate и DoOpenVerb. Каждая из этих вспомогательных процедур будет подробно рассмотрена в последующих параграфах.

Метод DoOpenVerb является по сути той же самой процедурой, которая была реализована в составе DoVerb в 14-ой главе. Причиной того, что метод DoOpenVerb сейчас выделен в отдельную процедуру, является то, что теперь другая процедура, а именно InPlaceActivate, будет также вызывать DoOpenVerb. Листинг 15.2 показывает новый вариант реализации DoOpenVerb.

Листинг 15.2. Реализация DoOpenVerb.

```
void COleGenOleObject::DoOpenVerb(void)
{
    //Devactivate InPlace Window if activated
    InPlaceDeActivate();

   //Don't allow in-place activation until the window is closed by the user
   m_pOleGenObject->SetOkToActivate(FALSE);

   AfxGetMainWnd()->ShowWindow(SW_SHOWNORMAL);
   AfxGetMainWnd()->SetFocus();
   if (m_pClientSite != NULL) {
     m_pClientSite->OnShowWindow(TRUE);
     m_pClientSite->ShowObject();
   }
}
```

Анализ

DoOpenVerb сначала вызывает InPlaceDeActivate, чтобы гарантировать, что активации по месту не произойдет. Так как активация по месту была завершена, то DoOpenVerb вызывает SetOkToActivate, которая является простым методом, устанавливающим флаг активации по месту. Этот флаг используется для определения возможности активировать по месту данный сервер. Помните, что если сервер в текущий момент открыт (без активации по месту), то любые запросы на активацию по месту нужно игнорировать. Вы будете использовать флаг, возвращаемый при вызове OkToActivate, для определения того, открыто окно вашего приложения или нет. Листинг 15.3 показывает вашу реализацию процедуры InPlaceActivate, которая является обманчиво простой, как вы сможете убедиться по ходу объяснения.

Листинг 15.3. Реализация InPlaceActivate.

```
STDMETHODIMP COleGenOleObject::InPlaceActivate(LPOLECLIENTSITE pActiveSite,
                                               BOOL bDoUI,
                                               BOOL bDoOpen)
{
   RECT    realRect;

   //Already 'Opened so can't do in-place activation
   if (m_pOleGenObject->OkToActivate() == FALSE) {
     if (bDoOpen == TRUE)
        DoOpenVerb();
     return NOERROR;
   }

    //We can't do much without the active site
    if (pActiveSite == NULL)
        return ResultFromScode(E_INVALIDARG);

    //If we have not been activated let's get the stuff we need
    if (m_pIOleInPlaceSite == NULL) {
      //Maybe the container supports in-place activation?
      HRESULT hresult = pActiveSite->QueryInterface(IID_IOleInPlaceSite,
```

Листинг 15.3. продолжение

```
        (LPVOID FAR*)&m_pIOleInPlaceSite);
  //Container doesn't support in-place activation
    if (FAILED(hresult)) {
        if (bDoOpen == TRUE) {
          DoOpenVerb();
          return NOERROR;
        } else
          return hresult;
    }

    hresult = m_pIOleInPlaceSite->CanInPlaceActivate();
    if (hresult != NOERROR) {
        m_pIOleInPlaceSite->Release();
        m_pIOleInPlaceSite = NULL;
        if (bDoOpen == TRUE)  {
          DcOpenVerb();
          return NOERROR;
        } else
          return hresult;
    }

    //Tell the container we're gonna in-place activate
    m_pIOleInPlaceSite->OnInPlaceActivate();

    m_bActivated = TRUE;

    //Call GetWindowContext to obtain the container's frame and document window
    RECT    rcPos, rcClip;
    if (m_pOleInPlaceFrameInfo == NULL)
        m_pOleInPlaceFrameInfo = new OLEINPLACEFRAMEINFO;
    m_pOleInPlaceFrameInfo->cb = sizeof(OLEINPLACEFRAMEINFO);
    m_pIOleInPlaceSite->GetWindowContext(&m_pIOleInPlaceFrame,
            &m_pIOleInPlaceUIWindow,
            &rcPos,
            &rcClip,
            m_pOleInPlaceFrameInfo);

    //Find out who is our parent
    HWND    hWndParent;
    m_pIOleInPlaceSite->GetWindow(&hWndParent);

    m_CWndOleParent.Attach(hWndParent);
    m_CWndOleHatch.Attach(m_hWndHatch);
    m_CWndOleHatch.ShowWindow(SW_SHOW);
    m_CWndOleHatch.SetParent(&m_CWndOleParent);

    //Show Hatch Window
    CView   *pView;
    POSITION    pos;
    pos = m_pOleGenObject->m_pOleGenDoc->GetFirstViewPosition();
    pView = m_pOleGenObject->m_pOleGenDoc->GetNextView(pos);
    m_hWndView = pView->GetSafeHwnd();
    m_pCView = pView;
    m_CWndViewParent = m_pCView->GetParent();
    m_pCWndViewParent = m_pCView->GetParent();
    m_pCView->SetParent(&m_CWndOleHatch);

    m_pClientSite->ShowObject();

    IntersectRect(&realRect,&rcPos, &rcClip);

    POINT   pt;

    SetHatchWindowSize(m_hWndHatch,&realRect,&rcPos,&pt);
    OffsetRect(&realRect, pt.x, pt.y);
              realRect.top);
```

```
                realRect.right - realRect.left,
                realRect.bottom - realRect.top);
    m_pCView->MoveWindow(realRect.left,
                realRect.top,
                realRect.right - realRect.left,
                realRect.bottom - realRect.top,
                FALSE);
    CreateActivateMenu();
  }

  //They asked us not to do UI so we wont
  if (bDoUI == FALSE)
      return NOERROR;

  //Let's activate our user interface
  m_pIOleInPlaceSite->OnUIActivate();
  CDC *pDC = m_pCView->GetDC();
  GetHatchRect(m_hWndHatch,&realRect);
  OleUIDrawShading(&realRect,pDC->GetSafeHdc(),
                   OLEUI_SHADE_FULLRECT,GetHatchWidth(m_hWndHatch));
  m_pCView->ReleaseDC(pDC);
  m_pCView->SetFocus();
  m_pIOleInPlaceFrame->SetActiveObject(
      (LPOLEINPLACEACTIVEOBJECT)m_pOleGenObject->m_pIOleInPlaceActiveObject,
      m_pOleGenObject->m_pOleGenDoc->GetTitle());

  if (m_pIOleInPlaceUIWindow != NULL)
      m_pIOleInPlaceUIWindow->SetActiveObject(
        (LPOLEINPLACEACTIVEOBJECT)m_pOleGenObject->m_pIOleInPlaceActiveObject,
        m_pOleGenObject->m_pOleGenDoc->GetTitle());

  ShowActivateMenu();
  return NOERROR;
}
```

Анализ

Во-первых, убедитесь, что вашему серверу разрешена активация по месту, вызвав OkToActivate. Если OkToActivate возвращает FALSE, то ваш сервер скорее всего открыт предыдущим вызовом Open. Тем не менее, прежде чем вызвать DoOpenVerb, ваш сервер должен сначала проверить флаг bDoOpen, который является параметром InPlaceActivate (этот параметр по умолчанию равен TRUE). Если флаг bDoOpen равен TRUE, тогда вызывающий разрешает вашему объекту вызов DoOpenVerb с последующим возвратом. Иначе, если флаг bDoOpen равен FALSE, то вызывающий не желает, чтобы ваш объект вызвал DoOpenVerb (если DoOpenVerb обрабатывал OLEIVERB_INPLACEACTIVATE или OLEIVERB_UIACTIVATE), поэтому просто производится возврат.

Затем посмотрите, не активирован ли уже по месту ваш сервер, проверив значение переменной m_pIOleInPlaceSite. Эта переменная используется вашим приложением для хранения указателя интерфейса контейнера IOleInPlaceSite. Если этот указатель в текущий момент равен NULL, то ваш сервер сейчас не активирован по месту (поскольку вашему объекту требовался бы этот интерфейс для взаимодействия с контейнером). Если эта переменная не NULL, то ваш сервер уже активирован и может пропустить все шаги инициализации по месту.

Вашему серверу необходимо запросить контейнер, поддерживает ли тот активацию по месту. (Не все контейнеры поддерживают активацию по месту, и поэтому такой запрос необходим. Не предполагайте ничего заранее.) Чтобы увидеть, поддерживает ли контейнер активацию по месту, вызовите QueryInterface и запросите указатель интерфейса IOleInPlaceSite. Но как вызывается QueryInterface для контейнера? Когда контейнер вызывает метод DoVerb вашего сервера, то он обеспечивает ваш сервер интерфейсным указателем (который ваш сервер помещает в pActiveSite). Так что ваш сервер просто вызывает QueryInterface через pActiveSite. Если QueryInterface возвращает отрицательный результат, то есть данный контейнер не поддерживает активацию по месту, тогда или вызывайте DoOpenVerb, или возвращайте отрицательный результат (в зависимости от значения bDoOpen).

Раз у вас есть интерфейс контейнера IOleInPlaceSite, то вы знаете, что этот контейнер поддерживает активацию по месту, но этого недостаточно для определения того, может ли ваш объект быть активированным по месту. Если пользователь внедрил или связал ваш объект в виде пиктограммы, то объект не может быть активированным по месту и ему нужно запрашивать на это разрешение контейнера. Вызвав CanInPlaceActivate через интерфейс контейнера IOleInPlaceSite, ваш объект может узнать у него (контейнера), позволит ли он вам активацию по месту. Если контейнер в данный момент не разрешает активацию по месту, то или вызывайте DoOpenVerb без последующей активации, или попросту возвращайте отрицательный результат и не открывайте этот объект совсем.

Наконец, вы можете сообщить контейнеру, что собираетесь активировать по месту, путем вызова OnInPlaceActivate через IOleInPlaceSite контейнера. Контейнер теперь готов к тому, чтобы вы активировали по месту, но, к сожалению, вы еще не готовы. Вам теперь необходимы как два дополнительных интерфейса этого контейнера, так и некоторая дополнительная информация. Для получения доступа к этим двум интерфейсам и к необходимой информации вызовите GetWindowContext интерфейса контейнера IOleInPlaceSite. Контейнер затем возвратит два интерфейса, IOleInPlaceFrame и IOleInPlaceUIWindow, а также информацию о положении. Информация о текущем положении сообщит вам, где выполнить активацию по месту в контейнере (в координатах контейнера). В этом месте вспомним о предупреждениях, сделанных мной в начале этой главы.

Используя IOleInPlaceSite, вызовите GetWindow для получения дескриптора окна контейнера. Это окно будет использоваться вашим сервером в качестве родителя для его окна. Если вы не используете библиотеку классов и окно вашего сервера не пропускает никаких сообщений к своему родителю, то у вас нет проблем. Если вы используете библиотеки MFC или OWL, то будьте осторожны! Окна просмотра MFC не работают хорошо при изменении своих родителей, особенно если родители не являются окнами MFC. OWL также не работает хорошо, если родители меняются, хотя OWL поддерживает псевдонимы родителей, что позволяет добиться нужных результатов (дополнительную информацию можно найти на стр. 338 «Руководства программиста по OWL», раздел «Вызов библиотек ObjectWindows из приложений, не использующих OWL»).

Замечание: В примере с использованием MFC вы преобразовывали дескрипторы, предоставленные контейнером, в CWnd. Это быстрый и очень неаккуратный подход, которым лучше не пользоваться. Вместо этого вы должны создать объект CFrame и прикрепить его к вашему окну. Затем вы можете сделать родителя CFrame окном-контейнером. К сожалению, вам придется исследовать методы, используемые вашими объектами CView и CFrame, и решить, как должен работать производный класс CFrame, так что я не могу указать вам общий подход, который будет работать всегда. Кроме того, поскольку обычная и отладочная версии MFC отличаются, пример работает лишь в обычной версии MFC (для компиляции тиражируемого продукта).

Вы, возможно, удивлены тем, что в качестве контейнера назначаются не родители окна просмотра, а родители штрихованного окна. На самом деле вы снова используете возможности библиотеки OLEUI. Когда вы создаете окно с активацией по месту, то при этом заключаете с контейнером соглашение, что не будете помещать изображение вне области, предоставляемой контейнером. Библиотека OLEUI предоставляет набор процедур, написанных специально для выполнения такого соглашения. Штрихованное окно, предоставляемое OLEUI, использует информацию, получаемую от контейнера, для того чтобы дочернее окно не выходило за границы контейнера. Вы будете использовать эти процедуры штрихования, чтобы всю необходимую работу делала OLEUI. Вы назначите штрихованное окно родителем для своего окна просмотра, а контейнер — родителем штрихованного окна (вы будете использовать также другую процедуру из OLEUI, OLEUIDrawShading, для прорисовки теней, которые покажут пользователю, что ваш объект активен). И наконец, вызовите CreateActiveMenu (которая будет рассмотрена несколько позднее) для создания необходимого для активного объекта меню. Вот вы и закончили инициализацию своего системного интерфейса.

После того, как ваш сервер закончил свою инициализацию, он может вернуть управление вызвавшему его объекту в случае, если вызывающий задал значение dDoUI == FALSE, которое означает, что вызывающий не желает, чтобы ваш сервер добавлял меню или другие элементы пользовательского интерфейса. Если вызывающий разрешает полный пользовательский интерфейс, то серверу предстоит выполнить дополнительную работу. Во-первых, вашему серверу нужно вызвать OnUIActivate, чтобы дать знать контейнеру, что сервер активирует свой пользовательский интерфейс. Затем ваш сервер выделяет свой объект тенью и фокусирует на нем ввод. После этого серверу нужно изменить заголовок окна, и, наконец, ваш сервер может активировать свое меню. Вообще говоря, эта процедура будет скорее всего самой сложной и наиболее зависящей от разработки из всех, написанных вами для поддержки OLE в вашем приложении. Процедура CreateActivateMenu (см. листинг 15.4) гораздо проще, но так же чрезвычайно зависима от реализации.

Листинг 15.4. Реализация CreateActiveMenu.

```
void     COleGenOleObject::CreateActivateMenu(void)
{
         OLEMENUGROUPWIDTHS  OleMenuGroupWidths;

         m_hMenuActivate = CreateMenu();

         if (m_pIOleInPlaceFrame->InsertMenus(m_hMenuActivate,
                  &OleMenuGroupWidths) == NOERROR) {
             int FirstGroup = (int)OleMenuGroupWidths.width[0];

             CMenu *hMenuTempParent =
                 m_pCWndViewParent->GetTopLevelParent()->GetMenu();
             CMenu *cMenuTemp    = hMenuTempParent->GetSubMenu(2);
             HMENU   hMenuTemp = cMenuTemp->GetSafeHmenu();

             InsertMenu(m_hMenuActivate,FirstGroup,
                     MF_BYPOSITION | MF_POPUP,
                     (unsigned int)hMenuTemp,
                     "Interfaces");
             OleMenuGroupWidths.width[1] = 1;
             OleMenuGroupWidths.width[3] = 0;
             OleMenuGroupWidths.width[5] = 0;

          } else  {
             DestroyMenu(m_hMenuActivate);
             m_hMenuActivate = NULL;
          }

          m_hOleMenu = OleCreateMenuDescriptor(m_hMenuActivate,
                        &OleMenuGroupWidths);

}
```

Анализ

CreateActiveMenu, вызываемая процедурой InPlaceActivate, отвечает за получение меню контейнера и позволяет вам добавить к нему свое собственное меню. Конечным результатом этого является то, что у пользователя возникает иллюзия того, что ваш сервер и его контейнер работают как одно целое. Прежде всего вам необходимо создать пустое меню. Затем вы передаете это меню в контейнер путем вызова метода контейнера OleInPlaceFrame::InsertMenus. Это позволит контейнеру дать вашему серверу то меню, которое он намерен показывать при активации по месту вашего объекта (обычные опции File и Help). После того, как ваш сервер получит вариант меню от контейнера, он может ввести в него свои собственные пункты. Опять же то, как вы получаете свои опции, определяется реализацией. Я предпочитаю брать опции для своего меню из обрамления приложения (вызывая функцию MFC GetTopLevelParent()->GetMenu). Если я изменяю свое приложение добавлением или удалением опций меню, то, используя этот подход, я не должен заботиться об изменении своей реализации CreateActiveMenu. Вы можете выбрать создание специального меню для активации по месту с подключением его к заимствованному меню. Это зависит от вас. После создания своего объединенного меню вы просто вызываете OleCreateMenuDescriptor, которая создаст меню OLE (без его отображения). Для вывода меню на экран вам нужно вызвать последний метод, ShowActivateMenu (см. листинг 15.5).

Листинг 15.5. Реализация ShowActivateMenu.

```
void    COleGenOleObject::ShowActivateMenu(void)
{
        m_pIOleInPlaceFrame->SetMenu(m_hMenuActivate,m_hOleMenu,
                m_pCWndViewParent->GetSafeHwnd());

        if (m_pIOleInPlaceFrame != NULL)
                m_pIOleInPlaceFrame->SetBorderSpace(NULL);

        if (m_pIOleInPlaceUIWindow != NULL)
                m_pIOleInPlaceUIWindow->SetBorderSpace(NULL);
}
```

Анализ

ShowActiveMenu берет меню, которое было создано CreateActiveMenu, и приказывает контейнеру использовать это меню. Вызов метода OleInPlaceFrame::SetMenu с объединенным меню, созданным OleCreateMenuDescriptor, позволяет OLE обслуживать это меню. Когда вы вызываете этот метод, вам необходимо указать, куда он должен посылать сообщения меню для вашего серверного приложения. Для приложений на базе MFC это будет родитель окна просмотра. Но в процедуре InPlaceActivate ваш сервер заменяет родителя окна просмотра на штрихованное окно. Штрихованное окно вашего сервера не имеет никакого представления, что делать с сообщениями меню, направляемыми серверу. Если вы присмотритесь к InPlaceActivate, то заметите, что ваш сервер сохранил родителя окна просмотра, перед тем как присвоить его другому родителю. Поэтому если теперь OLE получает сообщение для меню вашего сервера, оно будет пересылаться настоящему родителю вашего окна просмотра.

Кроме того, ShowActivateMenu выполняет два других действия. Если ваш объект затребовал у контейнера дополнительное пространство для инструментальных линеек или прочих дополнительных элементов обрамления, то вам, возможно, придется поторговаться с контейнером за это пространство. Так как вам не нужно никакое дополнительное пространство, то вы вызываете SetBorderSpace для обрамления контейнера и UIWindow со значением NULL, показывая, что пространства не требуется. Наконец все процедуры активации вашего DoVerb выполнены, но вы еще не закончили. Вам еще нужно реализовать разнообразные процедуры деактивации. Они здесь не приводятся (тексты имеются на прилагаемом диске), поскольку их реализация прямолинейна и тривиальна. Я хочу только напомнить, что необходимо удалять все созданные вами меню, иначе в вашем приложении возникнут утечки памяти.

Шаг 2 — *IOleInPlaceObject*

После того, как вы написали все вспомогательные процедуры для DoVerb, реализация активации по месту почти закончена; однако остались две или три дополнительные вещи, которые вам необходимо выполнить для полного завершения. Во-первых, вам нужно реализовать в объекте своего сервера интерфейс IOleInPlaceObject, базовым для которого является IOleWindow.

IOleWindow имеет два метода (в дополнение к стандартным методам IUnknown): GetWindow и ContextSensitiveHelp. Реализация этих двух процедур чрезвычайно тривиальна. GetWindow должна возвратить ссылку на окно вашего просмотрового объекта. Если ваш сервер не предусматривает контекстно-зависимых справок, то ContextSensitiveHelp может просто возвратить NOERROR. Контейнер вызывает ваш вариант ContextSensitiveHelp с флагом TRUE, который показывает, что пользователь запросил контекстно-зависимую справку, и с флагом FALSE, означающим, что пользователь закрыл контекстно-зависимую справку. Реализация ContextSensitiveHelp может использовать эту информацию для переключения флага, показывающего, находится ли ваш сервер в режиме контекстно-зависимых справок или же нет.

Метод ReactivateAndUndo вызывается контейнером, если пользователь хочет осуществить откат последнего действия, выполненного вашим сервером. Если вы поддерживаете этот метод, то ваша реализация ReactivateAndUndo должна выполнить все необходимые операции и затем возвратить NOERROR. Иначе ReactivateAndUndo может просто возвратить INPLACE_E_NOTUNDOABLE, чтобы сообщить контейнеру, что либо ваш сервер не поддерживает откат, либо последняя операция не может быть отменена.

Контейнер вызовет метод SetObjectRects, чтобы сообщить вашему серверу, какая его часть видна. Эта информация нужна вашему объекту для изменения своего размера внутри контейнера.

Замечание: Документ OLE 2.01 явно сообщает, что вы не должны выводить диалоговую панель или вызывать Yield/Peek и GetMessage при обработке SetObjectRects.

Метод UIDeactivate деактивирует текущий пользовательский интерфейс, в то время как метод InPlaceDeactivate деактивирует сам объект и скрывает интерфейс пользователя. В документации по OLE говорится, что эти два метода могут также деактивировать объект и пользовательский интерфейс, опционально уничтожая интерфейс. Я выбрал для использования данный вариант, как более простой при реализации (обе процедуры одинаковы и вызывают методы деактивации, которые вы создавали в качестве вспомогательных для DoVerb).

Шаг 3 — Каркас *IOleInPlaceActivateObject*

Интерфейс IOleInPlaceActivateObject, как и IOleInPlaceObject, базируется на IOleWindow. Это значит, что IOleInPlaceActivateObject поддерживает GetWindow и ContextSensitiveHelp, и эти методы должны быть реализованы подобно тому, как это сделано в IOleInPlaceObject.

Замечание: В опубликованной в Microsoft Press книге «Inside OLE 2 (Внутри OLE 2)» подчеркивается, что IOleInPlaceActivateObject не должен быть виден при запросе объекта об интерфейсах и должен всегда возвращать свой собственный интерфейс, когда через его QueryInterface запрашивается IUnknown. Я не могу найти этому оснований ни в документации Microsoft, ни в примерах программ. Я реализовал в приложениях как обычный метод QueryInterface, так и специальный — без заметной разницы. В порядке перестраховки исходные тексты в этой книге используют отдельный QueryInterface для IOleInPlaceActivateObject и не добавляют IOleInPlaceActivateObject в список интерфейсов, доступных в QueryInterface объекта.

Вот список методов для IOleInPlaceActivateObject:

TranslateAccelerator вызывается контейнером для внутреннего сервера таким образом, что они могут выполнить перевод быстрых клавиш. Так как ваше приложение является локальным сервером, то ваша реализация TranslateAccelerator может возвратить S_FALSE.

OnActiveFrameWindow сообщает вашему объекту о факте активации самого верхнего рамочного объекта контейнера. Это сообщение можно проигнорировать и вернуть просто NOERROR.

Замечание: Документ OLE 2.01 явно сообщает, что вы не должны выводить диалоговую панель или вызывать Yield/Peek и GetMessage при обработке OnActiveFrameWindows.

OnDocWindowActive сообщает вашему объекту о факте активации или деактивации окна документа. Это сообщение можно проигнорировать и просто вернуть NOERROR.

ResizeBorder сообщает вашему объекту о том, что контейнер намерен изменить размеры рамки вашего объекта. Так как ваш объект не имеет линеек с инструментами, то ResizeBorder может просто возвратить NOERROR.

EnableModeless сообщает вашему объекту, может ли приложение разрешать или отменять использование немодальных диалоговых панелей. Контейнер (или другой объект в этом контейнере) вызывает эту функцию, когда он собирается отобразить панель модального диалога (EnableModeless(FALSE)), или когда модальный диалог закрывается (EnableModeless(TRUE)). Если ваш сервер желает вывести панель модального диалога, то он должен вызвать перед отображением диалога EnableModeless(FALSE) из IOLeInPlaceFrame и EnableModeless(TRUE) при его закрытии.

Примите мои поздравления, так как все ваши интерфейсы готовы и вы теперь можете испытать свой объект.

Контекстно-зависимая справка

Как вы уже видели, при нажатии в контейнере Shift+F1, означающем, что пользователь запросил контекстно-зависимую справку, ваш сервер получит уведомление. Сервер также будет уведомлен, если контекстно-зависимая справка пользователю более не нужна. Все это работает в случае, если активен контейнер, но вашему серверу необходимо информировать контейнер, что пользователь запрашивает контекстно-зависимую справку или отказывается от нее, в том случае, когда активен ваш объект. Сервер должен вызвать метод ContextSensitiveHelp(TRUE) при запросе пользователем контекстно-зависимой справки и ContextSensitiveHelp(FALSE) при завершении его работы с ней. Вот и все.

Кто мой родитель?

До сих пор обсуждение было сосредоточено на реализации активации по месту, но я еще не рассматривал непосредственно один из главных его аспектов: какое окно является родителем вашего приложения? Простой ответ гласит, что ваше приложение не имеет ключа к разгадке того, кто его родитель. На самом деле нельзя даже предполагать, что линейка меню контейнера и окно-родитель, предоставленные серверу, принадлежат одному и тому же приложению. Как это может быть? Если ваше приложение является сервером внедренного объекта, то объект может быть внедрен в контейнер, внедренный в другой контейнер. Например, если ваш объект внедрен в таблицу Excel, то эта таблица может быть затем внедрена в документ Word. Поэтому несмотря на то, что родителем окна вашего объекта является Excel, обрамлением объекта является Word. Этот принцип чрезвычайно важно помнить, когда вы используете библиотеку классов Windows, подобную MFC или OWL. Как отмечалось ранее, обе эти библиотеки классов обычно предполагают, что родитель окна является и его обрамляющим окном. Если ваш сервер внедрен в контейнер, внедренный в другой контейнер, то родитель окна представления вашего объекта и его обрамление даже не входят в состав одного приложения. Вывод из этого такой: никогда не полагайте, что родитель и обрамление вашего объекта принадлежат одному приложению.

Сам я могу сказать, что когда я разрабатывал сервер с поддержкой активации по месту, то делал это только с помощью классов OLE из MFC. MFC позволяет решить все проблемы, связанные с активацией по месту, так что для меня не было никакой надобности изобретать велосипед и реализовывать активацию по месту самостоятельно.

Быстрые клавиши

Как вы видели, если активация по месту реализуется внутренним сервером, то контейнер вызывает метод сервера TranslatorAccelerator с целью обеспечить работу сервера с его быстрыми клавишами. Но что произойдет, если ваше приложение является локальным сервером? OLE до некоторой степени разумно. OLE сначала передает клавиши активному объекту, которым является ваш локальный сервер. К сожалению, локальный сервер не может выполнять нормальную обработку быстрых клавиш, как обычно.

Если ваша программа не является приложением MDI, то цикл сообщений вашего приложения должен сначала вызвать TranslateAccelerator, чтобы определить, принадлежит ли данное нажатие клавиши вашему приложению. Если клавиша принадлежит ему, то обработайте ее нажатие как обычно. Если нажатая клавиша не принадлежит приложению, то вызовите OleTranslateAccelerator (для чего требуется интерфейс IOleInProcessFrame), чтобы дать контейнеру возможность преобразовать это нажатие клавиши.

Если ваше приложение является приложением MDI, то не вызывайте TranslateMDISysAccel. TranslateMDISysAccel вызывается в цикле сообщений контейнера, а не сервера. Иначе повторите те же шаги, что и для приложения, не поддерживающего MDI.

Заключение

Хотя активация по месту кажется великолепным механизмом с точки зрения конечного пользователя, для разработчика она может стать кошмаром. Прежде чем вы возьметесь за ее реализацию, вы должны понять, как устроена внутри и как работает ваша библиотека классов. После того, как вы разберетесь в своей библиотеке классов, выполните следующие шаги для реализации активации по месту:

1. Модифицируйте свою реализацию DoVerb. Глагол Open должен пытаться осуществить активацию по месту, а глагол Show должен открывать сервер.
2. Добавьте поддержку дополнительных глаголов в процедуру сервера DoVerb, если сервер является активируемым изнутри.
3. Реализуйте процедуру DoShowVerb (имя ее вы можете выбрать по своему желанию) для обработки глагола Show. Эта процедура будет также вызываться методом InPlaceActivate.
4. Реализуйте метод InPlaceActivate (его имя вы можете выбрать по своему желанию). Этот метод сначала должен проверять, открыт ли в текущий момент сервер. Если сервер открыт, то InPlaceActivate не должен выполнять активацию по месту. Иначе InPlaceActivate должен запросить контейнер, является ли сервер активным по месту и затем выполнить активацию сервера по месту.
5. Объедините меню своего сервера с меню контейнера и при необходимости отобразите их.
6. Реализуйте процедуры деактивации.
7. Реализуйте IOleInPlaceObject.
8. Реализуйте IOleInPlaceActivateObject.
9. Добавьте поддержку контекстно-зависимой справки (при необходимости).
10. Добавьте трансляцию быстрых клавиш.
11. Добавьте поддержку линейки инструментов (при необходимости).

Вопросы и ответы

В: Исходя из ваших предупреждений, можно понять, что вы не рекомендуете реализацию активации по месту с использованием библиотек классов. Это верно?

О: Отнюдь нет! Я настоятельно рекомендую такую реализацию активации по месту, но я также знаю, что при попытке ее реализации возникнут сложности.

В: Вы хотя и затронули реализацию линеек инструментов, но не углублялись в этот вопрос. Почему?

О: Линейки инструментов и плавающие инструментальные планшеты посылают сообщения вашему серверному приложению. В зависимости от используемой вами библиотеки эти инструменты могут посылать свои сообщения активному окну представления объекта, обрамлению или куда-нибудь еще. Так как эти действия не попадают в поле зрения OLE, то я просто упомянул метод OLE, который должен вызываться. К сожалению, вам придется самому разобраться, как заставить инструментальную линейку или планшет, используемые вашим сервером, работать в контексте OLE.

В: Является ли активация по месту единственной областью, в которой возникают сложности с библиотеками классов?

О: В основном, да. Тем не менее, как вы увидите в 16-й день («Контейнеры OLE»), не исключена возможность столкнуться с проблемами при реализации контейнера OLE, если ваша библиотека классов не безразлична к тому, кто является его дочерними объектами.

В: Контейнер, который вами используется, имеет строку состояния. Как мне обеспечить показ информации моего сервера и поясняющие надписи к меню в строке состояния контейнера?

О: Вызывайте метод контейнера SetStatusText. Этот метод доступен в интерфейсе IOleInPlaceFrame.

Семинар

Опрос

1. В чем разница между активацией изнутри и активацией извне?
2. Почему IOleInPlaceActivateObject отличается от большинства других интерфейсов, с которыми вы познакомились в OLE?
3. В каких случаях контейнер, поддерживающий активацию по месту, не выполнит ваш запрос на ее проведение?

Упражнения

1. Добавьте активацию по месту к OleGen.
2. Добавьте к OleGen поддержку генерации IoleInPlaceObject и IOleInPlaceActivateObject.

Ответы к опросу

1. Активируемые изнутри объекты активны, когда они видимы. Активируемые извне объекты активны лишь тогда, когда пользователь произведет над ними двойное нажатие кнопки мыши.
2. IOleInPlaceActivateObject не доступен из QueryInterface объекта.
3. Если пользователь внедрил или связал ваш объект в виде пиктограммы, то контейнер не выполнит ваш запрос на активацию по месту.

Ответы к упражнениям

Ответы находятся на прилагаемом диске.

Контейнеры OLE

Контейнер OLE

На протяжении 12, 13, 14 и 15-го дней вы узнали, как создать сервер составного документа OLE. Созданные вами серверы бесполезны без клиента, которому они должны предоставлять данные. Таким клиентом является контейнер составного документа OLE. Сегодняшняя глава посвящена созданию контейнера составного документа.

Контейнер, по определению — это вместилище, в котором содержатся материалы; он предназначен для облегчения обращения с ними. Контейнер OLE удовлетворяет обоим определениям. В OLE *контейнер* является вместилищем, в котором содержатся объекты. Эти объекты могут быть как принадлежащими OLE объектами, так и не принадлежащими (как, например, текст в документе текстового процессора) или их комбинацией. Контейнер OLE также является повторно используемым вместилищем, которое может соединять более мелкие контейнеры в одном структурированном хранилище. Ключевым в этой фразе является выражение «структурированное хранилище», поскольку контейнеры OLE обычно реализуются в виде последнего. (Хотя возможна реализация контейнера в обычном файле, все же обычно он реализуется в структурированном хранилище).

Контейнер OLE является вместилищем, используемым для размещения объектов, для которых вы заранее создали сервер. Контейнеру OLE не нужно быть документом в традиционном для текстовых процессоров смысле: он может быть чем угодно, что может вмещать объект OLE. Например, Microsoft Access и Paradox фирмы Borland оба являются контейнерами OLE, потому что они допускают использование объектов OLE в своих базах данных. К контейнерам OLE предъявляются три главных требования:

1. Они должны поддерживать интерфейс IOleClientSite для каждого объекта, который может быть внедрен или связан.
2. Они должны поддерживать интерфейс IAdviseSink для каждого объекта, который может быть внедрен или связан.
3. Они должны обеспечивать уникальный интерфейс IStorage для каждого объекта, который может быть внедрен или связан.

Хотя эти требования на первый взгляд могут быть легко выполнены, вам нужно помнить все интерфейсы, созданные вами при реализации своих серверов OLE. Интерфейсы, созданные для серверов OLE, используются контейнерами OLE, при этом контейнеры выполняют значительный объем работы. Перед тем, как приступить к рассмотрению шагов для реализации контейнера, вам необходимо усвоить разницу между документом и местоположением, потому что контейнер использует как документ, так и местоположение, которые имеют различные функции.

Документы и местоположения

На протяжении всей книги вы встречали термин *документ*, который относится к определенной группе данных (например, документ текстового процессора может содержать все данные для главы этой книги). *Представление*, или *вид (View)* является визуализацией всего документа или его части. Само по себе представление не содержит данных; это — визуальное представление. Местоположение не является ни документом, ни представлением. *Местоположение* — это место, где объект может храниться; таким образом, в документе текстового процессора будет определенное количество местоположений, по одному для каждого внедренного или связанного объекта OLE. (Я мог бы, конечно, замутить воду, сообщив вам, что местоположение может быть документом и представлением, так как внедренный объект может сам быть документом, и OLE хранит кэш этого объекта в вашем контейнере, делая тем самым местоположение документом и представлением). Чрезвычайно важно то, что вы создаете местоположение отдельно от документа, поскольку возможно, что документ будет содержать какое-то количество местоположений, которое вы обычно не можете определить заранее.

Мне хотелось бы вас предупредить, что когда вы создаете местоположение, то получаете от сервера объекта несколько интерфейсов (как вы скоро увидите). Когда вы получаете эти интерфейсы, сервер объекта может произвести несколько вызовов AddRef объекта вашего местоположения. Объектный сервер не освободит указатели этих интерфейсов до тех пор, пока вы, в свою очередь, не освободите интерфейсы, которые поддерживаете с объектом. Если вы освобождаете указатели этих интерфейсов в деструкторе вашего местоположения, то вас может ожидать сюрприз. Обычно вы вызываете деструктор, только когда число ссылок на объект равно нулю. К сожалению, число ссылок никогда не достигнет нуля, так как сервер объекта все еще удерживает часть ваших интерфейсов и не освободит их до тех пор, пока вы их сами не освободите. Для прояснения этой ситуации я создал вспомогательный метод в своем объекте местоположения, названный RemoveSite и показанный в листинге 16.1.

Листинг 16.1. Реализация RemoveSite.

```
void    COleSiteObject::RemoveSite(void)
{
        if (m_pIOleObject != NULL) {
            CloseSite(OLECLOSE_NOSAVE);
            m_pIOleObject->Release();
            m_pIOleObject = NULL;
        }
        if (m_pIViewObject != NULL) {
            m_pIViewObject->Release();
            m_pIViewObject = NULL;
        }
        if (m_pIPersistStorage != NULL) {
            m_pIPersistStorage->Release();
            m_pIPersistStorage = NULL;
        }
}
```

Анализ

Если требуется удалить местоположение из документа, то просто вызовите RemoveSite. Этот метод берет на себя заботу об освобождении соответствующих интерфейсов таким образом, что счетчик ссылок местоположения может обнулиться, и местоположение сможет себя удалить. Вызов CloseSite является вторым вспомогательным методом, который просто вызывает IOleObject::Close объекта, чтобы предупредить объект, что приложение или документ закрывается, так что это объект может выполнить необходимую очистку (помните, что вы реализовали IOleObject::Close на 12-й день, в главе «DLL-сервер OLE»). Мораль сего состоит в том, что хотя вы можете думать, что поступаете правильно, вызывая Release для всякого интерфейсного указателя, удерживаемого вашим приложением, вам все же необходимо убедиться, что вы поместили свои Release в тот метод, который будет вызываться.

НЕ ВЫЗЫВАЙТЕ Release для интерфейсов сервера в своем деструкторе местоположения, потому что ваш деструктор местоположения никогда не будет вызываться методом местоположения Release (счетчик ссылок никогда не обнулится).
РЕАЛИЗУЙТЕ отдельный метод для высвобождения интерфейсов сервера. Этот метод должен вызываться каждый раз, когда требуется удалить местоположение.

Контейнеры OLE шаг за шагом

В последующих разделах будет показано, как поэтапно преобразовать ваше приложение в контейнер OLE. Демонстрационное приложение является каркасным приложением MDI. У него нет другого предназначения, кроме как открыть дочернее окно MDI. Полный исходный код программы может быть найден в каталоге DAY16a на прилагаемом диске.

Шаг 1 — Инициализация и деинициализация OLE

Вы намерены выполнять вызовы OLE (так как сооружаете контейнер OLE), поэтому вам необходимо инициализировать OLE при запуске своего приложения (включая увеличение размера очереди сообщений в случае, если вы работаете в Windows 3.1), и деинициализировать OLE при завершении работы. (Код для инициализации и деинициализации тот же, что вы использовали в 1-й день, глава «Введение в OLE».)

НЕ ИЗМЕНЯЙТЕ размера очереди сообщений, если приложение компилируется для Win32.
ПОМНИТЕ, что вам необходимо ввести в свой файл проекта библиотеки OLE.

После того как вы добавили код для изменения размера очереди сообщений, инициализации и деинициализации OLE, вы можете протестировать свое приложение. Если все в порядке, то вы не должны заметить изменений в поведении своего приложения.

Шаг 2 — Поддержка структурированного хранилища

На втором шаге реализации контейнера OLE нужно создать для контейнера структурированное хранилище. Ранее нами отмечено, что контейнер OLE обычно реализуется в структурированном хранилище. Также отмечалось, что контейнер OLE должен предоставлять IStorage для каждого внедряемого или связываемого объекта. На самом деле вы можете создать интерфейс IStorage с файлом, не использующим OLE, путем реализации блокированных байтов (LockBytes, рассматривавшихся в 3-й день, глава «Структурированное хранилище»); тем не менее, большинство контейнеров OLE используют хранилища OLE (без реализации LockBytes поверх обычного файла), так что ваше приложение будет создавать корневое хранилище всякий раз в момент открытия документа.

Когда вы создаете типичное приложение Windows, то у вас, как правило, в главном меню имеются опции File New и File Open. Опция File New используется для создания окна с новым документом, в то время как File Open используется для открытия ранее сохранявшегося документа. Обе эти операции при написании контейнера OLE требуется реализовать заново, поэтому далее рассматривается каждая из них.

File New

Опция File New используется для создания в приложении окна с новым документом. Так как вы занимаетесь созданием контейнера OLE, то вам необходимо не только создать окно с новым документом, но также и корневое структурированное хранилище, потому что контейнер OLE должен предоставлять интерфейс IStorage объекту, который нужно поместить в контейнер. Когда пользователь выбирает File New, и окно нового документа еще не имеет имени (пользователь просто запросил создание нового окна), то как открыть корневое хранилище? Вы можете помнить, что в 3-й день вами создавалось временное структурированное хранилище, которое удалялось при освобождении всех своих интерфейсов. Кроме того, при создании временного корневого хранилища OLE позволяет сделать это, не присваивая хранилищу имени. Листинг 16.2 показывает реализацию OnNewDocument, которая вызывается всякий раз при выборе пользователем в меню опции File New.

Листинг 16.2. Реализация OnNewDocument.

```
BOOL CContainDoc::OnNewDocument()
{
    if (m_pRootStorage != NULL)
        m_pRootStorage->Release();

    HRESULT hResult = StgCreateDocfile(NULL,STGM_TRANSACTED |
                      STGM_READWRITE | STGM_DELETEONRELEASE |
                      STGM_SHARE_EXCLUSIVE,0,&m_pRootStorage);

    if (hResult != NOERROR) {
        return FALSE;
    }

    m_bDirty = TRUE;
    return TRUE;
}
```

Анализ

Из листинга вы можете понять, что ваше приложение проверяет m_pRootStorage на равенство NULL, и если он не NULL, то освобождает содержимое m_pRootStorage. Этот шаг не обязателен, так как всякий раз при запросе пользователем File New m_pRootStorage всегда должен содержать NULL; тем не менее я обычно предпочитаю принять меры предосторожности. Поскольку переменная всегда должна освобождаться от любых имеющихся интерфейсных указателей перед присвоением ей нового значения, я выполняю это действие, хотя и знаю, что переменная всегда должна содержать NULL. Если по какой-то причине созданы новые методы, вызывающие эту функцию, то вы не пожалеете, что реализовали код процедуры именно в таком виде (иначе у вас в памяти появятся никогда не освобождающиеся хранилища).

OpenNewDocument затем вызывает подпрограмму StgCreateDocfile, которая создаст временное корневое хранилище. Ваше приложение не должно волновать, какое имя OLE для него использует, так как это временная структура. Когда вы реализуете свой метод SaveAs, вы увидите, как эта временная структура преобразуется в постоянную с именем, выбранным пользователем.

File Open

Когда пользователь выбирает из меню опцию File Open, то он (или она) ожидает, что будет открыт существующий документ. Листинг 16.3 показывает реализацию OnOpenDocument.

Листинг 16.3. Реализация OnOpenDocument.

```
BOOL  CContainDoc::OnOpenDocument(char *filename)
{
    return DoLoad(filename);
}
```

Анализ

Эта реализация OnOpenDocument выглядит чрезвычайно тривиально вследствие того, что вся работа выполняется вспомогательным методом DoLoad. Обычно работа, выполняемая DoLoad, может быть помещена прямо в OnOpenDocument, но так как вы еще не знаете, как сохранять объекты, то будет трудно объяснить, как восстановить сохраняемый объект. Поэтому код, выполняющий сохранение, реализован в отдельном методе (который вскоре будет рассмотрен).

File SaveAs

Выбранная из меню опция File SaveAs возьмет открытый документ и сохранит его под другим именем. Этот метод интересен тем, что когда вы создаете новый документ, то не знаете имя хранилища, присвоенное OLE. Листинг 16.4 показывает реализацию OnSaveFileAs.

Листинг 16.4. Реализация OnSaveFileAs.

```
void CContainDoc::OnFileSaveAs(void)
{
    BOOL bRet;

    CSaveFileDlg    SaveDlg(m_hWndView);
    if (m_szFullFileName != NULL) {
        SaveDlg.SetFileName(m_szFullFileName);
        bRet = SaveDlg.DoFileSave(FALSE);
    }
    else
        bRet = SaveDlg.DoFileSave(TRUE);

    if (bRet) {
        if (SaveDlg.GetFileName() != NULL) {
            SetFullFileName(SaveDlg.GetFileName());
            m_bDirty = TRUE;
            m_bSameAsLoad = FALSE;
            LPSTORAGE   pStorage;
            HRESULT hResult = StgCreateDocfile(SaveDlg.GetFileName(),
                         STGM_TRANSACTED | STGM_CREATE | STGM_READWRITE |
                         STGM_SHARE_EXCLUSIVE,0,&pStorage);
            if (hResult == NOERROR) {
                if (m_pOleSiteObject->m_pIPersistStorage != NULL) {
                    //You need to tell the object to get its hands off
                    //You need to do this for each site in your document!!!
                    m_pOleSiteObject->m_pIPersistStorage->HandsOffStorage();
                }
                m_pRootStorage->Commit(STGC_DEFAULT);
                hResult = m_pRootStorage->CopyTo(NULL,NULL,NULL,pStorage);
                m_pRootStorage->Release();
                m_pRootStorage = pStorage;
                m_pRootStorage->Commit(STGC_DEFAULT);

                //Since we did a hands off we must do a save completed for
                //each of the sites in the document!!!
                hResult = m_pRootStorage->OpenStorage(m_pOleSiteObject->m_szStor-
ageName,
                                                NULL,
                                                STGM_READWRITE | STGM_TRANSACTED |
                                                STGM_SHARE_EXCLUSIVE,
                                                0,0,
                                                &m_pOleSiteObject->m_pIStorage);
                m_pOleSiteObject->m_pIPersistStorage->SaveCompleted(m_pOleSiteOb-
ject->m_pIStorage);
                DoSave();
            }
        }
    }

}
```

Анализ

Первая треть метода OnSaveFileAs отвечает за отображение на экране обычной диалоговой панели для SaveAs. После того, как ваше приложение определит, что пользователь желает сохранить данный файл (при выполнении метода DoFileSave не нажата кнопка «Cancel»), приложению прежде всего нужно создать корневое хранилище для контейнера, приняв за основу выбранное пользователем имя. Далее начинаются странности. Припомните обсуждение состояний объекта в 11-й день, глава «Именование и связывание». В той главе рассматривались состояния типа «руки прочь», когда сервер (располагающий хранилищем в структурированном хранилище вашего контейнера) должен освободить все имеющиеся у него интерфейсные указатели на хранилище контейнера. Ваше приложение должно теперь вызвать метод HandsOffStorage данного объекта, чтобы объект освободил все удерживаемые им интерфейсные указатели хранилища контейнера. Смысл этого заключается в том, что ваше приложение собирается закрыть корневое хранилище и открыть (возможно) новое хранилище, основываясь на указанном пользователем имени.

Вспомните, что когда вы создавали новый документ, то создали и временное хранилище, которое должно было удаляться автоматически при достижении его счетчиком ссылок нуля. Если ваше приложение освободит указатель на него сейчас, то все данные, записанные в нем, будут потеряны. Вместо освобождения указателя выполните сначала Commit, чтобы гарантировать запись всех данных транзакции на диск. Как только данные пересланы, вызовите метод CopyTo (входящий в IStorage) для копирования всех данных из первоначального хранилища в новое, созданное только что. После вызова CopyTo интерфейсный указатель на первоначальное хранилище может быть освобожден. Если первоначальное хранилище было создано вашей процедурой для New Document, то оно будет удалено (так как было открыто в качестве «удаляемого при освобождении»). Если первоначальное хранилище было открыто процедурой Open Document, то оно просто закрывается.

Так как ранее был вызван метод HandsOffStorage, то ваш объект все еще находится в состоянии «руки прочь», ожидая, когда же вы дадите ему новое хранилище и вернете его в нормальное состояние. Для этого вам нужно открыть хранилище объекта в новом корневом хранилище и затем вызвать метод SaveCompleted объекта. Теперь объект снова счастлив, а вы сохранили свой контейнер в новом структурированном хранилище. Помните, что в приведенном примере обеспечивается поддержка лишь одного местоположения на документ. В своей реализации вы скорее всего будете поддерживать несколько местоположений на документ, поэтому вам нужно вызывать метод HandsOffStorage для каждого местоположения с последующим вызовом SaveCompleted.

Шаг 3 — Добавление Insert Object

После того, как вы научились сохранять объект, что вы намерены предпринять для добавления объекта к своему документу? В соответствии стандартами пользовательского интерфейса OLE от вас требуется добавить либо опцию Insert Object... в свое меню Edit, либо опцию &Object... в меню Insert. Некоторые приложения, такие как Microsoft Word и Microsoft Excel, имеют Insert в качестве опции меню верхнего уровня, поэтому вы должны добавить Object... в это меню на более низком уровне. Если ваше приложение не имеет Insert в меню верхнего уровня, то добавьте Insert &Object... к опции вашего меню Edit.

> **НЕ ВВОДИТЕ** &Object... в меню Edit. Правильным обозначением пункта является Insert &Object.
> **НЕ ВВОДИТЕ** Insert &Object... в меню Insert. Правильным обозначением является &Object.
> **ДОБАВЬТЕ** "..." в конце обоих выражений (Object или Insert Object). Вы будете выводить для этого пункта меню панель диалога, а стандарты пользовательского интерфейса Windows требуют, чтобы в случае вызова диалога из пункта меню пользователю давалась визуальная подсказка (многоточие).

Когда ваше приложение установит тот факт, что пользователь выбрал пункт Object или Insert Object (в зависимости от приложения), вызовите OnEditInsertObject, чтобы показать список объектов, которые могут быть вставлены в контейнер. Если пунктом меню вашего приложения является Insert Object, то вы можете переименовать этот метод в OnInsertObject (это вспомогательный метод, не поддерживаемый OLE, так что вы можете вызывать им все что угодно). Листинг 16.5 показывает реализацию OnEditInsertObject.

Листинг 16.5. Реализация OnEditInsertObject.

```
//Inserts an object into our container
//
void CContainDoc::OnEditInsertObject(void)
{
```

```
char    szFile[OLEUI_CCHPATHMAX];
char    szSiteFile[OLEUI_CCHPATHMAX];

szFile[0] = 0x00;

//Invent a name for the storage
wsprintf(szSiteFile,"SITE%lu",time(NULL));

OLEUIINSERTOBJECT  OleUIInsertObj;

//You must null out OleUIInsertObject or else the Dialog box will not come up
memset(&OleUIInsertObj, 0, sizeof(OleUIInsertObj));

OleUIInsertObj.cbStruct  = sizeof(OleUIInsertObj);
OleUIInsertObj.hWndOwner = m_hWndView;
OleUIInsertObj.lpszFile  = szFile;
OleUIInsertObj.cchFile   = sizeof(szFile);

//We want the OleUIInsertObject to do all the work of creating the object
//for us.  Why should we re-invent the wheel?
OleUIInsertObj.dwFlags    = IOF_SELECTCREATENEW | IOF_DISABLELINK |
                            IOF_VERIFYSERVERSEXIST |
                            IOF_CREATENEWOBJECT | IOF_CREATEFILEOBJECT;
OleUIInsertObj.iid        = IID_IOleObject;

COleSiteObject *pTempOleSiteObject;
pTempOleSiteObject = new COleSiteObject(this);
if (pTempOleSiteObject == NULL) {
   return;
}

OleUIInsertObj.oleRender          = OLERENDER_DRAW;

OleUIInsertObj.lpIOleClientSite = (IOleClientSite *)pTempOleSiteObject-
>m_pIOleClientSite;
OleUIInsertObj.lpFormatEtc        = NULL;
HRESULT hResult                   = m_pRootStorage->CreateStorage(szSiteFile,
                                     STGM_READWRITE | STGM_TRANSACTED |
                                     STGM_SHARE_EXCLUSIVE,
                                     0,0,
                                     &pTempOleSiteObject->m_pIStorage);

OleUIInsertObj.lpIStorage = pTempOleSiteObject->m_pIStorage;
OleUIInsertObj.ppvObj = (LPVOID *)&pTempOleSiteObject->m_pIOleObject;

//Set cursor to hourglass
HCURSOR hCursorOld = SetCursor(LoadCursor(NULL,IDC_WAIT));
UINT uiRet = OleUIInsertObject(&OleUIInsertObj);
SetCursor(hCursorOld);

if (uiRet == OLEUI_SUCCESS) {
   pTempOleSiteObject->m_pIStorage->Commit(STGC_DEFAULT);
   m_pRootStorage->Commit(STGC_DEFAULT);
   if (m_pOleSiteObject != NULL)
       delete m_pOleSiteObject;
   m_pOleSiteObject = pTempOleSiteObject;

   //AddRef the client site because we've given it away
   m_pOleSiteObject->m_pIOleClientSite->AddRef();

   hResult = m_pOleSiteObject->m_pIOleObject->QueryInterface(
     IID_IViewObject2, (LPVOID *)&m_pOleSiteObject->m_pIViewObject);

   if (hResult != NOERROR) {
      hResult = m_pOleSiteObject->m_pIOleObject->QueryInterface(
        IID_IViewObject, (LPVOID *)&m_pOleSiteObject->m_pIViewObject);
   }
```

Листинг 16.5. продолжение

```
        if (hResult == NOERROR) {
            hResult = m_pOleSiteObject->m_pIOleObject->QueryInterface(
IID_IPersistStorage, (LPVOID *)&m_pOleSiteObject->m_pIPersistStorage);
        } else  {
            //We didn't obtain IViewObject or IViewObject2 so fail
            return;
        }

        if (hResult != NOERROR) {
            //We didn't obtain the PersistStorage so fail
            m_pOleSiteObject->m_pIViewObject->Release();
            m_pOleSiteObject->m_pIViewObject = NULL;
            return;
        }

        //Save the name of the storage used for this object
        if (m_pOleSiteObject->m_szStorageName != NULL)
            delete m_pOleSiteObject->m_szStorageName;
        m_pOleSiteObject->m_szStorageName =
            (LPSTR) new char[strlen(szSiteFile)+1];
        strcpy(m_pOleSiteObject->m_szStorageName,szSiteFile);

        char    szSiteTitle[OLEUI_CCHPATHMAX];
        GetWindowText(m_hWndView,szSiteTitle,sizeof(szSiteTitle));

        if (OleUIInsertObj.dwFlags & IOF_CHECKDISPLAYASICON) {
            m_pOleSiteObject->SetSiteAspect(DVASPECT_ICON);
        }
        //Setup the advises between the container and the object.
        //Sets up a view advise
        //An Ole advise
        //Calls IOleObject->SetHostNames
        //And calls OleSetContainedObject
        //
        BOOL bRet = OleStdSetupAdvises(m_pOleSiteObject->m_pIOleObject,
                m_pOleSiteObject->GetSiteAspect(),
                "Contain",
                szSiteTitle,
                (LPADVISESINK)m_pOleSiteObject->m_pIAdviseSink,
                TRUE);

         m_pOleSiteObject->SetObjectClosed(FALSE);

 //We are not required to call OleSetContainedObject if we don't support linking
 //but it doesn't hurt. If we do support, we must call this function after
 //we have created the object
 //
 //The line is commented out because we called OleStdSetUpAdvises which performs
 //call for us.
 //Otherwise we must do this call ourselves.
 //
//        OleSetContainedObject((LPUNKNOWN)m_pOleSiteObject->m_pIOleObject,TRUE);

        if (m_pOleSiteObject->GetSiteAspect() == DVASPECT_ICON) {
            DWORD   dwCurrentAspect, dwNewAspect;
            dwCurrentAspect = DVASPECT_CONTENT;
            dwNewAspect      = DVASPECT_ICON;
            BOOL    bMustUpdate;
            OleStdSwitchDisplayAspect(m_pOleSiteObject->m_pIOleObject,
                                       &dwCurrentAspect,
                                       dwNewAspect,
                                       OleUIInsertObj.hMetaPict,
                                       TRUE,
                                       TRUE,
                                (LPADVISESINK)m_pOleSiteObject->m_pIAdviseSink,
                                       &bMustUpdate);
```

```
        } else
        m_pOleSiteObject->DoVerb(OLEIVERB_SHOW);

  //This else is from the failure of OleUIInsertObject, which means for whatever
  //reason an object was not inserted
  //
     } else
        delete pTempOleSiteObject;

     //We need to free any metafiles which OleUIInsertObject may have obtained
     //on our behalf
     //
     if (OleUIInsertObj.hMetaPict != NULL)
        OleUIMetafilePictIconFree(OleUIInsertObj.hMetaPict);
}
```

Анализ

Во многих случаях вам понадобится изменить детали этой реализации, но я рассмотрю использованный здесь метод. Я также коснусь тех мест, которые вам придется изменить.

Во-первых, вы создаете имя для хранилища, которое вы намерены передать объекту (помните, что каждому местоположению вы должны обеспечить хранилище). Для того, чтобы разместить местоположение внутри корневого хранилища, я прибавил текущее время к переменной SITE типа word. В отличие от корневого хранилища, которое вы можете открыть без назначения имени (об этом позаботится OLE), некорневые хранилища должны создаваться с именами. Так как контейнеру, объекту и конечному пользователю все равно, какое имя используется (до тех пор, пока оно уникально внутри корневого хранилища), то я просто использовал текущее время. Вы можете использовать любой удобный для вашего приложения механизм (лишь следуя соглашениям об именах, изученным на 3-й день).

После того, как вы обрели имя для хранилища объекта, инициализируйте нулями OleUIInsertObj. Переменная OleUIInsertObj имеет тип OLEUIINSERTOBJECT. Эта переменная используется в процедуре из OLEUI, называемой OleUIInsertObject, которая скоро будет детально рассмотрена. В целом OleUIInsertObject является стандартным диалоговым окном OLE, которое вы наблюдаете, выполняя операцию Object Insert во многих приложениях OLE (такие продукты Microsoft, как Word и Excel, не используют это стандартное диалоговое окно; они применяют свое собственное диалоговое окно с ярлычками). Предупреждаю, что если вы не заполните нулями эту переменную, то диалоговое окно OleUIInsertObject не появится.

После инициализации OleUIInsertObj вам нужно ввести в нее ряд значений. Таблица 16.1 представляет собой список полей структуры OLEUIINSERTOBJECT (которая используется OleUIInsertObj).

Таблица 16.1. Поля OLEUIINSERTOBJECT.

Переменная	Тип	Значение
UcbStruct	DWORD	Размер структуры sizeof(OLEUIINSERTOBJECT).
dwFlags	DWORD	Смотри таблицу 16.2.
hWndOwner	HWND	Окно, которому принадлежит диалоговое окно. Документация Microsoft утверждает, что это поле не должно быть равным NULL.
lpszCaption	LPCSTR	Заголовок диалогового окна. Если равна NULL, тогда будет использоваться Insert Object.

lpfnHook	LPFNOLEUIHOOK	Обходная функция, если вы хотите настроить обработку диалогового окна, или NULL.
lCustData	LPARAM	Любые данные приложения, необходимые для обходной функции, или NULL.
hInstance	HINSTANCE	Указатель экземпляра объекта, где может находиться шаблон диалогового окна (если lpszTEMPLATE не NULL) или NULL при использовании стандартного диалогового окна.
lpszTEMPLATE	LPCSTR	Имя настроенного диалогового окна или NULL при использовании стандартного диалогового окна.
hResource	HRSRC	Указатель настроенного шаблона или NULL.
clsid	CLSID	Идентификатор класса, выбранного пользователем. ТОЛЬКО ДЛЯ ВЫВОДА.
lpszFile	LPSTR	Имя файла, выбранного пользователем для связи или вставки. ТОЛЬКО ДЛЯ ВЫВОДА.
cchFile	UINT	Длина строки lpszFile. ТОЛЬКО ДЛЯ ВЫВОДА.
cClsidExclude	UINT	Число идентификаторов классов, которое вы не желаете видеть в списке (идентификаторы классов в lpClsidExclude).
lpClsidExclude	LPCLSID	Список идентификаторов классов, не показываемых в диалоговом окне. Этот список должен состоять из cClsidExclude.
iid	IID	Если OleUIInsertObject создает объект, то это поле должно хранить нужный вам интерфейс от этого объекта. Интерфейс будет помещен в ppvObj. Иначе это поле содержит NULL.
oleRender	DWORD	Если OleUIInsertObject создает объект, то это поле должно хранить нужное вам заполнение фона (обычно OLERENDER_DRAW). Иначе это поле содержит NULL.

lpFormatEtc	LPFORMATETC	Если OleUIInsertObject создает объект, то это поле должно хранить нужную объекту FormatEtc. Обычно это поле содержит NULL.
lpIOleClientSite	LPOLECLIENTSITE	Указатель на IOleClientSite для объекта, если OleUIInsertObject собирается создать этот объект. Иначе это поле содержит NULL.
lpIStorage	LPSTORAGE	Указатель на хранилище, используемое объектом (не корневое), если OleUIInsertObject собирается создать этот объект. Иначе это поле содержит NULL.
ppvObj	LPVOID FAR *	Если OleUIInsertObject используется для создания объекта, тогда ppvObj является интерфейсным указателем, запрашиваемым iid. ТОЛЬКО ДЛЯ ВЫВОДА.
sc	SCODE	Если OleUIInsertObject используется для создания объекта, тогда это поле содержит SCODE, возвращаемый как результат создания. ТОЛЬКО ДЛЯ ВЫВОДА.
hMetaPict	HGLOBAL	Структура MetafilePict для внешнего вида, если этот вид не в буфере объекта. ТОЛЬКО ДЛЯ ВЫВОДА.

Таблица 16.2. Значения поля dwFlags.

Значение	Вход или выход	Смысл
IOF_SHOWHELP	Вход	В диалоговом окне будет кнопка Help.
IOF_SELECTCREATENEW	Вход	Первоначально будет принята зависимая кнопка Create New. Если этот флаг определен, то вы не можете установить значение IOF_SELECTCREATEFROMFILE.
IOF_SELECTCREATEFROMFILE	Вход	Первоначально будет принята зависимая кнопка Create New. Если этот флаг определен, то вы не можете установить значение IOF_SELECTCREATENEW.
IOF_CHECKLINK	Вход	Определяет, что первоначально будет выбрана независимая кнопка Link в том случае, если не установлено значение IOF_DISABLELINK.

IOF_CHECKDISPLAYASICON	Вход	Определяет, что первоначально будет выбрана независимая кнопка Display As Icon в том случае, если не установлено значение IOF_DISABLEDISPLAYASICON.
IOF_CREATENEWOBJECT	Вход	Должен быть создан новый объект в случае, если пользователь выбрал OK и нажата зависимая кнопка Create New.
IOF_CREATEFILEOBJECT	Вход	Должен быть создан новый объект из выбранного файла в случае, если пользователь выбрал OK и нажата зависимая кнопка Create From File.
IOF_CREATELINKOBJECT	Вход	Должен быть создан новый связанный объект в случае, если пользователь выбрал OK и нажата независимая кнопка Link.
IOF_DISABLELINK	Вход	Определяет, что независимая кнопка Link будет отключена (невидима).
IOF_VERIFYSERVEREXIST	Вход	Определяет, что процедура диалогового окна должна проверить каждый сервер, помещаемый в список выбора окна, чтобы убедиться, что он сервер существует. Microsoft отмечает это как существенный фактор, влияющий на производительность.
IOF_DISABLEDISPLAYASICON	Вход	Определяет, что независимая кнопка Display As Icon будет отключена (невидима).
IOF_SELECTCREATENEW	Выход	Пользователь выбрал Create New.
IOF_SELECTCREATEFROMFILE	Выход	Пользователь выбрал Create From File.
IOF_CHECKDISPLAYASICON	Выход	Пользователь выбрал Display As Icon.
IOF_CHECKLINK	Выход	Пользователь выбрал Link и Create From File (вы также примете Create From File).

Таблица 16.1 показывает все поля, входящие в структуру OLEUIINSERTOBJECT, а таблица 16.2 показывает все возможные входные и выходные (возвращаемые) значения для поля dwFlags. При этом интересно отметить, что если вы установите в dwFlags значение IOF_VERIFYSERVEREXIST (наряду с любыми другими нужными вам флагами), то вы не увидите никаких управляющих элементов OLE в своем списке выбора. То, что ваше приложение не поддерживает управляющие элементы OLE (смотрите 23-й день, главу «Управляющие элементы OLE», для дополнительной информации о специальных элементах OLE), является для вас преимуществом, так как вы не сможете внедрить не поддерживаемый вами объект. Это поведение может измениться в будущих версиях библиотеки OLEUI. Рисунок 16.1 показывает пример диалогового окна Create New, а рисунок 16.2 показывает пример диалогового окна Create from File.

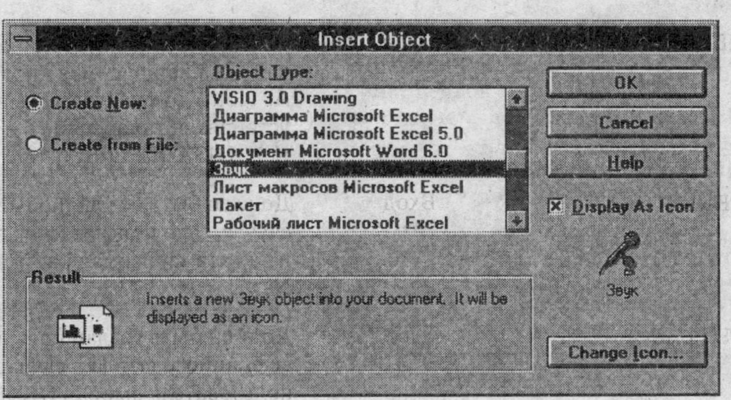

Рис. 16.1. Диалоговое окно Create New.

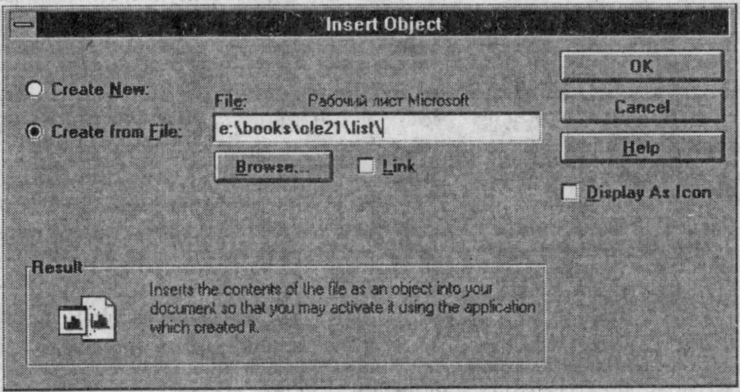

Рис. 16.2. Диалоговое окно Create from File.

> **Замечание:** При проверке исходного текста OleUIInsertObject (INSOBJ.C) я узнал, что он использует COMMDLG.DLL (которая является обычной DLL для диалоговых окон). Если приложение, работавшее нормально, начинает вести себя странно (при выводе диалогового окна вставленного объекта), то вы имеет смысл проверить, не заменило ли какое-то из вновь установленных приложений вашу COMMDLG.DLL на другую версию. Эта информация может помочь отыскать причину сбоя.

Используя таблицы 16.1 и 16.2, вы можете видеть, что ваше приложение просто устанавливает нужные значения для вызова OleUIInsertObject. Вы могли заметить, что для dwFlags установлены IOF_CREATENEWOBJECT и IOF_CREATEFILEOBJECT. Установка этих флагов заставляет OleUIInsertObject действительно создать объект для вас в том случае, когда пользователь выберет OK. Если вы не включите эти флаги, то OleUIInsertObject просто возвратит выбранные пользователем установки. Вашему приложению затем будет нужно самостоятельно вызвать OleCreate (если пользователь выбрал Create New) или OlecreateFromFile (если пользователь выбрал Create From File). Так как OLEUI уже имеет соответствующий код для вызова нужной подпрограммы, то я решил использовать эти подпрограммы внутри OleUIInsertObject. Иначе ваше приложение должно будет предоставить два интерфейсных указателя на OleCreate и OleCreateFromFile.

Вы могли заметить, что код в листинге 16.5 создает временный COleSiteObject, чтобы обеспечить IOleClientSite и IStorage. Я реализовал эту подпрограмму таким образом, потому что данный документ поддерживает лишь одно местоположение. Если бы я инициализировал COleSiteObject и пользователь выбрал бы Cancel из OleUIInsertObject, то я бы больше не имел исходного объекта (если он вообще был). Если пользователь выбирает OK, тогда программа удаляет исходный объект и создает временный объект в объекте документа. Ваш код скорее всего будет отличаться от этой реализации. (например, у вас может быть связанный список местоположений клиента).

После того, как вызвана OleUIInsertObject и пользователь выбрал OK, вы можете начинать использовать связь с выбранным объектом. Во-первых, получите интерфейсы IViewObject2 или IViewObject, которые нужны для изображения этого объекта (эта реализация использует IOleObject, который определен как возвращаемый интерфейсный указатель при вызове OleUIInsertObject). Так как ваше приложение имеет интерфейс IViewObject, то оно может затем запросить интерфейс IPersistStorage. Если все нормально, то вызовите другую подпрограмму OLEUI, OleStdSetupAdvises. Эта подпрограмма установит справки для просмотрового объекта, для OleObject и вызовет IOleObject::SetHostNames, чтобы сообщить объекту имя вашего приложения и заголовок окна. Наконец, OleStdSetupAdvises вызывает OleSetContainerObject, который необходимо вызвать, если ваш контейнер поддерживает связывание (чего он не делает).

Одним из параметров OleStdSetupAdvises является текущий аспект. Обычно вид определен как DVASPECT_CONTENT; тем не менее, если пользователь выбрал Display As Icon (Показать как пиктограмму), то вид будет определяться DVASPECT_ICON. dwFlags из OleUIInsertObject будет иметь установленным IOF_CHECKDISPLAYASICON, если пользователь выберет Display As Icon, поэтому вашему приложению нужно сохранять эту информацию. Итак, если ваш объект отображается в виде пиктограммы, то вызовите OleStdSwitchDisplayAspect из OLEUI, чтобы зафиксировать буфер для внешнего вида и не вызывайте DoVerb объекта. Если представление вашего объекта не пиктограмма, то вызовите метод IOleObject::DoVerb с параметром OLEIVERB_SHOW. Последнее, что осталось сделать, это в случае возвращения объектом OleUIInsertObject метафайла пиктограмм, высвободить пиктограмму путем вызова OleUIMetafilePictIconFree из библиотеки OLEUI. Вот теперь вы закончили!

Вспомните, что перед этим вы создали функцию Open Document, которая просто вызывает DoLoad. Метод DoLoad (смотри листинг 16.2) очень похож на OnEditInsertObject, но у него есть несколько основных отличий.

Листинг 16.6. Реализация DoLoad.

```
BOOL CContainDoc::DoLoad(LPSTR szFileName)
{
    LPENUMSTATSTG lpEnum;
    STATSTG statstg;
    ULONG ulcount;
    LPMALLOC  pMalloc;

    if (szFileName != NULL) {
        if (m_pRootStorage != NULL)
            m_pRootStorage->Release();
        m_pRootStorage = OleStdOpenRootStorage(szFileName,STGM_READWRITE |
STGM_SHARE_DENY_NONE);
        if (m_pRootStorage == NULL) {
            SetFullFileName(NULL);
            return FALSE;
        }

      m_pRootStorage->EnumElements(0,NULL,0,&lpEnum);
      if (lpEnum == NULL)
        return FALSE;

      CoGetMalloc(MEMCTX_TASK,&pMalloc);
      while (1) {
         if (lpEnum->Next(1,&statstg,&ulcount) != NOERROR)
```

```
            break;
      if (statstg.type == STGTY_STORAGE) {
         //Create a new client site for every object you read in
         if (m_pOleSiteObject != NULL)
            delete m_pOleSiteObject;
         m_pOleSiteObject = new COleSiteObject(this);
         m_pRootStorage->OpenStorage((LPSTR)statstg.pwcsName,NULL,
                  STGM_READWRITE | STGM_SHARE_EXCLUSIVE |
                  STGM_TRANSACTED,
                  NULL, 0,&m_pOleSiteObject->m_pIStorage);
      }
      else {
         pMalloc->Free(statstg.pwcsName);
         continue;
      }

      //AddRef the client site because we're giving it away
      m_pOleSiteObject->m_pIOleClientSite->AddRef();

      HRESULT hResult = OleLoad(m_pOleSiteObject->m_pIStorage,IID_IOleObject,
            (IOleClientSite *)m_pOleSiteObject->m_pIOleClientSite,
            (LPVOID*)&m_pOleSiteObject->m_pIOleObject);
      if (hResult != NOERROR)
         goto FAILURE;

   hResult = m_pOleSiteObject->m_pIOleObject->QueryInterface(IID_IViewObject2,
                  (LPVOID *)&m_pOleSiteObject->m_pIViewObject);

      if (hResult != NOERROR) {
    hResult = m_pOleSiteObject->m_pIOleObject->QueryInterface(IID_IViewObject,
                  (LPVOID *)&m_pOleSiteObject->m_pIViewObject);
      }

      if (hResult == NOERROR) {
 hResult = m_pOleSiteObject->m_pIOleObject->QueryInterface(IID_IPersistStorage,
                  (LPVOID *)&m_pOleSiteObject->m_pIPersistStorage);
      } else  {
         //We didn't obtain IViewObject or IViewObject2 so fail
         goto FAILURE;
      }

      if (hResult != NOERROR) {
         //We didn't obtain the PersistStorage so fail
         m_pOleSiteObject->m_pIViewObject->Release();
         m_pOleSiteObject->m_pIViewObject = NULL;
         goto FAILURE;
      }

      //Save the name of the storage used for this object
      if (m_pOleSiteObject->m_szStorageName != NULL)
         delete m_pOleSiteObject->m_szStorageName;
      m_pOleSiteObject->m_szStorageName =
        (LPSTR) new char[strlen(statstg.pwcsName)+1];
      strcpy(m_pOleSiteObject->m_szStorageName,statstg.pwcsName);

      char    szSiteTitle[OLEUI_CCHPATHMAX];
      GetWindowText(m_hWndView,szSiteTitle,sizeof(szSiteTitle));

      //Setup the advises between the container and the object.
      //Sets up a view advise
      //An Ole advise
      //Calls IOleObject->SetHostNames
      //And calls OleSetContainedObject
      //
      BOOL bRet = OleStdSetupAdvises(m_pOleSiteObject->m_pIOleObject,
            m_pOleSiteObject->GetSiteAspect(),
            "Contain",
            szSiteTitle,
            (LPADVISESINK)m_pOleSiteObject->m_pIAdviseSink,
```

Листинг 16.6. продолжение

```
                TRUE);

        m_pOleSiteObject->SetObjectClosed(FALSE);
 //We are not required to call OleSetContainedObject if we don't support linking
 //but it doesn't hurt.If we do support linking, we must call this function after
 //we have loaded the object
 //
 //The line is commented out because we called OleStdSetUpAdvises which performs
        //call for us.
        //Otherwise we must do this call ourselves.
        //
//  OleSetContainedObject((LPUNKNOWN)m_pOleSiteObject->m_pIOleObject,TRUE);

        pMalloc->Free(statstg.pwcsName);
    }   // End of while

        //We're finished so release our lpEnum and pMalloc
        lpEnum->Release();
        pMalloc->Release();

        m_bSameAsLoad = TRUE;
        SetFullFileName(szFileName);
        return TRUE;
    }
    return FALSE;
//Even if we failed we still need to free our statstg.pwcsName as
//well as release our lpEnum and pMalloc interfaces
//
FAILURE:
        pMalloc->Free(statstg.pwcsName);
        lpEnum->Release();
        pMalloc->Release();
        return FALSE;
}
```

Анализ

Когда вы выполняете Open Document, то вам выделяется ранее сохраненное хранилище, так что вам необходимо открыть и прочитать его. В своей реализации DoLoad откройте корневое хранилище, затем переберите все хранилища внутри корневого и создайте местоположения новых клиентов для каждого найденного хранилища (что для этой программы означает не искать более одного хранилища, так как ваш документ поддерживает лишь одно местоположение клиента). Весьма вероятно, что ваша реализация будет отличаться от этой реализации. Ваша реализация скорее всего будет иметь данные, ассоциированные с документом, и один индикатор для каждого местоположения внутри документа. Этот индикатор скорее всего будет иметь имя хранилища местоположения, так что ваше приложение должно затем открыть хранилище местоположения (взамен перебора внутри корневого хранилища, как сделано в этой реализации).

> **Замечание:** Так как ваше приложение не имеет специфичных для него данных, то вы лишь записали данные объекта в корневое структурированное хранилище. Это на самом деле приводит к осложнениям, потому что когда вы считываете данные обратно, то не знаете, был ли внешний вид объекта определен как DVASPECT_CONTENT или как DVASPECT_ICON. Когда вы пишите свое приложение, то нужно сохранять текущий аспект объекта с данными вашего приложения так, чтобы можно было показывать объект правильно при считывании сохранявшегося хранилища.

Главное отличие DoLoad от OnEditInsertObject заключается в том, что DoLoad открывает существующее хранилище (которое может содержать местоположения), а OnEditIsertObject запрашивает местоположение у пользователя. В дополнение, DoLoad не вызывает метод DoVerb местоположения.

Шаг 4 — Изображение объекта

Теперь созданный объект необходимо отобразить. Я обнаружил, что метод отображения должен быть на самом деле разделен на два метода, один в документе (см. листинг 16.7) и один в местоположении (см. листинг 16.8). Реализация метода Draw в документе (или в представлении, если вы придерживаетесь архитектуры Document/View) должна лишь вызвать метод Draw видимого местоположения. Так как ваше приложение поддерживает только одно местоположение, то вы всегда вызываете метод Draw местоположения.

Листинг 16.7. Реализация Draw для Document/View.

```
//Draws the doc/view
//
void CContainDoc::Draw(HDC hDC)
{

    //Should call DrawSite for every visible object on the doc
    if (m_pOleSiteObject != NULL) {
        m_pOleSiteObject->DrawSite(hDC);
    }
}
```

Листинг 16.8. Реализация объекта Draw.

```
//This is a helper function which draws the site object
void    COleSiteObject::DrawSite(HDC hDC)
{
    RECT    Rect;
    SIZEL   Sizel;

    if (m_pIOleObject != NULL) {
        //Some objects listen and some don't so let's find out what size it wants
        m_pIOleObject->GetExtent(GetSiteAspect(),&Sizel);
        Rect.left = Rect.top = 0;
        Rect.right = XformWidthInHimetricToPixels(hDC,(int)Sizel.cx);
        Rect.bottom = XformHeightInHimetricToPixels(hDC,(int)Sizel.cy);

        //Tell the object to draw
        OleDraw(m_pIOleObject,GetSiteAspect(),
                hDC,&Rect);

        //Draws the hatching around the object
        if (IsObjectVisible())
            OleUIDrawShading(&Rect,hDC,
                OLEUI_SHADE_FULLRECT,0);
    }
}
```

Анализ

Реализация DrawSite просто берет текущий внешний вид (помните, что объект может быть пиктограммой) и вызывает OleDraw. OleDraw берет на себя заботу о вызове метода IOleObject::Draw объекта, который и рисует объект. После того, как ваш объект изображен, проверьте флаг, чтобы определить, запущен ли в данный момент сервер этого объекта (этот флаг устанавливается методом IOleClientSite::OnShowWindow, с которым вы познакомитесь в следующем параграфе). Если сервер объекта запущен, то вы можете добавить выделение тенью для своего объекта, чтобы дать понять пользователю о том, что он сервер объекта работает. И вновь библиотека OLEUI приходит вам на помощь, на этот раз в виде функции OleUIDrawShading. Вы просто вызываете OleUIDrawShading с прямоугольником объекта, контекстом устройства и флагом OLEUI_SHADE_FULLRECT, что приводит к выделению тенью всего объекта. Таблица 16.3 показывает допустимые флаги, которые могут использоваться с OleUIDrawShading.

Таблица 16.3. Флаги OleUIDrawShading.

Значение	Содержание
OLEUI_SHADE_FULLRECT	Выделяет тенью весь прямоугольник объекта.
OLEUI_SHADE_BORDERIN	Показывает тень внутри вдоль границы прямоугольника. Ширина тени в пикселах определяется четвертым параметром OleUIDrawShading.
OLEUI_SHADE_BOREDEROUT	Показывает тень снаружи вдоль границы прямоугольника. Ширина тени в пикселах определяется четвертым параметром OleUIDrawShading.
OLEUI_SHADE_USEINVERSE	Может использоваться с любым из приведенных выше флагов. Приказывает OleUIDrawShading использовать PATINVERT.

Шаг 5 — Реализация *IOleClientSite*

IOleClientSite является необходимым интерфейсом при реализации контейнера. IOleClientSite в первую очередь отвечает за обмен с внедренными или связанными объектами. IOleClientSite используется для получения информации от контейнера или для ее передачи ему. IOleClientSite имеет шесть методов (наряду с тремя методами IUnknown), показанных на листинге 16.9.

Листинг 16.9. Заголовок IOleClientSite.

```
CLASS COleClientSite : public IOleClientSite
{
public:
 STDMETHODIMP QueryInterface(REFIID riid, LPVOID FAR* ppvObj);
 STDMETHODIMP_(ULONG) AddRef();
 STDMETHODIMP_(ULONG) Release();

 STDMETHODIMP SaveObject(void);
 STDMETHODIMP GetMoniker(DWORD dwAssign, DWORD dwWhichMoniker,
              LPMONIKER FAR* ppmk);
 STDMETHODIMP GetContainer(LPOLECONTAINER FAR* ppContainer);
 STDMETHODIMP ShowObject(void);
 STDMETHODIMP OnShowWindow(BOOL fShow);
 STDMETHODIMP RequestNewObjectLayout(void);
 COleClientSite(COleSiteObject FAR *pSite);
 ~COleClientSite();
private:
 COleSiteObject FAR * m_pSite;
};
```

Давайте вкратце взглянем на каждый из методов IOleClientSite.

```
HRESULT IOLeClientSite::SaveObject(void);
```

SaveObject вызывается объектом, когда пользователь выбирает в приложении сервера объекта File Exit или Update. Это заставит приложение контейнера сохранить объект внутри контейнера. Этот метод реализуется внутри вашего контейнерного приложения и должен вызывать реализацию DoSave вашего документа.

```
HRESULT IOleClientSite::GetMoniker(DWORD dwAssign, DWORD dwWhichMoniker,
 LPMONIKER FAR * ppmk);
```

GetMoniker вызывается в том случае, если объекту требуется ярлык контейнера. Этот метод нужно реализовывать лишь для контейнера, поддерживающего связывание. Если контейнер не поддерживает связывание, то этот метод должен просто возвратить E_NOTIMPL и установить ppmk на NULL.

```
HRESULT IOleClientSite::GetContainer(LPOLECONTAINER FAR *ppContainer);
```

GetContainer вызывается в случае, если объекту требуется интерфейс IOleContainer контейнера. Этот метод нужно реализовывать лишь если контейнер поддерживает связывание. Если контейнер не поддерживает связывание, то этот метод должен просто возвратить E_NOINTERFACE и установить ppContainer на NULL.

```
HRESULT IOleClientSite::ShowObject(void);
```

ShowObject вызывается в случае, если объекту требуется, чтобы контейнер сделал этот объект полностью видимым (когда объект видим частично и контейнеру нужно прокручивать документ). Если контейнер свернут, то он должен восстановить размер так, чтобы объект стал видимым. Этот метод не обязателен и может просто возвращать S_OK.

```
HRESULT IOleClientSite::OnShowWindow(BOOL fShow);
```

Объект вызывает OnShowWindow с целью сообщить контейнеру о том, видимо или нет окно объекта. Если fShow равно TRUE, то окно объекта открыто, так что контейнер должен показать объект (внутри собственного окна контейнера) штрихованным. Иначе, если fShow равно FALSE, то окно объекта закрыто, и поэтому контейнер должен показать объект (внутри собственного окна контейнера) без штриховки. Листинг 16.10 показывает типичную реализацию OnShowWindow.

Листинг 16.10. Реализация OnShowWindow.

```
//Notifies the container when the object becomes visible or invisible
//
STDMETHODIMP COleClientSite::OnShowWindow(BOOL fShow)
{
    if (m_pSite->IsObjectVisible() == fShow)
        return NOERROR;

    m_pSite->SetObjectVisible(fShow);

    //Redraw the view
    InvalidateRect(m_pSite->m_pContainDoc->GetViewHwnd(),NULL,TRUE);

    //If object is not visible anymore bring the container back to the top
    //and give it focus
    if (fShow == FALSE) {
        BringWindowToTop(m_pSite->m_pContainDoc->GetViewHwnd());
        SetFocus(m_pSite->m_pContainDoc->GetViewHwnd());
    }
    return NOERROR;
}
```

Анализ

Как вы видите, OnShowWindow используется для того, чтобы сообщить вам, запущен ли еще сервер объекта. Если fShow равно TRUE, то есть сервер еще загружен, вам нужно запомнить этот факт, чтобы при отображении вашего объекта (в DrawSite) вы могли показать его с тенью. Иначе ваш объект будет без тени. Во всех случаях вы обновляете свое окно, чтобы объект был перерисован. Вы можете обновлять лишь часть окна с объектом, если вы поддерживаете несколько местоположений в своем документе.

```
HRESULT IOleClientSite::RequestNewObjectLayout(void);
```

Объект вызывает RequestNewObjectLayout, чтобы проинформировать контейнер о том, что ему (объекту) требуется определенное пространство. Этот метод должен возвратить E_NOTIMPL, так как отсутствует способ, с помощью которого вы могли бы определить, сколько пространства нужно для объекта (этот метод не функционирует в OLE 2.01 и, возможно, будет использоваться в будущих версиях OLE).

> **Замечание:** Во время подготовки этой книги к печати появились управляющие элементы OLE (OLE Controls). По-видимому, RequestNewObjectLayout используется управляющими элементами OLE и контейнерами, поддерживающими управляющие элементы OLE.

Шаг 6 — Реализация *IAdviseSink*

IAdviseSink является необходимым интерфейсом при реализации контейнеров. IAdviseSink используется контейнером для получения извещения от объекта в случае изменения этого объекта. При изменении данных объекта вызывается OnDataChange, а при изменении вида объекта посылается уведомление OnViewChange. IAdviseSink имеет шесть методов (наряду с тремя методами IUnknown), показанных на листинге 16.11.

Листинг 16.11. Заголовок IAdviseSink.

```
CLASS CAdviseSink : public IAdviseSink2
{
public:
 STDMETHODIMP QueryInterface (REFIID riid, LPVOID FAR* ppv);
 STDMETHODIMP_(ULONG) AddRef ();
 STDMETHODIMP_(ULONG) Release ();

 STDMETHODIMP_(void) OnDataChange (FORMATETC FAR* pFormatetc,
                       STGMEDIUM FAR* pStgmed);
 STDMETHODIMP_(void) OnViewChange (DWORD dwAspect, LONG lindex);
 STDMETHODIMP_(void) OnRename (LPMONIKER pmk);
 STDMETHODIMP_(void) OnSave ();
 STDMETHODIMP_(void) OnClose ();
 STDMETHODIMP_(void) OnLinkSrcChange (LPMONIKER pmk);

 CAdviseSink(COleSiteObject FAR * pSite);
 ~CAdviseSink();

private:
 COleSiteObject FAR * m_pSite;

};
```

Анализ

```
void CAdviseSink::OnDataChange(FORMATETC FAR *pFormatetc,
 STGMEDIUM FAR *pStgmed);
```

Метод OnDataChange обеспечивает уведомление при изменении данных объекта. Сервер объекта вызовет этот метод, когда данные объекта изменились и ваше приложение запросило уведомление.

```
void CAdviseSink::OnViewChange(DWORD dwAspect, LONG lindex);
```

Метод OnViewChange обеспечивает уведомление при изменении вида объекта; это не обязательно означает, что изменились и данные объекта. dwAspect является внешним видом, в котором произошли изменения, а lindex — это та часть изображения, которая была изменена; в OLE 2.01 ее значение всегда равно -1. Вы должны перерисовать свой объект (если он видим) после получения уведомления.

```
void CAdviseSink::OnRename(LPMONIKER pmk);
```

Метод OnRename обеспечивает уведомление при переименовании объекта. Это уведомление может игнорироваться в случае контейнеров, так как оно используется для извещения связанного OLE объекта о том, что имя этого объекта или имя контейнера объекта изменено. Ваше приложение не получит этого извещения, если вы используете SetOleStdSetuoAdvises.

```
void CAdviseSink::OnSave(void);
```

Метод OnSave обеспечивает уведомление о факте сохранения объекта. Это уведомление может игнорироваться (не реализовываться) в случае контейнеров, так как контейнеры обычно являются тем приложением, которое объект сохраняет.

```
void CAdviseSink::OnClose(void);
```

Метод OnClose обеспечивает уведомление о том, что объект уже не выполняется (объект закрыт). Контейнер обычно игнорирует это уведомление.

> **Замечание:** Хотя Microsoft сообщает, что вы можете игнорировать метод OnClose, я обнаружил, что этот метод необходимо реализовывать и регистрировать уведомление Advise для того, чтобы ваше приложение получило уведомление о завершении. Если вы получили это уведомление, то ваше приложение должно высвободить все интерфейсы объекта, удерживаемые им, потому что некоторые несовершенные приложения будут реально завершаться при наличии ссылок на объект. Если вы не желаете реализовывать этот метод, то ваше приложение должно вызывать CoLockObjectExternal, чтобы заставить OLE оставить объект в памяти до того, как ваше приложение освободит его (и вызовет CoLockObjectExternal снова, чтобы снять внешнюю блокировку). CoLockObjectExternal рассматривается на 17-й день, в главе «Drag and Drop», потому что CoLockObjectExternal используется адресатами этой операции.

```
void CAdviseSink::OnLinkScrChange(LPMONIKER pmk);
```

Метод OnLinkScrChange действует только в интерфейсе IAdviseSink2 и используется для обеспечения уведомления об изменении источника связывания. Он не реализуется в контейнере, кроме случая поддержки контейнером связей, тогда контейнер должен использовать pmk в качестве ярлыка нового источника связи.

Шаг 7 — Тестирование

После выполнения шагов от 1 до 6 вы закончили основную часть программы, которая реализует контейнер, поддерживающий внедренные объекты. После этого вы можете протестировать ее, чтобы убедиться в том, что контейнер работает правильно.

Шаг 8 — Меню

Если ваш контейнер работает, то вам нужно добавить некоторое количество кода к программе для того, чтобы сделать интерфейс пользователя законченным. Вы наверно заметили, что во время испытания своей программы вы могли вставить объект, но при указании на него двойным нажатием ничего не происходило. Обычно вы ожидаете, что при двойном нажатии над внедренным объектом будет выполняться первичная команда (глагол) объекта. Для поддержания этого свойства вам необходимо сделать незначительные изменения. Во-первых, убедитесь, что вы зарегистрировали класс своего окна посредством CS_DBLCKS. Если это сделано, то каждый раз при двойном нажатии пользователем левой кнопки мыши вы будете принимать WM_LBUTTONDBLCLK. Затем вы можете вызывать метод DoVerb объекта с OLEIVERB_PRIMARY, который выполнит первичную команду объекта.

Вы, должно быть, видели приложения, в которых меню Edit или Insert имеет список глаголов объекта, так что пользователь может выбрать нужную ему или ей команду и выполнить его. Листинг 16.12 показывает реализацию WM_INITMENUPOPUP в процедуре обрамляющего окна вашего приложения.

Листинг 16.12. Реализация WM_INITMENUPOPUP.

```
case WM_INITMENUPOPUP: {
   HMENU   hMenuPopup = (HMENU)wParam;
   int     iIndex     = (int)LOWORD(lParam);
   BOOL    bSysMenu   = (BOOL)HIWORD(lParam);
   HMENU   hMenuTemp;
   LPOLEOBJECT pOleObject = NULL;
```

Листинг 16.12. продолжение

```
    if (iIndex == 1) {
        HWND hWndChild = LOWORD(SendMessage(hWndMDIClient,
                            WM_MDIGETACTIVE,0,0L));
        if (IsWindow(hWndChild)) {
            pDoc = (CContainDoc *)GetWindowLong(hWndChild,0);
            if (pDoc) {
                if (pDoc->m_pOleSiteObject != NULL)
                    if (pDoc->m_pOleSiteObject->m_pIOleObject != NULL)
                        pOleObject = pDoc->m_pOleSiteObject->m_pIOleObject;
            }
        }
        OleUIAddVerbMenu(pOleObject,
                        NULL,
                        hMenuPopup,
                        7,
                        IDM_VERBMIN,IDM_VERBMAX,
                        FALSE,
                        0,
                        &hMenuTemp);
        // No clipboard functions in this version
        EnableMenuItem(hMenuPopup, ID_EDIT_CUT, MF_GRAYED | MF_BYCOMMAND);
        EnableMenuItem(hMenuPopup, ID_EDIT_COPY, MF_GRAYED | MF_BYCOMMAND);
        EnableMenuItem(hMenuPopup, ID_EDIT_PASTE, MF_GRAYED | MF_BYCOMMAND);
        EnableMenuItem(hMenuPopup, ID_EDIT_UNDO, MF_GRAYED | MF_BYCOMMAND);

         return 0;
     } else
         break;
}
```

Анализ

Когда ваше приложение получает WM_INITMENUPOPUP, то ему необходимо определить, собирается ли пользователь вывести меню Edit (iIndex == 1; меню File соответствует 0, а меню Edit в большинстве приложений соответствует 1). Если пользователь собирается показать меню Edit и ваше приложение имеет вставленный объект, то вы сможете добавить этот объект в меню своего приложения при помощи вызова функции OleUIAddVerbMenu из библиотеки OLEUI. Эта функция требует следующих девяти параметров:

Имя	Тип	Содержание
lpObj	LPOLEOBJECT	Это интерфейс объекта IOleObject.
lpszShortType	LPSTR	Краткое имя объекта. Если это поле содержит NULL, то OleUIAddVerbMenu будет принимать короткие имена при вызове объектов.
hMenu	HMENU	Значение wParam из WM_INITMENUPOPUP.
uPos	UINT	Позиция, в которой должно быть показано меню объекта.
idVerbMin	UINT	Смотрите текст.
idVerbMax	UINT	Смотрите текст.
bAddConvert	BOOL	Флаг, указывающий, нужно ли добавлять опцию Convert в конец списка меню (если вы поддерживаете преобразование объекта одного типа в другой).

idConvert	UINT	В случае выбора пользователем опции меню Convert должно быть возвращено значение WM_COMMAND.
lphMenu	HMENU FAR *	Селектор для каскадного меню, в котором содержаться команды объекта (или NULL для объекта, не имеющего команд).

Наиболее интересными частями OleUIAddVerbMenu являются параметры idVerbMin и idVerbMax. Из опыта программирования в Windows вы знаете, что какой бы вы ни выбрали пункт меню, Windows вернет вам сообщение WM_COMMAND с идентификатором этого пункта. Значение idVerbMin используется в качестве начального значения идентификатора меню команд объекта, которые будут посылаться вам через WM_COMMAND. Предположим, что ваш объект поддерживает три команды, A, B и C. Если пользователь выбирает A, то вы получите значение WM_COMMAND с индексом idVerbMin. Если пользователь выбирает B, то вы получите значение WM_COMMAND с индексом idVerbMin+1, C возвратит значение idVerbMin+2, и так далее. idVerbMax является максимальным числом, которое будет вам возвращено. Если вы установите для idVerbMax нулевое значение, то не будет определено максимальное количество команд. Ваш обработчик для WM_COMMAND должен проверять, чтобы значение wParam было не меньше idVerbMin и не больше idVerbMax (если idVerbMax не равен нулю), и затем передавать в DoVerb объекта разность (wParam-idVerbMin). Это будет обеспечивать выполнение указанной команды.

Заключение

Создать контейнер можно без особых затруднений, если выполнить следующие шаги:

1. Выполните инициализацию и деинициализацию OLE.
2. Добавьте поддержку структурированного хранилища (преобразовав, если это возможно, вашу существующую файловую структуру в хранилище).
3. Добавьте пункт Insert Object (Dcnfdm объект) в свое меню, обеспечив поддержку вставки объектов.
4. Добавьте к своему контейнеру прорисовку (используя OleDraw).
5. Реализуйте IOleClientSite.
6. Реализуйте IAdviseSink.
7. Испытайте свой объект.
8. (Не обязательно, но рекомендуется.) Обеспечьте поддержку обработки двойного нажатия и отображения глаголов объекта в меню.

Вопросы и ответы

В: В этой главе вы создали контейнер, поддерживающий внедренные объекты, а не может ли этот контейнер также поддерживать и связи?

О: Да, контейнеры могут поддерживать как внедренные, так и связанные объекты. Связанные объекты будут рассмотрены в 21-й день, глава «Автомат с модификацией для реального времени», так как связь является дополнением реального времени. 21 день посвящен обсуждению OLE, а также дает пояснения по контейнерам, являющимся одновременно серверами. Такие контейнеры отличаются дополнительной сложностью, так как для них становится возможным иметь связь с самим собой.

В: Контейнер, созданный мной, не поддерживает работу с буфером обмена (Clipboard), но нельзя ли из него внедрить объект?

О: Да, контейнеры могут внедрять объекты из буфера обмена; метод, используемый для этого, очень похож на поддержку перемещения объектов, которое рассматривается в 17-й день.

Семинар

Опрос

1. В чем состоят три главных требования к контейнерам OLE?

Упражнения

1. Добавьте итоговый набор свойств к своему приложению. Не забудьте добавить пункты File, Summary Info... к своему меню, чтобы позволить пользователю видеть сводную информацию для текущего файла.
2. Добавьте в OleGen поддержку для IOleClientSite.
3. Добавьте в OleGen поддержку для IAdviseSink.

Ответы к опросу

1. Контейнер OLE должен поддерживать интерфейсы IOleClientSite и IAdviseSink и предоставлять уникальные интерфейсы IStorage, IOleClientSite и IAdviseSink для каждого объекта, который может быть внедрен или связан.

Ответы к упражнениям

Ответы находятся на прилагаемой дискете.

Drag and Drop

Если вы активный пользователь Windows, то могли заметить, что вам часто приходится вырезать/копировать информацию из одного приложения и затем вставлять ее в другое приложение или в другое место того же самого приложения. Операция вырезки/копирования, во-первых, включает выбор нужной вам информации и затем помещение этой информации в буфер Clipboard при помощи опции cut/copy, после чего следует переход к другому приложению, указание места и выбор опции paste (вставка). Если вы делаете эту последовательность операций достаточно часто, то, естественно, появляется желание добиться того же результата другим способом, более легким и быстрым. Тут в дело вступает механизм Drag-and-Drop («перенести-положить») для связи и внедрения объектов OLE. Используя этот механизм OLE, вы можете выбрать нужную информацию и затем, при нажатой левой кнопке мыши, переместить ее в то приложение или место, куда вы хотите передать данные, после чего вы отпускаете левую кнопку мыши, освобождая данные. Эта операция делает вырезку/копирование данных из одного места в другое довольно простым (если вы чувствуете себя уверенно, пользуясь мышью), но имеет одну главную проблему: оба приложения должны поддерживать механизм Drag-and-Drop. Как вам его осуществить? Эта глава покажет вам, как можно легко поддерживать этот механизм OLE, но перед тем как вы сможете добавить эту поддержку, вам нужно продвинуться дальше в вопросе функций буфера обмена, используемых в OLE.

Контейнеры и буфер Clipboard

В главе 9 вы начали разбираться в том, как можно поддерживать операции с буфером Clipboard посредством OLE. Вы можете припомнить, что для поддержки буфера Clipboard необходим интерфейс IDataObject, который может быть передан Clipboard. Это не является проблемой для сервера, так как серверы должны обязательно поддерживать IDataObject, но контейнерам такая поддержка не требуется, и поэтому вам нужен метод для контейнера, чтобы использовать Clipboard посредством OLE. Рассмотрение начнем с того, как вы можете осуществлять вставку в контейнер (обсуждение сфокусировано на контейнерах, но те же методы могут быть применены также и к серверам).

Вставка

Предположим, например, что вы хотите скопировать какую-то информацию из MS Word в MS Excel. Если Word и Excel уже запущены и вы, перейдя в Excel, выберете в меню пункт Edit, то заметите, что опция Paste выделена серым цветом (если у вас нет ничего в Clipboard. Вы можете очистить Clipboard, запустив dobjview.exe, которая является средством для просмотра IDataObject из OLE2SDK. Если вы выбрали Clipboard и затем опцию Empty Clipboard, то буфер Clipboard будет очищен). Если вы затем перейдете в MS Word, выделите какой-то текст и затем выберете Edit, а потом Copy, то вы сможете, вернувшись в Excel, убедиться, что теперь опция Paste доступна. Если вы затем выбираете Paste, то ваши данные копируются в MS Excel. Откуда меню MS Excel знает, что сначала данных не было, а позднее — что данные есть?

В 16-й главе вы реализовали простой контейнер OLE. В процедуре обрамления ваше приложение проверяло, не собирается ли пользователь показывать выпадающее меню

Edit. Если выпадающее меню Edit отображалось и у вашего приложения был внедренный объект, то глаголы этого объекта добавлялись к меню. Так как меню Edit также содержит пункт Paste, то вам необходимо изменить свою процедуру так, чтобы когда есть, что вставлять, Paste включалась бы, а когда нечего вставлять, то выключалась. Листинг 17.1 содержит новую реализацию для InitMenuPopup.

Листинг 17.1. Новая реализация InitMenuPopup.

```
case WM_INITMENUPOPUP: {
    HMENU   hMenuPopup = (HMENU)wParam;
    int     iIndex     = (int)LOWORD(lParam);
    BOOL    bSysMenu   = (BOOL)HIWORD(lParam);
    HMENU   hMenuTemp;
    LPOLEOBJECT pOleObject = NULL;
    BOOL    bCanMakeClipboardData;

    bCanMakeClipboardData = FALSE;
    if (iIndex == 1) {
        hWndChild = LOWORD(SendMessage(hWndMDIClient,
                        WM_MDIGETACTIVE,0,0L));
        if (IsWindow(hWndChild)) {
            pContainDoc = (CContainDoc *)GetWindowLong(hWndChild,0);
            if (pContainDoc) {
                if (pContainDoc->m_pOleSiteObject != NULL)
                    if (pContainDoc->m_pOleSiteObject->m_pIOleObject != NULL){
                      pOleObject = pContainDoc->m_pOleSiteObject->m_pIOleObject;
                        bCanMakeClipboardData = TRUE;
                    }
            }
        }
        OleUIAddVerbMenu(pOleObject,
                        NULL,
                        hMenuPopup,
                        8,
                        IDM_VERBMIN,IDM_VERBMAX,
                        FALSE,
                        0,
                        &hMenuTemp);

        BOOL    bCanUseClipboardFormat =
                    pClipboardHandler->CanUseClipboardFormat();

        EnableMenuItem(hMenuPopup, ID_EDIT_CUT,
                                    bCanMakeClipboardData ? MF_ENABLED :
                                    MF_GRAYED | MF_BYCOMMAND);
        EnableMenuItem(hMenuPopup, ID_EDIT_COPY,
                                    bCanMakeClipboardData ? MF_ENABLED :
                                    MF_GRAYED | MF_BYCOMMAND);
        EnableMenuItem(hMenuPopup, ID_EDIT_PASTE,
                                    bCanUseClipboardFormat ? MF_ENABLED :
                                    MF_GRAYED | MF_BYCOMMAND);
        EnableMenuItem(hMenuPopup, ID_EDIT_PASTESPECIAL,
                                    bCanUseClipboardFormat ? MF_ENABLED :
                                    MF_GRAYED | MF_BYCOMMAND);
        EnableMenuItem(hMenuPopup, ID_EDIT_UNDO, MF_GRAYED | MF_BYCOMMAND);

        return 0;
    }  else
        break;
}
```

Анализ

Большая часть процедуры осталась той же, что и в 16-й главе, за исключением того, что изменилась реализация ID_EDIT_PASTE. Как вы можете видеть, если переменная bCanUseClipboardFormat равна TRUE, то вы включаете Paste, а если она равна FALSE, то выключаете. Если вы посмотрите на процедуру внимательно, то увидите, что bCanUseClipboardFormat устанавливается вызовом pClipboardHandler->CanUseClipboardFormat. pClipboardHandler есть указатель на CClipboardHandler, который является объектом, созданным вами для управления вашими функциями для Clipboard. В 9-й главе вы усвоили, что когда вы хотели работать с Clipboard, то вам требовался IDataObject на уровне приложения, который использовался просто для работы с Clipboard. CClipboardHandler управляет созданием IDataObject, а также имеет дополнительные возможности, которые вы увидите позже. Один из методов, реализованных в классе CClipboardHandler, является CanUseClipboardFormat (см. листинг 17.2).

Листинг 17.2. Реализация CanUseClipboardFormat.

```
BOOL    CClpbrd::CanUseClipboardFormat(void)
{
        LPDATAOBJECT    lpIDataObject;
        BOOL            bRet = FALSE;

        if (FAILED(OleGetClipboard(&lpIDataObject)))
            return FALSE;

        if (GetScode(OleQueryCreateFromData(lpIDataObject)) == S_OK)
            bRet = TRUE;

        lpIDataObject->Release();
        return bRet;
}
```

Анализ

CanUseClipboardFormat является простым методом, возвращающим TRUE, если имеется формат, который ваше приложение может использовать в Clipboard, и FALSE, если нет формата, который может быть использован приложением, или в буфере нет данных. CanUseClipboardFormat сначала вызывает OleGetClipboard, чтобы посмотреть, есть ли вообще данные в Clipboard. Если данных нет, то OleGetClipboard не выполнится, и CanUseClipboardFormat возвратит FALSE.

Если процедура OleGetClipboard завершается успешно, тогда она возвращает IDataObject для данных Clipboard. IDataObject затем используется при вызове OleQueryCreateFromData для определения того, поддерживает ли IDataObject в Clipboard внедренный объект, метафайл, DIB или битовую матрицу. Если OleQueryCreateFromData обнаруживает один из этих форматов в Clipboard, то она возвращает S_OK. (Если ваше приложение не поддерживает внедрения, то проверяйте OLE_S_STATIC вместо S_OK). Если OleQueryCreateFromData возвращает S_OK, то ваше приложение имеет формат, который может использоваться, поэтому CanUseClipboardFormat может вернуть TRUE (после освобождения IDataObject); в противном случае CanUseClipboardFormat возвратит FALSE.

Если вы хотите иметь более точную информацию о поддерживаемых форматах Clipboard, то можете вызвать IDataObject::QueryGetData с требуемым вам форматом. Например, если ваше приложение поддерживает лишь CF_METAFILEPICT, и не поддерживает DIB или битовые матрицы, то вы можете вызвать QueryGetData из IDataObject для Clipboard. Если QueryGetData возвратит S_OK, вы знаете, что ожидаемый вами формат есть в Cliboard. Вы можете вызывать QueryGetData для любого формата, поддерживаемого вашим приложением до тех пор, пока QueryGetData не возвратит S_OK или вы не исчерпаете все поддерживаемые форматы. Другим способом, которым вы можете обратиться к Clipboard, является вызов OleStdGetPriorityClipboardFormat из OLEUI. Эта процедура вызывается со списком форматов, поддерживаемых вашим приложением, и экземпляром IDataObject для Clipboard. Если IDataObject не поддерживает какой-то из форматов, в котором заинтересовано ваше приложение, то OleStdGetPriorityClipboardFormat вернет -1. Если OleStdGetPriorityClipboardFormat находит формат, в котором заинтересовано ваше приложение, то возвращает индекс в списке поддерживаемых форматов. Листинг 17.3 показывает альтернативную реализацию CanUseClipboardFormat с использованием OleStdGetPriorityClipboardFormat вместо OleQueryCreateFromData.

Листинг 17.3. Альтернативная реализация CanUseClipboardFormat.

```
BOOL    CClipboardHandler::CanUseClipboardFormat(void)
{
        LPDATAOBJECT    lpIDataObject;
        BOOL            bRet = FALSE;

        //We can't do anything if we don't get an IDataObject interface
        //
        if (FAILED(OleGetClipboard(&lpIDataObject)))
            return FALSE;

        //Call OleStdGetPriorityClipboardFormat with a list of clipboard
        //formats your application supports
        //If OleStdGetPriorityClipboardFormat returns a -1 then the
        //clipboard doesn't have a format we support
        //
        if (OleStdGetPriorityClipboardFormat(lpIDataObject,
                                             OlePasteEntry,
                  sizeof(OlePasteEntry)/sizeof(OLEUIPASTEENTRY)) != -1)
            bRet = TRUE;

        lpIDataObject->Release();
        return bRet;
}
```

Анализ

Единственным отличием реализаций CanUseClipboardFormat на листингах 17.2 и 17.3 является то, что на листинге 17.2 вызывается OleQueryCreateFromData, а на листинге 17.3 используется подпрограмма OleStdGetPriorityClipboardFormat из OLEUI. OleStdGetPriorityClipboardFormat требует списка форматов, поддерживаемых вашим приложением или документом. Каждый элемент списка является типом OLEUI-PASTEENTRY и поясняется в таблице 17.1.

Таблица 17.1. Поля OLEUIPASTEENTRY.

Переменная	Тип	Содержание
fmtetc	FORMATETC	FormatEtc для этого элемента.
pstrFormatName	LPCSTR	Указанное пользователем имя формата.
lpstrResultText	LPCSTR	Текст с результатом для элемента.
dwFlags	DWORD	Флаги. Смотрите OLEUIPASTEFLAG.
dwScratchSpace	DWORD	Временная пустая область. Не используйте это поле.

Вы, возможно, склоняетесь к мысли, что на самом деле будет проще воспользоваться OleQueryCreateFromData вместо OleStdGetPriorityClipboardFormat, потому что OleStdGetPriorityClipboardFormat требует массив OLEUIPASTEENTRY. Как вы увидите в ходе рассмотрения опции Paste Special... немного позже, вашему приложению в любом случае будет нужен массив OLEUIPASTEENTRY, и, кроме того, OleStdGetPriorityClipboardFormat обеспечивает проверку для всех форматов, поддерживаемых вашим приложением (через массив OLEUIPASTEENTRY), поэтому OleStdGetPriorityClipboardFormat реализуется тривиально. Вы также будете использовать OleStdGetPriorityClipboardFormat в своей реализации DoPaste потому, что OleStdGetPriorityClipboardFormat возвращает индекс первого элемента в массиве, содержащего доступный формат Clipboard (смотрите листинг 17.4).

Листинг 17.4. Реализация DoPaste.

```
BOOL    CClipboardHandler::DoPaste(CContainDoc *pContainDoc)
{
        LPDATAOBJECT     lpIDataObject;
        BOOL             bRet = FALSE;

        //We can't do anything if we don't get an IDataObject interface
        //
        if (FAILED(OleGetClipboard(&lpIDataObject)))
            return FALSE;

        //Call OleStdGetPriorityClipboardFormat with a list of clipboard
        //formats your application supports (in the order you prefer to
        //paste the data)
        //
        int iIndex = OleStdGetPriorityClipboardFormat(lpIDataObject,
                                                      OlePasteEntry,
                     sizeof(OlePasteEntry)/sizeof(OLEUIPASTEENTRY));

        //If OleStdGetPriorityClipboardFormat returns a -1 then the
        //clipboard doesn't have a format we support
        //
        if (iIndex != -1)
            bRet = TRUE;
        else{
            lpIDataObject->Release();
            return bRet;
            }


        //We found a format we like so let's paste it
        //
        PasteObject(iIndex,
                    lpIDataObject,
                    pContainDoc);

        //Finally we need to release our IDataObject since we're done
        //
        lpIDataObject->Release();
        return bRet;
}
```

Анализ

DoPaste сначала получает IDataObject из Clipboard, и если IDataObject отсутствует, то возвращает FALSE. Используя IDataObject, ваше приложение может затем вызвать OleStdGetPriorityClipboardFormat, которая будет перебирать список форматов Clipboard, поддерживаемых вашим приложением, до тех пор, пока не найдет формат, который есть также и в Clipboard (возвращая -1 в случае, если совпадающего формата не обнаружено). Наконец, после того, как найден подходящий формат Clipboard, вызовите PasteObject для вставки требуемого объекта в документ. Листинг 17.5 показывает реализацию метода PasteObject.

Листинг 17.5. Реализация PasteObject.

```
BOOL    CClipboardHandler::PasteObject(int Index,
                                       IDataObject FAR *pIDataObject,
                                       CContainDoc *pContainDoc)
{
       //If the container has an OleSiteObject we need to delete it
       //before we create a new one
       //
```

Листинг 17.5. продолжение

```
    //Your application will most likely need to adjust this routine
    //to fit your application specific requirements
    //
    if (pContainDoc->m_pOleSiteObject)
         delete pContainDoc->m_pOleSiteObject;

    //We now create a new OleSiteObject and then call a helper function
    //to add the site from the IDataObject using the format the user
    //selected for paste special, or the format we like the most
    //for paste
    //
    pContainDoc->m_pOleSiteObject = new COleSiteObject(pContainDoc);
    pContainDoc->m_pOleSiteObject->AddSiteFromData(pContainDoc,
                                                   pIDataObject,
                                                   &OlePasteEntry[Index].fmtetc);
    return TRUE;
}
```

Анализ

Метод PasteObject принимает в качестве параметров индекс входа (который используется для получения FORMATEC из массива OlePasteEntry),IDataObject и указатель на контейнер, в который должны быть вставлены данные. PasteObject просто создает новый объект местополоҗения и затем вызывает AddSiteFromData, который действительно создает местоположение в соответствии с интерфейсом IDataObject. Раз вы реализовали эти методы, то теперь внутри вашего контейнера имеются возможности операции вставки (смотрите листинг исходного кода в качестве примера того, как все эти методы скреплены вместе).

Специальная вставка

Команда меню Paste Special... несколько отличается от Edit Paste, рассмотренной только что. Когда вы реализовали Paste, то могли заметить, что ваше приложение решало, какой формат Clipboard оно желает поместить в документ, исходя из форматов, которые были тогда доступны в Clipboard. В Paste Special пользователь обязан решить, какой формат Clipboard будет использован для вставки объекта в документ. Для того, чтобы показать список форматов Clipboard, которые имеются (и которые поддерживает ваше приложение), OLEUI реализует диалоговое окно Paste Spesial (смотри рисунок 17.1).

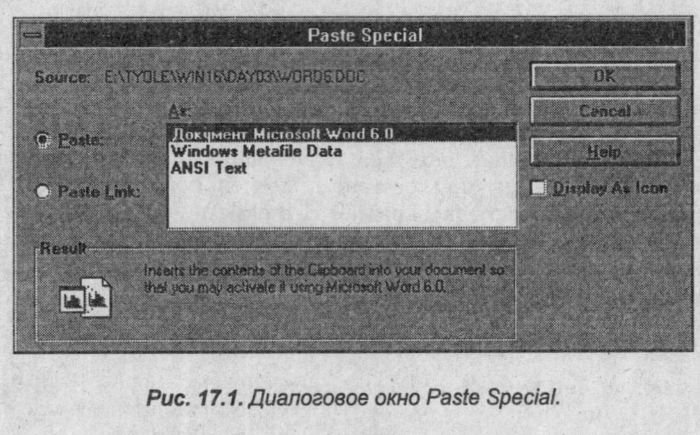

Рис. 17.1. Диалоговое окно Paste Special.

Для того, чтобы использовать процедуру диалога Paste Spesial, реализованную в OLEUI, вам необходимо заполнить структуру под названием OLEUIPASTESPECIAL. Поля в OLEUIPASTESPECIAL показаны в таблицах 17.2 и 17.3.

Таблица 17.2. Поля структуры OLEUIPASTESPECIAL.

Переменная	Тип	Значение
cbStruct	DWORD	Размер структуры. sizeof (OLEUIPASTESPECIAL)
dwFlags	DWORD	Смотрите таблицу 17.3.
hWndOwner	HWND	Окно, которому принадлежит панель диалога. Документация Microsoft утверждает, что это поле не должно быть равно NULL.
lpszCaption	LPCSTR	Заголовок диалоговой панели. Если NULL, то будет использовано «Paste Special».
lpfnHook	LPFNOLEUIHOOK	Обходная функция, если вы хотите специализировать обработку диалога, или NULL.
lCustData	LPARAM	Любые данные приложения, необходимые для обходной функции, или NULL.
hInstance	HINSTANCE	Экземпляр объекта, где может находиться шаблон диалога (если lpszTemplate не NULL) или NULL при использовании стандартного диалогового окна.
lpszTemplate	LPCSTR	Указатель на имя диалогового окна или NULL при использовании стандартного диалогового окна.
hResource	HRSRC	Указатель специального шаблона или NULL.
ScrDatpaObj	LPDATAOBJECT	Источник IDataObject.
arrPasteEntries	OLEUIPASTEENTRY[]	Массив типа OLEUIPASTEENTRY, определяющий допустимые форматы Clipboard.
cPasteEntries	int	Количество OLEUIPASTEENTRY в этом массиве.
arrLinkTypes	UINT FAR *	Массив допустимых типов связей.
cLinkType	int	Количество типов связей в массиве.
cClsidExclude	UINT	Количество идентификаторов класса (Clsid) в массиве исключений.
lpClsidExclude	LPCLSID	Массив исключений идентификаторов классов (ClsId).

nSelectedIndex	int	Выбранный индекс для массива arrPasteEntries. ВЫХОД.
fLink	BOOL	TRUE, если были выбрана команда Paste Link. ВЫХОД.
hMetaPict	HGLOBAL	Указатель на пиктограмму из метафайла, выбранную пользователем. ВЫХОД.
sizel	SIZEL	Размер объекта.

Таблица 17.3. Значения dwFlags.

Значение	Вход/выход	Содержание
PSF_SHOWHELP	Вход	В диалоговом окне будет кнопка Help.
PSF_SELECTPASTE	Вход	В качестве начального действия выбирает Paste.
PSF_SELECTPASTELINK	Вход	В качестве начального действия выбирает Paste Link.
PSF_CHECKDISPLAYASICON	Вход	Определяет, что первоначально будет выбрана независимая кнопка Display As Icon в том случае, если не установлено значение IOF_DISABLEDISPLAYASICON.
PSF_DISABLEDISPLAYASICON	Вход	Определяет, что независимая кнопка Display As Icon будет отключена (невидима).
PSF_SELECTPASTE	Выход	Определяет значение зависимой кнопки Paste при выходе.
PSF_SELECTPASTELINK	Выход	Определяет значение зависимой кнопки Paste Link при выходе.
PSF_CHECKDISPLAYASICON	Выход	Пользователь выбрал Display As Icon.

Таблица 17.2 показывает все поля, которые составляют структуру OLEUIPASTESPECIAL, а таблица 17.3 показывает возможные входные и выходные (возвращаемые) значения для поля dwFlags. Поле arrPasteEntries является массивом типа OLEUIPASTEENTRY, который перед этим рассматривался. После того, как вы создали структуру OLEUIPASTESPECIAL и заполнили соответствующие переменные, вы можете затем вызвать процедуру OleUIPasteSpecial, которая выведет на экран диалоговое окно и воспримет выбор пользователя. Листинг 17.6 показывает реализацию DoPasteSpecial. (Инициализация OlePasteEntry происходит в контейнере CClipboardHandler, который не показан.)

Листинг 17.6. Реализация DoPasteSpecial.

```
BOOL    CClipboardHandler::DoPasteSpecial(CContainDoc *pContainDoc)
{
        LPDATAOBJECT    lpIDataObject;
        BOOL            bRet = FALSE;

        //We can't do anything if we don't get an IDataObject interface
        //
        if (FAILED(OleGetClipboard(&lpIDataObject)))
            return FALSE;

        OLEUIPASTESPECIAL   OlePasteSpecial;

        //Initialize the OlePasteSpecial struct as required
        //
        memset(&OlePasteSpecial, 0, sizeof(OlePasteSpecial));

        //We always need to set the size of the structure
        //a parent window, and our IDataObject
        //
        OlePasteSpecial.cbStruct = sizeof(OlePasteSpecial);
        OlePasteSpecial.hWndOwner = hWndFrame;
        OlePasteSpecial.lpSrcDataObj = lpIDataObject;

        //We want the default on our PasteSpecial dialog to be Paste
        //
        OlePasteSpecial.dwFlags   = PSF_SELECTPASTE;

        //We need to tell it all the clipboard formats we support
        //and tell it the number of clipboard formats we support
        //
        OlePasteSpecial.arrPasteEntries = OlePasteEntry;
        OlePasteSpecial.cPasteEntries   = sizeof(OlePasteEntry)/sizeof(OLEUIPASTEEN-
TRY);


        //Let's show 'em the dialog box
        //
        UINT ret = OleUIPasteSpecial(&OlePasteSpecial);

        //They selected something so lets paste it
        //
        if (ret == OLEUI_OK)
            PasteObject(OlePasteSpecial.nSelectedIndex,
                        lpIDataObject,
                        pContainDoc);

        //Don't forget to release the IDataObject!
        //

        lpIDataObject->Release();
        return bRet;
}
```

Анализ

Как вы могли увидеть на листинге 17.6, главным различием между реализациями Paste и Paste Special... является то, что Paste использует OleStdGetPriorityClipboard-Format, а Paste Spesial... разрешает пользователю выбрать нужный формат буфера и использует OleUIPasteSpecial для обеспечения выбора формата буфера.

Копирование

Копирование данных означает, что пользователь выбирает данные из вашего документа (в этом случае, если у документа есть объект, то этот объект автоматически выбирается для копирования) и затем выбирает Edit Copy. Ваше приложение после этого сделает эти данные доступными для Clipboard (как показано в 9-й главе). Единственная проблема состоит в том, что в настоящий момент в вашем контейнерном приложении нет IDataObject, являющегося обязательным интерфейсом для операций с буфером. Что вам нужно сделать, так это создать IDataObject для передачи данных в буфер.

Создание *IDataObject* «из воздуха»

В 9-й главе вы узнали, что для использования функциональных возможностей буфера OLE необходим IDataObject. Так как серверам OLE необходимо реализовывать интерфейс IDataObject, то добавление возможностей работы с буфером к серверу OLE является очевидным. Контейнеры OLE, напротив, совсем не требуют реализации IDataObject. Кроме того, в отличие от сервера OLE контейнер OLE не всегда создает данные; контейнер может внедрить данные из других источников. Для поддержки Clipboard контейнер OLE должен иметь IDataObject, а IDataObject должен обрабатывать данные, которые не являются собственными для данного контейнера (такие, как данные из внедренного объекта).

В 9-й главе вы узнали, как реализовать IDataObject для собственных данных приложения, но теперь вам также нужно, чтобы IDataObject поддерживал и инородные для этого контейнера данные. Чтобы получить данные от внедренного объекта, вы воспользуетесь интерфейсом IPersistStorage внедренного объекта (рассмотренным в 12-й главе) для его упорядочения (сериализации). После того как объект упорядочен, вы можете затем сделать данные доступными для IDataObject контейнера. Листинг 17.7 показывает, как можно сериализовать внедренный объект и сделать данные доступными для IDataObject контейнера.

Листинг 17.7. Реализация CreateXferObject.

```
BOOL    CreateXferObject(IOleObject *pIOleObjectIn,
                         IDataObject FAR* FAR* pIDataObjectOut)
{
        IOleObject *pIOleObjectOut = NULL;

        BOOL    bRet = FALSE;
        if (*pIDataObjectOut != NULL){
            ((LPDATAOBJECT)(*pIDataObjectOut))->Release();
            *pIDataObjectOut = NULL;
        }

        if (pXDataObject != NULL){
            delete pXDataObject;
            pXDataObject = NULL;
        }

        if (pIOleObjectIn == NULL)
            return bRet;

        IPersistStorage *pIPersistStorage;

        if (pIOleObjectIn->QueryInterface(IID_IPersistStorage,
                (LPVOID *)&pIPersistStorage) != NOERROR)
            return bRet;

        IStorage *pRootStorage;
        IStorage *pIStorage;
        char    szSiteFile[OLEUI_CCHPATHMAX];
        //Invent a name for the storage
        wsprintf(szSiteFile,"SITE%lu",time(NULL));

        HRESULT hResult = StgCreateDocfile(NULL,STGM_TRANSACTED |
                          STGM_READWRITE | STGM_DELETEONRELEASE |
                          STGM_SHARE_EXCLUSIVE,0,&pRootStorage);

        if (hResult != NOERROR) {
```

```
        pIPersistStorage->Release();
        return bRet;
    }

    hResult = pRootStorage->CreateStorage(szSiteFile,
                        STGM_READWRITE | STGM_TRANSACTED |
                        STGM_SHARE_EXCLUSIVE,
                        0,0,
                        &pIStorage);

    if (hResult != NOERROR) {
        pIPersistStorage->Release();
        pRootStorage->Release();
        return bRet;
    }

    OleSave(pIPersistStorage,pIStorage,FALSE);
    pIPersistStorage->SaveCompleted(NULL);

    pIStorage->Commit(STGC_DEFAULT);
    pRootStorage->Commit(STGC_DEFAULT);

    pIPersistStorage->Release();

    OleLoad(pIStorage,IID_IOleObject,NULL,(void FAR* FAR*)&pIOleObjectOut);

    pXDataObject = new CXDataObject(pIOleObjectOut,pRootStorage);
    pXDataObject->QueryInterface(IID_IDataObject,(void FAR* FAR*)pIDataObjec-
tOut);

    pIStorage->Release();
    pRootStorage->Release();
    return TRUE;

}
```

Анализ

CreateXferObject (что означает «создать объект обмена») является функцией, которую вы создадите, чтобы получить IOleObject, который затем может быть использован для создания IDataObject. CreateXferObject сначала создает временное корневое хранилище путем вызова StgCreateDocfile с NULL в качестве имени хранилища и параметром STGM_DELETEONRELEASE (который обеспечивает автоматическое удаление хранилища при обнулении счетчика ссылок на него). После того, как вы создали временное корневое хранилище, создайте в нем хранилище, в котором внедренный объект сможет себя сериализировать. Для этого используется OleSave, после чего объект может быть перезагружен при помощи OleLoad. При этом важно осознавать, что упорядоченный внедренный объект является моментальным снимком исходного внедренного объекта; другими словами, при изменении данных в исходном внедренном объекте упорядоченный объект не меняется. Когда пользователь помещает данные в Clipboard, то не ожидает, что они будут меняться, поэтому так важно создать моментальный снимок исходных данных, который должен быть помещен в Clipboard.

После того, как исходный внедренный объект упорядочен, вы можете реализовать минимальный IDataObject, который будет использоваться функциями OLE для буфера. Минимальный IDataObject (который я называю статическим IDataObject, так как его данные не могут меняться) должен иметь по меньшей мере два формата буфера, CF_OBJECTDESCRIPTOR и CF_EMBEDSOURCE, если вы хотите, чтобы пользователь имел возможность внедрять объект Clipboard в другое приложение. CF_OBJECTDESCRIPTOR используется приложением для получения информации об объекте в Clipboard (например, о размере объекта), в то время, как CF_EMBEDSOURCE — для самого внедрения объекта из Clipboard. Ваша реализация IDataObject может также поддерживать другие форматы буфера, такие как CF_METAFILEPICT, чтобы можно было помещать данные в приложения, которые не поддерживают внедренных объектов.

Замечание: Если IDataObject вашего статического объекта (используйте QueryInterface от OleObject, чтобы получить интерфейс IDataObject статического объекта) поддерживает по меньшей мере один из таких форматов, как формат метафайла, DIB (аппаратно-независимый растровый), или битовой матрицы, то вы можете создать и другие форматы. Так что, если у вас есть объект, поддерживающий только DIB (без метафайла или битовых матриц), вы все же имеете возможность получить в свое распоряжение эти форматы. OleCreateStaticFromData создаст статические объекты (метафайлы, DIB или битовые матрицы) из IDataObject при условии, что один из этих форматов поддерживается IDataObject.

Удаление объекта

Иногда ваш пользователь может захотеть удалить объект. Меню некоторых приложений имеет пункт Edit, Delete Object, а другие приложения позволяют пользователю просто выбрать объект и нажать клавишу Delete. И в том, и в другом случае реализация удаления объекта тривиальна. Листинг 17.8 показывает эту реализацию.

Листинг 17.8. Удаление объекта.

```
if (m_pContainDoc->m_pOleSiteObject)
    delete m_pContainDoc->m_pOleSiteObject);
  m_pContainDoc->m_pOleSiteObject = NULL;
```

Анализ

Когда вы удаляете объект, то сначала убедитесь, что объект есть в контейнере (его указатель не равен NULL), прежде чем его удалять. В этой реализации вы просто удаляете объект, потому что деструктор объекта берет на себя заботу о всех деталях освобождения памяти.

Вырезка

В чем принципиальная разница между Copy и Cut? Когда вы выполняете команду Copy, то вы размещаете выбранные данные в Clipboard.Когда вы выполняете Cut, вы помещаете выбранные данные в Clipboard и затем удаляете эти данные из документа (но не из Clipboard). Таким образом, в принципе вырезка является просто копированием с последующим удалением. Ваша реализация Cut в соответствии с этим вызывает вашу процедуру Copy и затем процедуру Delete Object. Что может быть проще?

Перенести-положить

Как говорилось во введении к этой главе, Drag-and-Drop является процессом выделения объекта из одного приложения или документа и перемещения его при нажатой левой кнопке мыши в другое приложение или другой документ в том же приложении. После того, как вы достигли места назначения, вы отпускаете левую кнопку мыши и ваш объект «сбрасывается» в приложение-приемник. В терминах OLE приложение или документ-источник называются источником сброса (drop source), а целевое приложение или документ называются приемником сброса (drop target). Для создания источника сброса вам необходимо реализовать новый интерфейс с названием IDropSource; для создания приемника сброса вам нужно реализовать второй интерфейс с названием IDropTarget. В последующих параграфах они рассматриваются по отдельности.

IDropSource

Как ранее указано, IDropSource является интерфейсом, который нужно реализовать для того, чтобы ваше приложение стало источником сброса. В этом интерфейсе мало необычных свойств. Во-первых, для IDropSource не нужно, чтобы вы реализовывали

IDropTarget. Если по какой-то причине ваше приложение может быть только источником сброса, а не приемником, то вам нужно лишь реализовать IDropSource. Для серверов обычно реализуется лишь IDropSource, а не IDropTarget, так как серверы обычно только предоставляют данные, не принимая их.

Другим интересным свойством IDropSource является то, что приложение обычно создает IDropSource тогда, когда начинается операция перемещения, и удаляет IDropSource по завершении этой операции. Большинство из ваших других объектов создавалось одновременно с приложением или документом.

Последней особенностью IDropSource является то, что он всегда имеет связанный с ним IDataObject. Связанный IDataObject создается при создании IDropSource и удаляется при удалении интерфейса IDropSource. Почему у IDropSource имеется свой собственный IDataObject? Просто потому, что подобно любым данным, помещаемым вами в Clipboard, перемещаемый пользователем объект не будет изменяться в течение операции drag/drop. Для того, чтобы гарантировать неизменность данных в ходе операции drag/drop, создайте статический IDataObject так же, как вы делали при помещении данных в Clipboard. Не используйте тот же самый IDataobject, который вы создали для Clipboard, потому что если вы это сделаете, то будут уничтожены все данные, содержащиеся в Clipboard для IDataObject.

Реализация IDropSource довольно тривиальна. Фактически самым трудным моментом при написании кода (но не единственной трудностью) является определение начала операции перемещения. Вы помните, что операция перемещения начинается тогда, когда пользователь нажимает левую кнопку мыши и затем передвигает мышь (удерживая ее левую кнопку). Обычным побуждением будет начать операцию перемещения с нажатием левой кнопки мыши. Но вы не должны этого делать, так как пользователь может просто выделить объект, а вы не желаете создавать без необходимости интерфейсы IDropSource и IDataObject (это замедлит работу системы). Вы затем могли бы решить создавать эти интерфейсы при условии движения мыши и нажатой левой ее кнопки. Это также было бы не очень здорово, так как пользователь может слегка сдвинуть мышь, не заметив этого, а Windows зафиксирует движение мыши. Пользователь может также выделять несколько объектов (так же, как вы выделяете слова в MS Word). Так что же вам делать?

Для определения начала операции перемещения вы в первую очередь установите флаг при получении вашим приложением сообщения о нажатии левой кнопки мыши от Windows (WM_LBUTTONDOWN). После того, как вы получили это сообщение, необходимо запустить таймер, который предназначен для определения начала пользователем операции перемещения (некоторые приложения, такие как Word, выделяют инверсным цветом данные при нажатой левой кнопке мыши). Если мышь не переместилась существенно за период x миллисекунд (используйте по умолчанию константу DD_DEFDRAGDELAY), тогда вы понимаете, что пользователь хочет выполнить перемещение, поэтому должны быть созданы IDropSource и IDataObject. Вторым методом, который указывает, желает ли пользователь выполнить операцию перемещения, является определение факта передвижения мыши на заданное количество пикселов (используйте по умолчанию константу DD_DEFDRAGMINDIST) при нажатой левой кнопке мыши. После того, как вы определили начало операции перемещения, вам необходимо создать интерфейсы IDropSource и IDataObject. IDataObject должен быть создан таким же образом, как и в случае с Clipboard, потому что вам нужен статический IDataObject. После того, как у вас появились эти два интерфейса, ваше приложение может вызывать DoDragDrop, который отрабатывает большинство деталей создания источника перемещения. DoDragDrop не возвращает управления до завершения или отмены операции drag/drop.

Для реализации IDropSource вам понадобятся два метода (в дополнение к методам IUnknown). Первый из них — метод QueryContinueDrag (см. листинг 17.9).

Листинг 17.9. Реализация метода QueryContinueDrag.

```
STDMETHODIMP CIDropSource::QueryContinueDrag (
    BOOL    fEscapePressed,
    DWORD   grfKeyState)
{
 if (fEscapePressed)
    return ResultFromScode(DRAGDROP_S_CANCEL);
 else if (!(grfKeyState & MK_LBUTTON))
    return ResultFromScode(DRAGDROP_S_DROP);
 else
    return NOERROR;
}
```

Анализ

В основе DoDragDrop лежит замкнутый цикл, который будет вызывать QueryContinueDrag и GiveFeedback при изменении условий. QueryContinueDrag позволяет источнику сброса определить, может ли продолжаться операция drag/drop. Если QueryContinueDrag возвращает DRAGDROP_S_CANCEL, то DoDragDrop считает, что пользователь отменил текущую операцию drag/drop. Если QueryContinueDrag возвращает DRAGDROP_S_DROP, то DoDragDrop считает, что пользователь решил сбросить данные. Если QueryContinueDrag возвращает NOERROR, то пользователь все еще в процессе перемещения данных. В большинстве случаев вы реализуете QueryContinueDrag как показано на листинге 17.9.

Если вам приходилось пользоваться перемещением, то вы могли заметить, что ваш курсор изменяет свой внешний вид в зависимости от того, можно ли сбросить объект в то окно, на котором в текущий момент находится курсор, или нет. Курсор также будет менять свой вид в зависимости от того, выполняете ли вы операцию перемещения или копирования. DoDragDrop вызывает IDropSource::GiveFeedback, который отвечает за изменение вида курсора для текущей операции (просто выбирает курсор и затем вызывает метод SetCursor). Если вы хотите, чтобы выбор курсора обеспечивался OLE (что лучше всего, если у вас нет особой причины для изменения поведения), то ваша реализация GiveFeedback должна быть такой, как в листинге 17.10.

Листинг 17.10. Реализация метода GiveFeedback.

```
STDMETHODIMP CIDropSource::GiveFeedback (DWORD /* dwEffect */)
{
 return ResultFromScode(DRAGDROP_S_USEDEFAULTCURSORS);
}
```

Анализ

Как вы можете видеть, GiveFeedback просто возвращает DRAGDROP_S_USEDEFAULTCURSORS, которая заставляет OLE использовать для текущей операции вид курсора по умолчанию.

IDropTarget

Интерфейс IDropTarget немного более сложен для реализации, чем IDropSource, и все же достаточно просто реализуется, если ваше приложение уже поддерживает операцию Paste. На самом деле, как вы скоро увидите, при сбросе объекта в приемник вы вызываете те же самые процедуры, которые использовались ранее для реализации Paste.

RegisterDragDrop

Перед тем, как ваше приложение сможет создать место сброса, OLE необходимо знать, какое из окон вашего приложения может быть целью сброса. Это не означает тем не менее, что объект может быть сброшен везде внутри этого окна (хотя в примере это так и есть); это просто означает, что где-то в этом окне есть возможная цель сброса. Я говорю возможная цель сброса, так как вы можете решить, что данные, которые пользователь хочет сбросить, не подходят для вашего окна (если вы пытаетесь сбросить объект, форматы которого для буфера ваше окно-цель не поддерживает). Листинг 17.11 показывает, как зарегистрировать окно в качестве цели сброса.

Листинг 17.11. Регистрация Drag/Drop с помощью RegisterDragDrop.

```
m_pIDropTarget->AddRef();
CoLockObjectExternal((LPUNKNOWN)m_pIDropTarget, TRUE, FALSE);
RegisterDragDrop(m_hWndView, (LPDROPTARGET)m_pIDropTarget);
```

CoLockObjectExternal

По причинам, известным лишь создателям OLE, вы должны всегда вызывать CoLockObjectExternal в вашем интерфейсе IDropTarget при вызове RegisterDragDrop (а также при вызове RevokeDragDrop, как вы вскоре увидите). CoLockObjectExternal устанавливает на объект блокировку, известную в терминах OLE как «сильная». «Сильная» блокировка заключается в том, что OLE само удерживает объект в памяти, независимо от счётчика ссылок на объект. «Слабая» блокировка состоит в том, что объект в памяти сохраняется счетчиком ссылок (этот вид блокировки вами реализован в методах AddRef и Release).

В порядке эксперимента я попытался не вызывать CoLockObjectExternal и первое перемещение в окно было выполнено прекрасно. Но все последующие попытки переместить в это окно не удались. Я проверил счетчики ссылок объекта — они были в порядке, по крайней мере с точки зрения моего приложения мой объект IDropTarget существовал и был вполне доволен собой. Но по какой-то причине OLE было недовольно до тех пор, пока я не вернул на место CoLockObjectExternal. Кажется, что «слабые» блокировки (AddRef/Release) недостаточно подходящи для IDropTarget, чтобы он работал постоянно. До тех пор, пока на IDropTarget не была установлена «сильная» блокировка, IDropTarget не хотел работать постоянно. CoLockObjectExternal имеет следующий синтаксис:

```
HRESULT CoLockObjectExternal(LPUNKNOWN pUnk,BOOL fLOck,BOOL fLastUnlockRealeses);
```

где параметры означают:

pUnk — блокируемый объект;

fLock — если TRUE, то объект блокируется; — если FALSE, то объект разблокируется;

fLastLockRelease — специфицирует, является ли эта блокировка последней ссылкой на объект, которая сохраняет его в живых.

Для создания «сильной» блокировки объекта OLE просто вызовите CoLockObjectExternal следующим образом:

```
CoLockObjectExternal(obj, TRUE, FALSE);
```

Для разблокирования объекта, на который вами была установлена «сильная» блокировка, сделайте следующий вызов:

```
CoLockObjectExternal(obj, FALSE, TRUE);
```

ВЫЗЫВАЙТЕ CoLockObjectExternal(obj, TRUE, FALSE) для блокирования своего объекта IDropTarget.
ВЫЗЫВАЙТЕ CoLockObjectExternal(obj, FALSE, TRUE) при завершении работы со своим объектом IDropTarget.

RevokeDragDrop

Перед тем, как уничтожить свое окно, вы должны отменить drag/drop. Для этого вы просто вызываете RevokeDragDrop с той же самой ссылкой на окно, какую вы использовали для RegisterDragDrop. вам также необходимо вызвать CoLockObjectExternal для удаления «сильной» блокировки, установленной вами на объект, когда вы регистрировали drag/drop. Листинг 17.12 показывает реализацию отмены drag/drop.

НЕ ЗАБУДЬТЕ вызвать Release для своего IDropTarget, иначе ваш объект никогда не будет удален.
ВЫЗЫВАЙТЕ CoLockObjectExternal(obj, FALSE, TRUE) для удаления «сильной» блокировки, которую вы установили на объект.

Листинг 17.12. Отмена drag/drop с использованием RegisterDragDrop.

```
RevokeDragDrop(m_hWndView();

CoLockObjectExternal((LPUNKNOWN)m_pIDropTarget, FALSE, TRUE);
m_pIDropTarget->Release();
```

Анализ

Дескриптор окна, используемый для RevokeDragDrop, должен быть тем же, что использовался в RegisterDragDrop, и должен быть действительным дескриптором окна. Другими словами, вам нужно вызвать RevokeDragDrop до того, как вы уничтожите свое окно.

После того, как вы зарегистрировали свое приложение для drag/drop, вам не нужно делать что-то особенное. Когда ваше окно становится возможным приемником сброса, то вызывается ваш метод IDropTarget::DragEnter (для окна, которое становится приемником). Минимальная реализация показана на листинге 17.13.

Листинг 17.13. Реализация IDropTarget::DragEnter.

```
STDMETHODIMP CIDropTarget::DragEnter (LPDATAOBJECT pDataObj,
                                      DWORD grfKeyState,
                                      POINTL pointl,
                                      LPDWORD pdwEffect)
{
    *pdwEffect = FindDragDropEffect(grfKeyState, pointl);
    return NOERROR;
}
```

Анализ

При вызове DragEnter OLE сообщает вашему объекту, что операция drag/drop начата и что мышь только что вошла в окно вашего приложения. Вашему приложению после этого передается IDataObject, поэтому приложение может определить, могут ли данные, которые этот объект содержит, быть сброшены в окно, в котором в текущий момент находится курсор мыши. Вашему приложению будет также сообщено, вызовет ли сброс копирование или перемещение. Подпрограмма DragEnter может определить, поддерживается ли запрошенная операция (и в большинстве случаев заботу о желании пользователя выполнить копирование или перемещение возьмет на себя приемник).

После того, как ваше приложение было уведомлено, что оно является потенциальным приемником сброса (из DragEnter), при движении мыши через окно вашего приложения будет вызван метод IDropTarget::DragOver. Подпрограмма DragOver должна изменить курсор, чтобы показать, является ли текущее положение мыши возможным местом сброса. В примере приложения все окно является местом сброса, поэтому реализация из листинга 17.14 чрезвычайно проста.

Листинг 17.14. Реализация IDropTarget::DragOver.

```
STDMETHODIMP CIDropTarget::DragOver  (DWORD grfKeyState,
                                      POINTL pointl,
                                      LPDWORD pdwEffect)
{
    *pdwEffect = FindDragDropEffect(grfKeyState, pointl);
```

```
    return NOERROR;
}
```

Анализ

Важным моментом, на который необходимо обратить внимание, является то, что указатель интерфейса IDataObject не входит в состав параметров метода DragOver. Если вашей реализации DragOver нужен указатель интерфейса IDataObject (для определения того, может ли конкретное место сброса принять данные из Clipboard), вы должны сохранить IDataObject, полученный вами в DragEnter.

Когда мышь нужно двигать вне вашего окна, не выполняя сброса, то вызывается метод DragLeave. DragLeave должен выполнить всю необходимую очистку, которая может включать освобождение IDataObject, полученного вами от DragEnter (если вы выполнили AddRef в DragEnter, то вы можете сохранить IDataObject). Листинг 17.15 показывает минимальную реализацию, которая просто возвращает NOERROR.

Листинг 17.15. Реализация IDropTarget::DragLeave.

```
STDMETHODIMP CIDropTarget::DragLeave (void)
{
    return NOERROR;
}
```

Если пользователь решит сбросить объект, перемещенный в ваше окно, то будет вызвана IDropTarget::Drop с текущей позицией курсора мыши в координатах экрана и вместе с IDataObject (так что, если вам не нужен IDataObject в DragOver, то его не нужно сохранять из DragEnter). Листинг 17.16 показывает реализацию.

Листинг 17.16. Реализация IDropTarget::Drop.

```
STDMETHODIMP CIDropTarget::Drop (LPDATAOBJECT pIDataObject,
                                 DWORD grfKeyState,
                                 POINTL pointl,
                                 LPDWORD pdwEffect)
{
    pIDataObject->AddRef();

    *pdwEffect = FindDragDropEffect(grfKeyState, pointl);

    if (m_pContainDoc->m_pOleSiteObject)
        delete m_pContainDoc->m_pOleSiteObject;
    m_pContainDoc->m_pOleSiteObject = new COleSiteObject(m_pContainDoc);
 FORMATETC fmtetc;
 fmtetc.cfFormat = NULL;
 fmtetc.ptd = NULL;
 fmtetc.lindex = -1;
 fmtetc.dwAspect = DVASPECT_CONTENT;
    fmtetc.tymed = TYMED_NULL;
    m_pContainDoc->m_pOleSiteObject->AddSiteFromData(m_pContainDoc,
                                                     pIDataObject,
                                                     &fmtetc);

    pIDataObject->Release();

    DragLeave();
    return NOERROR;
}
```

Анализ

Реализация Drop на листинге 17.16 просто создает новый COleSiteObject и затем вызывает метод AddSiteFromData, который схож с вашей реализацией Paste. Главное отличие состоит в том, что в Paste вы получали структуру FORMATETC из своего внутреннего списка таких структур, которые мог принять ваш объект. В реализации Drop вы создаете FORMATETC, в которой есть лишь dwAspect с содержанием DVASPECT_CONTENT. В своей реализации Drop вы должны получить dwAspect от ObjectDescriptor, который может быть получен от IDataObject->GetData.

Во всех методах, которые вы реализовали для IDropTarget, можно заметить вызов к FindDragDropEffect. FindDragDropEffect является дополнительно разработанной вспомогательной функцией (не входит в состав OLE), которая возвращает текущий статус drag/drop (было ли запрошено перемещение, копирование или связывание). При выполнении операции перемещения курсор мыши будет меняться в зависимости от текущего статуса drag/drop (запрошено перемещение, копирование или связывание) и от того, поддерживает ли окно под курсором себя в качестве приемника сброса. Изменение курсора мыши называется «эффект». Обычно у вас не будет возникать желания изменить эффект по умолчанию, предлагаемый OLE; тем не менее, вы можете сделать это (хотя когда вы измените «эффект», то, без сомнения, вызовете растерянность у пользователя, потому что курсор при перемещении будет изменяться иначе по сравнению с приложениями, использующими эффект по умолчанию). Листинг 17.17 показывает реализацию FindDragDropEffect.

Листинг 17.17. Реализация IDropTarget::FindDragDropEffect.

```
DWORD   CIDropTarget::FindDragDropEffect(DWORD grfKeyState, POINTL /* pointl */)
{
    DWORD   dwRet;

 //          no modifier -- DROPEFFECT_MOVE or source default
 //          SHIFT       -- DROPEFFECT_MOVE
 //          CTRL        -- DROPEFFECT_COPY
 //          CTRL-SHIFT  -- DROPEFFECT_LINK

 dwRet = OleStdGetDropEffect(grfKeyState);
    if (dwRet == 0)
        dwRet = DROPEFFECT_COPY;

    return dwRet;
}
```

Анализ

Как вы можете видеть в реализации, FindDragDropEffect использует процедуру OleStdGetDropEffect из состава OLEUI для определения, что выполняется: перемещение, копирование или связывание. К сожалению, OleStdGetDropEffect может также вернуть 0, что означает использование эффекта по умолчанию. В вашей реализации эффектом по умолчанию является копирование, поэтому FindDragDropEffect вернет DROPEFFECT_COPY. В вашем приложении скорее всего будет реализована другая версия FindDragDropEffect. Примечательно, что вашу реализацию не заботит, где в текущий момент находится курсор (она игнорирует переменную pointl, являющуюся текущим положением курсора мыши). В своем приложении вы можете решить, что в определенных местах внутри вашего окна сброс невозможен, поэтому pointl может быть использован для определения возможности операции сброса в текущем положении.

Заключение

Сегодня вы продолжили исследование того, как реализовать возможности буфера в приложении OLE. Для реализации функций буфера необходимо сделать следующие шаги:

1. Изменить опции в меню Edit таким образом, чтобы Paste и Paste Special были доступны только при наличии соответствующих данных в Clipboard (вы должны проверить Clipboard на предмет наличия любых данных, и если они есть, то имеется ли формат буфера, который используется вашим приложением).
2. Изменить опции меню Edit,Copy и Edit, Cut, чтобы Copy и Cut были доступны только при выделении объекта или данных в активном документе, которые можно поместить в Clipboard.

3. Когда пользователь выбирает Paste из меню Edit, получите IDataObject из Clipboard и выберите подходящий формат буфера для своего приложения (вы можете использовать для получения используемого формата OleStdGetPriorityClipboardFormat). После получения формата вы можете добавить объект к своему документу (вызвав вспомогательную функцию типа PasteObject, реализованную вами самостоятельно).
4. Когда пользователь выбирает Paste Special... из меню Edit, получите IDataObject из Clipboard. Затем вызовите OleUIPasteSpecial для определения формата, который пользователь хотел бы вставить в Clipboard. Если OleUIPasteSpecial возвращает OLEUI_OK, то тогда пользователь выбирает формат и объект может быть добавлен к вашему документу (используя функцию типа PasteObject, реализованную вами самостоятельно).
5. Когда пользователь выбирает Copy или Cut из меню Edit, то вашему приложению необходимо создать статический IDataObject, который будет передан в Clipboard. Для создания статического IDataObject вы можете вызвать функцию объекта IPersistStorage->Save для создания временного документа. Используя OleLoad, вы можете затем создать временный объект, имеющий интерфейс IOleObject. Если пользователь выбрал Cut, то не забудьте удалить объект из документа-источника.

Для реализации источника сброса необходимо выполнить следующее шаги:

1. Выбрать условие, которое будет запускать операцию перемещения. Это обычно будет нажатая на установленное время левая кнопка мыши (DO_DEFRAGDELAY в миллисекундах), или нажатая левая кнопка мыши и передвижение мыши на определенную дистанцию (DD_DEFDRAGMINDST в пикселах).
2. После начала операции перемещения создать свои IDropSource и IDataObject и вызвать DoDragDrop. DoDragDrop не возвращает результат до завершения или отмены операции drag/drop.
3. Реализовать метод IDropSource::QueryContinue. Этот метод определяет, должна ли продолжаться операция drag/drop. В большинстве случаев вы захотите реализовать этот метод так, как показано на листинге 17.9 «Реализация метода QueryContinueDrag».
4. Реализовать метод IDropSource::GiveFeedback. Этот метод определяет, какой визуальный эффект (курсор) будет отображаться для операции drag/drop, исходя из текущего положения мыши, приложения и нажатой клавиши. В большинстве случаев вы захотите реализовать этот метод так, как показано на листинге 17.10 «Реализация метода GiveFeedback».
5. Выполнить всю необходимую очистку при завершении DoDragDrop. Это может включать удаление объектов или данных, созданных для операции перемещения. Вам может также понадобиться удалить выделенный объект, если выбрана операция «переместить».

Для реализации приемника сброса необходимо выполнить следующее шаги:

1. Для каждого окна, которое может быть приемником сброса, реализовать IDropTarget.
2. Для каждого окна, которое может быть приемником сброса, вызвать CoLOckObjectExternal и затем RegisterDragDrop.
3. Реализовать IDropTarger::DragEnter. Эта процедура должна проверить получаемый ею IDataObject на предмет того, что он имеет поддерживаемый формат.
4. Реализовать IDropTarger::DragOver. Эта процедура должна проделать всю необходимую работу (обычно изменение интерфейса пользователя), которая требуется при движении мыши по приемнику сброса.
5. Реализовать IDropTarger::DragLeave. Эта процедура выполняет всю необходимую очистку, которая нужна при выходе мыши за пределы приемника сброса.

6. Реализовать IDropTarger::Drop. Эта процедура обрабатывает прием данных/объекта во время операции сброса.

Вопросы и ответы

В: Операция drag and drop в OLE такая же как и в Диспетчере файлов?

О: Нет. Операция drag and drop в диспетчере файлов использует функции API Windows 3.1 для drag-and-drop, ориентированного на файлы. Используя Windows3.1 (без OLE), можно переместить файл к приложению, что возможно без использования OLE, и приложение примет файл. Используя drag-and-drop OLE, вы перемещаете любой тип объектов, поддерживаемый приложением-источником и приложением-приемником. Drag-and-drop OLE может поддерживать связь и внедрение, в то время как drag-and-drop в диспетчере файлов передает только файл (или файлы) приложению-приемнику.

В: Может ли одно приложение поддерживать механизмы drag-and-drop OLE и диспетчера файлов?

О: Да. Так как механизм drag/drop диспетчера файлов посылает вашему приложению сообщение WM_DROPFILES (если вы зарегистрировали свое окно при помощи DragAcceptFiles для drag-and-drop в диспетчере файлов), то вы должны обработать WM_DROPFILES как обычно. Ваше приложение не получит WM_DROPFILES для drag/drop OLE (вместо этого будет уведомлен IDropTarget). Не забудьте включить shell.lib (или shell32.lib), если вы желаете поддерживать drag-and-drop в диспетчере файлов.

В: Нужно ли поддерживать Clipboard для drag-and-drop?

О: Нет. Drag-and-drop не требует от вас реализации поддержки буфера. Дополнительно, если ваше приложение уже поддерживает функции буфера обмена Windows, вы можете все же поддерживать перемещение без внесения изменений в возможности OLE для буфера обмена.

Семинар

Опрос

1. Какие интерфейсы требуются источником сброса для drag and drop?
2. Влияет ли действие drag and drop на содержание Clipboard?
3. Какие вызовы OLE должен использовать приемник сброса?

Упражнения

1. Добавьте возможности для работы с буфером обмена к своему контейнерному приложению.
2. Добавьте возможности drag and drop к своему контейнерному приложению.
3. Добавьте поддержку копирования буфера обмена в OleGen так, чтобы вы смогли копировать объект OleGen в буфер обмена и вставлять его в контейнер. Проверьте свое приложение, вставляя данные буфера обмена в ваше контейнерное приложение.
4. Добавьте поддержку перемещения в OleGen таким образом, чтобы вы могли переместить объект OleGen в контейнер. Проверьте свое приложение, перемещая этот объект в ваше контейнерное приложение.

Ответы к опросу

1. Drag and drop требует, чтобы источник сброса реализовал IDataObject и IDropSource.

2. Drag and drop использует IDataObject и не влияет ни на какие данные, которые хранятся в Clipboard. Вашему приложению даже не нужно поддерживать Clipboard.
3. Приемник сброса должен вызывать CoClockObjectExternal для каждого IDropTarget, RegisterDragDrop для каждого окна, которое может быть приемником сброса, и вызвать RevokeDragDrop, когда это окно не может быть больше приемником сброса.

Ответы к упражнениям

Ответы находятся на диске с исходными текстами.

День 18

Передача объектов через автомат

Теперь, после того, как вы создавали все эти интерфейсы на протяжении последних двух с половиной недель, как вы можете увязать это с автоматизацией OLE? Может ли объект быть передан через автомат OLE? Конечно! Вас может озадачить, зачем вам понадобится передавать интерфейсный указатель через автомат. Сегодня вы исследуете этот вопрос и изучите, как может быть передан объект в автоматизации.

Автомат с объектами

Если вы изучали автоматизацию OLE в 4, 5 и 6-й дни, то можете вспомнить, что ваш автоматный контроллер может сделать запрос и получить отклик от сервера — автомат OLE оказывается интерактивным. Контроллер вашего автомата может устанавливать и выбирать данные (свойства) из автоматного сервера, и ваш контроллер может вызывать методы, обеспечиваемые этим сервером. Если у вас есть автоматный сервер, имеющий данные, которые могут изменяться независимо от контроллера, то вы не получите никакого уведомления — автомат OLE сам по себе не имеет никаких методов уведомления или интерфейсов. Единственный метод, который вы можете использовать для определения изменения данных в сервере, это опросить сервер. Если вы делаете сервер будильника, например, то вы можете установить время срабатывания, используя автомат OLE, но вы не можете заставить будильник сообщить контроллеру, что время истекло; ваш контроллер должен будет опрашивать часы. Быть может, ваш сервер должен выполнять сложные вычисления или выбирать данные из большой ЭВМ; ваш автоматный контроллер не может указать серверу уведомить контроллер об удовлетворении его запроса. На самом деле, если вы пишете программу, которая вызывает сервер, выполняющий сложные вычисления, то сервер вашего автомата может заставить контроллер автомата ждать и не вернет управление этому контроллеру до тех пор, пока эти вычисления (или выборка данных) не закончатся. Тут должен быть способ, которым сервер может уведомить контроллер вашего автомата, что он выполнил его запрос. Почему вы не можете использовать уведомление от IDataObject, например, для оповещения своего контроллера об изменении данных?

Ответ таков: тут у меня для вас есть хорошие, а есть и плохие новости. Хорошие новости заключаются в том, что автоматизация OLE поддерживает передачу интерфейсов между сервером и контроллером автомата, так что ваш контроллер мог бы и в самом деле передать IDataObject (косвенно, но это будет вскоре рассмотрено). Плохие новости — Visual Basic и Visual Basic for Applications (два популярных автоматных контроллера OLE) не поддерживают прием интерфейсных указателей, кроме IDispatch. Поэтому предположим, что за остаток сегодняшнего дня вам нужно написать заказной контроллер автомата OLE и заказной сервер.

Когда контроллер автомата сообщается с сервером автомата, то ваше приложение может обмениваться несколькими различными типами данных. В 4й день, глава «Простой автоматный сервер», я коротко обсудил все имеющиеся типы данных, поддерживаемые в автоматизации OLE (такие как целочисленный, строки bstr и даты), но в действительности вы видели лишь числовой (целочисленный и действительный) и строковый (bstr) типы. Вы не изучали VT_DISPATCH и VT_UNKNOWN (или

VT_ARRAY, но это рассматривается в 19-й день, глава «Коллекции и IEnumVARIANT»). VT_DISPATCH и VT_UNKNOWN как раз те типы, которые вы можете использовать для передачи объектов.

Вы можете подумать, что если можно использовать только два интерфейсных типа, то ваша жизнь становится довольно ограниченной, но здесь вы заблуждаетесь. Вспомните, что IDispatch используется для доступа к любым свойствам и методам автомата OLE, так что если возвращен тип VT_DISPATCH, то вы уже имеете доступ к свойствам и методам автомата объекта. Если возвращен VT_UNKNOWN, то ваш контроллер получает доступ ко всем интерфейсам, которые объект сервера экспонирует через QueryInterface. Вспомните, что получив интерфейсный указатель IUnknown и вызвав QueryInterface, ваш контроллер получает доступ к объекту. Таким образом, при помощи IDispatch и IUnknown ваш контроллер имеет доступ ко всем интерфейсам, которые выбраны объектом для экспозиции.

Если вы помните 8-й день, главу «Компонентная модель объекта (COM)», то можете спросить, зачем нужно показывать IDispatch и IUnknown отдельно. Вспомните, что объект, соответствующий спецификации COM, будет иметь интерфейс IUnknown, а из IUnknown ваш контроллер может вызвать QueryInterface и получить интерфейсный указатель IDispatch. Тем не менее, при этом не требуется, чтобы спецификация модели COM соблюдалась. На самом деле, при создании вами автоматного сервера может быть не нужно, чтобы ваш сервер реализовывал COM-объект. Ваш серверный объект может просто иметь IDispatch, и когда какой-нибудь объект обратится к QueryInterface вашего сервера за интерфейсным указателем IUnknown, то сервер может просто вернуть интерфейсный указатель IDispatch (который вызывающий объект будут считать интерфейсным указателем IUnknown сервера). Это в точности то, что вы реализовали в 4 и 5-й дни, когда вы впервые знакомились с автоматными серверами OLE. Вы узнали о серверах автоматов OLE даже до того, как познакомились с моделью COM.

Зачем вам может быть нужно, чтобы ваш автоматный сервер возвращал IDispatch вместо IUnknown во всех случаях, если сервер может получить интерфейсный указатель IDispatch от интерфейсного указателя IUnknown? Visual Basic и Visual Basic for Applications знают только, как обращаться к интерфейсному указателю IDispatch (в 19-й день вы увидите, что Visual Basic for Applications может также обращаться к IEnumVARIANT). На самом деле у Microsoft есть стандарт для создания автоматного сервера OLE. Этот стандарт очень ясно указывает, какие методы и свойства должны быть реализованы при создании сервера автомата OLE. В 5-й день вы видели некоторые из имеющихся свойств и методов. Сегодня вам будут показаны все методы и свойства, которые нужно реализовывать.

Объект приложения

Чтобы создать гибкий автомат, вашему серверу необходимо реализовать объект приложения (в 4 и 5-й дни он был единственным реализованным тогда объектом). Объект приложения является объектом наивысшего уровня, включающим в себя сервер автомата OLE. Этот объект содержит специфичную для приложения информацию. В таблице 18.1 приводится список методов и свойств, являющихся частью объекта приложения.

Таблица 18.1. Методы и свойства объекта приложения.

Имя	Тип	Наличие	Возвращает	Описание
`ActiveDocument`	свойство	необязат.		Возвращает IDispatch (VT_DISPATCH) для активного документа или VT_EMPTY, если активного документа нет.

Application	свойство	обязат.	VT_DISPATCH	Возвращает IDispatch для объекта приложения.
Caption	свойство	необязат.	VT_BSTR	Используется для получения или изменения строки заголовка приложения. Если вы передаете VT_EMPTY для этого свойства, то сервер использует свой собственный заголовок (вместо предложенного вами).
DefaultFilePath	свойство	необязат.	VT_BSTR	Используется для получения или изменения маршрута файла приложения по умолчанию (который оно использует для открытия и создания файлов, не имеющих имени маршрута).
Documents	свойство	необязат.	VT_DISPATCH	Возвращает коллекцию документов (смотрите 19-й день, чтобы познакомиться с коллекциями).
FullName	свойство	обязат.	VT_BSTR	Возвращает маршрут и имя файла для приложения.
Height	свойство	необязат.	VT_R4	Изменяет или получает высоту главного окна приложения (в режиме отображения MM_HIMETRIC).
Help	метод	необязат.	VT_EMPTY	Показывает встроенную справку для приложения. Дополнительная информация в тексте главы.

`Interactive`	свойство	необязат.	`VT_BOOL`	Изменяет или получает состояние ввода пользователем (TRUE = ввод разрешен, FALSE = ввод пользователю не разрешен).
`Left`	свойство	необязат.	`VT_R4`	Изменяет или получает расстояние между левыми краями дисплея и главного окна приложения.
`Name`	свойство	обязат.	`VT_BSTR`	Возвращает имя приложения в понятной человеку форме (например, «Генератор приложений OLE»).
`Parent`	свойство	обязат.	`VT_DISPATCH`	То же самое, что и Application; получает IDispatch объекта приложения.
`Path`	свойство	необязат.	`VT_BSTR`	Возвращает лишь маршрут приложения (в FullName были маршрут и имя).
`Quit`	метод	обязат.	`VT_EMPTY`	Выход из приложения, закрытие всех открытых документов/окон.
`Repeat`	метод	необязат.	`VT_EMPTY`	Повторяет предыдущее действие (только для действий пользовательского интерфейса).
`StatusBar`	свойство	необязат.	`VT_BSTR`	Изменяет или получает текст в строке состояния приложения (если она имеется).
`Top`	свойство	необязат.	`VT_R4`	Изменяет или получает расстояние между верхними краями дисплея и главного окна приложения.
`Undo`	метод	необязат.	`VT_EMPTY`	Выполняет откат для предыдущего действия (только для действий пользовательского интерфейса).

Visible	свойство	обязат.	VT_BOOL	Изменяет или получает видимость приложения (TRUE = приложение видно, FALSE = приложение не видно).
Width	свойство	необязат.	VT_R4	Изменяет или получает ширину главного окна приложения.

Некоторые из пунктов таблицы требуют дополнительного пояснения. Например, когда вы запускаете Microsoft Word, то получаете в свое распоряжение пустой документ. Если вы затем выберете Close, то документ не будет создан. Если у вас нет документа, то свойство ActiveDocument вернет VT_EMPTY. Иначе у вас будет активный документ, так что Word может затем вернуть интерфейсный указатель IDispatch на этот документ (VT_DISPATCH).

Свойство Application может показаться слегка странным, потому что наверняка ваш контроллер имеет интерфейсный указатель IDispatch приложения (которое является сервером автомата OLE). Иногда у вашего контроллера нет интерфейсного указателя IDispatch приложения, потому что вполне возможно экспонировать объекты изнутри приложения. Например, в регистрационной базе данных в 5-й день был элемент:

```
HKEY_CLASSES_ROOT\OleDay5.Application\Clsid = {...}
```

Это экспонирует ваш объект приложения. Вы можете иметь подобные элементы для других интерфейсных указателей IDispatch в своем приложении кроме объекта приложения. Предположим, что имеется элемент OleDay5.Document. Ваш контроллер автомата может обратиться к объекту приложения из объекта документа (что вы и увидите в следующем параграфе). Это может показаться не очень полезным, но предположите, что у вашего контроллера много объектов, принадлежащих к различным приложениям. Ему не потребуется определять, которому из приложений принадлежит этот объект; ваш контроллер может просто опросить каждый объект.

Метод Help нуждается в дополнительном пояснении, потому что у него есть несколько особенностей. Если вам когда-нибудь приходилось реализовывать оперативные справочники для приложений Windows, то реализация метода Help будет вам знакома. Метод Help имеет три необязательных аргумента: имя файла справки типа VT_BSTR, идентификатор контекста типа VT_I4 и строка справки типа VT_BSTR. Если имя файла не передается, то для приложения используется главный справочный файл. Идентификатор контекста и строка справки определяют, какой элемент из файла показывать, и показывается лишь один такой элемент. Если оба последних параметра отсутствуют, то используется тема по умолчанию.

Объект документа

На сегодня архитектура Document/View уже может быть вам знакома. Вкратце, в архитектуре Document/View документ содержит данные, а вид (представление) является специальным изображением данных (всех или части данных документа). Например, если вы используете MS Word, то у вас есть документ текстового процессора, который является файлом или полным текстом. Вид представляет собой специальную часть документа, которую вы в текущий момент просматриваете. У вас может быть много видов для одного и того же документа (попробуйте воспользоваться опцией меню Window/New в MS Word). Если ваше приложение поддерживает такую архитектуру, то спецификация OLE рекомендует, чтобы интерфейс вашего автомата включал объект документа. Таблица 18.2 перечисляет свойства и методы, рекомендуемые спецификацией OLE для этого объекта.

13 Заказ 1091

Таблица 18.2. Методы и свойства объекта документа.

Имя	Тип	Наличие	Возвращает	Описание
`Activate`	метод	обязат.	`VT_EMPTY`	Делает активным первое окно документа.
`Application`	свойство	обязат.	`VT_DISPATCH`	Получает объект приложения.
`Author`	свойство	необязат.	`VT_BSTR`	Изменяет или получает имя автора для сводки документа.
`Close`	метод	обязат.	`VT_EMPTY`	Закрывает все окна
`Comments`	свойство	необязат.	`VT_BSTR`	Изменяет или получает комментарии для Сводки документа.
`Fullname`	свойство	обязат.	`VT_BSTR`	Получает путь и имя документа.
`Keywords`	свойство	необязат.	`VT_BSTR`	Изменяет или получает ключевые слова для сводки документа.
`Name`	свойство	обязат.	`VT_BSTR`	Получает имя документа.
`NewWindow`	метод	необязат.	`VT_EMPTY`	Добавляет в документ новое окно.
`Parent`	свойство	обязат.	`VT_DISPATCH`	Получает IDispatch для родителя документа (который может быть объектом приложения).
`Path`	свойство	обязат.	`VT_BSTR`	Получает путь к документу.
`Print`	метод	обязат.	`VT_EMPTY`	Печатает документ. Смотрите дополнительную информацию в тексте главы.
`PrintOut`	метод	необязат.	`VT_EMPTY`	То же самое, что и Print. Реализован потому, что Print является ключевым словом в Visual Basic.
`PrintPreview`	метод	необязат.	`VT_EMPTY`	Выполняет метод предварительного просмотра печати для документа.
`ReadOnly`	свойство	необязат.	`VT_BOOL`	Получает наличие запрета на запись (TRUE = только для чтения, FALSE = чтение/запись).
`RevertToSaved`	метод	необязат.	`VT_EMPTY`	Отменяет все изменения и получает последнюю сохраненную копию.

Save	метод	обязат.	VT_EMPTY	Сохраняет документ.
SaveAs	метод	обязат.	VT_EMPTY	Сохраняет документ под указанным именем.
Saved	свойство	обязат.	VT_BOOL	Получает факт внесения в документ изменений (TRUE = документ не менялся с момента последнего сохранения, FALSE = документ изменился и нуждается в сохранении).
Subject	свойство	необязат.	VT_BSTR	Изменяет или получает тему Сводки документа.
Title	свойство	необязат.	VT_BSTR	Изменяет или получает заголовок для сводной информации.

Некоторые из этих методов и свойств требуют дополнительных пояснений. Например, метод Close закрывает все окна, связанные с документом. Это означает, что если открыто много видов для данного документа, то они будут закрыты при вызове Close.

Методы Print и PrintOut вызываются для печати активного документа. Они функционируют просто, как если бы пользователь выбрал Print из меню приложения (если приложение поддерживает печать). Методы Print и PrintOut принимают три необязательных параметра: номер страницы начала (VT_I2), номер страницы конца (VT_I2) и требуемое число копий (VT_I2). Причина наличия в стандарте методов Print и PrintOut заключается в том, что Print является зарезервированным ключевым словом в Visual Basic и тем самым его использование затруднено или запутано. Приложения, которые поддерживают Visual Basic в качестве контроллера автомата, должны реализовывать как Print, так и PrintOut.

Наконец, метод SaveAs принимает один необязательный параметр типа VT_BSTR, который является именем файла. SaveAs или использует предоставленное имя файла, или должен запросить имя файла при помощи стандартного диалога FileSaveAs. После выбора имени файла пользователем документ может быть сохранен в этом файле.

Реализация

Теперь, когда вы владеете всей информацией по стандартам, как вы будете передавать интерфейсный указатель на объект, используя автомат OLE, и какие шаги нужно предпринять? Далее эта процедура поясняется шаг за шагом.

1. Создайте объект приложения. Это будет главный объект, который большинство программ будет использовать для доступа к вашему объекту. Может быть использована реализация, которой вы пользовались в 4 и 5-й дни.
2. Добавьте метод или только-читаемое свойство к вашему объекту приложения для каждого объекта, который вы бы желали экспонировать в объекте приложения (см. листинг 18.1). Например, если вы желаете демонстрировать свой диаграммный объект из объекта приложения, то вы должны реализовать свойство только для чтения get_chart.

Листинг 18.1. Типичная реализация объекта, экспонируемого из объекта приложения.

```
STDMETHODIMP_(LPDISPATCH)CAppObject::get_ExposedObject1()
{
    m_pExposedObject1->AddRef();
}
```

Анализ

Заметьте, что вы просто возвращаете указатель на экспонируемый объект. Вам нужно вызвать AddRef, так как вы возвращаете интерфейсный указатель.

3. Для каждого объекта, который вы желаете показать через автомат, создайте идентификатор класса для интерфейса IDispatch объекта. Добавьте идентификатор класса в регистрационную базу данных приложения.
4. Для каждого объекта, который вы желаете экспонировать из объекта приложения, создайте объект и сохраните интерфейсный указатель (используя QueryInterface экспонируемого объекта, а не объекта приложения) на IDispatch объекта. Сохраните этот интерфейсный указатель. Когда автоматный контроллер вызывает ваш объект приложения и запрашивает интерфейс показанного объекта, возвратите этот указатель (например, в методе get_chart).
5. При создании QueryInterface для экспонируемого объекта не возвращайте IUnknown или какой-либо из интерфейсов объекта приложения (см. листинг 18.2). Объект является автономным объектом и не участвует в интерфейсах объекта приложения. При создании QueryInterface для объекта приложения не возвращайте IUnknown или какой-либо из интерфейсов экспонируемого объекта. Помните, что интерфейсы для него выбираются из методов/свойств, которые вы создали на втором шаге.

Листинг 18.2. Типичная реализация QueryInterface экспонируемого объекта.

```
STDMETHODIMP
CIItem::QueryInterface(REFIID riid, void FAR* FAR* ppv)
{
    if ((riid == IID_IUnknown) || (riid == IID_IItem))
        *ppv = this;
    else if ((riid == IID_IDispatch) || (riid == IID_DItem))
        return m_punkStdDispatch->QueryInterface(IID_IDispatch, ppv);
    else{
        *ppv = NULL;
        return ResultFromScode(E_NOINTERFACE)
    }
}
```

Анализ

Заметьте, что в QueryInterface объекта реализованы лишь интерфейсы, относящиеся к нему. QueryInterface не знает об интерфейсах объекта приложения.

6. Реализуйте метод Application в своем экспонируемом объекте. Этот метод возвращает интерфейсный указатель на объект приложения.
7. Реализуйте метод Parent в своем экспонируемом объекте. Если родитель вашего объекта является объектом приложения, возвратите интерфейсный указатель на объект приложения. Иначе, возвратите интерфейсный указатель на родительский объект, или VT_EMPTY, если родительский объект отсутствует.
8. Если ваше приложение соответствует архитектуре документ/вид, то реализуйте свойства документа в своем объекте приложения. Объект документа далее будет рассмотрен в 19-й день.

Заключение

Возврат интерфейса объекта так же прост, как и возврат данных; вам просто нужно использовать VT_DISPATCH или VT_UNKNOWN в качестве возвращаемого типа. Если ваш автоматный сервер OLE может использоваться из Visual Basic или Visual Basic for Applications, то вам лучше не использовать VT_UNKNOWN, используйте лишь VT_DISPATCH, потому что это интерфейс, с которым могут связываться эти приложения. Если вы сообщаетесь со своим собственным контроллером автомата, то тогда вы можете реализовать IDispatch или IUnknown, в зависимости от того, какой из них более подходит. Кроме того, у Microsoft есть список методов и свойств, которые реализуются в объектах приложения и документа, и эти методы/свойства должны использоваться везде, где возможно.

Вопросы и ответы

В: Всюду в обсуждении вы говорите о приложении. Является ли приложение тем же самым, что и локальный сервер?

О: Нет. Хотя автоматные серверы OLE являются типичными локальными серверами, нет препятствий для их реализации в DDL. Вам нужно обратиться к 12-й главе, где изложены все за и против локальных серверов и внутрипроцессных серверов/менеджеров.

В: Могу ли я иметь в своем приложении много интерфейсов IDispatch?

О: Да, вам нужен один IDispatch для своего объекта приложения и один IDispatch, если вы реализуете объект документа. Вы можете затем решить поддерживать дополнительные интерфейсы IDispatch для каждого объекта, который бы желали демонстрировать через автомат OLE.

В: Могу ли я реализовать другие методы и свойства в моих объектах приложения и документа?

О: Да. Таблицы для объектов приложения и документа содержат общие методы и свойства, которые реализуются обязательно. Вы можете реализовать дополнительные методы и свойства в соответствии с требованиями своих приложения или документа.

В: Объект документа содержит свойства, связанные со сводной информацией. Мое приложение ее не использует. Нужно ли мне реализовывать сводку?

О: Свойства, связанные со сводной информацией, являются необязательными и их совсем не нужно реализовывать. Тем не менее, вы можете реализовать эти свойства без реализации сводки путем хранения данных в строках и сохранения информации вне сводки. Однако, если вы хотите придерживаться стандарта, то вы должны хранить информацию в сводке. В 3-й день, глава «Структурированное хранилище», вы видели некоторые из функций API, которые реализованы в библиотеке OLEUI, что упрощает реализацию сводки.

Семинар

Опрос

1. Когда вы можете возвратить не IDispatch или IUnknown, а другой интерфейс?
2. Как я могу поддерживать уведомление в реальном масштабе времени от автомата OLE?
3. Какие объекты должен поддерживать сервер автомата OLE?

Упражнения

1. Реализуйте сводку для OleGen. Она должна показываться каждый раз при сохранении документа.
2. Реализуйте OleGen таким образом, чтобы поддерживались все методы/свойства, которые должны реализовываться для объекта приложения.

Ответы к опросу

1. За исключением IEnumVARIANT, рассматриваемого в 19-й день, вы не должны возвращать другого интерфейса, кроме IDispatch или IUnknown. Кроме того, если ваш контроллер автомата OLE будет использоваться лишь из Visual Basic или Visual Basic for Application, то вы не должны возвращать IUnknown, потому что Visual Basic и Visual Basic for Application не могут сообщаться с Iunknown.

2. В 20-й день, глава «WOSA/XRT», и 21-й день, глава «Автоматизация с обновлением в реальном времени», эти методы будут рассмотрены детально. Вкратце, вам нужно возвратить ваш интерфейс IUnknown, тогда контроллер сможет получить ваш IDataObject и с ним методы уведомлений.
3. Все серверы автоматов OLE должны поддерживать объект приложения. Если необходимо, то поддерживается также и объект документа.

Ответы к упражнениям

Ответы находятся на прилагаемом диске.

День 19

Коллекции и IEnumVARIANT

В 18-й день рассмотрено, как автоматные серверы OLE возвращают интерфейсный указатель на объект, но иногда вам необходимо вывести группу данных или объектов. Например, в 4-й день, в главе «Простой сервер автомата», вы создали сервер автомата, возвращающий несколько глобальных уникальных идентификаторов интерфейса (GUID). Он делает это, возвращая их все в одной строке, которая затем пересылается в контроллер. В идеале вместо возвращения одной строки с несколькими GUID вам лучше возвращать несколько объектов или коллекцию, в которой каждый объект содержит один идентификатор GUID. Сегодня вы изучите, что такое коллекция.

Коллекции

Коллекция представляет собой набор объектов, имеющих общие заранее определенные методы и свойства. Объекты, входящие в коллекцию, не обязательно должны быть одного и того же типа. Если вы используете Excel 5, например, то коллекцией могут быть все таблицы, диаграммы и макросы, входящие в рабочую книгу. Вопрос состоит в том, как, получив коллекцию, извлечь из нее индивидуальный элемент? Для этого имеются два метода. Во-первых, вы можете сформировать индекс для элементов доступа к таблице (например) в порядке от 0 до n. Но что произойдет, если этой коллекцией не поддерживаются последовательные непрерывные итерации (например, коллекция данных по персоналу может быть проиндексирована по номеру социального страхования)? Как все же получить эти данные? Вы используете второй метод, который обеспечивается интерфейсом IEnumVARIANT.

Можно напомнить, что в 8-й день, в главе «Компонентная модель объекта», были рассмотрены перечислители, как набор методов, дающих возможность производить итерацию на последовательности элементов. На 3-й день, глава «Структурированное хранилище», вы использовали IEnumSTATSTG, чтобы выполнить итерацию хранилищ и потоков в хранилище. В 9-й день, глава «Унифицированная передача данных», вы изучили интерфейс IEnumFORMATETC, посредством которого выполнялась итерация всех FormatEtc, поддерживаемых интерфейсом IDataObject. На протяжении всех этих дней вами реализованы и другие перечислители, но у всех них была одна общая черта: для создания их вы использовали механизм OLE. Например, IEnumSTATSTG реализован в OLE, а IEnumFORMATETC — в OLEUI. Вам не пришлось писать много кода для того, чтобы реализовать функцию перечисления. В случае коллекций в автоматах вам придется выполнить все кодирование самому. Интерфейсом, используемым для перебора внутри коллекции, является IEnumVARIANT.

SafeArray

Так как вам нужно реализовать перебор самостоятельно, то скорее всего вы захотите сделать эту работу как можно проще. Для того, чтобы сократить объем работы, вы можете использовать тип данных OLE, называемый SafeArray. Тип SafeArray похож на массивы Visual Basic или C++, не поддерживающие OLE, за исключением того, что он обладает некоторыми уникальными свойствами, которые делают его идеальным (и в некоторых случаях, как вы увидите, необходимым) для использования в OLE. Внутри

SafeArray имеет заголовок, хранящий количество элементов и количество измерений в массиве. В С++ (и других языках программирования) есть возможность, создав массив, записывать и считывать данные из областей вне его (что может вызывать в программах исключительные ситуации и даже фатальные сбои). При этом массив, созданный в программе на С++, не может быть просто передан другому приложению без передачи также и формата этого массива (размерность, величина каждого измерения, тип хранимых в массиве данных и так далее). SafeArray решает эту проблему.

SafeArray предоставляет методы для создания массива, доступа к элементам массива, определения типа хранимых данных. Дополнительно SafeArray позволяет хранить в массиве интерфейсные указатели, обеспечивая автоматический вызов Release для интерфейсов при освобождении этого массива. SafeArray легко доступен для различных языков программирования без необходимости для каждого приложения знать устройство массива. Вы должны использовать SafeArray при передаче массивов автоматом OLE. Следующий параграф является описанием некоторых имеющихся функций API для SafeArray. За полным списком API обратитесь к оперативному справочнику SDK OLE.

SafeArrayCreate

Массивы SafeArray создаются с использованием метода SafeArrayCreate. SafeArrayCreate принимает три параметра следующим образом:

```
SAFEARRAY *SafeArrayCreate(VARTYPE vt, unsigned int cDims,
          SAFEARRAYBOUND FAR *rgsabounds);
```

Переменная vt имеет тип VARTYPE и предназначена для данных, которые будут храниться в массиве (смотрите таблицу 19.1), cDims является размерностью массива (и которое не может изменяться после создания массива), и rgsabounds является указателем на массив, содержащий верхние и нижние пределы для SafeArray (для каждого измерения необходима одна пара верхнего и нижнего предела).

Таблица 19.1. Возможные значения vt.

Тип	Определение
VT_I2	2-байтовое целое число
VT_I4	4-байтовое целое число
VT_R4	4-байтовое действительное число стандарта IEEE
VT_R8	8-байтовое действительное число стандарта IEEE
VT_CY	Денежный, 8-байтный составной целочисленный тип, с 15 цифрами слева от действительной точки и 4 цифрами справа (то есть число, умноженное на 10000)
VT_BSTR	Двоичная строка
VT_ERROR	Тип scode, определяющий ошибку
VT_BOOL	Булевый, TRUE/FALSE; TRUE = -1 и FALSE = 0
VT_DATE	Дата двойной точности
VT_DISPATCH	Объектный указатель на интерфейс IDispatch
VT_UNKNOWN	Объектный указатель на интерфейс IUnknown
VT_VARIANT	Элемент может быть составного типа или не совпадать с вышеперечисленными типами

При создании многомерного SafeArray вам нужно знать, что данные в нем хранятся по столбцам, то есть сначала изменяется первый индекс (в A[i][j] сначала изменяется i).

Замечание: В языках С и С++ в первую очередь меняется последний индекс, что отличается от SafeArrays.

В принципе, SafeArrayCreate эквивалентно new type[x][y]...[n] в C++. Отличие состоит в том, что элементы SafeArray не должны быть одного и того же типа, в то время как в C++ тип один (даже если все элементы являются указателями на разные типы).

SafeArrayDestroy

Метод SafeArrayDestroy удаляет предварительно созданный SafeArray и освобождает все данные, что были в массиве. Его параметры следующие:

```
HRESULT SafeArrayDestroy(SAFEARRAY FAR *psa);
```

psa является указателем на дескриптор SafeArray. SafeArrayDestroy проверит каждый элемент внутри массива и определит подходящий метод для удаления этого элемента. Если элемент является интерфейсом (VT_DISPATCH или VT_UNKNOWN), то он будет уничтожен с использованием Release. Если элемент имеет тип BSTR, то вызывается SysFreeString. Во всех прочих случаях просто освобождается память, занимаемая данными.

SafeArrayCopy

Метод SafeArrayCopy создает копию SafeArray. Его параметры следующие:

```
HRESULT SafeArrayCopy(SAFEARRAY FAR *psa, SAFEARRAY FAR * FAR * ppsaOut);
```

psa является указателем на SafeArray, который копируется, а ppsaOut указывает, куда будет возвращен дескриптор нового массива. SafeArrayCopy полезен тем, что учитывает обработку AddRef элементов типов VT_UNKNOWN и VT_DISPATCH. Помните, что во всех объектах OLE, если вы планируете сохранить интерфейсный указатель, нужно вызвать для этого интерфейса AddRef, иначе объект может повести себя непредсказуемо при освобождении указателя с помощью Release.

SafeArrayGetElement

Метод SafeArrayGetElement возвращает элемент SafeArray. Его параметры следующие:

```
HRESULT SafeArrayGetElement(SAFEARRAY FAR *psa, long FAR *rgIndices,
        void FAR *pvData);
```

psa является указателем на используемый SafeArray, rgIndices является списком индексов для каждого измерения, а pvData указывает, куда поместить полученные данные.

Если SafeArray одномерный, то rgIndices будет просто указателем на тип long, в котором содержится нужный номер элемента. Если SafeArray многомерный, то rgIndices будет массивом типа long, в котором каждый элемент содержит требуемый номер элемента в данном измерении (подобно x[2][4][9][3]). rgIndices[0] содержит последний индекс (для предыдущего случая он будет содержать 3), в то время как rgIndices[размерность-1] будет содержать первый индекс (для предыдущего случая 2). Переменная pvData содержит требуемый элемент массива. SafeArrayGetElement возвращает лишь один элемент из массива; функция API, возвращающая несколько элементов, отсутствует.

SafeArrayPutElement

Метод SafeArrayPutElement вводит элемент в SafeArray. Его параметры следующие:

```
HRESULT SafeArrayPutElement(SAFEARRAY FAR *psa, long FAR *rgIndices,
        void FAR *pvData);
```

psa является указателем на используемый SafeArray, rgIndices является списком индексов для каждого измерения, а pvData указывает источник данных.

rgIndices тот же самый, что и в SafeArrayGetElement, где он является указателем на массив типа long, содержащий нужные при этой размерности индексы. Когда данные возвращаются в pvData, то вы в действительности получаете копию этих данных. Это означает, что если данные имеют тип VT_DISPATCH или VT_UNKNOWN, то вы должны вызвать Release для возвращаемых данных после завершения работы с ними. Если данные имеют тип BSTR, то вы должны вызвать SysFreeString после завершения работы с ними.

SafeArrayRedim

Метод SafeArrayRedim позволяет вам изменить размер (переразметить) SafeArray; однако лишь последняя размерность может быть изменена. Если вы меняете пределы изменения индекса, то все данные, оказавшиеся вне новых пределов, будут освобождены. Его параметры следующие:

```
HRESULT SafeArrayRedim(SAFEARRAY FAR *psa, SAFEARRAYBOUND FAR *psaboundnew);
```

psa является указателем на используемый SafeArray, а psaboundnew — новыми пределами для последнего индекса.

Когда вы указываете пределы, то на самом деле сообщаете SafeArray нижний предел (начальный номер; например, в C++ нижним пределом массива является 0) и количество элементов в этом измерении. Если вы сложите значение нижнего предела с числом элементов и затем вычтете 1, то получите верхний предел. Если исходный SafeArray имеет нижний предел 0, и вы примените redim таким образом, что новый нижний предел станет равным 5, то все элементы, которые были элементами от 0-го до 4-го, будут освобождены. Если исходный SafeArray имеет нижний предел 0, количество элементов было равно 10, а потом уменьшено до 5 после переразметки, то все элементы, которые были элементами с 5-го по 9-й, будут освобождены.

Теперь, после того, как вы поняли концепцию типа SafeArray и некоторые его методы, вы можете рассмотреть реализацию IEnumVARIANT.

Методы *IEnumVARIANT*

На 8-й день вы познакомились с методами, которые применяются для перечисления, и IEnumVARIANT все их использует. Взгляните на каждый из этих четырех методов и посмотрите, как они могут быть реализованы в IEnumVARIANT.

Next

Метод Next выбирает один или более элементов данных, начиная с текущей позиции. Текущая позиция модифицируется по завершении Next. Интересно заметить, что описание OLE не указывает, где находится текущая позиция в момент создания перечислителя, так что во избежание разногласий всегда считайте, что текущим положением будет элемент, созданный первым. Листинг 19.1 показывает реализацию метода Next.

Листинг 19.1. Реализация метода Next для IEnumVARIANT.

```
STDMETHODIMP
CIEnumVariant::Next(ULONG ulNumElementsRequested,
                    VARIANT FAR* pvar,
                    ULONG FAR* pulNumFetched)
{
```

```
    HRESULT hresult;
    ULONG l;
    long lNewCurrent;
    ULONG lNumFetched;

    if (pulNumFetched != NULL)
       *pulNumFetched = 0;

    //Initialize the elements to be returned
    for (l=0; l<ulNumElementsRequested; l++)
       VariantInit(&pvar[l]);

    //Get each element and place it into the return array
    //Don't request more than we have
    for (lNewCurrent=m_lCurrentPosition, lNumFetched=0;
        lNewCurrent<(long)(m_lLowerArrayBoundary+m_ulActualNumElements) &&
               lNumFetched<ulNumElementsRequested;
        lNewCurrent++, lNumFetched++){
       hresult = SafeArrayGetElement(m_pSafeArray, &lNewCurrent,
               &pvar[lNumFetched]);
       //Something went wrong!!!
       if (FAILED(hresult)){
          for (l=0; l<ulNumElementsRequested; l++)
             VariantClear(&pvar[l]);
          return hresult;
       } // End of If Failed
    }

    //Tell the caller how many we got (which may be less than the number
    //requested), and save the current position
    if (pulNumFetched != NULL)
       *pulNumFetched = lNumFetched;
    m_lCurrentPosition = lNewCurrent;

    //If we're returning less than they asked for return S_FALSE, but
    //they still have the data (S_FALSE is a success code)
    return  (lNumFetched < ulNumElementsRequested) ? ResultFromScode(S_FALSE)
                                                    : NOERROR;
}
```

Skip

Метод Skip является частью IEnumVARIANT и пропускает один или более элементов данных, начиная с данной позиции. Текущая позиция модифицируется по завершении Skip. Листинг 19.2 показывает реализацию метода Next.

Листинг 19.2. Реализация метода Skip для IEnumVARIANT.

```
//Skip ulNumElementsToSkip number of elements if possible
//
STDMETHODIMP CIEnumVariant::Skip(ULONG ulNumElementsToSkip)
{
    //Skip the number of elements requested
    m_lCurrentPosition += ulNumElementsToSkip;

    //If we went outside of the boundaries unskip
    if (m_lCurrentPosition > (long)(m_lLowerArrayBoundary+m_ulActualNumElements)){
        m_lCurrentPosition =  m_lLowerArrayBoundary+m_ulActualNumElements;
        return ResultFromScode(S_FALSE);
    }
    else
        return NOERROR;
}
```

Reset

Метод Reset является частью IEnumVARIANT и устанавливает текущую позицию снова на начало коллекции. Листинг 19.3 показывает реализацию метода Next.

Листинг 19.3. Реализация метода Reset для IEnumVARIANT.

```
//
//Changes the current position to the beginning of the enumeration
//
//Remember that when you re-iterate through a collection the order
//may not be the same as the previous iteration
//
STDMETHODIMP CIEnumVariant::Reset()
{
    //Just move the CurrentPosition to the lower array boundary
    m_lCurrentPosition = m_lLowerArrayBoundary;
    return NOERROR;
}
```

Clone

Этот метод сохраняет информацию, содержащуюся в текущей коллекции. В некоторых случаях этот метод будет создавать копию (клон) коллекции и возвращать интерфейс IEnumVARIANT к этой копии. Все последующие обращения к исходному IEnumVARIANT не будут влиять на текущую позицию нового интерфейса. Все изменения, производимые с любым из объектов, могут влиять, а могут и не влиять на новый интерфейс в зависимости от того, как реализован Clone (хотя если изменения сделаны в исходной коллекции, то ожидается, что клонированная коллекция не будет затронута).

Clone просто обеспечивает сохранность текущей позиции в коллекции. Это также означает, что перебор исходной и новой коллекций может привести к разному результату. Листинг 19.4 показывает реализацию метода Clone.

Листинг 19.4. Реализация метода Clone для IEnumVARIANT.

```
//
//Create a copy of the current collection saving all the data
//as well as the current position
//The order of iteration does not have to be the same between the
//original and the clone
//
STDMETHODIMP CIEnumVariant::Clone(IEnumVARIANT FAR* FAR* ppenum)
{
    CIEnumVariant FAR* penum = NULL;
    HRESULT hresult;

    *ppenum = NULL;

    //Create a new copy of CIEnumVariant using the existing IEnumVariant
    //and its data
    hresult = CIEnumVariant::Create(m_pSafeArray, m_ulActualNumElements, &penum);
    if (FAILED(hresult)){
        if (penum != NULL)
            penum->Release();
        return hresult;
    }

    //Increment the ref count since we're going to give it away
    penum->AddRef();

  //Save the current position of the original into the new CIEnumVariant
    penum->m_lCurrentPosition = m_lCurrentPosition;

    //Return the new one
    *ppenum = penum;
    return NOERROR;
}
```

Методы и свойства коллекций

Если в приложении применяется коллекция с использованием автомата OLE, то приложение должно предоставить некоторые методы и свойства, обеспечивающие контроллеру автомата OLE доступ к коллекции. Два из этих методов (Item и _NewEnum) должны быть реализованы обязательно, в то время как оставшиеся два метода (Add и Remove) реализуются лишь в случае, если коллекция поддерживает функцию добавления или удаления элементов данных коллекции. Коллекции необходимо также одно свойство, а именно свойство Count. Взгляните на эти четыре метода и свойство, используемые в коллекции.

_NewEnum

Это метод, который возвращает объект, реализующий IEnumVARIANT и возвращающий в свою очередь интерфейс IUnknown для этого объекта. В библиотеке типов этот метод должен получить идентификатор диспетчера DISPID_NEWNUM (как установлено спецификацией OLE). Листинг 19.5 показывает реализацию метода _NewEnum.

Листинг 19.5. Реализация метода _NewEnum для коллекции.

```
STDMETHODIMP_(LPUNKNOWN)
CICollection::get__NewEnum(void)
{
    CIEnumVariant FAR* penum = NULL;;
    LPUNKNOWN punkEnumVariant = NULL;
    HRESULT hresult;

    hresult = CIEnumVariant::Create(m_pSafeArray, m_cElements, &penum);
    if (SUCCEEDED(hresult)){
      hresult = penum->QueryInterface(IID_IUnknown,
        (VOID FAR* FAR*)&punkEnumVariant);
      if (SUCCEEDED(hresult))
        return punkEnumVariant;
      else
        delete penum;
    }

    if (punkEnumVariant)
        punkEnumVariant->Release();

    m_excepinfo.scode = GetScode(hresult);
    m_excepinfo.bstrDescription = SysAllocString("IEnumVariant Create Failure");
    m_bRaiseException = TRUE;
    return NULL;
}
```

Анализ

Вы, возможно, заметили из листинга, что при создании IEnumVARIANT посредством Create передается тип SafeArray для текущих данных. Create также ожидает, что ему будет передано количество элементов в SafeArray (после этого становится возможным создание копии для SafeArray). Когда вы делаете копию, то копируете лишь те элементы массива, в которых есть данные, вместо копирования всего массива. При передаче интерфейса вызывающей процедуры для IEnumVARIANT вы обеспечиваете мгновенный снимок своего массива в момент, когда он запрашивает IEnumVARIANT. Если вы добавляете элементы в свою коллекцию, то эти элементы не будут доступны из предоставленного IEnumVARIANT до тех пор, пока вызывающий не затребует новый IEnumVARIANT (или если вы удалите элементы, то они останутся доступными из интерфейса вашего IEnumVARIANT). Эта реализация существенно облегчит жизнь как вам, так и вызывающему, потому что когда он получает значение счетчика и затем выполняет итерацию коллекции, то значение счетчика остается корректным (оно соответствует номеру элемента, который вы предоставили в момент запроса значения счетчика). Как упоминалось ранее, это метод реализуется обязательно.

Count

Count является свойством только для чтения, возвращающим количество объектов в коллекции. Оно возвращает тип VT_I4 (тип long) и должно быть реализовано в соответствии со спецификацией OLE.

Листинг 19.6. Реализация свойства Count для коллекции.

```
STDMETHODIMP_(long)
CICollection::get_Count(void)
{
    return m_cElements;
}
```

Анализ

Вследствие того, что ваш массив внутри себя имеет счетчик количества элементов, в которых содержатся данные, Count может просто вернуть его значение. Помните, что Count является количеством элементов, в которых есть данные, а не общим количеством элементов, имеющихся в коллекции. Вызывающий может использовать Count для итерации внутри коллекции, используя это число для цикла for/next (в Visual Basic) в качестве номера последнего элемента в коллекции.

Add

Метод Add добавляет в коллекцию новый объект. Если объект может существовать вне коллекции, то этот метод возвращает VT_EMPTY и объект не создается, но включается в коллекцию. Вы сами обеспечиваете удаление такого объекта. Удалять объект самому особенно полезно тогда, когда этот объект может использоваться сразу несколькими коллекциями. При вызове метода Remove из коллекции удаляется ссылка на объект, но сам он не уничтожается.

Если объект не может существовать вне коллекции, то метод Add возвращает VT_DISPATCH. Это позволяет вам получить доступ к объекту. При вызове метода Remove объект уничтожается.

Метод Add не нужно реализовывать, если вы не можете добавлять объекты в коллекцию, используя автомат.

Листинг 19.7. Метод Add для коллекции.

```
STDMETHODIMP_(void)
CICollection::Add(LPDISPATCH pdisp)
{
    HRESULT hresult;
    VARIANT v;
    LONG l;
    CIItem FAR* pitem = NULL;
    BSTR bstr;

    if (m_cElements == m_cMax){
      SAFEARRAYBOUND sabound[1];
      sabound[0].cElements = m_cMax+5;
      sabound[0].lLbound = m_lLBound;
      if ((hresult = SafeArrayRedim(m_pSafeArray,sabound)) != NOERROR) {
        m_excepinfo.scode = GetScode(hresult);
        m_excepinfo.bstrDescription = SysAllocString("Collection is full");

        m_bRaiseException = TRUE;
        return;
      }
      else
        m_cMax += 5;
    }

    VariantInit(&v);
    V_VT(&v) = VT_DISPATCH;
```

```
    V_DISPATCH(&v) = pdisp;
    l = m_lLBound+m_cElements;

    //Stick the caller provided data into the end of the SafeArray
    hresult = SafeArrayPutElement(m_pSafeArray, &l, &v);
    if (FAILED(hresult))
        goto error;
    m_cElements++;

    hresult = pdisp->QueryInterface(IID_IItem, (void FAR* FAR*)&pitem);
    if (FAILED(hresult))
        goto error;

    bstr = pitem->get_Text();
    SysFreeString(bstr);
    pitem->Release();
    return;

error:
    if (pitem)
        pitem->Release();

    m_excepinfo.scode = GetScode(hresult);
    m_excepinfo.bstrDescription = SysAllocString("Add failure");
    m_bRaiseException = TRUE;
    return;
}
```

Анализ

В этой реализации вы можете заметить, что выполняется SafeArrayRedim, если в вашей коллекции нет больше места для нового элемента. Если ваша коллекция не может динамически изменить размер (вы определяете, каким образом), тогда Add может просто вернуть ошибку, если в коллекции нет свободных элементов. Для своей реализации вы можете решиться на переразметку коллекции, увеличив ее размер на 5 элементов. Вы должны выбрать любую приемлемую величину, на которую будет увеличена коллекция при переразметке SafeArray.

Item

Метод Item возвращает запрошенный объект из коллекции. Индекс этого элемента может быть любым подходящим для этой коллекции. Например, если у вас есть коллекция служащих, то вы можете указать методу Item осуществить доступ к коллекции, используя фамилии служащих (Employee["Лоуренс Харрис"]). Вы также можете вместо этого получить доступ к коллекции, используя личный номер служащего (Employee[9845143]). Используемый номер не должен иметь последовательных вхождений.

Возвращаемое значение метода зависит от содержания коллекции. Некоторые значения могут возвратить объект, в то время как другие вернут просто строку (например,GUIDGen возвращает строку). Этот метод коллекции должен быть обязательно реализован.

Листинг 19.8. Метод Item для коллекции.

```
//Get an element by absolute index or name
STDMETHODIMP_(LPDISPATCH)
CICollection::get_Item(VARIANT vParam)
{
    VARIANT v, vIndex;
    HRESULT hresult;
    long lIndex;
    CIItem FAR* pitem = NULL;
    BSTR bstr;
```

Листинг 19.8. продолжение

```
    VariantInit(&v);
    VariantInit(&vIndex);

    hresult = VariantCopyInd(&vIndex, &vParam);
    if (FAILED(hresult))
        goto error;

    if (V_VT(&vIndex) == VT_I2)        //They gave a two byte absolute
        lIndex = V_I2(&vIndex);        //index to retrieve
    else if (V_VT(&vIndex) == VT_I4)  //They gave a four byte absolute
        lIndex = V_I4(&vIndex);        //index to retrieve
    else if (V_VT(&vIndex) == VT_BSTR){ //They want a particular named elemented
        for (lIndex = m_lLBound;
             lIndex < (long)(m_lLBound+m_cElements);
             lIndex++){
            hresult = SafeArrayGetElement(m_pSafeArray, &lIndex, &v);
            if (FAILED(hresult))
                goto error;
            hresult = V_DISPATCH(&v)->QueryInterface(IID_IItem,
                (void FAR* FAR*)&pitem);
            if (FAILED(hresult))
                goto error;
            bstr = pitem->get_Text();
            if (!lstrcmp(V_BSTR(&vIndex), bstr)){
                pitem->Release();
                SysFreeString(bstr);
                VariantClear(&vIndex);
                return V_DISPATCH(&v) ;
            }
            else {
                pitem->Release();
                SysFreeString(bstr);
                VariantClear(&v);
            }
        }
        hresult = ResultFromScode(DISP_E_BADINDEX);
        goto error;
    }
    else{
        hresult = ResultFromScode(DISP_E_TYPEMISMATCH);
        goto error;
    }

    VariantClear(&vIndex);

    if (lIndex < m_lLBound || lIndex >= (long)(m_lLBound+m_cElements)){
        hresult = ResultFromScode(DISP_E_BADINDEX);
        goto error;
    }

    hresult = SafeArrayGetElement(m_pSafeArray, &lIndex, &v);
    if (FAILED(hresult))
        goto error;
    return V_DISPATCH(&v);

error:
    VariantClear(&v);
    VariantClear(&vIndex);
    if (pitem)
        pitem->Release();

    m_excepinfo.scode = GetScode(hresult);
    switch (m_excepinfo.scode){
        case DISP_E_BADINDEX:
            m_excepinfo.bstrDescription = SysAllocString("Invalid index");
            break;
        case DISP_E_TYPEMISMATCH:
```

```
            m_excepinfo.bstrDescription = SysAllocString("Index type mismatch");
            break;
        default:
            m_excepinfo.bstrDescription = SysAllocString("Unknown get failure");
            break;
    }
    m_bRaiseException = TRUE;
    return NULL;
}
```

Анализ

В этой реализации, если Item вызывается со строкой, то Item предполагает, что вызывающий передает в коллекцию ключ. В случае GUIDGen вызывающий передает тот идентификатор GUID, который ему нужен.

Remove

Метод Remove удаляет элемент из коллекции. Он использует тот же метод доступа, что и Item (типа использования фамилии служащего для опознания элемента, подлежащего удалению). Если объект может существовать вне коллекции (смотрите метод Add), то элемент удаляется из коллекции, но не уничтожается. Если объект не может существовать вне коллекции, то тогда элемент удаляется и уничтожается.

Возвращаемое значение VT_EMPTY, и этот метод не требуется реализовывать обязательно.

Листинг 19.9. Метод Remove для коллекции.

```
//Removes an element either by an integer index or a name
STDMETHODIMP_(void)
CICollection::Remove(VARIANT vParam)
{
    VARIANT v, vIndex;
    HRESULT hresult;
    long l1, l2, lIndex;
    CIItem FAR* pitem = NULL;
    BSTR bstr;

    VariantInit(&v);
    VariantInit(&vIndex);

    hresult = VariantCopyInd(&vIndex, &vParam);
    if (FAILED(hresult))
        goto error;

    if (V_VT(&vIndex) == VT_I2)         //They gave us a two byte absolute
        lIndex = V_I2(&vIndex);         //index to remove
    else if (V_VT(&vIndex) == VT_I4)  //They gave us a four byte absolute
        lIndex = V_I4(&vIndex);         //index to remove
    else if (V_VT(&vIndex) == VT_BSTR){
        //They told a name to delete so we have to find it
        for (lIndex = m_lLBound;
             lIndex < (long)(m_lLBound+m_cElements);
             lIndex++){
            hresult = SafeArrayGetElement(m_pSafeArray, &lIndex, &v);
            if (FAILED(hresult))
                goto error;
            hresult = V_DISPATCH(&v)->QueryInterface(IID_IItem,
                (void FAR* FAR*)&pitem);
            if (FAILED(hresult))
                goto error;
            VariantClear(&v);
            bstr = pitem->get_Text();
            if (!lstrcmp(V_BSTR(&vIndex), bstr)){
                SysFreeString(bstr);
                pitem->Release();
                break ;
```

Листинг 19.9. продолжение

```
            }
            SysFreeString(bstr);
            pitem->Release();

        }
        if (lIndex >= (long)(m_lLBound+m_cElements)){
            hresult = ResultFromScode(DISP_E_BADINDEX);
            goto error;
        }
    }
    else {
        hresult = ResultFromScode(DISP_E_TYPEMISMATCH);
        goto error;
    }

    VariantClear(&vIndex);

    if (lIndex < m_lLBound || lIndex >= (long)(m_lLBound+m_cElements)){
        hresult = ResultFromScode(DISP_E_BADINDEX);
        goto error;
    }

    //Move all the Elements down so that there is no hole in our array
    for (l1=lIndex+1; l1<(long)(m_lLBound+m_cElements); l1++){
        hresult = SafeArrayGetElement(m_pSafeArray, &l1, &v);
        if (FAILED(hresult))
            goto error;
        l2 = l1-1;
        hresult = SafeArrayPutElement(m_pSafeArray, &l2, &v);
        if (FAILED(hresult))
            goto error;
        VariantClear(&v);
    }

    VariantInit(&v);
    l2 = l1-1;
    hresult = SafeArrayPutElement(m_pSafeArray, &l2, &v);
    if (FAILED(hresult))
        goto error;

    m_cElements--;
    return;

error:
    VariantClear(&v);
    VariantClear(&vIndex);
    if (pitem)
        pitem->Release();

    m_excepinfo.scode = GetScode(hresult);
    switch (m_excepinfo.scode){
        case DISP_E_BADINDEX:
            m_excepinfo.bstrDescription = SysAllocString("Invalid index");
            break;
        case DISP_E_TYPEMISMATCH:
            m_excepinfo.bstrDescription = SysAllocString("Index type mismatch");
            break;
        default:
          m_excepinfo.bstrDescription = SysAllocString("Unknown removal failure");
            break;
    }
    m_bRaiseException = TRUE;
    return;
}
```

Анализ

Так же, как и в Item, если вызывающий передает строку, то вы используете эту строку в коллекции как ключ. Если вызывающий передает число, то вы используете его в своей коллекции как индекс. После того, как вы нашли нужный элемент, вы удаляете его из своей коллекции. Дополнительно вы копируете каждый элемент, который остается в вашей коллекции, в новую копию своего SafeArray таким образом, чтобы в коллекции не оставалось пустых мест.

Методы доступа к коллекциям и элементам

Теперь, когда вы можете осуществлять итерацию по элементам коллекции, как вы сможете получать доступ к коллекции и добавлять к ней новые элементы? Вам необходимо реализовать методы, обеспечивающие эти действия. Листинг 19.10 представляет два метода, get_Collection и NewItem, для выполнения этих функций.

Листинг 19.10. Реализация get_Collection и NewItem.

```
STDMETHODIMP_(LPDISPATCH)COleDay19Object::get_Collection()
{
        m_pICollection->AddRef();
        return m_pICollection;
}

STDMETHODIMP_(LPDISPATCH)COleDay19Object::NewItem(BSTR bstr)
{
    CIItem FAR* pitem = NULL;
    HRESULT hresult;
    IDispatch FAR  *pdisp = NULL;

    hresult = CIItem::Create(bstr, &pitem);
    if (FAILED(hresult))
       goto error;
    hresult = pitem->QueryInterface(IID_IDispatch, (void FAR* FAR*)&pdisp);
    if (FAILED(hresult)){
        delete pitem;
        goto error;
    }
    return pdisp;

error:
    if (pdisp)
        pdisp->Release();
    return NULL;
}
```

Анализ

Ваша реализация get_Collection просто возвращает вызывающему указатель на интерфейс IDispatch вашей коллекции. Вызывающий затем может использовать этот указатель для доступа к методам коллекции. Ваша реализация NewItem требует, чтобы вызывающий обращался к NewItem, предоставляя строку, которая может быть использована для создания типа Item, помещаемого в коллекцию. При вызове NewItem метод лишь создает элемент, но не помещает его в коллекцию. Вы должны будете вызвать метод Add для своей коллекции, если желаете, чтобы этот элемент был в нее добавлен. Способ реализации метода NewItem совершенно произволен. Если бы вы хотели, то могли бы реализовать его таким образом, чтобы при вызове NewItem он помещал элемент прямо в коллекцию (если это действие допустимо).

И наконец, вашу реализацию метода GUIGEN необходимо изменить (вы вначале создали этот метод за 5-й день, в главе «Комплексный сервер автомата»). В вашей предыдущей реализации при вызове GUIDGEN им должна была быть возвращена строка, содержащая n идентификаторов GUID, где n получается из значения свойства NumOfGuids. В вашей новой реализации (смотрите листинг 19.11) n идентификаторов типа GUID просто добавлены к вашей коллекции.

Листинг 19.11. Новая реализация GUIGEN.

```
STDMETHODIMP_(BSTR)COleDay19Object::GUIDGen()
{
    GUID    guid;
    char    str[50];
    int     i;

    for (i=0;i<m_NumOfGuids;i++){
     CoCreateGuid(&guid);
     StringFromGUID2(guid,str,sizeof(str));
     ((CICollection *)m_pICollection)->Add(NewItem(SysAllocString(str)));
     }
    return SysAllocString(str);
}
```

Анализ

Ваша реализация выглядит, быть может, немного странно, так как вы вызываете NewItem со строкой и затем передаете возвращенное значение из NewItem прямо в метод Add своей коллекции. Вызов NewItem просто создает новый объект Item, содержащий только что генерированный вами идентификатор GUID. NewItem возвращает IDispatch для только что созданного вами элемента, поэтому передавайте его интерфейсный указатель методу Add вашей коллекции, который добавит этот элемент в ее конец. После того, как вы создали достаточное количество идентификаторов GUID, возвратите последний из них вашему вызывающему приложению. Вы могли бы возвратить вызывающему все, что хотите (в том числе и ничего), но здесь вы просто дополнили тот вызов, который был предварительно реализован в 5-й день, вместо того, чтобы его переделывать.

Visual Basic и коллекции

Получение данных из вашей коллекции довольно тривиально осуществить в Visual Basic. Листинг 19.12 показывает фрагмент программы для получения этих данных и помещения их в панель списка.

Листинг 19.12. Помещение коллекции в панель списка.

```
t.NumOfGuids = 3
s = t.Guidgen
list1.Clear
For i = 1 To Collection.count
   list1.AddItem Collection(i).Text
Next I
```

Анализ

Из этого фрагмента вы можете видеть, что сначала выполняется установка для NumOfGuids значения 3. Когда вы затем вызываете Guidgen, он добавит три идентификатора GUID к вашей уже существующей коллекции. Для отображения информации в коллекции вы очищаете панель списка и затем по очереди помещаете в нее элементы. Вы используете цикл For/Next для перебора своей коллекции, а Collection.Count надлежащим образом сообщает вам о конце коллекции. Вы затем вызываете Collection(i).Text для доступа к каждому элементу своей коллекции. Эта реализация не использует ваш интерфейс IEnumVARIANT потому, что Visual Basic (и DispTest, входящий в состав SDK OLE 2.01) не поддерживает итерации с использованием IEnumVARIANT. Если вы желаете использовать свой метод из IEnumVARIANT, то необходимо обратиться к Visual Basic for Applications, доступному в настоящее время для Excel 5. Вы сможете тогда использовать операторы For Each/Next вместо For/Next для перебора коллекции с использованием IEnumVARIANT. Оператор For Each не требует индекса, а использует для перебора коллекции метод Next IEnumVARIANT.

Заключение

При использовании автомата OLE у вас в распоряжении два метода, которые вы можете применить для перебора массива или коллекции. Вы можете выполнять перебор, используя методы, предоставляемые коллекцией, а именно используя свойство Count и метод Item для извлечения элементов из коллекции. Этот способ может быть использован из Visual Basic и Visual Basic for Applications при условии, что коллекция имеет непрерывный индекс, или приложение знает ключи для доступа к отдельным элементам. Второй метод состоит в использовании интерфейса IEnumVARIANT, который не поддерживается Visual Basic, но поддерживается Visual Basic for Applications. Используя IEnumVARIANT, контроллер может перебирать коллекцию, не зная индексов индивидуальных элементов или даже количества элементов в коллекции.

Дополнительно вы сегодня узнали, что SafeArray является реализацией массивов в OLE. Вы можете использовать SafeArray везде, где бы вы использовали обычные массивы, и, кроме того, массивы SafeArray имеют то преимущество, что когда массив удаляется, то интерфейс OLE корректно освобождается. Вдобавок, когда массив должен быть передан с использованием автомата, то использование SafeArray обязательно.

Вопросы и ответы

В: Почему я должен реализовывать коллекцию, применяя непрерывный численный индекс?

О: Такие программы, как DispTest и Visual Basic, ожидают, что доступ к коллекциям будет выполняться посредством номеров элементов (так же, как доступ в массиве). В этих двух приложениях нет способа получить доступ к пронумерованным с разрывами коллекциям (и коллекциям с нечисловым индексом). Visual Basic for Applications (включенный в Excel 5) обеспечивает доступ к коллекциям независимо от метода индексирования.

В: В чем разница между коллекцией и массивом?

О: Когда вы изменяете информацию в массиве, то порядок его элементов не меняется. Когда же вы измените информацию в коллекции, то позиции объектов могут измениться. Вдобавок, массивы индексируются непрерывным численным индексом; у коллекций такого ограничения нет.

В: Могу ли я изменить размерность SafeArray при запущенном приложении?

О: Нет. Когда вы создаете массив, то число его измерений фиксировано. Вы можете, тем не менее, изменить количество элементов, но только для последнего (самого правого) измерения. Если вы уменьшите число элементов, то данные, которые окажутся вне новых пределов, будут освобождены при помощи метода Release. Для изменения размера массива вы должны воспользоваться интерфейсным методом SafeArrayRedim.

Семинар

Опрос

1. Какие методы обязательны для IEnumVARIANT?
2. Какие методы нужны для реализации коллекции, доступной для автомата OLE ?

Упражнения

1. Модифицируйте приложение GUIDGen (5-й день) так, чтобы оно поддерживало коллекции и IEnumVARIANT.
2. Если вы являетесь обладателем Microsoft Excel 5.0, то напишите приложение, использовав Visual Basic for Applications для испытания интерфейса IEnumVARI-

ANT, который создали в предыдущем упражнении. Не забудьте для испытания IEnumVARIANT применить конструкцию ForEach вместо For/Next.

3. Модифицируйте приложение OleGen так, чтобы оно поддерживало коллекцию. Так как OleGen является приложением многодокументного интерфейса MDI, то определите свою коллекцию как набор объектов, с которыми в текущий момент работает OleGen (то есть элементом коллекции будет открытое окно MDI).

Ответы к опросу

1. IEnumVARIANT требует реализовать Next, Skip, Reset и Clone в дополнение к стандартным QueryInterface, AddRef и Release.
2. Это вопрос без подвоха, но коллекции нужны лишь два метода, Item и _NewEnum. Методы Add и Remove не требуются, а Count хотя и требуется, но является свойством, а не методом.

Ответы к упражнениям

Ответы находятся на прилагаемом диске.

День 20

Стандарт WOSA/XRT

WOSA/XRT, что означает «Архитектура открытых сообщений Windows/ Дополнения для рыночных данных реального времени» (Windows Open Services Architecture/ Extensions for Real-Time Market Data), является стандартом, созданным несколькими продавцами информации по фондовому рынку и фирмой Microsoft (называемыми совместно *Советом Windows по данным открытого рынка*) с целью обеспечения приложений Windows данными по фондовому рынку в режиме реального времени. WOSA/XRT соединяет многие из приемов OLE, которые вы перед этим изучили, и реализует их в применении к реальному миру. Перед тем, как я перейду к деталям стандарта WOSA/XRT, взгляните на некоторые из его предпосылок.

Фондовый рынок

Скажем, есть у вас замечательная программа, которую вы только что написали (надеюсь, что с использованием OLE), и вы решили, что она может принести кучу денег, поэтому вы хотите ее продать. Определив, сколько будет стоить реклама в газетах, дискеты и документация, вы находите, что необходим 10001 доллар, которого у вас нет. А есть у вас, скажем, 5001 доллар, что означает, что нужно вам еще лишь 5000 долларов. Вы решаете искать друзей и родственников, кто захочет инвестировать другие 5000 долларов (разница между инвестицией и займом в том, что заем придется возвращать, как вы понимаете, а инвестиция, поскольку вы рискуете, может принести больше денег, чем предполагалось первоначально).

Положим для примера, что вы находите 5 человек, готовых инвестировать в ваш продукт. Вы решаете отдать этим людям часть своей компании, поэтому продаете им основные фонды. Как фондодержатели, они могут голосовать по спорным вопросам, которые могут встать перед вашей компанией, таким, как продвижение продукта на рынок, или даже решать, что вы плохо работаете и компанией должен управлять кто-то другой. Так как у них есть право голоса (они помогают принимать решения в спорных вопросах и в вопросах управления вашей компанией), то вы решаете выпустить акции в сертификатах по 1 доллару. Так за свои 5001 доллар вы получаете 5001 акцию в компании. Ваши пятеро инвесторов получают каждый по 1000 акций (предположим, что каждый из них дал вам по 1000 долларов). Даже если они все проголосуют вместе, то все равно не смогут вышвырнуть вас из компании, потому что большинство побеждает, а большая часть акций у вас. Так что все хорошо.

Теперь переведите часы на год вперед. Ваш продукт рвут с руками. Вы счастливы, как и ваши инвесторы — они имеют долю в ваших прибылях. Все хорошо. Теперь шестая персона решает, что ему или ей не помешал бы кусок этого пирога, и предлагает купить (заявка на покупку) 500 акций по 2 доллара за штуку. Вы решаете, что хотите сохранить контроль над своей компанией и отклоняете предложение. Тогда персона идет к каждому из ваших инвесторов и предлагает им 2 доллара за акцию, всего 500 акций. Один из инвесторов решает, что хочет продать часть своих акций, но просит по 4 доллара за акцию. Шестая персона говорит нет 4-м долларам, но предлагает инвестору 3 доллара за акцию. Обе стороны соглашаются на 500 акций по 3 доллара за штуку. Ваши фонды внезапно стали стоить 3 доллара за акцию! На бумаге ваши 5001 доллар стоят 15003 доллара (вы должны будете на самом деле продать их по 3 доллара за акцию, чтобы получить этот доход, поэтому сейчас это просто доход только на бумаге). Какой прекрасный год у вас был!

Это является основой фондового рынка. Персона, которая предложила купить у вас акции, поместила заявку на покупку. Цена, предложенная при покупке акций, является ценой спроса, а цена, за которую продавец хочет продать акции, является ценой предложения. Фондовая биржа собирает людей, желающих купить акции, и людей, желающих продать их, таким образом, акциями становится возможным торговать. Что касается цены, на которой покупатель и продавец наконец остановились, то она называется ценой сделки, которая также является последней ценой (что значит последняя цена сделки для этих акций). Количество проданных акций считается объемом сделки (объемом торговли).

Вы можете решить, что желаете приобрести ценные бумаги, но хотите просмотреть несколько видов акций, прежде чем решить, какие покупать. Вы решаете, что хотите взглянуть на X, Y и Z. Вам нужно видеть данные фондового рынка в реальном масштабе времени, чтобы определить, когда нужно звонить своему брокеру, чтобы купить один вид этих акций. Как вы получаете эти данные? Вы могли бы попытаться дозвониться на фондовую биржу, но они не разрешают доступ к своей системе, поэтому вам нужно найти поставщика данных. После изучения всех поставщиков данных вы находите, что те, у которых есть данные сразу по трем акциям X, Y и Z, слишком дорого просят. Вы останавливаетесь на двух поставщиках, один из которых предлагает X и Y, а второй имеет Z по приемлемой для вас цене. Вы платите им за эти данные и обнаруживаете, что два поставщика данных передают вам данные в различных форматах. Вам нужно написать две различные программы для того, чтобы использовать эти данные. Что за мучение! Тут должен быть лучший выход. Как раз тут может быть использован стандарт WOSA/XRT.

Истоки WOSA/XRT

По утверждению Microsoft, сегодня проблема заключается в том, что данные по рынку в режиме реального времени доступны из многих разных источников, каждый из которых использует свои собственные форматы данных для их распространения. Если эти данные используются в приложении, то разработчик приложения должен иметь интерфейс к каждому из источников данных. Итак, для того, чтобы использовать данные в режиме реального времени из имеющегося у вас приложения (такого, как Excel), каждый источник данных, который планирует использовать пользователь имеющегося в наличии приложения, должен иметь интерфейс от приложения к источнику данных.

Стандарт WOSA/XRT пытается скорректировать эту ощутимую проблему путем создания однородного метода доступа для выборки рыночных данных в режиме реального времени. Фирма Microsoft собрала группу продавцов финансовых сообщений и создала стандарт, который обеспечивает целостный доступ к любым источникам данных в реальном масштабе времени из приложений на основе Windows и дает разработчикам способ создания высококачественных заказных приложений. Для того, чтобы достигнуть этого результата, члены Совета Windows по данным открытого рынка (который включает торговцев рыночными данными, фондовые биржи и Microsoft) выбрали OLE в качестве фундамента для архитектуры WOSA/XRT.

WOSA/XRT и механизм OLE

OLE было выбрано в качестве фундамента для WOSA/XRT по двум главным причинам. Во-первых, OLE поддерживает концепцию унифицированной передачи данных (UDT — Uniform Data Transfer). Как отмечалось в 9-й главе, UDT обладает некоторыми признаками протокола DDE, но без ряда ограничений. Например, DDE и UDT поддерживают уведомление об изменении данных, но передача данных в DDE в общем должна происходить в глобальной памяти, чего UDT не требует. UDT позволяет приложению передавать данные в нескольких разных форматах (включая заказные) с использованием различных носителей (включая глобальную память или диск). UDT также позволяет приложению обмениваться данными с приложениями, не поддерживающими OLE, при помощи буфера обмена; либо приложение, не поддерживающее OLE, может просто реализовать у себя интерфейс IAdviseSink для получения уведомлений в режиме реального времени (без необходимости создавать традиционное приложение OLE). В общем, UDT позволяет объекту обмениваться или получать данные от приложений как поддерживающих, так и не поддерживающих OLE, без необходимости проектировщику знать как или где на самом деле перемещаются данные (в нашем случае данные по рынку в режиме реального времени).

OLE было выбрано также потому, что в нем поддерживается автоматизация, являющаяся программируемым интерфейсом между сервером рыночных данных в режиме реального времени и приложением. Так как автоматизация OLE обеспечивает интеграцию приложений, то сервер WOSA/XRT способен без больших проблем сообщаться с приложениями Excel и Visual Basic, либо разработчик приложения может написать контроллер, который также сможет получать данные в режиме реального времени. При использовании автомата OLE разработчику приложения обычно нужно лишь написать контроллер WOSA/XRT, чтобы иметь возможность получать рыночные данные от почти любого поставщика рыночных данных, поддерживающего стандарт WOSA/XRT.

Архитектура WOSA/XRT

WOSA/XRT основывается на интерфейсах IDispatch, IDataObject и IAdviseSink (и, конечно, IUnknown). Рисунок 20.1 иллюстрирует обычные связи между сервером и контроллером WOSA/XRT. Как и все объекты OLE, объект WOSA/XRT имеет интерфейс IUnknown, который может быть запрошен для получения интерфейса IDispatch. После того, как ваше приложение контроллера WOSA/XRT получило интерфейс WOSA/XRT, этот контроллер может просить сервер (как обычный автоматный сервер) выполнить различные действия в интересах контроллера. Кроме того, сервер WOSA/XRT также поддерживает интерфейс IDataObject, поэтому, используя IAdviseSink в вашем контроллере, приложение будет получать уведомления в режиме реального времени от IDataObject сервера WOSA/XRT.

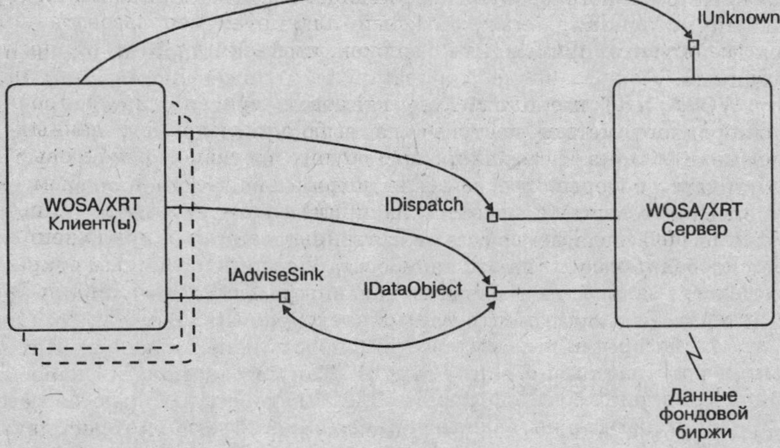

Рис. 20.1. Архитектура WOSA/XRT.

Почему WOSA/XRT использует интерфейсы IDispatch и IDataObject? Интерфейс IDispatch используется для создания различных запросов (как вы вскоре увидите) к серверу WOSA/XRT, а IDataObject используется для передачи данных в режиме реального времени. Интерфейс IDispatch не может быть использован самостоятельно, потому что IDispatch является интерфейсом типа запрос/ответ. Интерфейс IDispatch не поддерживает уведомления, поэтому в случае изменения данных контроллер не будет об этом знать. Интерфейс IDataObject поддерживает уведомление в режиме реального времени, но не позволяет осуществлять специальные запросы (он передает все данные, поддерживаемые IDataObject). Совместное использование IDispatch и IDataObject дает вам почти все, что нужно. И наконец, WOSA/XRT определяет формат буфера обмена, обеспечивающий эффективную передачу огромного количества элементов данных в режиме реального времени. Посмотрите, как это все работает.

Автомат OLE

WOSA/XRT предоставляет интерфейс IDispatch для автомата OLE. Используя этот интерфейс, вы можете попросить объект WOSA/XRT сообщить цену на конкретные ценные бумаги. Например, вы можете запросить у объекта цену спроса на акции компании X. Используя автоматизацию OLE, вы можете обратиться к компании X и сообщить ее объекту, что заинтересованы в приобретении ее собственности. В терминах WOSA/XRT компания, которая вызвала у вас интерес, называется запросом (request), а информация, в которой вы заинтересованы, называется собственностью (property). Из предыдущего обсуждения известно, что вы интересовались тремя компаниями: X, Y и Z. Так как вы проявляете интерес к более чем одной компании, то вам нужно сделать много запросов. В WOSA/XRT это реализуется в объекте Requests, который является коллекцией объектов-запросов. На основе того, что вы ранее узнали об автоматизации OLE (в 18-й день, глава «Передача объектов через автомат», и в 19-й день, глава «Коллекции и IEnumVARIANT»), вам скорее всего будет нужно выполнить из Excel следующее, чтобы получить информацию по компании X:

```
Set req = Requests.Add("X")
```

Во-первых, вы обращаетесь к объекту Requests (являющемуся коллекцией) и говорите, что вам нужен новый объект Requests (вызвав метод Add). Затем вы сообщаете этому новому объекту Requests, что хотите взглянуть на компанию X. Этот воображаемый процесс корректен, но не всегда работает в WOSA/XRT. Это происходит вследствие того, что в WOSA/XRT над объектом Requests есть слой из DataObject и DataObjects (который является коллекцией DataOblect). Рисунок 20.2 показывает полную взаимосвязь объектов WOSA/XRT.

Вверху схемы объектов WOSA/XRT расположен объект Application, что стандартно для автомата OLE. Уровнем ниже Application расположена коллекция DataObjects. Вспомните, что вам известно о том, как сделать запрос для получения данных о компании. Раз вы сделали запрос, то ожидаете получить на него ответ. Так как вас интересуют данные в режиме реального времени, то на самом деле вы рассчитываете получить много ответов на свои запросы (каждый раз с изменением рыночных данных). WOSA/XRT помещает каждый запрос в один DataObject, а каждый ответ в другой DataObject. Таким образом, DataObjects является коллекцией объектов DataObject, или коллекцией запросов и ответов на эти запросы.

Когда вы делаете запрос, то вам нужно точно определить компанию, к которой вы проявляете интерес. Это поступает в ваш объект Requests. Вам также нужно точно определить, какая информация вас интересует (спрос или предложение). Интересующая вас информация помещается в объект Property. Так как вы можете запросить информацию по одной компании несколько раз, то объекты Property собираются вместе, чтобы образовать объект Properties, являющийся коллекцией объектов Property для конкретной компании (запроса). Так как вы можете делать запросы по многим компаниям (запросам), то объекты Request собираются вместе, чтобы образовать объект Requests, являющийся коллекцией объектов Request.

После того, как вы сделали свои запросы, вам нужно получить данные, связанные с запросом. В WOSA/XRT данные предоставляются в объекте DataItems. Этот объект является коллекцией объектов DataItem, являющихся данными для сделанных вами запросов. Для каждого объекта Request имеется один объект DataItem. И так же, как объект Request имеет свойства, содержащие информацию из полей, в которых вы заинтересованы, коллекция Properties из состава DataObject содержит объекты Prop-

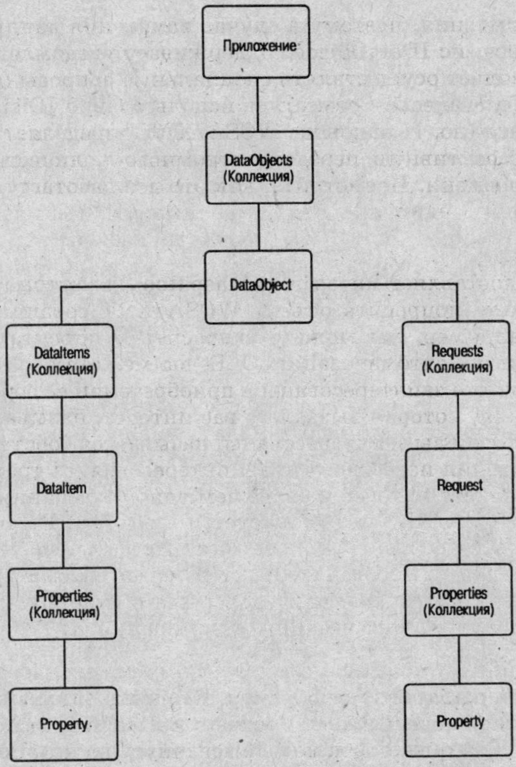

Рис. 20.2. Схема объектов WOSA/XRT.

erty, каждый из которых имеет запрошенные вами данные (по одному объекту Property в DataItem на каждый объект Property в Request). Поэтому для уточнения вашего первоначального запроса необходимо запросить DataObject перед запросом Requests следующим образом:

```
Set req = dataobject.Requests.Add("X")
```

Если вы желаете получить данные по своему запросу, то сделайте следующее:

```
Set answer = DataItems("X")
```

И затем вы можете использовать объект answer для получения конкретных данных, используя следующее выражение:

```
Debug.Print answer.Properties("Bid")
```

которое вернет текущую цену спроса на X.

Опрос (Polling)

Использование только что рассмотренного метода (выполнение запроса и затем вызов ответа) дает вам лишь текущий ответ; оно не сообщит вам о изменении данных. Используя автомат OLE, ваш контроллер может периодически запрашивать ответ по собственности у объекта DataItem. Когда вы периодически запрашиваете данные, то ваш контроллер выполняет опрос для получения этих данных. Опрос заключается в том, что вы периодически запрашиваете данные и всегда получаете ответ, независимо от того, изменялись данные или нет. Ваш серверный объект WOSA/XRT будет всегда возвращать самую свежую информацию, какая имелась у него на момент запроса. Возможно, что ваш контроллер не сможет получить при опросе все эти данные.

Например, если контроллер запрашивает данные каждую минуту, а данные меняются несколько раз в минуту, то он будет получать их лишь раз в минуту. Контроллер не воспримет всех изменений, произошедших в течение минуты. Если вам нужны все изменения, то опрос неприемлем.

Опрос данных имеет одно преимущество перед другими способами (которые будут вскоре описаны), состоящее в том, что общесистемные накладные расходы могут быть низкими. Например, если вы желаете получать данные лишь каждые 5 минут, то вам не нужно, чтобы система постоянно меняла данные. Если вы наблюдаете за большим числом компаний, то можете при этом получать информацию так часто, что ваш персональный компьютер постоянно вынужден будет ее обновлять, и вы не сможете использовать его для других целей. При использовании опроса ваш компьютер будет занят лишь раз в пять минут при получении им последних данных.

Уведомление

В некоторых случаях вам может понадобиться получать данные каждый раз, когда они изменяются (некоторые люди любят делать анализ или отражать на диаграмме каждое изменение данных). Опрос не позволяет вам определить, когда данные изменяются, и вы можете вследствие этого не получить всех данных. WOSA/XRT предоставляет метод получения уведомления путем использования унифицированной передачи данных OLE. Каждый объект данных имеет интерфейс IDataObject, а внутри интерфейса IDataObject есть метод DAdvise. Вы можете предусмотреть уведомления, применив DAdvise (9-й день, глава «Унифицированная передача данных», объясняет DAdvise и его использование). После того, как установлен режим извещения, вы будете уведомляться о каждом изменении данных. Если вы устанавливаете режим извещения, то необходимо указать объекту носитель для передачи данных, через который вы хотите получить ответ (см. обсуждение tymed в 9-й день). Единственным носителем, поддерживаемым всеми объектами WOSA/XRT, является TYMED_HGLOBAL, использующий оперативную память. Такой выбор объясняется тем, что этот носитель обеспечивает самую высокую скорость передачи (передача данных на диск происходит существенно медленнее). Вы должны также указать формат буфера обмена, в каком хотели бы получить данные при уведомлении. WOSA/XRT поддерживает три формата буфера обмена (хотя разные реализации WOSA/XRT могут поддерживать и больше): CF_TEXT, CF_METAFILEPICT и собственный формат WOSA/XRT. Дополнительную информацию по регистрации формата WOSA/XRT для буфера обмена смотрите в «WOSA/XRT Design Specification Version 1.01».

Использование буферного формата CF_TEXT может быть соблазнительным, но его нужно избегать в тех случаях, когда вы получаете большой объем данных. Формат CF_TEXT всегда предоставляет данные таким образом, что первым посылается название компании (идентификатор). За идентификатором следует символ табуляции и затем первое свойство, связанное с этим идентификатором. Чередование символа табуляции и свойства продолжается до тех пор, пока не будут переданы все свойства для запрошенного идентификатора, и затем для завершения данных передается символ возврата каретки/перевода строки (\r\n). Например, если вы запросили компанию Y, цены спроса, предложения и последнюю, то вы можете получить: Y\t2\t4\t3\r\n, что означает компания Y, цена спроса 2, предложения 4 и последняя цена сделки 3. Формат CF_TEXT становится интересен при модификации. Положим, что цена спроса изменилась с 2 до 2.5. Тогда будет послано следующее: Y\t2.5\t\t\r\n. Обратите внимание, что хотя изменилась лишь цена спроса, метки-заполнители были посланы для каждого поля. Если только цена предложения изменилась до 3.5, то вы увидите следующее: Y\t\t3.5\t\r\n. Так что, если вы запросили большое количество свойств, то можете получить массу символов табуляции и немного данных. Кроме того, используя этот формат, необходимо считать каждый символ табуляции, чтобы определять, какое поле вы видите, чтобы при получении данных знать, к какому свойству они относятся.

Буферный формат WOSA/XRT является другим методом, который может быть использован для получения данных. Формат WOSA/XRT использует концепцию, сходную с наборами свойств OLE (представлены в 3-й день, глава «Структурированное хранилище») и обеспечивающую возврат буферным форматом лишь тех данных, которые изменились, а также сообщает, какое поле конкретно изменилось. Можно вспомнить, что при использовании набора свойств вы получаете структуру tagPROPERTYIDOFFSET, которая содержит идентификатор свойства и затем смещение для данных. WOSA/XRT использует эту же самую структуру, за исключением того, что она называет ее tagITEMOFFSET. Смещение указывает на переменную UpdateItem, которая выглядит так:

Тип	Описание
`VARTYPE`	Индикатор варианта, например, VT_R8. Это поле указывает тип данных, которые появятся в поле значения.
`unsigned short`	Зарезервировано.
`variable length`	Это значение данных. Размер этого поля зависит от поля VARTYPE.

Так как данные передаются в двоичном виде, то буферный формат WOSA/XRT позволяет вам легко использовать эти данные, в то время как при формате CF_TEXT вам будет нужно преобразовать текст ASCII в двоичный код, прежде чем его можно будет использовать.

Последним буферным форматом, поддерживаемым WOSA/XRT, является CF_METAFILEPICT. Этот формат не особенно полезен, если только вы не собираетесь отображать данные.

Связывание

Поддержка связывания для сервера WOSA/XRT не обязательна. Вы можете воспользоваться материалами 14-го дня, глава «Поддержка связывания в сервере OLE», и вспомнить, как связывать данные. Если объект WOSA/XRT поддерживает связывание, то вы можете вставлять данные в контейнер, который может не поддерживать автоматизацию. Например, если вы вставляете требуемые свойства в буфер обмена из своего объекта WOSA/XRT, то затем вы можете выполнить вставку-связь в контейнер. Этот контейнер затем будет получать уведомление каждый раз при изменении данных.

Заключение

Хотя вы можете быть не заинтересованы в рыночных данных в режиме реального времени, WOSA/XRT показывает, как OLE может использоваться в ситуациях с реальным временем. Используя опрос посредством автомата OLE, приложение может получить самые свежие данные, хотя и не будет знать, менялись ли данные, и сколько изменений произошло с момента последнего опроса объекта. Опрос обеспечивает лишь доступ к текущим данным.

Используя интерфейс IDataObject в комбинации с автоматом OLE, вы можете запросить тот тип данных, который нужно, и затем получить уведомление в случае их изменения.

Для приложений, поддерживающих связывание, вы можете получать уведомления в режиме реального времени путем связывания нужных данных с контейнером. Таким образом, используя идеи, реализованные в WOSA/XRT, вы можете соединить автомат OLE с IDataObject и связыванием для получения данных в режиме реального времени.

Вопросы и ответы

В: Каким образом я могу получить полную спецификацию WOSA/XRT, примеры программ и дополнительную документацию?

О: Спецификации WOSA/XRT, примеры программ и дополнительная документация предоставляются на компакт-дисках Microsoft Developer's Network.

В: Я хочу разработать собственный сервер WOSA/XRT, но у моей фирмы свой формат данных. Могу ли я реализовать этот формат вместо трех форматов, обычно реализованных в WOSA/XRT?

О: Нет. Если вы это сделаете, то приложение, соответствующее стандарту WOSA/XRT, не сможет общаться с вашим объектом. Вы, тем не менее, можете реализовать свой собственный формат данных в дополнение к трем форматам WOSA/XRT. На самом деле вы можете добавлять столько дополнительных форматов, сколько захотите. Однако вы должны всегда реализовывать три внутренних формата.

В: Могу ли я использовать Excel для приема WOSA/XRT в режиме реального времени (без опроса)?

О: Да. Вы можете реализовать вставку-связь, если ваш сервер WOSA/XRT поддерживает связывание. Вы также можете получить образец дополнения для Excel, называемый «Дополнения реального времени для Excel 5.0», на компакт-диске Microsoft Developer's Network Library.

Семинар

Опрос

1. Какими двумя способами вы можете получать данные от объекта WOSA/XRT?
2. Какие форматы Буфера обмена должен поддерживать объект WOSA/XRT?

Ответы к опросу

1. OSA/XRT поддерживает автоматизацию и уведомления OLE, а некоторые объекты могут поддерживать связывание. Используя автомат OLE, вы можете опрашивать объект WOSA/XRT. Используя уведомление, вы можете установить извещающее соединение.
2. Объект WOSA/XRT должен поддерживать CF_TEXT, буферный формат WOSA/XRT и CF_METAFILEPICT. Объект может поддерживать дополнительные форматы, совпадающие с используемыми поставщиками данных.

День 21

Автоматизация с обновлением в реальном времени

Итак, вы уже реализовали автомат и составные документы, но эти две koнcnherwbb не были использованы вместе. В 20-й день вы частично реализовали их, когда ознакомились с архитектурой WOSA, которая добавила IDataObject в сервер автомата. Вы можете получить любой тип уведомления от автоматного сервера, расширив методы, используемые для предоставления данных в режиме реального времени в WOSA/XRT. Зачем вам нужны уведомления в режиме реального времени от сервера-автомата? Потому что существуют Visual Basic и Visual Basic for Applications. Visual Basic(VB) и Visual Basic for Applications(VBA) обеспечивают свободу для конечного пользователя. С VB и VBA конечные пользователи могут легко использовать ваше приложение и предоставляемые им данные, возможно, используя при этом ваше приложение такими способами, которых вы никогда не предполагали.

Еще раз о серверах

Если вы уже реализовали сервер (подобный серверу из 14-ой главы), который поддерживает связанные объекты, то вам ничего не нужно делать для обеспечения работы в реальном времени. Если контейнер содержит объект вашего сервера, то он может получить IDataObject этого объекта и затребовать уведомление (см. 10-й день, глава «Уведомления») по этому объекту. Это означает, что контейнер будет уведомлен в случае изменения данных объекта. Если вы хотите также реализовать в своем сервере автомат OLE, то вы можете создать метод IDispatch, который передаст ваш IDataObject автоматному контроллеру, чтобы предусмотреть уведомления об изменении данных.

Еще раз о контейнерах

Реализация уведомлений в реальном времени для контейнера почти так же проста, как и для сервера, если контейнер либо поддерживает связывание, либо может действовать в качестве автоматного контроллера. К сожалению, у вас еще нет реализованной поддержки связывания или автомата для своего контейнера. В последующих параграфах вы ознакомитесь с каждым из этих методов.

Поддержка связывания в контейнерах

Так как у вас уже есть контейнер, поддерживающий внедрение объектов (сходный с созданным вами в 16-й день, глава «Контейнеры OLE», или в 17-й день, глава «Drag and Drop»), то добавление поддержки связывания займет очень мало времени. Dам нужно выполнить следующие изменения, чтобы сделать свой контейнер поддерживающим связывание.

Insert Object

Первое изменение вы должны сделать в своей процедуре Insert Object. В 16-й день вы создали функции для реализации свойств Insert Object. Эти свойства позволяют вам сначала вставить внедренные объекты в свой контейнер, воспользовавшись процедурой OleUIInsertObject из OLEUI. Вам нужно сделать модификации в своем вызове OleUIInsertObject таким образом, чтобы функция смогла работать со связанными объектами. Прежде всего в своем методе OnInsertObject вам нужно изменить флаги, которые использовались для вызова OleUIInsertObject (см. листинг 21.1).

Листинг 21.1. Фрагмент кода, обеспечивающий связывание (OnInsertObject).

```
OleUIInsertObj.dwFlags = IOF_SELECTCREATENEW |
        IOF_SHOWHELP | IOF_VERIFYSERVERSEXIST |
        IOF_CREATENEWOBJECT | IOF_CREATEFILEOBJECT |
        IOF_CREATELINKOBJECT;
```

Анализ

В 16-й день, глава «Контейнеры OLE», когда устанавливалась переменная dwFlags, флаг IOF_CREATELINKOBJECT не использовался. Флаг IOF_CREATELINKOBJECT сообщает процедуре OleUIInsertObject, что если пользователь выбирает пункт меню Link, то OleUIInsertObject должна создать связанный объект (прежде контейнер использовал IOF_CREATENEWOBJECT для создания внедренного объекта). После добавления флага IOF_CREATELINKOBJECT все повседневные заботы по созданию связанного объекта берет на себя OleUIInsertObject. Затем нужно установить внутреннюю переменную, чтобы она показывала, является ли данный объект связанным или внедренным (см. листинг 21.2).

Листинг 21.2. Фрагмент кода OleInsertObject для связывания.

```
m_pOleSiteObject->SetSiteObjectType(OleUIInsertObj.dwFlags &
        IOF_CHECKLINK ? eLinkObject :
                        eEmbedObject);
```

Анализ

SetSiteObjectType является вспомогательной функцией, используемой для запоминания того, является ли вставленный объект связанным или внедренным. Тип объекта может быть определен путем проверки переменной OleUIInsertObj.dwFlags, в которой либо будет установлен флаг IOF_CHECKLINK, если данный объект связанный, либо нет в случае внедренного объекта.

При возврате из функциий OleUiInsertObject переменная dwFlags сообщит вам, выбрал ли пользователь связанный объект или нет. Если пользователь выбрал связанный объект, то вам нужно сохранить эту информацию потому, что спецификация OLE не разрешает вызывать DoVerb при вставке связанного объекта, но DoVerb обязательно вызывается, когда вставляется внедренный объект. Наконец, вам нужно изменить свою реализацию AddSite (см. листинг 21.3).

Листинг 21.3. Фрагмент кода из AddSite.

```
if (bLoadFlag == TRUE){
    hResult = OleLoad(m_pIStorage, IID_IOleObject,
                      (IOleClientSite *)m_pIOleClientSite,
                      (LPVOID *)&m_pIOleObject);
    if (hResult != NOERROR){
        m_pIOleClienSite->Release();
        RemoveSite();
        return hResult;
    }

    IOleLink *pIOleLink;
    hResult = m_pIOleObject->QueryInterface(IID_IOleLink,
```

```
                (LPVOID *)&pIOleLink);
    if (hResult == NOERROR){
        SetSiteObjectType(eLinkObject);
        IBindCtx *pBindCtx;
        CreateBindCtx(NULL, &pBindCtx);
        pIOleLink->Update(pBindCtx);
        pIOleLink->Release();
    }
}
```

Анализ

Первоочередное изменение, которое вам нужно реализовать, начинается со строки IBindCtx *pBindCtx. Когда сохраненный документ, содержащий связи, загружается, вам необходимо модифицировать данные таким образом, чтобы этот документ отражал последний вариант данных, который содержит источник связи. Если вы не связываете свой объект с источником связи, то документ будет показывать пользователю последнее буферное представление данных, которое объект имел для источника связи. Например, вы создали и сохранили таблицу в MS Excel. Затем вы связываетесь с этой таблицей, используя ваше контейнерное приложение. Когда вы затем сохраняете документ (внутри своего контейнерного приложения), то контейнер сохранит все, что у него имеется в текущий момент в буфере. После этого войдите в MS Excel и измените данные в таблице, сохраните ее и затем закройте Excel. Когда вы запустите свое контейнерное приложение и загрузите сохраненный связанный документ, то он покажет старые данные, а не новые. Это объясняется тем, что ваш объект еще не связан с последней версией этих данных; экран дисплея отобразит последний просмотровый объект, который ваше приложение получило из таблицы MS Excel, а не текущую версию. Когда вы добавляете строки из листинга 21.3, то вы приказываете OLE модифицировать кэш представления самой последней версией данных, какая имеется у источника связи.

Вы могли заметить в листинге 21.3, что там нет проверки объекта на связанность или внедренность. Вместо этого используется QueryInterface для получения интерфейсного указателя IOleLink, потому что связанные объекты имеют этот интерфейс, а внедренные — нет. Эта процедура использует тот факт, что QueryInterface вернет отрицательный результат, если данный объект не поддерживает IOleLink, что является признаком внедренного объекта. Тот простой контейнер, который нами реализован, не хранит характеристик приложения, поэтому у приложения нет способа запомнить, является ли хранимый объект внедренным или связанным. В программе, которая сохраняет характеристики приложения, вы должны решить, хранить ли в характеристиках приложения данные о том, связанный у вас объект или внедренный. Вдобавок вам нужно сохранить данные о том, является ли текущее представление объекта DVASPECT_CONTENT или DVASPECT_ICON для правильного восстановления объекта, когда считаны характеристики приложения.

Если вы испытаете теперь свое приложение, то обнаружите, что можете вставить связанный объект (используя пункты меню Edit/Insert Object), сохранить и перезагрузить его. И хотя ваше приложение производит впечатление работающего корректно при создании связи, вам необходимо реализовать еще несколько изменений, перед тем как считать дело сделанным. Во-первых, вам нужно модифицировать свою процедуру OnFileSaveAs (см. листинг 21.4).

Листинг 21.4. Фрагмент кода из OnFileSaveAs.

```
hResult = m_pRootStorage->OpenStorage(
        m_pOleSiteObject->m_szStorageName, NULL,
        STGM_READWRITE | STGM_TRANSACTED |
        STGM_SHARE_EXCLUSIVE,
        0, 0,
        &m_pOleSiteObject->m_pIStorage);
m_pOleSiteObject->m_pIPersistStoraje->SaveCompleted(
        m_pOleSiteObject->m_pIStorage);
```

Листинг 21.4. продолжение

```
LPMONIKER pmk;
CreateFileMoniker(GetFullFileName(), &pmk);
m_pOleSiteObject->m_pIOleObject->SetMoniker(
        OLEWHICHMK_CONTAINER, pmk);
DoSave();
```

Анализ

Процедуре OnFileSaveAs нужно уведомить ваш объект, когда имя файла изменено, чтобы объект мог соответственно модифицировать свои ярлыки. Если вы не реализовали этот код, то ярлыки вашего объекта не будут иметь верной информации для поиска связанного объекта. CreateFileMoniker вызывается для того, чтобы просить OLE перевести полное имя пути объекта в ярлык. Этот ярлык затем передается методу IOleObject::SetMoniker. IOleObject::SetMoniker вызывается таким образом, что сервер связи модифицирует ярлык объекта, чтобы отразить текущий маршрут и имя файла документа. Зачем вам нужно это сделать?

В OLE 1, когда вы создавали документ, имеющий связанный объект, то вы не могли перемещать документ или связанный объект, а также поручить OLE восстановить связи при перезагрузке документа. В OLE 2, когда вы создаете документ, имеющий связанный объект, этот связанный объект запишет абсолютное имя своего маршрута в ваш документ в том случае, когда вы вызовете метод SetMoniker связанного объекта. Кроме того, сервер связи добавит относительный ярлык к связанному объекту.

Возвращаясь к примеру с таблицей, предположим, что вы создали таблицу в файле c:\test1\data.xls. Вы затем создаете связь с таблицей и сохраняете свой документ в файле c:\test1\doc\mydoc.con. Сервер связи сохранит c:\test1\data.xls в качестве абсолютного имени маршрута. Сервер связи также определит, что относительным именем является ..\data.xls, потому что data.xls находится в родительском каталоге вашего документа. Теперь переместим документ в c:\newloc\newdoc\mydoc.con, а таблицу в c:\newloc\data.xls. Если вы затем откроете документ в c:\newloc\newdoc\mydoc.con, то он сначала попытается связаться с таблицей в c:\test1\doc\data.xls. Если он не найдет там таблицу, то будет пытаться разыскать ее в ..\data.xls и найдет (допустим, что вы удалили исходную таблицу в c:\test1\data.xls).

До тех пор, пока связанный объект находится на относительном или абсолютном маршруте, OLE 2 разыщет этот объект для вас. Если ни в одном из этих мест нет связанного объекта, тогда его поиск закончится неудачей. В будущих версиях OLE ожидается, что вы сможете перемещать документ и/или связанный объект куда угодно на своей машине (или даже на другую машину, используя распределенную версию OLE); механизм OLE будет способен восстанавливать связь.

Чтобы достичь этого, OLE будет нужно стать частью операционной системы (в настоящее время операционной системой являются DOS или Windows, а не OLE). Механизм OLE будет способен отслеживать, куда вы перемещаете связанный объект и модифицировать ярлыки соответствующим образом. (Это ожидают увидеть в Cairo, которая является новой операционной системой Microsoft, использующей OLE как часть операционной системы).

Наконец, листинг 21.5 показывает изменение, необходимое в IOleClientSite::GetMoniker для поддержки возвращения абсолютного имени маршрута из контейнера в сервер.

Листинг 21.5. Реализация IOleClientSite::GetMoniker.

```
STDMETHODIMP COleClientSite::GetMoniker(DWORD /*dwAssign */,
                              DWORD dwWhichMoniker,
                              LPMONIKER FAR* ppmk)
{
    // need to null the out pointer
    *ppmk = NULL;

    if (dwWhichMoniker == OLEWHICHMK_CONTAINER){
```

```
        CreateFileMoniker(m_pSite->m_pContainDoc->GetFullFileName(),
                          ppmk);
    }

    return ResultFromScode(E_NOTIMPL);
}
```

Анализ

IOleClientSite::GetMoniker вызывается связанным объектом, когда вы устанавливаете связь в первый раз. Связанный объект вызывает IOleClientSite::GetMoniker для первоначального получения абсолютного имени маршрута к вашему документу. Он затем может сохранить эту информацию, чтобы заработал рассмотренный выше алгоритм поиска. Разница между IOleClientSite::SetMoniker и IOleClientSite::GetMoniker состоит в том, что ваш контейнер вызывает IOleClientSite::SetMoniker как при смене имени, так и расположения объекта. Напротив, IOleClientSite::GetMoniker вызывается связанным объектом при первом создании связи. Ну вот, у вас теперь есть контейнер, поддерживающий связанные объекты.

Paste Link (Вставка связи)

После того, как вы реализовали Insert Object таким образом, чтобы эта команда поддерживала связи, вы можете затем изменить Paste Link, чтобы она также поддерживала связи. Если ваше приложение уже поддерживает Paste Special для объектов, тогда поддержка Paste Link, вероятно, совсем не отнимет времени.

В 17-й день вы узнали, как реализовать Paste Special для внедренных объектов. Для вызова диалоговой процедуры Paste Special из OLEUI к ней прилагается список поддерживаемых форматов буфера обмена (clipboard). К этому списку добавляется дополнительный формат, названный CF_LINKSOURCE, с тем чтобы могла поддерживаться Paste Link. Листинг 21.6 показывает новые элементы, которые требуются вашему контейнеру, чтобы поддерживать связанные объекты.

Листинг 21.6. OlePasteEntry для связанных объектов.

```
OlePasteEntry[1].fmtetc.cfFormat = m_cLinkSource;
OlePasteEntry[1].fmtetc.dwAspect = DWASPECT_CONTENT;
OlePasteEntry[1].fmtetc.ptd = NULL;
OlePasteEntry[1].fmtetc.tymed = TYMED_ISTREAM;
OlePasteEntry[1].fmtetc.lindex = -1;

OlePasteEntry[1].lpstrFormatName = "%s Link Object";
OlePasteEntry[1].lpstrResultText = "a %s Link Object";
OlePasteEntry[1].dwFlags         = OLEUIPASTE_LINKTYPE1 |
                                   OLEUIPASTE_ENABLEICON;
m_rgcf[0] = m_cfLinkSource;
```

Анализ

Сейчас вы добавили формат CF_LINKSOURCE к списку форматов, поддерживаемых вашим приложением. Так как источник связи является потоком, то вам нужно создать поле типа носителя TYMED_ISTREAM. Последним изменением, которое вам нужно сделать, является изменение переменной dwFlags, где вам необходимо указать, какой массив типа связи принадлежит этому OlePasteEntry. m_rgcf попросту является массивом всех типов связей, поддерживаемых вашим приложением. В настоящее время при любых обстоятельствах внутри OLE m_rgcf будет иметь лишь один элемент, которым является CF_LINKSOURCE (OlePasteEntry может поддерживать до восьми различных типов связей). Если вы посмотрите на dwFlags, то первым элементом является OLEUIPASTE_LINKTYPE1, ссылающийся на самом деле на m_rgcf[0]. Листинг 21.7 показывает изменения, которые вам необходимо сделать, когда вы вызываете OleUIPasteSpecial с использованием новой информации от OlePasteEntry.

Листинг 21.7. OlePasteEntry для связанных объектов.

```
OlePasteSpecial.arrLinkTypes = m_rgcf;
OlePasteSpecial.cLinkTypes   = sizeof(m_rgcf)/sizeof(m_rgcf[0]);

UINT ret = OleUIPasteSpecial(&OlePasteSpecial);

if (ret == OLEUI_OK)
    PasteObject(OlePasteSpecial.nSelectedIndex,
                lpIDataObject,
                pContainDoc,
                OlePasteSpecial.fLink);
```

Анализ

Перед тем, как вызвать OleUIPasteSpecial, вам нужен arrLinkTypes, чтобы указать на массив типов связей, которые поддерживаются вашим приложением. cLinkTypes равен числу элементов в массиве источников связей (обычно равно 1). После установки этих двух элементов вы можете вызвать OleUIPasteSpecial (предположим, что у вас реализован внедряющий код). После возвращения из OleUIPasteSpecial ваше приложение вызывает с новым параметром вспомогательную функцию PasteObject, которую вы реализовали в 17-й день. Последний параметр PasteObject является флагом, который показывает, выбрал ли пользователь связанный объект. Если OlePastespecial.flink равен TRUE, тогда пользователь выбрал пункт Link в диалоговом окне Special. Вам необходима эта информация в PasteObject, если пользователь выбрал пункт Link в диалоговом окне Paste Special, так как для внедренных объектов PasteObject вызывает OleCreateFromData, а для связанных — OleCreateLinkFromData (который принимает такие же параметры, что и OleCreateFromData).

Контейнер/сервер

Итак, вы изучили автомат OLE и как создать контейнер OLE или сервер OLE, но вы не знаете, как соединить все эти элементы вместе. Так как у вас теперь есть все основы, то взгляните на то, как связать их все вместе. Во-первых, посмотрим, как сделать контейнер/сервер.

Технология создания контейнера/сервера по сути сводится к созданию контейнера и сервера и объединения этих двух приложений вместе. Я испробовал много различных способов создания контейнера/сервера и нашел, что следующий способ работает лучше всех:

1. Создайте контейнер. Добавьте все свойства, которые по вашему мнению должен иметь контейнер, и затем полностью его испытайте.
2. Создайте автономное приложение сервера. Если вы планируете, что ваш сервер должен поддерживать работу с буфером обмена и перемещение, то не добавляйте пока этот код. Полностью протестируйте автономное приложение сервера.
3. Переместите подпрограмму регистрации своего сервера в контейнерное приложение. Не забудьте добавить расширение документа своего контейнера к регистрационной процедуре, чтобы OLE могло запустить ваш контейнер.
4. Переместите исходный код фабрики класса своего сервера, который создает объекты сервера, в контейнерное приложение.
5. Переместите прочие интерфейсы своего сервера в контейнерное приложение. Вам понадобится изменить все ссылки к меню сервера и интерфейса пользователя, чтобы отобразить меню вашего контейнера и его интерфейса пользователя. Вы должны после этого протестировать свое приложение.
6. Если ваше приложение успешно прошло тестирование, то вы можете добавить поддержку буфера обмена к своему серверному объекту. Так как ваш серверный объект (который теперь в вашем контейнерном приложении) предоставляет IOleObject, то вы можете выполнить вызов к CreateXferObject (код которого вы

создали в 17-й день), создающий статический IDataObject, который может быть использован буфером обмена или механизмом «перенести-положить». Вам нужно будет модифицировать в своем контейнере подпрограммы буфера обмена и перемещения, чтобы отразить все новые форматы буфера обмена, которые вы будете поддерживать вследствие добавления серверного объекта(объектов). И вы снова можете тестировать свое приложение.

7. Если вы не хотите позволять своему контейнеру самому вставляться, внедряться или связываться с самим собой, то вам нужно сделать еще несколько изменений. Во-первых, вам необходимо модифицировать подпрограмму Insert Object и предоставить ей идентификаторы классов для объектов, которые вы хотите исключить из списка этой подпрограммы (смотрите материал 17-го дня). Ваш контейнер/сервер более не будет значиться в списке объектов, которые могут быть вставлены в ваш контейнер. Также вы можете проверить в своей подпрограмме CanUseClipboardFormat (которую вы создали в 17-й день), имеется ли ваш объект в IDataObject. Если он там, тогда возвратите значение FALSE, чтобы ваше меню не позволяло пользователю выполнять операцию Paste/Paste Link. Наконец, в подпрограмме IDropTarget вам нужно проверить IDataObject и, если он принадлежит одному из объектов вашего приложения, не позволять перемещать этот объект в ваше приложение (не забудьте дать пользователю визуальный сигнал, что подпрограмма не может переместить текущий объект в ваше приложение).
8. Если вы позволили своему контейнеру/серверу вставлять самого себя, то можете или здесь остановиться, или сделать свой контейнер/сервер немного более эффективным.

Если у вас есть контейнер и вы, выполнив Insert Object, выберете свой контейнерно/серверный объект, то OLE создаст другой экземпляр вашего приложения. Первый экземпляр вашего приложения будет работать как контейнер, а второй — как сервер. Если для вашего приложения установлено REGCLS_MULTIPLEUSE, то вам нужно выполнить дополнительную работу (чтобы уберечь OLE от многократного запуска вашего приложения, когда его объект вставлен сам в себя).

Во-первых, зарегистрируйте свою фабрику класса как CLSCTX_LOCAL_SERVER и REGCLS_MULTI_SEPARATE. OLE будет всегда использовать эту фабрику класса, когда ваш контейнер/сервер вставлен во что-то, не являющееся вашим приложением. Убедитесь, что ваш объект поддерживает объединение, так как это требуется на следующем шаге.

Затем создайте вторую фабрику класса и зарегистрируйте ее как CLSCTX_INPROC_SERVER и REGCLS_MULTIPLEUSE (или REGCLS_MULTI_SEPARATE вместо REGCLS_MULTIPLEUSE). В CreateInstance этой фабрики класса вызовите подпрограмму OleCreateEmbeddingHelper вместо создания объекта. OleCreateEmbeddingHelper создаст экземпляр вашего объекта, используя процедуру по умолчанию. OleCreateEmbeddingHelper должна вызываться с EMBDHLP_INPROC_SERVER|EMBHLP_DELAYCREATE и указателем на вашу фабрику классов CLSCTX_LOCAL_SERVER. OLE будет теперь корректно выполнять единственный экземпляр вашего приложения.

Модифицированный автомат

В предыдущем главах вы изучали автомат OLE в автономном контексте, а не в контексте добавления автомата OLE к серверному или контейнерному приложению OLE. Метод добавления автомата к серверу OLE, контейнеру OLE или контейнеру/серверу не отличается от реализаций автоматов OLE, рассмотренных в этой книге, но вы должны знать о некоторых проблемах:

1. Если у вас контейнерное приложение, то необходимо добавить фабрику класса для вашего автомата OLE. Вам также нужно знать, что пользователь может запустить ваше приложение как при помощи диспетчера программ, так и через автомат, поэтому если ваше приложение многопользовательское, то оно должно

следовать правилам, рассмотренным в 5-й день, глава «Сложный автоматный сервер».

2. Если у вас серверное или контейнерно/серверное приложение, то нужно добавить новую фабрику классов для вашего объекта-автомата OLE. Для каждого объекта-автомата OLE, поддерживаемого вашим приложением и который может быть создан посредством CoCreateInstance API, вам нужно иметь отдельный идентификатор CLSID.
3. Вы должны настроить свой сервер автомата OLE для поддержки методов, рассмотренных в 18-й день. Другими словами, ваш автомат OLE должен поддерживать объект-автомат приложения и по меньшей мере один объект-автомат документа.

Экспонирование *IDataObject*

Если ваше приложение является сервером или контейнер/сервером, поддерживающим автомат OLE, то вы можете выбрать экспонирование своего интерфейса IDataObject через автомат OLE. Преимущество демонстрации вашего IDataObject через автомат состоит в том, что другие приложения могут поддерживать связь в реальном времени с вашим приложением через автомат (что может быть проще для пользователя, так как Visual Basic и Visual Basic for Applications могут запросто обращаться к серверам автоматов). Единственной проблемой с демонстрацией вашего IDataObject через автомат является то, что в настоящее время Visual Basic и Visual Basic for Application не поддерживают методы, устанавливающие связи через IDataObject.

Если вы хотите уведомления в режиме реального времени для Visual Basic и Visual Basic for Application, то вашему серверу необходимо поддерживать связи. Visual Basic имеет управляющие элементы VBX для OLE, которые могут поддерживать связанные объекты, а Microsoft Excel и Microsoft Project (оба используют Visual Basic for Application) сами поддерживают связанные объекты.

Заключение

За прошедшие 21 день вы изучили такие основы OLE, как создание контроллеров и серверов автоматов OLE, серверов OLE и контейнеров OLE. В этой главе вы узнали, как соединить эти концепции вместе. Надеюсь, что вы сможете использовать эти концепции в качестве фундамента для создания своего собственного приложения OLE.

Вопросы и ответы

В: Где я могу получить дополнительную информацию по методам и свойствам автоматов, поддерживаемым приложением ?

О: Отличным источником по всем методам и свойствам автоматов, поддерживаемым MS Excel, MS Project и MS Word, является Developer's Kit из состава пакета Microsoft Office. Для Visio документация по его объектам содержится в электронном справочнике Programming Reference. Для других продуктов справьтесь в соответствующих руководствах пользователя. И напротив, если вы любите проводить самостоятельные исследования, то можете воспользоваться OLE2View для поиска файлов библиотек типов, зарегистрированных в регистрационной базе данных.

В: Все ли приложения OLE должны быть контейнерами/серверами ?

О: Нет, хотя многие из современных приложений OLE ими являются. Такие приложения, как Microsoft Excel, Microsoft Word и Visio, являются контейнерно/серверными приложениями. Microsoft Access является контейнером и контроллером автомата OLE.

Семинар

Опрос

1. В чем разница между абсолютными и относительными ярлыками?
2. Назовите два интерфейса, которые контейнер может использовать для получения данных в реальном времени.

Упражнения

1. Преобразуйте ваш контейнер в контейнер/сервер. Используйте код из вашего сервера OleGen в качестве реализации сервера.
2. Добавьте поддержку сервера автомата в контейнер/сервер.

Ответы к опросу

1. Абсолютный ярлык хранит полное имя устройства и маршрута для связанного объекта. Относительный ярлык хранит маршрут для связанного объекта относительно контейнера. Относительный ярлык полезен для OLE, когда вы перемещаете контейнер и связанный объект, потому что OLE может попытаться найти связанный объект.
2. Контейнер может получать данные в режиме реального времени от IDataObject или от IDispatch. Если контейнер использует IDispatch для получения данных в режиме реального времени, то этому контейнеру необходимо опрашивать IDispatch, так как IDispatch не обеспечивает уведомления при изменении данных. Контейнер может также использовать интерфейсный указатель IDispatch для получения интерфейсного указателя IDataObject (если сервер автомата OLE экспонирует интерфейсный указатель IDataObject через автомат).

Ответы к упражнениям

Ответы находятся на прилагаемом диске.

неделя 3

Заключительный обзор

По окончании 3-й недели программирования для OLE вы знаете, как использовать автоматизацию OLE и как создавать серверы и контейнеры. В следующей программе применяется материал большинства глав прошедшей недели.

> **Замечание:** Метки слева указывают главу, в которой рассматривается понятие, реализованное в данной строке или фрагменте программы. Вы можете обратиться к указанной главе за дополнительной информацией. Программа, представленная в форме текста, не является полной и показывает лишь основные моменты. Полный исходный текст находится на диске, прилагаемом к этой книге.

Листинг Н3.1. Функция WinMain (Contain.Cpp) в обзоре 3-й недели.

```
int PASCAL WinMain(HINSTANCE hInstance,
                  HINSTANCE prevInst, LPSTR /* cmdline */, int show)
{
    MSG         msg;
    WNDCLASS    wndcls;
    HANDLE      hAccel;
    HWND        hWndClient;
    TEXTMETRIC  tm;
    HDC         hDC;

    //Change the message queue size
    int     iMsgQueueSize = 96;
    while   ((SetMessageQueue(iMsgQueueSize) == 0) && (iMsgQueueSize>0))
            iMsgQueueSize -= 8;
    if (iMsgQueueSize <= 0)
            return FALSE;

//If we are using 3DControls we need to do some initialization
//If you don't want to use 3DControls see stdafx.h and remove
//the Use3DControls define
//
#ifdef    Use3DControls
     Ctl3dRegister(hInstance);
     Ctl3dAutoSubclass(hInstance);

#endif
    szViewClassName = new char[8];
    strcpy(szViewClassName,"CONTAIN");

    szFrameClassName = new char[13];
    strcpy(szFrameClassName,"CONTAINFRAME");

    char  szStatusBarClassName[] = "STATUSBAR";

    if (prevInst == NULL){
        wndcls.style          = CS_HREDRAW | CS_VREDRAW;
        wndcls.lpfnWndProc    = FrameWndProc;
        wndcls.cbWndExtra     = 0;
        wndcls.cbClsExtra     = 0;
        wndcls.hInstance      = hInstance;
        wndcls.hIcon          = LoadIcon(hInstance, szViewClassName);
```

Листинг Н3.1. продолжение

```
    wndcls.hCursor       = LoadCursor(NULL, IDC_ARROW);
    wndcls.hbrBackground= (HBRUSH)(COLOR_WINDOW+1);
    wndcls.lpszMenuName = NULL;
    wndcls.lpszClassName= szFrameClassName;

    if (!RegisterClass(&wndcls))
        goto FAILED;

    wndcls.style         = CS_HREDRAW | CS_VREDRAW | CS_DBLCLKS;
    wndcls.lpfnWndProc   = ViewWndProc;
    wndcls.cbWndExtra    = sizeof (CContainDoc *);
    wndcls.cbClsExtra    = 0;
    wndcls.hInstance     = hInstance;
    wndcls.hIcon         = LoadIcon(hInstance, szViewClassName);
    wndcls.hCursor       = LoadCursor(NULL, IDC_ARROW);
    wndcls.hbrBackground= (HBRUSH)(COLOR_WINDOW+1);
    wndcls.lpszMenuName = NULL;
    wndcls.lpszClassName= szViewClassName;

    if (!RegisterClass(&wndcls))
        goto FAILED;

    wndcls.style         = CS_HREDRAW | CS_VREDRAW;
    wndcls.lpfnWndProc   = StatusWndProc;
    wndcls.cbWndExtra    = 0;
    wndcls.cbClsExtra    = 0;
    wndcls.hInstance     = hInstance;
    wndcls.hIcon         = NULL;
    wndcls.hCursor       = LoadCursor(NULL, IDC_ARROW);
    wndcls.hbrBackground= (HBRUSH)(COLOR_WINDOW+1);
    wndcls.lpszMenuName = NULL;
    wndcls.lpszClassName= szStatusBarClassName;

    if (!RegisterClass(&wndcls))
        goto FAILED;
}

hInst = hInstance;

hMenuFrame = LoadMenu(hInstance, "FrameMenu");
hMenuView  = LoadMenu(hInstance, "ViewMenu");

hMenuFrameWindow = GetSubMenu(hMenuFrame,0);
hMenuViewWindow  = GetSubMenu(hMenuView,5);
hAccel  = LoadAccelerators(hInstance,"MDIAccel");

hWndFrame = CreateWindow(szFrameClassName,
                    "OLE 2.0 In 21 Days - Container",
                    WS_OVERLAPPEDWINDOW | WS_CLIPCHILDREN,
                    CW_USEDEFAULT,
                    0,
                    CW_USEDEFAULT,
                    0,
                    NULL,
                    hMenuFrame,
                    hInstance,
                    NULL);

hWndClient = GetWindow(hWndFrame, GW_CHILD);

hWndStatusBar = CreateWindow(szStatusBarClassName, NULL,
                       WS_CHILD | WS_VISIBLE | WS_BORDER, 0, 0, 0, 0,
                       hWndFrame, /* the parent                         */
                       NULL,      /* Use the window class menu.         */
                       hInst,     /* This instance owns this window.    */
                       NULL);     /* Pointer not needed.                */
```

```
    if (!hWndStatusBar)
      return FALSE;

    hDC = GetDC(hWndFrame);
    GetTextMetrics(hDC, &tm);
    wStatusWndHeight = (WORD)(tm.tmHeight + tm.tmExternalLeading + 4);
    ReleaseDC(hWndFrame, hDC);

    ShowWindow(hWndFrame,show);
    UpdateWindow(hWndFrame);

    pOleBase = new COleBase;
    if (pOleBase->InitDone != eOleInitialized) {
        delete pOleBase;
        goto FAILED;
    }
```

День17

```
    pClipboardHandler = new CClipboardHandler;

    while (GetMessage(&msg, NULL, 0, 0)) {
        if (!TranslateMDISysAccel(hWndClient,&msg) &&
            !TranslateAccelerator(hWndFrame,hAccel, &msg)) {
                TranslateMessage(&msg);
                DispatchMessage(&msg);
        }
    }
```

День17

```
     delete pClipboardHandler;
     delete pOleBase;

     DestroyMenu(hMenuView);
     DestroyMenu(hMenuFrame);

#ifdef    Use3DControls
     Ctl3dUnregister(hInstance);
#endif
    delete szViewClassName;
    delete szFrameClassName;

    return msg.wParam;

FAILED:
#ifdef    Use3DControls
     Ctl3dUnregister(hInstance);
#endif
    delete szViewClassName;
    delete szFrameClassName;
    return FALSE;
}
```

Листинг Н3.2. Реализация COleSiteObject в обзоре 3-й недели.

```
//COleSiteObject Constructor
//
COleSiteObject::COleSiteObject(CContainDoc *pContainDoc)
{
    m_refs = 0;                        //Initialize our reference count
    SetSiteAspect(DVASPECT_CONTENT);//Assume DVASPECT_CONTENTS
    SetObjectVisible(FALSE);           //Object isn't visible since it doesn't exist
    SetObjectClosed(TRUE);             //Object is currently closed
    m_pContainDoc = pContainDoc;

    SetSiteObjectType(eNoObject);       //No site object yet

    //These are the pointers to the interfaces which OLE requires
    //to be implemented.  We will start them out at NULL so we can
```

Листинг Н3.2. продолжение

```
    //tell which interfaces were successfully created, and which
    //ones were not
    m_pIOleClientSite       = NULL;
    m_pIAdviseSink          = NULL;
    m_pIStorage             = NULL;
    m_szStorageName         = NULL;

    //The following interfaces are used when we connect to an object
    //these interfaces actually belong to the object and not to us
    m_pIViewObject          = NULL;
    m_pIOleObject           = NULL;
    m_pIPersistStorage      = NULL;

//Create the primary interfaces we need
    m_pIOleClientSite         = new COleClientSite(this);
    m_pIAdviseSink            = new CAdviseSink(this);

}

//Our destructor for COleSiteObject decrements the object count
COleSiteObject::~COleSiteObject(void)
{
//Delete any objects we may have created to support this object

    RemoveSite();

    if (m_szStorageName != NULL) {
        delete m_szStorageName;
        m_szStorageName = NULL;
    }

    if (m_pIStorage != NULL) {
        m_pIStorage->Release();
        m_pIStorage = NULL;
    }

//Delete the interface we created
    if (m_pIOleClientSite != NULL) {
        delete m_pIOleClientSite;
        m_pIOleClientSite = NULL;
    }

    if (m_pIAdviseSink != NULL) {
        delete m_pIAdviseSink;
        m_pIAdviseSink = NULL;
    }

    return;                 //And we're done!!!
}

//
// Standard implementation of QueryInterface
//
STDMETHODIMP
COleSiteObject::QueryInterface(REFIID riid, void FAR* FAR* ppv)
{
    if (riid == IID_IUnknown)
        *ppv = this;
    else if (riid == IID_IOleClientSite)
     *ppv = m_pIOleClientSite;
    else if ((riid == IID_IAdviseSink) || (riid == IID_IAdviseSink2))
        *ppv = m_pIAdviseSink;
    else{
        *ppv = NULL;
         }
    if (*ppv != NULL){
     ((LPUNKNOWN)(*ppv))->AddRef();
```

```
        return NOERROR;
    }

//If for some reason our constructor did not create the requested interface
//don't pass the NULL interface without telling the caller that we don't support
//the requested interface.
   return ResultFromScode(E_NOINTERFACE);
}

//
// Standard implementation of AddRef
// Since this is not an aggregate object, we can increment our
// own reference counter
//
STDMETHODIMP_(ULONG)COleSiteObject::AddRef()
{
    return ++m_refs;
}

// Standard implementation of Release
// Since this is not an aggregate object, we can decrement our
// own reference counter.  We also delete the object upon completion
// but we do not terminate the application.  Since we are also
// responsible for COleGenDataObject and share it's Release
// we will destroy it as well.
//
STDMETHODIMP_(ULONG)COleSiteObject::Release()
{
   if(--m_refs == 0){
   //And now we can delete this object
    delete this;
   }

   return m_refs;
}

//Helper function which draws the sizing handles around
//the site object
//
void    COleSiteObject::DrawHandles(BOOL bDraw)
{
    RECT    Rect;
    SIZEL   Sizel;

    if (m_pIOleObject != NULL) {
        HDC hDC = GetDC(m_pContainDoc->m_hWndView);

        //Some objects listen and some don't so let's find out what size it wants
        m_pIOleObject->GetExtent(GetSiteAspect(),&Sizel);
        Rect.left = Rect.top = 0;
        Rect.right = XformWidthInHimetricToPixels(hDC,(int)Sizel.cx);
        Rect.bottom = XformHeightInHimetricToPixels(hDC,(int)Sizel.cy);


        //Draw handles
        OleUIDrawHandles(&Rect,
                         hDC,
                         OLEUI_HANDLES_INSIDE,
                         8,
                         bDraw);
        ReleaseDC(m_pContainDoc->m_hWndView,hDC);

        //Invalidate region otherwise handles are visible (although inverted)
        if (bDraw == FALSE)
           InvalidateRect(m_pContainDoc->m_hWndView,&Rect,FALSE);
    }
}

//
```

Листинг Н3.2. продолжение

```
//This is a helper function which draws the site object
//Note: the site object could be embedded, linked, or a metafile (although metafile
//drawing is not supported in this release)
//
void    COleSiteObject::DrawSite(HDC hDC)
{
    RECT    Rect;
    SIZEL   Sizel;

    switch (GetSiteObjectType()) {

    case eLinkObject:    //We will handle a linked object just an embedded object,
so
                               //just fall through
    case eEmbedObject:  //Embedded (and linked) object drawing routine
                         //

      //If we don't have an IOleObject we shouldn't have gotten here, but
      //since we are here and we can't draw without IOleObject, don't do anything
      //
         if (m_pIOleObject != NULL) {
            //Some objects listen and some don't so let's find out what size it
wants
            m_pIOleObject->GetExtent(GetSiteAspect(),&Sizel);
            Rect.left = Rect.top = 0;
            Rect.right = XformWidthInHimetricToPixels(hDC,(int)Sizel.cx);
            Rect.bottom = XformHeightInHimetricToPixels(hDC,(int)Sizel.cy);

            //Tell the object to draw
            OleDraw(m_pIOleObject,GetSiteAspect(),
                    hDC,&Rect);

            //Draws the hatching around the object
            if (IsObjectVisible())
                OleUIDrawShading(&Rect,hDC,
                    OLEUI_SHADE_FULLRECT,0);
         }
    case eMetaObject:    //Draws the given metafile object
        break;
    case eNoObject:      //We've been called with an invalid object so there's
                              //nothing we can do
    default:
        break;
    }   // end of case
}

//Helper function to close the site object
//Prevents itself from being called multiple times by setting a
//flag that we already closed the object
//
void    COleSiteObject::CloseSite(DWORD dwSaveOption)
{
          //If the IOleObject pointer is NULL then we have nothing to do
          //Otherwise we can close the object using the dwSaveOption
          //
        if (m_pIOleObject != NULL) {
            if (IsObjectClosed() == FALSE) {
                SetObjectClosed(TRUE);
                m_pIOleObject->Close(dwSaveOption);
            }
        }
}

//Helper function to close the object and remove
//any interfaces we have on the object
//
```

```
//We already have the IOleObject interface.  We either obtained this interface
//before AddSite was called, or from OleLoad
        //
      //Try for the IViewObject2 interface first
        //
      hResult = m_pIOleObject->QueryInterface(IID_IViewObject2,
                                              (LPVOID *)&m_pIViewObject);

      if (hResult != NOERROR){
              //Try for the IViewObject interface next
                  //
              hResult = m_pIOleObject->QueryInterface(IID_IViewObject,
                                                      (LPVOID *)&m_pIViewObject);
              if (hResult != NOERROR){
                      m_pIOleClientSite->Release();
                      RemoveSite();
                      return hResult;
              }
      }

      //So now we have either IViewObject2 or IViewObject
      //Let's try for IPersistStorage
        //
      hResult = m_pIOleObject->QueryInterface(IID_IPersistStorage,
                                              (LPVOID *)&m_pIPersistStorage);
      if (hResult != NOERROR){
              m_pIOleClientSite->Release();
              RemoveSite();
              return hResult;
      }

        //Save the storage name privately
        //
      if (m_szStorageName != NULL)
              delete m_szStorageName;
      m_szStorageName = (LPSTR)new char[strlen(storageName)+1];
      lstrcpy(m_szStorageName,storageName);

      char szSiteTitle[OLEUI_CCHPATHMAX];
      GetWindowText(m_pContainDoc->m_hWndView,szSiteTitle,sizeof(szSiteTitle));

        //Setup the advises
        //
      BOOL bRet = OleStdSetupAdvises(m_pIOleObject,
                                     GetSiteAspect(),
                                     "Contain",
                                     szSiteTitle,
                                     (LPADVISESINK)m_pIAdviseSink,
                                     TRUE);

        //Since now the object is opened set SetObjectClosed to FALSE
        //
      SetObjectClosed(FALSE);

      return NOERROR;
}

//Calls the object's DoVerb
//
```

День16

```
HRESULT COleSiteObject::DoVerb(long lVerb)
{
      RECT   Rect, RectHiMetric;
      HRESULT hResult = NOERROR;

      //No DoVerb for non-OLE objects
        //
```

Листинг Н3.2. продолжение

```
        if (IsOleObject() == FALSE)
            return hResult;

        //Set cursor to hourglass
          //
        HCURSOR hCursorOld = SetCursor(LoadCursor(NULL,IDC_WAIT));

        //Find out our client size and tell the object it has that much space
        //Your application may decide to only give a portion of the client space
        //so that you can display other information.
        //Don't forget that we tell them the size in HiMetrics
        //
        GetClientRect(m_pContainDoc->m_hWndView,&Rect);
        XformRectInPixelsToHimetric(NULL,&Rect,&RectHiMetric);
        hResult = m_pIOleObject->DoVerb(lVerb,
                                        NULL,
                                        (LPOLECLIENTSITE)m_pIOleClientSite,
                                        0,
                                        m_pContainDoc->m_hWndView,
                                        &RectHiMetric);


        if (hResult != NOERROR)
            return hResult;

          //Object is not closed if we called the DoVerb
          //
        SetObjectClosed(FALSE);

    //Some objects (such as Excel) will respond if you perform a SetExtent
    //to limit the size of object.  SetExtent also expects the size in HiMetrics
        //
        SIZEL   Sizel;
        //We'll see if the object will listen to us and fit into the
        //rect that we give it
          //
        Sizel.cx = XformWidthInPixelsToHimetric(NULL,Rect.right);
        Sizel.cy = XformHeightInPixelsToHimetric(NULL,Rect.bottom);
        m_pIOleObject->SetExtent(GetSiteAspect(),
                                 &Sizel);

        //Restore cursor
          //
        SetCursor(hCursorOld);

          //This should always return NOERROR
          //
        return hResult;
}

//This helper function checks to see if this site object is an OLE object.
//An OLE object is either an embedded object or a linked object
//
BOOL    COleSiteObject::IsOleObject(void)
{
        if ((m_eSiteObjectType == eLinkObject) ||
            (m_eSiteObjectType == eEmbedObject))
            return TRUE;
        return FALSE;
}

//This is a misc function which is not part of any class
//All it does, is given an IOleObject it will clone the object
//
```

День17

```
BOOL    CreateXferObject(IOleObject *pIOleObjectIn,
                        IDataObject FAR* FAR* pIDataObjectOut)
{
        IOleObject *pIOleObjectOut = NULL;

        BOOL    bRet = FALSE;
        if (*pIDataObjectOut != NULL){
            ((LPDATAOBJECT)(*pIDataObjectOut))->Release();
            *pIDataObjectOut = NULL;
        }

        if (pIOleObjectIn == NULL)
            return bRet;

        IPersistStorage *pIPersistStorage;

        if (pIOleObjectIn->QueryInterface(IID_IPersistStorage,
                (LPVOID *)&pIPersistStorage) != NOERROR)
            return bRet;

        IStorage *pRootStorage;
        IStorage *pIStorage;
        char    szSiteFile[OLEUI_CCHPATHMAX];

        //Invent a name for the storage
        wsprintf(szSiteFile,"SITE%lu",time(NULL));

        HRESULT hResult = StgCreateDocfile(NULL,STGM_TRANSACTED |
                          STGM_READWRITE | STGM_DELETEONRELEASE |
                          STGM_SHARE_EXCLUSIVE,0,&pRootStorage);
        if (hResult != NOERROR) {
            pIPersistStorage->Release();
            return bRet;
        }

        hResult = pRootStorage->CreateStorage(szSiteFile,
                            STGM_READWRITE | STGM_TRANSACTED |
                            STGM_SHARE_EXCLUSIVE,
                            0,0,
                            &pIStorage);

        if (hResult != NOERROR) {
            pIPersistStorage->Release();
            pRootStorage->Release();
            return bRet;
        }

        OleSave(pIPersistStorage,pIStorage,FALSE);
        pIPersistStorage->SaveCompleted(NULL);

        pRootStorage->Commit(STGC_DEFAULT);

        pIPersistStorage->Release();

        OleLoad(pIStorage,IID_IOleObject,NULL,(void FAR* FAR*)&pIOleObjectOut);
        pIStorage->Release();
        pRootStorage->Release();

    CXDataObject *pXDataObject = new CXDataObject(pIOleObjectOut);
    pXDataObject->QueryInterface(IID_IDataObject,(void FAR* FAR*)pIDataObjectOut);
        return TRUE;

}
```

Листинг Н3.3. Реализация IOleClientSite в обзоре 3-й недели.

```
COleClientSite::COleClientSite(COleSiteObject *pSite)
{
    m_pSite = pSite;
}

COleClientSite::~COleClientSite()
{
    ;
}

STDMETHODIMP COleClientSite::QueryInterface(REFIID riid, LPVOID FAR* ppvObj)
{
 // delegate to the container Site
 return m_pSite->QueryInterface(riid, ppvObj);
}

STDMETHODIMP_(ULONG) COleClientSite::AddRef(void)
{
 // delegate to the container Site
 return m_pSite->AddRef();
}

STDMETHODIMP_(ULONG) COleClientSite::Release(void)
{
 // delegate to the container Site
 return m_pSite->Release();
}

//
//Returns the IOleContainer interface to the embedding container
//Not required unless you support linking to embedded objects
//If not implemented return *ppContainer = NULL and E_NOINTERFACE
//
```

День16

```
STDMETHODIMP COleClientSite::GetContainer(LPOLECONTAINER FAR* ppContainer)
{
 // NULL the out pointer
 *ppContainer = NULL;

 return ResultFromScode(E_NOINTERFACE);
}

//Notifies the container when the object becomes visible or invisible
//
```

День16

```
STDMETHODIMP COleClientSite::OnShowWindow(BOOL fShow)
{
    if (m_pSite->IsObjectVisible() == fShow)
        return NOERROR;

    m_pSite->SetObjectVisible(fShow);

    //Redraw the view
    InvalidateRect(m_pSite->m_pContainDoc->GetViewHwnd(),NULL,TRUE);

    //If object is not visible anymore bring the container back to the top
    //and give it focus
    if (fShow == FALSE) {
        BringWindowToTop(m_pSite->m_pContainDoc->GetViewHwnd());
        SetFocus(m_pSite->m_pContainDoc->GetViewHwnd());
    }
    return NOERROR;
}
```

```
//
//Returns the container moniker
//Return E_NOTIMPL if not implemented
//
```

День21

```
STDMETHODIMP COleClientSite::GetMoniker(DWORD /* dwAssign */,
                                        DWORD dwWhichMoniker,
                                        LPMONIKER FAR* ppmk)
{
 // need to null the out pointer
 *ppmk = NULL;

    if (dwWhichMoniker == OLEWHICHMK_CONTAINER){
        CreateFileMoniker(m_pSite->m_pContainDoc->GetFullFileName(),ppmk);
        }

 return ResultFromScode(E_NOTIMPL);
}

//
//Used for object space negotitation between the container and the object
//
```

День16

```
STDMETHODIMP COleClientSite::RequestNewObjectLayout(void)
{
 return ResultFromScode(E_NOTIMPL);
}

//
//Tells the object to save itself
//
//We implemented this function in our DoSave routine in our document
```

День16

```
STDMETHODIMP COleClientSite::SaveObject(void)
{
    m_pSite->m_pContainDoc->DoSave();
    return NOERROR;
}


//Makes the object visible
//This may will cause the container to make the object visible.
//
```

День16

```
STDMETHODIMP COleClientSite::ShowObject(void)
{
 return NOERROR;
}
```

За первую неделю мы изучили автоматизацию в OLE. Вторая неделя была посвящена созданию сервера OLE. А на этой неделе рассмотрены немного более сложные реализации, чем в первые две. Например, в 15-й день рассмотрена активация сервера по месту; 18-й день добавил объекты к автомату OLE; и за 19-й день вы научились реализовывать коллекции с использованием автоматизации. На 16-й день мы представили контейнер OLE, а в 17-й день мы вернулись к функциям OLE для буфера обмена и ознакомились с реализацией перемещения объектов с использованием механизма Drag-and-Drop. В 20-й день был предпринят обзор с высоты птичьего полета WOSA/XRT, и в 21-й день мы добавили поддержку связывания в реализацию контейнера. Так как у нас эта неделя была такой пестрой, то имеет смысл сделать быстрый обзор контейнеров OLE. Листинги Н3.1...Н3.3 показывают маленький фрагмент того, что необходимо для реализации контейнера OLE.

Если вы посмотрите на реализацию WinMain на листинге H3.1, то увидите, что этот контейнер OLE не требует CoRegisterClassObject, который был нужен для реализации сервера-автомата OLE и сервера OLE. Помните, что если у контейнера нет объекта, который нужно бы было показывать окружению, то ему не надо вызывать CoRegisterClassObject. Фактически единственным случаем, когда контейнер должен вызывать CoRegisterClassObject является тот, где он используется также в качестве сервера-автомата OLE или сервера OLE.

Листинг H3.2 показывает реализацию COleSiteObject, который является объектом, созданным нами для работы со внедренными и связанными объектами. Интересно отметить в связи с этим объектом, что хотя он не показывается внешнему миру с помощью CoRegisterClassObject, мы все равно передаем интерфейсный указатель на этот объект, когда другое приложение хочет внедриться или связаться с ним (на самом деле мы предоставляем внешним объектам наш интерфейс для IOleClientSite, но наша реализация IOLeClientSite передает все вызовы QueryInterface, AddRef и Release объекту COleSiteObject).

Одним из методов в H3.2 является AddSiteFromData, который может создать объект из полученных данных. Если AddSiteFromData вызывается для связанного объекта, то AddSiteFromData вызывает OleCreateLinkFromData для создания связанного объекта. Иначе он вызывает OleCreateFromData для создания внедренного объекта. В AddSite мы может также создать объект, используя OleLoad, который создаст объект из объекта, находящегося в структурированном хранилище.

Последней процедурой в H3.2 является реализация CreateXferObject, использованного нами для создания IDataObject, который может использоваться для поддержки буфера обмена или перемещения объектов. CreateXferObject принимает IOleObject для импорта и затем запрашивает у него его интерфейс IPersistStorage. После получения этого интерфейса CreateXferObject приказывает объекту упорядочить себя во временном структурированном хранилище, из которого затем посредством OleLoad создается статическое представление исходного объекта. А раз у нас есть статический объект, то мы может получить для него IDataObject, который нам необходим для операций с буфером обмена и для перемещения.

Наконец, листинг H3.3 показывает реализацию IOleClientSite, который требуется использовать для контейнера (вместе с IAdviseSink). Реализация IOleClientSite довольно тривиальна, хотя когда в 16-й день мы реализовали его в первый раз, метод GetMoniker просто возвращал E_NOTIMPL, так как контейнер, полученный в 16-й день, не поддерживает связывание. На 21-й день мы вызвали CreateFileMoniker для поддержки связывания.

Итак, вас можно поздравить. Вы завершили 21-дневный курс по основам OLE. Теперь вы располагаете основами мастерства в механизме связывания и внедрения объектов OLE, чтобы создать автоматный контроллер или сервер, сервер OLE, поддерживающий связывание и внедрение, и контейнер OLE, поддерживающий связывание и внедрение. Мы лишь слегка поцарапали поверхность OLE, но с вашими новыми познаниями можно приступать к созданию более сложных приложений OLE. Я прочитал много статей в прессе, утверждающих, что разработка приложений OLE может быть чрезвычайно тяжелой. У вас теперь появились основания, чтобы рассеять это неправильное представление о механизме связывания и внедрения объектов.

День 22

Распределенное OLE

Распределенное OLE является версией OLE, позволяющей клиенту и серверу объекта размещаться на разных физических машинах. Оно рассматривается как распределенное, потому что обработка действительно распределена, что означает, что клиент и сервер выполняются на разных машинах. Одним из примеров того, как может быть использоваться распределенное OLE, является поддержка WOSA/XRT (WOSA/XRT является дополнением к OLE для рыночных данных реального времени, которое рассматривалось в 20-й день, глава «Стандарт WOSA/XRT»). Если вы реализуете WOSA/XRT на одной машине, которая принимает данные по фондовому рынку в режиме реального времени, то вы затем сможете получать эти данные на любой машине, имеющей доступ к этой машине. Обычно для приема рыночных данных в режиме реального времени необходимы специальные аппаратные средства и/или программное обеспечение. Эти аппаратные средства/программное обеспечение могут быть на одной машине, в то время как все другие машины могут получать данные рынка, не используя каких-либо дополнительных аппаратурных/программных средств. Распределенное OLE может также использоваться для получения данных из не-Windows машин, которые реализуют OLE. Если у вас есть сервер, который работает на не-Windows машине, поддерживающей OLE, то вы можете все же связаться с этим сервером. Фирма Microsoft в настоящее время реализует OLE для платформы Apple Macintosh и объявила, что OLE будет способно связываться с машинами DEC, реализующими протокол Object Broker DEC. Используя распределенное OLE, вы получаете возможность обмениваться данными с этими двумя операционными средами.

В текущий момент ни одна из операционных систем Microsoft не поддерживает распределенное OLE. Однако Microsoft обещала, что будущие версии Windows NT (следующие за Windows NT 3.5) и Windows (следующие за Windows-95) будут поддерживать распределенное OLE.

Как работает распределенное OLE

Управляющий менеджер сообщений (Service Control Manager) является новым сервером, который входит в состав распределенного OLE, обеспечивая его работу. Управляющий менеджер сообщений отвечает за удовлетворение запросов приложений-клиентов OLE путем розыска запрашиваемого сервера OLE и его последующего запуска. Рисунок 22.1 показывает упрощенную версию того, как это происходит.

В OLE, если клиенту требовался конкретный сервер, то он запрашивал из OLE идентификатор конкретного класса, вызывая CoGetClassObject для получения фабрики класса этого объекта. Затем он создавал этот объект посредством фабрики класса. В распределенном OLE клиент все так же запрашивает конкретный сервер, используя CoGetClassObject, и затем создает этот объект посредством фабрики класса. Главное отличие распределенного OLE от нераспределенного заключается внутри самого OLE. Когда клиент запрашивает идентификатор конкретного класса в распределенном OLE, то OLE ищет сервер в системном реестре. Если сервер расположен на другой машине (на какой, определяет менеджер сообщений на основе информации в реестре), то менеджер сообщений клиента входит в контакт с менеджером сообщений на машине сервера. Менеджер сообщений сервера запускает его и действует как клиент по отношению к приложению сервера. Менеджер сообщений клиента принимает факт того, что сервер был запущен Менеджером сообщений сервера и после этого действует как сервер в интересах клиента. Все это происходит прозрачно для клиента и сервера; другими словами, они не имеют понятия, что работают через сеть.

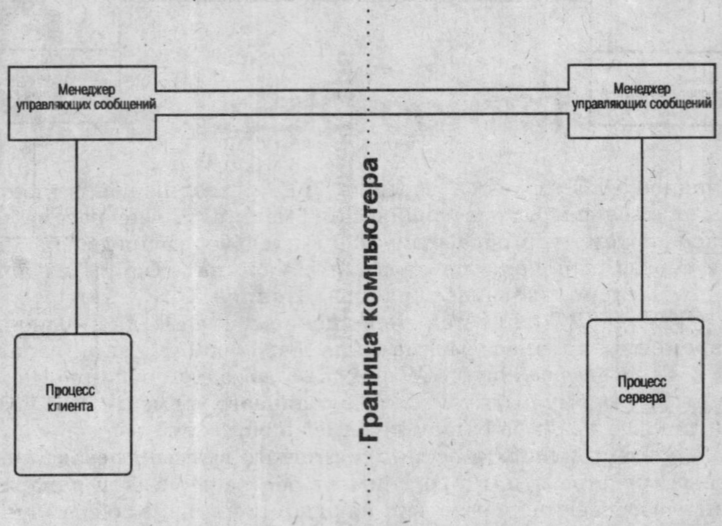

Рис. 22.1. *Упрощенная схема управляющего менеджера сообщений.*

На самом ли деле так просто распределенное OLE? Да, но вам нужно просмотреть эту схему на более подробном уровне, чтобы понять, почему. Вспомните, что в ходе обсуждения OLE вы узнали об облегченных вызовах удаленных процедур (LRPC — Lightweight Remote Procedure Call). OLE использует LRPC для сообщений от одного процесса к другому. Распределенное OLE построено на этом фундаменте с использованием вызовов удаленных процедур (RPC — Remote Procedure Call) вместо LRPC. Рисунок 22.2 показывает, как RPC выполняет свою роль в распределенном OLE.

Замечание: Недавно корпорация Microsoft выпустила OLE совместно с Windows NT 3.5, и эта версия OLE больше не содержит LRPC (для Windows NT). Вместо этого OLE использует RPC для сообщения между процессами. При выпуске Windows 95 также ожидается, что она будет использовать RPC вместо LRPC. Хотя Windows NT 3.5 и Windows 95 используют RPC для передачи сообщений OLE, обе эти операционные системы еще не поддерживают распределенного OLE.

Если вы знакомы с понятием вызовов удаленных процедур по UNIX или Windows NT, то рис. 22.2 покажется типичным приложением клиент/сервер, использующим вызовы удаленных процедур. Если вы не знакомы с RPC, то взгляните на то, что они собой представляют на самом деле.

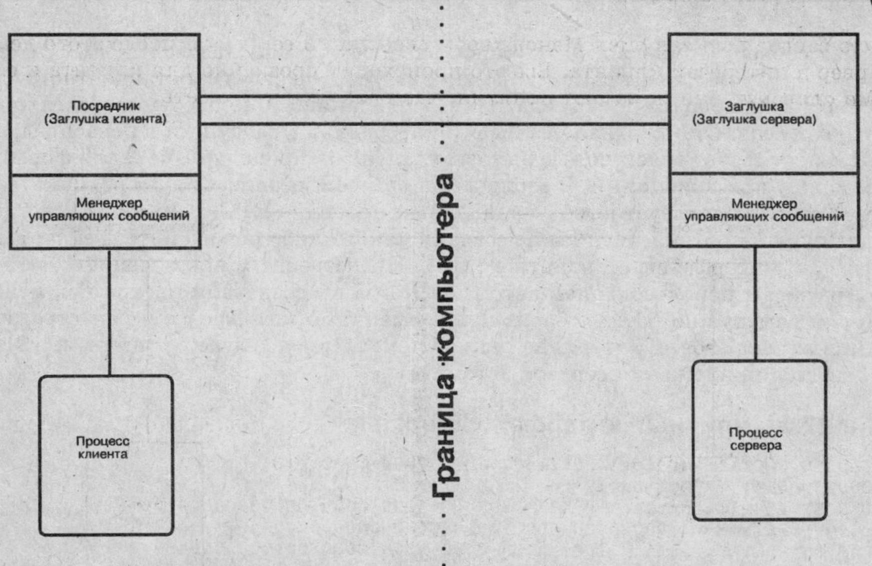

Рис. 22.2. Схема вызовов удаленных процедур распределенного OLE.

Вызов удаленной процедуры

Вызов удаленной процедуры (RPC) — это метод, позволяющий двум приложениям обмениваться данными. Хотя это звучит совершенно тривиально, но он на самом деле является чрезвычайно сложным. RPC позволяет одной программе вызывать функции, методы или процедуры в другой программе, но этот вызов воспринимается вызывающей программой так, как будто он выполнен локально. Вызывающая программа не имеет представления о том, где точно выполняется процедура, или даже какая архитектура центрального процессора машины, на которой выполняется эта процедура. RPC отвечает за преобразование данных в унифицированный формат на стороне клиента (вызывающего) и последующее преобразование унифицированного формата обратно в данные, которые могут быть использованы на стороне сервера. И сюрприз — преобразование данных в унифицированный формат называется формировкой (marshaling) (вспомните IStdMarshal из OLE и другие интерфейсы). На стороне клиента расположено приложение и заглушка (stub) клиента. Заглушка клиента — это участок, к которому обращается ваше приложение, думая, что это настоящий сервер. Заглушка клиента получает ваши запросы и формирует данные и запрос для сервера. Заглушка сервера затем получает эту информацию и расформировывает данные и запросы. Заглушка сервера после этого передает информацию настоящему серверу. Когда этот сервер посылает данные к клиенту, то весь процесс повторяется снова в обратном порядке. Когда данные формируются и расформируются, то всякая разница в размерах байта и порядке его чтения, возникающая из-за разницы архитектур центральных процессоров, нивелируется, поэтому клиенту и серверу никогда не нужно знать о различиях в архитектуре.

Посредник/заглушка

Посредник в OLE является эквивалентом заглушки клиента в RPC. Посредник отвечает за сообщение с клиентом и формировку данных для заглушки сервера. Заглушка в OLE является эквивалентом заглушки сервера в RPC. Она отвечает за сообщение с сервером, получая запросы от посредника и расформируя данные для использования сервером. Посредник/заглушка не уникальны для распределенного OLE, фактически вы уже пользовались ими в своих приложениях, когда создавали локальный сервер. Припомните, что локальный сервер использовал LRPC для сообщения с приложением клиента. Когда вы используете интерфейсы стандартного OLE, то вы на самом деле используете стандартную реализацию OLE посредника/заглушки для этих интерфейсов. Стандартная реализация посредника/заглушки в нераспределенной среде OLE использует облегченные вызовы удаленных процедур LRPC для формировки данных между приложениями. В распределенном OLE реализация посредника/заглушки вместо этого использует вызовы удаленных процедур RPC.

На протяжении этой книги вы не создали какого-либо нового интерфейса; вы лишь использовали интерфейсы стандартного OLE. Единственным исключением было создание интерфейса с использованием автомата. Когда вы создавали интерфейс, используя автомат, то вам нужно было добавить информацию о интерфейсе в регистрационную базу данных для своего интерфейса. Листинг 22.1 показывает типичный IDispatch, созданный для приложения сервера автомата.

Листинг 22.1. Типичный интерфейс IDispatch.

```
HKEY_CLASSES_ROOT\Interface\{0002A403-0000-0000-C000-
    000000000046} = _DOleDay19
HKEY_CLASSES_ROOT\Interface\{0002A403-0000-0000-C000-000000000046}
    \ProxyStubClsid = {00020420-0000-0000-C000-000000000046}
HKEY_CLASSES_ROOT\Interface\{0002A403-0000-0000-C000-000000000046}
    \NumMethod = 7
HKEY_CLASSES_ROOT\Interface\{0002A403-0000-0000-C000-000000000046}
    \BaseInterface = {00020400-0000-0000-C000-000000000046}
```

Вы, может быть, заметили элемент ProxyStubClsid. Этот элемент сообщает OLE, какие посредника/заглушку нужно использовать для реализации IDispatch. вы можете помнить, что вы всегда передаете один и тот же идентификатор класса {00020420-0000-0000-C000000000000046}, являющийся идентификатором класса для интерфейса IDispatch стандартного OLE. вы на самом деле указали OLE обращаться с вашим новым интерфейсом так, как будто это IDispatch стандартного OLE, и использовать код посредника/заглушки, связанный с IDispatch стандартного OLE.

Когда вы создаете свой собственный интерфейс (интерфейс, не являющийся частью OLE), то вам будет нужно создать свой собственный посредник/заглушку. Вам будет нужно создать интерфейс IMarshal и обрабатывать формировку и расформировку данных, которые выполняются внутри посредника и заглушки.

Проблемы распределенного OLE

Когда вы используете распределенное OLE, то есть ряд проблем, о которых вам нужно знать. Таблица 22.1 перечисляет некоторые из главных вопросов.

Таблица 22.1. Вопросы распределенного OLE.

Скорость	Помните, что динамически присоединяемые библиотеки DLL быстрее, чем локальные серверы, потому что DLL функционируют в пространстве процесса приложения-клиента. Локальные серверы используют облегченные вызовы удаленных процедур LRPC для сообщения между клиентом и сервером. В распределенном OLE клиент и сервер сообщаются через сеть и обеспечивают меньшую скорость, чем DLL или локальные серверы.

Преобразования	Когда вы используете нераспределенное OLE и создаете растр или метафайл, то вы знаете, что они смогут быть использованы на машине клиента. В распределенном OLE это не всегда так. Если машина клиента не использует Windows (например, Macintosh PC или не-Alpha машина DEC), то она может не быть способна показать ваши данные. Наличие графических преобразований на машине-адресате не является гарантией. Это особенно верно для метафайлов, потому что метафайлы являются последовательностью инструкций, воспроизводимых для генерации изображения.
Интерфейс пользователя	Когда вы пользуетесь распределенным OLE, то сервер не может формировать интерфейс пользователя. (Вспомните, что в 13-й день ваш локальный сервер не реализовал IViewObject, хотя в 12-й день его реализовал внутренний сервер). Другими словами, если ваш сервер требует интерфейса пользователя, то он должен выполняться на той же машине, что и клиент. Если ваш сервер требует интерфейса пользователя, то вам будет нужно реализовать часть вашего сервера на машине клиента. Ваш сервер на стороне клиента свободно сообщается с вашим удаленным сервером с целью получения любых данных, которые ему требуются.
Динамически присоединяемые библиотеки DLL	Ко времени написания этой книги внутрипроцессные менеджеры и серверы не могли запускаться дистанционно, хотя и есть планы добиться этого.
NT	Ко времени написания этой книги распределенное OLE поддерживается лишь (в бета-версии) для Windows NT и компьютеров DEC. Может быть доступно для других операционных сред позднее.

Заключение

Вопросы и ответы

В: Я создал приложение OLE, соответствующее архитектуре COM, описанной в 8-й день. Должен ли я что-нибудь делать, чтобы поддержать распределенное OLE?

О: Нет. Если вы используете COM, то бесплатно получаете поддержку распределенного OLE. Microsoft также указывает, что вам даже не надо будет перекомпилировать ваше приложение, если имеется распределенное OLE.

В: Я хочу разработать приложение для распределенного OLE. Оно включено в состав OLE 2.01 SDK?

О: Нет. В настоящее время вам нужно связаться прямо с Microsoft, чтобы стать участником бета-программы распределенного OLE.

В: Встроено ли распределенное OLE в NT?

О: В настояшее время распределенное OLE не встроено в NT, но бета-версия предлагается как дополнение. Ожидается, что в будущих версиях Windows NT распределенное OLE будет встроено прямо в операционную систему.

В: Поддерживается ли распределенное OLE для Windows 3.1?

О: В настоящее время распределенное OLE не поддерживается для всех несетевых версий OLE.

Семинар

Опрос

1. В чем разница между посредником и заглушкой?
2. В чем разница между RPC и LRPC?

Ответы к опросу

1. Посредник формирует данные со стороны клиента, в то время как заглушка расформировывает данные на стороне сервера. Посредник является эквивалентом для заглушки клиента с вызовами удаленных процедур, в то время как заглушка — это эквивалент заглушки сервера с вызовами удаленных процедур.
2. Вызовы удаленных процедур (RPC) обычно используются для сообщения с приложениями, которые расположены не на одной и той же машине, хотя могут использоваться и на одной. (Windows NT 3.5 в настоящее время использует RPC для сообщения с приложениями на той же машине.) Облегченные вызовы удаленных процедур (LRPC) используются только для сообщения между приложениями на одной и той же физической машине. Как LRPC, так и RPC обрабатывают внутрипроцессные сообщения. LRPC в качестве среды передачи данных использует сообщения Windows, а RPC — сетевой транспорт.

День 23

Управляющие элементы OLE

Прежде чем вы сможете узнать об управляющих элементах OLE, вам сначала необходимо прочитать краткое описание управляющих элементов Visual Basic.

Управляющие элементы Visual Basic

Когда был выпущен Visual Basic, то он поддерживал *специальные управляющие элементы* Visual Basic. Специальные управляющие элементы Visual Basic (или VBX) эквивалентны управляющим элементам Windows, за исключением того, что элементы VBX специально сконструированы для работы в окружении Visual Basic.

Специальные управляющие элементы Visual Basic имеют подпрограммы для изменения поведения или внешнего вида управляющего элемента при помощи свойств. Например, вы можете изменить шрифт, используемый управляющим элементом, путем изменения свойств FontName и FontSize. Вы можете изменить размер управляющего элемента, изменяя свойства Height и Width. Настраиваемые управляющие элементы Visual Basic также поддерживают уведомление посредством событий. Например, кнопка будет обладать событием Click (щелчок), которое сообщит вам, что вашей кнопкой щелкнули, позволяя вам выполнить то действие, которое требуется вашему приложению.

Управляющие элементы OLE

Ключевым утверждением о VBX является то, что они были сконструированы для работы в Visual Basic. Хотя Microsoft поддерживает специальные управляющие элементы Visual Basic в Visual C++, Visual C++ необходимо эмулировать некоторые из возможностей Visual Basic для того, чтобы заставить VBX работать (Borland C++ 4.0 также поддерживает специальные управляющие элементы Visual Basic). Кроме того, VBX написаны для 16-разрядной операционной среды, и если вы когда-нибудь рылись во внутренностях VBX, то вы могли заметить, что многие из указателей являются ближними, что делает VBX непереносимыми в 32-разрядные операционные среды, такие как NT. Для того, что перенести VBX в 32-разрядную среду, Microsoft будет необходимо изменить архитектуру VBX (потому что в NT нет ближних или дальних указателей).

Вместо изменения архитектуры VBX фирма Microsoft создала управляющие элементы OLE. Управляющие элементы OLE были написаны для придания управляющим элементам переносимости между 16- и 32-разрядными операционными средами. Управляющие элементы OLE не зависят от архитектуры Visual Basic, и так как OLE переносится на различные машины, не использующие архитектуру Intel, то управляющие элементы OLE могут также унаследовать эту переносимость (OLE в настоящее время имеется для платформ Intel, MIPS, DEC Alpha и Apple Macintosh, а вскоре появится и для PowerPC).

Управляющие элементы OLE поддерживают три различных типа свойств: окружающие, управляющие и расширенные упрвляющие. Окружающее свойство — это свойство, имеющее отношение к окружению контейнера и передается контейнером к настраиваемым управляющим элементам. Контейнер будет предоставлять управляющую информацию, такую как шрифт, цвета фона и переднего плана по умолчанию, и то, используется ли управляющий элемент в режиме проектирования или режиме выполнения. Управляющим элементам обычно нужна эта информация до того, как они себя покажут в первый раз, поэтому они знают, что им делать, когда в первый раз показываются на экране.

Управляющее свойство — это специальная информация, нужная управляющему элементу, такая как цвета фона и переднего плана и шрифт. Эта информация может отличаться от информации окружающего свойства, предоставляемой контейнером. Например, если контейнер заявляет, что окружающим свойством контейнера является голубой фон с черными символами, то настраиваемый управляющий элемент может выбрать показ себя на белом фоне с красными символами. Управляющее свойство будет содержать эту информацию. Расширенное управляющее свойство является информацией, которую контейнер предоставляет каждому управляющему элементу. Примером расширенного управляющего свойства являются Cancel (Отменить) или Default (Принять по умочанию), которые извещают управляющий элемент, что он является контейнерной кнопкой отмены или установки по умолчанию. Кроме того, контейнер должен проинформировать управляющий элемент о его видимости (путем установки свойства Visible), имени (путем установки свойства Name) или ссылке на окно документа, на котором расположен управляющий элемент (путем установки свойства Parent).

Интерфейсы управляющих элементов OLE

Если вы просмотрите управляющий элемент OLE при помощи OLE2View, то сначала вы не сможете назвать отличия управляющего элемента OLE от внутреннего сервера OLE (с активацией по месту).

На первый взгляд управляющий элемент OLE выглядит как внутренний сервер OLE с активацией по месту. Вы можете припомнить по 12-у дню, глава «Сервер OLE в виде DLL», и 15-у дню, глава«Аквтивация по месту для серверов OLE», что интерфейсы в таблице 23.1 использовались в сервере составного документа OLE.

Таблица 23.1. Интерфейсы OLE для серверов с активацией по месту.

Интерфейс	Назначение
IDataObject	Интерфейс для передачи данных.
IOLeCache	Интерфейс для кэширования различных представлений.
IOLeInPlaceActiveObject	Интерфейс связи вставленного по месту объекта с рамочными объектами и окнами документа.
IOleInPlaceObject	Интерфейс для активации и деактивации объектов по месту.
IOLeObject	Интерфейс для управления составным документом.
IPersist	Корневой интерфейс для IPersistStorage (а также для IPersistStream и IPersistFile). Этот интерфейс всегда реализуется для IPersistStorage, но не всегда демонстрируется.
IPersistStorage	Интерфейс для хранения составного документа.

IUnknown	Необходимый интерфейс для всех объектов OLE, поддерживающих модель COM.
IViewObject	Интерфейс для рисования объекта.
IViewObject2	Переменный интерфейс для рисования объекта (OLE 2.01 или выше).

Я теперь объяснил все интерфейсы, за исключением IDispatch и IPersistStream. С 4-го дня, глава «Простой автоматный сервер», вы знаете, что IDispatch требуется для сервера автомата. IPersistStream, рассмотренный в 11-й день, глава «Именование и присоединение», используется для последовательной пересылки данных в поток и из потока.

Управляющий элемент OLE концептуально является встроенным сервером, который поддерживает активацию по месту и автомат OLE. Если вы понимаете, как создать внутренний сервер, поддерживающий активацию по месту и автомат OLE, то у вас есть фундамент для управляющих элементов OLE. Так что делает управляющие элементы OLE особыми или отличающимися? Отличие управляющего элемента OLE и внутреннего сервера заключается в тех методах автомата OLE, которые определены для управляющего элемента и нового интерфейса IOleControl. Фактически, я внедрил управляющие элементы OLE в документ Word (Word в настоящее время не поддерживает управляющих элементов OLE) и Word воспринимал эти элементы, как обычный внутрипроцессный сервер.

Замечание: Если у вас есть управляющий элемент OLE, то вы можете на самом деле вставить его в контейнер так, как вы это делали в 16-й день. После того, как вы вставите управляющий элемент, вы сможете затем использовать меню Edit контейнера для доступа к командам управляющего элемента. При использовании таких приложений, как Microsoft Access, пользовательский интерфейс Insert Object модифицируется для поддержки управляющего элемента. Надеюсь, что эта версия Insert Object будет добавлена в стандартную библиотеку OLEUI, раз были выпущены управляющие элементы OLE.

Методы, реализованные в интерфейсах для управляющих элементов OLE, должны реализовываться так же, как и для встроенного сервера, но с некоторыми незначительными исключениями. Таблица 23.2 приводит список изменений, которые могут потребоваться для вашего сервера.

Таблица 23.2. Изменения методов интерфейсов по сравнению с внутренним сервером.

Интерфейс	Метод	Реализация
IOleObject	SetExtent	Для управляющего элемента OLE метод SetExtent должен соблюдать, насколько это возможно, размер, выделенный ему контейнером.
	GetExtent	Должен отражать размер, установленный контейнером, если управляющий элемент согласен с запрошенным из SetExtent размером.

IViewObject	Все	Управляющие элементы OLE обычно не поддерживают DVASPECT_ICON (они должны поддерживать DVASPECT_CONTENT).
IPersistStorage	Все	Управляющие элементы OLE обычно не имеют никаких устойчивых данных. IPersistStorage может пересылать большинство (если не все) вызовов в быструю память.
IOleInPlaceActiveObject	TranslateAccelerator	Не должен обрабатывать мнемонику Alt-клавиша. Это свойство будет поддерживаться IOleControl.

Управляющие элементы OLE реализуют три новых интерфейса: IOleControl, IConnectionPoint и IConnectionPointerContainer. Интерфейс IOleControl используется для трансляции мнемоники клавиатуры. Проблемой при использовании IOleInPlaceActiveObject является то, что IOleInPlaceActiveObject выполняется для того объекта, который в текущий момент обладает фокусом, не являющегося обязательно управляющим элементом OLE. IOleControl был добавлен для разрешения вопросов с трансляцией мнемоники клавиатуры.

IConnectionPoint и IConnectionPointerContainer используются управляющим элементом OLE для обмена информацией о событиях между контейнером и управляющим элементом. Заметьте, что IConnectionPoint не доступен через QueryInterface управляющего элемента. Вам, во-первых, нужно получить интерфейс IConnectionPointerContainer и затем вызвать FindConnectionPoint, который возвратит вам интерфейс IConnectionPoint. После того, как контейнер получит интерфейс IConnectionPoint, он вызывает извещающий метод IConnectionPoint, предоставляя извещающему методу интерфейс IDispatch контейнера, в который контейнер хочет получать уведомление о событии.

Контейнер может получить возможность работать с управляющими элементами OLE, если вы сделаете ряд незначительных изменений в этом контейнере. Во-первых, контейнер должен поддерживать активацию по месту, что означает поддержку контейнером IOleClientSite, IOleInPlaceSite, IAdviseSink, IOleInPlaceUIWindow и IOleInPlaceFrame. Кроме того, контейнер должен реализовать по меньшей мере два интерфейса IDispatch, один для приема окружающих свойств и второй для приема управляющих событий (от интерфейса IConnectionPoint управляющего элемента). Наконец, контейнеру нужно реализовать новый интерфейс IControlSite, который будет получать уведомления от IOleControl управляющего элемента.

Зачем вам нужно создавать управляющие элементы OLE?

Когда я впервые узнал об управляющих элементах OLE, то я задался вопросом, зачем мне нужно использовать управляющие элементы OLE, когда я могут добиться тех же возможностей, используя автомат OLE. Вдобавок, Visual Basic и Visual Basic for Application поддерживают автомат OLE, но к настоящему времени единственным приложением, поддерживающим управляющие элементы OLE, является Microsoft Access 2.0. Так зачем же реализовывать управляющий элемент OLE? Во-первых, взгляните на то, что дает вам автомат OLE. Автомат OLE позволяет другому приложению управлять вашим сервером автомата, но этот сервер не может быть при этом внедрен в ваш контейнер. Если вы хотите, чтобы сервер отображался прямо в вашем контейнере, то вам нужно поддерживать активацию по месту. Если вы обеспечили поддержку активации по месту, то в чем разница между управляющим элементом OLE и вашим приложением?

Главным преимуществом управляющего элемента OLE является лицензионная поддержка. Например, если вы продаете свой управляющий элемент OLE, то вам не нужно делать разные версии для разработчиков и конечных пользователей. Используя методы, предоставляемые архитектурой управляющего элемента OLE, управляющий элемент OLE может определить, выполняется ли он в среде разработчика или в среде конечного пользователя (похожая концепция поддерживается VBX). Это означает, что разработчик может купить ваш управляющий элемент OLE, встроить его в свое приложение и затем распространять это приложение. Конечный пользователь приложения, включающего управляющий элемент OLE, не будет иметь возможности использовать ваш управляющий элемент OLE для разработки без покупки у вас лицензии на разработку. Если вы не разрешаете бесплатно распространять ваш управляющий элемент OLE (требуется лицензия на использование), то ваш управляющий элемент OLE будет также способен сообщить, имеется ли законная лицензия на машине конечного пользователя, и отказаться выполняться, если лицензия не будет обнаружена. Если вы создаете приложение, поддерживающее автомат вместо управляющего элемента OLE, то вам будет нужно думать как реализовать проверку лицензирования самому.

Управляющие элементы OLE также более стандартизованы в своем программном интерфейсе, чем ваш автомат. У управляющего элемента OLE есть набор стандартных методов и свойств, позволяющих разработчику при использовании вашего управляющего элемента OLE быстро понять, как его использовать. Например, управляющие элементы OLE имеют стандартное шрифтовое свойство, поэтому шрифт управляющего элемента OLE может быть легко изменен. Управляющие элементы OLE также имеют таблицы свойств, поэтому управляющий элемент OLE может быть настроен без программирования (подобно VBX).

Если управляющие элементы OLE так замечательны, то вообще зачем вам реализовывать внутренний сервер, поддерживающий автомат? Я бы всегда реализовывал внутрипроцессный сервер, поддерживающий автомат, если у этого сервера сложные функции. Управляющий элемент OLE — это обычно очень простой сервер, выполняющий очень узкие специальные задачи. Например, я не смогу реализовать текстовый процессор, подобный Word, в виде управляющего элемента OLE. Microsoft Word — это сложное приложение, которое может выполнять большое количество различных задач. Я также не смогу реализовать управляющий элемент OLE, если сервер может быть контейнером и приложение может выполяться как независимая программа. Например, Visio обычно используется не как сервер, а как независимое приложение.

Заключение

Как вы только что узнали, управляющий элемент OLE — это следующий шаг в эволюции специальных управляющих элементов Visual Basic. Управляющие элементы OLE имеют то преимущество перед VBX, что они поддерживаются на многих различных платформах, в то время как VBX поддерживаются лишь в 16-разрядной среде Windows. А также, вследствие того, что управляющий элемент OLE по своей сути является внутренним, активируемым по месту сервером (поддерживающим автомат), то вы уже понимаете основы создания управляющих элементов OLE.

Вопросы и ответы

В: Как мне разработать управляющие элементы OLE?

О: Вам нужно приобрести у фирмы Microsoft инструментальный набор разработчика управляющих элементов OLE. В настоящее время управляющие элементы OLE не распространяются с OLE SDK.

В: Нужно ли мне разрабатывать отдельный управляющий элемент OLE для каждой платформы разработки, поддерживаемой этим элементом?

О: Да. Так как управляющие элементы OLE должны реализовываться в виде DLL, то вы должны компилировать отдельный управляющий элемент OLE для каждой поддерживаемой операционной среды. Если вы пишете свое приложение с использованием переносимой библиотеки классов, то вы теоретически можете перекомпилировать свой управляющий элемент OLE для каждого из своих приложений. Если вы не используете переносимой библиотеки классов, то вам может понадобиться создавать отдельные исходные модули для каждой из поддерживаемых вами операционных сред.

В: У моей фирмы уже есть приложения с использованием VBX. Как конвертировать VBX в управляющие элементы OLE?

О: Вы можете переписать свои VBX в управляющие элементы OLE самостоятельно, или можете воспользоваться программой OLE Control Wizard, распространяемой Microsoft. OLE Control Wizard может выбрать методы и свойства из ваших VBX и создать каркас управляющего элемента OLE. Вам все же будет нужно реализовать ядро управляющего элемента OLE вручную.

приложение А

OleGen

Приложение OleGen, как оно представлено в начале книги, является программной оболочкой, не поддерживающей OLE. В этой оболочке пользователь может выбрать несколько интерфейсов OLE, и объект OLE будет изображен на дисплее. По окончании каждой главы добавляемый к OleGen код придает ему функциональные свойства OLE. Например, на протяжении глав, посвященных автоматизации (дни с 4-го по 7-й), вы введете в OleGen автоматные возможности. Дополнительно в каждом упражнении будет требоваться, чтобы вы добавили к OleGen код, который необходим для генерации исходного текста интерфейса(ов), изученного в данной главе. К концу 21-го дня OleGen станет минимальным генератором приложений OLE, поддерживающим все интерфейсы, изученные вами по этой книге. Вдобавок OleGen будет автоматным клиентом и сервером составного документа.

Исходный текст OleGen

OleGen реализуется следующим набором исходных файлов:

Файл	Компиляторы	Описание
OleGen.CPP	Все	Файл с исходным текстом основной программы. Включает код запуска и главный цикл сообщений.
OleGen.RC	Все	Файл ресурсов.
OBJECT.CPP	Все	Подпрограммы рисования.
LLIST.CPP	Все	Класс связанного списка.
INTF_DAT.CPP	Все	Класс интерфейса объекта данных.
INTERFAC.DAT	Все	Список интерфейсов, поддерживаемых OleGen. Это файл данных, который используется приложением и должен находиться в одном каталоге с OleGen.EXE или на маршруте, указанном вами в PATH.
STANDARD.CPP	Все	Поддержка диалоговых панелей стандартного интерфейса.
OPTIONS.CPP	Все	Поддержка модальных диалоговых панелей.
STDAFX.CPP	Visual C++/ Borland C++	Используется для предварительной компиляции заголовков.
OleGen.WM5	Обобщенный	Файл для WindowsMaker. Этот файл может быть использован только пользователями Symantec или в том случае, если у вас есть WindowsMaker Pro. Этот файл используется WindowsMaker Pro для генерации исходного кода.

Имеется еще несколько исходных файлов, которые поддерживают применяемые компилятор и библиотеку классов; они зависят от компилятора. Каждый исходный файл имеет встроенную документацию, объясняющую реализацию разнообразных методов.

Пользователям Visual C++ и Borland C++ нужно иметь в виду, что в реализации для этих компиляторов OleGen использует архитектуру Document/View.

Пользователям Borland C++ нужно учесть то, что они не смогут использовать опцию Rescan в Class Expert. OleGen создана с использованием SCANEX, который является условно-бесплатным продуктом. Он дополняет Class Expert таким образом, что вы получаете возможность реализовать архитектуру Document/View.

Пользователям Windowsmaker Pro нужно убедиться, что используется версия 5.5 этого продукта. Если вы используете библиотеку классов, которая не рассматривалась в этой книге, но поддерживается WindowsMaker Pro, то вы можете использовать OleGen.WM5 для генерации такого исходного текста, который будет использовать ту библиотеку, которой вы пользуетесь. Вы должны тогда скопировать OBJECT.*, INTF_DAT.*, LLIST.*, STANDARD.* и OPTIONS.* из общего каталога в тот каталог, в котором вы создаете исходные тексты для своей библиотеки классов. Затем вы можете включить эти файлы в свой проект. Возможно, вам придется изменить эти файлы, чтобы добиться совместимости с вашими компилятором и библиотекой классов.

Каталоги с файлами исходного кода

Исходные тексты на диске размещены по каталогам следующим образом:

Исходный каталог	Библиотека классов	Используемый инструмент	Компилятор
VC15	MFC 2.5	Class Wizard	Visual C++ 1.5
VC20	MFC 2.5	Class Wizard	Visual C++ 2.0
BC40	OWL 2.0	Class Expert	Borland C++ 4.0
GENERIC	нет	WindowsMaker Pro	Обобщенный C++
HELP	RoboHelp	Справочные файлы и исходные тексты	

Относительно инструкций по установке различных каталогов обратитесь к памятке на 2-й стороне обложки и файлам README на дискетах.

- Каталог DAY00 содержит версию OleGen, не поддерживающую OLE и используемую в качестве базовой в каждой главе.
- Каталог DAY21 содержит полную реализацию OleGen в качестве приложения OLE. В этот каталог помещен также откомпилированный справочный файл.
- Каталог HELP содержит исходный код справки для полной реализации OleGen (21-й день).
- Каталог UI содержит файлы проекта для создания динамически загружаемых библиотек OLEUI. Он также будет включать необходимые изменения, которые вам придется сделать для того, чтобы компилировать OLEUI в вашей среде. Он не включает исходные тексты OLEUI. Они поставляются Microsoft вместе с SDK OLE 2.01.

При компиляции приложений с использованием предлагаемых файлов проекта вам понадобится изменить каталоги для заголовочных файлов и библиотек в соответствии с используемыми вашей средой разработки.

Если вы используете исходные тексты для Visual C++ 1.5 и у вас нет заголовков и библиотек CTL3D, то вам нужно закомментировать строку #define Use3DControls в файле stdafx.h. Вам также нужно удалить ссылку на CTL3D.LIB из файла проекта.

Если вы применяете Visual C++ 2.0 или компилируете свое приложение для работы в Win32, то вы должны знать, что эти приложения не полностью испытаны на различных 32-разрядных платформах Windows. Во время написания этой книги версия OLE 2.01 была на стадии бета-тестирования. Вдобавок Visual C++ 2.0 также проходил бета-тестирование, поэтому файлы проекта могут не работать с промышленной версией Visual C++ 2.0.

Если вы используете компилятор, который не рассматривался, или библиотеку классов, отличную от OWL 2, MFC 2.x или MFC 3.0, то должны использовать обобщенные примеры. Эти примеры не предполагают какого-то определенного компилятора или библиотеки классов. Тем не менее вам нужно создать свои собственные файлы проекта, и возможно вам понадобится сделать изменения в исходных текстах с учетом вашего конкретного компилятора. Обобщенные примеры были протестированы при помощи Visual C++ 1.5.

Class Wizard включен в Visual C++ 1.5 и 2.0.

Class Expert включен в Borland C++ 4.0. Кроме того, также используется ScanEx (являющийся условно-бесплатным инструментом, дополняющим Class Expert).

Visual Programmer включен в Symantec C++ 6.1 и поставляется по лицензии Blue Sky. WindowMaker является программой генерации приложений фирмы Blue Sky.

RoboHelp является инструментом для генерации программ фирмы Blue Sky.

приложение Б

Интерфейс графических устройств (Быстрый взгляд на GDI)

Интерфейс графических устройств (GDI, Graphic Device Interface) это душа и сердце внешнего вида Windows. Без GDI Windows не смогла бы рисовать круги, линии и даже текст. GDI (при помощи драйверов устройств) отвечает за изображение ваших программ на экране или принтере. Так как эта книга является введением в OLE, то я буду полагать, что у вас есть основное понимание GDI, и сконцентрируюсь на тех аспектах GDI, на которые прямо влияет OLE.

Контекст устройства

Контекст устройства обычно относится к физическому устройству, хотя это и не обязательно, как вы увидите при рассмотрении метафайлов. Когда контекст устройства относится к физическому устройству, то это устройство имеет определенные атрибуты, в которых заинтересовано приложение. Например, если вы получаете контекст устройства для своего графического дисплея (путем вызова CreateDC("DISPLAY",NULL,NULL,NULL);), то вы можете получить информацию об этом устройстве. Обычно вам может понадобиться знать разрешение в графическом режиме, которое сообщает вам число пикселов (или точек), поддерживаемых вашим видеоадаптером в горизонтальном или вертикальном направлениях. Используя эту информацию, вы можете определить, какого размера может быть окно (например, если вы хотите, чтобы окно занимало лишь половину экрана), или куда поместить свое окно. Если ваш контекст устройства определяется для принтера, то вы можете получить размеры бумаги, которые используются принтером в настоящий момент (например, 8.5 на 11 дюймов). Одним из наиболее интересных аспектов (хотя и странным) контекстов устройств является концепция логического дюйма.

Допустим на минуту, что у вас есть графический дисплей с разрешением 1024x768. Это означает, что ваш видеоадаптер поддерживает 1024 пикселов вбок и 768 пикселов вниз. Если вы запросите у контекста устройства эту информацию (используя вызов GetDeviceCaps), то вы можете получить величину разрешения. GetDeviceCaps используется для получения специфичной для устройства информации, такой как тип используемого устройства (принтер, плоттер, графический дисплей или метафайл), число цветов, поддерживаемых устройством или, как мы увидим, разрешение, поддерживаемое устройством. Таблица Б.1 показывает различные результаты вызова GetDeviceCaps для получения информации по контексту устройства.

Таблица Б.1. Функция GetDeviceCaps для разрешения 640x480 и 1024x768.

Графическое разрешение	640x480	1024x768	Параметры GetDeviceCaps
пикселов по x	640	1024	HORZRES
пикселов по y	480	768	VERTRES
мм по x	208	280	HORSIZE
мм по y	156	210	VERTSIZE
дюймов по x	8.188976	11.02362	вычисляется
дюймов по y	6.141732	8.267717	вычисляется
лог.пикселов по x	96	120	LOGXPIXELS
лог.пикселов по y	96	120	LOGYPIXELS
лог.дюймов по x	6.666667	8.533333	вычисляется
лог.дюймов по y	5	6.4	вычисляется

Замечание: Числа в таблице Б.1 зависят от аппаратуры, и видеоадаптер в вашей машине может дать другие результаты.

Как вы можете видеть из таблицы, кроме числа пикселов, поддерживаемого вашим контекстом устройства могут быть возвращены различные детали информации. Если запросите HORSIZE или VERTSIZE, то получите ширину и высоту в миллиметрах для стандартного дисплея при этом графическом разрешении (как они определяют, каков стандартный размер конкретного графического дисплея, я не знаю). Если вы затем умножите полученные значения HORSIZE и VERTSIZE на 0.03937, то сможете перевести результат в дюймы.

Вы также можете вызвать GetDeviceCaps, чтобы получить число логических пикселов в дюйме (используя LOGXPIXELS или LOGYPIXELS). Поделив число логических пикселов на дюйм на ширину и высоту в пикселах, вы можете получить логический размер дисплея в дюймах. Вы, наверное, обратили внимание, что полученный результат значительно меньше, чем результат, полученный вами при переводе размера дисплея в миллиметрах в дюймы. Почему? Ответ прост. Логический дюйм не равен физическому, когда контекстом устройства является графический дисплей. Логический дюйм больше физического, поэтому, когда вы смотрите на рисунок или текст на графическом дисплее, то они четкие. Какое это имеет отношение к OLE? Когда вы работаете в OLE, то вы обычно передаете OLE размер окна в режиме отображения, называемом MM_HIMETRIC. Просмотрим вкратце различные режимы отображения, поддерживаемые Windows.

Режимы отображения

Windows поддерживает восемь различных режимов отображения, которые могут быть отнесены к таким категориям, как текстовая, английская, метрическая, TWIPS и определяемая пользователем. Как указывалось ранее, OLE использует MM_HIMETRIC, являющийся режимом отображения из метрической категории. В этом параграфе рассматривается каждая из категорий режимов отображения отдельно.

Текстовый режим отображения

Когда вы работаете с контекстом устройства, то режимом отображения по умолчанию является MM_TEXT. Этот режим отображения — эквивалент работы в пикселах. В текстовом режиме отображения верхний левый угол дисплея имеет координаты (0,0), а нижний правый угол (1024, 768) или (640,480) (или (800,600) или любые, определяемые графическим разрешением).

Английские режимы отображения

Иногда почему то хочется поработать с дюймами вместо пикселов. Если вы пишете тестовый процессор, например, то типичная ширина листа бумаги (в США) 8.5 дюймов. Вы не знаете или не хотите знать, сколько это будет пикселов. Когда вам нужна линия в 1 дюйм, то вы хотите иметь возможность указать Windows нарисовать линию в 1 дюйм, а не из x пикселов. Лазерный принтер, например, может иметь разрешение 300 или 600 точек на дюйм. Проще сказать: «Начерти линию в 1 дюйм», чем спрашивать принтер: «Сколько точек мне нужно начертить, чтобы получить линию в 1 дюйм?»

Для того, чтобы сделать проще работу с дюймами, Windows поддерживает два режима отображения: MM_LOENGLISH и MM_HIENGLISH. Единица в MM_LOENGLISH представляет 0.01 дюйма, в то время как в MM_HIENGLISH единица соответствует 0.001 дюйма. Таким образом, для того, чтобы начертить линию длиной в дюйм, вы должны будете чертить линию длиной в 100 единиц в MM_LOENGLISH и длиной в 1000 единиц в MM_HIENGLISH. Этот режим отображения представлен долями дюйма, потому что все координаты должны быть целыми числами (работать с действительными числами более сложно для графических подпрограмм, чем с целыми). Windows предоставляет два уровня точности, так что вы можете решать, нужно ли вам представление низкой точности (MM_LOENGLISH) или высокой (MM_LOENGLISH).

Одним интересным аспектом режимов MM_LOENGLISH и MM_HIENGLISH является то, что (0,0) — это верхний левый угол дисплея, а (x,-y) — нижний правый угол. Другими словами, чтобы двигаться вправо, вы увеличиваете свою координату по x, а чтобы двигаться вниз, уменьшаете координату по y (в MM_TEXT вы увеличиваете свою координату по x, чтобы двигаться вправо, и увеличиваете координату по y, чтобы двигаться вниз).

Метрические режимы отображения

На случай, если вы предпочитаете работать с миллиметрами вместо дюймов, Windows поддерживает два режима отображения: MM_LOMETRIC и MM_HIMETRIC. В MM_LOMETRIC единица представляет 0.1 миллиметра, а в MM_HIMETRIC 0.001 миллиметра. Также, как и в английских режимах отображения, для движения вправо вы увеличиваете свою координату по оси x, а для движения вниз уменьшаете координату по оси y.

Режимы отображения TWIPS

TWIPS является довольно интересным режимом отображения, и пользователи Visual Basic скорее всего знакомы с этим режимом, потому что Visual Basic работает с TWIPS. TWIPS (что расшифровывается как одна двадцатая пункта) это 1/20 пункта, а пункт примерно 1/72 дюйма. В дюйме 1440 TWIPS. Также как в английских и метрических режимах отображения, увеличение значения по x вызывает движение вправо, а уменьшение значения y — вниз.

Изотропные режимы отображения

Если вам вдруг не нравятся все предварительно определенные режимы отображения, то Windows позволяет вам определить свой собственный режим отображения. Один из обеспечивающих это режимов отображения называется MM_ISOTROPIC. В предыдущих режимах отображения логическими единицами были пикселы, дюймы, миллиметры или TWIPS. В MM_ISOTROPIC логическая единица любая, какую ни пожелаете. Если вы хотите чертить график, например, то можете решить, что его длина по осям x и y будет 100. Если у вас узкое окно клиента, то ваша область изображения будет выглядеть как на рисунке Б.1.

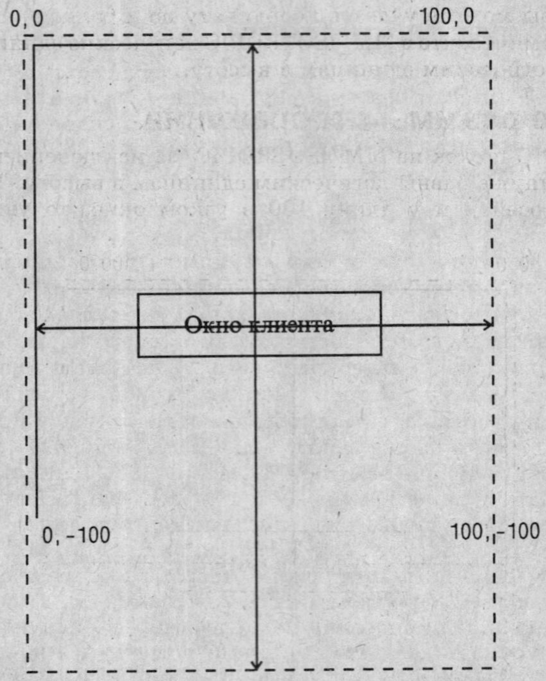

Рис. Б.1. Узкое окно в режиме MM_ISOTROPIC.

Интересный аспект рисунка Б.1 в том, что хотя вы просили оси x и y быть длиной по 100, длина по x 100, а по y больше, чем 100. Когда вы используете MM_ISOTROPIC, то логическая единица по оси x всегда равна логической единице по оси y. Это означает, например, что если вы чертите прямоугольник с шириной и высотой по 50, то у вас получится квадрат. Так, на рисунке Б.1 вы можете указать координату y меньше, чем -100 (например, -101), и она будет все же видна. Если бы ваше окно было широким окном клиента, то вы бы увидели рисунок Б.2.

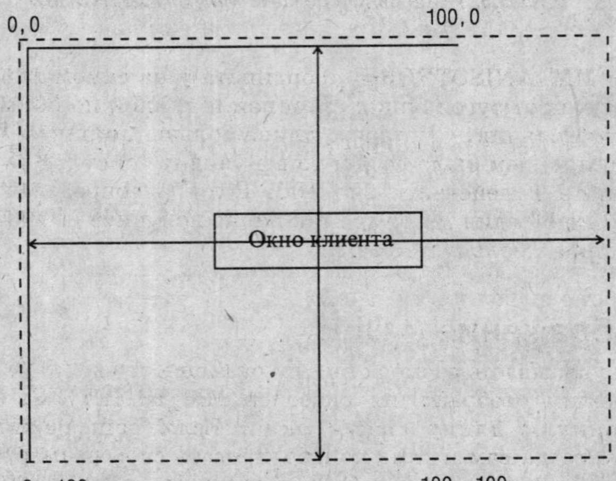

Рис. Б.2. Широкое окно в режиме MM_ISOTROPIC.

На рисунке Б.2 вы можете указать координату по x больше, чем 100, и она будет все еще видима. Запомните, что в MM_ISOTROPIC логические единицы в ширину всегда равны логическим логическим единицам в высоту.

Анизотропные режимы отображения

MM_ANISOTROPIC похож на MM_ISOTROPIC, за исключением того, что логические единицы в ширину не равны логическим единицам в высоту. Таким образом, если вы установите для осей x и y длину 100 в узком окне, то увидите окно, как на рисунке Б.3.

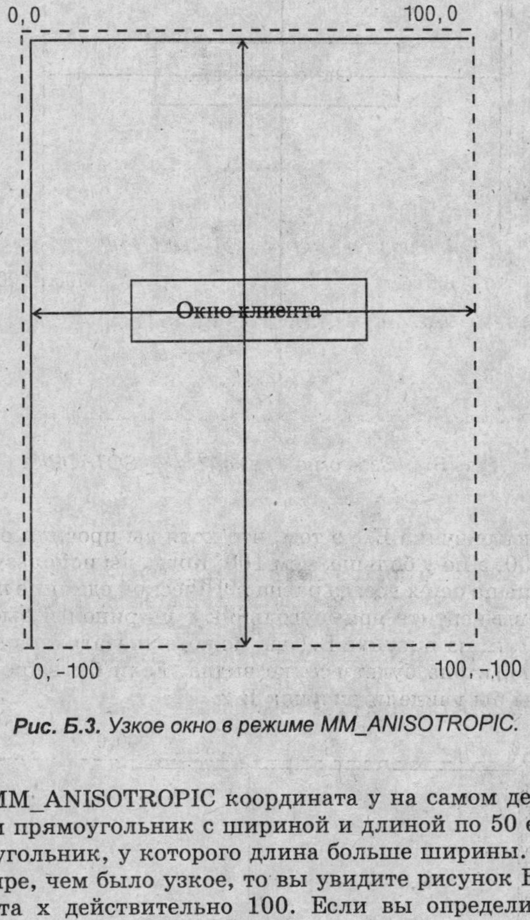

Рис. Б.3. Узкое окно в режиме MM_ANISOTROPIC.

Заметьте, что в MM_ANISOTROPIC координата y на самом деле 100 единиц. Если вы затем определили прямоугольник с шириной и длиной по 50 единиц, то начертите не квадрат, а прямоугольник, у которого длина больше ширины. Если у вас есть окно клиента, которое шире, чем было узкое, то вы увидите рисунок Б.4.

Теперь координата x действительно 100. Если вы определите прямоугольник с шириной и длиной по 50 единиц, то все так же не получите не квадрат, а прямоугольник, у которого ширина больше высоты.

Режимы отображения и OLE

В OLE, если вы указываете размер окна, то размерности должны быть в MM_HIMETRIC. Если ваш режим отображения оказался MM_HIMETRIC, то вы тогда просто возвращаете ширину и длину своего окна. Если ваш режим отображения не MM_HIMETRIC, то тогда вам нужно конвертировать свои размерности в MM_HIMETRIC перед передачей их значений в OLE. Алгоритм этого преобразования довольно прост. Если вашим режимом отображения является MM_TEXT, то используйте алгоритм, показанный в листинге Б.1.

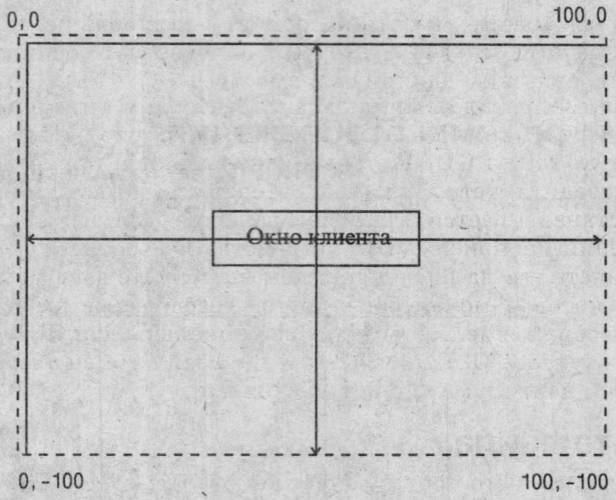

Рис. Б.4. Широкое окно в режиме MM_ANISOTROPIC.

Листинг Б.1. Конвертирование единиц из MM_TEXT в MM_HIMETRIC.

```
POINT    pt;
pt.x = iWidth;
pt.y = iLength;
SaveDC(hDC);
SetMapMode(hDC, MM_HIMETRIC);
DPtoLP(hDC, &pt, 1);
RestoreDC(hDC, -1);
```

Анализ

Так как iWidth и iLength выражены в пикселах (являющихся логической единицей для MM_TEXT), то вы просто устанавливаете свой контекст устройства на MM_HIMETRIC и затем вызываете DPtoLP. DPtoLP конвертирует из пунктов устройства (пикселов) в логические пункты (которые в данном случае из HIMETRIC).

Листинг Б.2. Конвертирование единиц в MM_HIMETRIC.

```
POINT    pt;
pt.x = iWidth;
pt.y = iLength;
LPtoDP(hDC, &pt, 1);
SaveDC(hDC);
SetMapMode(hDC, MM_HIMETRIC);
DPtoLP(hDC, &pt, 1);
RestoreDC(hDC, -1);
```

Анализ

Единственным отличием листинга Б.2 от Б.1 является добавление вызова LPtoDP. LPtoDP конвертирует из логических пунктов (любого режима отображения, в котором находится ваш контекст устройства) в пункты устройства (пикселы). Если ваши размерности в пикселах, то вы изменяете свой режим отображения на MM_HIMETRIC и затем вызываете DPtoLP для конвертирования из пикселов в MM_HIMETRIC. Если вы захотите, то всегда можете использовать алгоритм из листинга Б.2 для любого режима отображения, включая MM_TEXT и MM_HIMETRIC. Штрафом при использовании этого алгоритма при режиме отображения MM_HIMETRIC является то, что вам будет возвращено то же самое значение, которое вы послали. Штрафом при использовании этого алгоритма при режиме отображения MM_TEXT является дополнительный вызов LPtoDP, что не обязательно, потому что логические и физические пункты одни и те же.

Метафайлы

Попросту говоря, метафайл является эквивалентом магнитофона для GDI. Другими словами, когда вы чертите в метафайле, то метафайл не сохраняет изображение. Вместо этого он сохраняет команды GDI, которые используются для создания изображения. Когда вы воспроизводите метафайл, то повторяются команды GDI, которые в нем хранились, и восстанавливается ваше изображение. Метафайлы используются для создания изображений, независимых от устройств. Это означает, что когда вы создаете метафайл и сохраняете его на диске, то затем вы можете загрузить этот метафайл на другой машине (у которой может быть другое графическое разрешение) и получить соответствующее изображение. Метафайлы не уникальны для OLE. Многие программы Windows, не использующие OLE, пользуются метафайлами в качестве формата Буфера обмена для передачи данных между приложениями.

Создание метафайла

Создание метафайла — это просто вопрос вызова CreateMetaFile. Везде в этой книге вы используете синтаксис

```
hMetaDC = CreateMetaFile(NULL);
```

который создает метафайл в памяти и возвращает ссылку на контекст устройства, поэтому вы можете рисовать на метафайле. Если вместо этого вы использовали синтаксис

```
hMetaDC = CreateMetaFile("name");
```

то вы создавали дисковый метафайл. В своем приложении OLE вы в основном создаете метафайлы в памяти, если только приложению специально не требуется дисковый метафайл (в целях, не использующих OLE).

После того, как вы изобразили свою информацию на метафайле, вам нужно вызвать CloseMetaFile, который вернет вам ссылку на метафайл. Получив ссылку на метафайл, вы должны вызвать DeleteMetaFile с этой ссылкой, так чтобы Windows могла освободить эту ссылку (иначе у вас будет утечка ресурсов).

Воспроизведение метафайла

Если вам нужно воспроизвести метафайл, то вы просто вызываете PlayMetaFile со ссылкой на этот метафайл (не путать со ссылкой на контекст устройства метафайла). Если вы создали метафайл в своем приложении, то вы получаете ссылку на метафайл при вызове CloseMetaFile. Если у вас дисковый метафайл, то вы можете получить ссылку, вызвав GetMetaFile с именем файла этого метафайла.

Можно и нельзя для метафайлов

У OLE есть одно главное нельзя для метафайлов, а именно — никогда не передавайте контекст устройства метафайла интерфейсу OleDraw. Если вы хотите, чтобы объект был нарисован в контексте метафайла, то прямо вызовите IViewObject->Draw. IViewObject->Draw принимает параметр lprcWBounds, который используется для настройки координат метафайла. Хотя OleDraw вызывает IViewObject->Draw, lprcWBounds всегда передается NULL от OleDraw, поэтому OleDraw не может быть использован для корректного рисования в контексте метафайла.

Если вам нужно изменить режим отображения при создании метафайла, то вы должны всегда сохранить контекст устройства перед тем, как измените режим отображения (вы можете сохранить контекст устройства, вызвав SaveDC), и восстановить контекст устройства при завершении (перед тем как закрыть метафайл) путем вызова RestoreDC. Когда приложение воспроизводит метафайл, то оно не ожидает, что режим отображения будет изменяться метафайлом, поэтому сохранение контекста устройства сохраняет текущий режим отображения, а восстановление контекста устройства возвращает этот режим отображения в его исходное состояние. Считайте это правилом вежливости метафайлов.

Таблица Б.2 перечисляет все действующие функции GDI, которые могут быть использованы в метафайле. Хотя эти функции действуют в метафайле, не все из них будут использоваться (эта информация взята из документа Q84984 Базы знаний Microsoft).

Таблица Б.2. Действующие в метафайле функции GDI.

AnimatePalette	Arc	BitBlt (используйте StretchBlt)
Chord	CreateBrushIndirect	CreateDIBitmap
CreateDIBpatternBrush	CreateFont	CreateFontIndirect
CreateHatchBrush	CreatePalette	CreatePatternBrush
CreatePen	CreatePenIndirect	CreateSolidBrush
DeleteObject	Ellipse	Escape
ExcludeClipRect	ExtFloodFill	ExtTextOut
FillRgn	FloodFill	IntesectClipRect
InvertRgn	LineTo	MoveTo
OffsetClipRgn	OffsetViewportOrg	OffsetWindowOrg
PaintRgn	PatBlt	Pie
Polygon	Polyline	PolyPolygon
RealizePalette	Rectangle	ResizePalette
RestoreDC	RoundRect	SaveDC
ScaleViewportExt	ScaleWindowExt	SelectClipRgn
SElectObject	SelectPalette	SetBkColor
SetBkMode	SetDIBitsToDevice	SetMapMode
SetMapperFlags	SetPaletteEntries	SetPixel
SetPolyFillMode	SetROP2	SetStretchBltMode
SetTExtAlign	SetTextCharacterExtra	SetTextColor
SetTextJustification	SetViewportExt	SetViewportOrg
SetWindowExt	SetWindowOrg	StretchBlt
StretchDIBits	TextOut	

Microsoft также рекомендует не использовать функции AbortDoc, EndDjc, EndPage, StartDoc, StartPage и ResetDC, хотя они являются действующими в метафайле (Microsoft указывает, что эти функции, возможно, *могут* работать корректно). Так как эти функции не рекомендованы, то они не включены в таблицу. Кроме того, Microsoft рекомендует, чтобы в метафайле также не использовались функции BitBlt, FillRgn, SetViewportExt и SetViewportOrg. Они требуют конкретных устройств, и поэтому не являются аппаратно-независимыми. Тем не менее, они включены в таблицу, потому что работают в метафайле корректно.

Наконец, будет очень полезно, если вы используете в метафайле SelectObject. Когда SelectObject используется в контексте устройства метафайла, то возвращает 0 в случае неудачного вызова и ненулевое значение в случае успешного завершения функции. Если SelectObject используется с другими контекстами устройств (не метафайла), то возвращает ссылку на выделенный последним объект (объект, подлежащий замене).

Лоуренс Харрис

ПРОГАММИРОВАНИЕ OLE
ОСВОЙ САМОСТОЯТЕЛЬНО ЗА 21 ДЕНЬ

Подписано в печать 28.07.95. Формат 70x108 1/16. Печ. л. 29.
Бумага газетная. Печать офсетная.
Тираж 12000 экз. Заказ 1091

Издательство «БИНОМ», 1995 г.
Москва, ул. Новослободская, д. 50/1, стр. 1а.
Лицензия на издательскую деятельность № 063367 от 20 мая 1994 г.

Отпечатано с готовых диапозитивов в полиграфической фирме
«Красный пролетарий»
103473, Москва, Краснопролетарская, 16

День17

```
void    COleSiteObject::RemoveSite(void)
{
          //If the IOleObject interface is not NULL then we need to close the site
          //and then release the IOleObject we are holding
          //
        if (m_pIOleObject != NULL) {
            CloseSite(OLECLOSE_NOSAVE);
            m_pIOleObject->Release();
            m_pIOleObject = NULL;
        }

  //If the IViewObject interface pointer (which might have an IViewObject or an
  //IViewObject2) is not NULL then we need to release the IViewObject we are
          //holding on to
          //
        if (m_pIViewObject != NULL) {
            m_pIViewObject->Release();
            m_pIViewObject = NULL;
        }

          //If the IPersistStorage interface pointer is not NULL then we need to re-
lease
          //the IPersistStorage we are holding on to
          //
        if (m_pIPersistStorage != NULL) {
            m_pIPersistStorage->Release();
            m_pIPersistStorage = NULL;
        }
}

//Helper function to add a new site
//This function is used by Paste and by Drop
//
```

День17

```
HRESULT    COleSiteObject::AddSiteFromData(CContainDoc *pDoc,
                                           IDataObject FAR *pIDataObject,
                                           DWORD dwAspect,
                                           eSiteObject eSiteType)
{
        char    szSiteFile[OLEUI_CCHPATHMAX];
        HRESULT hResult;

        SetSiteObjectType(eSiteType);

        //Invent a name for the storage
        wsprintf(szSiteFile,"SITE%lu",time(NULL));

          //Create a storage for the new object
        hResult = pDoc->m_pRootStorage->CreateStorage(szSiteFile,
                                     STGM_READWRITE | STGM_TRANSACTED |
                                     STGM_SHARE_EXCLUSIVE,
                                     0,0,
                                     &m_pIStorage);

          if (GetSiteObjectType() == eLinkObject){
            hResult = OleCreateLinkFromData(pIDataObject,
                                     IID_IOleObject,
                                     OLERENDER_DRAW,
                                     NULL,
                                     (IOleClientSite *)m_pIOleClientSite,
                                     m_pIStorage,
                                     (LPVOID *)&m_pIOleObject);
          } else {
          //Since we were called from Paste or Drop, we have the IDataObject and
            //we want to create the object from the data so let's call
```

Листинг Н3.2. продолжение

```
            //OleCreateFromData which does this for us
            //
            hResult = OleCreateFromData(pIDataObject,
                                        IID_IOleObject,
                                        OLERENDER_DRAW,
                                        NULL,
                                        (IOleClientSite *)m_pIOleClientSite,
                                        m_pIStorage,
                                        (LPVOID *)&m_pIOleObject);
        }

        if (hResult != NOERROR)
            return hResult;

 //The rest of the routine is the same as AddSite, so let's just call AddSite.
 //The second parameter for AddSite specifies where AddSite should perform an
 //OleLoad.Since we have already created our object (using OleCreateFromData), we
        //must pass FALSE to keep OleLoad from occuring.
        //
        return AddSite(szSiteFile, FALSE, dwAspect);
}

//Helper function to add a new site
//
```

День16

```
HRESULT    COleSiteObject::AddSite(LPSTR storageName,
                                   BOOL bLoadFlag,
                                   DWORD dwAspect)

{
        HRESULT hResult = NOERROR;


          //Set the site based on the aspect which is passed.
          //
        SetSiteAspect(dwAspect);

        //AddRef client site
        //
        m_pIOleClientSite->AddRef();

        //The caller wants us to do an OleLoad.  This most likely means that the
          //caller is part of the document open handler
          //
        if (bLoadFlag == TRUE){
            hResult = OleLoad(m_pIStorage, IID_IOleObject,
                              (IOleClientSite *)m_pIOleClientSite,
                              (LPVOID *)&m_pIOleObject);


            if (hResult != NOERROR){
                m_pIOleClientSite->Release();
                RemoveSite();
                return hResult;
            }

            IOleLink *pIOleLink;
            hResult = m_pIOleObject->QueryInterface(IID_IOleLink,(LPVOID
*)&pIOleLink);
            if (hResult == NOERROR){
                SetSiteObjectType(eLinkObject);
                IBindCtx *pBindCtx;
                CreateBindCtx(NULL,&pBindCtx);
                pIOleLink->Update(pBindCtx);
                pIOleLink->Release();
            }
          }
```